■2025年度中学受験用

高輪中学校

3年間(＋3年間HP掲載)スーパー過去問

●収録内容一覧

入試問題と解説・解答の収録内容

2024年度　A	算数・社会・理科・国語
2024年度　B	算数・社会・理科・国語
2024年度　C	算数・社会・理科・国語 （解答のみ）
2024年度 算数午後	算数
2023年度　A	算数・社会・理科・国語
2023年度　B	算数・社会・理科・国語
2023年度　C	算数・社会・理科・国語 （解答のみ）
2023年度 算数午後	算数
2022年度　A	算数・社会・理科・国語
2022年度　B	算数・社会・理科・国語
2022年度　C	算数・社会・理科・国語 （解答のみ）
2022年度 算数午後	算数
2021～2019年度（HP掲載） 「カコ過去問」 （ユーザー名）koe （パスワード）w8ga5a1o	問題・解答用紙・解説解答DL ◇著作権の都合により国語と一部の問題を削除しております。 ◇一部解答のみ（解説なし）となります。 ◇９月下旬までに全校アップロード予定です。 ◇掲載期限以降は予告なく削除される場合があります。

～本書ご利用上の注意～　以下の点について，あらかじめご了承ください。

★別冊解答用紙は巻末にございます。本書に収録している試験の実物解答用紙は，弊社サイトの各校商品情報ページより，一部または全部をダウンロードできます。
★編集の都合上，学校実施のすべての試験を掲載していない場合がございます。
★当問題集のバックナンバーは，弊社には在庫がございません（ネット書店などに一部在庫あり）。

JN050092

合格を勝ち取るための
『スーパー過去問』の使い方

本書に掲載されている過去問をご覧になって，「難しそう」と感じたかもしれません。でも，多くの受験生が同じように感じているはずです。なぜなら，中学入試で出題される問題は，小学校で習う内容よりも高度なものが多く，たくさんの知識や解き方のコツを身につけることも必要だからです。ですから，初めて本書に取り組むさいには，点数を気にしすぎないようにしましょう。本番でしっかり点数を取れることが大事なのです。

過去問で重要なのは「まちがえること」です。自分の弱点を知るために，過去問に取り組むのです。当然，まちがえた問題をそのままにしておいては意味がありません。

本書には，長年にわたって中学入試にたずさわっているスタッフによるていねいな解説がついています。まちがえた問題はしっかりと解説を読み，できるようになるまで何度も解き直しをしてください。理解できていないと感じた分野については，参考書や資料集などを活用し，改めて整理しておきましょう。

このページも参考にしてみましょう！

◆どの年度から解こうかな　「入試問題と解説・解答の収録内容一覧」

本書のはじめには収録内容が掲載されていますので，収録年度や収録されている入試回などを確認できます。

※著作権上の都合によって掲載できない問題が収録されている場合は，最新年度の問題の前に，ピンク色の紙を差しこんでご案内しています。

◆学校の情報を知ろう!!「学校紹介ページ」

このページのあとに，各学校の基本情報などを掲載しています。問題を解くのに疲れたら息ぬきに読んで，志望校合格への気持ちを新たにし，再び過去問に挑戦してみるのもよいでしょう。なお，最新の情報につきましては，学校のホームページなどでご確認ください。

◆入試に向けてどんな対策をしよう？「出題傾向＆対策」

「学校紹介ページ」に続いて，「出題傾向＆対策」ページがあります。過去にどのような分野の問題が出題され，どのように対策すればよいかをアドバイスしていますので，参考にしてください。

◇別冊「入試問題解答用紙編」

本書の巻末には，ぬき取って使える別冊の解答用紙が収録してあります。解答用紙が非公表の場合などを除き，（注）が記載されたページの指定倍率にしたがって拡大コピーをとれば，実際の入試問題とほぼ同じ解答欄の大きさで，何度でも過去問に取り組むことができます。このように，入試本番に近い条件で練習できるのも，本書の強みです。また，データが公表されている学校は別冊の１ページ目に過去の「入試結果表」を掲載しています。合格に必要な得点の目安として活用してください。

本書がみなさんの志望校合格の助けとなることを，心より願っています。

株式会社　声の教育社　編集部

高輪中学校

所在地	〒108-0074 東京都港区高輪2-1-32
電　話	03-3441-7201(代)
ホームページ	https://www.takanawa.ed.jp/
交通案内	都営浅草線・京浜急行線「泉岳寺駅」A2出口より徒歩3分 都営三田線・東京メトロ南北線「白金高輪駅」出口1より徒歩5分

くわしい情報は
ホームページへ

トピックス

★例年，秋に行われる文化祭は一般公開され，入試相談コーナーもある。
★秋以降の入試説明会では，入試の出題傾向と対策を説明(参考：昨年度)。

創立年
明治18年

男子校

高校募集
なし

応募状況

年度	募集数		応募数	受験数	合格数	倍率
2024	A	70名	423名	368名	106名	3.5倍
	B	70名	693名	513名	142名	3.6倍
	C	30名	653名	447名	66名	6.8倍
	算	20名	428名	342名	90名	3.8倍
2023	A	70名	341名	306名	111名	2.8倍
	B	70名	622名	451名	142名	3.2倍
	C	30名	592名	383名	82名	4.7倍
	算	20名	399名	320名	88名	3.6倍
2022	A	70名	321名	288名	109名	2.6倍
	B	70名	520名	365名	138名	2.6倍
	C	30名	505名	314名	68名	4.6倍
	算	20名	288名	238名	92名	2.6倍

※算数午後の合格数はB日程との重複合格者含む。

本校の特色

【教育方針】
「高く・大きく・豊かに・深く」
1．学習意欲の高揚と学力の向上
2．能力・適性・進路に応じた的確な進路指導
3．規律・公衆道徳の尊重と実践する習慣の養成
4．個別面談等を通して，それに対応する生徒指導
【目　標】
1．人を育てる指導
2．大学へ進学させるための指導

本校では，大学に全員が進学することを前提にした中高6年間一貫カリキュラムを編成しています。中高での重複学習をさけ，それぞれの教科科目の特性に応じて，学習内容を再編成し，関連した事項について必要な時に必要な内容を重点的に学習することで学習効果の向上を図っています。

入試情報（参考：昨年度）

【A日程】試験日：2024年2月1日
【B日程】試験日：2024年2月2日
【C日程】試験日：2024年2月4日
【A～C日程共通】
集合時間：午前8時20分
試験科目：国語・算数(各50分・100点)
　　　　　社会・理科(各30分・60点)
合格発表：試験当日の午後5時(HP)
【算数午後入試】
試験日時：2024年2月2日　午後2時40分集合
試験科目：算数(60分・100点)
　※全問記述式解答の試験です(部分点あり)。
合格発表：2024年2月2日午後9時(HP)

2024年春の主な大学合格実績

＜国公立大学・大学校＞
東京大，京都大，東京工業大，一橋大，東北大，北海道大，筑波大，千葉大，電気通信大，防衛大，東京都立大
＜私立大学＞
慶應義塾大，早稲田大，上智大，東京理科大，明治大，青山学院大，立教大，中央大，法政大，学習院大，日本医科大

編集部注一本書の内容は2024年3月現在のものであり，変更されている場合があります。正確な情報は，学校のホームページ等で必ずご確認ください。

算数 出題傾向＆対策

◆基本データ（2024年度Ａ）

試験時間／満点	50分／100点
問題構成	・大問数…５題 計算１題（４問）／応用小問１題（４問）／応用問題３題 ・小問数…17問
解答形式	解答のみを記入するものが大半だが，考え方も書かせる問題が１問出題されている。
実際の問題用紙	Ｂ５サイズ，小冊子形式
実際の解答用紙	Ｂ４サイズ

◆出題傾向と内容

▶過去３年の出題率トップ３
１位：四則計算・逆算21％　２位：角度・面積・長さ12％　３位：計算のくふう７％
▶今年の出題率トップ３
１位：四則計算・逆算24％　２位：角度・面積・長さ13％　３位：整数・小数・分数の性質11％

１題めは計算問題，２題めは図形や特殊算の基本的な応用小問集合題です。３題め以降は応用問題となっており，図形，規則性に関する問題，特殊算などが出題されています。図形は，平面図形，立体図形ともほぼ毎年出題されており，長さ，面積，体積，角度などを求めるものが多くみられます。規則性に関する問題は，図形と規則などが出題されています。特殊算は，旅人算（速さ），通過算，相当算，ニュートン算，つるかめ算，平均とのべ，還元算，倍数算，濃度などが見られます。そのほかでは，調べ・推理・条件の整理などが出されています。

◆対策～合格点を取るには？～

本校の算数は，基本が重視され，難問が見あたらない問題構成です。したがって，対策としては，計算力を確実なものにすることと，応用小問の攻略法を身につけ，実戦力を高めることがあげられます。計算力は毎日の問題練習でしか身につきません。応用小問対策としては，類題研究が有効です。特に，式の計算，規則性，場合の数などは，たくさん問題にあたっておきましょう。なお，図形やグラフを使った問題などは，論理的に考える力，「題意」を明確につかむ力が必要です。多くの類題に取り組み，算数のセンスを身につけてください。

分野 ＼ 年度		2024			2023		
		A	B	C	A	B	C
計算	四則計算・逆算	●	●	●	●	●	●
計算	計算のくふう	○	○	○	○	○	○
計算	単位の計算						
和と差	和差算・分配算		○			○	
和と差	消去算						○
和と差	つるかめ算	○			○		
和と差	平均とのべ						
和と差	過不足算・差集め算			○	○		
和と差	集まり				○		
和と差	年齢算						
割合と比	割合と比						
割合と比	正比例と反比例						
割合と比	還元算・相当算						
割合と比	比の性質				○		
割合と比	倍数算						
割合と比	売買損益				○		
割合と比	濃度		○	○			
割合と比	仕事算	○				○	○
割合と比	ニュートン算						
速さ	速さ						
速さ	旅人算	○	○		○		
速さ	通過算					○	
速さ	流水算			○			
速さ	時計算						○
速さ	速さと比				○		○
図形	角度・面積・長さ	◎	○	◎	○	○	
図形	辺の比と面積の比・相似	○			○		
図形	体積・表面積	○		○	○		
図形	水の深さと体積						
図形	展開図						
図形	構成・分割	○	○	○		○	○
図形	図形・点の移動					○	
表とグラフ							
数の性質	約数と倍数						
数の性質	N進数						
数の性質	約束記号・文字式						
数の性質	整数・小数・分数の性質	◎	○	○	○		○
規則性	植木算				○		
規則性	周期算						
規則性	数列					○	
規則性	方陣算						
規則性	図形と規則						
場合の数							◎
調べ・推理・条件の整理			○	○		○	
その他							

※　○印はその分野の問題が１題，◎印は２題，●印は３題以上出題されたことをしめします。

社会　出題傾向＆対策

◆基本データ（2024年度Ａ）

試験時間／満点	30分／60点
問題構成	・大問数…３題 ・小問数…39問
解答形式	記号の選択と適語の記入が大半で，１～２行程度の記述問題や作図も出されている。
実際の問題用紙	Ｂ５サイズ，小冊子形式
実際の解答用紙	Ｂ４サイズ

◆出題傾向と内容

地理・歴史・政治の各分野からまんべんなく出題されています。

●地理…各県の自然や産業などについての問題，日本の代表的な地形や気候のようすを問うもの，各都道府県や各地方の地勢と産業についての問題，日本の交通・人口・生活についての問題などが出されています。江戸時代の街道や四大公害に関する問題など，歴史的なものも出されることがあります。

●歴史…貨幣の歴史，政治史，外交史，外国との戦争による影響や講和条約など，はば広く出題され，さらに関連事項を深くほり下げて問うのが本校の特色です。また，重要な歴史的事件については，年号も問題になっています。歴史上のことがらをひとつの流れとしてとらえる能力が問われているといえます。

●政治…日本の経済や貿易，地方自治，三権のしくみ，国際関係，社会保障制度などから出題されています。最近は，時事問題に関する出題が増えつつあります。

分野＼年度			2024			2023		
			A	B	C	A	B	C
日本の地理		地図の見方					○	
日本の地理		国土・自然・気候	○	○	○	○	○	○
日本の地理		資源	○		○		○	
日本の地理		農林水産業	○	○	○	○	○	○
日本の地理		工業			○	○		
日本の地理		交通・通信・貿易			○	○	○	○
日本の地理		人口・生活・文化		○		○	○	○
日本の地理		各地方の特色					○	
日本の地理		地理総合	★	★	★	★	★	★
世界の地理			○				○	○
日本の歴史	時代	原始～古代	○	○	○	○	○	○
日本の歴史	時代	中世～近世	○	○	○	○	○	○
日本の歴史	時代	近代～現代	○	○	○	○	○	○
日本の歴史	テーマ	政治・法律史						
日本の歴史	テーマ	産業・経済史						
日本の歴史	テーマ	文化・宗教史						
日本の歴史	テーマ	外交・戦争史						
日本の歴史		歴史総合	★	★	★	★	★	★
世界の歴史								
政治		憲法	○	○	○	○	○	○
政治		国会・内閣・裁判所	○	○	○	○	○	○
政治		地方自治			○	○	○	
政治		経済	○		○		○	
政治		生活と福祉			○			○
政治		国際関係・国際政治	○		○		○	○
政治		政治総合				★	★	★
環境問題			○					
時事問題			○		○		○	○
世界遺産				○			○	
複数分野総合			★	★	★			

※　原始～古代…平安時代以前，中世～近世…鎌倉時代～江戸時代，近代～現代…明治時代以降

※　★印は大問の中心となる分野をしめします。

◆対策～合格点を取るには？～

はば広い知識が問われており，難問も見られますが，まず基礎を固めることを心がけてください。教科書のほか，説明がていねいでやさしい標準的な参考書を選び，基本事項をしっかりと身につけましょう。

地理分野では，地図とグラフが欠かせません。つねにこれを参照しながら，白地図作業帳を利用して地形と気候をまとめ，そこから山地や平野，河川の名称や産業のようす（もちろん統計表も使います）へと広げていってください。

歴史分野では，教科書や参考書を読むだけでなく，自分で年表を作って覚えると学習効果が上がります。できあがった年表は，各時代，各分野のまとめに活用できます。本校の歴史の問題にはさまざまな分野が取り上げられていますから，この作業はおおいに威力を発揮するはずです。

政治分野では，日本国憲法の基本的な内容と三権についてはひと通りおさえておいた方がよいでしょう。最近は，時事問題に関する出題が増えているので，新聞やテレビ番組などでニュースを確認してください。また，国の政治や経済の動き，世界各国の情勢などについて，まとめておきましょう。

理科 出題傾向＆対策

◆基本データ（2024年度Ａ）

試験時間／満点	30分／60点
問題構成	・大問数…４題 ・小問数…27問
解答形式	記号の選択と適語・数値の記入が中心だが，記述問題も出題されている。
実際の問題用紙	Ｂ５サイズ，小冊子形式
実際の解答用紙	Ｂ４サイズ

分野＼年度		2024			2023		
		A	B	C	A	B	C
生命	植物		★	★		★	
	動物	★			★		★
	人体						
	生物と環境						
	季節と生物						
	生命総合						
物質	物質のすがた						
	気体の性質	★					★
	水溶液の性質				★	★	○
	ものの溶け方		★				
	金属の性質			○			
	ものの燃え方			★			
	物質総合						
エネルギー	てこ・滑車・輪軸		★		★		
	ばねののび方						
	ふりこ・物体の運動						
	浮力と密度・圧力					★	
	光の進み方						
	ものの温まり方						★
	音の伝わり方						
	電気回路	★					
	磁石・電磁石			★			
	エネルギー総合						
地球	地球・月・太陽系	★				★	
	星と星座						
	風・雲と天候			★			
	気温・地温・湿度				★		
	流水のはたらき・地層と岩石		★				
	火山・地震						★
	地球総合						
実験器具							
観察							
環境問題							
時事問題							
複数分野総合							

※　★印は大問の中心となる分野をしめします。

◆出題傾向と内容

本校では，日常に見られる自然現象に関する出題が目につきます。

●生命…植物のつくりとはたらき，動物(生態，食物連鎖，こん虫など)，人体(消化のはたらき，血液の循環など)，生物分野がまんべんなく出題されています。それぞれのつくりやしくみ，実験の手順や結果などについてしっかりと身につけておく必要があります。

●物質…気体の発生や性質，物質の反応，ものの溶け方，中和，金属の酸化などが出題されています。また，身のまわりの物質の性質を問うものも見られます。

●エネルギー…力のつり合い(てこ，浮力など)，光の進み方，ものの温まり方，電気回路，物体の運動などが出題されています。なかには複雑な計算問題もあります。

●地球…太陽・月・地球の動き，天文現象についての問題，低気圧と天気図，地層，地震，流れる水のはたらき，火山などのほか，環境問題も取り上げられています。

◆対策～合格点を取るには？～

各分野からまんべんなく出題されていますから，基礎的な知識をはやいうちに身につけ，そのうえで問題集で演習をくり返しながら実力アップをめざしましょう。

「生命」は，身につけなければならない基本知識の多い分野ですが，楽しみながら確実に学習する心がけが大切です。

「物質」では，気体や水溶液，金属などの性質に重点をおいて学習してください。そのさい，中和反応や濃度など，表やグラフをもとに計算する問題にも積極的に取り組んでください。

「エネルギー」は，電気回路，物体の運動，光の進み方などの出題が予想される単元ですから，学習計画から外すことのないようにしましょう。

「地球」では，太陽・月・地球の動き，季節と星座の動き，天気と気温・湿度の変化，地層のでき方などが重要なポイントです。

なお，環境問題や身近な自然現象に日ごろから注意をはらうことや，テレビの科学番組，新聞・雑誌の科学に関する記事，読書などを通じて多くのことを知るのも大切です。

国語 出題傾向＆対策

◆基本データ（2024年度Ａ）

試験時間／満点	50分／100点
問題構成	・大問数…３題 文章読解題２題／知識問題１題 ・小問数…25問
解答形式	記号選択と書きぬきのほかに，記述問題も見られる。記述問題には字数制限のあるものとないものがある。
実際の問題用紙	Ｂ５サイズ，小冊子形式
実際の解答用紙	Ｂ４サイズ

◆出題傾向と内容

▶近年の出典情報（著者名）
説明文：酒井　敏　中村英代　斉藤　淳
小　説：津村記久子　如月かずさ　坂木　司

●読解問題…説明文・小説の組み合わせがよく出されています。説明文は，現代社会が抱える問題に対し，筆者独自の考えが独自の切り口でのべられているものが多いです。問われている内容としては，理由の読み取り，筆者の考え，心情理解の問題のほか，表現の特色をとらえる問題，内容一致，言い換えの表現などです。

●知識問題…語句の意味，慣用句の完成，同音異字，類義語，四字熟語，ことわざ，和語・外来語，漢字の読み書きなどはば広く出されています。特に慣用句については，よく出題されています。

◆対策～合格点を取るには？～

本校の国語は，読解力を中心にことばの知識や漢字力もあわせ見る問題ということができますが，その中でも大きなウェートをしめるのは，長文の読解力です。したがって，読解の演習のさいには，以下の点に気をつけるとよいでしょう。①「それ」や「これ」などの指示語は何を指しているのかをつねに考える。②段落や場面の構成を考える。③筆者の主張や登場人物の性格，心情の変化などに注意する。④読めない漢字，意味のわからないことばが出てきたら，すぐに辞典で調べ，ノートにまとめる。

また，知識問題は，漢字・語句（四字熟語，慣用句，ことわざなど）の問題集を一冊仕上げるとよいでしょう。

分野＼年度			2024			2023		
			A	B	C	A	B	C
読解	文章の種類	説明文・論説文	★	★	★	★	★	★
		小説・物語・伝記	★	★	★	★	★	★
		随筆・紀行・日記						
		会話・戯曲						
		詩						
		短歌・俳句						
	内容の分類	主題・要旨	○	○	○	○	○	
		内容理解	○	○	○	○	○	○
		文脈・段落構成						
		指示語・接続語	○	○	○	○	○	○
		その他				○	○	○
知識	漢字	漢字の読み	○	○	○	○	○	○
		漢字の書き取り	○	○	○	○	○	○
		部首・画数・筆順						
	語句	語句の意味					○	○
		かなづかい						
		熟語			○	○	○	○
		慣用句・ことわざ	○	○		○		
	文法	文の組み立て						
		品詞・用法		○				
		敬語						
	形式・技法							
	文学作品の知識							
	その他		○		○		○	○
	知識総合		★	★	★	★	★	★
表現	作文							
	短文記述							
	その他							
放送問題								

※　★印は大問の中心となる分野をしめします。

2024年度 高輪中学校

【算　数】〈Ａ日程試験〉（50分）〈満点：100点〉

〈注意〉 円周率は3.14を用いること。

1 次の □ にあてはまる数を求めなさい。

(1) $215-\{286+7\times(14+9)\}\div3=\square$

(2) $1\frac{7}{9}\times\frac{1}{8}+\left(\frac{2}{3}-\frac{1}{4}\right)\div\frac{5}{6}=\square$

(3) $3.27\times684-32.7\times59.7+327\times2.13=\square$

(4) $0.625\times\left\{1\frac{2}{5}-\left(\square+\frac{1}{6}\right)\div4\right\}=\frac{3}{4}$

2 次の各問いに答えなさい。

(1) 60のすべての約数について考えます。分子が１で，分母が60の約数である分数のすべての和はいくつですか。

(2) １から50までのすべての整数の積は，一の位から連続して０が何個並びますか。

(3) Ａ君が１人で働くとちょうど10日，Ａ君とＢ君の２人で働くとちょうど６日で終わる仕事があります。Ｂ君が１人でこの仕事をするとき，仕事を始めてから終わるまでにちょうど何日かかりますか。

(4) １個50円のアメ，70円のガム，100円のチョコレートをあわせて42個買います。アメをガムの1.5倍の個数だけ買ったところ，代金の合計が3150円になりました。買ったチョコレートの個数は何個でしたか。

答えを出すための計算や考え方を書いて答えなさい。

3 右の図のような池の周りを，高輪君はＡ地点から時計回りに，白金君はＢ地点から反時計回りに，同時に出発して周り続けます。

白金君の速さは毎分72ｍで，出発してから８分後に２人は初めて出会い，その６分後に高輪君はＢ地点を通過しました。

高輪君は２人が２回目に出会ってから384ｍ進んだところで，ちょうど池を１周し，Ａ地点を通過しました。

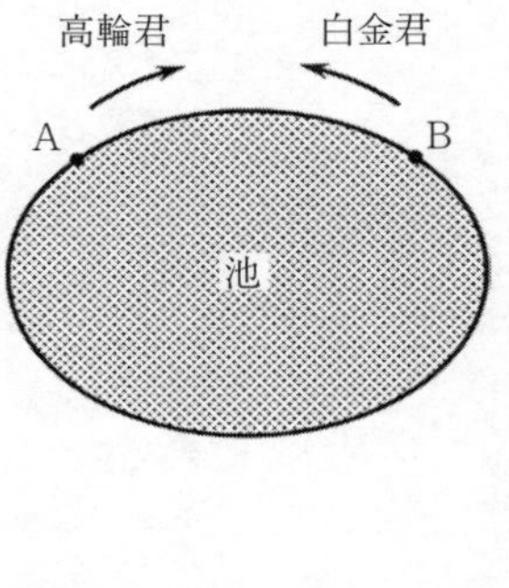

次の各問いに答えなさい。

(1) 高輪君の速さは毎分何ｍですか。

(2) ２人が２回目に出会ったのは，出発してから何分後でしたか。

(3) ２人が初めてＡ地点で出会うのは，出発してから何分後ですか。

4 右の図のように，１辺が18cmの正方形ABCDを，FB＝12cmとなるように折ったところ，三角形EBFの面積は$30cm^2$になりました。

次の各問いに答えなさい。

(1) EFの長さは何cmですか。

(2) FIの長さは何cmですか。

(3) 三角形GHIの面積は何cm^2ですか。

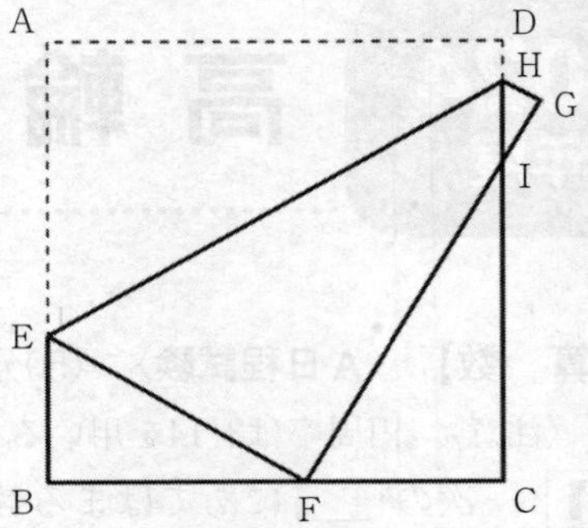

5 右の図は，１辺が18cmの立方体です。点Pは辺AE上を毎秒１cmで，点Aから点Eまで移動します。また，点Qは辺CG上にありCQ＝12cm，点Rは辺EF上にありER＝4.5cmとなる点です。

次の各問いに答えなさい。

ただし，角すいの体積は(底面積)×(高さ)×$\frac{1}{3}$で求めることができます。

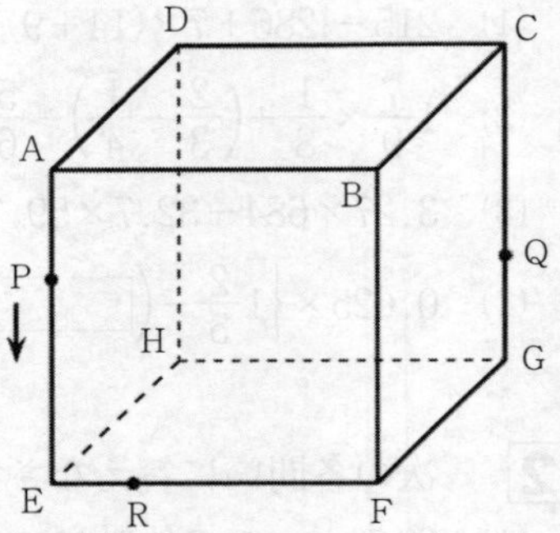

(1) 点Pが点Aを出発してから６秒後に，この立方体を，３点D，P，Qを通る平面で切断しました。点Hを含《ふく》む立体の体積は何cm^3ですか。

(2) 点Pが点Aを出発してから12秒後に，この立方体を，３点D，P，Qを通る平面で切断しました。点Hを含む立体の体積は何cm^3ですか。

(3) 点Pが点Aを出発してから15秒後に，この立方体を，３点D，P，Rを通る平面で切断しました。点Hを含む立体の体積は何cm^3ですか。

【社　会】〈**Ａ日程試験**〉(30分)〈満点：60点〉

1　次の文を読み，下の各問いに答えなさい。

Ａ　筑後川は，(1)九州の北部を流れる，九州でもっとも長い川です。下流部では(2)筑紫平野を通り，(3)有明海にそそいでいます。

Ｂ　(4)吉野川は，(5)四国で２番目に長い川で，「四国三郎」とも呼ばれます。

Ｃ　(6)天竜川は，おもに(7)長野県と静岡県を流れる川で，遠州灘にそそいでいます。

Ｄ　富士川は，(8)日本三大急流の一つに数えられる川で，上流部の釜無川・笛吹川などが(9)甲府盆地で合流したのちに南下し，駿河湾にそそいでいます。

Ｅ　利根川は，(10)首都圏の重要な水源の一つで，(11)長さは全国２位，(12)流域面積は全国１位となっています。

Ｆ　(13)は，福島県から越後平野を通り，日本海にそそいでいます。この川と信濃川の河口は直線距離で10km 未満と，近くなっています。

問１　下線(1)に関連して，下の**ア**～**オ**のうち，九州を流れる川はどれですか。一つ選び，記号で答えなさい。

ア　大井川　　**イ**　太田川　　**ウ**　大淀川　　**エ**　仁淀川　　**オ**　淀川

問２　下線(2)に関連して，下の**ア**～**オ**のうち，筑紫平野に位置し，タイヤや伝統的工芸品の織物の生産で有名な，福岡県で３番目に人口の多い都市(2019年)はどれですか。記号で答えなさい。

ア　八代市　　**イ**　諫早市　　**ウ**　都城市　　**エ**　唐津市　　**オ**　久留米市

問３　下線(3)に関連して，有明海の一部で古くからおこなわれてきた，海岸付近で水深の浅い海域を堤防で仕切り，水を抜きとるなどして陸地にすることを何といいますか。漢字２字で答えなさい。

問４　下線(4)について，右の地図と解答用紙の白地図に★で示した場所は同一地点を示していて，吉野川の流路の途中です。解答用紙に，★から河口地点までの吉野川の流路を記入しなさい。支流は省略し，定規は使わずに一本の線でえがくこと。なお，右の地図は陰影起伏図と呼ばれるもので，斜め上から地面に光を当てたときの影で地形をあらわし，凹凸がわかるようにしたものです。

問５　下線(5)について，次のページの表は，四国４県について，米・野菜・果実の農業産出額(2020年)と耕地率(県土面積のうち，田畑計の耕地面積がしめる割合：2021年)を示したものです。これに関連して，①・②の各問いに答えなさい。

①　表中の**ア**～**エ**のうち，香川県にあたるものはどれですか。記号で答えなさい。

②　表中の**ア**～**エ**のうち，高知県にあたるものはどれですか。記号で答えなさい。

県	農業産出額(億円)			耕地率
	米	野菜	果実	
ア	123	352	95	6.8%
イ	121	242	69	15.6%
ウ	150	197	532	8.1%
エ	114	711	111	3.7%

※『データでみる県勢 2023年版』より作成

問6　下線(6)について，下の文は天竜川について説明したものです。文中の二重線部**ア**～**エ**のうち，内容が**誤っている**ものはどれですか。一つ選び，記号で答えなさい。

> 天竜川は，ア諏訪湖をおもな水源とする川で，イ飛驒山脈とウ木曽山脈の間を南下し，遠州灘にそそいでいます。河口付近のおもな都市にはエ浜松市などがあります。

問7　下線(7)に関連して，下の図中のA～Cは，長野市・金沢市・宮崎市のうちいずれかにおける月降水量(1991年～2020年の平均値)を示したものです。A～Cと都市名との正しい組み合わせを，あとの**ア**～**カ**から選び，記号で答えなさい。

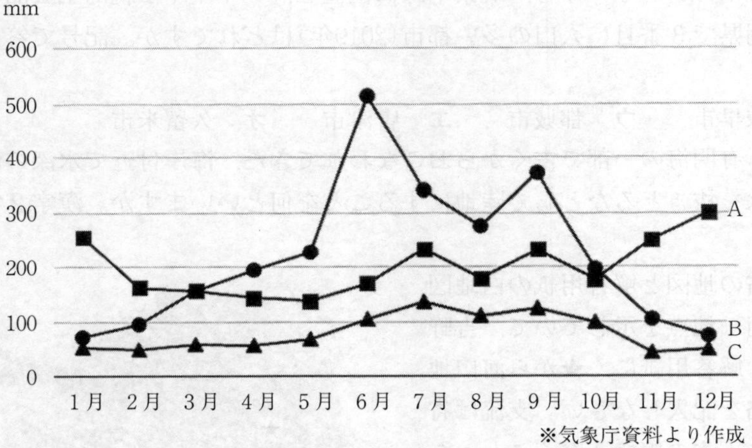

※気象庁資料より作成

	ア	イ	ウ	エ	オ	カ
長野市	A	A	B	B	C	C
金沢市	B	C	A	C	A	B
宮崎市	C	B	C	A	B	A

問8　下線(8)に関連して，日本三大急流に数えられる川に最上川があります。最上川の下流域に広がる，稲作のさかんな平野の名を漢字で答えなさい。

問9　下線(9)に関連して，甲府盆地の扇状地では，ぶどうなどの果樹栽培がさかんです。扇状地で果樹栽培が発達しやすいとされる理由としてもっともふさわしいものはどれですか。下の**ア**～**エ**から選び，記号で答えなさい。

ア　扇状地の表面には土砂やれきが多くつもり，水はけが良いから。

イ　扇状地の表面には土砂やれきが多くつもり，水はけが悪いから。

ウ　扇状地の表面には泥が多くつもり，水はけが良いから。

エ　扇状地の表面には泥が多くつもり，水はけが悪いから。

問10　下線(10)に関連して，右の表は４都県について，転入者数(１年間に他の都道府県から転入した人口)の増減を前年とくらべたものです。2020年に，４都県のすべてが前年比マイナスとなった理由を，解答欄の「コロナ禍により」に続けて説明しなさい。

(単位：人)

	2019年	2020年	2021年
埼玉県	4,712	−7,192	3,394
千葉県	1,391	−5,508	496
東京都	6,221	−33,919	−12,763
神奈川県	5,113	−5,118	3,385

※総務省統計局『住民基本台帳人口移動報告』より作成

問11　下線(11)に関連して，右の表は，日本の川を長さ順に上位４位まで並べ，合わせて流域面積を示したものです。表中の石狩川と天塩川は，全長に大きな差がないものの，流域面積は２倍以上の差があります。この理由としてもっともふさわしいものはどれですか。下のア～エから選び，記号で答えなさい。

	主流の長さ	流域面積
信濃川	367km	11,900km^2
利根川	322km	16,840km^2
石狩川	268km	14,330km^2
天塩川	256km	5,590km^2

＊2021年４月30日現在

※『日本国勢図会 2023/24年版』より作成

ア　石狩川は天塩川とくらべて周辺地域の降水量が多いから。

イ　石狩川は天塩川とくらべて周辺地域の人口密度が高いから。

ウ　石狩川は天塩川とくらべて川幅の広い場所が多いから。

エ　石狩川は天塩川とくらべて周辺に広い平野が多いから。

問12　下線(12)に関連して，世界でもっとも流域面積の広い川はアマゾン川です。下のア～オのうち，アマゾン川が流れる国としてふさわしいものはどれですか。一つ選び，記号で答えなさい。

ア　アメリカ合衆国　　イ　ロシア　　ウ　ブラジル

エ　エジプト　　オ　オーストラリア

問13　(13)に適する川の名を漢字で答えなさい。

2　次の文を読み，下の各問いに答えなさい。

A　５世紀後半の大和政権の支配領域は，［ X ］県の稲荷山古墳と［ Y ］県の江田船山古墳から「(1)ワカタケル大王」と刻まれたとされる鉄剣や鉄刀が発見されたことから，関東地方から九州地方まで拡大していたことがわかります。

B　８世紀に入ると，東北地方に居住する蝦夷を支配下に組み込む動きが本格化しました。東北支配の拠点として(2)724年には(　３　)が築城され，陸奥国の国府や鎮守府が置かれました。のちに蝦夷の反乱で(３)が焼かれると，桓武天皇は新たに(4)征夷大将軍を設置して蝦夷征討をすすめ，現在の［ Z ］県に胆沢城を築き，その地に鎮守府を移しました。

C　(5)鎌倉時代から室町時代にかけて，本州の人々は蝦夷ヶ島に居住していたアイヌと交易をすすめました。蝦夷ヶ島に移住した人々によるアイヌへの圧迫が強まるなか，(6)1457年に首長(　７　)を中心にアイヌは蜂起しました。これを制圧した蠣崎氏は，のち豊臣秀吉に臣従して(　８　)氏と改姓し，徳川家康からは(　８　)藩による蝦夷地支配を認められました。

D　(9)戊辰戦争が終結すると，明治政府は蝦夷地を北海道と改称しました。クラークを招いて(10)札幌農学校を開校し，アメリカ式の農場制度や技術を導入する一方，政府は北海道経営に専念するため，1875年には(11)樺太と千島列島をロシアとの間で交換する条約を結び，樺太を放棄しました。また，(12)屯田兵制度を取り入れました。

問1　X ～ Z に適する県名の組み合わせとして正しいものを，下の**ア**～**ク**から選び，記号で答えなさい。

ア　X　群馬　Y　佐賀　Z　岩手　　**イ**　X　群馬　Y　佐賀　Z　宮城
ウ　X　群馬　Y　熊本　Z　岩手　　**エ**　X　群馬　Y　熊本　Z　宮城
オ　X　埼玉　Y　佐賀　Z　岩手　　**カ**　X　埼玉　Y　佐賀　Z　宮城
キ　X　埼玉　Y　熊本　Z　岩手　　**ク**　X　埼玉　Y　熊本　Z　宮城

問2　下線(1)に関連して，①・②の各問いに答えなさい。

①「ワカタケル大王」は，中国の歴史書における倭王「武」にあたると考えられています。倭王「武」は『日本書紀』におけるどの天皇にあたると考えられていますか。下の**ア**～**オ**から選び，記号で答えなさい。

ア　仁徳天皇　**イ**　欽明天皇　**ウ**　神武天皇　**エ**　雄略天皇　**オ**　応神天皇

②　次の**史料Ⅰ**・**史料Ⅱ**は，いずれも中国の歴史書に書かれた，当時の日本との外交に関する部分です。**史料Ⅰ**は倭王「武」と想定される天皇の治世，**史料Ⅱ**は推古天皇の治世のものです。下のａ～ｄのうち，**史料Ⅰ**・**史料Ⅱ**の時期の日本について正しくのべた文の組み合わせはどれですか。もっともふさわしいものをあとの**ア**～**エ**から選び，記号で答えなさい。

史料Ⅰ

順帝の昇明二年，使を遣はして表を上りて曰く，「封国は偏遠にして，藩を外に作す。昔より祖禰躬ら甲冑を擐き，山川を跋渉し，寧処に遑あらず。東は毛人を征すること五十五国…」と。詔して武を使持節都督倭・新羅・任那・加羅・秦韓・慕韓六国諸軍事，安東大将軍，倭王に除す。

＊秦韓…小国連合の辰韓を示す。ここから新羅がおこった。
＊慕韓…小国連合の馬韓を示す。ここから百済がおこった。

史料Ⅱ

その国書に曰く，「日出ずる処の天子，書を日没する処の天子に致す，恙なきや，云々」と。帝，之を覧て悦ばず，鴻臚卿に謂ひて曰く，「蛮夷の書，無礼なる者有り。復た以て聞する勿れ」と。

ａ　史料Ⅰ・史料Ⅱから，中国に朝貢して地域支配を認めてもらう形式から，中国皇帝に臣属しない形式に変化したと考えられる。

ｂ　史料Ⅰ・史料Ⅱから，中国皇帝に臣属しない形式から，中国に朝貢して地域支配を認めてもらう形式に変化したと考えられる。

ｃ　史料Ⅰから，中国皇帝からの承認のもと，朝鮮半島全域を倭が植民地化していたと考えられる。

ｄ　史料Ⅱから，中国皇帝の権威に頼ることなく，天皇が倭国内の支配を実現していたと考えられる。

ア　ａ・ｃ　**イ**　ａ・ｄ　**ウ**　ｂ・ｃ　**エ**　ｂ・ｄ

問3　下線(2)に関連して，724年に聖武天皇は即位しました。下の**ア**～**エ**のうち，聖武天皇が天皇在位中のできごととして**ふさわしくない**ものはどれですか。一つ選び，記号で答えなさい。

ア　寄進された荘園に不輸の権を認めた。

イ　開墾した田地の永久私有を認めた。

ウ　国ごとに国分寺を建立するように命じた。

エ　金銅を用いた大仏を造立するように命じた。

問4　(3)に適する語を漢字3字で答えなさい。

問5　下線(4)に関連して，征夷大将軍と同様に律令の規定にない官職に関白があります。下の**ア**～**エ**のうち，関白に**就任したことがない**人物の組み合わせはどれですか。記号で答えなさい。

ア　藤原道長・平清盛　　**イ**　藤原道長・豊臣秀吉

ウ　藤原頼通・平清盛　　**エ**　藤原頼通・豊臣秀吉

問6　下線(5)に関連して，下の**ア**～**エ**は，鎌倉時代から室町時代のできごとです。これらを年代順(古い順)に並べ替え，記号で答えなさい。

ア　後醍醐天皇が吉野に移り，皇位の正統性を主張した。

イ　正長年間に，徳政を求めて土民が蜂起した。

ウ　後鳥羽上皇が，執権の北条義時の追討を命じた。

エ　日本と明のあいだで，勘合を用いた貿易が始まった。

問7　下線(6)に関連して，この10年後から約11年間，幕府の実権争いや，将軍家や管領家の後継争いをきっかけに大乱がおきました。この大乱がおきていた時期の年号の組み合わせとして正しいものを，下の**ア**～**カ**から選び，記号で答えなさい。

ア　応仁・文禄　　**イ**　応仁・文明　　**ウ**　応仁・文化

エ　永仁・文禄　　**オ**　永仁・文明　　**カ**　永仁・文化

問8　(7)に適する人名を，下の**ア**～**オ**から選び，記号で答えなさい。

ア　ラクスマン　　**イ**　ナウマン　　**ウ**　シャクシャイン

エ　コシャマイン　　**オ**　アテルイ

問9　(8)に適する語を漢字2字で答えなさい。

問10　下線(9)について，戊辰戦争で旧幕府軍の榎本武揚が拠点とした箱館の城を何といいますか。名称を漢字3字で答えなさい。

問11　下線(10)に関連して，札幌農学校出身で，1920年に国際連盟事務局次長に就任した人物はだれですか。下の**ア**～**オ**から選び，記号で答えなさい。

ア　渋沢栄一　　**イ**　杉原千畝　　**ウ**　内村鑑三

エ　伊藤博文　　**オ**　新渡戸稲造

問12　下線(11)に関連して，下の**ア**～**エ**のうち，樺太と千島列島について正しく説明したものはどれですか。一つ選び，記号で答えなさい。

ア　1875年の樺太・千島交換条約では，択捉島は千島列島の一部であると明記された。

イ　1951年のサンフランシスコ平和条約では，択捉島は千島列島の一部であると明記された。

ウ　1905年のポーツマス条約により，北緯50度より南の樺太が日本領となった。

エ　1905年のポーツマス条約により，北緯40度より南の樺太が日本領となった。

問13　下線(12)について，当初，屯田兵には士族が奨励されました。屯田兵に士族が奨励された理由を，次のページの年表をふまえて説明しなさい。

1872　壬申戸籍…身分によらず居住地などで登録
1873　徴兵令…20歳以上の男子から徴兵し３年間の兵役
1876　金禄公債証書発行条例…華族・士族の給与支給を廃止して債権発行
　　　廃刀令…軍人や警察らの制服着用時を除き，帯刀を禁止

3　次の文を読み，下の各問いに答えなさい。

いよいよ私立中学校入試が始まりましたね。2024年はみなさんにとって中学生になる節目の年です。みなさんや2024年に関連するできごとを確認していきましょう。

今年のお正月に開催された東京(1)箱根間往復大学駅伝競走は100回目の記念大会で，関東の大学以外にも門戸が開かれました。夏には，(2)新しい図柄の日本銀行券が発行開始予定になっています。また，(3)東京と姉妹都市であるパリで夏季オリンピック・パラリンピック競技大会が開催予定です。11月には，(4)アメリカ合衆国の大統領選挙も実施予定です。

振り返ってみると今から10年前の2014年には，(5)消費税が増税されました。この年は，(6)集団的自衛権の行使について解釈変更が(7)閣議でおこなわれるなど，日本の安全保障の大きな転換点をむかえました。また，20年前の2004年には，(8)京都議定書に(9)ロシアが批准し，本格的に地球温暖化対策の世界的な取り組みが動き出しました。50年前の1974年には，インドが(10)核実験を実施しました。国内では，佐藤栄作元首相に(11)ノーベル平和賞が授与されています。みなさんが生まれた2011年から2012年にかけては，(12)東日本大震災の発生や第２次安倍政権の発足，(13)為替相場の歴史的な円高などがありました。

以上，みなさんや2024年に関連するできごとを確認しました。中学校入学という節目の年をぜひ，充実させてください。

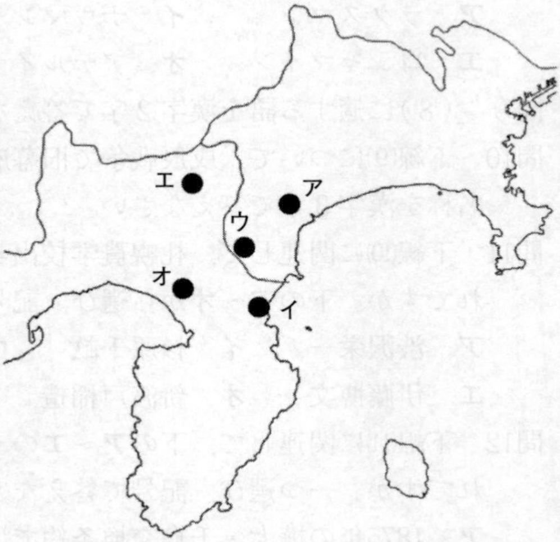

問１　下線(1)に関連して，かつて箱根関所があった場所はどこですか。右の地図中の**ア**～**オ**から選び，記号で答えなさい。

問２　下線(2)に関連して，新五千円札の図柄に採用予定の，岩倉使節団とともにアメリカにわたり，帰国後，日本の女子教育に貢献した人物はだれですか。漢字で答えなさい。

問３　下線(3)に関連して，最高裁判所は東京に設置されています。下の**ア**～**エ**のうち，日本の裁判制度に関する説明として**ふさわしくない**ものはどれですか。一つ選び，記号で答えなさい。

ア　2009年から，すべての刑事事件において，国民から選ばれた裁判員が審理に参加する裁判員制度が導入された。

イ　公正で慎重な裁判をおこなうことで裁判の誤りを防ぎ人権を守るために，三審制が導入されている。

ウ　民事裁判は，個人や団体同士の権利や義務についての争いを解決する手続きである。

エ　有罪判決が確定した後に，無罪を言いわたすべき明らかな証拠を新たに発見した場合などに再審がおこなわれる。

問4　下線(4)に関連して，下の**ア**～**オ**のうち，現在のアメリカ合衆国大統領が所属する政党名はどれですか。一つ選び，記号で答えなさい。

ア　自民党　　**イ**　民主党　　**ウ**　共和党

エ　保守党　　**オ**　国民党

問5　下線(5)に関連して，消費税が所得税とくらべて，一般的に社会保障の安定財源とされる理由を，税を負担する世代に注目して説明しなさい。

問6　下線(6)に関連して，下の文は，日本の平和主義について定めた，日本国憲法第9条の条文です。文中の(　)に適する語を漢字で答えなさい。

日本国民は，正義と秩序を基調とする国際平和を誠実に希求し，国権の発動たる戦争と，武力による威嚇又は武力の行使は，(　　)を解決する手段としては，永久にこれを放棄する。

問7　下線(7)に関連して，下の**ア**～**エ**のうち，内閣に関する説明として**ふさわしくない**ものはどれですか。一つ選び，記号で答えなさい。

ア　内閣総理大臣は，自衛隊の最高指揮監督権を有する。

イ　2023年に，行政機関の一つとして，こども家庭庁が加わった。

ウ　閣議では，閣僚の多数決による議決を原則とする。

エ　内閣の構成員は全員，文民でなければならない。

問8　下線(8)に関連して，2005年に発効された京都議定書に代わる，2020年以降の地球温暖化対策の国際的な枠組みを何といいますか。4字で答えなさい。

問9　下線(9)に関連して，下の**ア**～**エ**のうち，ロシアについてのべた文として**ふさわしくないもの**はどれですか。一つ選び，記号で答えなさい。

ア　1991年に解体したソヴィエト連邦を継承した国家である。

イ　2000年代に，日本との間に平和条約を締結し，領土問題を解決した。

ウ　2014年3月，プーチン大統領はクリミア「併合」を宣言した。

エ　2022年2月，ウクライナに本格的な軍事侵攻を開始した。

問10　下線(10)に関連して，①・②の各問いに答えなさい。

①　第一回原水爆禁止世界大会(1955年)は，アメリカが太平洋ビキニ環礁でおこなった水爆実験をきっかけに開催されました。下の**ア**～**オ**のうち，その開催都市はどこですか。一つ選び，記号で答えなさい。

ア　広島　　**イ**　東京　　**ウ**　札幌　　**エ**　長崎　　**オ**　大阪

②　1974年にインドが核実験をおこなったのは，カシミール問題とよばれる隣国との領土問題による緊張状態が理由の一つにあるといわれています。この隣国の名を答えなさい。

問11　下線(11)に関連して，下の**ア**～**オ**のうち，過去にノーベル平和賞を受賞した個人や団体として**ふさわしくないもの**はどれですか。一つ選び，記号で答えなさい。

ア　バラク・オバマ　　**イ**　国境なき医師団　　**ウ**　グラミン銀行

エ　マララ・ユスフザイ　　**オ**　北大西洋条約機構

問12　下線⑿に関連して，東日本大震災発生直後，発電所が停止し，電力需要が電力供給能力を上回ることによる大規模停電を避けるため，電力会社により一定地域ごとに電力供給を一時停止させる対応が実施されました。これを何といいますか。漢字４字で答えなさい。

問13　下線⒀に関連して，下の**ア**～**エ**のうち，為替相場が円安に進むとおこりやすい現象としてもっともふさわしいものはどれですか。記号で答えなさい。

ア　輸入品価格が上がるので，輸入産業の利益が増える。
イ　自動車会社など国内の輸出産業が大きな打撃を受ける。
ウ　輸入品などの還元セールがおこなわれやすくなる。
エ　日本を訪れる外国人観光客の消費が伸びる。

【理　科】〈A日程試験〉（30分）〈満点：60点〉

1　豆電球と電池を導線でつないだ回路をつくりました。これに関する次の各問いに答えなさい。ただし，使用する豆電球はすべて同じものとします。

回路を図で表すと，同じ回路でもいくつかの表し方があります。例えば，図1と図2の回路図は同じ回路を表します。

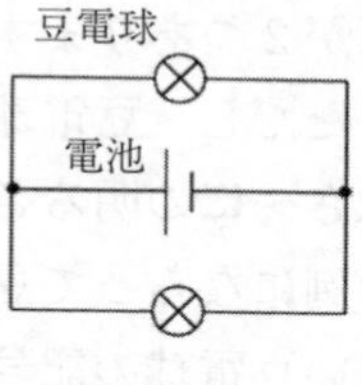

図1

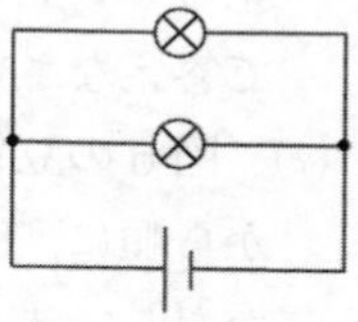
図2

(1)　図1と同じ回路を表す回路図はどれですか。次の**ア**～**エ**の中からすべて選び，記号で答えなさい。

ア
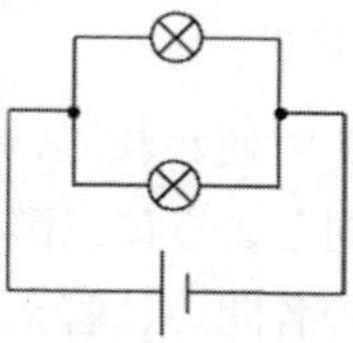
イ
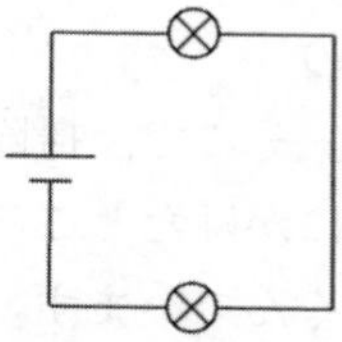
ウ
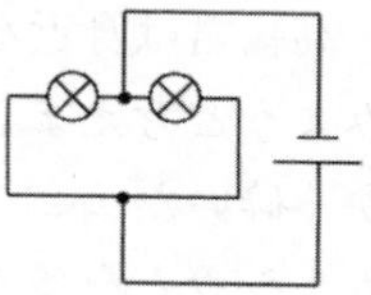
エ
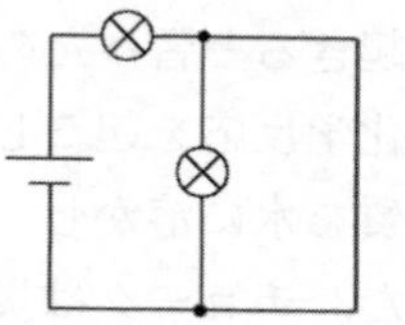

(2)　図3と同じ回路を表す回路図はどれですか。次の**ア**～**エ**の中からすべて選び，記号で答えなさい。

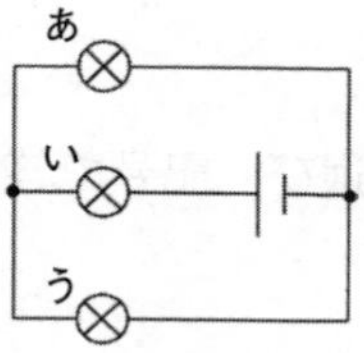

図3

ア
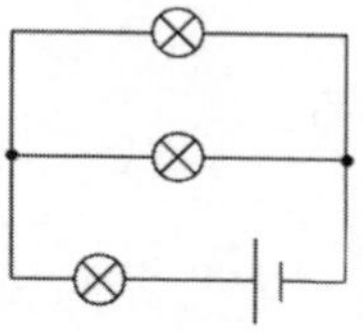
イ
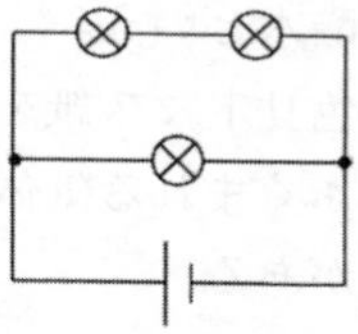
ウ
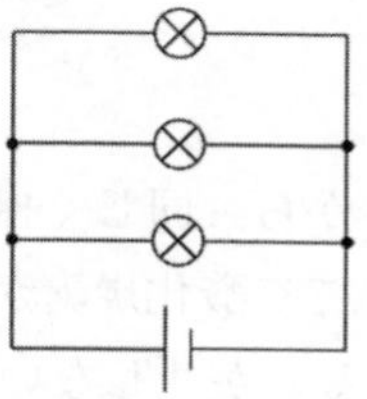
エ
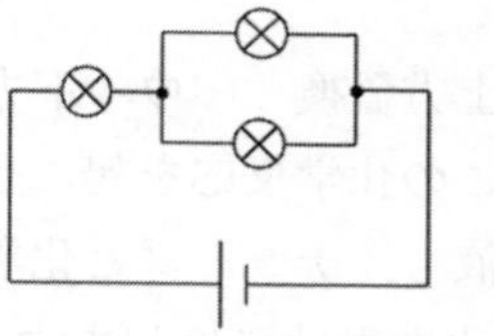

(3)　図3の豆電球**あ**～**う**の明るさを比べたとき，明るいものから順に，豆電球の記号を例にならって書きなさい。

（例）　**あ**が最も明るく，**い**と**う**は同じ明るさとなるとき，「**あ＞い＝う**」のように記号を用いて答える。

図4のような回路をつくってみたところ，豆電球**え**だけ光らないことがわかりました。

(4)　図5の豆電球**お**～**こ**の中で，光らないものが1つだけあります。それはどれですか。記号で答えなさい。

(5)　図5の豆電球**お**～**こ**の明るさを比べたとき，明るいものから順に，(3)の例にならって豆電球の記号を書きなさい。ただし，光らない豆電球の記号を書く必要はありません。

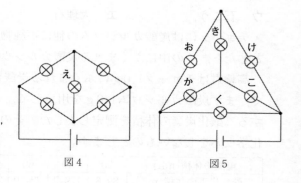

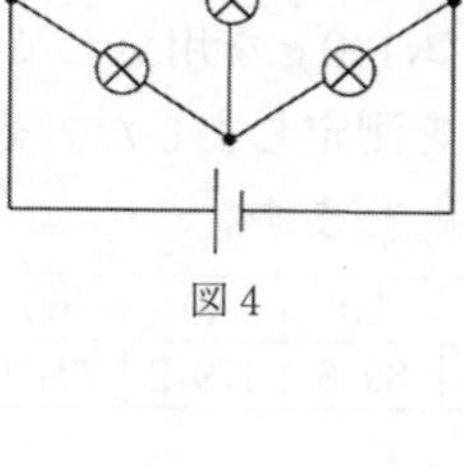

図4

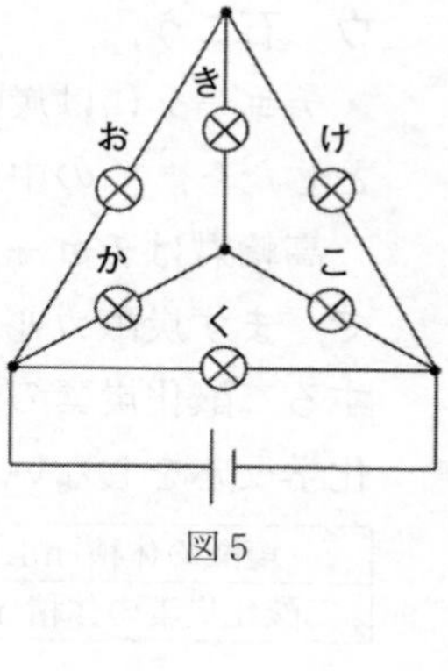

図5

(6)　図6のような立方体の回路があり，豆電球**さ**～**に**の中で，光らない豆電球が2つあります。それはどれですか。記号で答えなさい。ただし，豆電球は各辺の中央にあります。

(7)　図6の豆電球**さ**～**に**の明るさを比べたとき，明るいものから順に，(3)の例にならって豆電球の記号を書きなさい。ただし，光らない豆電球の記号を書く必要はありません。

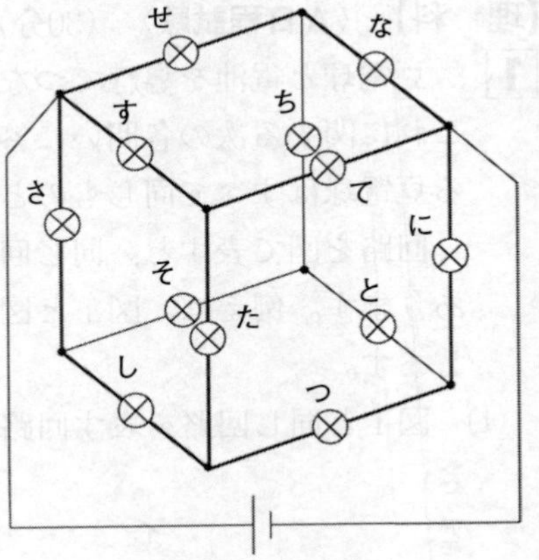

図6

2　高輪君は，理科の授業で，炭酸カルシウムという固体にうすい塩酸をかけると二酸化炭素が発生することを学びました。この化学反応は塩酸でなくても，同じ酸性の水溶液《すいようえき》であるお酢《す》でも起きると習ったので，高輪君は身近なものを使って，この化学反応を起こしてみようと考えました。そこで，掃除《そうじ》などで使われているクエン酸という物質を水に溶《と》かし，細かく砕《くだ》いたチョークにかけたところ，同じように二酸化炭素が発生しました。チョークは炭酸カルシウムを多くふくんでいます。次の各問いに答えなさい。

(1)　二酸化炭素について正しいものを，次の**ア**～**エ**の中から1つ選び，記号で答えなさい。

ア　水に溶かしたものを炭酸水という。

イ　水に溶かしたものは赤色リトマス紙を青色にする。

ウ　空気中で二番目に多くふくまれる気体である。

エ　ものを燃やすはたらきがある。

(2)　二酸化炭素の集め方として適切でないものを，次の**ア**～**ウ**の中から1つ選び，記号で答えなさい。

ア　水上置換《ちかん》　　**イ**　上方置換　　**ウ**　下方置換

(3)　高輪君はクエン酸でこの化学反応を起こせたことから，同じく掃除で使っている重そうという物質を溶かした水溶液も，チョークと化学反応して二酸化炭素が発生すると考えました。実際に実験すると，二酸化炭素は発生しますか。「する」か「しない」かのどちらかを丸で囲み，その理由を答えなさい。

(4)　炭酸カルシウムがふくまれていないものを，次の**ア**～**エ**の中から1つ選び，記号で答えなさい。

ア　ホタテの貝がら　　**イ**　卵のから

ウ　石こう　　**エ**　大理石

チョークには炭酸カルシウムの他に不純物がふくまれます。例えば，チョークが10gあったとしたら，その中にふくまれる炭酸カルシウムは10g未満になります。

高輪君はチョーク1.0gにふくまれる炭酸カルシウムが何gなのかが気になりました。そこで，まず炭酸カルシウム1.0gを用意して，きまった濃《こ》さの塩酸を少しずつ注いでいき，発生する二酸化炭素の体積を測定しました。その結果が次の表です。ただし，チョークの不純物は化学反応をしないものとします。

塩酸の体積[mL]	20	40	60	80	100
二酸化炭素の体積[mL]	89.6	179.2	224.0	224.0	224.0

(5)　炭酸カルシウム1.0gとちょうど反応する塩酸の体積は何mLですか。

(6)　チョーク1.0gに，同じ塩酸を十分な量加えると，二酸化炭素が179.2mL発生しました。このチョークの中にふくまれる炭酸カルシウムは何gですか。

(7)　チョーク0.2gと炭酸カルシウム0.34gの混合物に，同じ塩酸を20mL加えたときに発生する二酸化炭素の体積は何mLですか。

3　次の会話文を読み，以下の各問いに答えなさい。

T君：あそこで光って動いている星みたいなものは何？

父親：あー！　あれは①国際宇宙ステーションだよ！　いつでも見られるわけではないから，ラッキーだったね。

T君：国際宇宙ステーションって何？

父親：②地上から400kmの高さにあって，90分で地球を一周している実験施設《しせつ》だよ。何人かの人が滞在《たいざい》して実験や研究を行っているんだ。

T君：へー，すごい仕事をしているんだね。でも，90分で一周しているなら，毎日見えそうだけど。

父親：地球から国際宇宙ステーションを見るには条件があるんだ。雲がないのは当然として，③日本の上空を通過しているときでないと見えない。さらに，昼に星が見えないように昼間だと見えないし，④国際宇宙ステーションは太陽の光を反射して光って見えるので，⑤こういう位置関係にないと国際宇宙ステーションは見えないんだ。

T君：なるほど。やっぱりラッキーだったんだね。ぼくも宇宙飛行士になって，国際宇宙ステーションに行ってみたいな！

(1)　下線部①の国際宇宙ステーションの略称《りゃくしょう》を，次の**ア**～**オ**の中から1つ選び，記号で答えなさい。

ア　NASA　　**イ**　JAXA　　**ウ**　ISS
エ　H-Ⅱ　　**オ**　STS

(2)　下線部②について，地球の半径を6400km，円周率を3とすると，国際宇宙ステーションの速さは時速何kmですか。

(3)　下線部③に関して，次の文章の(A)には数値を，(B)には「東」か「西」のどちらかを答えなさい。

右図のように，地球の外から見ると，国際宇宙ステーションは同じ軌道《きどう》を90分かけて回っている。しかし，地球は自転しているため，国際宇宙ステーションが1回転する間に，地球は(　A　)°回転する。よって，地上にいる人から見ると，国際宇宙ステーションの通過する位置はどんどん(　B　)にずれていくように見える。

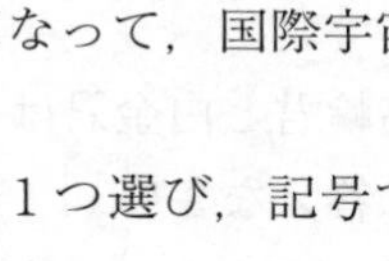
国際宇宙ステーション

(4)　下線部④について，国際宇宙ステーションと同様に，太陽の光を反射して光って見えるものを，次の**ア**～**オ**の中からすべて選び，記号で答えなさい。

ア　月　　**イ**　火星　　**ウ**　流星
エ　北極星　　**オ**　シリウス

(5)　下線部⑤を話しているときに，父親が示した図を，次のア～エの中から１つ選び，記号で答えなさい。

ア

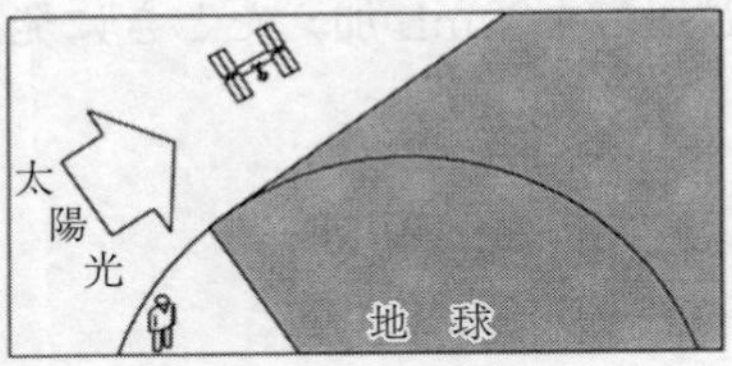

イ

ウ

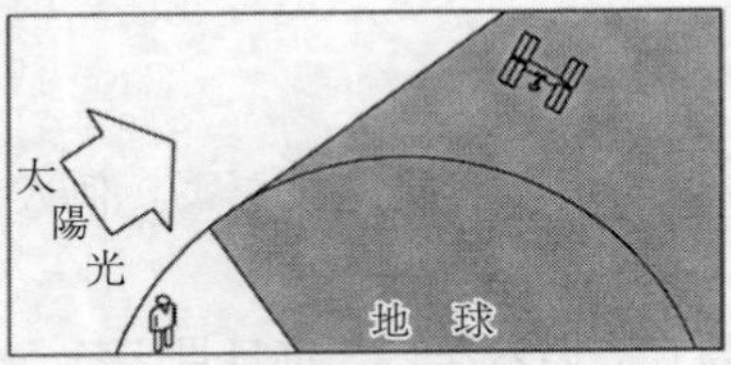

エ

(6)　あなたが国際宇宙ステーションに行けるとしたら，重力がほとんどない環境《かんきょう》を活かし，ステーション内においてどのような実験や研究をしてみたいですか。ボールを投げるなど，人やものを動かすこと以外で思いつくものを１つ挙げ，例のように地球で行うのとどのような点を比較《ひかく》したいか記述しなさい。

(例)　アサガオの鉢《はち》植えを育て，つるがのびる方向が地球とちがうのか調べる。

4　高輪君と白金君はそれぞれの夏休みの出来事を話しています。次の文章を読み，以下の各問いに答えなさい。

高輪君：ぼくは，博物館でゴキブリの話を聞いてきたよ。オーストラリアにはヨロイモグラゴキブリというのがいて，名前の通りモグラの前足みたいに土をほるのに適したあしを持っていて，土の中に巣を作って，落ち葉とかを食べているんだって。①モグラとゴキブリって全然ちがう生き物だけど，つくりやはたらきが似ている器官を持つんだね。例えば，（　②　）もそれと同じだよね。こういった生物の体の構造をうまく利用して作られているものがあるよね。例えば，カは血を吸うときにさすけど，人間はさされたときにあまり痛さを感じないじゃない。だから，カの口の構造をまねして（ ③ ）が作られているみたいだよ。あとは，よごれにくいというカタツムリのからの構造をもとに（ ④ ）が作られたりしているらしい。ヨロイモグラゴキブリのあしも，土をほるものを開発するのに利用できるのかもしれないね。

白金君：ぼくは，合宿で川の上流に行ってきたよ。この川ではある区域に生息するイワナの個体数の調査をしているんだって。調査の方法は，まずはじめにイワナを何匹か捕獲《ほかく》して個体数（Ａ）を数え，そのすべてに目印をつけてから放すんだ。何日か時間をおいて目印をつけたイワナが十分に分散してから，もう一度同じ条件でイワナを何匹か捕獲して，捕《つか》まえた全個体数（Ｂ）と，その中にふくまれる目印のついたイワナの個体数（Ｃ）を数えるんだ。すると，次の式から区域内の全個体数を推定できるんだ。

$$\text{区域内の全個体数}=\begin{array}{l}\text{最初に捕獲して目印}\\\text{をつけた個体数（Ａ）}\end{array}\times\frac{\text{２度目に捕獲した全個体数（Ｂ）}}{\text{再捕獲された目印のついた個体数（Ｃ）}}$$

この方法は，⑤魚以外の個体数を推定するのにも使われていて，目印はその生物の生存などに影響《えいきょう》しないものを選ぶらしいよ。イワナの場合は，あぶらびれというひれを切って一度捕まえたという目印にするんだって。調査結果を聞いたところ，エサとなる虫などが多いからイワナの生息数が多いんだって。そういえば，夜中，宿の⑥明かりに集まる虫がたくさんいて，⑦その虫を食べようとして集まる生き物もいたな。こういった虫も水面に落ちるとイワナのエサになるよね。虫だけじゃなくて，川には落ち葉も落ちるでしょう。⑧陸上で落ち葉を食べる生き物と同じように，水の中にも落ち葉を食べるやつがいて，それらも魚のエサになるよね。そう考えると，川と陸の生き物ってつながりを持っているんだね。

(1)　下線部①について，モグラとゴキブリは何のなかまですか。次の**ア**～**エ**の中からそれぞれ1つずつ選び，記号で答えなさい。

ア　は虫類　　**イ**　甲殻《こうかく》類　　**ウ**　ほ乳類　　**エ**　昆虫類

(2)　文中の(②)にあてはまるものを，次の**ア**～**エ**の中から1つ選び，記号で答えなさい。

ア　モグラの前足とゴキブリのはね　　**イ**　ゴキブリのはねとゴキブリのあし

ウ　チョウのはねと鳥のつばさ　　**エ**　クジラの胸びれとヒトのうで

(3)　文中の(③)，(④)にあてはまるものを，次の**ア**～**エ**の中からそれぞれ1つずつ選び，記号で答えなさい。

ア　外壁《がいへき》タイル　　**イ**　ストロー　　**ウ**　注射針　　**エ**　黒板

(4)　下線部⑤について，この方法で個体数を推定するのにふさわしくないものを，次の**ア**～**ウ**の中から1つ選び，記号で答えなさい。

ア　池の中のザリガニ　　**イ**　岩についたフジツボ　　**ウ**　草原のバッタ

(5)　下線部⑥，⑦，⑧の生き物としてふさわしい組み合わせを，次の**ア**～**エ**の中から1つ選び，記号で答えなさい。

ア　⑥　カゲロウ　⑦　カマキリ　⑧　トンボ

イ　⑥　クワガタ　⑦　コオロギ　⑧　ハチ

ウ　⑥　ガ　⑦　ヤモリ　⑧　ダンゴムシ

エ　⑥　カワゲラ　⑦　カブトムシ　⑧　ゴキブリ

(6)　ある区域内のイワナの全個体数を調査した際，はじめに50匹のイワナに目印をつけて放しました。その後，2度目にイワナを90匹捕まえ，そのうち目印のついたイワナが5匹でした。この区域内のイワナの全個体数は何匹と推定できますか。

(7)　ある区域内のイワナの全個体数を調査する際に，あぶらびれではなく，尾びれを切って目印をつけた場合，推定できる全個体数はあぶらびれを切ったときと比べてどうなると考えられますか。次の**ア**～**ウ**の中から1つ選び，記号で答えなさい。ただし，尾びれを切ると，イワナが生き残りにくくなるものとします。

ア　少なくなる　　**イ**　変わらない　　**ウ**　多くなる

イ、親元に律を帰す気持ちはないという理佐の強い意志を聞いて、世間一般のありふれた説明では、もはや理佐の心は動かせないと悟り、説得をあきらめようとしている。

ウ、二人だけで生活をしていくという理佐の並々ならぬ覚悟に触れ、この姉とならば、きっと律はうまくやっていけるだろうと思い、もはや自分の支えは必要ないと確信している。

エ、教え子の律が若い姉と二人で暮らしているということに当初は不安を感じていたが、たくましく働く理佐の生活力に触れ、二人の事情についてもう一度じっくり考えてみようとしている。

問九 ――9「理佐は、藤沢先生がやってきたことを律に話そうか話さないでおこうか考えながら」とありますが、このときの理佐の心情の説明としてふさわしいものを次の中から一つ選び、記号で答えなさい。

ア、当初は律に話さずにいようと思っていたが、藤沢先生の人柄《ひとがら》に対する理解が進んだことで、話してみようかと思っている。

イ、当初は律に話そうと思っていたが、藤沢先生から聞かされた現実的な重い話によって、話すのをやめようかと思っている。

ウ、当初は律に話すべきだと思っていたが、藤沢先生の教員の立場での言動がうとましく、話したくなくなったと思っている。

エ、当初は律に話すつもりはなかったが、藤沢先生の真剣な様子に影響され、律にも家の問題に向き合わせたいと思っている。

問一〇 ――10「去っていく市松模様の傘のことを思い浮かべていた」とありますが、この表現から、藤沢先生は理佐から見てどのような先生として映っていると考えられますか。その説明としてふさわしいものを次の中から一つ選び、記号で答えなさい。

ア、教師としての仕事はこなし、生徒のことを大切にしながらも、自分の範囲外の仕事はしない先生。

イ、生徒思いではあるが、決して押しつけがましくなく、自然体でさりげない優しさを持っている先生。

ウ、生徒のことは情熱を持って関わり、家庭の問題にも介入して、自分のやり方に自信を持っている先生。

エ、生徒やその家族にまで助言をする優しさはあるが、実行力はともなっておらず、頼りなさを感じる先生。

問一一 次の中から「ネネ」に関する表現の説明としてふさわしいものを一つ選び、記号で答えなさい。

ア、人語を理解するネネが若い二人を何かにつけて励《はげ》ましていることが、律の「こんなにいい子だよね！」という言葉からよくわかり、家庭訪問をした藤沢先生にもその様子は伝わった。

イ、人語を自由に操《あやつ》るネネには人並み以上の知性が備わっており、そんなネネが理佐の言葉に「おおぉおおぅ」と感嘆《かんたん》の声を上げたことが、一人ではないという勇気を理佐に与えることとなった。

ウ、人語を話すネネの行動や言葉には、停滞しかけた場の空気を一変させる効果があり、特に「空っぽ！」という叫びは、結果として藤沢先生に自分の姿勢を見直すきっかけをもたらすことになった。

エ、人語でコミュニケーションをとれるネネには二人の家族としてのプライドがあり、理佐が「この鳥」と言ったときの「ネネ！」という叫びは、そのことを藤沢先生にも理解させるきっかけとなった。

理由を四〇字以内で説明しなさい。

問二　――2「気持ち背伸びをして必死な様子で言ってきた」とありますが、これは藤沢先生のどのような様子を表しているのですか。ふさわしいものを次の中から一つ選び、記号で答えなさい。

ア、水車の音ばかりが大きく聞こえる中、自分の言葉に相手が集中して耳を傾ける義務があることを、遠回しに伝えている様子。

イ、生徒の家を訪問することで、自分が緊張していることを悟《さと》られないために、平常心でいることを心がけようとしている様子。

ウ、時間が限られた中でも大切な話を相手にしっかり届けようとして、水車の音に負けないように、精一杯の努力をしている様子。

エ、自分の話が軽々しく受け取られないように、座っている相手に自分を大きく見せて、教員の威厳をしっかりと示そうとしている様子。

問三　――3「ネネだってお母さんとくらしてないけどさ、こんなにいい子だよね！」から読み取れる律の心情を、四〇字以内で答えなさい。

問四　――4「理佐は、緊張で手が冷たくなってくるのを感じて」とありますが、このときの理佐の心情の説明としてふさわしいものを次の中から一つ選び、記号で答えなさい。

ア、律が不在であるタイミングを狙って学校のことを話しに来たことに対して反発を覚え、律を守るためにも弱気になってはいけないと自分を奮い立たせている。

イ、律は様々な事情を理解できる賢い妹だが、まだ八歳の子供のため、自分の独立心や意地に彼女を巻き込んではいけなかったと振り返って、深く反省している。

ウ、律にちゃんとした生活をさせようと精一杯自分なりに頑張っているつもりなのに、学校で生じたことの原因がこの生活にもあると指摘されるのではないかと身構えている。

エ、金銭的にも、精神的にも余裕はなかったが、律と二人で支え合いながら懸命に生活していたため、それを確かめもせず、ただ批判しようとする大人たちに怒りを覚えている。

問五　――5「一度もお話はできておりません」とありますが、理佐はその理由をどのように考えたでしょうか。文中の言葉を使って簡潔に説明しなさい。

問六　――6「今度は水車が動く音がやたら大きく聞こえてくる」とありますが、理佐はなぜこのように感じたのですか。ふさわしいものを次の中から一つ選び、記号で答えなさい。

ア、先生に話すことで、姉妹の抱える問題に大きな変化が生まれるのではないかと心強く感じたから。

イ、先生に嘘をついてごまかそうとしていたことがすべて知られてしまって、不安になっているから。

ウ、学校で起きた律のトラブルに関して、先生が本当に味方をしてくれようとしているのかわからなかったから。

エ、先生に話すのがためらわれていたことを明かす時が来たと思い、静かで張り詰めた雰囲気《ふんいき》になっているから。

問七　――7「どうしても難しいでしょうか？」とありますが、どのようなことが難しいのでしょうか。簡潔に答えなさい。

問八　――8「今日のところはこれで帰ります」とありますが、このときの藤沢先生の心情の説明としてふさわしいものを次の中から一つ選び、記号で答えなさい。

ア、自分の意見を全く受け入れようとしない様子の理佐に対して、もう一度母親と連絡を取った上で、再度大人と暮らす必要があることを説こうと思っている。

り、雨の中小屋を出ていく。藤沢先生がついてくる気配がしたけれども、それにはかまわず、物置から素早く(注)割烹着《かっぽうぎ》と三角巾《さんかくきん》とスカーフを出して身に着け、ポンプを押して手を洗って拭《ぬぐ》い、水車の装置がある方の部屋へと入っていく。

先にじょうごを覗き込むと、ネネはネネなりに藤沢先生と理佐に気を遣《つか》って「空っぽ！」を言うのを先延《の》ばしにしていたようで、そばの実がいつも以上に少なくなっているのがわかる。理佐は、部屋の隅に積まれているそばの実の袋の所に駆け寄り、持ち上げようとする。

「すみません！　手伝ってください！」

少しでも早くじょうごにそばの実を補給したかったので、出入り口に立っている藤沢先生に頼むことにする。藤沢先生は驚いたような顔をしてうなずき、そばの実の袋の理佐が手にしていない側を持ち上げる。

藤沢先生が割烹着を着ていないことを考えて、理佐は自分のほうが水車の内部装置と石臼の側に寄っていくように後ろ歩きをし、もう大丈夫です！　と声をかけ、割烹着の中のハサミで袋のてっぺんを切り落として持ち上げ、そばの実をじょうごに注ぎ入れる。

我ながら馬鹿力が出たな、と思いながら、無事そばの実が石臼に吸い込まれていく様子を確認して、理佐は安堵《あんど》する。「あの」藤沢先生は、いつのまにかまた戸口《とぐち》の所に戻って話しかけてきた。「力がとてもお強いんですね」

これまでとはまったく違う話をされて、理佐は少し呆気《あっけ》にとられながら、高校の時、倉庫で働いてたからですかね、と答える。

「文房具の倉庫なんで、すごく重いものとかは持たないんですけど」

「いえ。私は力が弱いんで、うらやましいです」

そう言いながら藤沢先生は、割烹着と三角巾とスカーフを物置にしまった理佐についてネネがいる方の部屋に入ろうとして立ち止まる。

「どうぞ。またこの鳥が知らせてくれるまで話せますんで」

この鳥、というのが何を示しているのかがわかるのか、ネネは、ネネ！　と叫ぶ。藤沢先生は首を横に振る。

「8今日のところはこれで帰ります。応対してくださってありがとうございました」

藤沢先生は深くお辞儀《じぎ》をして、白と青の市松模様の傘を差して帰っていった。

そばの実を挽き終わり、夕方の店の仕事に戻ると、浪子さんが、あの人、りっちゃんの先生なんだよね？　とたずねてきた。水車小屋に来る前にそば屋に寄り「山下律さんのお姉さんはどちらにいらっしゃいますでしょうか？」と丁寧にたずねてきたので、どちら様か訊《き》くと、律の担任だと答えたのだという。

「かき揚げそば食べていってくれたんだけど、おいしかったです、って何回も言ってくれてさ、丁寧な人だね」

「そうだったんですか」

9理佐は、藤沢先生がやってきたことを律に話そうか話さないでおこうか考えながら、10去っていく市松模様の傘のことを思い浮かべていた。

《津村記久子『水車小屋のネネ』より》

(注)市松模様…色の違う二種類の四角形を互い違いにならべた模様。
身頃…衣服で、身体の前と後ろを覆《おお》う部分の総称。
じょうご…口の小さいものに液体などを注ぎ入れる時に使う、あさがおの花のような形をした器具。
割烹着と三角巾…調理時や清掃時に衛生のために用いるエプロンと頭を覆う三角形の布のこと。

問一 ――1「開け放した水車小屋の戸の向こうからやってくる藤沢先生の姿は不吉だった」とありますが、理佐がこのように感じた

理佐が言うと、藤沢先生は、そうでしたか、とうなずく。

「何かあったんですよね？」

「クラスの男子と言い合いになったんです。それで手を上げられて」

昼休みに、律は頭を何度か叩《たた》かれたらしい。それで理科の教科書を投げつけてやり返した。でもそれはその男子には当たらなかったので、今度は国語の教科書を振りかざしてその男子の腕に背の部分をぶつけた。律は複数回頭を叩かれた蓄積《ちくせき》で、男子は教科書の固い背の部分をぶつけられた一発の痛みで、双方《そうほう》泣き出した。急いでクラスの女子が職員室にいた藤沢先生を呼びに行った。

「言い争いの内容も聞きました。律さんに先に悪態《あくたい》をついたのは男子の方です。だから、そんなことを言ってはいけないとよく言って聞かせました」

「何を言われたんですか？」

3ネネだってお母さんとくらしてないけどさ、こんなにいい子だよね！　という昨日の律の言葉を思い出す。4理佐は、緊張で手が冷たくなってくるのを感じて、手元にあるコーラス会の衣装の生地を極端なしわにならない程度にぎゅっと握りしめる。

「律さんがご両親と暮らしていない、っていうことなんですけれども」

理佐はうつむく。指先に持った針のやり場がわからない。今縫っているところを一気に縫ってしまおうと思っていたし、机のない状態で椅子に座って縫い物をしている間、針山はじゃまなので出していない。

「私の方からも、お母様の連絡先をうかがってから何度か電話をかけまして、5一度もお話はできておりません。とはいえ」

針のやり場に困った理佐は、仕方なく生地の縫い代《しろ》の部分に一時的に待ち針のように通す。針に関する懸念《けねん》を片づけると、6今度は水車が動く音がやたら大きく聞こえてくる。

「7どうしても難しいでしょうか？」

藤沢先生の問いに、理佐はやはりごまかすことはできないと理解して、言葉を選んで話し始める。

「うちはもともと母親と律と私の家族なんですけど、帰したくないんです、少なくとも今は」理佐は、おそるおそる顔を上げて藤沢先生の顔を見つめる。肯定《こうてい》も否定も滲《にじ》ませない、白い壁のような静かな顔付きだった。「母親の婚約者が律にきつく当たるので、私が高校を卒業して独立するのに連れてきました。律はその人に怒鳴《どな》られたり、頭を叩かれたこともあったそうですし、その人の機嫌《きげん》が悪いと夜に家から閉め出されたりもしていました」

理佐は、母親の無関心な声音《こわね》を思い出して、そのことに傷付きながらも続ける。

「母親はそのことをまったく婚約者に注意せず、好きにさせている様子でした。だから連れてきました」

藤沢先生はうなずく。何かを続けたらいいのかもしれないけれども、すぐには言うことが見つからなかったので、理佐は再び頭の中に言葉を探し始める。水車が回る音はいっそう大きく聞こえて、視界の中でネネがそわそわし始め、音もなく止まり木から台の上に飛び降り、戸の向こうの(注)じょうごを覗《のぞ》き込み始める。そして、あからさまに苦しそうに首をひねる。

理佐は相変わらず何を続けたらいいかわからず、代わりに藤沢先生が口を開く。

「事情はわかりました。一度お母様とすべてを明らかにして話し合われた方が……」

「空っぽ！」

理佐と藤沢先生に背を向けていたネネが、突然叫《さけ》んだ。理佐ははっとして、わかった！　と返事をして、丸椅子に生地を置いて立ち上が

ことが大切だと述べている。

ウ、日本におけるSDGsブームの危険性を、若者が受けているストレスを糸口として具体例を交えながら説明している。そして、SDGsの達成には負担を過度に増やさないよう調整することが必要だと述べている。

エ、SDGsには環境・経済・社会に関わるものがあるが、先進国では環境ばかりが注目されることを日本を例として挙げ説明している。そして、他の分野にも目を向けないと今後経済衰退の恐れがあると述べている。

三　次の文章を読んで、後の問いに答えなさい。ただし、字数に制限がある場合は、句読点や記号も字数に含まれるものとします。

高校を卒業した十八歳の山下理佐は、家庭の問題から自分の独立に合わせ、八歳の妹・律を連れて家を出た。理佐は地方の山間《やまあい》にあるそば屋に就職し、住み込みで働くこととなる。そのそば屋では、水車を使い、石臼《いしうす》でそば粉を挽《ひ》いている。その石臼とそば粉の管理を、ネネと呼ばれる十歳になる鳥に手伝わせていた。ネネはヨウムという種類で、人の言葉を話し、理解することができる。

理佐は姉妹二人で暮らすことについて、周囲の大人たちから何か言われないかと気を張って生活していたが、律の小学校の担任である藤沢静子先生から、五月の家庭訪問で、親元を離れ姉妹二人だけで暮らし続けることについて心配であると告げられてしまう。理佐は、藤沢先生に認められるよう、律をしっかり生活させていかなければならないと考えていた。次の文章は、その後、六月になったある日の出来事である。

藤沢先生が水車小屋を訪ねてきたのは、その日に理佐が水車を動かしに行ってすぐのことだった。やはり小雨の降っている日で、藤沢先生は、白と青の大きな（注）市松模様《いちまつもよう》の傘を差していた。1開け放した水車小屋の戸の向こうからやってくる藤沢先生の姿は不吉だったが、傘はいいなと理佐は針を動かしながら思った。縫《ぬ》い物については、退屈した様子のネネに何度か、それ何？とたずねられたので、これとこれをくっつけている、と理佐は（注）身頃と背の二枚の生地《きじ》をネネの目の前で重ねたり離したりした。そしてばらばらの状態のものを最後に示して、実際に肩を縫い合わせて生地がつながったところをネネに見せると、おおぉおおぅ、とネネは感心したように首を回した後、頭を振《ふ》った。二枚の布が一枚になったということはなんとなくわかるようだ。

こんにちは、こんにちは、と挨拶《あいさつ》を交わし、少しだけお時間よろしいでしょうか？ と藤沢先生が水車の音に負けじと、2気持ち背伸びをして必死な様子で言ってきたので、はい、と理佐はうなずいて、生地と裁縫《さいほう》道具を持って入り口から遠い方の丸椅子《まるいす》へと移動し、自分の座っていた椅子を藤沢先生に勧《すす》める。

「五、六時間目は図画工作の連続授業で、今日は他校から専門の先生が来てくださっているため、抜け出してきました」

授業はどうしたんだろう、という理佐の内心の疑問の先回りをするように、藤沢先生は会釈《えしゃく》をしながら椅子に腰掛《か》ける。やはり声が小さいので藤沢先生のいる方向に頭を傾《かたむ》けないとはっきり話が聞こえないのだが、藤沢先生の声の通り自体はよかった。

「昨日、律さんの様子はどうでしたか？」

「まあ、なんだかふさいでました。いやなことがあったみたいで。でも理由を言わないので」

はめたとき、ふさわしい組み合わせを次の中から選び、記号で答えなさい。

ア、7…環境　8…経済　11…社会
イ、7…経済　8…環境　11…社会
ウ、7…社会　8…経済　11…環境
エ、7…環境　8…社会　11…経済
オ、7…経済　8…社会　11…環境
カ、7…社会　8…環境　11…経済

問八　――9「『総論賛成、各論反対』のようなものになります」とありますが、これはどういうことですか。その説明としてふさわしいものを次の中から一つ選び、記号で答えなさい。

ア、人類全体で二酸化炭素の排出量を減らさなければならないということには賛成するが、そのために自国や自身の活動が制限されることには反対するということ。
イ、人類の二酸化炭素の排出量を減らさなければならないという考え方には賛成するが、経済発展の余地がある途上国にはその理屈は押しつけられないということ。
ウ、人類の二酸化炭素の排出量を減らすという大きな目標については賛成するが、そのために経済活動を停止するという小さな目標については反対するということ。
エ、人類として二酸化炭素の排出量を減らしていく必要があることに表向きだけ賛成しながら、環境を自国の発展より優先する政策を実現する気はないということ。

問九　――10「どこかで『キレイゴト』を引っ込めて、『大人の事情』に基づく調整が必要になる」とありますが、ここでいう「大人の事情」とはどういうことですか。文中の言葉を使って説明しなさい。

問一〇　――12「まずは世の大人たちがフンベツをもってＳＤＧｓそのものをしっかりとブンベツし、これから何をすべきかを考えなければいけない」とありますが、これはどういうことですか。その説明としてふさわしいものを次の中から一つ選び、記号で答えなさい。

ア、世の大人たちは家庭ゴミの分別以上に重要なＳＤＧｓの課題があることをよく理解した上で、若い世代にその課題を伝えていく必要があるということ。
イ、世の大人たちはＳＤＧｓの意義や道理についてしっかり判断し、その取り組みにおいて何が必要で何が優先されるべきか思《し》慮《りょ》深く考えていく必要があるということ。
ウ、世の大人たちはＳＤＧｓの目標のうち環境問題にだけ目を向けるのではなく、環境・経済・社会のいずれも取り残さずに持続可能性を高める方法を模《も》索《さく》する必要があるということ。
エ、世の大人たちは現在の自分たちの生活を守るのではなく、未来の若い世代の生活をよりよくするために、自分たちが実践すべきＳＤＧｓのプロジェクトを見《み》極《きわ》めていく必要があるということ。

問一一　本文の内容の説明としてふさわしいものを次の中から一つ選び、記号で答えなさい。

ア、ＳＤＧｓが日本では「奉仕の精神」と結びつき、若者に大きな影響を及ぼすようになったことをＳＮＳを例にわかりやすく説明している。そして、本来ＳＤＧｓは世の大人が率先して取り組むべきだと述べている。
イ、ＳＤＧｓの内容は途上国や独裁国家の人々が対象と思われがちだが、先進国の人々も含まれることを若者を例に説明している。そして、世界規模で考えるよりまず自身の幸福を追求する

ケンカが起こるでしょう。どの分野でも、完全に筋を通すことなどできません。10どこかで「キレイゴト」を引っ込めて、「大人の事情」に基づく調整が必要になる。SDGsとはそういうものだからこそ、完璧を目指さずに「ぼちぼち」やっていくしかないのです。

また、大学で学生たちを相手にしている身としては、いまのSDGsブームが結果的に若い世代を苦しめることになりはしないかと心配になります。次代を担《にな》う人たちの負担を増やしてしまうとしたら、それこそ（11）の持続可能性が損《そこ》なわれてしまいます。

しかしサステナブルな社会を築きたいなら、若い世代が生き生きと暮らせるようにするのが大人の役目でしょう。ゴミのブンベツに神経をすり減らす前に、12まずは世の大人たちがフンベツをもってSDGsそのものをしっかりとブンベツし、これから何をすべきかを考えなければいけないと思います。

《酒井　敏『カオスなSDGsグルっと回せばうんこ色』より》

（注）SDGs…「持続可能な開発目標」のこと。世界中の環境問題・差別・貧困・人権問題といった課題を、世界のみんなで二〇三〇年までに解決していこうという一七の計画・目標がある。

サステナブル…持続可能であること。

逼迫…ゆとりがなく、苦しくなること。

問一　――1「とくに若い人の中に『SDGs疲れ』や『サステナブル疲れ』が広がっている」とありますが、それはなぜですか。ふさわしいものを次の中から一つ選び、記号で答えなさい。

ア、SNSの利用が必須《ひっす》であり、SDGsに関する「正義」を突きつけられることが他の世代よりも多いから。

イ、前世代の大人たちの負の遺産を、自分たちが解決しなければならないという理不尽《りふじん》な目にあっているから。

ウ、社会の持続可能性に興味、関心を持つことが自身の評価に直結するという環境下で重圧に耐えているから。

エ、若者は「ぼちぼち」物事に取り組む加減がわからず、真面目に完璧を目指し日常生活を送ろうとするから。

問二　――2「こうあらねばならない」とありますが、これを具体的に言いかえている部分を文中から四〇字以内で抜き出し、始めと終わりの五字を答えなさい。

問三　――3「世の中には時間が解決する問題もたくさんあるのです」とありますが、ここで想定される具体例としてふさわしいものを次の中から一つ選び、記号で答えなさい。

ア、学力を伸ばすには、焦《あせ》って闇雲《やみくも》に行うのではなく落ち着いた集中できる状況下での学習が有効である。

イ、農作物や森林を育《はぐく》むためには、人が手を入れるばかりではなく自然の力にまかせることも必要である。

ウ、街中にゴミが落ちていても、それを回収する人の仕事を奪わないように放っておくことが最善である。

エ、重い病気であっても、薬や医療に頼るのではなく十分な栄養と睡眠でゆっくり治していくべきである。

問四　――4「自己犠牲」とありますが、自己犠牲を払った生活を筆者が否定的に考えているのはなぜですか。文中の言葉を使って五〇字以内で答えなさい。

問五　――5「『みんなを幸せにしたい』と願うとき」とありますが、そのときには第一に何を心がけることが大事だと筆者は考えていますか。文中から一五字以内で抜き出して答えなさい。

問六　――6「そういう危うさ」とありますが、これはどのような危うさですか。文中の言葉を使って五〇字以内で説明しなさい。

問七　（　）7・8・11に「環境」「経済」「社会」いずれかの語をあて

また、自分で自分に「2こうあらねばならない」とプレッシャーをかけている人もいると思います。脱プラスチックや省エネなど、環境への負荷《ふか》を軽くするための「エコ」な生活スタイルを徹底しなければならないと自分に言い聞かせて、その不便さに耐《た》えている。それこそ家庭ゴミの分別だけでも、厳密にやろうとすると「これはどっちなんだ?」といちいちネットで検索して調べたり、パッケージの金属部分と紙部分を分けるために解体したりなど、けっこうなストレスになるでしょう。毎日のことですから、完璧《かんぺき》を目指していたら疲れてしまうのも当然です。

社会のために、あるいは次世代のために、「何かいいことをしたい」と考えるのは人として当たり前のことですが、疲れを感じるまでやったのでは、その行動そのものがサステナブルになりません。良いことをしたいなら、それを続けられる範囲で「ぼちぼち」やったほうがいいでしょう。3世の中には時間が解決する問題もたくさんあるのです。

根が真面目な人ほど「ぼちぼち」の加減がわからず、やれることを全力でやろうとするのかもしれません。欲求を抑えて4自己犠牲《ぎせい》を払うことに美徳を感じる人もいるでしょう。とくに日本の場合、昔から「奉仕《ほうし》の精神」を尊ぶ精神的土壌《どじょう》もあります。自分を犠牲にして「いいこと」をしたくなる気持ちもわからなくはありません。

でも、5「みんなを幸せにしたい」と願うとき、その「みんな」には自分自身も入っていることを忘れないでほしいのです。国連も、SDGsというプロジェクトを通じて、地球上の「誰ひとり取り残さない」と誓《ちか》っています。途上国の貧しい人々や独裁者の圧政に苦しむ人々のことを思い浮かべる言葉ですし、そうやって取り残されている人々が多いのは確かですが、「誰ひとり」と言う以上、日本のような先進国で暮らす私たちも取り残されてはいけません。自分の日常生活を犠牲にするのは、自分自身をSDGsから取り残しているようなもの。その時点で、「みんな」を幸せにはできていないのです。

だから、まずは自分自身が楽しく生きること。それができて初めて、人のために何かできるようになるのではないでしょうか。

それに、誰にも全体が見えていない世界では、その献身《けんしん》が本当に社会の持続可能性を高め、人々を幸福にするのかどうか、じつのところわかりません。なにしろ、法律をすべてきちんと守っても、誰かがどこかで不幸になっているのかもしれないのです。複雑な世界では、良かれと思ってしたことが、めぐりめぐって人に迷惑をかけることもあるでしょう。たとえば、徹底した省エネにこだわるあまりに、猛暑の真っ最中でもエアコンを使わず熱中症で倒れたりすれば、コロナ禍《か》で(注)逼迫《ひっぱく》している医療に余計な負荷をかけることになりかねません。

いまのSDGsブームには、6そういう危うさがあるように思います。とりわけ日本の場合、SDGsといえば脱炭素や脱プラスチックといった環境問題ばかり注目されますが、一七の目標を見ればわかるとおり、これは「環境」の持続可能性だけを考えているわけではありません。そこには「環境」のほかに、「経済」「社会」という大きな柱があります。環境への負荷を下げるための取り組みばかりに集中した結果、逆に経済や社会への負荷を高めてしまうこともあるでしょう。実際、プラゴミの分別収集は自治体の経済的な負担を高めています(国からの補助金も税金です)。

そもそも人類は、(7)的な発展を追求した結果として、(8)問題に直面しました。ですから、その両方の持続可能性を高めるのはきわめて難しい。たとえば二酸化炭素の排出量をめぐる国際的な議論も、常に9「総論賛成、各論反対」のようなものになります。

SDGsが目指す環境、経済、社会という三つの分野での持続可能性をどれも完璧に高めようとすれば、必ずどこかで優先順位をめぐる

2024年度

高輪中学校

【国語】〈A日程試験〉（五〇分）〈満点：一〇〇点〉

一 次の問いに答えなさい。

問一 次の傍線部のカタカナは漢字に直し、漢字は読みをひらがなで答えなさい。

1、将来は新しい文化を生み出すソウゾウ的な仕事をしたい。

2、コウソウビルが立ち並ぶ。

3、ヒョウリ一体とは、二つのものが密接で切り離せないことをいう。

4、税金をオサめることは国民の義務の一つだ。

5、遊園地でカンラン車に乗る。

6、チューリップのカブを植えた。

7、優勝した団体にトロフィーを授ける。

8、沿道には見物客が多くいた。

問二 漢字の読みには音と訓がありますが、次の1～3の熟語はどの読みの組み合わせですか。ふさわしいものを後のア～エからそれぞれ一つ選び、記号で答えなさい。

1、台所　2、雨具　3、目頭

ア、音と音　イ、音と訓　ウ、訓と訓　エ、訓と音

問三 次の1～3のことわざの意味を後のア～オからそれぞれ一つ選び、記号で答えなさい。

1、えびで鯛《たい》を釣《つ》る　2、たなからぼた餅《もち》　3、花より団子《だんご》

ア、地道な努力が実を結ぶこと。

イ、名目よりも実利を重視すること。

ウ、思いがけない幸運が舞い込むこと。

エ、冗談が本当のことになってしまうこと。

オ、わずかな負担で大きな利益を得ること。

二 次の文章を読んで、後の問いに答えなさい。ただし、字数に制限がある場合は、句読点や記号も字数に含まれるものとします。

いまは1とくに若い人の中に「(注)SDGs疲れ」や「(注)サステナブル疲れ」が広がっているという話も聞くようになりました。高校や大学でSDGsを積極的に取り上げるようになると、良い成績を取りたい若者はそれを避けて通ることはできません。さらに就職活動をする学生は、企業説明会でもSDGsセミナーのようなものを受けることがあるそうです。社会の持続可能性に無関心な人間は高く評価されないのではないか、というプレッシャーを感じてしまったとしても無理はないでしょう。

そういうストレスを与えるのは、大学や就職活動の場だけではありません。SDGsの影響もあって、近年は「サステナブル」を謳《うた》う商品も増えました。それを使っていると「いい人アピール」ができるので、たとえばステンレス製のストローのような脱プラスチック商品など、サステナブルな持ち物の写真を頻繁《ひんぱん》にSNSにアップする人もいるようです。それはそれで個人の自由ですが、いちいちそれを見せられるほうはなんとなく「みんなも使えば？」というプレッシャーを感じます。

そういう人の中には、直接「まだプラスチックのストローなんか使ってるの？」と批判めいた調子で言ってくる人もいるでしょう。「正義」を背負った人が自分の日常生活に介入《かいにゅう》してくるのは、気持ちのいいものではありません。

2024年度

高輪中学校　▶解説と解答

算数　＜Ａ日程試験＞（50分）＜満点：100点＞

解答

[1] (1)　66　(2)　$\frac{13}{18}$　(3)　981　(4)　$\frac{19}{30}$　[2] (1)　$2\frac{4}{5}$　(2)　12個　(3)　15日　(4)　17個　[3] (1)　毎分96m　(2)　24分後　(3)　56分後　[4] (1)　13cm　(2)　15.6cm　(3)　$1.2cm^2$　[5] (1)　$2916cm^3$　(2)　$2025cm^3$　(3)　$1676.7cm^3$

解説

[1] 四則計算，計算のくふう，逆算

(1)　$215-\{286+7\times(14+9)\}\div 3=215-(286+7\times 23)\div 3=215-(286+161)\div 3=215-447\div 3=215-149=66$

(2)　$1\frac{7}{9}\times\frac{1}{8}+\left(\frac{2}{3}-\frac{1}{4}\right)\div\frac{5}{6}=\frac{16}{9}\times\frac{1}{8}+\left(\frac{8}{12}-\frac{3}{12}\right)\div\frac{5}{6}=\frac{2}{9}+\frac{5}{12}\times\frac{6}{5}=\frac{2}{9}+\frac{1}{2}=\frac{4}{18}+\frac{9}{18}=\frac{13}{18}$

(3)　$3.27\times 684-32.7\times 59.7+327\times 2.13=3.27\times 684-3.27\times 10\times 59.7+3.27\times 100\times 2.13=3.27\times 684-3.27\times 597+3.27\times 213=3.27\times(684-597+213)=3.27\times 300=981$

(4)　$0.625\times\left\{1\frac{2}{5}-\left(\square+\frac{1}{6}\right)\div 4\right\}=\frac{3}{4}$より，$1\frac{2}{5}-\left(\square+\frac{1}{6}\right)\div 4=\frac{3}{4}\div 0.625=\frac{3}{4}\div\frac{5}{8}=\frac{3}{4}\times\frac{8}{5}=\frac{6}{5}$，$\left(\square+\frac{1}{6}\right)\div 4=1\frac{2}{5}-\frac{6}{5}=\frac{7}{5}-\frac{6}{5}=\frac{1}{5}$，$\square+\frac{1}{6}=\frac{1}{5}\times 4=\frac{4}{5}$　よって，$\square=\frac{4}{5}-\frac{1}{6}=\frac{24}{30}-\frac{5}{30}=\frac{19}{30}$

[2] 整数の性質，素数の性質，仕事算，つるかめ算

(1)　60を２つの整数の積で表すとき，組み合わせは右の図１の６組ある（つまり，60の約数は12個ある）。よって，求める分数の和は，$\frac{1}{1}+\frac{1}{2}+\frac{1}{3}+\frac{1}{4}+\frac{1}{5}+\frac{1}{6}+\frac{1}{10}+\frac{1}{12}+\frac{1}{15}+\frac{1}{20}+\frac{1}{30}+\frac{1}{60}=\frac{60}{60}+\frac{30}{60}+\frac{20}{60}+\frac{15}{60}+\frac{12}{60}+\frac{10}{60}+\frac{6}{60}+\frac{5}{60}+\frac{4}{60}+\frac{3}{60}+\frac{2}{60}+\frac{1}{60}=\frac{168}{60}=\frac{14}{5}=2\frac{4}{5}$となる。

図１

60	1	2	3	4	5	6
	60	30	20	15	12	10

(2)　１×２×…×50を素数の積で表したとき，２と５の組み合わせが１組できるごとに，一の位から連続して０が１個増える。また，50÷５＝10，50÷（５×５）＝２より，１から50までに５の倍数は10個，25の倍数は２個あり，素数で表したときの５は全部で，10＋２＝12(個)ある。そして，素数で表したときの２は，50÷２＝25(個)以上ある（つまり，５の個数よりも多い）。よって，０は一の位から連続して12個並ぶ。

(3)　仕事全体の量を１とすると，Ａ君が１日にする仕事の量は，$1\div 10=\frac{1}{10}$となる。また，Ａ君とＢ君が１日にする仕事の量の和は，$1\div 6=\frac{1}{6}$となる。よって，Ｂ君が１日にする仕事の量は，$\frac{1}{6}-\frac{1}{10}=\frac{1}{15}$なので，Ｂ君が１人でするときにかかる日数は，$1\div\frac{1}{15}=15$(日)と求められる。

(4)　アメとガムの個数の比は，1.5：１＝３：２だから，アメとガムの１個あたりの平均の値段は，(50×３＋70×２)÷(３＋２)＝58(円)となり，右の図２のようにまとめることができる。アメとガムをあわせて42個買ったとすると，代金の合計は，58×42＝2436

図２

アメとガム（１個58円）
チョコレート（１個100円）　}あわせて42個で3150円

(円)となり，実際よりも，3150－2436＝714(円)安くなる。そこで，アメとガムのかわりにチョコレートを買うと，１個あたり，100－58＝42(円)ずつ高くなる。よって，チョコレートの個数は，714÷42＝17(個)と求められる。

3 旅人算

⑴　２人が１回目に出会った地点をＰ，２回目に出会った地点をＱとすると，右の図のようになる(実線が高輪君で点線が白金君)。PB間の道のりを高輪君は６分，白金君は８分で進むから，高輪君と白金君の速さの比は，$\frac{1}{6}$：$\frac{1}{8}$＝４：３である。よって，高輪君の速さは毎分，$72\times\frac{4}{3}$＝96(m)と求められる。

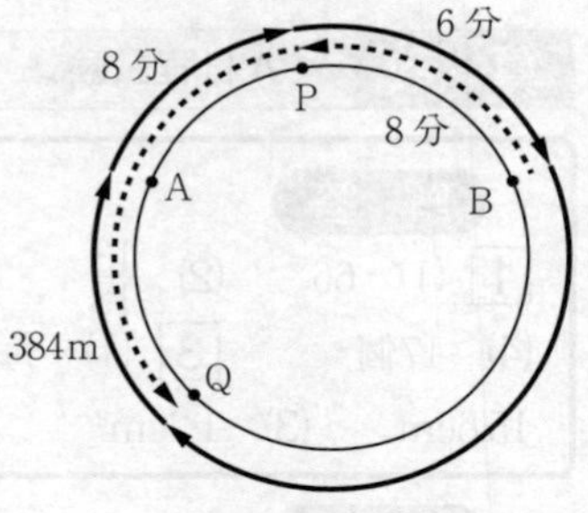

⑵　AP間とPB間の道のりの和は，96×(８＋６)＝1344(m)なので，出発してから２人が２回目に出会うまでに白金君が進んだ道のり(Ｂ→Ｐ→Ａ→Ｑの道のり)は，1344＋384＝1728(m)とわかる。よって，２人が２回目に出会ったのは出発してから，1728÷72＝24(分後)である。

⑶　高輪君が24分で進んだ道のり(Ａ→Ｐ→Ｂ→Ｑの道のり)は，96×24＝2304(m)なので，池の周りの長さは，2304＋384＝2688(m)である。よって，高輪君は，2688÷96＝28(分)ごとにＡ地点を通過する。一方，白金君が初めてＡ地点を通過するのは，1344÷72＝$\frac{56}{3}$(分後)であり，その後は，2688÷72＝$\frac{112}{3}$(分)ごとにＡ地点を通過するから，２回目に通過するのは，$\frac{56}{3}+\frac{112}{3}$＝56(分後)となる。これは28の倍数なので，このとき高輪君もＡ地点を通過することになり，２人が初めてＡ地点で出会うのは56分後とわかる。

4 平面図形―相似，長さ，面積

⑴　右の図で，三角形EBFの面積が30cm²だから，EB＝30×２÷12＝５(cm)とわかる。また，台形HEFGと台形HEADは合同なので，EF＝EAである。よって，EF＝18－５＝13(cm)と求められる。

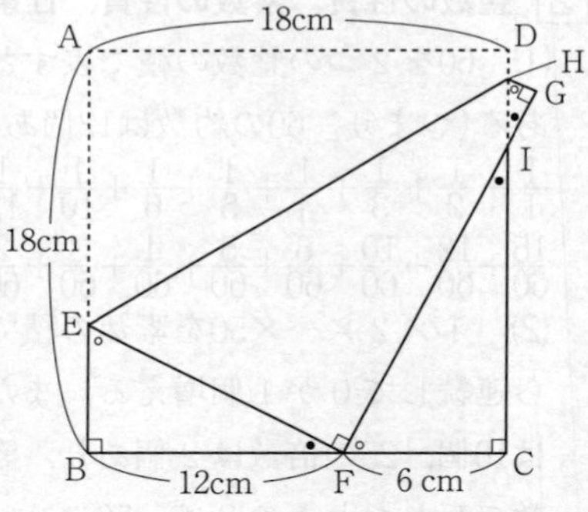

⑵　同じ印をつけた角の大きさはそれぞれ等しいから，三角形BEFと三角形CFIは相似である。このとき，相似比は，BE：CF＝５：６なので，FI＝$13\times\frac{6}{5}$＝15.6(cm)となる。

⑶　GF＝DA＝18cmより，GI＝18－15.6＝2.4(cm)とわかる。

また，三角形BEFと三角形GHIも相似であり，相似比は，BF：GI＝12：2.4＝５：１だから，GH＝$5\times\frac{1}{5}$＝１(cm)と求められる。よって，三角形GHIの面積は，2.4×１÷２＝1.2(cm²)である。

5 立体図形―分割，体積

⑴　６秒後のAPの長さは，１×６＝６(cm)である。下の図１で，ＤとＰ，ＤとＱは，それぞれ同じ面上にあるから直接結ぶことができる。また，Ｐを通りDQと平行な直線を引くと，Ｆを通る。さらに，ＦとＱは同じ面上にあるので，直接結ぶことができる。よって，切断面は平行四辺形DPFQになり，四角柱をななめに切断した立体の体積は，(底面積)×(平均の高さ)で求められる。したがって，点Ｈを含《ふく》む立体の体積は，$(18\times18)\times\frac{12+6}{2}$＝2916(cm³)と求められる。

図1
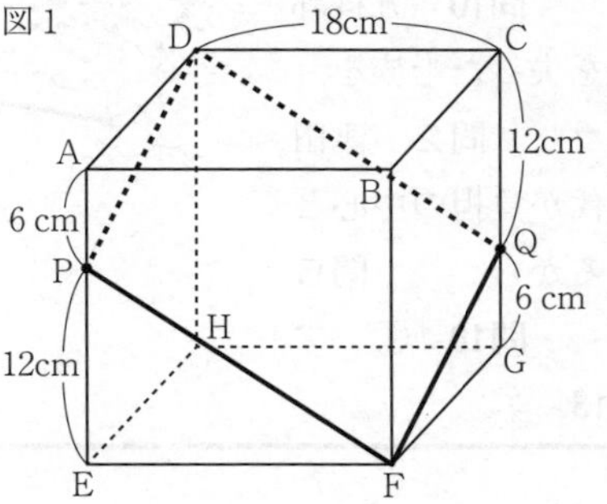

図2
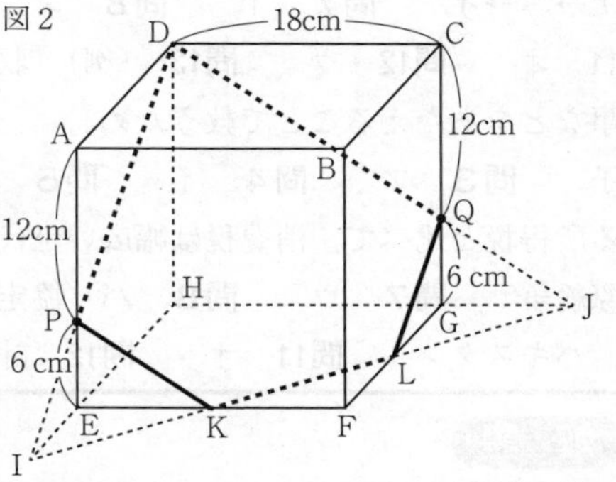

⑵　12秒後のAPの長さは，$1\times12=12$(cm)である。上の図2のように，DPとHE，DQとHGを延長して交わる点をそれぞれＩ，Ｊとすると，３点D，Ｐ，Ｑを通る平面はＩ，Ｊを通るから，切断面は五角形DPKLQになる。また，三角形DQCと三角形JQGの相似より，$GJ=18\times\frac{6}{12}=9$(cm)となり，同様に，EI＝９cmとなる。すると，三角形QGJと三角形PEKの合同より，EK＝９cmとわかり，同様に，GL＝９cmとなる。よって，三角すいP－EIKと三角すいQ－GLJの体積はどちらも，$9\times9\div2\times6\times\frac{1}{3}=81$($cm^3$)となる。さらに，これらの三角すいと三角すいD－HIJは相似であり，相似比は，６：18＝１：３なので，体積の比は，(１×１×１)：(３×３×３)＝１：27となる。したがって，点Ｈを含む立体の体積は，三角すいP－EIKの体積の，(27－１×２)÷１＝25(倍)だから，$81\times25=2025$(cm^3)と求められる。

⑶　15秒後のAPの長さは，$1\times15=15$(cm)であり，⑵と同様に考えると，切断面は右の図３の五角形DPRSQになる。このとき，三角すいP－EMR，三角すいQ－GSN，三角すいD－HMNはすべて相似であり，相似比は，３：６：18＝１：２：６だから，体積の比は，(１×１×１)：(２×２×２)：(６×６×６)＝１：８：216となる。よって，点Ｈを含む立体の体積は三角すいP－EMRの体積の，(216－１－８)÷１＝207(倍)とわかる。ここで，三角形APDと三角形EPMの相似より，$EM=18\times\frac{3}{15}=3.6$(cm)となる。したがって，三角すいP－EMRの体積は，$4.5\times3.6\div2\times3\times\frac{1}{3}=8.1$($cm^3$)だから，点Ｈを含む立体の体積は，$8.1\times207=1676.7$($cm^3$)と求められる。

図３
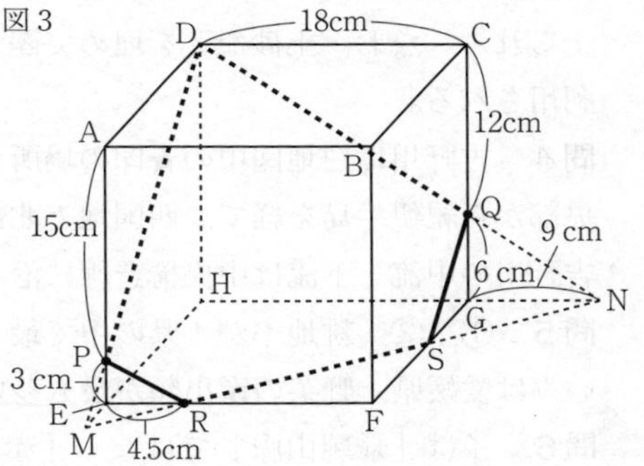

社　会　＜A日程試験＞（30分）＜満点：60点＞

解　答

1　**問１**　ウ　**問２**　オ　**問３**　干拓　**問４**　(例)　下の図　**問５**　①　イ　②　エ　**問６**　イ　**問７**　オ　**問８**　庄内平野　**問９**　ア　**問10**　(例)　在宅勤務が可能になり，地方在住のまま働く人が増えたから。　**問11**　エ　**問12**　ウ　**問13**　阿賀野川

2　**問１**　キ　**問２**　①　エ　②　イ　**問３**　ア　**問４**　多賀城　**問５**　ア　**問６**　ウ

→ア→エ→イ　**問7**　イ　**問8**　エ　**問9**　松前　**問10**　五稜郭　**問11**　オ　**問12**　ウ　**問13**　(例)　収入などの特権を失った士族を，仕事などをあたえることで救うため。　3　**問1**　ウ　**問2**　津田梅子　**問3**　ア　**問4**　イ　**問5**　(例)　現役世代が負担の中心となる所得税と比べて，消費税は幅広い世代から徴収できるから。　**問6**　国際紛争　**問7**　ウ　**問8**　パリ協定　**問9**　イ　**問10**　①　ア　②　パキスタン　**問11**　オ　**問12**　計画停電　**問13**　エ

解　説

1　各地の河川とその流域の自然環境と産業を中心とした問題

問1　九州地方を流れるのはウの大淀《おおよど》川で，宮崎県南部の都城《みやこのじょう》盆地《ぼんち》や宮崎平野を流れ，宮崎市を通って日向灘《ひゅうがなだ》(太平洋)に注ぐ。なお，アの大井川は静岡県中西部，イの太田川は広島県西部，エの仁淀《によど》川は高知県中央部，オの淀川は大阪府を流れる。

問2　福岡県で福岡市，北九州市に次ぐ人口を持つのは久留米市で，筑紫《つくし》平野に位置する。タイヤメーカーの工場があることや，伝統的工芸品の久留米絣《くるめがすり》(木綿の織物)の生産などでも知られる。なお，アの八代《やつしろ》市は熊本県，イの諫早《いさはや》市は長崎県，ウの都城市は宮崎県，エの唐津《からつ》市は佐賀県に位置する。

問3　遠浅の海や湖などで，沖に堤防《ていぼう》を築いて内部の水を排水《はいすい》し，耕地を造成することを干拓《かんたく》という。有明海では古くから干拓が行われ，児島《こじま》湾(岡山県)，八郎潟(秋田県)とともに三大干拓地に数えられる。なお，土砂などを埋《う》めて陸地をつくる方法は「埋め立て」で，工業用地や住宅地などに利用される。

問4　吉野川は白地図中の★印の場所からほぼ真東に流れ，紀伊《きい》水道に注いでいる。なお，本州中央部から紀伊半島を経て，四国地方北部，さらに九州地方中央部にいたる断層を中央構造線といい，吉野川の中流・下流は中央構造線に沿ってできた平地を流れている。

問5　①，②　耕地率が４県の中で最も高いイは讃岐《さぬき》平野が広がる香川県，果実の産出額が最も多いウは愛媛県，野菜の産出額が最も多いエは高知県，残るアは徳島県である。

問6　イは「飛騨《ひだ》山脈」ではなく「赤石山脈」が正しい。なお，本州中央部には飛騨山脈(北アルプス)，木曽《きそ》山脈(中央アルプス)，赤石山脈(南アルプス)が北西から順に並んでおり，合わせて「日本アルプス」と呼ばれる。飛騨山脈と木曽山脈の間にある平地は木曽谷と呼ばれ，木曽川が南下している。また，木曽山脈と赤石山脈の間にある平地は伊那《いな》谷と呼ばれ，天竜《てんりゅう》川が南下している。

問7　11～１月の降水量が多いＡは，冬の降水量(降雪量)が多い日本海側の気候に属する金沢市(石川県)とわかる。６～９月の降水量が多いＢは，夏の降水量が多い太平洋側の気候に属する宮崎市と判断できる。残ったＣは長野市で，年間降水量が少ない中央高地(内陸性)の気候に属するが，日本海側の気候の特徴《とくちょう》もあわせ持つ。

問8　最上《もがみ》川は，山形県を南東から北西にかけて貫くように流れている。その下流域に広がる庄《しょう》内《ない》平野は，全国有数の米どころとして知られる。なお，最上川は富士川(長野県，山梨県，静岡県)，球磨《くま》川(熊本県)とともに日本三大急流の１つに数えられている。

問９　一般《いっぱん》に果樹栽培《さいばい》には，十分な日照時間が確保できる気候と，水はけのよい土地が適している。扇状地《せんじょうち》は，河川が山地から急に平地に出たところに土砂が堆積《たいせき》してできた，扇《おうぎ》形の傾斜《けいしゃ》地である。河川によって運ばれた土砂やれき(小石)が多く積もり，水はけがよいため，稲作よりも果樹栽培に適している。また，盆地に果樹栽培がさかんな地域が多いのは，盆地の周辺部に扇状地が発達している場合が多いことや，内陸性の気候のため晴天の日が多く，日照時間が十分にあることなどによる。

問10　近年，全国的に少子高齢化や人口減少が進む中で，東京都とその周辺の県ではほかの道府県からの転入者が多いことから，人口の増加が続いていた。これは，仕事の機会などを求めて地方から転入する人々が多くいたためである。しかし，コロナ禍《か》(新型コロナウイルス感染症《しょう》の拡大にともない，社会や経済などに混乱が広がったこと)が始まった2020年には，東京都とその周辺の県でも転入者数がマイナスに転じた。その理由としては，コロナ禍により企業《きぎょう》の生産活動が停滞《ていたい》したことや，地方に生産活動の拠点《きょてん》を移す企業が少なくなかったことなどが挙げられる。また，首都圏《けん》の企業に勤める人々の中には，出社せずに自宅などで仕事を行うテレワーク(リモートワーク，在宅勤務)が広まったことで，地方に住んだまま仕事を行う人や，コロナ禍を機に地方に移住する人も増えた。

問11　流域面積とは，降った雨や雪が地表を流れたり，地中にしみこんで湧《わ》き水となったりしてその川に流れこむ範囲《はんい》の面積のことである。したがって，支流が多く，流域に広い平地がある河川の方が，流域面積が大きくなる。北海道北部を流れる天塩《てしお》川は，比較《ひかく》的流れがまっすぐで支流が少なく，流域に名寄《なよろ》盆地や天塩平野など小規模な平地が多いため，長いわりに流域面積は大きくない。一方，北海道中央部を流れる石狩《いしかり》川は，支流が多く，流域に上川盆地や石狩平野など広い平地があるため，流域面積が大きい(利根《とね》川に次いで全国第２位)。

問12　アマゾン川は南アメリカ大陸の北部と中央部を流れる大河で，赤道付近をおおむね西から東へ向かって流れ，大西洋に注ぐ。中流・下流の大部分は，南アメリカ大陸で最大の国であるブラジルの北部を流れている。なお，アのアメリカ合衆国は北アメリカ大陸中央部など，イのロシアはユーラシア大陸北部，エのエジプトはアフリカ大陸北東部，オのオーストラリアはオーストラリア大陸などを領土としている。

問13　猪苗代《いなわしろ》湖(福島県)を水源とする日橋《にっぱし》川や福島県南西部を流れる只見《ただみ》川などの河川は，合流して阿賀《あが》川として西に流れ，新潟県に入って阿賀野川となり，越後《えちご》平野北部を流れて日本海に注いでいる。本文にもあるように，信濃《しなの》川と阿賀野川の河口はともに新潟市にあり，非常に近い。

２　東北地方や北海道の支配や開拓の歴史を題材とした総合問題

問１　**Ｘ，Ｙ**　埼玉県の稲荷山《いなりやま》古墳から出土した鉄剣《てっけん》と，熊本県の江田船山古墳から出土した鉄刀には，ともに「ワカタケル大王」の名が記されている。　**Ｚ**　奈良時代の前半(８世紀前半)には，東北地方に住む蝦夷《えみし》に対する軍事拠点として多賀《たが》城(宮城県)が築かれ，陸奥《むつ》国(東北地方の太平洋側)の国府と鎮守《ちんじゅ》府が置かれた。そして平安時代初め(９世紀前半)，桓武《かんむ》天皇から征夷《せいい》大将軍に任命された坂上田村麻呂が胆沢《いさわ》城・志波《しわ》城(いずれも岩手県)を築き，朝廷の勢力範囲を拡大させた。

問２　①　中国の歴史書『宋書《そうじょ》』倭国伝《わこくでん》には，５世紀に倭(日本)の五王が中国の宋(南北朝時代の南朝)にたびたび使者を送っていたことなどが記されている。「ワカタケル」は五王の中の５番目の王である「武《ぶ》」と同一人物と考えられており，雄略《ゆうりゃく》天皇のことと推定されている。　②　貢《みつ》ぎ物をさし出して臣下の礼をとることを朝貢《ちょうこう》といい，「武」は宋の皇帝に朝貢して「安東大将軍倭王」に任じられたことで知られる(史料Ⅰの「安東大将軍，倭王に除す」の部分)。史料Ⅰは『宋書』倭国伝の「倭王武の上表文」(「武」から宋の皇帝に差し上げた手紙)について述べた部分で，「武」が宋に服属する形をとることで，倭の国内の支配権や朝鮮半島における優越《ゆうえつ》権などを認めてもらおうとしていることがわかる。また，史料Ⅱは中国の歴史書『隋書《ずいしょ》』倭国伝に見られる遣隋使に関する記述で，「日出《い》ずる処《ところ》の天子」以下の表現から，対等に近い立場で隋と交流を図ろうとする意図が感じられる。したがって，ａが正しく，ｂは誤っている。また，史料Ⅰについて，「武」が朝鮮半島への進出の正当性を認めてもらおうとしているのは高句麗《こうくり》との対立が背景にあったためであり，少なくとも朝鮮半島全域を倭が植民地支配していたわけではないので，ｃは誤っている。さらに，史料Ⅱからは，倭の国内の支配権について中国の皇帝に承認を求めるような姿勢はうかがえないので，ｄは正しい。

問３　平安時代に荘園《しょうえん》制が発達すると，国司に税を納めなくてもよい「不輸の権」や，役人の立ち入りを拒否《きょひ》する「不入の権」などの特権を持つ荘園も現れた。聖武天皇は奈良時代の天皇なので，アがふさわしくない。なお，イは743年(墾田《こんでん》永年私財法)，ウは741年(国分寺建立《こんりゅう》の詔《みことのり》)，エは743年(大仏造立《ぞうりゅう》の詔)の出来事で，いずれも聖武天皇が在位中に行った。

問４　問１のＺの解説を参照のこと。

問５　天皇が幼少か女性のときに天皇に代わって政治を行う役職を摂政《せっしょう》といい，天皇が成人した後に天皇を補佐して政治を行う役職を関白という。また，律令制で，太政《だいじょう》官の最高位を太政大臣という。平清盛は太政大臣，藤原道長は摂政と太政大臣，その子である頼通《よりみち》は摂政と関白，豊臣秀吉は太政大臣と関白に就任している。

問６　アは1336年(後醍醐《ごだいご》天皇の吉野(奈良県)への脱出《だっしゅつ》)以降，イは1428年(正長の土一揆《いっき》)，ウは1221年(承久の乱)，エは1404年(勘合貿易の開始)の出来事である。よって，年代の古い順にウ→ア→エ→イとなる。

問７　1457年の10年後である1467年，室町幕府の第８代将軍足利義政のあと継《つ》ぎをめぐる争いに，有力な守護大名であった細川氏と山名氏の対立などがからんで戦乱が起こった。この戦乱は，1467年(応仁元年)に始まり1477年(文明７年)に終わったことから，「応仁の乱」あるいは「応仁・文明の乱」と呼ばれるので，イが選べる。なお，ア，エの「文禄《ぶんろく》」は安土桃山時代の朝鮮出兵(文禄の役・慶長《けいちょう》の役)，ウ，カの「文化」は「文政」とともに江戸時代後半の化政文化，エ～カの「永仁」は鎌倉時代末期の永仁の徳政令などで知られる。

問８　蝦夷《えぞ》地(北海道)におけるアイヌの蜂起《ほうき》としては，室町時代に起きたコシャマインの戦いや，江戸時代に起きたシャクシャインの戦いなどが知られている。なお，アのラクスマンは江戸時代に根室《ねむろ》(北海道)に来航したロシアの使節，イのナウマンは明治時代にナウマンゾウの命名のもととなったことやフォッサマグナを発見したことなどで知られる地質学者，オのアテルイは平安時代に坂上田村麻呂に降伏《こうふく》した蝦夷の族長である。

問９　江戸時代，蝦夷地の南部には松前藩が置かれ，アイヌとの交易を独占《どくせん》した。なお，松前藩主の松前氏は，改姓《せい》前は蠣崎《かきざき》氏を名乗っていた。

問10　箱館《はこだて》(函館，北海道)の五稜郭《ごりょうかく》は，江戸時代末に築かれた星形の西洋式の城で，旧幕臣の榎《えの》本武揚《もとたけあき》らがたてこもり，戊辰《ぼしん》戦争(1868～69年)最後の戦いが行われたところとして知られる。

問11　第一次世界大戦(1914～18年)終戦直後の1920年に発足した国際連盟において，新渡戸稲造《にとべいなぞう》はその事務局次長として活躍《かつやく》した。なお，アの渋沢《しぶさわ》栄一は，明治時代に多くの企業の設立・経営にたずさわったため，「日本資本主義の父」とも呼ばれる。イの杉原千畝《ちうね》は，第二次世界大戦(1939～45年)のさいにユダヤ人難民を救ったことで知られる外交官である。ウの内村鑑三《かんぞう》は，新渡戸とともに札幌農学校で学んだキリスト教の思想家で，日露戦争(1904～05年)では非戦論を唱えて戦争に反対した。エの伊藤博文は長州藩(山口県)出身の政治家で，1885年に内閣制度を創設してみずから初代内閣総理大臣になり，大日本帝国憲法の制定(1889年)にも貢献《こうけん》した。

問12　ポーツマス条約(1905年)により日本がロシアから樺太《からふと》(サハリン)の南半分を獲得《かくとく》したさいには，北緯50度線が国境とされたので，ウが正しく，エは誤っている。また，千島列島の帰属については，日露和親条約(1855年)により択捉《えとろふ》島とウルップ島の間を日露間の国境とすることが初めて決められた。その後，樺太・千島交換《こうかん》条約(1875年)により樺太をロシア領，ウルップ島以北の千島列島を日本領とすることが決められ，サンフランシスコ平和条約(1951年)により日本が「千島列島」を放棄《ほうき》することが決められたので，アとイも誤っている。なお，サンフランシスコ平和条約で日本が放棄するとした「千島列島」については，これを「ウルップ島以北」と解釈する日本と，「国後《くなしり》島や択捉島もふくむ千島列島全部」と解釈するソ連(現在はロシア)との見解の相違《そうい》が，現在も未解決な北方領土問題の最大の原因となっている。

問13　年表にもあるように，かつての武士である士族は，新政府の政策により帯刀(刀を差すこと)などの特権を失ったほか，幕府や藩から受けてきた俸禄《ほうろく》(給料)の代わりとして政府から支給されていた秩禄《ちつろく》も廃止されたため，生活に困る者が多かった。屯田兵《とんでんへい》の奨励《しょうれい》には，そうした士族に仕事を与《あた》える意味合いがあった。

3　2024年に関連する出来事を題材とした総合問題

問１　神奈川県と静岡県の県境には箱根山がまたがっており，関所は箱根山中にあったので，地図中のウがあてはまる。なお，アは小田原，イは熱海《あたみ》，エは御殿場《ごてんば》，オは沼津《ぬまづ》である。

問２　新五千円札の肖像《しょうぞう》に採用されたのは津田梅子で，岩倉使節団とともにアメリカへ渡り，初の女子留学生となった。帰国すると，女子英学塾(後の津田塾大学)を創立し，女子教育に力をつくした。

問３　裁判員裁判の対象は，殺人などの重大な刑事《けいじ》事件の第一審《しん》(地方裁判所)である。全ての刑事事件について裁判員裁判が行われるわけではないので，アがふさわしくない。

問４　2024年１月の時点でアメリカ大統領を務めているジョー・バイデンは，民主党に属している。なお，アメリカでは長い間，民主党と共和党の二大政党が交代で政権を担当する形になっている(二大政党制)。

問５　現役世代(15～64歳《さい》)を中心として課税される所得税に対して，消費税はすべての世代を課税対象としており，税率も原則として一定であるため，政府にとって安定した財源となる。実際，近年は所得税を上回る税収を政府にもたらしており，特に消費税率の引き上げによって得られた増収分は，全て社会保障費にあてられることになっている。

問６　日本国憲法第９条は，平和主義を具体的に規定したものである。特に１項《こう》では，「国権の発動たる戦争と，武力による威嚇又《いかくまた》は武力の行使は，国際紛争《ふんそう》を解決する手段としては，永久にこれを放棄《ほうき》する」と定められている。

問７　閣議による決定は全員一致《いっち》を原則としているので，ウが誤っている。

問８　2015年にフランスの首都パリで開かれた気候変動枠《わく》組み条約第21回締約《ていやく》国会議(COP《コップ》21)では，すべての締約国に温室効果ガス排出《はいしゅつ》量の削減《さくげん》に向けて努力することを義務づけた「パリ協定」が調印された。なお，京都議定書(1997年)は京都で開かれた第３回締約国会議(COP３)で調印されたもので，先進国に削減目標が課されたが，中国やほかの発展途上《とじょう》国には削減義務がなく，その後アメリカは議定書から離脱《りだつ》した。

問９　日本とロシアの間で平和条約は締結されていないので，イがふさわしくない。

問10　①　1954年，南太平洋のビキニ環礁《かんしょう》でアメリカが水爆実験を行い，付近で操業していた日本の漁船第五福竜《ふくりゅう》丸が「死の灰」と呼ばれる放射性物質を浴び，乗組員１名が帰国後に死亡した(第五福竜丸事件)。この事件をきっかけとして翌55年，広島市で初の原水爆禁止世界大会が開かれた。　②　インドの西にはパキスタンが隣接《りんせつ》しており，カシミール地方と呼ばれる高原地帯の領有をめぐって両国の間で対立が続いている。なお，両国は核保有国だが，どちらも核兵器不拡散(核拡散防止)条約(NPT)に署名していない。

問11　北大西洋条約機構(NATO)は1949年にアメリカや西ヨーロッパ諸国などが結成した集団安全保障体制で，2023年にフィンランド，2024年にスウェーデンが加盟し，加盟国は32か国となった。同機構は事実上の軍事同盟なので，ノーベル平和賞の対象となることは考えにくく，実際に受賞歴もない。なお，アのバラク・オバマは2009年，イの国境なき医師団は1999年，ウのグラミン銀行は2006年，エのマララ・ユスフザイは2014年にノーベル平和賞を受賞している。

問12　電力を安定的に利用するためには，利用者側の需要《じゅよう》量と発電所側の供給量のバランスが，常に保たれていることが必要である。もしそのバランスが崩《くず》れると，多くの発電所が機能停止に陥《おちい》り，大規模停電が発生するおそれがある。そうした事態を避《さ》けるため，電力会社により一定地域ごとに電力供給を一時停止させる措置《そち》がとられることがある。これを計画停電といい，東日本大震災《しんさい》(2011年)のさいに実施された。

問13　１ドル＝110円であったものが１ドル＝150円になるような変化を円安という。円安が進むと，日本を訪れた外国人にとっては，自国の通貨と交換できる円の額が増えるので，消費が伸《の》びる。したがって，エが正しい。近年のインバウンド(外国人が日本を訪れる旅行)の旅行者の増加は，円安が理由の１つとなっている。なお，円安の場合，輸入品の価格は上がるが，その分，売り上げは伸び悩《なや》むので，アは誤っている。また，イとウは円高のときに見られる現象である。

理　科　＜Ａ日程試験＞（30分）＜満点：60点＞

解　答

1　(1)　ア，ウ　　(2)　ア，エ　　(3)　い＞あ＝う　　(4)　き　　(5)　く＞お＝か＝け＝こ　　(6)　た(と)ち　　(7)　す＝せ＝て＝な＞さ＝に＞し＝そ＝つ＝と　　**2**　(1)　ア　　(2)　イ　　(3)　しない／**理由**…(例)　重そうを溶かした水溶液は酸性でないから。　　(4)　ウ　　(5)　50mL　　(6)　0.8ｇ　　(7)　89.6mL　　**3**　(1)　ウ　　(2)　時速27200km　　(3)　**Ａ**　22.5　**Ｂ**　西　　(4)　ア，イ　　(5)　イ　　(6)　(例)　ロウソクに火をともし，炎の形が地球とちがう

のかを調べる。　4　(1)　モグラ…ウ　ゴキブリ…エ　(2)　ウ　(3)　③　ウ　④　ア　(4)　イ　(5)　ウ　(6)　900匹　(7)　ウ

解　説

1　いろいろな回路についての問題

(1)　図1では，並列につながれた2個の豆電球が電池につながれているので，アとウが選べる。

(2)　図3で，電池のプラス極から流れ出した電流は，豆電球「い」を流れ，豆電球「あ」と豆電球「う」が並列につながれた部分を流れてから，電池のマイナス極に入る。よって，アとエがふさわしい。

(3)　(2)より，豆電球「い」を流れた電流は，豆電球「あ」と豆電球「う」に半分ずつ分かれて流れる。豆電球は，流れる電流の大きさが大きいほど明るく光るので，豆電球の明るさは，「い＞あ＝う」となる。

(4)　図5で，豆電球「く」を除くと，図4と同様の回路になる。図4で豆電球「え」が光らないことから，図5では豆電球「き」が光らないと考えられる。

図I

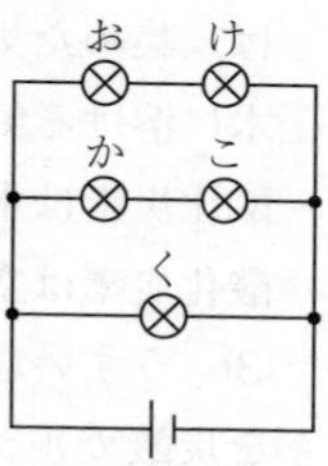

(5)　(4)より，図5の豆電球「き」には電流が流れないので，図5は右の図Iのように表すことができる。豆電球「く」に流れる電流の大きさを1とすると，豆電球「お」，豆電球「か」，豆電球「け」，豆電球「こ」に流れる電流の大きさはいずれも，1÷2＝0.5となるので，豆電球の明るさは，「く＞お＝か＝け＝こ」となる。

(6)　図6は下の図Ⅱのように表すことができる。対称《たいしょう》な位置にある豆電球は，同じように光ったり光らなかったりするので，光らない豆電球が2つあるとき，光らないのは豆電球「さ」と豆電球「に」，または，豆電球「た」と豆電球「ち」となると考えられる。仮に，光らない豆電球が豆電球「さ」と豆電球「に」だとすると，下の図Ⅲと同じ回路になる。このとき，点線で囲んだ部分は，図4の豆電球「え」と同じ位置にあるので，どの豆電球も光らない(つまり，光らない豆電球が合計8個となってしまう)。したがって，光らない豆電球は，豆電球「た」と豆電球「ち」とわかる。

図Ⅱ

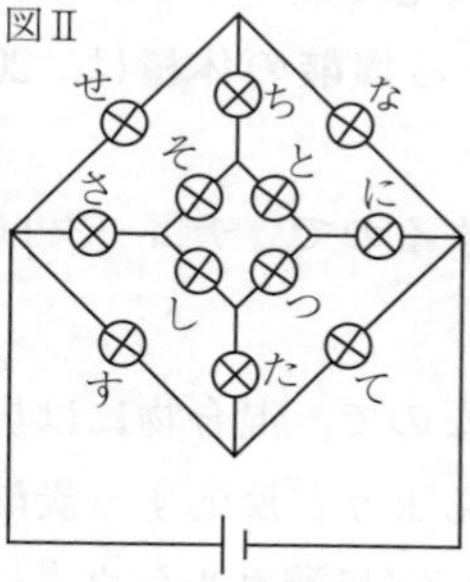

図Ⅲ

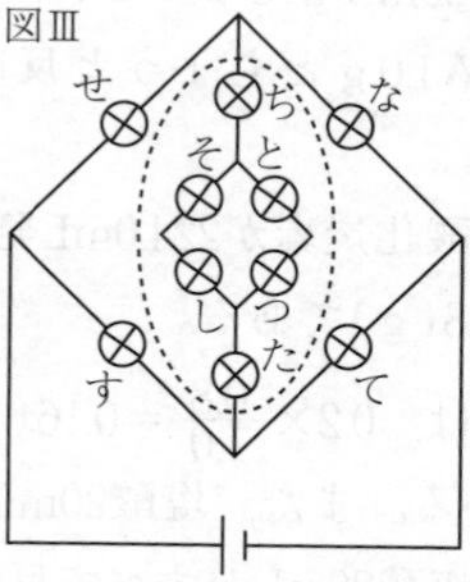

図Ⅳ

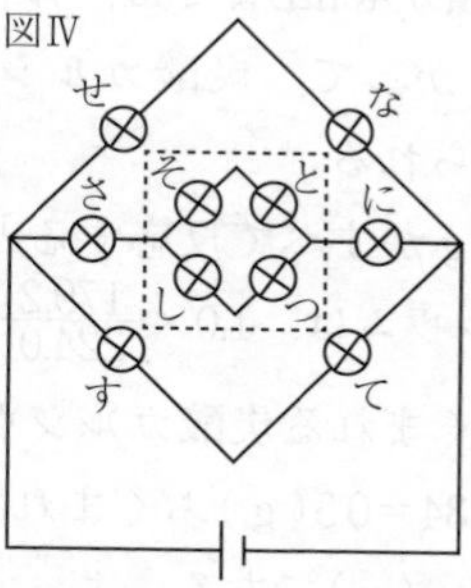

図Ⅴ

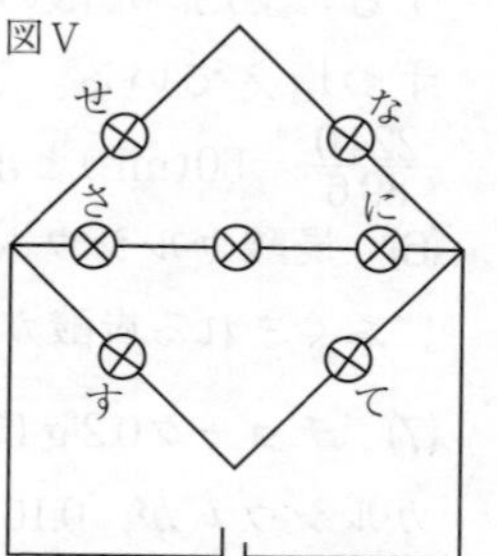

(7)　(6)より，図6は上の図Ⅳと同じ回路になる。1個の豆電球の抵抗《ていこう》(電流の流れにくさ)の大きさを①とすると，豆電球「そ」と豆電球「と」を直列につないだ部分の抵抗の大きさは，①＋①＝②となり，同様に，豆電球「し」と豆電球「つ」を直列につないだ部分の抵抗の大きさも②となる。すると，図6の点線で囲んだ部分の抵抗の大きさは，②÷2＝①となるので，点線で囲んだ部分を1個の豆電球で置き換《か》えても，ほかの豆電球の明るさは変化しない(上の図Ⅴ)。次に，(5)の電流の

大きさを用いると，豆電球「せ」，豆電球「な」，豆電球「す」，豆電球「て」に流れる電流の大きさはいずれも，１÷２＝0.5となり，豆電球「さ」，豆電球「に」に流れる電流の大きさはいずれも，１÷３＝$\frac{1}{3}$となる。すると，豆電球「そ」，豆電球「と」，豆電球「し」，豆電球「つ」に流れる電流の大きさはいずれも，$\frac{1}{3}$÷２＝$\frac{1}{6}$となる。よって，豆電球の明るさは，「す＝せ＝て＝な＞さ＝に＞し＝そ＝つ＝と」となる。

2　炭酸カルシウムとうすい塩酸の反応についての問題

⑴　ア　二酸化炭素の水溶液《すいようえき》は炭酸水とよばれ，弱い酸性を示す。　イ　炭酸水は，青色リトマス紙を赤色に変えるが，赤色リトマス紙の色は変えない。　ウ　現在の大気(空気)の体積の約78％は窒素《ちっそ》，約21％は酸素がしめており，残りの約１％にアルゴン(約0.93％)や二酸化炭素(約0.04％)などの気体がふくまれている。　エ　二酸化炭素にはものを燃やすはたらきがないので，二酸化炭素の中に火のついた線香などを入れると，火が消える。

⑵　水に溶《と》けない気体や溶けにくい気体は，気体を水と置き換える水上置換《ちかん》で集める。水上置換には，集めた気体の体積を目で見て確かめられ，純粋《じゅんすい》な気体を集められるという利点がある。また，水に溶ける気体のうち，空気より軽い気体は上方置換，空気より重い気体は下方置換で集める。二酸化炭素は水に少し溶けるが，溶ける量が少ないので，水上置換で集めることができる。また，二酸化炭素は空気より重い(空気の約1.5倍の重さ)ので，下方置換で集めることもできる。

⑶　うすい塩酸，お酢《す》，クエン酸水溶液はいずれも酸性の水溶液で，これらのような酸性の水溶液を炭酸カルシウムにかけると二酸化炭素が発生すると述べられている。しかし，重そう(炭酸水素ナトリウム)の水溶液は，アルカリ性の水溶液なので，炭酸カルシウムにかけても二酸化炭素は発生しない。

⑷　アのホタテの貝がら，イの卵のから，エの大理石(石灰岩が熱と圧力で変化したもの)は炭酸カルシウム，ウの石こうは硫酸《りゅうさん》カルシウムが主成分である。

⑸　表で，塩酸の体積が60mL，80mL，100mLのときには二酸化炭素の体積が224.0mLで一定になり増えなくなっているので，炭酸カルシウム1.0ｇがすべて反応すると，二酸化炭素が224.0mL発生する。また，塩酸の体積が40mLまでは，体積が20mL増えるごとに，二酸化炭素の体積が89.6mLずつ増えている。したがって，炭酸カルシウム1.0ｇとちょうど反応する塩酸の体積は，20×$\frac{224.0}{89.6}$＝50(mL)と求められる。

⑹　炭酸カルシウム1.0ｇがすべて反応すると二酸化炭素が224.0mL発生するので，チョーク1.0ｇにふくまれる炭酸カルシウムは，1.0×$\frac{179.2}{224.0}$＝0.8(ｇ)である。

⑺　チョーク0.2ｇにふくまれる炭酸カルシウムは，0.2×$\frac{0.8}{1.0}$＝0.16(ｇ)なので，混合物には炭酸カルシウムが，0.16＋0.34＝0.5(ｇ)ふくまれている。また，塩酸20mLとちょうど反応する炭酸カルシウムは，1.0×$\frac{20}{50}$＝0.4(ｇ)である。よって，塩酸20mLがすべて反応する(炭酸カルシウムは一部が残る)ので，表より，発生する二酸化炭素の体積は89.6mLとわかる。

3　国際宇宙ステーションについての問題

⑴　国際宇宙ステーションは英語でインターナショナル・スペース・ステーションといい，英語で表したときの頭文字をとってISSとよばれている。なお，アのNASAはアメリカ航空宇宙局，イのJAXAは宇宙航空研究開発機構，エのＨ－Ⅱは日本の人工衛星打ち上げ用ロケットの名称，オの

STSはNASAが提唱した再利用可能な宇宙船(スペースシャトルなど)の略称である。

⑵　国際宇宙ステーションは，$(6400+400)\times 2\times 3=40800$(km)の軌道《きどう》を，$90\div 60=\frac{3}{2}$(時間)で一周するので，その速さは時速，$40800\div\frac{3}{2}=27200$(km)と求められる。

⑶　**A**　国際宇宙ステーションが１回転する90分の間に，地球は自転により，$360\times\frac{90}{60\times 24}=22.5$(度)回転する。　**B**　地球が西から東に自転しているため，地上にいる人から見ると，国際宇宙ステーションの通過する位置はどんどん西にずれていくように見える。

⑷　太陽のように自分で光を放って輝《かがや》いている天体を恒星《こうせい》という。また，地球のように太陽などの恒星のまわりを公転している天体を惑星《わくせい》といい，惑星のまわりを公転している天体を衛星という。アの月は地球の衛星，イの火星は太陽の惑星で，どちらも太陽の光を反射して光って見える。なお，ウの流星(流れ星)は，宇宙から飛来して地球の大気に突入した塵《ちり》などが，大気との摩擦《まさつ》により高温になって燃えるために見える。また，エの北極星やオのシリウスは恒星である。

⑸　国際宇宙ステーションは昼間だと見えないと述べられているので，観測地点は夜である。また，国際宇宙ステーションは太陽の光を反射して光って見えると述べられているので，国際宇宙ステーションには太陽光があたっている。したがって，イが選べる。

⑹　たとえばロウソクの炎《ほのお》の形について考えると，重力がある地球上ではロウソクの炎のまわりに上昇《じょうしょう》気流が発生して炎が上へのびるが，重力がほとんどない国際宇宙ステーションでは空気の流れが発生しにくいため炎が上へのびず，ロウソクの芯《しん》の部分を中心に丸みをおびた炎になる。

4　身近な生き物のからだのつくりや個体数の調査についての問題

⑴　モグラはほ乳類，ゴキブリは昆虫《こんちゅう》類に属する。なお，ほ乳類やは虫類(カメ，トカゲなど)のように背骨がある動物をセキツイ動物，昆虫類や甲殻《こうかく》類(エビ，カニなど)のように背骨が無い動物を無セキツイ動物という。

⑵　モグラの前足は土をほること，ゴキブリやチョウのはね，鳥のつばさは空を飛ぶこと，ゴキブリのあしは歩くこと，クジラの胸びれは水をかくこと，ヒトのうでは手を動かすことに適しているので，ウがあてはまる。

⑶　③　カは針状のつくりをした口をヒトなどの動物の皮ふにさして血液を吸うが，さされた動物はあまり痛みを感じないことが多い。このようなカの口を研究することで，皮ふにさしても痛みを感じにくい注射針が開発された。　④　多くのカタツムリのからは，空気中の水分がくっつきやすいつくりをしているため，その水分によりよごれが落ちやすい。このようなカタツムリのからを研究することで，よごれが落ちやすい外壁《がいへき》タイルが開発された。

⑷　白金君が聞いた調査の方法を，標識再捕法という。標識再捕法は，動物が一定の範囲《はんい》内で移動することを利用する調査方法なので，フジツボのような固着生活を行う(移動しない)動物の調査には適していない。

⑸　ア～エの選択肢《せんたくし》のうち，下線部⑧の陸上で落ち葉を食べる生き物はダンゴムシだけなので，ウが選べる。なお，下線部⑥について，カゲロウ，クワガタ，ガ，カワゲラの多くは光に集まる性質を持っている。また，アのカマキリとカゲロウ，ウのヤモリとガはふつう，下線部⑦のような関係にある。

⑹　問題文中の，区域内の全個体数を推定する式にあてはめると，Aは50，Bは90，Cは５となる。

よって，この区域内のイワナの全個体数は，$50\times\frac{90}{5}=900$(匹)と推定できる。

(7) 尾《お》びれを切るとイワナが生き残りにくくなると述べられているので，尾びれを切って目印をつけた場合，あぶらびれを切ったときと比べて，再捕獲される前に死んでしまう個体が増える。すると，区域内の全個体数を推定する式のCの値が小さくなり，推定できる区域内の全個体数が多くなる。

国　語　＜Ａ日程試験＞（50分）＜満点：100点＞

解　答

一　問1　1～6　下記を参照のこと。　7　さず(ける)　8　えんどう　問2　1　イ　2　エ　3　ウ　問3　1　オ　2　ウ　3　イ　二　問1　ウ　問2　環境への負～ばならない　問3　イ　問4　(例)　自己犠牲を払うことは自分自身をSDGsから取り残すことになるため，全員を幸せにはできていないから。　問5　自分自身が楽しく生きること　問6　(例)　社会の持続可能性を高め，人々を幸福にしようとする取り組みが，かえって余計な負荷をかけるという危うさ。　問7　イ　問8　ア　問9　(例)　環境，経済，社会の三つの分野すべての持続可能性に完璧は求められないということ。　問10　イ　問11　ウ　三　問1　(例)　律の昨日の様子がおかしかったため，律によくないことがあったと予想できたから。　問2　ウ　問3　(例)　母親と暮らしていないことで悪い子であるように言われたことが許せない，という思い。　問4　ウ　問5　(例)　母が自分たちに対して無関心だから。　問6　エ　問7　(例)　律と理佐との二人暮らしをやめて，母親と生活すること。　問8　エ　問9　ア　問10　イ　問11　ウ

●漢字の書き取り

一　問1　1　創造　2　高層　3　表裏　4　納(める)　5　観覧　6　株

解　説

一　漢字の書き取りと読み，熟語の組み立て，ことわざの意味

問1　1　新しいものをつくり出すこと。　2　階が高く重なること。　3　おもてとうら。「表裏一体」は，二つの物事が，物の表と裏のようにしっかりと結びついた関係にあること。　4　音読みは「ノウ」「トウ」「ナ」「ナッ」「ナン」で，「納税」「出納《すいとう》」「納屋」「納得」「納戸」などの熟語がある。同訓異字に「修める」「収める」「治める」などがある。　5　見物すること。「観覧車」は，見物客を乗せる箱を大きな輪にいくつもつるした，高い所からの眺《なが》めを楽しませる装置。　6　根のついたままの草や木。　7　音読みは「ジュ」で，「授与《じゅよ》」などの熟語がある。　8　通り道に沿ったところ。

問2　1　読み方は「だいどころ」である。「台」は音読みしかない漢字。また，「所」は訓読みが「ところ」，音読みが「ショ」である。よって，イがふさわしい。　2「あまぐ」と読む。「雨」は訓読みが「あめ」「あま」，音読みが「ウ」である。また，「具」は音読みしかない漢字である。よって，エが正しい。　3　読み方は「めがしら」である。「目」は訓読みが「め」「ま」，音読

みが「モク」「ボク」である。また，「頭」は訓読みが「あたま」「かしら」，音読みが「ズ」「トウ」「ト」である。よって，ウが選べる。

問３　**１**“わずかなお金や労力で大きな利益を得る”という意味。似た意味のことわざとして，「濡《ぬ》れ手で粟《あわ》」がある。　**２**　思いがけない幸運。似た意味のことわざとして，「瓢箪《ひょうたん》から駒《こま》」がある。　**３**　美しいものより実際に役立つものを選ぶことのたとえ。似た意味のことわざとして，「色気より食い気」がある。

二　**出典：酒井《さかい》 敏《さとし》『カオスなSDGs―グルっと回せばうんこ色』**。SDGsブームに潜《ひそ》む危《あや》うさを指摘《してき》し，若い世代が楽しく生き生きと暮らせるようにするのが大人たちの役目だと述べている。

問１　同じ段落に「社会の持続可能性に無関心な人間は高く評価されないのではないか，というプレッシャーを感じてしまったとしても無理はない」とあるので，この内容を言いかえているウがふさわしい。「プレッシャー」は，精神的な重圧。

問２　前後に「自分で自分に」，「とプレッシャーをかけている」とあることに注意する。これと似た「と自分に言い聞かせて」という表現が傍線《ぼうせん》２の直後の一文にあるので，その直前の「環境《かんきょう》への負荷を軽くするための『エコ』な生活スタイルを徹底《てってい》しなければならない」が抜《ぬ》き出せる。

問３　「時間が解決する問題」の具体例なので，時間をかけて「自然の力にまかせる」例のイがよい。なお，アは環境（落ち着いた集中できる状況《じょうきょう》）が解決する問題の例。また，ウとエは「ゴミ」，「重い病気」という問題が解決しないので，あてはまらない。

問４　「自己犠牲《ぎせい》」を払《はら》った生活を筆者が否定的に考えている様子は，直後の段落の「自分の日常生活を犠牲にするのは，自分自身をSDGsから取り残しているようなもの。その時点で，『みんな』を幸せにはできていないのです」からうかがえる。これをふまえ，「自分の生活を犠牲にすれば自身をSDGsから取り残すため，全員を幸せにはできていないことになるから」のようにまとめる。

問５　直後の段落に「まずは」とあるので，その直後の「自分自身が楽しく生きること」が，第一に心がけるべきことと判断できる。

問６　「そういう」とあるので，前の部分に注目する。直前の段落では，「社会の持続可能性を高め，人々を幸福にする」ための「献身《けんしん》」がかえって他人に「迷惑《めいわく》をかけること」の例として，「コロナ禍《か》で逼迫《ひっぱく》している医療《いりょう》に余計な負荷をかけること」があげられている。これをふまえ，「社会の持続可能性や人々の幸福のために良いと思ってしたことが，かえって人に迷惑をかけうるという危うさ」のようにまとめる。

問７　７，８　直前の段落に「環境問題」とあるので，空欄《くうらん》８に「環境」を入れて「環境問題」とするのが合う。また，公害などの「環境問題」は経済的な発展を追求する結果として発生するので，空欄７には「経済」があてはまる。高度経済成長期に「環境問題」として四大公害病が発生したことなどが参考になる。　11　直後の段落に「サステナブルな社会」とあるので，空欄11に「社会」を入れて「社会の持続可能性」とすると，段落をまたいで話題がつながることになる。なお，「サステ（イ）ナブル」は，“持続可能な”という意味の英語。

問８　直前で取り上げられている「二酸化炭素の排出《はいしゅつ》量をめぐる国際的な議論」の場合，参加国は，すべての国が二酸化炭素の排出量を減らすことには賛成する（総論賛成）が，自国の不利益には反対する（各論反対）と考えられるので，アが選べる。なお，エは，「環境を自国の発展より優先《ゆうせん》する政策を実現する気はない」は「反対」の姿勢ではないので，ふさわしくない。

問９　「キレイゴト」とは“体裁《ていさい》ばかりで実情にそぐわないことがら”を意味する言葉で，具体的には二文前の「SDGsが目指す環境，経済，社会という三つの分野での持続可能性をどれも完璧《かんぺき》に高めようとす」ることを指す。また，傍線10から，「キレイゴト」と「大人の事情」は対照的なものとわかる。よって，「環境，経済，社会という三つの分野での持続可能性をすべて完璧に高めることはできないということ」のようにまとめる。

問10　「フンベツ」は“物事の善悪や道理を判断すること”，「ブンベツ」は“種類ごとに区別すること”を表すので，「フンベツ」について「意義や道理についてしっかり判断し」と説明し，「ブンベツ」について「何が必要で何が優先されるべきか思慮《しりょ》深く考えていく」と説明しているイがふさわしい。なお，「フンベツ」，「ブンベツ」はどちらも漢字では「分別」と書く。

問11　ア　最後の段落に「まずは世の大人たちがフンベツをもってSDGsそのものをしっかりとブンベツし」とあるように，筆者はSDGsに無条件で取り組むことには批判的なので，「SDGsは世の大人が率先して取り組むべきだ」は合わない。　イ「先進国の人々も含《ふく》まれること」は，「自分の日常生活を犠牲にする」ことを批判するさいに取り上げられた内容なので，ふさわしくない。

ウ　筆者は「SDGs疲《づか》れ」や「サステナブル疲れ」について説明したうえで，SDGsを達成するには「完璧を目指さずに『ぼちぼち』やっていくしかないのです」と述べているので，正しい。　エ　本文では「経済衰退《すいたい》の恐《おそ》れ」については述べられていないので，あてはまらない。

三　**出典：津村記久子《つむらきくこ》『水車小屋のネネ』**。両親から離《はな》れて妹の律と二人で暮らす理佐が，律の担任である藤沢先生の訪問を受けたときの様子が描《えが》かれている。

問１　理佐は五月の家庭訪問で，藤沢先生から姉妹二人で暮らしていることが心配であると言われたことから，律をしっかり生活させなければならないと考えていた。それなのに，すぐ六月に突然《とつぜん》，藤沢先生の訪問を受けたので，律について何か問題があったのではないかという，いやな予感がしているのだと考えられる。律の前日の様子が「なんだかふさいでました。いやなことがあったみたいで」と描かれていることもふまえて，「昨日の律のふさいだ様子から，先生が律についての問題を告げに来たと予想されたから」のようにまとめる。

問２　藤沢先生が「授業」を「抜け出してきました」と言っていることや，「必死な様子で」とあることなどから，「時間が限られた中でも」，「精一杯《せいいっぱい》の努力をしている」とあるウがふさわしい。

問３　藤沢先生は，「律さんがご両親と暮らしていない」という内容の男子の言葉が，昨日の「言い争い」の原因だったと言っている。律はそう言われたことが許せなかったため，自分と同様に母親と暮らしていないネネも「こんなにいい子だよね！」と言ったのだと考えられる。これらをふまえ，「両親と暮らしていないからいい子ではないかのように言われたことに対する怒《いか》り」のようにまとめる。

問４　直前の一文に「ネネだってお母さんとくらしてないけどさ，こんなにいい子だよね！　という昨日の律の言葉を思い出す」とあることから，理佐が藤沢先生から両親のことを言われそうだと予感していることがわかる。よって，藤沢先生からの「指摘」に「身構えている」とあるウが選べる。

問５　少し後に「理佐は，母親の無関心な声音《こわね》を思い出して」とあることから，母親が理佐や律に無関心であることがわかる。これをふまえ，「母親は自分や律に無関心だから」のようにまとめる。

問６　後に「藤沢先生の問いに，理佐はやはりごまかすことはできないと理解して，言葉を選んで話し始める」とあることから，「先生に話すのがためらわれていたことを明かす時が来たと思い」とあるエがふさわしい。

問７　前書きにあるように，藤沢先生は「親元を離れ，姉妹二人だけで暮らし続けること」について心配している。その心配を解消するために「どうしても難しいでしょうか？」とたずねているのだから，「律を親元にもどすこと」のようにまとめる。

問８　前の「力がとてもお強いんですね」，「私は力が弱いんで，うらやましいです」などの言葉からは，理佐のたくましさを見た藤沢先生が，理佐を見直している様子がうかがえる。よって，エがふさわしい。

問９　「藤沢先生がやってきたこと」を律に話せば，学校での「言い争い」や，その原因である「親元を離れ，姉妹二人だけで暮らし続けること」にふれることになるので，理佐は当初，「藤沢先生がやってきたこと」を律に話さずにいようと思っていたはずである。しかし，問８でみた藤沢先生の様子や浪子さんの「丁寧《ていねい》な人だね」という人物評にふれたことで，理佐は藤沢先生に好感を持つようになったと考えられる。したがって，アがよい。

問10　問８でみた藤沢先生の言葉からは，先生の自然体な様子がうかがえる。また，問９でみたように，理佐は藤沢先生に好感を持つようになったと考えられる。よって，イがふさわしい。

問11　ア，エ　藤沢先生がネネについてくわしく理解する様子は描かれていないので，あてはまらない。　イ　ネネが「おおぉおおぅ」という声を上げたのは，理佐が「縫《ぬ》い物」について身振《みぶ》り手振りで説明したときなので，「理佐の言葉に」は合わない。　ウ　律の家の複雑な事情を聞いたのにもかかわらず，藤沢先生は「一度お母様とすべてを明らかにして話し合われた方が……」と，やや呑気《のんき》な返答をしている。そのような場面での「空《から》っぽ！」という叫《さけ》びは，藤沢先生には自身の発言の無意味さを指摘するもののように聞こえたと考えられるので，ふさわしい。

2024年度 高輪中学校

【算　数】〈Ｂ日程試験〉（50分）〈満点：100点〉

〈注意〉　円周率は3.14を用いること。

1　次の$\square$にあてはまる数を求めなさい。

(1)　$18\times13-\{54-(169+92)\div9\}\times7=\square$

(2)　$1\frac{1}{2}\times\frac{6}{7}-\left(\frac{1}{3}+\frac{4}{5}\right)\div1\frac{8}{9}=\square$

(3)　$2.16\times567-21.6\times34.9+216\times1.82=\square$

(4)　$\left\{\left(1.125-\square\right)\div1\frac{1}{3}+1\right\}\times\frac{2}{5}=\frac{1}{2}$

2　次の各問いに答えなさい。

(1)　150を連続する２桁《けた》の整数の和で表すことを考えます。１つの例として，下のように表すことができます。表し方は他に２通りあります。その２通りを例のように，小さい順に並べた和で表し，解答欄《かいとうらん》に書きなさい。

例：150＝49＋50＋51

(2)　４桁の整数で，48で割ったときの商と余りが等しくなる整数は，全部で何個ありますか。

(3)　Ａ野球部とＢ野球部が練習試合をするため，グラウンドに男子部員と女子部員と父親と母親が集まりました。集まったのは，男子部員が合計で27人，父親が合計で27人，Ａ野球部の部員が合計で15人，Ａ野球部の部員と父親と母親が合計で42人，Ａ野球部の男子部員と父親が合計で18人，Ｂ野球部の男子部員が21人，Ｂ野球部の女子部員と母親が合計で23人でした。集まった人は全部で何人でしたか。

(4)　Ｐ地点とＱ地点は48km離《はな》れています。高輪君は午前９時に時速36kmで自転車をこいで，Ｐ地点からＱ地点に向かって出発し，Ｑ地点に到着《とうちゃく》するとすぐにＰ地点に向かって折り返しました。また，白金君は午前９時20分に時速12kmで走って，Ｑ地点からＰ地点に向かって出発しました。高輪君が白金君に出会った時刻と追いついた時刻は，それぞれ午前何時何分でしたか。

答えを出すための計算や考え方を書いて答えなさい。

3　容器Ａには21％の食塩水100ｇ，容器Ｂには１％の食塩水240ｇ，容器Ｃには15％の食塩水120ｇが入っています。

次の各問いに答えなさい。

(1)　容器Ａ，容器Ｂ，容器Ｃのすべての食塩水を容器Ｄに入れて，よくかき混ぜると，容器Ｄの食塩水の濃度《のうど》は何％になりますか。

３つの容器Ａ，容器Ｂ，容器Ｃの食塩水の濃度をすべて等しくするため，次の２つの操作を行います。

［操作１］　容器Ａと容器Ｂから同じ量の食塩水を同時に取り出し，容器Ａから取り出した食塩水を容器Ｂに，容器Ｂから取り出した食塩水を容器Ａに入れて，それぞれよくかき混ぜます。

［操作２］　［操作１］の後，容器Ｂと容器Ｃから同じ量の食塩水を同時に取り出し，容器Ｂから取り出した食塩水を容器Ｃに，容器Ｃから取り出した食塩水を容器Ｂに入れて，それぞれよくかき混ぜます。

(2)　［操作１］について考えます。

①　容器Ａと容器Ｂの食塩水を１ｇずつ入れ替《か》えるとき，容器Ａの食塩は何ｇ減少しますか。

②　［操作１］で，容器Ａと容器Ｂで入れ替えた食塩水は何ｇでしたか。

(3)　［操作２］で，容器Ｂと容器Ｃで入れ替えた食塩水は何ｇでしたか。

4　次の各問いに答えなさい。

必要ならば，右の図の直角三角形の辺の比を用いること。

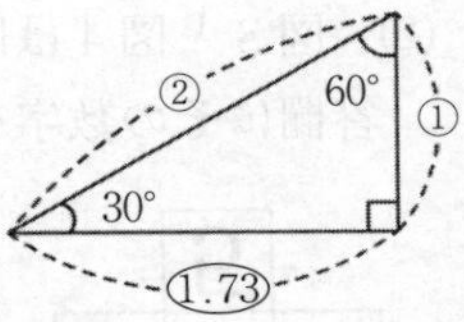

(1)　１辺が６cmの正三角形の面積は何cm^{2}ですか。

(2)　図１は，１辺が６cmの正三角形と中心角が60°のおうぎ形を組み合わせた図形です。網《あみ》目《め》部分の面積は何cm^{2}ですか。

(3)　図２は，１辺が６cmの正方形と中心角が60°のおうぎ形２個を組み合わせた図形です。網目部分の面積は何cm^{2}ですか。

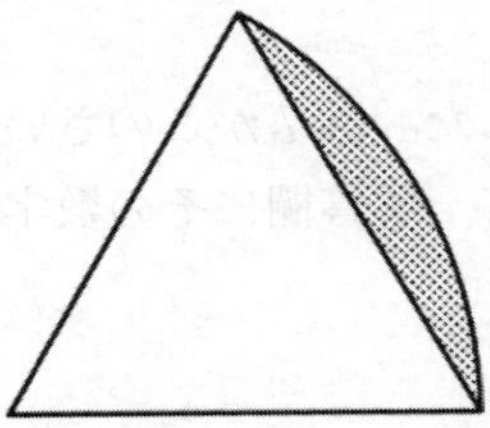

図１

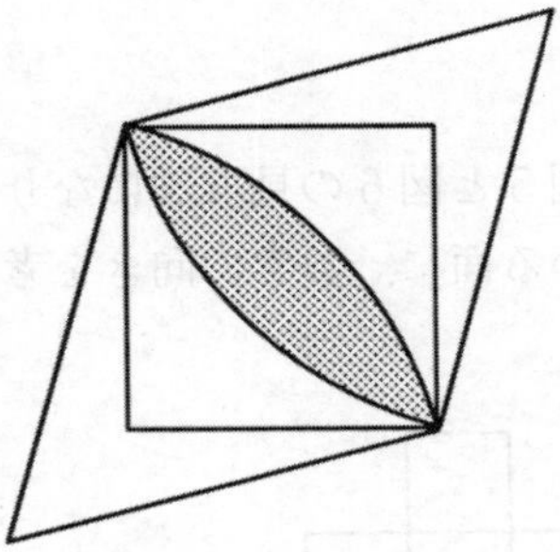

図２

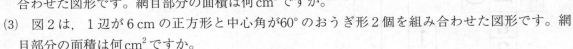

5 各面に１から６までの数字が１つずつ書かれていて，向かい合う２つの面の数の和が７である立方体のさいころと，その展開図について考えます。

次の各問いに答えなさい。

ただし，問題冊子のどのページも切ってはいけません。

(1) 図１の展開図を組み立てると図２のさいころになります。図２の見取図の見えている残りの２つの面に，数字の向きを考えて，解答欄にその数字を書き入れなさい。

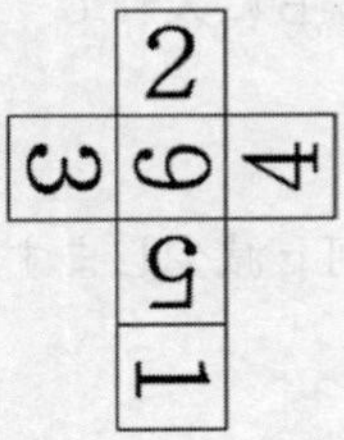

図１

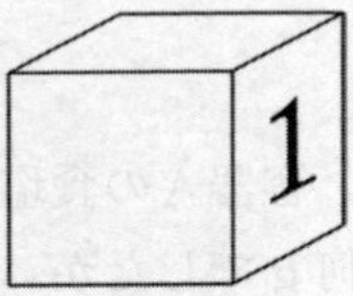

図２

(2) 図３と図４は同じさいころの展開図です。図４の空いている面に，数字の向きを考えて，解答欄にその数字を書き入れなさい。

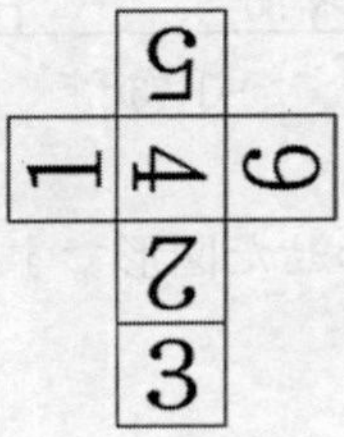

図３

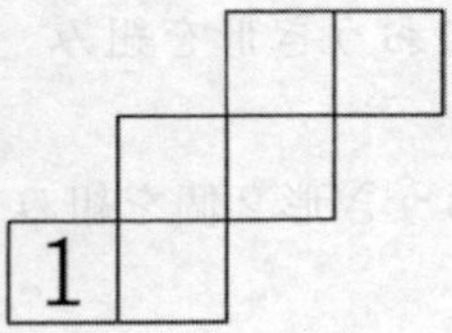

図４

(3) 同じさいころを２回振《ふ》ったところ，図５と図６の見取図になりました。図７がこのさいころの展開図になるように，図７の空いている面に，数字の向きを考えて，解答欄にその数字を書き入れなさい。

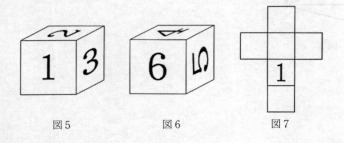

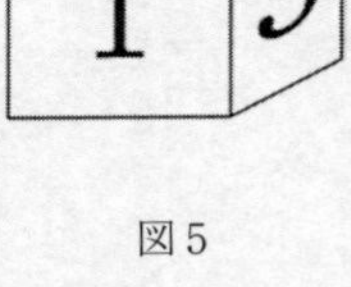

図５

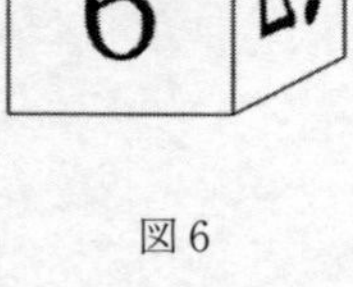

図６

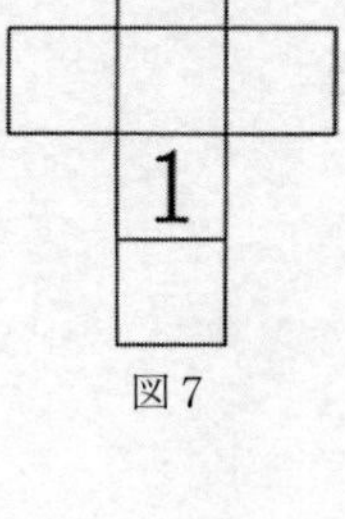

図７

【社　会】〈**Ｂ日程試験**〉(30分)〈満点：60点〉

１　東北地方に関連して，下の各問いに答えなさい。

問１　下の**ア〜エ**は，最高気温・最大風速・最深積雪・日降水量について，観測史上の上位５地点(2023年８月31日時点)を示したものです。これらのうち最大風速を示すものはどれですか。記号で答えなさい。

ア

1	静岡県富士山
2	高知県室戸岬
3	沖縄県宮古島
4	長崎県雲仙岳
5	滋賀県伊吹山

イ

1	静岡県浜松
	埼玉県熊谷
3	岐阜県美濃
	岐阜県金山
	高知県江川崎

ウ

1	神奈川県箱根
2	高知県魚梁瀬
3	奈良県日出岳
4	三重県尾鷲
5	香川県内海

エ

1	滋賀県伊吹山
2	青森県酸ヶ湯
3	新潟県守門
4	山形県肘折
5	新潟県津南

※気象庁ホームページより作成

問２　2023年７月の記録的な大雨により，秋田県では大規模な浸水被害が発生しました。この災害では河川からの氾濫だけでなく，マンホールや水路からも水があふれました。このように，下水道や水路などの排水施設の処理能力を上回る雨が降ったことで排水ができなくなり浸水する現象を何といいますか。漢字４字で答えなさい。

問３　右の表は，農業産出額の構成割合(2021年)を示したもので，Ａ〜Ｃは秋田県・岩手県・山形県のいずれかです。Ａ〜Ｃと県名との正しい組み合わせを，下の**ア〜カ**から選び，記号で答えなさい。

	米	野菜	果実	畜産	その他
Ａ	17.4%	9.2%	5.0%	64.2%	4.2%
Ｂ	52.8%	17.2%	4.5%	21.5%	4.0%
Ｃ	30.0%	19.5%	29.7%	16.8%	4.0%

※『生産農業所得統計』より作成

	ア	イ	ウ	エ	オ	カ
秋田県	Ａ	Ａ	Ｂ	Ｂ	Ｃ	Ｃ
岩手県	Ｂ	Ｃ	Ａ	Ｃ	Ａ	Ｂ
山形県	Ｃ	Ｂ	Ｃ	Ａ	Ｂ	Ａ

問４　秋田県五城目町では，農産物を用いたアイスや漬物などを製造することで，所得の向上や雇用の増加を目指す取り組みがおこなわれています。このように，農業従事者が農産物の生産だけでなく，食品加工や流通・販売にも取り組むことを「農業の(　　)」といいます。(　)に適する語を５字で答えなさい。

問５　生産地との結びつきが深く，特に品質が高いことを認められた特産品につけられる名称を知的財産として保護する制度を「地理的表示(GI)保護制度」といいます。下の**ア〜エ**のうち，この制度に登録されている特産品と生産している県名との組み合わせとして**ふさわしくない**ものはどれですか。一つ選び，記号で答えなさい。

ア　十三湖産大和しじみ―青森県　　**イ**　いぶりがっこ―秋田県

ウ　東根さくらんぼ―山形県　　**エ**　前沢牛―宮城県

問６　次のページの表は，発電所の立地件数(2023年３月時点)について発電方法別に示したもので，**ア〜エ**は秋田県・東京都・富山県・福井県のいずれかです。このうち，東京都にあたるものはどれですか。記号で答えなさい。

	水力	火力	原子力	風力	太陽光	地熱
ア	30	4	4	2	19	0
イ	41	3	0	27	25	3
ウ	5	40	0	1	9	0
エ	126	4	0	1	17	0

＊電気事業者の発電所のみを示している。
※『電力調査統計』より作成

問７　白神山地は青森県と秋田県にまたがる世界遺産です。下の**ア〜オ**のうち，複数の県にまたがる世界遺産として**ふさわしくない**ものはどれですか。一つ選び，記号で答えなさい。

ア　白川郷・五箇山の合掌造り集落

イ　富士山—信仰の対象と芸術の源泉—

ウ　奄美大島，徳之島，沖縄島北部及び西表島

エ　百舌鳥・古市古墳群—古代日本の墳墓群—

オ　紀伊山地の霊場と参詣道

問８　日本の多くの県庁所在地が城下町を起源としています。東北地方の県庁所在地のうち，城下町を**起源としない**市が一つあります。その都市はどこですか。漢字で答えなさい。

問９　下の**ア〜オ**のうち，東北地方で生産されている伝統的工芸品として**ふさわしくない**ものはどれですか。一つ選び，記号で答えなさい。

ア　南部鉄器　**イ**　大館曲げわっぱ　**ウ**　会津塗

エ　天童将棋駒　**オ**　小千谷縮

問10　１世帯あたりの支出額(2022年)を東北地方と関東地方でくらべたとき，東北地方の方が値が大きいものはどれですか。下の**ア〜オ**から一つ選び，記号で答えなさい。

ア　ガソリン代　**イ**　タクシー代　**ウ**　バス代

エ　鉄道運賃　**オ**　航空運賃

問11　右の表は，2023年の東北三大まつりの開催日を示したものです。３つのまつりは農作業のさまたげになる眠気を追いはらうための「眠り流し」という習慣が起源と考えられており，同じ月に開催されています。(　)に適する数字を答えなさい。

青森ねぶた祭	(　　)	月２日〜７日
秋田竿燈まつり	(　　)	月３日〜６日
仙台七夕まつり	(　　)	月６日〜８日

問12　下の**ア〜エ**は，青森県・茨城県・長野県・香川県のいずれかの県内でみられる郷土料理について説明したものです。このうち，茨城県の郷土料理はどれですか。記号で答えなさい。

ア　ため池に生息するフナを細切りにし，塩と酢でしめたものを，大根と酢みそ，とうがらしなどで和えた「てっぱい」

イ　この地域で貴重であった塩を使わずに，赤かぶの葉を乳酸菌で発酵させた「すんき漬け」

ウ　親潮と黒潮が交わる海域で豊富にとれたイワシを塩漬けにし，発酵させたものを大根と一緒に漬け込んだ「ごさい漬け」

エ　冷害に強い小麦で作った生地で，くるみやみそ，黒砂糖を混ぜたあんを包んでゆでた「きんかもち」

問13　東北地方には，「シャッター通り商店街」や「買い物難民」などが問題になっている地域があります。下の**ア**～**エ**のうち，これらの問題についてのべた文として**ふさわしくない**ものはどれですか。一つ選び，記号で答えなさい。

ア　「シャッター通り商店街」がうまれる背景として，高齢化やモータリゼーションの進展があげられる。

イ　「シャッター通り商店街」は，地方都市の国道など主要道路沿いに多くみられる。

ウ　「買い物難民」は，離島や農村部だけではなく，三大都市圏にもみられる。

エ　「買い物難民」の対策として，スーパーマーケットの宅配サービスや移動販売がおこなわれている。

問14　下の**資料１**は，1951年から1980年にかけての秋田県の人口の推移を示したものです。また，**資料２**は秋田県の自然増減数と社会増減数の推移を示したものです。

資料１をみると，1956年をピークに1973年にかけて人口が減少していることがわかります。1956年から1973年にかけて人口が減少している理由を，当時の社会状況をふまえ，あとの**資料２**を参考にして説明しなさい。なお，**以下の語句を必ず用いる**こと。

＜大都市＞

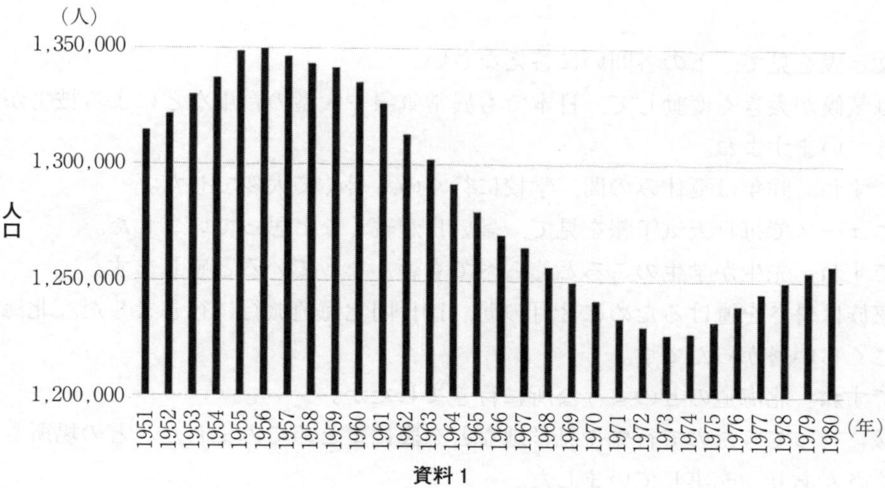

資料１

資料２

	自然増減数(人)	社会増減数(人)
1955年	19,633	−9,443
1960年	13,509	−19,456
1965年	9,927	−22,470
1970年	8,241	−17,619
1975年	8,228	−4,850
1980年	7,271	−5,228

＊自然増減数は出生数から死亡数を引いた数，
社会増減数は転入数から転出数を引いた数

※『秋田県の人口』より作成

問15　解答用紙の白地図中に，①北緯40度・②いわき市をそれぞれ記入しなさい。その際，名称や記号などは，下の例にならって同じように記入すること。なお，①は定規を使わずに書いてもよい。

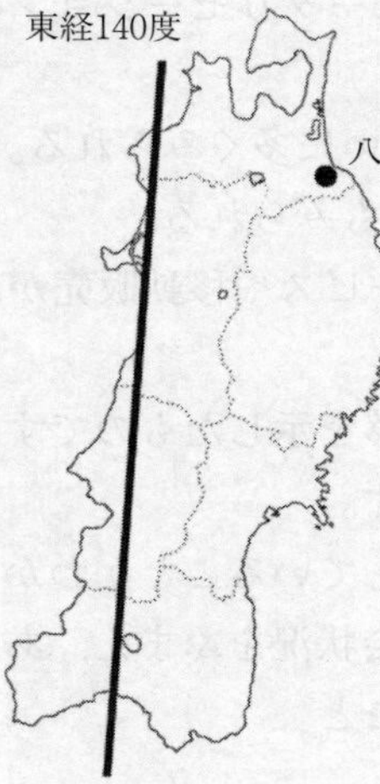

例　①東経140度・②八戸市の場合

2　次の会話文と表を見て，下の各問いに答えなさい。

先　生：近年は気候が大きく変動して，日本でも異常気象や大型の台風などによる被害が全国各地でおきていますよね。

生徒１：そうですね。昨年は夏休みの間，学校に行くのも暑くて大変でした。

生徒２：私もニュースで毎日天気予報を見て，暑い日が続くなと思っていました。

先　生：そうですね。先生が学生のころとくらべても暑くなっていると感じます。

生徒１：私の家族は暑さを避けるために８月の間，10日間北海道旅行に行きました。北海道も東京と同じくらい暑かったです。

生徒２：いいですね。北海道のどのような所に行きましたか。

生徒１：各地域に行ってきたので行先や見学地などを**表**にまとめてみました。どの場所も見どころがたくさんあり，充実していました。

先　生：いいですね。各地域にそれぞれ特色があり，有意義な時間を過ごせたみたいですね。ウポポイでは，アイヌのことについて理解を深められましたか。

生徒１：はい。アイヌの文化で知らなかったことを多く学ぶことができました。そのほかにも，アイヌについて学習するなかで**資料１**・**資料２**を読みました。これまで，アイヌは中世から近世にかけても縄文時代の人々のような生活を送っていると思っていましたが，少し異なる印象を持つようになりました。

表

7日	新千歳空港到着 帯広観光 ○帯広では(1)ばんえい競馬を初めて見ました。
8日	釧路・根室観光 ○釧路湿原をカヌーで散策しました。 ○(2)根室では納沙布岬に行きました。
9日	知床半島観光 ○(3)世界遺産の知床半島を散策しました。
10日	網走観光 ○(4)網走監獄を見学しました。
11日	稚内観光 ○(5)宗谷岬に行きました。
12日	(6)北見・旭川観光 ○旭川市博物館や旭山動物園に行きました。
13日	札幌観光 ○(7)時計台を見学しました。
14日	(8)函館観光 ○五稜郭を見学しました。
15日	室蘭・白老観光 ○室蘭の街には立派な(9)製鉄施設がありました。 ○白老ではウポポイに行き，(10)アイヌ文化を知ることができました。
16日	新千歳空港出発

問１　下線(1)に関連して，ばんえい競馬は，農耕や木材運搬など荷物をひく「ばん馬」の力くらべの余興から始まり，明治時代以降に荷物をのせたそりをひく競走となりました。このように日本では古来から動物を利用しながら生活してきました。下の**ア**～**エ**のうち，人々と動物との関わりの歴史について説明した文として**ふさわしくない**ものはどれですか。一つ選び，記号で答えなさい。

ア　縄文時代には，狩りをおこなう際に，犬を用いていたと考えられている。

イ　平安時代には，奥州藤原氏が優れた馬を朝廷に献上していた。

ウ　鎌倉時代には，牛の力を利用して田を耕すことが広まった。

エ　室町時代には，馬を用いて物資の運送をおこなう土倉が活躍した。

問２　下線(2)に関連して，根室はロシア使節ラクスマンが日本人漂流民を連れて来航した場所です。下の**ア**～**エ**は，18世紀後半以降の外国船の接近に関するできごとです。これらを年代順(古い順)に並べ替え，記号で答えなさい。

ア　幕府は異国船打払令を出した。

イ　イギリスのフェートン号が長崎に侵入した。

ウ　ロシア使節レザノフが長崎に来航した。

エ　アメリカのペリーが浦賀に来航した。

問３　下線(3)に関連して，2014年に世界遺産に登録された，明治時代にフランスの技術などを取り入れ，士族の子女などの女性労働者を集めた官営模範工場を何といいますか。漢字５字で答えなさい。

問４　下線(4)に関連して，網走監獄は明治時代から実際に網走刑務所として使用されていた施設です。網走刑務所には犯罪者が収監されていましたが，そのなかには自由民権運動の活動のなかで逮捕・収監された人々もいました。下の**ア**～**エ**のうち，自由民権運動への政府の対応として**ふさわしくない**ものはどれですか。一つ選び，記号で答えなさい。

ア　新聞紙条例を出し，出版物への規制を強化した。

イ　集会条例を出し，人々が言論や集会をおこなうことを規制した。

ウ　治安維持法を出し，思想の取りしまりを強化した。

エ　国会開設の勅諭を出し，国会開設を約束した。

問５　下線(5)に関連して，江戸時代に幕府の命令で宗谷から樺太に渡り，樺太が島であることを確認した人物はだれですか。漢字で答えなさい。

問６　下線(6)に関連して，北見・旭川では縄文時代の遺跡が発掘されています。下の**ア**〜**エ**のうち，縄文時代についてのべた文としてもっともふさわしいものはどれですか。記号で答えなさい。

ア　黒曜石などを用いた石器の交易がおこなわれていた。

イ　竪穴住居に住み，打製石器のみを使用していた。

ウ　呪術的な遺物として埴輪が発見されている。

エ　代表的な遺跡として静岡県の登呂遺跡がある。

問７　下線(7)に関連して，時計台の正式な名称は，「旧札幌農学校演武場」といいます。明治時代にお雇い外国人として来日し，この農学校で初代教頭を務めた人物の名を答えなさい。

問８　下線(8)の函館（箱館）に関連して，①・②の各問いに答えなさい。

①　箱館などの地域では，「和人」と呼ばれる本州から移住した人々が生活や交易をおこなうようになりました。その後，北海道（蝦夷ヶ島）に住んでいたアイヌとしばしば衝突がおこり，1669年に松前藩に反発したアイヌが蜂起しました。その中心となった人物の名を答えなさい。

②　箱館は，1854年にアメリカと締結した条約によって開港された港の一つです。この条約における開港地はほかにどこがありますか。下の**ア**〜**オ**から一つ選び，記号で答えなさい。

ア　神奈川　　**イ**　下田　　**ウ**　博多

エ　新潟　　**オ**　兵庫

問９　下線(9)に関連して，室蘭は石炭積出港として栄え，1907年には民間の日本製鋼所が設立されました。下の**ア**〜**エ**のうち，この時期の日本の重工業の説明としてもっともふさわしいものはどれですか。記号で答えなさい。

ア　日清戦争の際に成長し，日露戦争中には多くの船成金が誕生した。

イ　1900年代に入ると，官営の八幡製鉄所の生産が本格化するなど，鉄鋼材の生産が飛躍的に向上した。

ウ　1900年代前半には，軽工業製品よりも重工業製品の輸出額が多くなった。

エ　第一次世界大戦の影響もあり，重工業に従事する男性労働者の数が減少した。

問10　下線(10)に関連して，①・②の各問いに答えなさい。

①　下の**ア**〜**オ**のうち，江戸時代にもたらされたアイヌの特産品としてもっともふさわしいものはどれですか。記号で答えなさい。

ア　昆布　**イ**　黒糖　**ウ**　陶磁器

エ　生糸　**オ**　木綿

②　2019年５月に施行された，アイヌ民族を初めて先住民族と明記し，従来の文化振興や福祉政策に加えて，地域や産業の振興などをふくめたさまざまな課題を解決することを目的とした法律を何といいますか。この法の通称を５字で答えなさい。

問11　会話文中の二重線部に関連して，次のページの**資料１**・**資料２**をふまえて，生徒１がアイヌに対して新たに持った印象を説明しなさい。

資料１

首長は宝を蓄積する者であり，その勢力は宝によって支えられていた。宝の集積のプロセスは次のようなものだ。首長はまず宝によって隷属者や妻妾を獲得する。次にウタレや妻妾は首長の世帯の労働力となって生産活動・交易活動を拡大する。そして首長は，それによってえた宝でさらにウタレや妻妾を獲得する。

＊妻妾…つまやめかけ

＊ウタレ…同居人・従者・家僕・奴隷などと訳される男女

資料２

日高はアイヌの農耕が活発におこなわれていた地域だが，同地方の鵡川の首長はアワ・ヒエなど雑穀類を３年分貯蔵していた。同じく穂別の首長も，（中略）毎年アワ・ヒエを35俵ほど収穫し，３棟の倉に収めていた。隣接する厚真のアイヌは，戸ごとに10〜20俵のアワ・ヒエを収穫していたとされるから，穂別の首長は一般世帯の1.5倍〜３倍の量を貯蔵していたことになる。

※瀬川拓郎『アイヌの歴史　海と宝のノマド』より作成

3　次の資料を読み，下の各問いに答えなさい。なお，憲法条文は抜粋したもので，読みやすく書き直した部分があります。また，憲法条文中の空欄の記号・数字が同じ場所には，同じ語が入ります。

資料Ａ　日本国憲法　1946年11月３日公布

第１条　天皇は，日本国の［　X　］であり日本国民統合の［　X　］であって，この地位は，主権の存する日本国民の総意に基く。

第２条　皇位は，世襲のものであって，国会の議決した（　1　）の定めるところにより，これを継承する。

第５条　（　1　）の定めるところにより（　2　）を置くときは，（　2　）は，天皇の名でその国事に関する行為を行う。

第13条　すべて国民は，個人として尊重される。生命，自由及び幸福追求に対する国民の権利については，（　　3　）に反しない限り，立法その他の国政の上で，最大の尊重を必要とする。

第22条　何人も，（　　3　　）に反しない限り，居住，移転及び(4)職業選択の自由を有する。

第30条　国民は，法律の定めるところにより，（　5　）の義務を負う。

第52条　国会の常会は，毎年一回これを召集する。

第54条　衆議院が解散されたときは，解散の日から四十日以内に，衆議院議員の総選挙を行い，その選挙の日から三十日以内に，(6)国会を召集しなければならない。

第56条　両議院は，各々その総議員の三分の一以上の出席がなければ，議事を開き議決することができない。

第60条　予算は，さきに衆議院に提出しなければならない。

第65条　行政権は，(7)内閣に属する。

第76条　③　すべて裁判官は，その（　8　）に従い独立してその職権を行い，この憲法及び法律にのみ拘束される。

第96条　この憲法の改正は，各議院の総議員の三分の二以上の賛成で，国会が，これを発議し，国民に提案してその承認を経なければならない。

第100条　この憲法は，公布の日から起算して（　9　）箇月を経過した日から，これを施行する。

資料Ｂ　大日本帝国憲法　1889年(10)2月11日発布

第１条　大日本帝国ハ万世一系ノ天皇之ヲ［　Ｙ　］ス

第２条　皇位ハ（　1　）ノ定ムル所ニヨリ皇男子孫之ヲ継承ス

第８条　天皇ハ公共ノ安全ヲ保持シ又ハ其ノ災厄ヲ避クル為緊急ノ必要ニヨリ帝国議会閉会ノ場合ニオイテ法律ニ代ルベキ勅令ヲ発ス

第17条　①　（　2　）ヲ置クハ（　1　）ノ定ムル所ニヨル

②　（　2　）ハ天皇ノ名ニオイテ大権ヲ行フ

第21条　日本臣民ハ法律ノ定ムル所ニ従イ（　5　）ノ義務ヲ有ス

第35条　衆議院ハ選挙法ノ定ムル所ニヨリ公選セラレタル議員ヲモッテ組織ス

第41条　帝国議会ハ毎年之ヲ召集ス

第46条　両議院ハ各々其ノ総議員三分ノ一以上出席スルニ非ザレバ議事ヲ開キ議決ヲ為スコトヲ得ズ

第65条　予算ハ前ニ衆議院ニ提出スベシ

第73条　①　将来此ノ憲法ノ条項ヲ改正スルノ必要アルトキハ勅命ヲモッテ議案ヲ帝国議会ノ議ニ付スベシ

②　此ノ場合ニオイテ両議院ハ各々其ノ総員三分ノ二以上出席スルニ非ザレバ議事ヲ開クコトヲ得ズ。出席議員三分ノ二以上ノ多数ヲ得ルニ非ザレバ改正ノ議決ヲ為スコトヲ得ズ

問１　**資料Ａ**と**資料Ｂ**において，天皇の立場はどのように変わりましたか。条文中の［Ｘ］・［Ｙ］に適する語を必ず用いて説明しなさい。

問２　（1）に適する語を漢字４字で答えなさい。

問３　（2）には，天皇を代行する役職の名称が入ります。適する語を，下の**ア**～**オ**から選び，記号で答えなさい。

ア　上皇　　**イ**　関白　　**ウ**　太政大臣　　**エ**　摂政　　**オ**　内閣総理大臣

問４　（3）に適する語を５字で答えなさい。

問５　下線(4)について，職業選択の自由は，一般的にどの自由権に分類されますか。下の**ア**～**ウ**からもっともふさわしいものを選び，記号で答えなさい。

ア　人身の自由　　**イ**　経済の自由　　**ウ**　精神の自由

問６　（5）に適する語を，下の**ア**～**オ**から選び，記号で答えなさい。

ア　兵役　　**イ**　投票　　**ウ**　勤労　　**エ**　教育　　**オ**　納税

問７　**資料Ａ**と**資料Ｂ**の二重線部に関連して，下の**ア**～**エ**のうち，衆議院議員総選挙について正しく説明した文はどれですか。一つ選び，記号で答えなさい。

ア　資料Ａの公布後初めての衆議院議員総選挙では，満20歳以上の男女が立候補できた。

イ　資料Aの公布後初めての衆議院議員総選挙では，日本の全人口の90％以上に選挙権があたえられた。

ウ　資料Bの発布後初めての衆議院議員総選挙では，投票率が90％以上になった。

エ　資料Bの発布後初めての衆議院議員総選挙では，直接国税を15円以上納めた満20歳以上の男子に投票権があたえられた。

問8　下線(6)について，この国会を何といいますか。漢字で答えなさい。

問9　下線(7)について，下の**ア〜エ**のうち，日本国憲法における内閣について正しく説明した文はどれですか。一つ選び，記号で答えなさい。

ア　内閣は衆議院が信任決議案を否決した場合，10日以内に衆議院が解散されない限り総辞職をしなければならない。

イ　内閣を組織する国務大臣は，３分の２以上は国会議員の中から選ばれなければならない。

ウ　内閣は行政権の行使について，天皇に対して連帯して責任を負わなければならない。

エ　内閣は罷免の訴追を受けた裁判官を裁判する場合，弾劾裁判所を設置しなければならない。

問10　(８)に適する語を漢字２字で答えなさい。

問11　(９)に適する数字を答えなさい。

問12　下線(10)について，２月11日に関連してのべた下の文中の(　)に適する語を漢字２字で答えなさい。なお２つの(　)には，いずれも同じ語が入ります。

> 神武天皇が即位したとされる２月11日は，日本のはじまりと考えられ，明治時代には「(　　)節」という祝日となりました。西洋ではキリストが生まれた年をはじまりと考え，それ以前は「(　　)前」としてB.C.を用いて表記しています。

問13　下の**ア〜エ**のうち，**資料A**と**資料B**を比較して説明した文として**ふさわしくない**ものはどれですか。一つ選び，記号で答えなさい。

ア　資料Aの国会と資料Bの帝国議会は，いずれも毎年召集される。

イ　資料Aと資料Bの両議院の議決には，いずれも各々の総議員の３分の１以上の出席が必要である。

ウ　予算案は，資料Aと資料Bのいずれにおいても，さきに衆議院に提出されなければならない。

エ　憲法改正の議決には，資料Aの国会と資料Bの帝国議会のいずれにおいても，各議院の総議員の３分の２以上の賛成が必要である。

【理　科】〈Ｂ日程試験〉(30分)〈満点：60点〉

1　図１のように，縦，横ともに等しい間隔《かんかく》のます目が４つずつある金あみの中心の点Ｏにひもをつけてつるすと，金あみは水平につり合いました。このひもでつるされた金あみが水平を保つようにいくつかのおもりをつるす実験を行いました。次の各問いに答えなさい。ただし，金あみやひもの重さは考えなくてよいものとします。また，おもりをつるす位置やひもで金あみをつるす位置は，金あみを真上から見た図２のＡ～Ｅ，１～５を用いて表します。例えば点Ｏの位置は(Ｃ，３)となります。

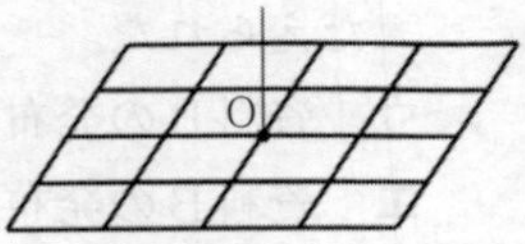

図１

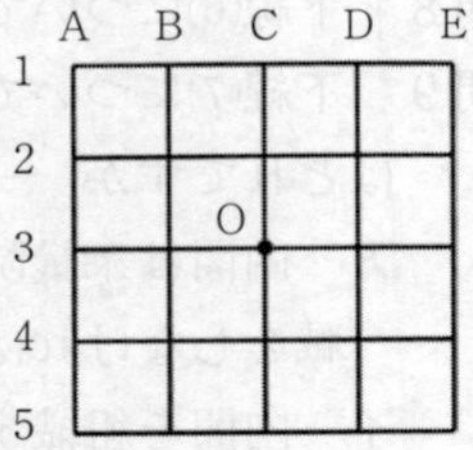

図２

図３のように，(Ａ，３)に100ｇのおもりを，(Ｄ，３)におもり１をそれぞれつるすと金あみはつり合いました。

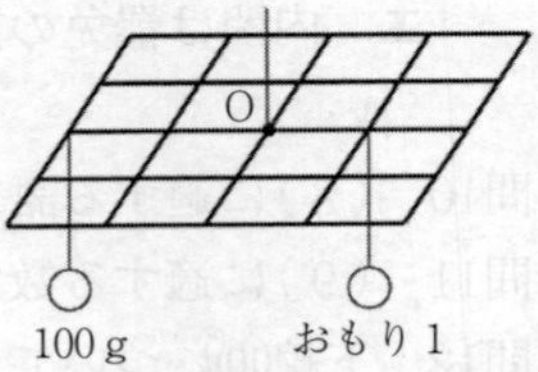

図３

(1)　おもり１の重さは何ｇですか。

図４のように，(Ａ，５)に50ｇのおもりを，(Ｂ，４)に100ｇのおもりを，(Ｅ，１)におもり２をそれぞれつるすと金あみはつり合いました。

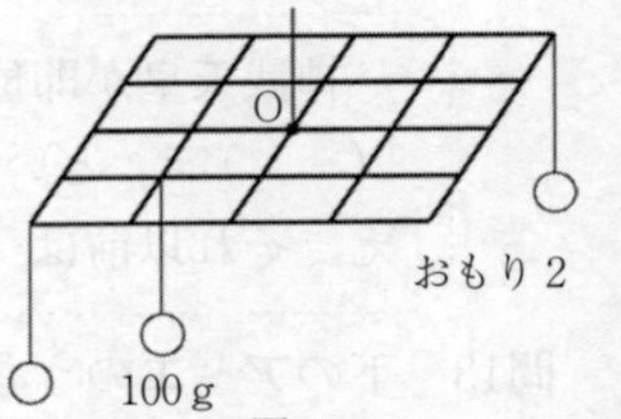

図４

(2)　おもり２の重さは何ｇですか。

図５のように，(Ａ，１)，(Ａ，５)にそれぞれ100ｇのおもりを，(Ｄ，３)におもり３をつるすと金あみはつり合いました。これは，図５を，図６のように手前側から見ても，図７のように右側から見ても，金あみがつり合っているからです。

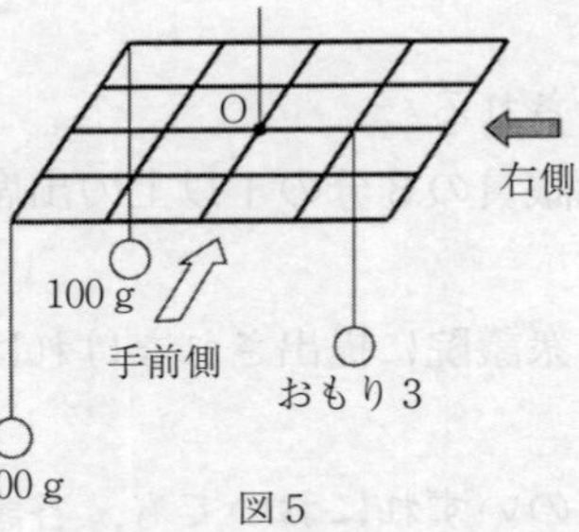

図５

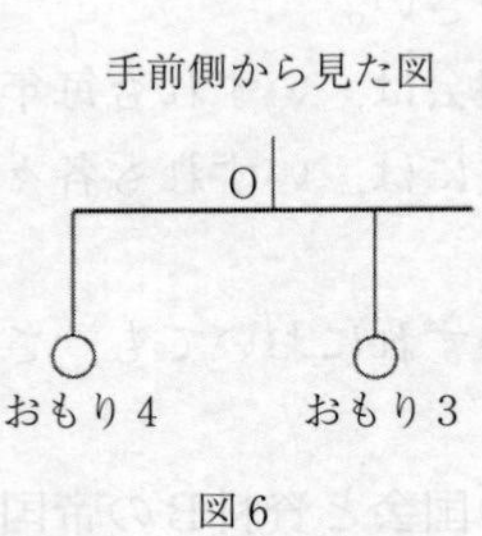

図６

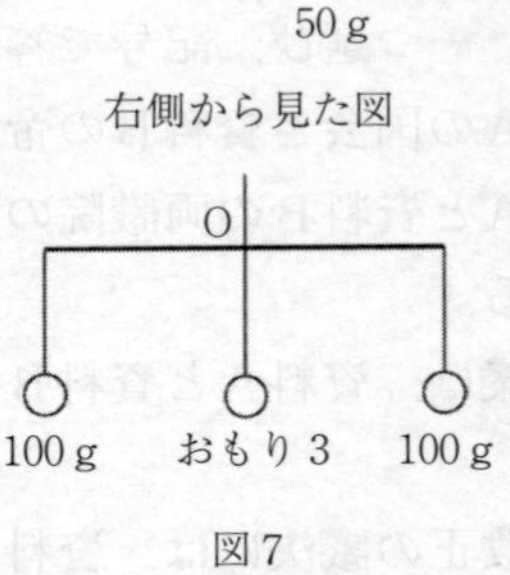

図７

(3)　図６では，100ｇのおもり２つを，１つのおもり４に置きかえています。おもり３の重さは何ｇですか。

図８のように，(Ａ，４)に200ｇのおもりを，(Ｃ，５)と(Ｅ，３)にそれぞれ50ｇのおもりをつるすと金あみはつり合いませんでした。

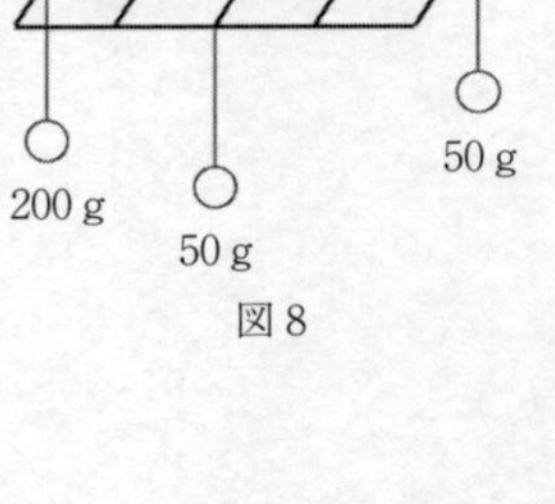

図８

(4)　150ｇのおもりを１つだけつるして金あみをつり合わせるには，どの位置につるせばよいでしょうか。

図９のように，（Ａ，５）に150ｇのおもりを，（Ｄ，４）に100ｇのおもりをそれぞれつるすと金あみはつり合いませんでした。

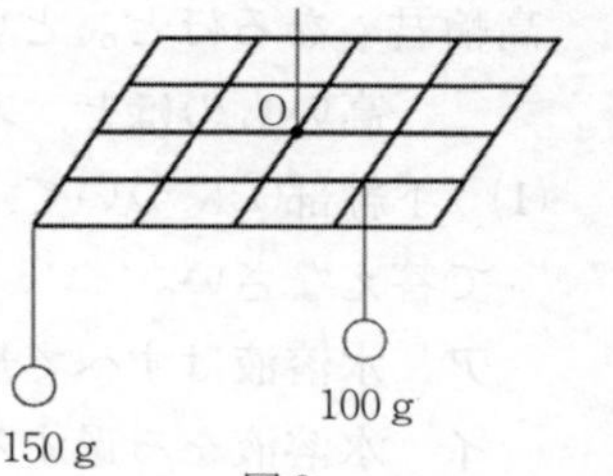

図９

(5)　おもりを１つだけつるして金あみをつり合わせるには，どの位置に何ｇのおもりをつるせばよいでしょうか。

図10のように，（Ａ，３），（Ａ，５），（Ｃ，５）にそれぞれ100ｇのおもりをつるすと金あみはつり合いませんでした。

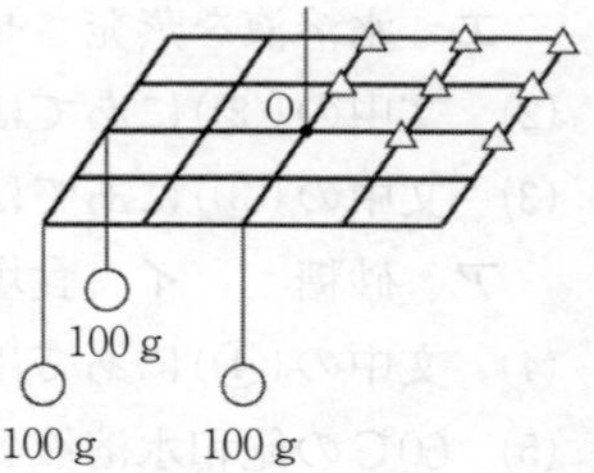

図10

(6)　100ｇと200ｇのおもりがそれぞれ１つだけあり，図10の△印の位置につるすことができます。金あみがつり合うおもりのつるし方は全部で何通りありますか。ただし，おもりを２つとも使う必要はありません。

2　次の会話文を読み，以下の各問いに答えなさい。

高輪君：この前，本で硝酸《しょうさん》カリウムの結晶《けっしょう》の写真を見たんですけど，結晶ってどうやって作るんですか。

先　生：小さな結晶を作るならこんな方法があります。まず結晶を作りたい物質を溶《と》かした濃《こ》い①水溶液《すいようえき》を作ります。次にその水溶液の温度を下げたり，水を蒸発させたりすると，溶けきれなくなった物質が結晶となって出てきます。この方法を（ ② ）といいます。

高輪君：それなら家でもできそうですね。

先　生：そうですね。家だと学校のような薬品は使えませんが，砂糖や食塩，ミョウバンやホウ酸などなら結晶を作れそうですね。

高輪君：どれが結晶を作りやすいのでしょうか。

先　生：例えば，温度を変化させる方法で結晶を作るなら，温度が高くなるほど，たくさん溶けるようになる物質がいいですね。

高輪君：それなら（ ③ ）は向いていないですね。

先　生：その通りです。せっかくなので硝酸カリウムで結晶を作ってみましょうか。

高輪君：はい。まずは，水に硝酸カリウムを溶かすのですね。でも，何℃でどれくらい溶けるのでしょうか。

先　生：水に対して物質を限界まで溶かしてできた水溶液を飽和《ほうわ》水溶液といいます。各温度での飽和水溶液100ｇに溶けている硝酸カリウムの量を調べたら，表１のようになっていました。

表１　各温度での飽和水溶液100ｇに溶けている硝酸カリウムの重さ

温度［℃］	20	40	60	80
硝酸カリウムの重さ［ｇ］	24	39	52	63

高輪君：それでは，この表を見て，溶かす量を決めればいいですね。でも，この表だと硝酸カリウムを溶かした水の量が書いていないですよね。

先　生：そうですね。この表は飽和水溶液100ｇに何ｇの硝酸カリウムが溶けているかを表しているので，例えば，20℃の飽和水溶液が100ｇのときは，溶けている硝酸カリウムの重さを引くと，水が（ ④ ）ｇということになりますね。

高輪君：なるほど。ということは，温度のちがう飽和水溶液がそれぞれ100ｇあったら，温度が高いものほど，ふくまれている水の量が少ないということになりますね。

(1) 下線部①について，水溶液の性質として正しいものを，次の**ア**～**エ**の中から１つ選び，記号で答えなさい。

ア 水溶液はすべて無色とう明である。

イ 水溶液をろ過すると，ろ紙の上には何も残らない。

ウ 水溶液をビーカーに入れて置いておくと，上の方が濃度《のうど》が低くなる。

エ 水溶液を蒸発させると，必ず固体が残る。

(2) 文中の(②)にあてはまる言葉を漢字３文字で答えなさい。

(3) 文中の(③)にあてはまるものを，次の**ア**～**エ**の中から１つ選び，記号で答えなさい。

ア 砂糖　**イ** 食塩　**ウ** ミョウバン　**エ** ホウ酸

(4) 文中の(④)にあてはまる数値を答えなさい。

(5) 60℃の飽和水溶液475ｇに溶けている硝酸カリウムは何ｇですか。

(6) (5)の水溶液を20℃まで冷やすと何ｇの結晶が出てきますか。

(7) (6)で結晶を取り除いた後，この水溶液の温度を80℃まで上げました。この水溶液にはあと何ｇの硝酸カリウムを溶かすことができますか。最も近いものを次の**ア**～**エ**の中から１つ選び，記号で答えなさい。

ア 117ｇ　**イ** 189ｇ　**ウ** 228ｇ　**エ** 316ｇ

3 図１はある平地の一部を上から見たもので，Ａ～Ｆはボーリング調査をした地点を表しています。その結果を表したものが図２の柱状図です。この地域は同じ傾《かたむ》きの地層でできているものとします。ただし，過去にこの地域で起こった火山活動は，一度であるものとし，(2)～(4)は断層やしゅう曲がないものとして答えなさい。

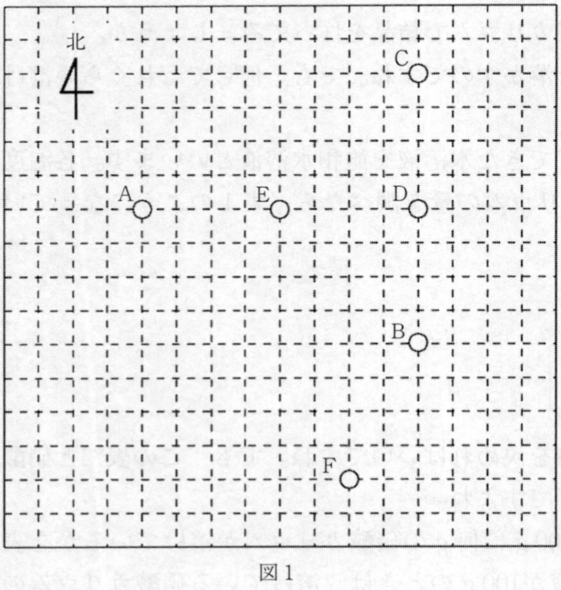

図１

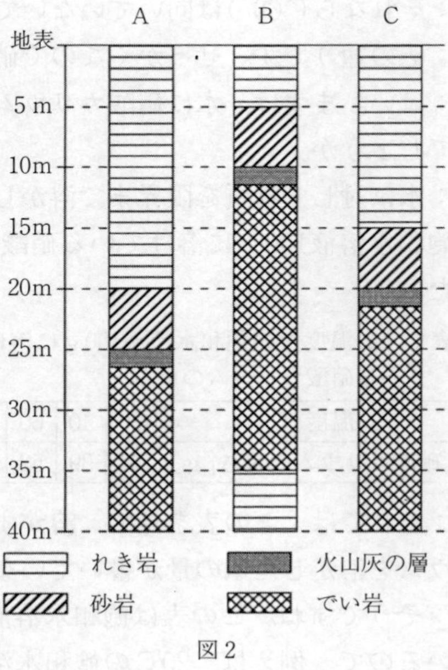

図２

(1)　火山灰の層にふくまれるつぶの形は，砂岩の層にふくまれるつぶと比べてどのようなちがいがありますか。簡単に説明しなさい。

(2)　図1のD地点とE地点では火山灰の層の上端《じょうたん》は，それぞれ地下何mの深さにありますか。

(3)　この地域の地層はどの方向に向かって低くなっていますか。最も適当なものを，次の**ア**～**ク**の中から1つ選び，記号で答えなさい。

ア　北　　**イ**　北東　　**ウ**　東　　**エ**　南東
オ　南　　**カ**　南西　　**キ**　西　　**ク**　北西

(4)　図1のF地点では火山灰の層の上端は，地下何mの深さにあると考えられますか。

実際には，平地になる前に，図3に示すPQの位置に断層が生じていました。そこで，F地点の火山灰の層の上端を調べてみると，地下5mの深さにあることがわかりました。これは断層ができることでPQより北側の地層と南側の地層がずれたことが原因です。

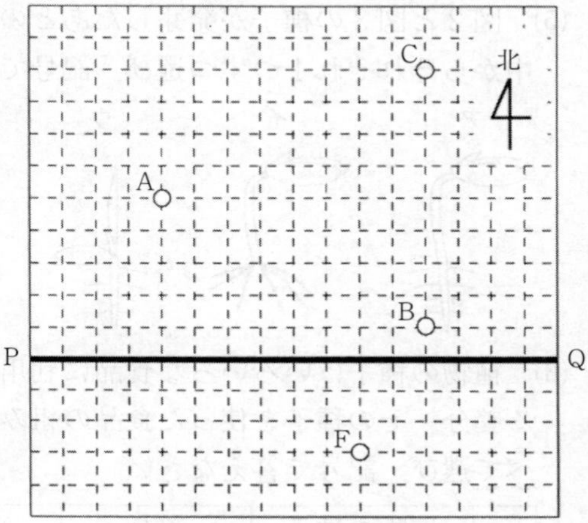

図3

(5)　地層に力が加わってずれる現象について，地点①より地点②が高くなるのはどれですか。正しいものを次の**ア**～**エ**の中からすべて選び，記号で答えなさい。ただし，図の矢印（⇨）は地層に加わる力の方向を表しています。

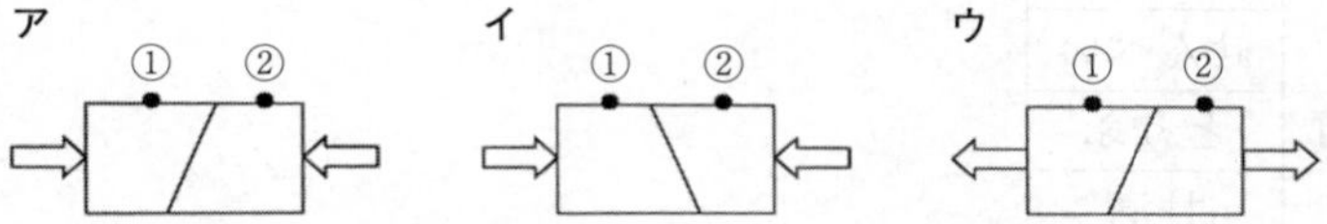

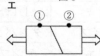

(6)　地表に火山灰の層が現れていました。その火山灰の層と砂岩の層の境目を，解答らんの図に直線で書きなさい。

(7)　地層からは，化石が見つかることがあり，その中には示相化石として利用されるものがあります。示相化石からわかることはどのようなことですか。簡単に説明しなさい。

4　図1～図3は，順にカキ，イネ，インゲンマメの種子の断面を表しています。下の各問いに答えなさい。

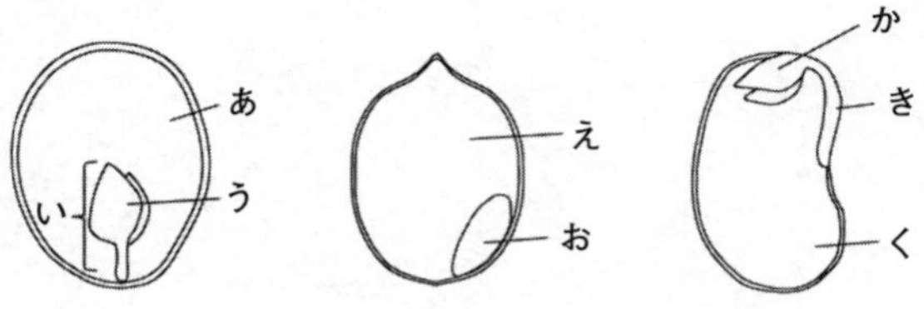

図1　図2　図3

(1)　図1の**あ**のはたらきは何ですか。最も適当なものを，次の**ア**～**エ**の中から選び，記号で答えなさい。

ア　発芽に必要な養分をたくわえる
イ　内部をかんそうから守る
ウ　動物に食べられにくくする
エ　植物の根になる

(2)　図１の**あ**と同じはたらきをする部分を，図２は**え**・**お**から，図３は**か**～**く**の中からそれぞれ１つずつ選び，記号で答えなさい。

(3)　図１の**い**の部分を何といいますか。

(4)　図１の**う**と同じ名前の部分を，図３の**か**～**く**の中から１つ選び，記号で答えなさい。

(5)　図２と図３の種子が発芽したあとの様子を表している図として適当なものを，次の**ア**～**カ**の中からそれぞれ１つずつ選び，記号で答えなさい。

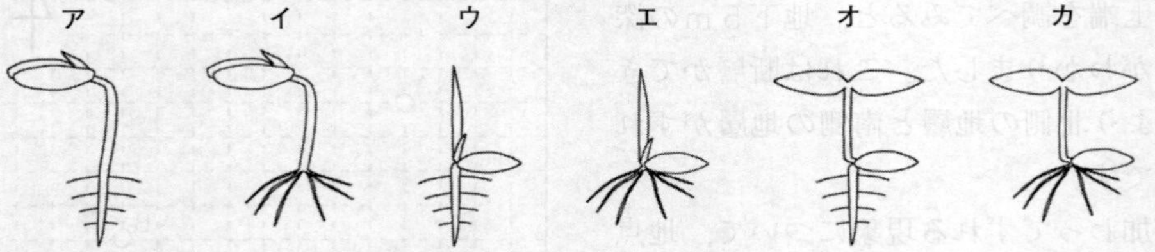

(6)　植物の種子はいろいろな食品に利用されています。植物の種子と，その種子に多くふくまれる養分，その種子を使った食品の組み合わせとして適当なものを，次の表の**ア**～**カ**の中からすべて選び，記号で答えなさい。

	植物の種子	養分	食品
ア	カキ	しぼう	せんべい
イ	ダイズ	タンパク質	とうふ
ウ	イネ	デンプン	甘酒
エ	エンドウマメ	しぼう	もち
オ	コムギ	タンパク質	チーズ
カ	ゴマ	しぼう	食用油

貴にとって、同じ公立中学校に通っているというだけで調子に乗っていやがらせをしたりしてくる梢たちには、これ以上関わりたくないと感じているから。

問九　——9「こっちの気も知らずに」とありますが、祖母は美貴のどのような気持ちをわかっていなかったのですか。文中から六〇字以内で抜き出し、始めと終わりの三字を答えなさい。

問一〇　——10「違う、そうじゃない」とありますが、どのようなことに抵抗を感じているのですか。ふさわしいものを次の中から一つ選び、記号で答えなさい。

ア、梢たちと仲良くできていたことは思い込みで、実際は孤立していたのだと感じていること。

イ、清凜に通っていたころは梢のような友達がおらず、内心今の生活に喜びを感じていたこと。

ウ、清凜の友達のことはどうでもよくなっていて、今の中学校の方が心地よく感じていたこと。

エ、梢たちは大切な友達で、一緒に過ごしてきた時間をかけがえのないものに感じていること。

問一一　——11「みっともないくらい必死に」とありますが、このときの美貴の心情の説明としてふさわしいものを次の中から一つ選び、記号で答えなさい。

ア、今の学校の友達をまだ素直に受け入れられない美貴は、前の学校の友達も自分のほんとうの友達ではないかもしれないという不安を感じているが、その不安に向き合うのをおそれている。

イ、前の学校では友達に恵まれていたと信じていた美貴だが、何かと理由をつけて自分との連絡を取らないようにしている友達の態度に気づき、裏切られたことへの怒りで自分を見失っている。

ウ、今の学校に不満しかない美貴が、公民館での勉強会や給食のおかずの取り合いなどにいやいや参加しているうちに、前の学校の友達とのつながりが次第に薄れていってしまうことに気づいておびえている。

エ、前の学校の友達からメールがこないのは期末テスト中だからと頭ではわかっている美貴も、今の学校の友達とけんかして帰った今日は、たった一日メールが送られてこなかっただけなのに取り乱してしまっている。

ア、頭が悪そうにふるまう足立くんが、梢と裏でつながっていたとはまったく思っていなかったから。

イ、誰にも知られないよう押し隠していたわたしの事情について、思わぬ人物が不意に口にしたから。

ウ、わたしの事情を知っていた足立くんが、冗談めかしていたとはいえいきなりその事情をばらしたから。

エ、関わろうともしていなかったクラスメイトから、梢ですら見抜けなかったわたしの悪意を指摘されたから。

問四　――4「わたしをにらみかえそうとしかけてから、気まずそうに給食に視線を落とした」とありますが、このときの梢の心情の説明としてふさわしいものを次の中から一つ選び、記号で答えなさい。

ア、その場でとことん言い争って美貴の思いちがいに気づかせたかったが、食事中だったことに気づき、申し訳なくなった。

イ、美貴に対して感情的になっているが、腹いせのような言葉を人前でぶつけたあと、申し訳ないことをしたような気持ちが出てきた。

ウ、友情を裏切った美貴に思い知らせてやりたかったが、引っ越しの理由を教えてくれた祖母を巻きこむことになるのに気づき、後悔した。

エ、本当はみんなの前で美貴の家庭の事情までばらしたかったが、美貴の怒りが思った以上に激しいものだったので、あきらめて食事を続けた。

問五　――5「声が震えてしまわないように、わたしは『そう』と無感情に言った」とありますが、その理由を四〇字以内で説明しなさい。

問六　――6「清凜に帰りたい」という七夕の短冊を見たときの梢の気持ちを、五〇字以内で説明しなさい。

問七　――7「ああ、とため息まじりの声がもれた」とありますが、その理由としてふさわしいものを次の中から一つ選び、記号で答えなさい。

ア、胸に秘めていた自分の本心を、自分自身がばらしたようなものだと気づいたから。

イ、無神経な行動をした梢に対して、これ以上会話しても意味がないと気づいたから。

ウ、仲良くしてくれた梢だったが、やっぱり自分をばかにしていたのだと気づいたから。

エ、清凜に戻れるわけではないのに、七夕の短冊に願いを書いたむなしさに気づいたから。

問八　――8「ほっとした」とありますが、その理由としてふさわしいものを次の中から一つ選び、記号で答えなさい。

ア、梢に傷つけられたと受け取っている美貴にとって、自分は傷ついたと涙を流しながら訴《うった》えてくる梢の被害者ぶった態度はあまりにも一方的なものなので、追いかけてきてほしくなんかないから。

イ、梢たちに対して真の友情を感じ始めていた美貴にとって、友情からではなく祖母に頼まれたから近づいてくるような梢がたとえ今追いかけてきたとしても、それは下心があるからとしか思えないから。

ウ、気持ちの整理がつかないまま梢たちと接していた美貴にとって、梢がそんな自分のことを友達だと強く思ってくれていたことに心が乱れたが、このまま梢のその気持ちに向き合うことはできないと感じているから。

エ、給食の好みも男の子の好みも梢とはまったくちがっている美

さっきからずっと熱かったけど、意地でも泣いてやるものかと決めた。

その日の部活は仮病《けびょう》を使って休んだ。梢と顔をあわせたくなかったから。

家に帰ると、玄関先《げんかんさき》で花の水やりをしていた祖母が声をかけてきた。9こっちの気も知らずに、のんきな笑顔で。

「あら、おかえりなさい。きょうは早かったのねえ」

「おばあちゃん、なんでわたしのことを……」

挨拶もかえさずに食ってかかりそうになってから、わたしは唇《くちびる》を強くかんで言葉をせき止めた。ここでこらえなければ、取りかえしのつかないことになってしまいそうな予感があった。きょとんとしている祖母の顔をにらみつけて、わたしは無言で家にあがった。

自分の部屋に引っこむと、カバンを乱暴に放りだして、畳《たたみ》に倒《たお》れた。畳のにおいがいつもより鼻について、口で浅く息をしていた。

廊下で最後に見た、梢の顔。あのときたぶん、梢はわたしに謝ろうとしていた。だけどべつに、謝らなくてもいい。絶対に謝らせたりしない。これでもう、友達ごっこを続けないですむんだから。

「……せいせいしたわ、ほんと」

わたしは声に出してつぶやいてみた。なのに頭に浮かんでくるのは、なぜか梢たちといっしょにいたときのことばかりだった。教室でのおしゃべり、公民館の図書室の棚《たな》に積まれたおすすめの本、にぎやかにはしゃぎながら短冊を吊《つ》るすみんなの姿。

10違う、そうじゃない。教室で孤立しないためにつきあっていただけで、わたしは本気であの子たちと仲よくなりたかったわけじゃない。無理に仲よくならなくたって、わたしのほんとうの友達は、清凜にちゃんといる。

寝転《ねころ》がったままカバンをさぐって、携帯を取りだした。電源を入れて、画面をじっと見つめる。けれどきょうもまた、メールは届いていなかった。

いや、たしか清凜の中等科の期末テストは、七月になってからだった気がする。だとしたら、いまごろみんなテスト勉強で忙《いそが》しくて、メールをしている暇《ひま》もないのだろう。そう、きっとそうに違いない。

わたしは自分に言い聞かせた。11みっともないくらい必死に。

《如月かずさ『給食アンサンブル』より》

(注) 期末テスト…中学校で行われるテストで、学期の終わりに各教科の試験を数日間にまとめて行うもの。

公民館の、七夕飾りの短冊…数日前に美貴は梢たちと公民館で勉強会をしており、その場にあった七夕飾りの短冊にそれぞれが願いを書こうということになったが、美貴だけはその場では書かなかった。

問一 ――1「もみ手をしながら尋ねてきた」とありますが、この時の様子の説明としてふさわしいものを次の中から一つ選び、記号で答えなさい。

ア、フライドチキンが大好きで、手当たり次第に譲《ゆず》ってもらおうと頼み込んでいる。

イ、フライドチキンを譲ってもらいたくて、美貴に下手《したて》に出ながら頼もうとしている。

ウ、美貴と梢がけんかをしている間にフライドチキンを譲ってもらえる隙《すき》を探している。

エ、フライドチキンを譲ってもらえる機会を逃さないよう、警戒しながら頼もうとしている。

問二 ――2「わたしは耳を疑った」とありますが、その理由を五〇字以内で説明しなさい。

問三 ――3「びくりと肩が震えた」とありますが、その理由としてふさわしいものを次の中から一つ選び、記号で答えなさい。

ないっていうのはそのとおりだから、食べたければ遠慮《えんりょ》しないでどうぞ」

冷ややかにそう告げると、足立くんは「いや、ああ、悪《わり》ィ」と面食らったように、わたしが差しだしたフライドチキンの皿を受け取った。

そのあとで、わたしは梢の顔をにらみつけた。すると梢は4わたしをにらみかえそうとしかけてから、気まずそうに給食に視線を落とした。

「誰に聞いたの」

給食が終わったあと、わたしは空き教室で梢に問いただした。

梢の態度からは、給食のときのふてぶてしさが消えていた。大きな体を縮こまらせて、梢はぼそぼそとこたえた。

「……美貴のおばあちゃんに。美貴のおばあちゃん、うちのおばあちゃんと友達で、たまに話しにくるのよ。春休みに会ったときに、美貴のことを聞いて、いっしょのクラスになったら仲よくしてあげてくれって……」

信じられない。わたしは思わずそうつぶやいていた。親の会社がつぶれて私立の学校に通えなくなったなんてこと、同級生に知られたら、わたしがどんなにみじめな気分になるか、祖母は考えもしなかったのだろうか。

5声が震えてしまわないように、わたしは「そう」と無感情に言った。

「つまり、最初からわたしのことを憐《あわ》れんで、親切にしてくれてたわけね」

「そんなつもりじゃ……」

言いかえそうとした梢の顔を、わたしはきつくにらんだ。そうしていないと、くやしくて涙がこぼれそうだった。対等と思っていた相手から、ひそかにずっと憐れみを受けていた。そのことはわたしにとって、耐《た》えられないほどの屈辱《くつじょく》だった。

「それで、どうしていまさらわたしの事情をばらしたりしたの。朝からわたしに怒ってたみたいだけど、わたし、なにか気にさわることでもした？」

「それは、美貴があんなこと書くから……」

わたしは「あんなこと？」とまゆをひそめた。すると梢は責めるような瞳《ひとみ》でわたしを見つめてこたえた。

「……(注)公民館の、七夕飾《かざ》りの短冊《たんざく》。6清凜に帰りたいって、あれ美貴が書いたんでしょ」

7ああ、とため息まじりの声がもれた。勉強会が解散したあと、わたしはこっそり公民館にもどって、短冊に願いを書いていた。意味がないことはわかっていても、書かずにはいられなかったのだ。誰《だれ》にもわかりはしないだろう、と高をくくっていたのが間違いだった。

まあ、もうどうだっていいけど。そんなふうに投げやりな気分で考えていたら、梢がうつむいて続けた。

「あの短冊を見つけたとき、すごく悲しかった。あたしはもうすっかり美貴と友達のつもりだったのに、美貴はずっともとの学校に帰りたかったんだって。あたしたちのことなんて、なんとも思ってなかったんだって。それでいらいらして、あんな……」

そう話す梢は本気で傷ついているようで、わたしは動揺してしまった。顔を上げた梢の目には涙のつぶが浮かんでいて、それを見たわたしはとっさに、梢に背を向けていた。

「もういいわ、じゃあ」

わたしは足早に教室を出た。廊下《ろうか》で聞き耳を立てていた朋華のことも無視した。

しばらくしても梢が追いかけてこないので8ほっとした。鼻の奥《おく》が

三 次の文章を読んで、後の問いに答えなさい。ただし、字数に制限がある場合は、句読点や記号も字数に含まれるものとします。

美貴《みき》は、お嬢様学校として有名な清凜《せいりん》女子学院初等科に通っていたが、父の経営する会社がつぶれて母方の祖母の家に引っ越し、公立中学に通うことになった。心の整理がつけられない美貴であったが、入学初日から親しく話しかけてきたクラスメイトの梢《こずえ》のおかげで、ひとりぼっちにならずにすんだことに感謝していた。

梢の様子がおかしいことに気づいたのは、(注)期末テストの翌日だった。

その日の梢は、朝の挨拶《あいさつ》の返事から、妙《みょう》に無愛想でよそよそしかった。いつものようにたびたび話しかけてくることもないし、それどころか逆に、わたしのことを避《さ》けているようにも感じた。

テストの手応えがよくなくて機嫌《きげん》が悪いのだろうか、とも考えたけど、朋華《ともか》や高梨《たかなし》さんたちには普通に接している。明らかにわたしひとりに対して怒っている。だけど、梢の機嫌を損《そこ》ねるようなことをした記憶はまったくなかった。

その後も原因はわからないまま、給食の時間になった。給食の時間はいつも憂鬱《ゆううつ》だ。ほかのどの時間よりも、清凜にいたころとの違いがありすぎて、どうしても清凜の給食と比較してしまう。おまけにきょうは、となりに座る梢から不機嫌な空気が伝わってきて、いつもより余計に気分が悪かった。

見るからにパサパサしていそうなフライドチキンも、薄く油の浮いた野菜スープも食べる気が起きなくて、わたしがミルクパンだけを不愉快な気分で食べていると、向かいの席の足立くんが1もみ手をしながら尋《たず》ねてきた。

「あのう、もし食わないんだったらいただけませんかねえ、そのフライドチキン」

フライドチキンはここでは人気メニューのようだけど、わたしはべつに惜《お》しくもない。だから「どうぞ」と軽くこたえると、足立くんが「マジでぇ——っ⁉」と大声で叫《さけ》んだ。

「いいのかよ、フライドチキンだぞフライドチキン！　食ったあとで返せなんて言われても返せねえぞ⁉」

そんなにうろたえるくらいなら、最初からねだらなければいいのに。足立くんの声がうるさくて、わたしが顔をしかめていると、梢が突然とげとげしく言った。

「そんなにこの学校の給食が気に入らないわけ？」

はっとしてとなりを見ると、梢が横目でわたしをにらんでいた。なぜにらまれているのかわからず、わたしは戸惑《とまど》って言った。

「そういうわけじゃないわ。ただ、なんだか食欲がなくて……」

「無理しなくたっていいよ。お嬢様学校の豪華《ごうか》な給食を食べ慣れてるから、こんな貧乏《びんぼう》くさい給食は食べたくないんでしょう？」

2わたしは耳を疑った。どうして梢が、わたしの小学校のことを知ってるの？　混乱して言葉をなくしていると、朋華が騒ぎだした。

「なになに、美貴ってそんなすごい小学校に通ってたの⁉　なんで教えてくれないのよ！」

「あっ、もしかしてあれじゃね？　実は夜逃《よに》げしてこっちに引っ越してきたから、言いたくなかったとか？」

冗談《じょうだん》めかした足立くんの言葉に、3びくりと肩《かた》が震《ふる》えた。けれど動揺《どうよう》はそれだけでなんとかおさえこんで、わたしは平然とした態度で言った。

「……引っ越しは、単に親の都合。けど、貧乏くさい給食を食べたく

しずつ自分で減らしていくことが出来る、ということ。

ウ、寂しさの程度はさまざまなので、自分の心に余裕があるときは自分よりもつらい思いをしている他者に対して、積極的に心を通わせようという気持ちを持って接する、ということ。

エ、寂しさは自分も含めた多くの人が抱えていると知ることで、自分だけという孤立感が薄れ、同じようなつらさを抱えている他者の助けとなるかもしれない存在として自分を見直す、ということ。

問一一　本文を読んだ平野君は考察を深めるために、内閣府が「自己肯定感」について調査した「子ども・若者白書(平成26年)」の図表1・図表2を見て、日本の若者が「寂しさ」を抱える理由を次のように考えてみました。[　　]に当てはまる言葉を考えて答えなさい。

日本の若者は[　　]、そのことが「寂しさ」を感じやすくさせる一因になっているのではないか。

図表1　自分自身に満足している

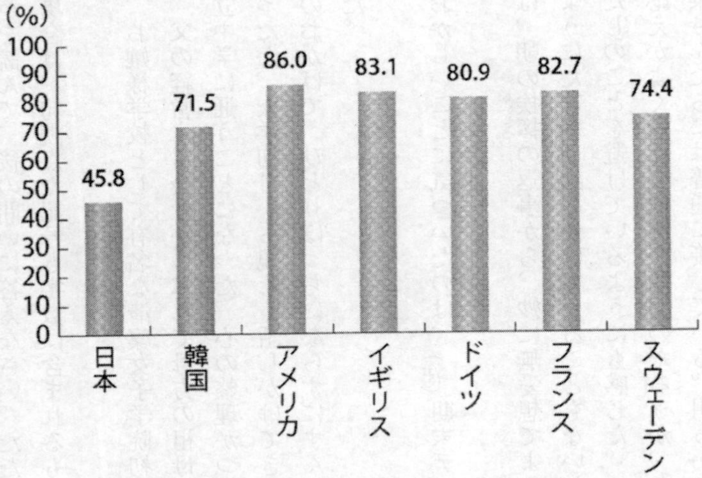

「次のことがらがあなた自身にどのくらいあてはまりますか。」との問いに対し，「私は，自分自身に満足している」に「そう思う」「どちらかといえばそう思う」と回答した者の合計。

図表2　自分には長所がある

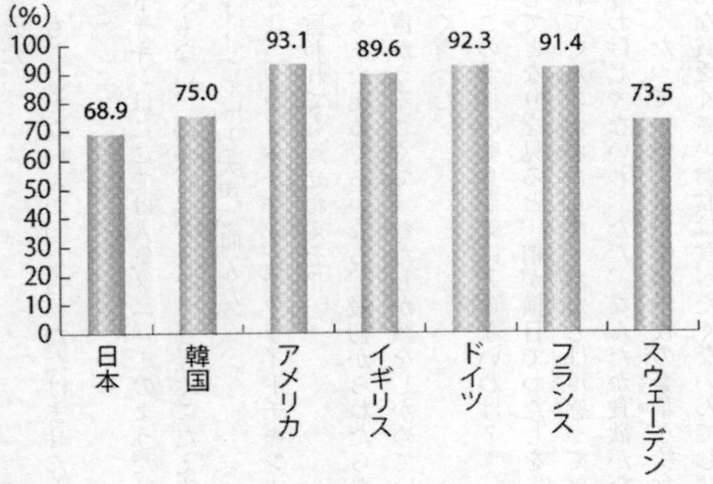

「次のことがらがあなた自身にどのくらいあてはまりますか。」との問いに対し，「自分には長所があると感じている」に「そう思う」「どちらかといえばそう思う」と回答した者の合計。

ア、仲良くなりたい級友の持ち物を隠して一緒に探すそぶりをする。
イ、人の言うこととはあえて逆のことを言って相手の反応を楽しむ。
ウ、朝から夕方までずっとグラウンドでサッカーに没頭して過ごす。
エ、自分たちの自由になるお金以上の買い物をして気をまぎらわす。

問四　――4「寂しいって、ものすごくつらいんですよね」とありますが、筆者自身は寂しさを解消するためにどのようなことを求めていましたか。文中の言葉を使って三〇字程度で答えなさい。

問五　――5「喉がカラカラに渇いていて、水をごくごく飲んでも」は、どのような気持ちをたとえたものですか。文中から三〇字以内で抜き出しなさい。

問六　――6「そういうところ」とはどのようなところですか。文中の言葉を使って四〇字以内で説明しなさい。

問七　――7「とても貴重な情報だと私は考えています」とありますが、その理由としてふさわしいものを次の中から二つ選び、記号で答えなさい。
ア、寂しさによって人と人がつながることもあるのだということを、教えてくれるから。
イ、自分だけという孤立感から解放され、他者がいなくても生きていけるようになるから。
ウ、カップルでも寂しい、モテていても寂しいと知ることで、同情できるようになるから。
エ、同じように「寂しさ」を抱えている人の中から、パートナーを選べば良いと分かるから。
オ、抱えている寂しさは自分で解消するしかないのだと分かり、特定の他者を求めなくなるから。
カ、寂しさは「それを埋めてくれる誰か」がいないせいだ、という考えにとらわれなくなるから。

問八　――8「ある種の寂しさ」とありますが、このような「寂しさ」を埋めることにつながるのはどのようなことですか。ふさわしいものを次の中から二つ選び、記号で答えなさい。
ア、今のパートナーとは別の誰かを探すこと。
イ、寂しさを生み出すものを明らかにすること。
ウ、大切な人が抱えている寂しさを理解すること。
エ、日常生活のさまざまな場面で自然に他者と関わること。
オ、自分で自分を認めることが出来るようになること。
カ、自分の気持ちに共感してくれる大人に相談すること。

問九　――9「自分の気持ちに共感してくれる大人がいない状態で育った人には独特な孤立感がある」とあるように、子どもに孤立感を生じさせる大人もいますが、文中には若者の寂しさにつけこんで良くない働きをする大人も出てきます。その大人について書かれている部分を四〇字程度で抜き出し、始めと終わりの三字を答えなさい。

問一〇　――10「自分や他者の見え方が、少しだけ変わる」とはどのようなことですか。説明としてふさわしいものを次の中から一つ選び、記号で答えなさい。
ア、寂しさを原動力として積極的に他者を助けようとする中で、自分の孤独や孤立感は埋まっていき、そのことで他者の求めにも応じられるようになる、ということ。
イ、多くの人が寂しさを抱えているという、そのことに気付いて自分が他者から求められる側に身を置けば、自分の寂しさを少

つまり、私の知る限りでは、彼氏・彼女といつも一緒にいても寂しい、モテても寂しい、両親と仲が良く友達に恵まれていても寂しい、ということになります。

　この現象を授業で大学生に考えてもらったところ、「自分をいかに愛せているかが重要なのでは」とか「自己肯定感が高いと寂しさを感じにくいのでは」といったコメントをもらいました。確かに深い関係がありそうです。

　その他、社会関係のなかで孤独や寂しさが埋まる部分もあると思います。学校やアルバイト先でちょっと頼りにされるなど、何気《なにげ》ない他者との関わりが寂しさを少しずつ減らしてくれる側面もありそうです。

　その後、私は、9自分の気持ちに共感してくれる大人がいない状態で育った人には独特な孤立感があることも学びました。

　寂しさがとても苦しい時もあります。ですがそれは自分以外の誰かを求める心です。誰かに理解されたい、心を通わせたい、人のそばにいたいという健全な心です。

　その思いが原動力になって、私たちは新しく誰かと出会ったり、一生懸命何かを伝えようとしたりします。

　寂しさが生まれる背景も、寂しさの程度もさまざまです。それでも、自分もまた誰かに求められているのだ、理解されたいと願っている誰かを理解することができる存在なのだということに気づけば、10自分や他者の見え方が、少しだけ変わるような気がしています。

《中村英代『嫌な気持ちになったら、どうする？―ネガティブとの向き合い方―』より一部改刪》

（注）パス…回答をしないということ。
処方薬…医師の診断のもと、薬剤師が調剤した薬のこと。
フォーカス…注目。
毒舌…口が悪いこと。
シニカル…皮肉っぽい態度をとるさま。

問一　――1「アンケート」とありますが、筆者はこのアンケートの結果をどのように考えていますか。ふさわしいものを次の中から一つ選び、記号で答えなさい。

ア、ある時期をむかえた若者は「寂しさ」を感じやすくなるものであり、自分はそれをすっかり克服した経験があることから、あまり深刻にとらえる必要はないと考えている。

イ、現代の日本の若者は否定的で消極的な考え方をしがちであるため、「寂しさ」にとらわれやすいという現状において、一教員として学生たちを励《はげ》ましていきたいと考えている。

ウ、若者が「寂しさ」を抱えながら生きているということが当たり前といえる状況の中、それで苦しむ人もいるので、何とか「寂しさ」と付き合っていける方向を探りたいと考えている。

エ、寂しさを抱えながら生きているという答えが圧倒的に多数であるのに対し、「感じない」「ほとんど感じたことがない」と答えている少数の若者たちは、本音を言えていないと考えている。

問二　――2「寂しさを埋めようとする行動を引き起こし」とありますが、文字に付いた傍点によって強調されている内容としてふさわしいものを次の中から一つ選び、記号で答えなさい。

ア、「寂しさ」は解消されなければならないのだ、ということ。

イ、「寂しさ」が深刻な状況をもたらすことがある、ということ。

ウ、「寂しさ」が若者に行動力を与えることもある、ということ。

エ、「寂しさ」が他者を傷つける原因となることもある、ということ。

問三　――3「不健康な行動で埋めようとしてしまう場合」とありますが、「不健康な行動」の例としてふさわしくないものを次の中から一つ選び、記号で答えなさい。

寂しさは、2寂しさを埋《う》めようとする行動を引き起こしがちです。お酒や（注）処方薬、その他の3不健康な行動で埋めようとしてしまう場合もあります。寂しさを抱《かか》えている若者を見抜いて近づき、性、労力、お金を巻きあげようとする悪い大人もいます。

かといって、寂しいものは寂しいので、寂しさという欠落感があればそれを埋めたくなる気持ちはよくわかります。一〇代後半の頃、私もどうにも埋まらない寂しさを抱えて生きていましたから。

4寂しいって、ものすごくつらいんですよね。胸のあたりに大きな穴があいているような感じでしょうか。5喉《のど》がカラカラに渇《かわ》いていて、水をごくごく飲んでも全然癒《い》えない。そんな渇きのような寂しさが、私の胸の真ん中にいつもあった気がします。

今は寂しいと感じることがまったくないので、寂しさがある状態とまったくない状態の両方が、私にはわかります。

一〇代の私は、この寂しさは、自分を理解してくれる適切な人と出会い、お互いに理解しあえれば埋まるはずなのだけど、まだそういう人と出会えていないから埋まらないのだ、と思っていました。つまり、孤立感や寂しさそのものではなく、それを埋めてくれる相手の不在に（注）フォーカスしていたんです。

だから、大人になっていつの間にか寂しさを感じなくなっても、大学構内でとても仲の良さそうな男女を見かけたりすると、彼らには若い頃の私が感じていた寂しさはきっとないのだろうなどと思い込んで、目を細めて勝手に祝福の眼差《まなざ》しを送っていたのでした。

ところが実際は、そう簡単な話ではなかったんです。

あるクラスには、男女のカップルが一緒に受講していました。彼らはものすごく仲が良く、授業が終わると、よく二人で私に声をかけてきて世間話をしていきました。大学以外でも二人はいつも一緒に過ごしているようでした。彼氏の方は物事をバッサバッサと切り捨てる（注）毒舌《どくぜつ》君で、世界のアレコレが大嫌いでした。私は（注）シニカルな彼の毒舌トークを毎週楽しみにしていたものです。その男子が彼女のことは本当に大切にしていて、6そういうところも「なんだかいいな」と思っていました。

そんなある日のことです。

彼らのどちらか一方が「中村先生、寂しい、孤独」って言うんです。

私は驚いて、「えっ？　でも、いつも二人で一緒にいるよね？」って聞き返しました。そしたら「寂しいよね」、「うん、寂しいよね」と二人で顔をあわせてうなずきあっているんです。それで、私が「これだけいつも二人で一緒にいても、寂しさがあるの？」と聞くと、そうだと言います。

そして、自分たちは寂しさを埋めあっているのではなく、寂しさを抱えていることを理解しあう関係なのだと話してくれました。

こうして、私は「なるほど」と深く納得しました。

この二人が教えてくれたことは、「寂しさ」を抱えている人には7とても貴重な情報だと私は考えています。というのも、彼氏や彼女などのパートナーがいない状態で寂しさがあったり、パートナーがいてもその相手に理解されているとは思えない状態で寂しさがあったりする人は、「相手がいれば、あるいは、相手が変われば、この寂しさは埋まるのではないか」と考えがちなのではないでしょうか。

でも、仲が良く、お互いに好きで、お互いに理解しあい、大学も一緒で常に一緒に行動しているカップルでも寂しさを抱えているということは、8ある種の寂しさは、特定の他者にも埋められない場合があるということです。

私は男子にすごくモテていた女子から「寂しい」という相談を受けたこともあります。両親や友達との関係がとてもよい学生が「寂しさ」を抱えているケースもありました。

2024年度

高輪中学校

【国語】〈B日程試験〉（五〇分）〈満点：一〇〇点〉

一 次の問いに答えなさい。

問一 次の傍線部のカタカナは漢字に直し、漢字は読みをひらがなで答えなさい。

1、歩道のカクチョウ工事が始まった。

2、AI技術は仕事のノウリツを上げる。

3、ヒタイに汗して働く。

4、アタタかい気候で住みやすい土地だ。

5、暑さのせいでまいた水があっというまにジョウハツした。

6、メイロのような道に入り込む。

7、朗らかにあいさつをしよう。

8、堤防が決壊する。

問二 次の1～3の文の□に体の部分を表す漢字一字を入れて、下の意味を持つ慣用句を完成させなさい。

1、□を長くする…今か今かと待ちこがれる。

2、□に衣着せぬ…思ったことを素直に言う。

3、□をあかす…人をあっと言わせる。

問三 次の1～3の文の傍線部と同じ用法のものを後のア～エの中からそれぞれ一つ選び、記号で答えなさい。

1、壁に飾ってあるのは、妹の書いた絵だ。

ア、そのかばんは私のです。

イ、海の見える公園で遊んだ。

ウ、小鳥のさえずりが聞こえる。

エ、がんばって練習したものの、負けてしまった。

2、ワインはぶどうから作られています。

ア、もう遅いから帰ろうよ。

イ、水は水素と酸素からなる。

ウ、彼から聞いた話はすべてウソだった。

エ、雨が朝から降っている。

3、若いながら、しっかりしている。

ア、昔ながらのやり方を続けている。

イ、食事をしながら話し合いを進める。

ウ、事実を知りながら、だまっていた。

エ、本番さながらの練習をした。

二 次の文章を読んで、後の問いに答えなさい。ただし、字数に制限がある場合は、句読点や記号も字数に含まれるものとします。

私の授業で「寂《さび》しさ」が話題になり、あるクラスで簡単な[1]アンケートをとったことがあります。二五〇名（回答者二四二名）ほどのクラスの結果は次の通りでした。

ものすごく感じる（一九人［七・九％］）、かなり感じる（四二人［一七・四％］）、時々感じる（一四〇人［五七・九％］）、ほとんど感じない（三七人［一五・三％］）、感じたことがない（三人［一・二％］）、質問への回答を(注)パス（一人［〇・四％］）。

いかがでしょうか。

八割以上の大学生が、日常のなかで寂しさを感じていることがわかります。

2024年度

高輪中学校 ▶解説と解答

算数 ＜Ｂ日程試験＞（50分）＜満点：100点＞

解答

1 (1) 59 (2) $\frac{24}{35}$ (3) 864 (4) $\frac{19}{24}$ **2** (1) 36＋37＋38＋39，28＋29＋30＋31＋32 (2) 27個 (3) 101人 (4) **出会った時刻**…午前10時5分，**追いついた時刻**…午前10時50分 **3** (1) 9％ (2) ① 0.2 g ② 60 g (3) 80 g **4** (1) 15.57 cm^2 (2) 3.27cm^2 (3) 13.08cm^2 **5** (1) 解説の図③を参照のこと。 (2) 解説の図⑦を参照のこと。 (3) 解説の図⑬を参照のこと。

解説

1 四則計算，計算のくふう，逆算

(1) $18\times13-\{54-(169+92)\div9\}\times7=234-(54-261\div9)\times7=234-(54-29)\times7=234-25\times7=234-175=59$

(2) $1\frac{1}{2}\times\frac{6}{7}-\left(\frac{1}{3}+\frac{4}{5}\right)\div1\frac{8}{9}=\frac{3}{2}\times\frac{6}{7}-\left(\frac{5}{15}+\frac{12}{15}\right)\div\frac{17}{9}=\frac{9}{7}-\frac{17}{15}\times\frac{9}{17}=\frac{9}{7}-\frac{3}{5}=\frac{45}{35}-\frac{21}{35}=\frac{24}{35}$

(3) $2.16\times567-21.6\times34.9+216\times1.82=2.16\times567-2.16\times10\times34.9+2.16\times100\times1.82=2.16\times567-2.16\times349+2.16\times182=2.16\times(567-349+182)=2.16\times400=864$

(4) $\left\{(1.125-\square)\div1\frac{1}{3}+1\right\}\times\frac{2}{5}=\frac{1}{2}$より，$(1.125-\square)\div1\frac{1}{3}+1=\frac{1}{2}\div\frac{2}{5}=\frac{1}{2}\times\frac{5}{2}=\frac{5}{4}$，$(1.125-\square)\div1\frac{1}{3}=\frac{5}{4}-1=\frac{5}{4}-\frac{4}{4}=\frac{1}{4}$，$1.125-\square=\frac{1}{4}\times1\frac{1}{3}=\frac{1}{4}\times\frac{4}{3}=\frac{1}{3}$ よって，$\square=1.125-\frac{1}{3}=1\frac{1}{8}-\frac{1}{3}=\frac{9}{8}-\frac{1}{3}=\frac{27}{24}-\frac{8}{24}=\frac{19}{24}$

2 和差算，整数の性質，条件の整理，旅人算

図1

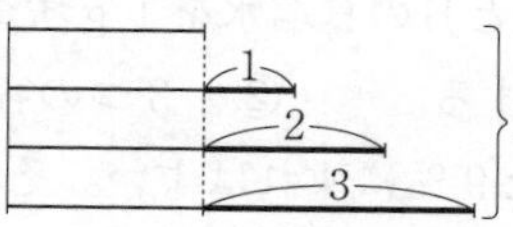

図2

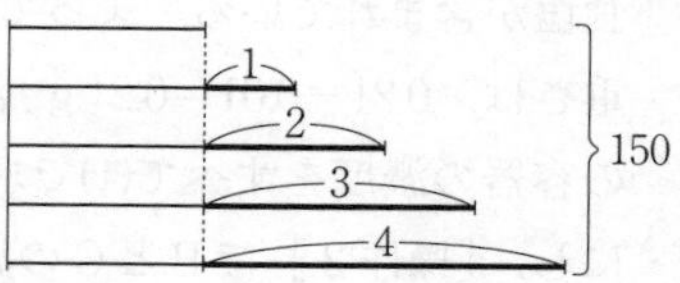

(1) 150を連続する4個の整数の和で表すことができるとすると，右の図1のようになる。図1で，太線部分の和は，1＋2＋3＝6だから，最小の数の4倍が，150−6＝144となり，最小の数は，144÷4＝36と求められる。よって，150＝36＋37＋38＋39と表すことができる。同様に，150を連続する5個の整数の和で表すことができるとすると，上の図2のようになる。図2で，太線部分の和は，1＋2＋3＋4＝10だから，最小の数の5倍が，150−10＝140となり，最小の数は，140÷5＝28と求められる。したがって，150＝28＋29＋30＋31＋32と表すことができる。

(2) 48で割ったときの商と余りが等しくなる1以上の整数をP，そのときの商と余りをQとする。$A\div B=C$余りDのとき，$A=B\times C+D$となるから，$P\div48=Q$余りQ（ただし，Qは47以下）より，$P=48\times Q+Q=49\times Q$となる。つまり，$P$は49の倍数である。ここで，$Q$が47のとき，$P$は，49×47＝2303となり，4桁《けた》の整数になる。また，999÷49＝20.3…より，3桁以下の49の倍数は20

個ある。よって，４桁のPは全部で，47－20＝27(個)とわかる。

(3)　条件をまとめると，右の図３に加え，ア＋イ＝15，ア＋ウ＝18，エ＋オ＝23となる。ここで，ア＝27－21＝６(人)だから，ウ＝18－６＝12(人)となり，Ｂの父親は，27－12＝15(人)とわかる。よって，Ｂの合計は，21＋15＋23＝59(人)なので，集まった人は全部で，42＋59＝101(人)である。

図３

	男子	女子	父親	母親	合計
A	ア	イ	ウ		42人
B	21人	エ		オ	
合計	27人		27人		

(4)　高輪君がPQ間の片道にかかった時間は，$48 \div 36 = \frac{4}{3}$(時間)，つまり，$60 \times \frac{4}{3} = 80$(分)であり，白金君がQP間にかかった時間は，48÷12＝４(時間)，つまり，60×４＝240(分)だから，高輪君が出発した後の２人の進行のようすをグラフに表すと，右の図４のようになる。

図４

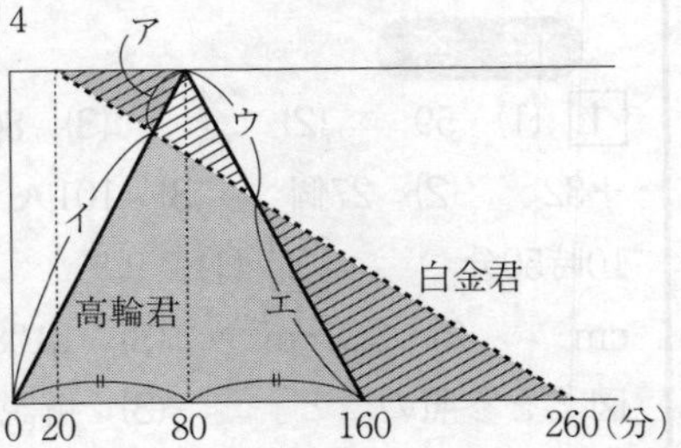

図４で，かげをつけた三角形は相似であり，相似比は，(80－20)：260＝３：13だから，アとイの部分の比も３：13になる。さらに，アとイの部分の時間の和は80分なので，イの部分の時間は，$80 \times \frac{13}{3+13} = 65$(分)とわかる。よって，２人が出会った時刻は，午前９時＋65分＝午前10時５分である。同様に，斜線《しゃせん》をつけた三角形は相似であり，相似比は，(80－20)：(260－160)＝３：５だから，ウとエの部分の比も３：５になる。さらに，ウとエの部分の時間の和は80分なので，ウの部分の時間は，$80 \times \frac{3}{3+5} = 30$(分)と求められる。したがって，高輪君が白金君に追いついた時刻は，午前９時＋80分＋30分＝午前10時50分である。

３　濃度《のうど》

(1)　(食塩の重さ)＝(食塩水の重さ)×(濃度)より，Ａ，Ｂ，Ｃに含《ふく》まれている食塩の重さの合計は，100×0.21＋240×0.01＋120×0.15＝41.4(ｇ)とわかる。また，Ａ，Ｂ，Ｃに含まれている食塩水の重さの合計は，100＋240＋120＝460(ｇ)である。よって，Ｄの濃度は，41.4÷460×100＝９(％)と求められる。

(2)　①　Ａには食塩水１ｇあたり0.21ｇの食塩が含まれていて，Ｂには食塩水１ｇあたり0.01ｇの食塩が含まれている。よって，ＡとＢの食塩水を１ｇずつ入れ替《か》えると，Ａに含まれている食塩の重さは，0.21－0.01＝0.2(ｇ)減少する。　②　３つの容器の濃度をすべて等しくするには，３つの容器の濃度をすべて(1)で求めた９％にすればよい。そのためには，［操作１］でＡの濃度を９％にし，［操作２］でＢとＣの濃度を９％にすればよい。よって，［操作１］ではＡに含まれている食塩の重さを，100×(0.21－0.09)＝12(ｇ)減少させればよいので，ＡとＢを，12÷0.2＝60(ｇ)ずつ入れ替えればよい。

(3)　［操作１］の後，Ｂに含まれている食塩の重さは，最初よりも12ｇ増加するから，240×0.01＋12＝14.4(ｇ)になる。よって，［操作１］の後のＢの濃度は，14.4÷240×100＝６(％)なので，Ｂには食塩水１ｇあたり0.06ｇの食塩が含まれている。一方，Ｃには食塩水１ｇあたり0.15ｇの食塩が含まれているから，ＢとＣの食塩水を１ｇずつ入れ替えると，Ｂに含まれている食塩の重さは，0.15－0.06＝0.09(ｇ)増加する。また，［操作２］では，Ｂに含まれている食塩の重さを，240×(0.09－0.06)＝7.2(ｇ)増加させればよい。したがって，ＢとＣを，7.2÷0.09＝80(ｇ)ずつ入れ替えればよい。

4 平面図形―面積

⑴　問題文中の直角三角形は正三角形を半分にした形の三角形なので，正三角形の高さは１辺の長さの，1.73÷２＝0.865(倍)とわかる。よって，１辺が６cmの正三角形の高さは，６×0.865＝5.19(cm)だから，この正三角形の面積は，６×5.19÷２＝15.57(cm^2)と求められる。

⑵　問題文中の図１で，おうぎ形の面積は，６×６×3.14×$\frac{60}{360}$＝18.84(cm^2)であり，⑴より正三角形の面積は15.57cm^{2}だから，網目《あみめ》部分の面積は，18.84－15.57＝3.27(cm^2)と求められる。

⑶　右の図で，正方形の対角線の長さを□cmとすると，正方形の面積は，６×６＝36(cm^2)だから，□×□÷２＝36(cm^2)と表すことができ，□×□＝36×２＝72(cm^2)となる。また，BAとBCの長さが等しく，さらに角ABCの大きさが60度なので，三角形ABCは正三角形である。よって，おうぎ形ABCの半径は□cmだから，おうぎ形ABCの面積は，□×□×3.14×$\frac{60}{360}$＝72×3.14×$\frac{1}{6}$＝37.68(cm^2)と求められる。次に，正三角形ABCの高さは(□×0.865)cmなので，正三角形ABCの面積は，□×□×0.865÷２＝72×0.865÷２＝31.14(cm^2)とわかる。したがって，斜線部分の面積は，37.68－31.14＝6.54(cm^2)だから，網目部分の面積は，6.54×２＝13.08(cm^2)となる。

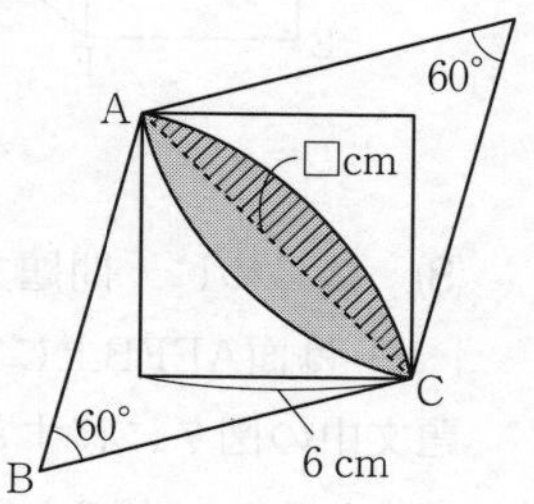

5 立体図形―構成

⑴　はじめに，問題文中の図２の立方体の頂点に，下の図①のように記号をつける。このとき，「１」は面BFGC上に辺BCが上になる向きで書かれているから，これをもとにして頂点の記号を問題文中の図１に移すと，下の図②のようになる。すると，面AEFBには「５」(辺BFが上)が書かれ，面ABCDには「４」(辺ADが上)が書かれていることがわかるので，下の図③のようになる。

図①
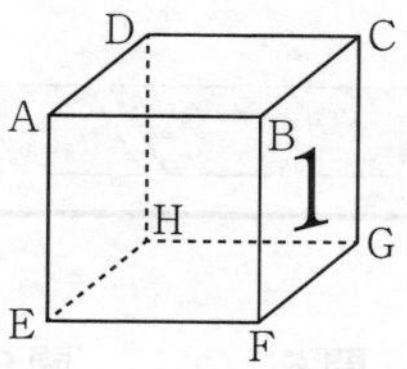

図②
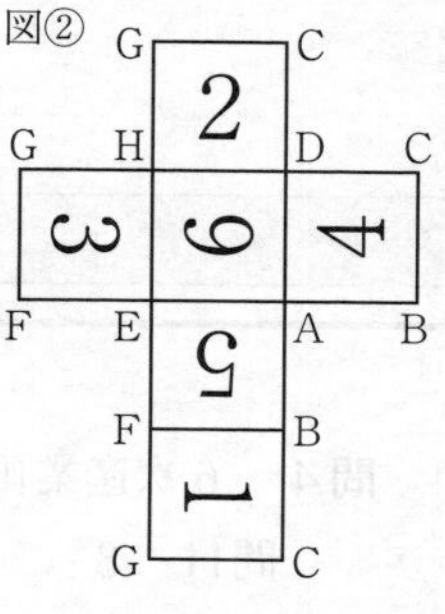

図③
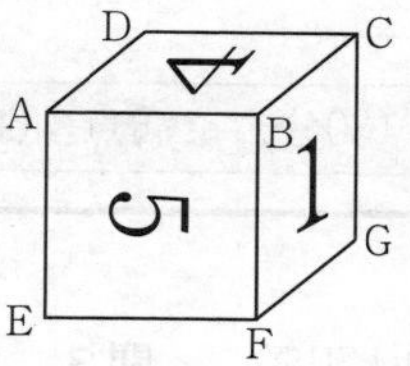

図④
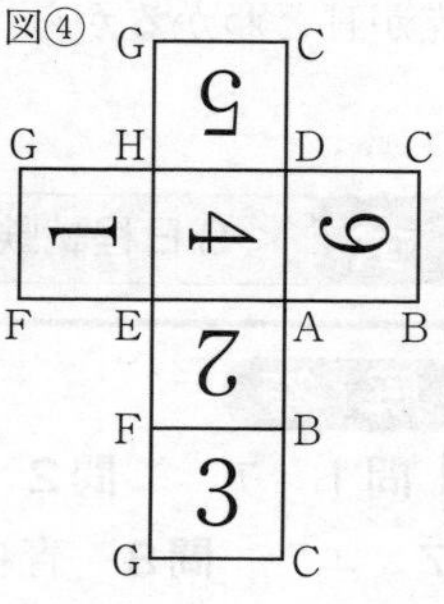

図⑤
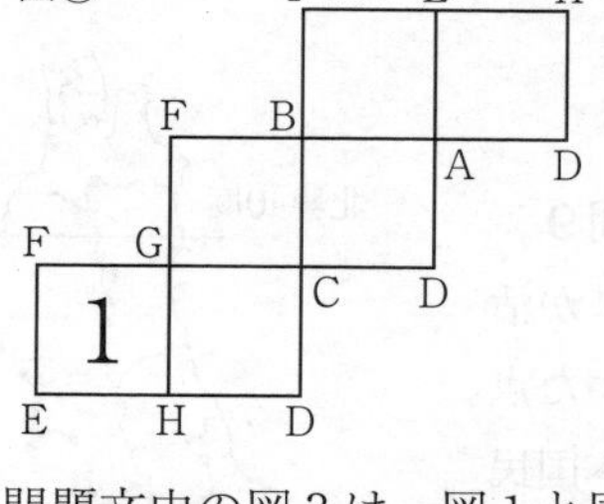

図⑥
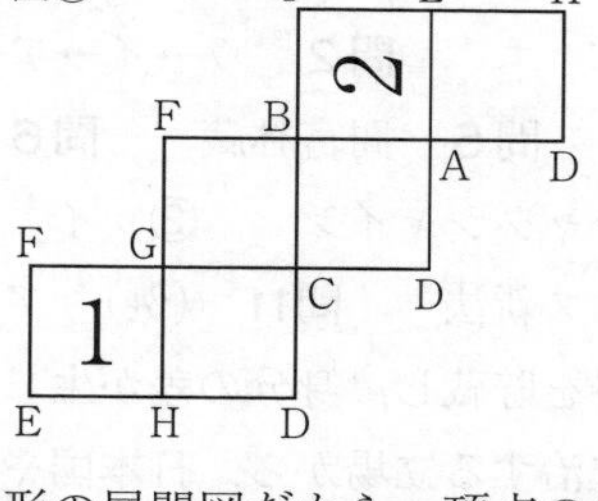

図⑦
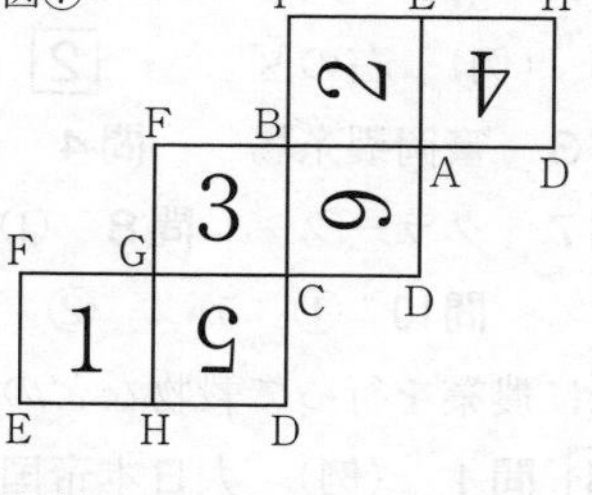

⑵　問題文中の図３は，図１と同じ形の展開図だから，頂点の位置関係が図１と同じになる。よって，図②の頂点の記号を図３に移すと，上の図④のようになる。すると，「１」は面FEHG上に辺FGが上になる向きで書かれているので，これをもとにして頂点の記号を問題文中の図４に移すと，上の図⑤のようになる。さらに，図④の「２」は面BAEF上に辺BFが上になる向きで書かれてい

るから，上の図⑥のようになる。ほかの数字についても同様に考えると，上の図⑦のようになる。

図⑧

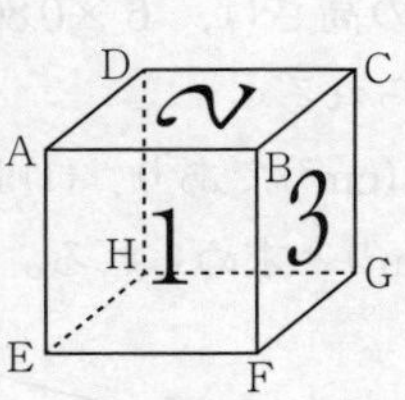

図⑨

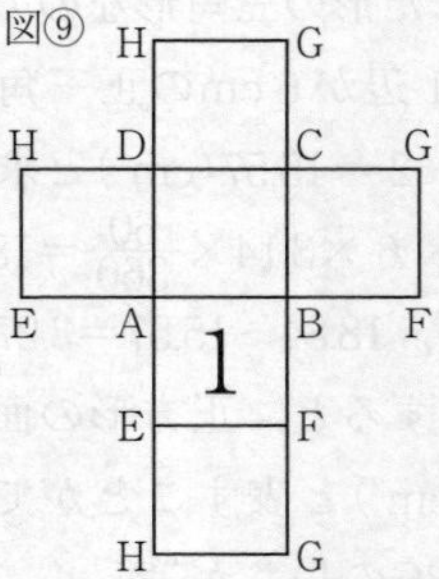

図⑩

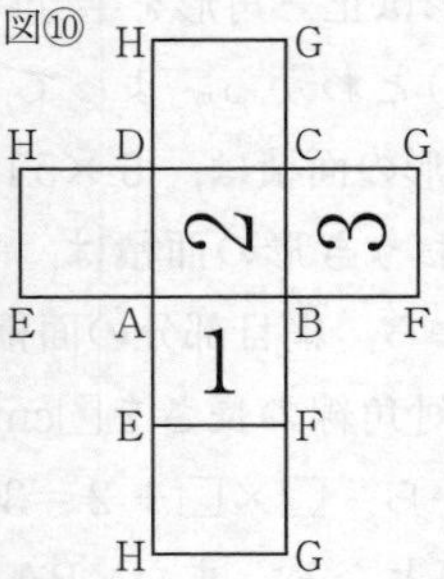

図⑪

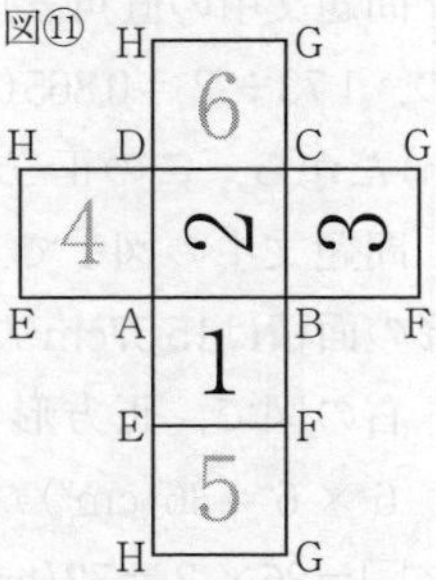

(3)　はじめに，問題文中の図５の立方体の頂点に，上の図⑧のように記号をつける。このとき，「１」は面AEFB上に辺ABが上になる向きで書かれているので，これをもとにして頂点の記号を問題文中の図７に移すと，上の図⑨のようになる。すると，「２」と「３」を，上の図⑩のように書き入れることができる。ここで，向かい合う２つの面の数の和が７だから，「１」と「６」，「２」と「５」，「３」と「４」はそれぞれ向かい合う。よって，「４」「５」「６」が書かれる面は，上の図⑪のようになる（向きはまだわからない）。次に，図⑪の頂点Ｈは「４」「５」「６」が集まる頂点なので，右の図⑫（問題文中の図６）の●印の頂点はＨである。すると，「５」と「６」の面は右上の頂点がＨ，「４」の面は左下の頂点がＨとわかるから，右上の図⑬のようになる。

図⑫

図⑬

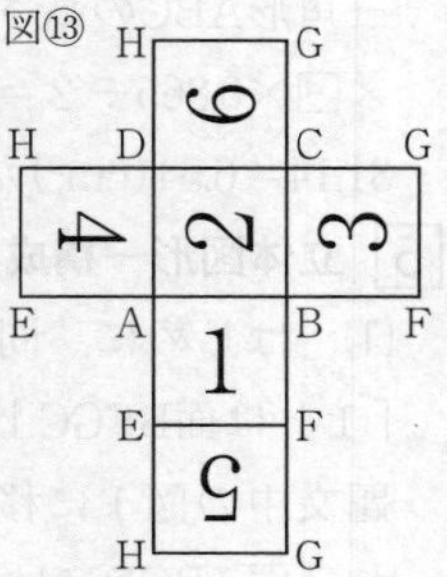

社　会　＜Ｂ日程試験＞（30分）＜満点：60点＞

解　答

[1] 問１　ア　　問２　内水氾濫　　問３　ウ　　問４　６次産業化　　問５　エ　　問６　ウ　問７　エ　　問８　青森　　問９　オ　　問10　ア　　問11　８　　問12　ウ　　問13　イ　問14　（例）　高度経済成長期に，雇用を求めて東京などの大都市へ人口が移動したから。　問15　（例）　右の図　　[2] 問１　エ　　問２　ウ→イ→ア→エ　問３　富岡製糸場　　問４　ウ　　問５　間宮林蔵　　問６　ア　問７　クラーク　　問８　①　シャクシャイン　　②　イ　　問９　イ　　問10　①　ア　　②　アイヌ新法　　問11　（例）　アイヌが活発に農業を行って穀物などの食料を貯蔵し，身分の差が生じていた点。

[3] 問１　（例）　大日本帝国を統治する立場から，日本国や日本国民の統合を象徴する存在に変わった。　　問２　皇室典範　　問３　エ　問４　公共の福祉　　問５　イ　　問６　オ　　問７　ウ　　問８　特別国会　　問９　ア　　問10　良心　　問11　６　　問12　紀元　　問13　エ

解　説

1　東北地方の自然環境と産業を中心とした問題

問1　山頂や海岸沿いの地域では風が強いので，アが選べる。なお，イは最高気温，ウは日降水量，エは最深積雪である。

問2　大雨のさいに河川の水位が上がり，水が堤防《ていぼう》の外側にあふれ出す現象を，外水氾濫《はんらん》（洪水《こうずい》）という。これに対し，大雨のさいに市街地の排水《はいすい》路にたまった水や，排水先の河川の水位が上がって排水路に逆流した水が，堤防の内側（宅地など）にあふれ出す現象を，内水氾濫という。都市部では，地表がアスファルトやコンクリートでおおわれていることから雨水が地中にしみこまず，そのまま地表を流れて排水路などに流入するため，内水氾濫が起こりやすい。

問3　畜産《ちくさん》の割合が高いＡは岩手県，米の割合が高いＢは秋田県，果実の割合が他県よりも高いＣは山形県である。

問4　第１次・第２次・第３次それぞれの産業を結びつけ，農山漁村の活性化につなげようとする試みを，１×２×３の答えである６をとって「６次産業化」という。地元でとれた農林水産業の産物を加工した食品を，「道の駅」や通信販売《はんばい》で販売する例などがこれにあたる。

問5　宮城県のブランド牛として知られるのは仙台牛などで，前沢牛は岩手県奥州市前沢区で生産されるブランド牛なので，エがふさわしくない。

問6　火力発電所は大消費地の近くに建設されることが多く，東京湾岸にも多く立地している。よって，東京都にあたるものは，火力発電所が多いウと判断できる。なお，原子力発電所があるアは，若狭《わかさ》湾の沿岸に多くの原子力発電所が建設されている福井県とわかる。地熱発電所があるイは，秋田県・岩手県境の八幡平《はちまんたい》付近で地熱発電が行われている秋田県である。秋田県や青森県，山形県など東北地方の日本海側は，風力発電所が多く立地していることでも知られている。水力発電所が非常に多いエは，立山連峰《れんぽう》などの山々に囲まれていてダムが多くある富山県である。

問7　エは，構成資産が大阪府だけに属しているので，ふさわしくない。なお，百舌鳥《もず》古墳群に属する大仙（大山）古墳は堺市に位置する前方後円墳で，日本最大の古墳として知られている。アは岐阜県と富山県，イは山梨県と静岡県，ウは鹿児島県と沖縄県，オは和歌山県，奈良県，三重県にまたがる世界遺産である。

問8　東北地方の県庁所在地のうち，秋田市は佐竹氏，山形市は最上《もがみ》氏や水野氏など，盛岡市（岩手県）は南部氏，仙台市（宮城県）は伊達《だて》氏，福島市は板倉氏などの城下町を起源としているが，青森市は港町から発展した都市である。なお，江戸時代，青森市をふくむ青森県中部・西部は，津軽《つがる》氏を領主とする弘前《ひろさき》藩（津軽藩）の領地であり，城下町は弘前であった。

問9　オの小千谷縮《おぢやちぢみ》は，中部地方に属する新潟県の小千谷市周辺で生産される伝統的工芸品なので，ふさわしくない。なお，アの南部鉄器は岩手県，イの大館《おおだて》曲げわっぱは秋田県，ウの会津塗《あいづぬり》は福島県，エの天童将棋駒《しょうぎごま》は山形県の伝統的工芸品である。

問10　１世帯あたりの支出額で東北地方の方が関東地方よりも多いのは，ガソリン代である。これは，鉄道網やバスの路線が発達している関東地方よりも，東北地方各県は広い範囲《はんい》を自家用車など自動車で移動する機会が多いためと考えられる。

問11　「東北三大祭り」は青森ねぶた祭（青森市），秋田竿燈《かんとう》まつり（秋田市），仙台七夕《たなばた》まつり（仙台市）で，これに山形花笠《はながさ》まつり（山形市）を加えて「東北四大祭り」と呼ぶこともある。いずれの祭りも，全国各地で七夕の行事が行われる８月上旬（旧暦《きゅうれき》の７月７日のころ）に開催される。

問12　ア「ため池」とあることから，香川県と判断できる。同県は年間降水量が少ない瀬戸内の気候に属し，大きな川や湖がないため，讃岐《さぬき》平野などでは古くからため池を使ったかんがいが行われてきた。　　イ「この地域で貴重であった塩」とあることから，長野県と考えられる。同県は海に面していない内陸県で，海水から塩をつくることができなかったため，塩が貴重であった。ウ「親潮と黒潮が交わる海域」とあることから，茨城県とわかる。茨城県東部の大洗岬《おおあらいみさき》から千葉県東部の犬吠埼《いぬぼうさき》にかけての太平洋の海域を鹿島灘《かしまなだ》といい，寒流の親潮（千島海流）と暖流の黒潮（日本海流）がぶつかるため好漁場となっている。　　エ「冷害」とあることから，青森県にあてはまる。東北地方の太平洋側では，初夏から盛夏にかけて，「やませ」によって発生した霧《きり》や雲が日光をさえぎったり気温の上昇《じょうしょう》をさまたげたりして，冷害が起こることがある。

問13　「シャッター通り商店街」とは，閉鎖《へいさ》・休業によりシャッターを閉めたままの商店や事務所などが目立つようになった商店街のことで，特に地方都市で多く見られるようになっている。その背景として，高齢化や人口減少のほか，モータリゼーション（自動車が広く国民に普及《ふきゅう》すること）の進展によって地方都市の人々が鉄道より自動車を利用するようになったことなどが挙げられるので，アは正しく，イはふさわしくない。「シャッター通り商店街」はかつて街の中心部であった駅前などで見られ，地方都市の国道沿いなどでは大型店が見られることが多い。また，「買い物難民」とは，日常の買い物が困難になった高齢者のことで，「買い物弱者」とも呼ばれる。ウとエは，その内容や対策について述べた文であり，どちらも正しい。

問14　日本経済がめざましい発展をとげた1950年代半ばから1970年代前半までの時期を高度経済成長期といい，1956～73年はこの時期にあたる。資料２で，1960～70年の秋田県では，自然増減数のプラスよりも社会増減数のマイナスの方が大きいために，人口が減り続けていることがわかる。これは，特に若い人を中心に，仕事を求めて東京などの大都市に移住する人が多かったことによるものである。

問15　①　北緯40度の緯線は，秋田県の八郎潟干拓《かんたく》地（大潟村）のほぼ中央で，東経140度の経線と交差している。男鹿《おが》半島の北端《たん》をかすめているので，その点が示されていればさらに正確になる。
②　いわき市は福島県南東部の太平洋沿岸に位置しており，福島県で面積は第１位，人口は郡山市に次いで第２位（2022年）となっている。

2　北海道への観光旅行を題材とした総合問題

問１　エは，「土倉《どそう》」ではなく「馬借《ばしゃく》」が正しい。なお，土倉はもとは倉庫業者で，室町時代に酒屋（もとは酒造業者）とともに高利貸（金融《きんゆう》業者）を営んで大きな利益を上げた。

問２　アは1825年（異国船打払《うちはらい》令），イは1808年（フェートン号事件），ウは1804年（レザノフの長崎来航），エは1853年（ペリーの浦賀《うらが》来航）の出来事である。よって，年代の古い順にウ→イ→ア→エとなる。

問３　明治政府は殖産《しょくさん》興業政策の一環で，群馬県に官営の模範《もはん》工場として富岡製糸場を建設し，フランス人技師の指導のもと，フランス製の機械を導入して生糸の生産を開始した。工女の多くは士族の娘で，後に各地の製糸工場で指導者となる者も少なくなかった。富岡製糸場は「富岡製糸場と絹産業遺産群」の構成資産として，ユネスコ（国連教育科学文化機関）の世界文化遺産に登録されている。

問４　自由民権運動は，明治時代前半に全国に広まった，政府に対して議会(国会)の開設を要求する運動である。治安維持法は社会主義運動などの弾圧《だんあつ》を目的として大正時代末期の1925年に出されたので，ウがふさわしくない。なお，アは1875年(新聞紙条例)，イは1880年(集会条例)，エは1881年(国会開設の勅諭《ちょくゆ》)の出来事であり，いずれも自由民権運動と関わりが深い。

問５　江戸時代後半，探検家の間宮林蔵《まみやりんぞう》は，それまで大陸の一部と考えられていた樺太《からふと》(サハリン)を幕府の命令で探検し，樺太が島であることを発見した。なお，ユーラシア大陸と樺太の間にある海峡は，林蔵の名にちなんで間宮海峡と呼ばれるようになったが，国際的にはタタール海峡と呼ばれることが多い。

問６　ア　黒曜石は黒色透明のガラス質の火山岩で，非常に固いことから，縄文時代にはナイフや矢じりなどに用いられた。国内では十勝《とかち》岳(北海道)，和田峠《とうげ》(長野県)，姫島(大分県)など限られた地域でしか産出しないが，各地の遺跡で発見されることから，交易によって流通していたと考えられている。よって，ふさわしい。　イ　打製石器のみを使用していたのは，旧石器時代である。縄文時代には，打製石器と磨製《ませい》石器が使われ，土器もつくられるようになった。よって，ふさわしくない。　ウ　「埴輪」ではなく「土偶」が正しい。埴輪は古墳時代の遺物である。　エ　登《と》呂《ろ》遺跡(静岡県)は稲作の様子がわかる弥生時代の集落跡なので，ふさわしくない。

問７　アメリカ人の教育者・農学者のクラークは，明治政府のお雇《やと》い外国人として来日し，札幌農学校(北海道大学の前身)で初代教頭を務めた。帰国のさいに「少年よ，大志をいだけ！」という言葉を残したことでも知られている。

問８　①　松前藩との不当な交易などに反発したアイヌの人々は，1669年，シャクシャインを指導者として反乱を起こしたが，おさえられた。　②　日米和親条約(1854年)により，江戸幕府は函館(箱館，北海道)と下田(静岡県)の２港を開いた。そして，日米修好通商条約(1858年)では，すでに開港されていた函館(下田は閉鎖)のほか，神奈川，新潟，兵庫，長崎が開港地とされた。なお，神奈川は東海道の宿場町で，外国人と日本人が出会うことによる混乱が予想されたことから，実際には隣接《りんせつ》する横浜が開港された。兵庫も同様の理由から，実際には隣接する神戸が開港された。

問９　ア　船成金が誕生したのは，第一次世界大戦(1914～18年)のさいに日本の輸出が伸びて好景気(大戦景気)となったときなので，ふさわしくない。　イ　1901年に操業を開始した八幡製鉄所(福岡県)や当時の鉄鋼業の説明として，ふさわしい。　ウ　日本の輸出品は貿易の始まった1859年から生糸の割合が高かった。1913年においても日本の輸出額に占《し》める生糸の割合が29.8％と最も高くなっていた。　エ　日露戦争(1904～05年)の前後には重工業が発展し，従事する男性労働者の数も大きく増えたので，ふさわしくない。

問10　①　江戸時代には，主にアイヌとの交易によって商人たちが入手した昆布やニシン，サケなどが，北前船によって大阪などに運ばれた。　②　2019年に制定・施行された「アイヌの人々の誇りが尊重される社会を実現するための施策の推進に関する法律」は，一般《いっぱん》にアイヌ新法(アイヌ民族支援法)と呼ばれる。

問11　これまでは，アイヌは狩猟・採集を中心とした自然に寄りそった生活を送る人々で，身分の差もあまりなく平和に暮らしていたと考えられていた。しかし，資料１からは，財産の有無にもとづく身分の差があったことがわかる。また，資料２からは，アイヌの人々も農業を行って，食料を貯蔵していたことがわかる。

3 日本国憲法と大日本帝国憲法の条文を題材とした問題

問１　Ｘには「象徴《しょうちょう》」，Ｙには「統治」が入る。資料Ａ，Ｂの第１条を比べると，大日本帝国憲法の下《もと》で国家元首として国を統治する立場にあった天皇が，日本国憲法の下では日本国および日本国民の統合を象徴する存在に変わったことがわかる。

問２　空欄《くうらん》１には「皇室典範《てんぱん》」があてはまる。皇室典範には，皇位の継承《けいしょう》など皇室に関することがらが規定されている。

問３　空欄２には「摂政《せっしょう》」が入る。摂政は，天皇が幼少，女性，病弱である場合などに，天皇にかわって政治を行う役職である。飛鳥時代に聖徳太子が就任したのが最初で，特に平安時代から江戸時代までは藤原氏がその地位を独占した。明治維新によりいったん廃止されたが，大日本帝国憲法と皇室典範の制定により，再び設置が可能となった。大正時代には，天皇が病弱であったことから，一時，皇太子(後の昭和天皇)が摂政を務めている。なお，アの上皇は退位した天皇，イの関白は朝廷において成人した天皇を補佐する職，ウの太政《だいじょう》大臣は朝廷における行政上の最高の官位，オの内閣総理大臣は内閣の長を務める国務大臣である。

問４　空欄３には「公共の福祉《ふくし》」があてはまる。国民全体の幸福や利益のことで，これに反する場合，権利の主張は認められなかったり制限されたりする。

問５　日本国憲法で保障されている自由権は，アの人身(身体)の自由，イの経済(活動)の自由，ウの精神の自由に分けられる。居住・移転や職業選択《せんたく》の自由，自分の財産を侵《おか》されないこと(財産権の不可侵《しん》)は，経済の自由にふくまれる。なお，身体の自由には奴隷《どれい》的拘束《こうそく》や本人の意思に反する労働の禁止など，精神の自由には思想・信条や信教の自由などがあてはまる。

問６　日本国憲法第26条２項では「すべて国民は，法律の定めるところにより，その保護する子女に普通教育を受けさせる義務を負ふ《(う)》」，第27条では「すべて国民は，勤労の権利を有し，義務を負ふ」，第30条では「国民は，法律の定めるところにより，納税の義務を負ふ」と定められている。これらの条文から，「子どもに普通教育を受けさせる義務」「勤労の義務」「納税の義務」が国民の三大義務と呼ばれる。なお，アの兵役は，大日本帝国憲法の下で納税，教育とともに三大義務と呼ばれた。また，イの投票は，日本では権利だけがあり，義務はない。

問７　ア，イ　1947年４月に行われた日本国憲法公布後初めての衆議院議員総選挙では，選挙権は満20歳以上の全ての男女，被選挙権は満25歳以上の全ての男女に与《あた》えられていた。また，全人口に占《し》める有権者の割合は半分ほど(約52.4％)であった。よって，ア，イはどちらも誤っている。なお，少子高齢化が進んだ近年でも，全人口に占める有権者の割合は約80％(2023年)で90％には届かないので，イは誤っていると判断できる。　ウ，エ　1890年の国会(帝国議会)の開設にともなう第１回衆議院議員総選挙では，選挙権は直接国税15円以上を納める満25歳以上の男子に限定された。そのため，有権者の割合は全国民のわずか1.1％に過ぎず，投票率は93.73％と高かった。よって，ウが正しく，エは誤っている。

問８　衆議院が解散されると，解散の日から40日以内に総選挙が行われ，選挙の日から30日以内に特別国会(特別会)が召集《しょうしゅう》される。特別国会では，最初に解散したときの内閣が総辞職し，その後，内閣総理大臣の指名選挙が衆参両院で行われる。

問９　ア　衆議院で内閣不信任案が可決，または内閣信任案が否決された場合，内閣は10日以内に衆議院を解散しない限り総辞職しなければならない。よって，正しい。　イ「３分の２以上」

ではなく「過半数」が正しい。　ウ「天皇」ではなく「国会」が正しい。　エ「内閣」ではなく「国会」が正しい。

問10　日本国憲法では「裁判官(司法権)の独立」の原則がうたわれており，裁判官は自己の良心に従い，憲法と法律にのみ拘束されると定められている。

問11　空欄９には「６」が入る。この第100条の規定にもとづき，1946年11月３日に公布された日本国憲法は，６か月後の翌1947年５月３日に施行された。現在，11月３日は文化の日，５月３日は憲法記念日として国民の祝日になっている。

問12　明治時代には，２月11日は「紀元節」という祝日であった。また，「西暦」はイエス・キリストが生まれたと考えられた年を紀元元年とするもので，それ以前は「紀元前」とした。なお，「紀元前」を表す英語のB.C.は，Before Christ(キリスト以前)の頭文字をとったものである。

問13　ア　資料Ａの第52条，資料Ｂの第41条より，正しい。　イ　資料Ａの第56条，資料Ｂの第46条より，正しい。　ウ　資料Ａの第60条，資料Ｂの第65条より，正しい。　エ　資料Ａの第96条には「総議員」とあるが，資料Ｂの第73条２項には「出席議員」とあるので，ふさわしくない。

理　科　＜Ｂ日程試験＞（30分）＜満点：60点＞

解　答

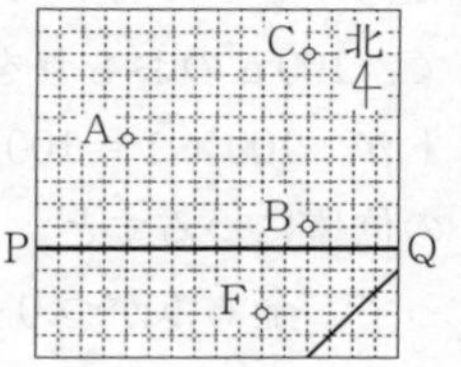

1　(1)　200ｇ　(2)　100ｇ　(3)　400ｇ　(4)　（Ｅ，１）　(5)　（Ｄ，１）に200ｇ　(6)　４通り　2　(1)　イ　(2)　再結晶　(3)　イ　(4)　76　(5)　247ｇ　(6)　175ｇ　(7)　エ　3　(1)　(例)　砂岩の層のつぶに比べて火山灰の層のつぶの形は角ばっている。　(2)　**D**　15m　**E**　20m　(3)　ク　(4)　7.5m　(5)　イ，ウ　(6)　右上の図　(7)　(例)　その化石をふくむ地層がたい積した当時の環境がわかる。

4　(1)　ア　(2)　**図２**…え　**図３**…く　(3)　はい　(4)　く　(5)　**図２**…エ　**図３**…ア　(6)　イ，ウ，カ

解　説

1　てこのつり合いについての問題

(1)　てこのつり合いは，てこを回転させようとするはたらき(以下，モーメントという)で考えられる。モーメントは，(加わる力の大きさ)×(回転の中心からの距離《きょり》)で求められ，左回りと右回りのモーメントが等しいときにてこはつり合って静止する。図３で，おもり１の重さを□ｇ，１ますの長さを１とすると，金あみを手前側から見たとき，100×２＝□×１が成り立ち，□＝100×２÷１＝200(ｇ)と求められる。

(2)　点Ｏを中心に，おもり２と50ｇのおもりを結ぶ対角線で，てこのつり合いを考える。おもり２の重さを□ｇ，点Ｏから100ｇのおもりまでの距離を１とすると，50×２＋100×１＝□×２が成り立ち，□＝200÷２＝100(ｇ)とわかる。

(3)　図５で，100ｇのおもり２つは(Ａ，１)と(Ａ，５)につるしているので，図６のおもり４は真ん中の(Ａ，３)につるされた，100＋100＝200(ｇ)のおもりと考えることができる。よって，図６

で，おもり３の重さを□ｇとすると，200×２＝□×１が成り立ち，□＝200×２÷１＝400（ｇ）となる。

⑷　図８で，金あみを手前側から見たとき，左回りのモーメントは，200×２＝400，右回りのモーメントは，50×２＝100なので，金あみを左右方向につり合わせるには右回りのモーメントを，400－100＝300増やすため，150ｇのおもりを点Ｏから右へ，300÷150＝２（ます）の位置につるす必要がある。また，金あみを右側から見たとき，左回り（手前側が下がる方向）のモーメントは，50×２＋200×１＝300，右回り（奥《おく》側が下がる方向）のモーメントは０なので，金あみをつり合わせるには右回りのモーメントを300増やすため，150ｇのおもりを点Ｏから右へ，300÷150＝２（ます）の位置につるす必要がある。したがって，150ｇのおもりは（Ｅ，１）につるせばよい。

⑸　図９で，⑷と同様に考えると，金あみを手前側から見たとき，金あみをつり合わせるには右回りのモーメントを，150×２－100×１＝200増やす必要がある。また，金あみを右側から見たとき，金あみをつり合わせるには右回りのモーメントを，150×２＋100×１＝400増やす必要がある。ここで，新たにつるすおもりは１つだけなので，金あみを手前側と右側から見たときの，点Ｏからおもりまでの距離の比は，200：400＝１：２とわかる。よって，おもりをつるす位置は（Ｄ，１）で，その重さは，200÷１＝200（ｇ）と求められる。

⑹　図10で，⑷と同様に考えると，金あみを手前側から見たとき，金あみをつり合わせるには右回りのモーメントを，（100＋100）×２＝400増やす必要がある。また，金あみを右側から見たとき，金あみをつり合わせるには右回りのモーメントを，（100＋100）×２＝400増やす必要がある。ここで，100ｇのおもりを点Ｏから右へ１ます，２ますの位置につるすと，それぞれ右回りのモーメントが，100×１＝100，100×２＝200増える。また，200ｇのおもりを点Ｏから右へ１ます，２ますの位置につるすと，それぞれ右回りのモーメントが，200×１＝200，200×２＝400増える。したがって，金あみがつり合うおもりのつるし方は，「100ｇのおもりを（Ｅ，１），200ｇのおもりを（Ｄ，２）につるす」「100ｇのおもりを（Ｃ，１），200ｇのおもりを（Ｅ，２）につるす」「100ｇのおもりを（Ｅ，３），200ｇのおもりを（Ｄ，１）につるす」「200ｇのおもりを（Ｅ，１）につるす」の４通りとわかる。

2　水溶液《すいようえき》についての問題

⑴　ア　水溶液はすべてとう明で，無色のものも色のついたものもある。たとえば，硫酸《りゅうさん》銅水溶液は青色をしている。　イ　ろ過は，液体中に混ざっている固体と液体を分離する操作である。ろ紙には非常に小さな穴があいており，水溶液をろ過すると，水のつぶと溶《と》けている物質のつぶは，ろ紙の穴よりも小さいのでろ紙の穴を通りぬけ，下に落ちる。そのため，ろ紙の上には何も残らない。　ウ　水に物質を溶かすと，つぶが小さくなり，水溶液中に一様に広がる。そのため，水溶液はとう明になり，どの部分でも同じ濃度《のうど》になる。　エ　固体が溶けている水溶液を蒸発させると，水が蒸発した後に固体が残るが，気体や液体が溶けている水溶液を蒸発させても，溶けている物質は空気中に逃《に》げていくので，水が蒸発した後には何も残らない。

⑵　固体を液体に溶かし，その溶液から固体を再び結晶《けっしょう》として取り出す方法を再結晶といい，純《じゅん》粋《すい》な物質を精製するときに用いられる。

⑶　物質をこれ以上溶かすことのできない状態を飽和《ほうわ》といい，水に物質を溶かして飽和させた水溶液を飽和水溶液という。食塩は，温度によって溶ける量がほとんど変化しないので，飽和水溶液を

作ってその温度を下げても，固体の食塩を取り出すことはほとんどできない。そのため，再結晶には向いていない。

⑷　表１より，20℃の飽和水溶液100ｇに溶けている硝酸《しょうさん》カリウムの量は24ｇとわかる。よって，水の量は，100－24＝76(ｇ)と求められる。

⑸　表１より，60℃の飽和水溶液100ｇ中に硝酸カリウムは52ｇ溶けているので，飽和水溶液475ｇ中に硝酸カリウムは，$52\times\frac{475}{100}=247$(ｇ)溶けている。

⑹　⑸の水溶液には水が，475－247＝228(ｇ)ふくまれている。また，⑷より，20℃の飽和水溶液には，溶液100ｇあたり，硝酸カリウムが24ｇ，水が76ｇふくまれるので，20℃の水228ｇには硝酸カリウムが，$24\times\frac{228}{76}=72$(ｇ)まで溶ける。したがって，⑸の水溶液を20℃まで冷やすと，247－72＝175(ｇ)の結晶が出てくる。

⑺　表１より，80℃の飽和水溶液には，溶液100ｇあたり，硝酸カリウムが63ｇ，水が，100－63＝37(ｇ)ふくまれるので，80℃の水228ｇには，$63\times\frac{228}{37}=388.2\cdots$より，硝酸カリウムがおよそ388ｇまで溶ける。よって，あと，388－72＝316(ｇ)の硝酸カリウムを溶かすことができる。

3　地層についての問題

⑴　砂岩の層にふくまれるつぶは，川の流れで運ばれる間に川底や川岸にぶつかったり，石どうしがぶつかり合ったりしているので，角がとれて丸みをおびている。これに対して，火山灰の層にふくまれるつぶは，空から降ってそのままたい積し，流れる水のはたらきをほどんど受けていないので，角ばっている。

⑵　火山灰の層の上端《じょうたん》は，Ａ地点で地下25ｍ，Ｂ地点で地下10ｍ，Ｃ地点で地下20ｍの深さにある。Ｄ地点はＢ地点とＣ地点の中間にあるため，火山灰の層の上端は地下，(10＋20)÷２＝15(ｍ)の深さにある。また，Ｅ地点はＡ地点とＤ地点の中間にあるため，火山灰の層の上端は地下，(25＋15)÷２＝20(ｍ)の深さにある。

⑶　図１で，Ｂ地点からＤ地点に向かって北へ４ます，または，Ｄ地点からＥ地点に向かって西へ４ます位置が変わると，どちらも火山灰の層の上端が５ｍ低くなる。したがって，この地域の地層は北西に向かって低くなっている。

⑷　Ｆ地点はＢ地点から南へ４ます，西へ２ますの位置にある。また，⑶より，火山灰の層の上端は，南へ４ます位置が変わると５ｍ高くなり，西へ２ます位置が変わると，$5\times\frac{2}{4}=2.5$(ｍ)低くなる。よって，Ｆ地点では火山灰の層の上端は，地下，10－５＋2.5＝7.5(ｍ)の深さにあると考えられる。

⑸　ア，イのように地層が左右から押《お》される向きに大きな力を受けると，断層面の上側の層が下側の層よりも上方にずれる(逆断層という)。また，ウ，エのように地層が左右に引っ張られる向きに大きな力を受けると，断層面の上側の層が下側の層よりも下方にずれる(正断層という)。したがって，イ，ウが選べる。

⑹　この場所では，PQの位置に断層があるため，実際にはＦ地点で地下５ｍに火山灰層の上端があると述べられている。よって，Ｆ地点から右へ４ます位置が変わった場所の地表に火山灰の層の上端(砂岩の層との境目)が現れているとわかる。また，図１でＣ地点とＥ地点のようすから，図の南西(北東)方向には地層は傾《かたむ》いていないので，火山灰と砂岩の層の境目は解答の図に示した位置に見られると考えられる。

⑺　気温・水温・水深など，生息環境《かんきょう》が限定される生物の化石を示相化石といい，地層がたい積した当時の環境を知ることができる。なお，地層ができた時代を知る手がかりとなる化石は，示準化石という。

4　種子の発芽についての問題

⑴～⑷　図１の「あ」ははい乳で，「い」のはいの発芽に必要な養分がたくわえられている。また，図１の「う」は子葉である。はいの発芽に必要な養分は，イネの種子(図２)でははい乳(え)，インゲンマメの種子(図３)では子葉(く)にたくわえられている。なお，図２の「お」ははい，図３の「か」は幼芽，「き」ははい軸《じく》である。

⑸　イネは単子葉類なので，１枚の子葉とひげ根があるエがあてはまる。また，インゲンマメは双子葉類なので，２枚の子葉と主根と側根があるアが選べる。なお，オは根と茎《くき》がまっすぐつながっていないので，ふさわしくない。

⑹　タンパク質を多くふくむダイズからは豆乳(とうふの原料)が作られ，デンプンを多くふくむ米(イネ)を発酵《はっこう》させると甘酒ができ，しぼうを多くふくむゴマの種子をしぼるとゴマ油ができるので，イ，ウ，カがあてはまる。なお，カキとコムギの主な養分はデンプンであり，せんべいは米，チーズは牛乳などが主な原料なので，アとオはふさわしくない。また，エンドウマメの主な養分はデンプンであり，もちは米が主な原料なので，エもあてはまらない。

国　語　＜Ｂ日程試験＞（50分）＜満点：100点＞

解　答

一　問１　１～６　下記を参照のこと。　７　ほが(らか)　８　けっかい　問２　１　首　２　歯　３　鼻　問３　１　イ　２　イ　３　ウ　二　問１　ウ　問２　イ　問３　ウ　問４　(例)　自分を理解してくれる適切な人と出会い，おたがいに理解し合うこと。　問５　寂しさという欠落感があればそれを埋めたくなる気持ち　問６　(例)　物事を毒舌で切り捨てるような彼氏が，彼女のことは本当に大切にしているところ。　問７　ア，カ　問８　エ，オ　問９　寂しさ～い大人　問10　エ　問11　(例)　諸外国と比べると自分への満足度，自己評価が共に明らかに低く　三　問１　イ　問２　(例)　誰にも話したことがないにもかかわらず，自分が以前清凜初等科に通っていたことを梢が知っていたから。　問３　イ　問４　イ　問５　(例)　最初から憐れみを受けていたくやしさやみじめさで取り乱さないようにしたから。　問６　(例)　美貴は自分たちのことを友達だと思っていなかったのだと感じて，悲しむと同時にいらいらする気持ち。　問７　ア　問８　ウ　問９　親の会～なるか　問10　エ　問11　ア

●漢字の書き取り

一　問１　１　拡張　２　能率　３　額　４　暖(かい)　５　蒸発　６　迷路

解　説

一　漢字の書き取りと読み，慣用句の完成，品詞の識別

問１　**１**　勢力や規模などを広げて大きくすること。　**２**　仕事のはかどり方のこと。　**３**　顔の上部の，髪《かみ》の生えぎわとまゆとの間の部分のこと。「額に汗する」は，“一生懸命《けんめい》に働く”という意味。　**４**　音読みは「ダン」で，「暖流」などの熟語がある。　**５**　液体がその表面で気化する現象。　**６**　迷いやすい形につくった道。　**７**　音読みは「ロウ」で，「朗読」などの熟語がある。　**８**　堤防《ていぼう》などが切れてくずれること。

問２　**１**「首を長くする」は，期待して待ちこがれるようす。　**２**「歯に衣《きぬ》着せぬ」は，思っているとおりのことをずけずけと言うこと。　**３**「鼻をあかす」は，“出し抜《ぬ》いてあっと言わせる”という意味。

問３　**１**　部分の主語を示す用法で，「が」に言いかえられるものなので，イがあてはまる。なお，アは「もの」や「こと」で言いかえられる言葉，ウは語と語を結びつけて関係性を持たせるはたらきの言葉，エは“けれども”という意味を表す「ものの」の一部。　**２**　材料を示す用法なので，イが同じ。なお，アは理由，ウは出どころ，エは時間的な起点を示す用法。　**３**　“であるのに”という意味を示す用法なので，ウがふさわしい。なお，アは“～のまま”という意味，イは二つの動作が同時に行われる意味を示す用法。エは“たいへんよく似ているようす”を表す「さながら」の一部。

二　**出典：中村英代《なかむらひでよ》『嫌《いや》な気持ちになったら，どうする？―ネガティブとの向き合い方』**。現代の日本の若者の多くが感じている寂《さび》しさは，自分を理解してくれる相手がいても必ずしも埋《う》められるわけではないが，自分を認めることや他者との関わりで少しずつ減っていくと説明している。

問１　続く部分で筆者は，「寂しさ」についてのアンケート結果を示し，「八割以上の大学生が，日常のなかで寂しさを感じていることがわかります」と述べている。また，最後の方で，「寂しさがとても苦しい時もあります」と，寂しさを抱《かか》える人々によりそいながら，「その思いが原動力になって，私たちは新しく誰《だれ》かと出会ったり，一生懸命《けんめい》何かを伝えようとしたりします」と，寂しさと向き合う方向性を示している。よって，ウがよい。

問２　直後の一文で，「お酒や処方薬，その他の不健康な行動で埋めようとしてしまう場合もあります」と，寂しさがよくない行動につながってしまう危険性について説明されているので，イがあてはまる。

問３　前に「お酒や処方薬」とあることから，「不健康な行動」とは，寂しさを抱える本人の心身に悪影響《えいきょう》をもたらしてしまう行動とわかる。よって，本人の心身によい影響をもたらす行動の例であるウがふさわしくない。

問４　少し後に，「一〇代の私は，この寂しさは，自分を理解してくれる適切な人と出会い，お互いに理解しあえれば埋まるはずなのだけど，まだそういう人と出会えていないから埋まらないのだ，と思っていました」とあるので，これをもとに，「自分を理解してくれる適切な人と出会って，おたがいに理解し合うこと」のようにまとめる。

問５　直前の段落に，「寂しさという欠落感があればそれを埋めたくなる気持ち」という，「気持ち」をふくむ表現があることに注意する。「喉《のど》がカラカラに渇《かわ》いてい」ることが「寂しさという欠落感」に，「水をごくごく飲」むことが「それを埋め」ることに，それぞれ対応している。

問６　「そういうところ」とは，前の「その男子」の特徴《とくちょう》のこと。前に「彼氏《かれし》の方は物事をバッサバッサと切り捨てる毒舌《どくぜつ》君で，世界のアレコレが大嫌《だいきら》いでした」，「その男子が彼女のことは本当に大切にしていて」とあるので，これらをもとに，「世界のアレコレが大嫌いな彼氏が，彼女のことだけは本当に大切にしているところ」のようにまとめる。

問７　「情報」とは，前の「この二人が教えてくれたこと」で，具体的にはさらに前の「自分たちは寂しさを埋めあっているのではなく，寂しさを抱えていることを理解しあう関係なのだ」なので，この関係を「寂しさによって人と人がつながることもある」と表しているアが選べる。また，直後の段落で，この二人のような「カップルでも寂しさを抱えているということは，ある種の寂しさは，特定の他者にも埋められない場合があるということです」と述べられているように，「寂しさ」は「特定の他者」の有無に関係がないので，カも合う。

問８　少し後に「『自分をいかに愛せているかが重要なのでは』とか『自己肯定《こうてい》感が高いと寂しさを感じにくいのでは』といったコメントをもらいました」とあるので，オがよい。また，さらに後に「学校やアルバイト先でちょっと頼《たよ》りにされるなど，何気《なにげ》ない他者との関わりが寂しさを少しずつ減らしてくれる側面もありそうです」とあるので，エもあてはまる。

問９　若者の寂しさにつけこんでよくない働きをする大人については，最初の方で，「寂しさを抱えている若者を見抜いて近づき，性，労力，お金を巻きあげようとする悪い大人」もいると書かれている。

問10　直前に「自分もまた誰かに求められているのだ，理解されたいと願っている誰かを理解することができる存在なのだということに気づけば」とあるので，「同じようなつらさを抱えている他者の助けとなるかもしれない存在として自分を見直す」とあるエが選べる。なお，アの「積極的に他者を助けようとする」こと，イの「自分が他者から求められる側に身を置」くこと，ウの「自分の心に余裕《よゆう》があるとき」については，本文で述べられていない。

問11　「自己肯定感」については，本文の最後の方で，「自己肯定感が高いと寂しさを感じにくいのでは」という大学生の考えが書かれている。また，図表１，図表２から，日本の若者の「自分自身に満足している」や「自分には長所がある」の割合が，ほかの国よりも低いことがわかる。これらの内容をふまえ，「ほかの国の若者に比べて自分自身に不満足で自己評価も低く」のようにまとめる。

三　**出典：如月《きさらぎ》かずさ『給食アンサンブル』**。お嬢様《じょうさま》学校から転校してきた事情を梢《こずえ》に知られたことがきっかけで，美貴《みき》は梢と仲たがいする。

問１　「もみ手《で》」は，頼《たの》んだり謝ったり媚《こ》びたりするときに，両手を体の前でこすり合わせる動作である。よって，「下手《したて》に出ながら頼もうとしている」とあるイがふさわしい。「下手に出る」は，“へりくだった態度で接する”という意味。

問２　直後に「どうして梢が，わたしの小学校のことを知ってるの？」とあるので，これが直接の理由とわかる。前書きで説明されている事情もふまえ，「誰にも話していないのに，自分が清凜《せいりん》女子学院初等科から転校してきたことを梢が知っていたから」のようにまとめる。

問３　足立くんは「冗談《じょうだん》」のつもりで言ったのに，その「冗談」が「引っ越《こ》し」の事情の真実を言いあててしまったため美貴は動揺《どうよう》しているのだから，イが合う。なお，この時点で美貴の「引っ越し」の事情を知っていたのは梢だけだったので，「わたしの事情を知っていた足立くん」とあるウはふさわしくない。

問４　「にらみかえそう」，「気まずそうに」とあるので，これらの描写《びょうしゃ》についてそれぞれ「感情的」，「申し訳ない」と表しているイがよい。なお，アは，「美貴の思いちがい」が本文では描《えが》かれていないので，あてはまらない。また，「気まずい」は“相手としっくりいかず落ち着かないさま”を表す言葉なので，「後悔《こうかい》した」とあるウ，「あきらめて」とあるエも合わない。

問５　後に「対等と思っていた相手から，ひそかにずっと憐《あわ》れみを受けていた。そのことはわたしにとって，耐《た》えられないほどの屈辱《くつじょく》だった」とあり，この気持ちを梢に悟《さと》られないようにするため，美貴は傍線５のような態度を取ったのだと考えられる。これをふまえ，「最初から憐れまれていたことを屈辱と感じていることを，梢に知られまいとしたから」のようにまとめる。

問６　七夕の短冊《たんざく》を見たときの梢の気持ちは，後で「あの短冊を見つけたとき，すごく悲しかった。あたしはもうすっかり美貴と友達のつもりだったのに，美貴はずっともとの学校に帰りたかったんだって。あたしたちのことなんて，なんとも思ってなかったんだって。それでいらいらして，あんな……」と描かれている。これをもとに，「自分は美貴と友達になれた気でいたが，美貴はもとの学校に未練があるので，悲しみいらいらする気持ち」のようにまとめる。

問７　傍線７の直後に「勉強会が解散したあと，わたしはこっそり公民館にもどって，短冊に願いを書いていた」とあり，(注)に「美貴だけはその場では書かなかった」とあるので，美貴が「清凜に帰りたい」という本心を梢たちに隠《かく》していたことがわかる。また，傍線７のさらに後に「誰にもわかりはしないだろう，と高をくくっていたのが間違《まちが》いだった」とあるので，公民館の七夕飾《かざ》りに短冊を残したため，美貴の本心が梢に知られてしまったことがわかる。よって，アが選べる。

問８　前に「わたしは動揺してしまった」，「しばらくしても梢が追いかけてこないので」とあるので，梢に対して「心が乱れたが，このまま梢のその気持ちに向き合うことはできないと感じている」とあるウが合う。

問９　祖母が美貴のどのような気持ちをわかっていなかったのかについては，本文の中ほどで，「親の会社がつぶれて私立の学校に通えなくなったなんてこと，同級生に知られたら，わたしがどんなにみじめな気分になるか，祖母は考えもしなかったのだろうか」と書かれている。よって，この部分がぬき出せる。

問10　美貴は，梢との仲たがいにより「これでもう，友達ごっこを続けないですむ」と強がる一方で，「なのに頭に浮《う》かんでくるのは，なぜか梢たちといっしょにいたときのことばかりだった」と，これまでの思い出を大切に感じている。よって，エがふさわしい。

問11　梢たちと仲良くしていたことを打ち消そうとするため，美貴は「わたしのほんとうの友達は，清凜にちゃんといる」と考えようとしている。しかし，清凜のクラスメイトからのメールが届かないため不安になり，「いまごろみんなテスト勉強で忙《いそが》しくて，メールをしている暇《ひま》もないのだろう」と「自分に言い聞かせ」ている。よって，「友達」についての「不安に向き合うのをおそれている」とあるアがよい。

2024 年度 高輪中学校

【算　数】〈Ｃ日程試験〉（50分）〈満点：100点〉

〈注意〉　円周率は3.14を用いること。

1　次の $\square$ にあてはまる数を求めなさい。

(1)　$492\div 6-\{51-(87+65)\div 4\}\times 3=\square$

(2)　$\left(1\frac{2}{3}+\frac{1}{4}\right)\div 2\frac{7}{8}-\frac{1}{6}\times 1\frac{5}{9}=\square$

(3)　$2.93\times 382+29.3\times 47.9-293\times 5.61=\square$

(4)　$\left\{\left(\square+1\frac{1}{4}\right)\times 0.375-\frac{1}{7}\right\}\div\frac{1}{6}=3$

2　次の各問いに答えなさい。

(1)　３個の整数Ａ，Ｂ，Ｃがあります。３個の整数から２個の整数を選んでかけると78，120，260になります。一番大きな整数はいくつですか。

(2)　あるグループの生徒全員にゼリーを配ります。９個ずつ配ると29個余り，14個ずつ配ると６個足りません。ゼリーの個数は全部で何個ですか。

(3)　川の下流にあるＰ地点と上流にあるＱ地点は12km離《はな》れています。静水時の速さが一定の船ＳでＰ地点からＱ地点まで上るのに120分かかりました。Ｑ地点からＰ地点まで下るとき，ダムの放水のため，川の流れの速さが1.5倍になっていたので80分で下ることができました。船Ｓの静水時の速さは毎分何ｍですか。

(4)　容器Ａには食塩水800ｇが入っています。容器Ａから食塩水300ｇを捨てて，水300ｇを加えると12％の食塩水になります。同じようにして，最初の容器Ａから食塩水を捨てて，同じ量の水を加えたら６％の食塩水になりました。捨てた食塩水は何ｇでしたか。
　答えを出すための計算や考え方を書いて答えなさい。

3　図１のように，３本の棒がついた台と穴の空いた大きさの異なる円盤《えんばん》が何枚かあり，左の棒に下から大きい順に円盤が積み重ねてあります。

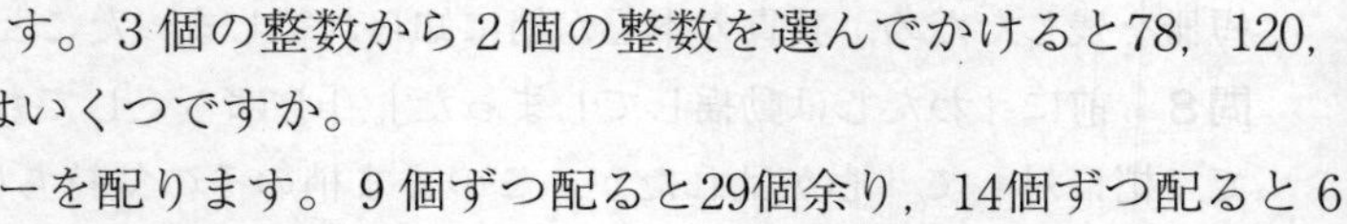

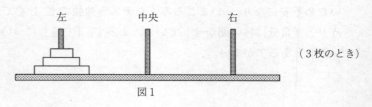

図１

　これらの円盤を次のルールにしたがって，最も少ない回数で，右の棒に移していきます。

【ルール】

①　左の棒に積み重ねてある円盤を，すべて右の棒に移す。

②　１回に移せる円盤は１枚とし，必ず他の棒に移す。

③　円盤を重ねるときは，必ず大きい円盤の上に小さい円盤を重ねる。

例えば，図２のように，左の棒に積み重ねてある２枚の円盤を移すときは３回になります。

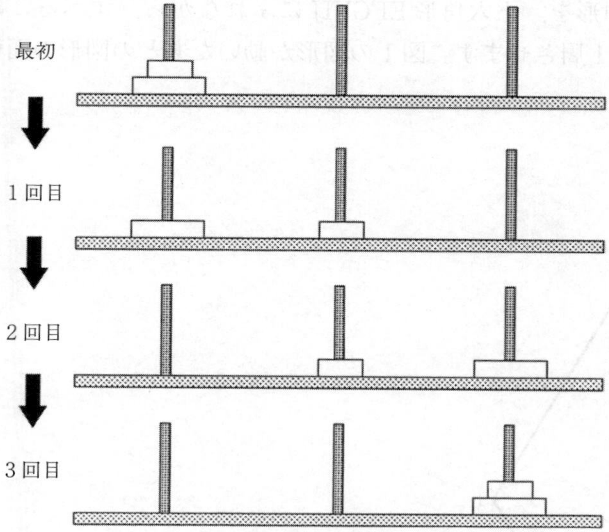

図２

次の各問いに答えなさい。

(1) 左の棒に積み重ねてある円盤が３枚のときを考えます。次の３つの手順を参考にして，すべての円盤を右の棒に移すとき，最も少ない回数は何回ですか。

［手順１］ 左の棒の一番大きい円盤以外のすべての円盤を，何回かの移動の後，中央の棒に移す。

［手順２］ 左の棒の一番大きい円盤を右の棒に移す。

［手順３］ 中央の棒にあるすべての円盤を，何回かの移動の後，右の棒に移す。

(2) 左の棒に積み重ねてある円盤が４枚のときを考えます。すべての円盤を右の棒に移すとき，最も少ない回数は何回ですか。

(3) 左の棒に積み重ねてある円盤が８枚のときを考えます。すべての円盤を右の棒に移すとき，最も少ない回数は何回ですか。

4 図１は，１辺が３cmの正三角形に，その頂点を中心としたおうぎ形を３個重ねて作った図形です。

次の各問いに答えなさい。

(1) 図１の図形の周り（太線部分）の長さは何cmですか。

(2) 図２のように，図１の図形を，１辺が3.14cmの正方形ABCDに，点Pと点Aがぴったり重なるように置きました。図１の図形を，正方形ABCDにふれながら，すべることなく時計回りに転がして，元の位置まで１周させます。図１の図形が動いたあとの図形の面積は何cm^2ですか。

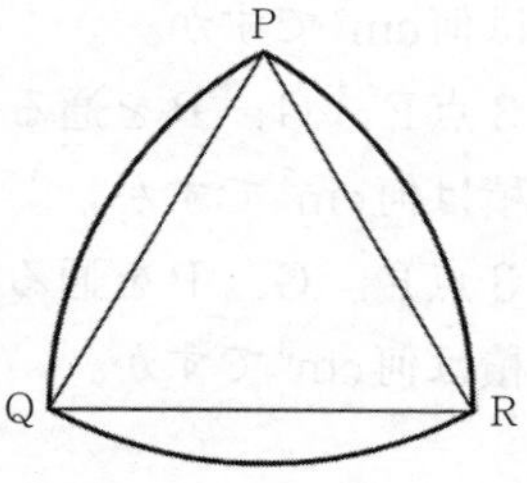

図１

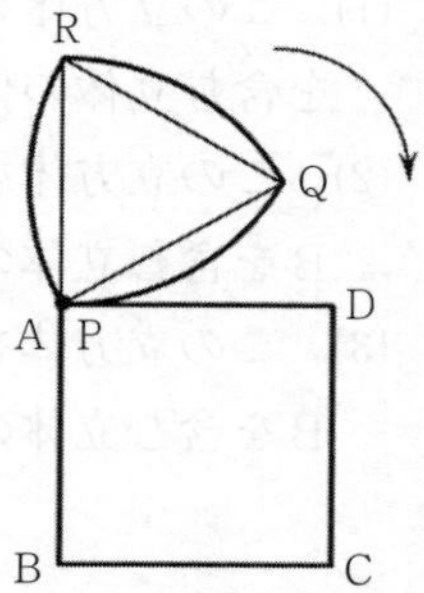

図２

(3)　図3のように，図1の図形を，1辺が6.28cmの正六角形EFGHIJに，点Pと点Eがぴったり重なるように置きました。図1の図形を，正六角形EFGHIJにふれながら，すべることなく時計回りに転がして，元の位置まで1周させます。図1の図形が動いたあとの図形の面積は何cm^2ですか。

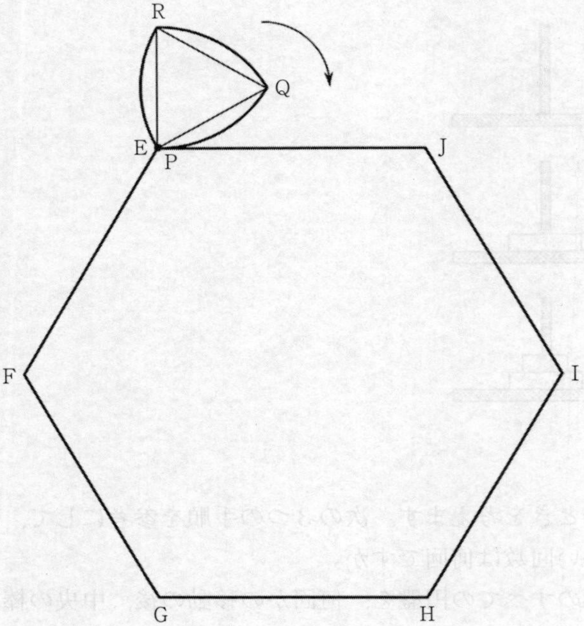

図3

5　右の図は，1辺が6cmの立方体で，点Pは辺CDの真ん中の点です。

次の各問いに答えなさい。

ただし，角すいの体積は(底面積)×(高さ)×$\frac{1}{3}$で求めることができます。

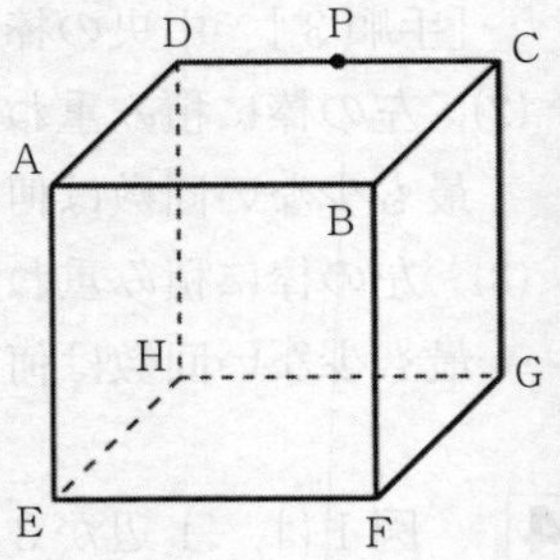

(1)　この立方体を，3点F，G，Pを通る平面で切断したとき，点Bを含《ふく》む立体の体積は何cm^3ですか。

(2)　この立方体を，3点F，G，Pを通る平面と3点A，E，Gを通る平面で切断したとき，点Bを含む立体の体積は何cm^3ですか。

(3)　この立方体を，3点F，G，Pを通る平面と3点A，F，Cを通る平面で切断したとき，点Bを含む立体の体積は何cm^3ですか。

【社　会】〈C日程試験〉　(30分)　〈満点：60点〉

1　次の文を読み，下の各問いに答えなさい。

日本の貿易額(2021年)は，輸出額が世界5位，(1)輸入額が世界4位で，有数の貿易国となっています。貿易港の多くは沿岸部にありますが，一部の(2)空港も主要な貿易港となっています。港別にみると，輸出額と輸入額の合計(2021年)上位10港のうち1港は(3)九州の(4)博多港で，北海道と四国はゼロでした。残り9港は本州で，そのうち5港は(5)関東地方の港でした。

かつての日本では，原料や材料を輸入し，国内で生産した(6)工業製品を輸出する(　7　)とよばれる方式の貿易がさかんでしたが，20世紀末以降は工場の海外移転が進み，その特色はうすれてきています。また，近年は工業製品の輸入額が増えているほか，(8)鉱産資源や(9)食品などの輸入額も増加傾向にあります。

問1　下線(1)に関連して，①～③の各問いに答えなさい。

①　右の表は，いくつかの輸入品について輸入額(単位：億円)の推移を示したもので，表中の**ア～エ**は，医薬品・魚介類・原油・コンピュータ部品のいずれかです。このうち，医薬品にあたるものはどれですか。記号で答えなさい。

	2000年	2010年	2021年
ア	48,189	94,059	69,291
イ	9,757	5,698	4,573
ウ	5,149	15,226	42,085
エ	16,501	12,602	15,158

※『日本国勢図会 2023/24年版』より作成

②　2019年に日本が輸入した果実類でもっとも輸入量が多かったのはバナナ(生鮮)で，その約80%を東南アジアの島国から輸入しました。この国はどこですか。下の**ア～オ**から選び，記号で答えなさい。

ア　インドネシア　　**イ**　シンガポール　　**ウ**　タイ
エ　ベトナム　　**オ**　フィリピン

③　次の表は，日本の原油と液化天然ガスの輸入量にしめる割合が2%以上の国(2021年)を示していて，表中の**太字**は西アジアの国です。これらの表から，液化天然ガスは原油とくらべて幅広い地域から輸入していることがわかります。輸入先がさまざまな地域に分散している利点を説明しなさい。

原油の輸入相手国

サウジアラビア	40.0%
アラブ首長国連邦	34.8%
クウェート	8.5%
カタール	7.4%
ロシア	3.7%

液化天然ガスの輸入相手国

オーストラリア	36.0%
マレーシア	12.5%
アメリカ合衆国	11.0%
カタール	11.0%
ロシア	8.7%
ブルネイ	5.5%
パプアニューギニア	5.2%
インドネシア	2.5%
オマーン	2.4%

※税関資料より作成

問2　下線(2)に関連して，右の表は，空港数上位の都道府県(2022年)を示したものです。下の**ア～オ**のうち，表の(　)に適する都府県を選び，記号で答えなさい。

北海道	14
沖縄県	13
鹿児島県	8
(　　)	7
長崎県	6

※国土交通省資料より作成

ア　岩手県　　**イ**　長野県　　**ウ**　東京都
エ　大阪府　　**オ**　広島県

問３　下線(3)に関連して，①・②の各問いに答えなさい。

①　解答用紙の白地図中に，国東半島・阿蘇山をそれぞれ記入しなさい。その際，名称や記号などは，下の地図中の例にならって同じように記入すること。

②　宮崎市の位置を，地図中の**ア〜オ**から選び，記号で答えなさい。

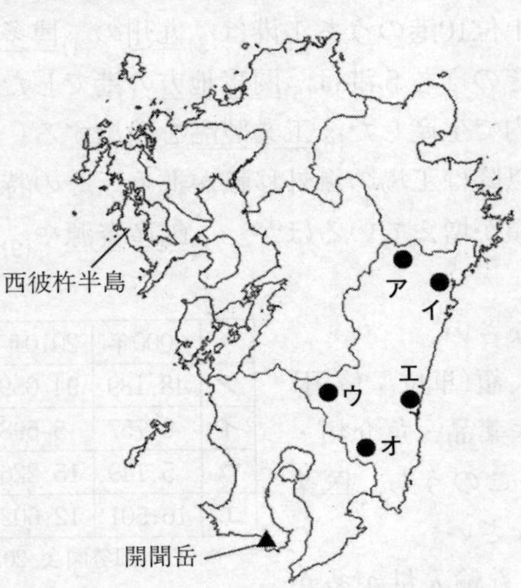

例　①西彼杵半島・②開聞岳の場合

問４　下線(4)について，博多港がある政令指定都市はどこですか。都市名を漢字で答えなさい。

問５　下線(5)に関連して，下の**ア〜エ**のうち，東京湾岸に位置する千葉県の都市とその都市で生産がさかんな工業製品との組み合わせとして，正しいものはどれですか。一つ選び，記号で答えなさい。

ア　市原市―綿織物　　**イ**　野田市―しょうゆ

ウ　君津市―鉄鋼　　**エ**　柏市　―電気機器

問６　下線(6)に関連して，①・②の各問いに答えなさい。

①　下の**ア〜エ**のうち，現在の日本の鉄鋼業と石油化学工業が発達している地域の分布の説明として，もっともふさわしいものはどれですか。記号で答えなさい。

ア　鉄鋼業は内陸部，石油化学工業は沿岸部でおもに発達している。

イ　鉄鋼業は沿岸部，石油化学工業は内陸部でおもに発達している。

ウ　鉄鋼業・石油化学工業とも，内陸部でおもに発達している。

エ　鉄鋼業・石油化学工業とも，沿岸部でおもに発達している。

②　右の表は，それぞれ異なる県にある，Ａ〜Ｃの３つの市について，2020年６月１日時点の事業所数・従業者数と2019年の製造品出荷額等をくらべたものです。また，下のⅠ〜Ⅲはこれらのいずれかの市について説明したものです。Ａ〜ＣとⅠ〜Ⅲとの正しい組み合わせを，下の**ア〜カ**から選び，記号で答えなさい。

	事業所数	従業者数	製造品出荷額等
A	196	23,269	10,492
B	2,417	49,915	11,655
C	362	11,479	10,540

※『データでみる県勢 2023年版』より作成

Ⅰ　電気・電子機器などを生産する大企業のある，企業城下町ともいわれる都市で，事業所あたりの従業者数が３市でもっとも大きい。

Ⅱ　大型の製品である船舶の生産がさかんで，１人あたりの製造品出荷額等が３市のなかでもっとも大きい。

Ⅲ　金属製品・電子機器などさまざまな製品の部品をつくる，中小工場が多く集まっている。

	ア	イ	ウ	エ	オ	カ
A	Ⅰ	Ⅰ	Ⅱ	Ⅱ	Ⅲ	Ⅲ
B	Ⅱ	Ⅲ	Ⅰ	Ⅲ	Ⅰ	Ⅱ
C	Ⅲ	Ⅱ	Ⅲ	Ⅰ	Ⅱ	Ⅰ

問７　(７)に適する語を漢字４字で答えなさい。

問８　下線(8)に関連して，鉱産資源は発電にも用いられます。下の表は，発電方式別発電電力量(2021年度)を示したもので，表中の**ア～エ**は，長野県・愛媛県・兵庫県・大分県のいずれかです。このうち，長野県にあたるものはどれですか。記号で答えなさい。

	水力	火力	原子力	地熱
ア	7,373	116	—	—
イ	1,042	36,601	—	—
ウ	605	10,059	2,362	—
エ	683	15,796	—	823

＊—は，０またはごくわずかであることを示す

＊電気事業者による発電のみ

※『データでみる県勢 2023年版』より作成

問９　下線(9)に関連して，2020年代に入り，日本の小麦価格は上昇傾向にあります。この理由について話し合った下の会話文中の二重線部**ア～エ**のうち，**誤りをふくむ**ものを一つ選び，記号で答えなさい。

A君：小麦の価格が上がっているから，パンや麺類の値上げに関するニュースをよく聞くね。

B君：ア日本は小麦の自給率(重量ベース：2021年)が20％を下回っているから，国際価格が上がると大きな影響を受けるね。

A君：イ日本のおもな小麦輸入相手国(2021年)であるアメリカ合衆国やカナダなどで不作になった影響も大きいそうだよ。

B君：ウ小麦の国別輸出量(2021年)がいずれも５位以内であったロシアとウクライナが，2022年から戦争状態になったことも，国際価格の上昇につながっていると考えられているよ。

A君：日本では，エ円高ドル安が進んだ時期に輸入費用の上昇があった影響も大きいね。

B君：食品の価格は，国内外のさまざまなできごとに左右されるよね。

問10　下の**ア～エ**のうち，貿易摩擦に関連してのべた文として**ふさわしくない**ものを一つ選び，記号で答えなさい。

ア　貿易摩擦とは，２国間の輸出額の差が大きい場合におこりやすい問題である。

イ　1980年代前半にアメリカとの間で貿易摩擦がおきたため，日本の自動車メーカーは輸出の自主規制をおこなった。

ウ　2010年代末以降，アメリカと中華人民共和国との間で貿易摩擦がみられる。

エ　TPPの発効により，日本と中華人民共和国との間にあった貿易摩擦は，2020年代に入り，

解消された。

問11　下の**ア**～**エ**は，2021年の貿易額上位４港である，東京港・横浜港・名古屋港・成田国際空港のうちいずれかの港の主要輸出入品とその総額を示したものです。**ア**～**エ**のうち，①東京港・②成田国際空港にあたるものをそれぞれ選び，記号で答えなさい。

単位：十億円

ア

輸出品	金額	輸入品	金額
半導体等製造装置	1,170	医薬品	2,560
科学光学機器	738	通信機	2,219
金(非貨幣用)	714	集積回路	1,456
集積回路	502	コンピュータ	1,294
電気計測機器	492	科学光学機器	906
計	12,821	計	16,114

イ

輸出品	金額	輸入品	金額
半導体等製造装置	493	衣類	914
プラスチック	309	コンピュータ	645
自動車部品	308	集積回路	561
コンピュータ部品	290	肉類	529
内燃機関	253	魚介類	490
計	6,493	計	12,228

ウ

輸出品	金額	輸入品	金額
自動車	2,881	液化ガス	408
自動車部品	2,100	石油	363
内燃機関	517	衣類	305
電気計測機器	429	アルミニウム	291
金属加工機械	414	絶縁電線・ケーブル	263
計	12,480	計	5,289

エ

輸出品	金額	輸入品	金額
自動車	1,212	石油	446
自動車部品	377	アルミニウム	199
プラスチック	326	有機化合物	162
内燃機関	321	液化ガス	152
金属加工機械	198	金属製品	145
計	7,225	計	4,986

※『日本国勢図会 2023/24年版』より作成

2　次の文を読み，下の各問いに答えなさい。

2023年６月に財務省と日本銀行が，2024年７月前半をめどに新しい日本銀行券の発行を開始すると発表しました。新紙幣が発行されるのは2004年以来20年ぶりになります。最新の偽造防止技術が採用されており，新１万円札の肖像には「日本の資本主義の父」と呼ばれる(1)渋沢栄一がえがかれることになっています。

貨幣の歴史は古く，日本でも古代から使用されてきました。飛鳥時代の後半には中国の貨幣をモデルとして(2)がつくられました。その後，8世紀以降，(3)和同開珎をはじめとして多くの貨幣がつくられました。しかし，しだいに国内で貨幣がつくられることがなくなり，(4)中国から輸入された貨幣が国内で流通するようになりました。

安土・桃山時代には，(5)豊臣秀吉が天正大判などの金貨をつくりました。江戸時代になると幕府が貨幣制度を統一し，全国で使用できる金貨と銀貨をつくりました。その後，(6)江戸時代末期まで貨幣の改鋳がくり返されました。ペリーが来航し日本が開国すると，日本に来た外国商人たちによって(7)大量の金貨が海外へ流出しました。

明治時代に入ると，近代的な貨幣制度を整えるために(8)が制定され，「円・銭・厘」の単位が用いられるようになりました。また1882年には，日本の中央銀行として日本銀行が設立されました。その後，1897年に金本位制を本格的に採用しますが，(9)1917年には金輸出を禁じ，1931年には金本位制を停止しました。

戦後はアメリカの統治下のもとで経済復興を目指しますが，景気は低迷していました。そのためGHQは日本政府に緊縮財政を命じ，「1ドル＝(10)円」の単一為替レートを設定して輸出促進をはかりました。その後，1950年に朝鮮戦争がはじまったことをきっかけに，日本経済は(11)特需景気と呼ばれる好景気となりました。

1950年代後半から，日本は高度経済成長期と呼ばれる好景気が連続する時代に入りました。1970年代に入ると，(12)アメリカの財政状況の悪化にともなう経済措置により，世界経済は動揺し，日本もその影響を受けました。その後，1980年代後半から(13)景気と呼ばれる好景気となりましたが，最終的に地価の下落などから(13)経済は崩壊し，長引く不況の時代となりました。

問1　下線(1)について，下の**ア～エ**のうち，渋沢栄一についてのべた文として**ふさわしくない**ものはどれですか。一つ選び，記号で答えなさい。

ア　江戸幕府の留学生としてフランスに留学した。

イ　郵便制度の基礎をつくった。

ウ　大阪紡績会社や日本郵船会社などを設立した。

エ　第一国立銀行などの銀行を創業した。

問2　(2)に適する語を漢字3字で答えなさい。

問3　下線(3)に関連して，下の**ア～エ**のうち，奈良・平安時代の貨幣についての説明としてもっともふさわしいものはどれですか。記号で答えなさい。

ア　奈良時代には，租の支払いに用いられた。

イ　和同開珎は，京や畿内の一部の地域でしか流通しなかった。

ウ　貨幣の鋳造はおもに奈良時代におこなわれ，平安時代には1度しか鋳造されなかった。

エ　11世紀には，銭を蓄えている量に応じて，貴族の位階が決められた。

問4　下線(4)に関連して，下の**ア～エ**は，12世紀から16世紀のできごとです。これらを年代順(古い順)に並べ替え，記号で答えなさい。

ア　平清盛は，日宋貿易で宋銭を輸入した。

イ　足利義満は，日明貿易で明銭を輸入した。

ウ　貨幣経済の発展にまきこまれて困窮した御家人たちを救済するために，永仁の徳政令が出された。

エ　良質の銭を選ぶ撰銭がおこなわれて，円滑な流通がさまたげられたため，分国法などで撰銭令が出された。

問5　下線(5)に関連して，下のア～エのうち，豊臣秀吉がおこなったことの説明として**ふさわしくない**ものはどれですか。一つ選び，記号で答えなさい。

ア　京枡などを用いて，太閤検地をおこなった。

イ　一揆を防止し，百姓を耕作に専念させるために刀狩令を出した。

ウ　朝鮮に出兵するなどの目的で，身分統制令を出した。

エ　ポルトガルとの貿易を禁止するためにバテレン追放令を出した。

問6　下線(6)に関連して，下のア～エのうち，江戸時代の貨幣に関する説明としてもっともふさわしいものはどれですか。記号で答えなさい。

ア　元禄小判は，徳川綱吉のころに鋳造された，従来の小判より金の含有率の低い質の劣った小判だった。

イ　松平定信は南鐐二朱銀を鋳造し，商業の力で幕府の財政を立て直そうとした。

ウ　おもに江戸では銀貨が流通し，大阪や京都では金貨が流通していた。

エ　寛永通宝は，徳川吉宗のころに初めて鋳造された。

問7　下線(7)について，金貨が海外に流出した理由を，下に示した交換比率を参考にして説明しなさい。

【1859年当時の金銀の交換比率】
日本(金：銀＝1：5)　　海外(金：銀＝1：15)

問8　(8)に適する語を漢字4字で答えなさい。

問9　下線(9)に関連して，①・②の各問いに答えなさい。

①　日本は1917年に金輸出を禁止しました。下のア～エのうち，1910年代の日本国内の様子としてもっともふさわしいものはどれですか。記号で答えなさい。

ア　第一次世界大戦がおこり，大戦景気と呼ばれる好景気となった。

イ　治安維持法が制定され，思想の取りしまりが強化された。

ウ　関東大震災が発生し，経済に大きな影響をもたらした。

エ　鉄道国有法が制定され，国が全国の主要な幹線を管理した。

②　日本が1931年に金本位制を停止する一つの要因となった，1929年に発生したニューヨーク株式市場での株価の大暴落をきっかけとする国際的な不況を何といいますか。漢字4字で答えなさい。

問10　(10)にあてはまる数字を下のア～オから選び，記号で答えなさい。

ア　80　　イ　100　　ウ　160　　エ　300　　オ　360

問11　下線(11)に関連して，下のア～エのうち，特需景気以降のできごとの説明としてもっともふさわしいものはどれですか。記号で答えなさい。

ア　教育の民主化を進めるために，教育基本法が制定された。

イ　独占禁止法を運用するために，公正取引委員会が設置された。

ウ　農地改革を進めるために，自作農創設特別措置法が制定された。

エ　防衛力を強化するために，自衛隊が発足した。

問12　下線(12)について，下の**ア**〜**エ**のうち，アメリカの財政状況が悪化した理由として**ふさわしくない**ものはどれですか。一つ選び，記号で答えなさい。

ア　西ドイツに対する貿易赤字が増大したから。

イ　金とドルの交換をおこなっており，多くの金が国外に流出したから。

ウ　石油危機がおこり，原油の価格が急激に下がったから。

エ　ベトナム戦争に介入したため，多額の資金を費やしたから。

問13　(13)に適する語をカタカナで答えなさい。

3　次の会話文を読み，下の各問いに答えなさい。

先　生：みなさんの高輪中学校までの通学経路を教えてください。

生　徒：私は，池袋駅から有楽町線に乗車します。飯田橋駅で南北線に乗り換えて(1)白金高輪駅まで約15分です。駅から徒歩で学校に向かいます。

先　生：有楽町線も南北線も東京の中心を通る路線ですね。途中駅の周辺には多くの官公庁や有名な施設があります。例えば，(2)警視庁遺失物センターや(3)中央労働基準監督署は，飯田橋駅の近くにあります。

生　徒：私は南北線が好きなので，よく途中下車をしています。市ヶ谷駅は千代田(4)年金事務所や(5)防衛省，永田町駅は(6)国会議事堂や(7)都道府県会館の近くにあります。

先　生：溜池山王駅の近くには，(8)総理大臣官邸や(9)特許庁などがあります。六本木一丁目駅の近くには(10)テレビ局の施設，麻布十番駅の周辺には(11)世界各国の大使館が多くおかれています。時間があるときに，通学の際は通過してしまう駅に注目してみるのも面白いですね。

問1　下線(1)に関連して，下の地図中の**ア**〜**オ**のうち，白金高輪駅がある港区の位置としてもっともふさわしいものはどれですか。記号で答えなさい。

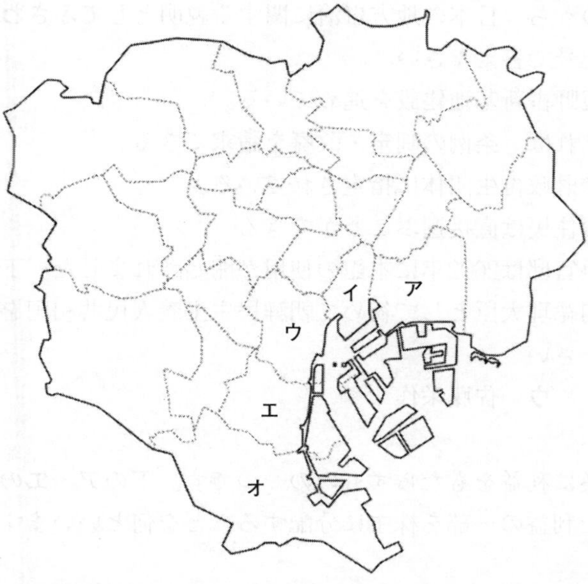

問2　下線(2)に関連して，下の文は，逮捕に対する保障について定めた，日本国憲法第33条の条文です。文中の(　)に適する語を漢字2字で答えなさい。

何人も，現行犯として逮捕される場合を除いては，権限を有する司法官憲が発し，且つ理由となっている犯罪を明示する(　　)によらなければ，逮捕されない。

問3　下線(3)に関連して，①・②の各問いに答えなさい。

①「業務における過重な負荷による脳・心臓疾患や業務における強い心理的負荷による精神障害を原因とする死亡」を何といいますか。漢字3字で答えなさい。

② 下のア～エのうち，現代の労働を取り巻く状況についての説明として**ふさわしくない**ものはどれですか。一つ選び，記号で答えなさい。

ア　育児休業取得率(2021年度)は女性で約80%，男性で約50%だった。

イ　コロナ禍以前よりもリモートワークが拡大した。

ウ　2023年7月の改定により全国平均賃金は，時給1,000円を超えた。

エ　日本の1人あたりの年間総労働時間(2020年)は，フランスやドイツとくらべて約200時間長い。

問4　下線(4)に関連して，下の**ア**～**オ**のうち，日本の国家予算(2023年度一般会計予算)において社会保障費がしめる割合としてもっともふさわしいものはどれですか。記号で答えなさい。

ア　約15%　**イ**　約25%　**ウ**　約35%　**エ**　約45%　**オ**　約55%

問5　下線(5)に関連して，国際連合を中心とした国際社会の平和と安定を求める努力に対し，日本の国際的地位と責任にふさわしい協力をするために政府が自衛隊を海外に派遣している活動の略称は何ですか。下の**ア**～**オ**から選び，記号で答えなさい。

ア　NGO　**イ**　IMF　**ウ**　WTO　**エ**　CSR　**オ**　PKO

問6　下線(6)に関連して，日本の国会は，衆議院と参議院の二院制で運営され，衆議院の優越がいくつかの場面で認められています。衆議院に優越が認められている理由を説明しなさい。

問7　下線(7)に関連して，下の**ア**～**エ**のうち，日本の地方自治に関する説明として**ふさわしくない**ものはどれですか。一つ選び，記号で答えなさい。

ア　沖縄県の提案をもとに，国は辺野古新基地建設を進めている。

イ　有権者の50分の1の署名が集まれば，条例の制定・改廃を請求できる。

ウ　北海道夕張市は，全国で唯一の財政再生団体に指定されている。

エ　都道府県の首長を，その地域の住民は直接選ぶことができる。

問8　下線(8)について，現在の総理大臣官邸は2002年に本館の使用が開始されました。下の**ア**～**オ**のうち，2002年9月に日本の内閣総理大臣として初めて朝鮮民主主義人民共和国を訪問した人物はだれですか。記号で答えなさい。

ア　鳩山一郎　**イ**　岸信介　**ウ**　佐藤栄作

エ　小泉純一郎　**オ**　安倍晋三

問9　下線(9)に関連して，特許権は企業に利益をもたらすものの一つです。下の**ア**～**エ**のうち，企業の一種である株式会社が，得た利益の一部を株主に分配することを何といいますか。記号で答えなさい。

ア　投機　**イ**　配当　**ウ**　差益　**エ**　内部留保

問10　下線(10)に関連して，テレビや新聞などの情報を主体的・批判的に読み解く能力を何といいますか。カタカナ9字で答えなさい。

問11　下線⑾に関連して，①～③の各問いに答えなさい。

①　日本は近年，自由や民主主義，法の支配といった基本的価値を共有し，安全保障や経済を協議する，クアッド(QUAD)と呼ばれる4か国の枠組みを重視しています。この枠組みには，日本・アメリカ・オーストラリアともう1か国が参加しています。もう1か国はどこですか。国名を答えなさい。

②　下の**ア**～**エ**のうち，中華人民共和国についてのべた文として**ふさわしくない**ものはどれですか。一つ選び，記号で答えなさい。

ア　2023年8月，東京電力福島第1原発処理水の海洋放出に対して，日本の水産物輸入を全面的に停止した。

イ　1971年以降，世界の平和と安全を守るための機関である国際連合の安全保障理事会における常任理事国である。

ウ　1949年の建国以降，中国共産党による事実上の一党独裁体制を継続している。

エ　2001年の上海協力機構の設立により，ロシアとの軍事的連携を破棄した。

③　2021年に発効した核兵器禁止条約は，93か国が署名・69か国が批准(2023年9月19日時点)していますが，日本はこの条約に反対しています。その理由は何ですか。下の語を必ず用いて15字以上25字以内で説明しなさい。なお，句読点は1字にふくめるものとします。

＜核の傘＞

【理　科】〈C日程試験〉（30分）〈満点：60点〉

1　次の会話文を読み，以下の各問いに答えなさい。

高輪君：ネオジム磁石とコイルを使って，振《ふ》ると光るLEDライトを作ってみたよ(図1)。

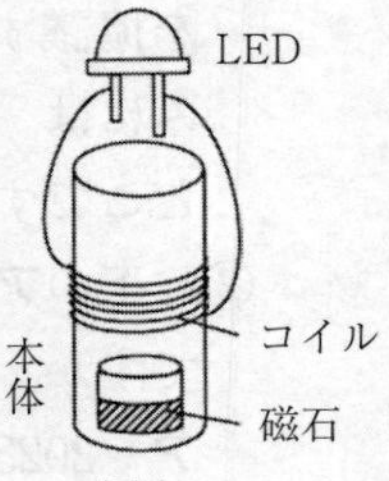

図1

白金君：LEDか！　LEDは電球よりも(　　A　　)から，最近は教室の蛍光《けいこう》灯《とう》もLEDにかわったよね。

高輪君：ただ，豆電球とちがって，LEDはつなぎ方が大事で，足の長いほうを電池の＋極に，短いほうを電池の－極につなぐと電流が流れて点灯するけど，逆につなぐと電流が流れないから点灯しないんだ。

白金君：そうなんだ。それで，しくみはどうなっているんだい？

高輪君：本体を振って，磁石がコイルを通過するときに，磁石がコイルに近づいたり，遠ざかったりすると，コイルに電流が流れてLEDが光るんだよ。

白金君：なるほど。磁石の向きは光るのには関係しないのかな？

高輪君：それが近づけたり遠ざけたりする磁石の極と関係があるみたいなんだ。図1を簡単にしたものが図2なのだけど，図2の**あ**～**え**のようにLEDをつないで，コイルの上にある磁石をすばやくコイルに近づけたり，コイルから遠ざけたりしてLEDが光るか調べたら，次の表のようになったよ。

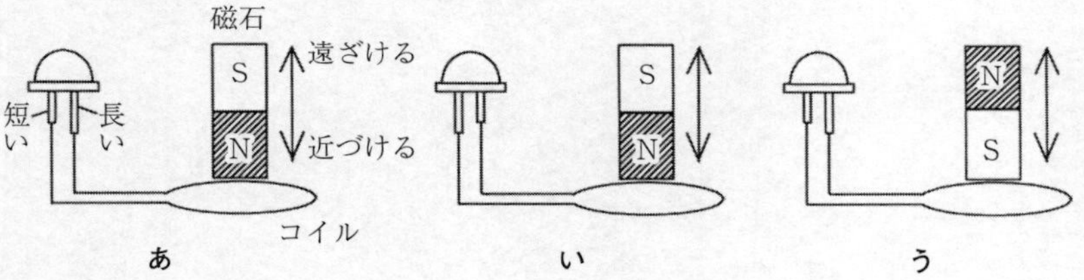

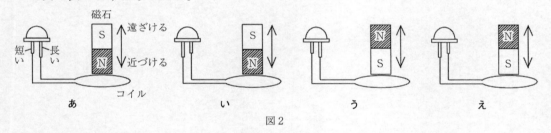

図2

	あ	**い**	**う**	**え**
磁石を近づける	光る	光らない	光らない	光る
磁石を遠ざける	光らない	光る	光る	光らない

白金君：じゃあ，今度は図3のように，N極を下にした磁石をコイルに通過させると，どうなるんだろう。

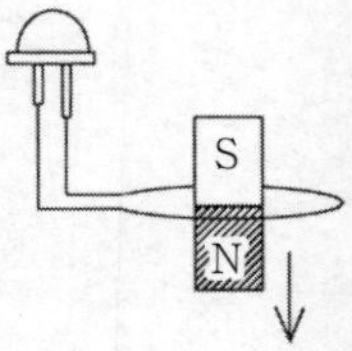

図3

高輪君：やってみよう。まず，磁石を上からコイルに近づけてコイルの真ん中まで入れてみると…光った。次に，コイルの真ん中にある磁石を下に引き抜いてコイルから遠ざけてみると，S極がコイルから遠ざかることになるから光るはず…あれ，光らないな。

白金君：磁石がコイルの上にある時と下にある時では違うのかな。図3のLEDの足を逆につないで，同じように磁石を通過させたらどうかな。

高輪君：やってみるね。今度は，磁石を下に引き抜いてコイルから遠ざけたときだけ，光ったよ。

白金君：ということは，図4で，S極を上にした磁石をコイルに近づけると(　B　)ということだね。

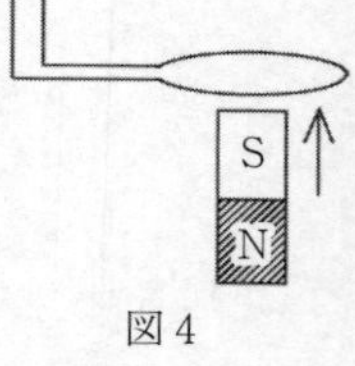

図4

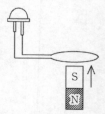

(1) 文中の(A)にあてはまるように，LEDの利点を1つ答えなさい。

(2) 次の①，②の回路で，点灯するLEDはどれですか。①は**ア**・**イ**から，②は**ウ**～**オ**の中から，それぞれすべて選び，記号で答えなさい。

①
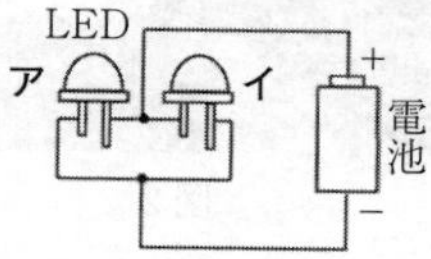

②
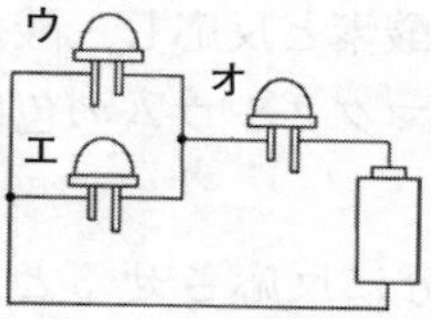

(3) 文中の(B)にあてはまるものを，次の**ア**・**イ**から選び，記号で答えなさい。

ア 光る　　**イ** 光らない

(4) 高輪君の作ったライトを振ったとき，中の磁石が上下に1往復すると，LEDは何回光りますか。

(5) 次の①，②のように，(2)の回路の電池の部分に，高輪君の作ったライトの本体をつなぎました。本体を振ったとき，中の磁石が上下に1往復すると，①，②の**ア**～**オ**のLEDはそれぞれ何回光りますか。ただし，光らない場合は0回と答えなさい。

①
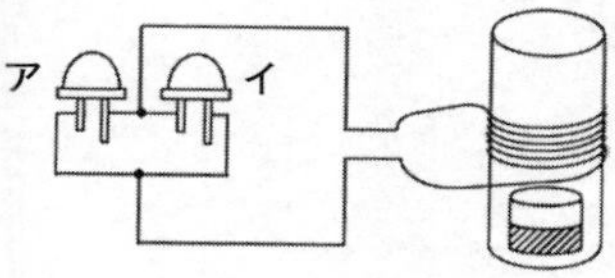

②
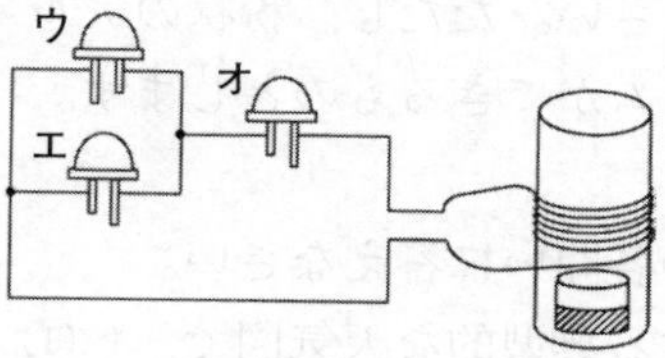

2 次の各問いに答えなさい。

(1) 図1のように，ナイフで薪《まき》を削《けず》ってフェザースティックと呼ばれるものをつくると，火がつきやすくなります。それはなぜですか。理由を答えなさい。

図1

(2) 薪が燃えていると，パチパチと爆《は》ぜる音がすることがあります。薪の中には空間があり，その1つは，木が根から水を吸い上げる管です。この管内の水が水蒸気になって管が破裂《はれつ》するときに音が出ます。この管の名前を漢字2文字で答えなさい。

(3) 薪よりも炭に火をつけるのは難しいです。そのため簡単に炭に火をつけるには，高さが30cm，直径20cm程度の金属製の筒《つつ》を用意し，その中にある金あみの上に火種を入れ，その上に炭を置くという方法があります。この筒の使い方としてふさわしいものを，次の**ア**～**エ**の中から1つ選び，記号で答えなさい。なお，点線は炭を置く金あみの位置を表しています。

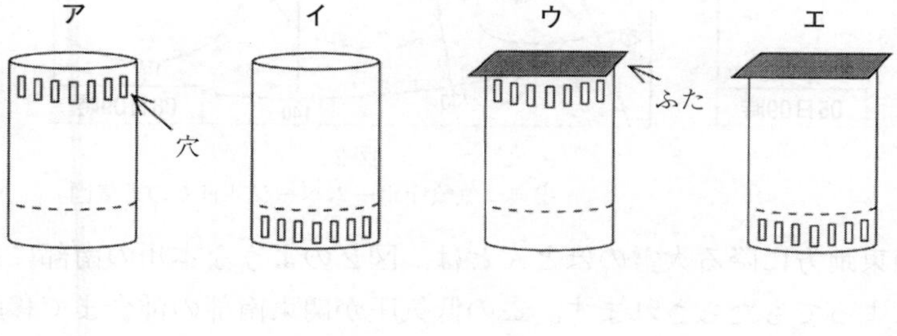

図２は火起こし道具で，マグネシウム合金の棒を，ストライカーと呼ばれる角が立ったものでこすると火花が散り，着火させることができます。

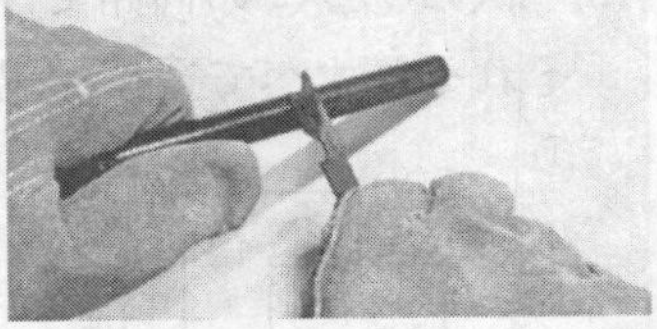

図２

(4)　マグネシウムを粉状にして加熱すると，酸素と反応し，酸化マグネシウムという物質ができます。酸化マグネシウムの色は何色ですか。

(5)　粉状のマグネシウム24ｇを加熱し，十分に反応させると，40ｇの酸化マグネシウムができます。粉状のマグネシウム1.8ｇを十分に加熱したときには，何ｇの酸化マグネシウムができますか。

(6)　粉状のマグネシウム1.8ｇを加熱したところ，全体の重さが2.8ｇになりました。このとき，酸素と反応していないマグネシウムは何ｇ残っていますか。

(7)　マグネシウムとアルミニウムがある割合で入っているマグネシウム合金９ｇを粉状にして，すべて酸素と反応させて酸化マグネシウムと酸化アルミニウムにしたところ，あわせて15.2ｇになりました。このマグネシウム合金にふくまれるマグネシウムとアルミニウムの重さを，最も簡単な整数の比で答えなさい。ただし，粉状のアルミニウム９ｇを十分に酸素と反応させると，17ｇの酸化アルミニウムができるものとします。

3　次の文章を読んで，下の各問いに答えなさい。

図１は，日本の冬における典型的な天気図で，（ ① ）の冬型の気圧配置となっています。このとき，日本海側では，ユーラシア大陸から日本に寒気がやってくる際に，その寒気よりも（　②　）からもたらされる熱や水蒸気を材料にして雪雲が発生することにより雪が降ります。ところが，この雪雲は本州を縦断する山脈にさえぎられるため，太平洋側には届きません。そのため，関東地方では（　③　）ことが多いです。

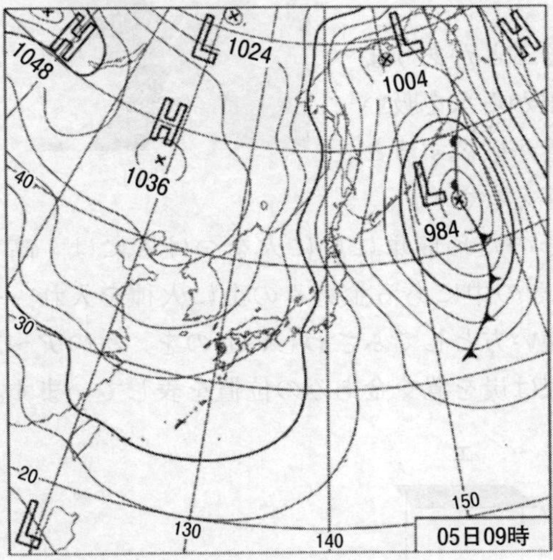

図１

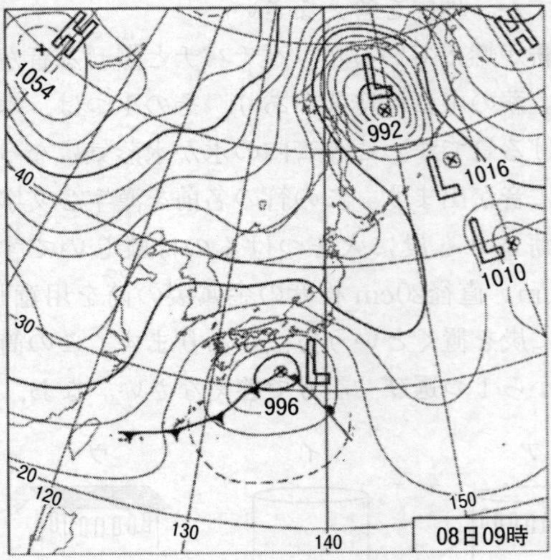

図２

出典：気象庁ホームページ「日々の天気図」

一方，冬から春にかけて関東地方に降る大雪のほとんどは，図２のような本州の南部にある（ ④ ）と呼ばれる⑤低気圧によってもたらされます。この低気圧が関東南部の沖合まで移動してくると，関東南部では(　⑥　)ため，低気圧の発達具合によっては大雪となることがあります。

また，降りはじめが雨でも，雪にかわる場合があります。それは上空から降ってくる雪がとけるときに(　⑦　)からです。

(1)　文中の(①)にあてはまる語句を，漢字４文字で答えなさい。

(2)　文中の(②)にあてはまる言葉を，次の**ア**～**エ**の中から１つ選び，記号で答えなさい。

ア　冷たい陸地　　**イ**　暖かい陸地　　**ウ**　冷たい海面　　**エ**　暖かい海面

(3)　文中の(③)にあてはまる文を，次の**ア**～**エ**の中から１つ選び，記号で答えなさい。

ア　かわいた風がふき，晴れになる　　**イ**　かわいた風がふき，雪になる

ウ　しめった風がふき，晴れになる　　**エ**　しめった風がふき，雪になる

(4)　文中の(④)にあてはまる語句を，次の**ア**～**エ**の中から１つ選び，記号で答えなさい。

ア　熱帯性低気圧　　**イ**　日本海低気圧

ウ　南岸低気圧　　**エ**　アリューシャン低気圧

(5)　下線部⑤で，低気圧の周辺で雪や雨をもたらす雲の領域として，最も適当なものを，次の**ア**～**ウ**の中から１つ選び，記号で答えなさい。

ア　　　　　　イ　　　　　　ウ

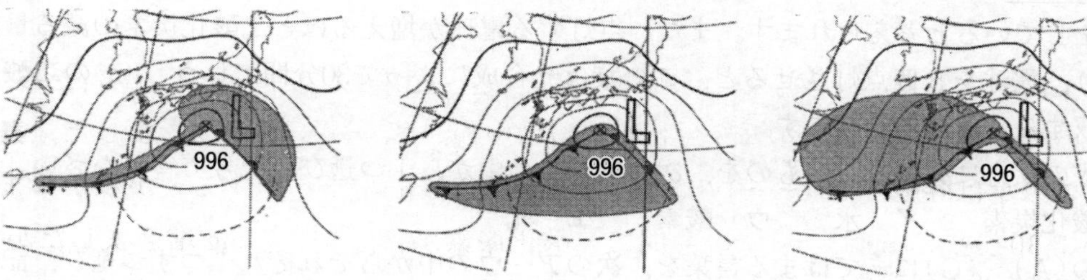

(6)　文中の(⑥)にあてはまる文を，次の**ア**～**エ**の中から１つ選び，記号で答えなさい。

ア　北側から，暖気が入ってくる　　**イ**　北側から，寒気が入ってくる

ウ　南側から，暖気が入ってくる　　**エ**　南側から，寒気が入ってくる

(7)　文中の(⑦)にあてはまる文を，次の**ア**～**エ**の中から１つ選び，記号で答えなさい。

ア　熱を吸収するので，周囲の温度が上がっていく

イ　熱を吸収するので，周囲の温度が下がっていく

ウ　熱を放出するので，周囲の温度が上がっていく

エ　熱を放出するので，周囲の温度が下がっていく

4 植物の光合成に関する次の各問いに答えなさい。

息をふきこんだとう明な袋《ふくろ》の中に，ある植物の葉を入れて袋の口をしばりました。そこに，5個の同じ明るさの電球がついた照明で，光を当てます。はじめの30分は暗闇《やみ》に置き，30分後に電球を1個点灯させて光を当て，その後30分おきに点灯する電球を1個ずつ増やしていきました。暗闇に置き始めた時を0分として，30分おきに袋の中の二酸化炭素の量を調べたところ，次の表のような結果となりました。ただし，葉には水分が十分にあり，電球の点灯によって温度が変わることはなく，呼吸で放出する二酸化炭素の量は常に一定であるものとします。

経過時間	0分	30分	60分	90分	120分	150分	180分
二酸化炭素の量[mg]	20	25	27.5	27.5	25	20	12.5

結果について考えてみます。袋の中の葉には，はじめの30分間は光が当たっていないので，葉は(A)をしており，袋の中の二酸化炭素が増加しました。表から，この葉は呼吸で30分間に(**あ**)mgの二酸化炭素を出すことがわかります。続いて30分から60分では，30分間で二酸化炭素が(**い**)mg増えましたが，光が当たっているので，葉は(B)をしていると考えられます。その後，60分から90分では，電球が2つ点灯していましたが，二酸化炭素の量は変化しませんでした。90分から180分では，二酸化炭素の量が減少していました。このとき，葉は(C)をしていると考えられます。また，点灯する電球が増えるほど二酸化炭素の減る量が大きくなり，電球を5個点灯させると，この葉は光合成によって30分間で(**う**)mgの二酸化炭素を吸収することがわかります。

(1) 光合成の反応に必要でないものを，次の**ア**～**エ**の中から1つ選び，記号で答えなさい。

ア 二酸化炭素　**イ** 水　**ウ** 酸素　**エ** 光

(2) 文中の(A)～(C)にあてはまる言葉を，次の**ア**～**ウ**の中からそれぞれ1つずつ選び，記号で答えなさい。ただし，同じ記号を何度使ってもかまいません。

ア 呼吸のみ　**イ** 光合成のみ　**ウ** 呼吸と光合成

(3) 文中の(**あ**)～(**う**)にあてはまる数値をそれぞれ答えなさい。

(4) 下線部のようになった理由を，次の言葉をすべて用いて説明しなさい。

【光合成　呼吸　二酸化炭素】

(5) 表の結果から，電球の数(光の強さ)と，この葉が30分間で光合成によって吸収する二酸化炭素の量の関係をグラフに表しなさい。ただし，電球の数が0，1，2，3，4，5個の時の二酸化炭素の吸収量を●印で表し，線で結びなさい。

(6) 180分が経過した後，電球を消して暗闇に何分間か置き，その後再び5個の電球を点灯させて光を当て続け，最終的に330分が経過していました。このとき，袋の中の二酸化炭素の量を調べると，180分経過後の時と変化していませんでした。180分が経過した以降に，暗闇に置いていたのは何分間ですか。

ものを次の中から一つ選び、記号で答えなさい。

ア、普段は母親や離れて暮らす父親にどう思われるか気にしてしまって聞き分けのいい子のふりをしているが、こいちゃんとホールケーキを買い、公園で手づかみで食べるという行儀の悪い行動をしたことで、これからはそんな自分の殻《から》を打ち破っていけると感じている。

イ、母親との二人暮らしになり家でできないことが増えた中で、そのうちの一つであるホールケーキを買うことを似たような境遇のこいちゃんと達成し、また二人でそれを完食したことで家庭環境についての不満や孤独を一時ではあっても和《やわ》らげることができたと感じている。

ウ、両親の離婚と父との面会によってストレスを感じることが多かったが、普段は食べることができないホールケーキをこいちゃんと一緒に購入して食べきったことで、甘いものをお腹いっぱい食べたいという欲望を満たすことができストレスを解消することができたと感じている。

エ、仲良し家族やさわやか家族が大多数ではないと知りながらも「普通」の家族に憧《あこが》れる気持ちが捨てきれなかったが、「普通」の家族を象徴するようなホールケーキを家の外で食べたことで、その憧れを捨て去って一人で自立して強く生きていくという覚悟を持てると感じている。

問一一 ――12「なかなかに文学的な気がする」とありますが、どういうことですか。説明としてふさわしいものを次の中から一つ選び、記号で答えなさい。

ア、会の名前を有名文学作品の音と意味にあやかって名付けることで、ホールケーキへの思いに加えて家庭環境が少しでも改善されるようにという祈りが込められたものとなっているということ。

イ、会の名前を有名文学作品に寄せたものにすることで、一見ふざけた名前のようでありながら、長く会を続けていこうという二人の強固な決意表明が織り込まれたものとなっているということ。

ウ、会の名前を有名文学作品にかけた厳《おごそ》かなものにすることで、ホールケーキを食べなくなったという事実が決して軽いものではないということが二人の共通認識として示されているということ。

エ、会の名前を有名文学作品の名前にかけることで、ホールケーキを食べなくなったという単純な事実だけでなく、家族でホールケーキを食べる時間までも失われたことを示しているということ。

文章全体から読み取れる「私」と「こいちゃん」の関係としてふさわしいものを次の中から一つ選び、記号で答えなさい。

ア、二人とも、両親がそろっている家族や兄弟のいる人に対するうらやましさを感じており、誰も自分たちを理解してくれないというさみしさを分かち合っている。

イ、二人は家族構成や家庭環境に共通点が多いので、お互いに自分の心情を相手に伝えたり、共感しあったり、突拍子《とっぴょうし》もないアイディアを一緒に実行することができる。

ウ、かつて子供を邪魔者扱いしていたこいちゃんの父親とは異なり、「私」の父親はひどくもウザくもなかったにもかかわらず、二人とも時に無理に話を合わせている。

エ、「私」はこいちゃんの父親に対する愚痴《ぐち》や不満を聞いてこいちゃんを慰《なぐさ》める役に回ることが多く、自分の考えていることはなかなかこいちゃんに伝えることができずにいる。

問五　――5「こいちゃんは、それも含めて嫌なのだと言った」とありますが、こいちゃんは何が「嫌」なのですか。六〇字以内で説明しなさい。

問六　――6「私は決定的にそれがダメになった」とありますが、どういうことですか。説明としてふさわしいものを次の中から一つ選び、記号で答えなさい。

ア、自分と会うたびに歯の浮くような言葉をかけてくる父親に何となく違和感を覚えていたが、高校生の娘との面会をデートと表現していることが分かってぞっとしたということ。

イ、いつまでも幼い子供にかけるような言葉で自分と接する父親を受け入れがたく感じていたが、実際には娘を恋人のように考えていることが分かって恥ずかしくなったということ。

ウ、面会のたびに自分に作り物のような言葉をかけてくる父親に何となく嫌悪《けんお》感を抱いていたが、それが全て演技だったことが分かってもう二度と会いたくなくなってしまったということ。

エ、父の優しい言葉に当初ほどうれしさを感じなくなった自分にどことなく自己嫌悪を感じていたが、その原因が自身の成長ではなく父親の幼さにあると分かってがっかりしたということ。

問七　――7「秘密の会を結成した」とありますが、具体的にどのようなことをしている会ですか。五〇字以内で答えなさい。

問八　――8「なぜか私はそのとき猛烈に腹が立った」とありますが、その理由としてふさわしいものを次の中から一つ選び、記号で答えなさい。

ア、父親が家を出て行ったせいで大きなホールのショートケーキを食べられなくなっているのに、父親との面会でも量の少ないカット済みのショートケーキを勧めてくるから。

イ、母親が家族三人を象徴するホールケーキを買わなくなっているところに、その原因となった父親がそんな事情も知らず面会のたびにカット済みのショートケーキを勧めてくるから。

ウ、二人暮らしでホールのショートケーキを買えなくなった中で、その事態を招いた父親が面会の時に母親のことを考えず、「私」にだけ一人用のカット済みのショートケーキを勧めてくるから。

エ、二人暮らしになってできないことが増えた現実に打ちひしがれているというのに、その元凶である父親が一人の気楽さを象徴するかのように一人用のカット済みのショートケーキを勧めてくるから。

問九　――9「キレてない」・10「キレてません」のそれぞれの意味を説明しなさい。

問一〇　――11「二人でホールをなくしてやった」とありますが、ここから「私」のどのような気持ちが読み取れますか。ふさわしい

「乾杯」

軽く、端《はし》をぶつけ合う。そして、モリモリ食べた。

タルト台はあまじょっぱくて、上のチョコムースはがつんと甘かった。安いなりにおいしかったから、無理なく食べきることができた。

「あまうま！」

「わんぱくだねぇ」

そんなことを言いながら、11二人でホールをなくしてやった。笑った。

ちょっと、すっとした。

以来、家庭環境でやりきれないことが起こるたび、私たちは『失われたホールケーキの会』を発動させている。命名者はこいちゃん。『失われたケーキ』は(注)『失われた時』に音と意味をかけているらしい。12なかなかに文学的な気がする。

《坂木 司『ショートケーキ。』所収「ホール」より》

(注) トラウマ…影響が長く残るような心の傷のこと。
ホールケーキ…切り分けて多人数で食べる、大きな円形のケーキ。
『失われた時』…フランスの作家マルセル・プルーストの著作に『失われた時を求めて』という小説がある。

問一 ――1「だから私にとってこの件は、悲しい出来事ではあってもトラウマみたいにはなっていない、はず」とありますが、「私」がこのように感じるのはなぜですか。ふさわしいものを次の中から一つ選び、記号で答えなさい。

ア、両親が別々に住むことになり家族が続けられなくなったことはショックだったが、もう十年も前のことなので今では心に傷が残ってはいないと感じているから。

イ、両親の不和によって家族が離れ離れになることは両親が責めを負うべき問題であるので、子供である自分が必要以上に傷つく必要はないと割り切って考えたいから。

ウ、両親の不和によって家族が離れ離れになると知ったことはつらい出来事だったが、自分自身は両親の不和を実感せずにすんだために深く傷ついてはいないと思いたいから。

エ、両親が別々に住むことになるまで自分が両親の不和にまったく気づかなかったことは残念だが、喧嘩や暴力の現場を目撃しなかったおかげで心に傷を負わずにすんだともいえるから。

問二 ――2「そういうわけで二人ともが私に『ごめんね』と頭を下げた」とありますが、このとき「私」はどのような対応をしましたか。文中から二〇字程度で抜き出し、始めと終わりの三字を答えなさい。

問三 ――3「なにかがやっぱり変わってた」とありますが、何が変わって、「私」はどのように感じているのですか。ふさわしいものを次の中から一つ選び、記号で答えなさい。

ア、周囲の人も母も、自分の機嫌を損《そこ》ねないように腫《は》れ物に触るかのごとく接してくるので、居心地の悪さと不愉快さを感じている。

イ、周囲の人も母も、父のいない私の顔色をうかがって手なずけようとしてくるようになり、その手にはのらないぞと気を引き締《し》めている。

ウ、周囲の人は家庭の事情を詮索《せんさく》してくるようになり、母は自分に本心を見せなくなり、疑心暗鬼になって誰も信じられなくなってしまう。

エ、周囲の人が父の不在について話すようになり、母が人前で自分に向ける表情も変わり、他意がないことは分かっていても気持ちが沈んでしまう。

問四 ――4「そんな私を救ったのは、こいちゃんだ」とありますが、

お、どこかで「普通」を求める自分たちに、うんざりしていたりもした。

そんな私たちは、あるとき7秘密の会を結成した。

きっかけは、こいちゃんのこのひと言。

「ひとり親家庭って言ってもさ、兄弟いたりする人はなんか違うよね」

すごくわかる。私は激しくうなずいた。なぜなら、こいちゃんも私も一人っ子だったから。

「一人減ってもまだ三人とかって、うらやましい。ボードゲームもトランプもできるもん」

私の言葉に、今度はこいちゃんがうんうんうなずく。

「わかるう。二人だと、ババ抜きすらできないもんね」

そこでふと私は、お誕生日のケーキを思い出した。

「あと、(注)ホールケーキ。あれ、買えなくない？」

するとこいちゃんは、カッと目を見開いた。

「そうだ！　ホールケーキ！　だよ！　買えないよ！」

「だよね！」

私たちは、手を取り合って激しくうなずきあった。

経済的に買えないわけじゃない。ただ、半分残す前提で生っぽいケーキを買うことがためらわれるのだ。二人用とかの小さいケーキもあるけど、それを買うのはなんだか悔しいし、かといって大きいのを買って残すと翌日おいしくないし。ついでにお母さんは一気に二人分食べるのはよしなさいって言うし、なにより、なんか冷蔵庫の中が見ててきついし。

「……三人だったときにも食べ残しはあったはずなのに、なんでこんな気持ちになるんだろうね？」

こいちゃんのつぶやきを聞いて、8なぜか私はそのとき猛烈に腹が立った。

お父さんが出て行って以来、お母さんは大きなホールのショートケーキを買わない。なのに月一で会うたび、お父さんはショートケーキを勧《すす》めてくる。馬鹿の一つ覚えみたいに。ゆかはこれが好きなんだろうって。カット済みの切れてるやつを。馬鹿じゃん馬鹿じゃん馬鹿じゃん。どいつもこいつもなんもわかってない。

9キレてないのが、いいんだよ。

キレたの出されたって、意味がないんだよ。

中心がごっそりくぼんだ私たちの気持ち。

キレてませんよ。10キレてませんから！

ねえ。私たちをこんな気持ちにさせているのは、誰？　というか、なに？

「こいちゃん、ホールケーキ買いに行こうよ」

勢いよく立ち上がった私を、こいちゃんはつかの間ぽかんと見上げていた。けれどすぐに我に返ったのか、力強くうなずく。

「いいね。行こ行こ！」

とにかく丸くてそこそこ大きいやつ。そう考えて制服のままケーキ屋さんに行ったら、値段で撃沈した。しょうがないのでスーパーに行ってみると、丸くてカレー皿サイズのチョコタルトが千円ちょっとで売ってた。飾り気のない、見た目的にもお皿に近いケーキ。でも、ちゃんとホールだった。

こいちゃんと私はお金を出し合ってそれを買い、近くの公園で食べることにした。フォークもお皿もなかったので、手づかみで。

薄《うす》いタルトを両手で持って割るときは、「めりっ」とした触感だった。たぶん、少し湿っていたんだと思う。私が差し出した半円形のそれを、こいちゃんは受け取って言った。

父さんの浮気だったんだから、それで良かったのかもしれない。2そういうわけで二人ともが私に「ごめんね」と頭を下げた。家族を続けられなくて、ごめんねと。

その事実は、別にどうとも思わなかった。理由はそれぞれだけど、クラスにはおじいちゃんやおばあちゃんと暮らしている子や、お父さんと二人暮らしの子もいたから。でもお母さんとの二人暮らしが始まってみると、3なにかがやっぱり変わってた。変わってることなんて当然だし、これは単なる事実なんだと自分に言い聞かせたけど、変わった部分は私を地味に落ち込ませた。

たとえば近所の人に「最近、お父さんお見かけしないわね」と言われたとき。学校公開のときのお母さんの笑顔。「私は味方だからね」と親戚《しんせき》のおばさんに言われたとき。

ぜんぶ、別になんていうことはない。悪意もない。でも、なにかがぐしゃりと潰《つぶ》れた。

4そんな私を救ったのは、こいちゃんだ。

高校で知り合ったこいちゃんは、私と家庭環境が同じだった。小学生の頃に親が離婚していて、お母さんと二人暮らし。お母さんが会社員というところも同じな上、離婚の原因がお父さんの浮気ってとこまで一緒だったから、まあ話が合った。

とはいえ、お父さんの性格までは一緒じゃなかったんだけど。

「ゆかのとこはさ、ひどくもウザくもないってだけで、父親的には希《き》少種《しょうしゅ》な気がするけど」

こいちゃんのお父さんは、仕事が季節的に波のあるものらしく、一緒に暮らしていた頃は家にいる時間が多かったらしい。

「だからもう、ウザくてウザくて。虐待《ぎゃくたい》とかじゃないけど言葉は乱暴だし、子供は邪魔者扱いでマジでつらかった」

だからこいちゃんは面会に行きたくない。なのにお父さんは離婚となったとたん後悔したらしく、面会を望んだ。お母さんはこいちゃんの意思を尊重する。そこで折衷案《せっちゅうあん》として出たのが、三ヶ月に一回昼間に会うこと。ちなみに私は月に一回、同じく昼間。

「あーもー、来週だよー」

別々に住み始めてからのお父さんは、言葉もひどくなくなり、態度も普通らしい。でも5こいちゃんは、それも含めて嫌なのだと言った。

「もーさあ、悪かったな、みたいな雰囲気《ふんいき》出されてもさあ、こっちはどうしようもないじゃん。別に責めてないから謝る必要もないし。子供はお前だけだから、とか言われたら逆に『介護《かいご》とかしないから！』って思っちゃうし。んもー」

もーもー言いながら机に頬《ほお》をぺたりとつけるこいちゃんの頭を、私は何度撫《な》でただろう。そして何度撫で返してもらったことだろう。

私はといえば、お父さんの夢小説みたいなところが嫌になってきていた。

「ゆかに会えて嬉しいなあ」とか「ゆかと会うのが毎月一番楽しみだよ」とか言われるのが、心の底からきつかったのだ。

もちろん、別居してすぐの頃はそう言ってもらえて嬉しかった。嘘《うそ》かもと思いつつも、救いになった。子供だったし。でも、高校生になった頃には「なんだかなあ」としか思えなくなってきたのだ。だって「普通」の家族だって、この年齢になったらそんなこと言わなくない？　義務教育が終わって、家を出る子だっている年齢だよ？

あるとき、お父さんのスマホの画面に出ていたカレンダーを見たとき、6私は決定的にそれがダメになった。『娘とデート』だって。うわあ。何それ。ひくわ。

みんな、それなりに色々ある。アニメの中のような仲良し家族や、雑誌に出てくるようなさわやか家族が大多数ではないこと。それを私たちはわりと早めに知ってしまった。そしてそれを知ってしまってな

メージが強いアメリカ人」とありますが、その理由としてふさわしいものを次の中から一つ選び、記号で答えなさい。

ア、アメリカ人は自分の意見が誤りだった場合、すぐに撤回《てっかい》し謝罪する潔《いさぎよ》さを持っているように見えるから。

イ、アメリカ人は周りの目を気にすることなく、自分の意見を堂々と主張することができるように見えるから。

ウ、間違いを指摘されても、自分が正しいと証明できる根拠をアメリカ人は常に持っているように見えるから。

エ、正しいことではなくても、自信を持って出した意見をアメリカでは事実と受け止めているように見えるから。

問八 ――8「『日本人は意見を言うのが苦手』『だから日本人はダメなんだ』などと、過度に自虐的になる必要はない」とありますが、それはなぜですか。文中の言葉を使って四〇字以内で答えなさい。

問九 （ ）9・10に入る語の組み合わせとしてふさわしいものを次の中から一つ選び、記号で答えなさい。

ア、9：批判 10：同調　イ、9：批判 10：否定

ウ、9：否定 10：批判　エ、9：同調 10：批判

問一〇 ――11「肌感覚」の文中での意味としてふさわしいものを次の中から一つ選び、記号で答えなさい。

ア、実際に見た景色　イ、実際に触れた温度

ウ、実際に味わった喜び　エ、実際に感じた雰囲気

問一一 ――12「意見は、いうなれば、さらなる思考の出発点であり糸口です」とはどういうことですか。ふさわしいものを次の中から一つ選び、記号で答えなさい。

ア、意見は、あれこれと難しく考えて言うものではなく、口にするだけで世界が変わり始めていずれは自分の世界が変わり始めるものだということ。

イ、意見はなかなか本当の気持ちを出せない自分を肯定していくために言うものであり、おそるおそる議論をすることがないようにする武器のようなものでもあるということ。

ウ、意見は正しい答えを気にしすぎて言うのをためらうものではなく、その時点での考えを堂々と言うことでその後の考え方をより良くしていくきっかけになるものだということ。

エ、意見は周囲を気にしない図太さを手に入れるために持つべきものであり、外国人と堂々と議論できる思考力と勇気を身につけていくための手段のようなものでもあるということ。

三

次の文章を読んで、後の問いに答えなさい。ただし、字数に制限がある場合は、句読点や記号も字数に含まれるものとします。

お父さんとお母さんが別々に住むことになったのは、私が小学校四年生くらいの頃。あ、だとすると今からちょうど十年前か。

ものすごい喧嘩《けんか》とか暴力とかがあったわけじゃないから、私は両親の不和にまったく気がつかなかった。たぶん、うまく隠してくれてたんだと思う。1だから私にとってこの件は、悲しい出来事ではあっても（注）トラウマみたいにはなっていない、はず。

ただ、両親それぞれから「ごめんね」と謝られたのはちょっときつかった。だって謝られたら、許すしかない。その場で怒ったり泣いたりしたらもうちょっとスッキリできたような気もする。けど、十歳の私は平静を装《よそお》って「いいよ」とか言ってしまった。私だってもう大人なんだし、全然平気。そんな顔をして。

ちょうど学校ではクラスが女子と男子に分かれつつあるときで、私も「男子ってバカ！」とか思ってた頃。だからより一層、お父さんに対して冷めた目線を持っていた。とはいえ後になってみれば真相はお

後、新たな知識や情報をもとに、より筋のいい考えを導く思考力につながるのです。

前にも述べた英語と同様、誰かと正しさを競っているわけではありません。あくまでも自分のために、自由に意見をもつ勇気、堂々と表現する勇気を出してほしいなと思います。

《斉藤 淳『アメリカの大学生が学んでいる本物の教養』より》

(注) 出羽守…何かにつけて「～では」と、他者の例を引き合いに出して語る人のことをこのように呼んでいる。
アイスブレーキング…会議などでの堅苦しい雰囲気《ふんいき》や緊張感を和《やわ》らげ、発言しやすい雰囲気を作る手法。
きらいもある…好ましくない傾向がある、ということ。

問一 ――1「日本人は一般的に意見をもつことも、意見を表明することも苦手とされています」とありますが、「一般的に～」「～とされています」のような表現にした理由としてふさわしいものを次の中から一つ選び、記号で答えなさい。

ア、世の中で普通にいわれている考え方を、この文章では筆者の経験に基づく見方で掘り下げていくから。
イ、世の中で普通にいわれている考え方を、この文章では筆者に不都合なものとして取り上げていくから。
ウ、世の中で普通にいわれている考え方を、この文章では筆者が許容できないものとして否定していくから。
エ、世の中で普通にいわれている考え方を、この文章では筆者は不思議なものとして解き明かしていくから。

問二 ――2「日本人の価値規範」とありますが、その具体的な内容を文中の言葉を使って二〇字以内で答えなさい。

問三 ――3「日本人同士では美徳として通用する価値観が不利に働いてしまう」ことの例を、自分で考えて答えなさい。なお、例はビジネス、政治経済についてでなくてよい。

問四 ――4「横並び思想」が生まれる原因となるものを文中から四字で抜き出して答えなさい。

問五 ――5「それは本意ではありません」とありますが、そのように考えるのはなぜですか。ふさわしいものを次の中から一つ選び、記号で答えなさい。

ア、日本の教育や文化がアメリカに追いつくのは、時間の問題だと思っているから。
イ、教育や文化にはそれぞれの国の特徴があり、他の国との優劣はないと思っているから。
ウ、自分たち日本人としての誇《ほこ》りを失ってまで、外国に合わせたくないと思っているから。
エ、人間が「個性的な存在」であることには、生活する上で不利な面もあると思っているから。

問六 ――6「『アメリカでは～』『ヨーロッパでは～』と、……知性に欠ける態度の1つです」とありますが、そのように言えるのはなぜですか。ふさわしいものを次の中から一つ選び、記号で答えなさい。

ア、欧米の文化を尊重しながらも、日本は自国の文化の素晴らしさを発信していくべきだから。
イ、欧米では日本のことを引き合いに出すことはないのに、日本では欧米を意識しがちだから。
ウ、欧米で教育に関わった筆者に対して、日本の事情しか知らない人が欧米の良さを主張しているから。
エ、欧米と日本のそれぞれの現実にふれて、違いや共通点を感じた上で言っているようには思えないから。

問七 ――7「『自分の意見がはっきりしていて議論好き』というイ

たとえばアメリカの小学校などでは、「Everybody is different（人はみな違う）」という教育が根付いています。「それぞれが個性的な存在である」ということを幼いころから徹底的に教え込まれ、だからこそ「何が自分の個性なのか」を表現する訓練を受ける。ことあるごとに「あなたはどう思うのか」と問うのが、アメリカの教育です。4横並び思想で覆《おお》われた日本の教育とはかなり様相が違います。

こう言うと、日本の社会や教育を全否定しているように聞こえるかもしれませんが、5それは本意ではありません。

6「アメリカでは〜」「ヨーロッパでは〜」と、何かに付けて海外（特に欧米）を引き合いに出す「（注）出羽守《でわのかみ》」は、私がもっとも軽蔑《けいべつ》している、知性に欠ける態度の1つです。「Everybody is different」という教育が根付いており、私たちから見ると7「自分の意見がはっきりしていて議論好き」というイメージが強いアメリカ人ですら、議論して合意に達するのは一苦労です。

たとえば大学の講義でいきなり議論の場に放り込まれた大学生が、みな、堂々と自分の意見を言えるわけではありません。また最近では、ポリティカル・コレクトネス（政治的正しさ）に挑《いど》むようなことはせず、波風を立てることを忌避《きひ》する風潮《ふうちょう》も、学生の間には広がっているように思われます。

ビジネスや政治の舞台でも、場を和《なご》ませるための（注）アイスブレーキングを最初に入れたり、まず信頼関係を構築することに努めたりと、いろいろな試行錯誤をして初めて自由闊達《かったつ》な議論が可能になる。この点に大した国際的な違いはありません。

つまり何がいいたいかというと、8「日本人は意見を言うのが苦手」「だから日本人はダメなんだ」などと、過度に自虐《じぎゃく》的になる必要はないということです。

先ほども触れたように、たしかに多くの日本人は、自分の頭で考え、自分なりの意見を醸成《じょうせい》し、それを表現するというトレーニングを受けていません。農村共同体という社会的背景から周囲との和合を重んじるあまり、他者との意見の相違を過度に恐れ、（ 9 ）を（ 10 ）と受け取る（注）きらいもある。

しかし、こんなふうに周囲の顔色を窺《うかが》うのが日本人だけかといったら、まったくそんなことはありません。

それは人間という動物の性《さが》であり、どの国の人であれ、程度の差こそあれ周囲の顔色を窺いながら、おそるおそる議論していることも多いのです。同調圧力の強度という点でいえば、むしろ日本人よりも、東南アジアの国の人たちのほうが強いくらいかもしれません。

英語に対する過度な苦手意識もそうですが、世界中から学生が集まるアメリカと日本の両方で教育に関わってきた私から見ると、日本人は、どうも自己肯定感が低すぎる気がします。

現に13歳〜29歳の若者の自己肯定感を調査した国際比較では、日本は、アメリカ、イギリス、ドイツ、フランス、スウェーデン、韓国との比較で最下位（「自分自身に満足している」「自分には長所がある」という設問に対しての「はい」と答えた割合）。これは私の11肌感覚としても、かなりうなずけるのです。

ひょっとしたら、日本人が意見をもつのを苦手とする最大の原因は、自己肯定感の低さにあるのかもしれません。

意見をもつことと、正解を出すことはイコールではありません。日本人と比べてアメリカ人が意見を言えるのも、正解を出せるからではなく、周囲から見て「なんじゃそりゃ!?」という意見でも臆《おく》せず言える図太さがあるからでしょう。

12意見は、いうなれば、さらなる思考の出発点であり糸口です。「現時点では、これが自分の意見だ」というものがあることが、その

2024年度

高輪中学校

【国語】〈C日程試験〉（五〇分）〈満点：一〇〇点〉

[一] 次の問いに答えなさい。

問一 次の傍線部のカタカナは漢字に直し、漢字は読みをひらがなで答えなさい。

1、彼はリーダーにテキニンだ。
2、会社のギョウセキが伸びる。
3、このような衣装が平安貴族のテンケイ的な姿だ。
4、夕焼け色に染まった空。
5、米や小麦などのコクモツを育てる。
6、薬のコウカがあらわれるまでは寝ていることにした。
7、休暇中にぜひそこを訪れるといいですよ。
8、五月の節句に武者人形を飾る。

問二 次の1～3の文の傍線部が後の〔　〕の中の意味になるように、（　）に入る言葉を後のア～オからそれぞれ一つずつ選び、記号で答えなさい。

1、人の優しさが身に（　　）。〔深く感じる〕
2、横尾くんは文武両道で、他の人とは一線を（　　）存在だ。〔その他の者より際立つ〕
3、一方的にまくし立てて煙に（　　）。〔言葉によってごまかす〕

ア、なびく　イ、あまる　ウ、まく
エ、かくす　オ、しみる　カ、はさむ

問三 次の1～3の□にそれぞれ同じ漢字を入れ、四字熟語を作りなさい。

1、□画□賛　2、□期□会　3、□信□疑

[二] 次の文章を読んで、後の問いに答えなさい。ただし、字数に制限がある場合は、句読点や記号も字数に含まれるものとします。

[1]日本人は一般的に意見をもつことも、意見を表明することも苦手とされています。

なぜかといえばシンプルな話で、個々が意見をもちはじめると、管理しづらくなるからでしょう。つまり一番は教育の問題です。日本の子どもたちは「生徒を管理しやすいように」という教師側の都合により、意見をもったり、意見を表明したりする訓練を受ける機会に乏《とぼ》しいのです。

古来、水田稲作に勤《いそ》しんできた農村共同体のなかで、[2]日本人の価値規範《きはん》が構築されてきたという背景も無視できないかもしれません。

農村共同体では、周囲の人たちと和合しなくては田んぼに水を引くこともできなければ、田植え・収穫シーズンに助け合うこともできない。まさに「和をもって貴《とうと》しとなす」が死活問題でした。とかく協調性が重んじられ「人に迷惑をかけてはいけない」と教えられるのは、こうした社会的背景の影響も大きいでしょう。

それは一面では日本人の尊い美徳といえます。しかし、その反面、いわゆる「同調圧力」に抑圧《よくあつ》されて、自由にものを考えたり、意見を表明したりできない日本人を量産してきたことは否《いな》めないのです。

特に現代という時代にあって、たとえばビジネス、あるいは政治・経済について国際社会で交渉《こうしょう》をまとめ上げる局面では、[3]日本人同士では美徳として通用する価値観が不利に働いてしまうでしょう。意見を出し合い、議論することでしか、交渉をまとめ上げることはできないからです。

2024年度 高輪中学校 ▶解　答

※　編集上の都合により，Ｃ日程試験の解説は省略させていただきました。

算　数　＜Ｃ日程試験＞（50分）＜満点：100点＞

解　答

[1] (1)　43　(2)　$\frac{11}{27}$　(3)　879　(4)　$\frac{13}{28}$　[2] (1)　20　(2)　92個　(3)　毎分120m　(4)　550ｇ　[3] (1)　7回　(2)　15回　(3)　255回　[4] (1)　9.42cm　(2)　65.94cm^2　(3)　141.3cm^2　[5] (1)　54cm^3　(2)　45cm^3　(3)　27cm^3

社　会　＜Ｃ日程試験＞（30分）＜満点：60点＞

解　答

[1] **問1**　①　ウ　②　オ　③　(例)　紛争などが起きたときに，輸入価格が上昇する危険性を分散させるため。　**問2**　ウ　**問3**　①　(例)　右の図　②　エ　**問4**　福岡　**問5**　ウ　**問6**　①　エ　②　イ　**問7**　加工貿易　**問8**　ア　**問9**　エ　**問10**　エ　**問11**　①　イ　②　ア　[2] **問1**　イ　**問2**　富本銭　**問3**　イ　**問4**　ア→ウ→イ→エ　**問5**　エ　**問6**　ア　**問7**　(例)　外国人が自国から銀を持ち込み，日本で金と交換し自国で再度銀に交換することで，利益を上げたため。　**問8**　新貨条例　**問9**　①　ア　②　世界恐慌　**問10**　オ　**問11**　エ　**問12**　ウ　**問13**　バブル　[3] **問1**　ウ　**問2**　令状　**問3**　①　過労死　②　ア　**問4**　ウ　**問5**　オ　**問6**　(例)　参議院と比べて任期が4年と短く，任期途中での解散もあるため，より民意を反映していると考えられるから。　**問7**　ア　**問8**　エ　**問9**　イ　**問10**　メディアリテラシー　**問11**　①　インド　②　エ　③　(例)　アメリカの核の傘に安全保障を頼っているから。

理　科　＜Ｃ日程試験＞（30分）＜満点：60点＞

解　答

[1] (1)　(例)　消費電力が小さい　(2)　①　ア　②　エ，オ　(3)　ア　(4)　2回　(5)　**ア**　2回　**イ**　2回　**ウ**　0回　**エ**　2回　**オ**　2回　[2] (1)　(例)　表面積が大

きくなり，空気とふれやすくなるから。　(2)　道管　(3)　イ　(4)　白色　(5)　3g　(6)　0.3g　(7)　9：1　3　(1)　西高東低　(2)　エ　(3)　ア　(4)　ウ　(5)　ア　(6)　イ　(7)　イ　4　(1)　ウ　(2)　A　ア　B　ウ　C　ウ　(3)　あ　5　い　2.5　う　12.5　(4)　(例)　呼吸で放出する二酸化炭素の量と光合成で吸収する二酸化炭素の量が等しいから。　(5)　右の図　(6)　90分間

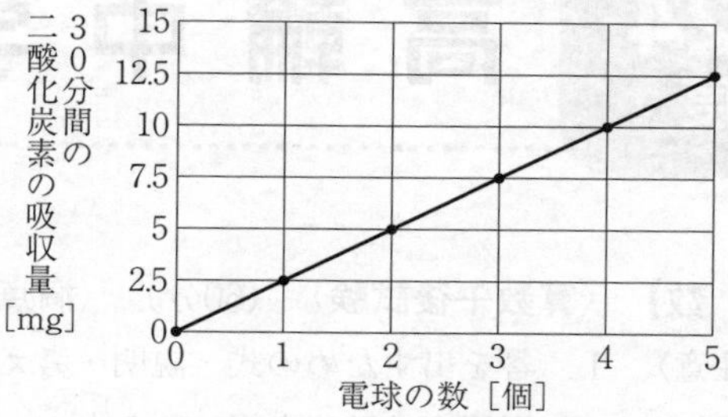

国語　＜C日程試験＞(50分)＜満点：100点＞

解答

一　問1　1～6　下記を参照のこと。　7　おとず(れる)　8　むしゃ　問2　1　オ　2　エ　3　ウ　問3　1　自　2　一　3　半　二　問1　ア　問2　(例)　周囲の人との和合や協調性を重んじること。　問3　(例)　和を乱さないように留学中に周りの意見に合わせていたら，主体性がないとひなんされた。　問4　同調圧力　問5　イ　問6　エ　問7　イ　問8　(例)　周囲の顔色を窺っておそるおそる意見を述べるのは，どの国の人にも見られるから。　問9　イ　問10　エ　問11　ウ　三　問1　ウ　問2　平静を～まった　問3　エ　問4　イ　問5　(例)　かつては言葉が乱暴で子供を邪魔者扱いしていた父親が，別居し始めた途端に態度を変え，後悔している雰囲気を出してきたこと。　問6　ア　問7　(例)　家庭環境のことでやりきれなくなったときに，ホールケーキを二人で食べきることでその気持ちを晴らす会。　問8　イ　問9　(例)　ケーキが切れていないという意味と，両親に対し，我を失うほど怒ってはいないという意味。　問10　イ　問11　エ

●漢字の書き取り

一　問1　1　適任　2　業績　3　典型　4　染(まっ)　5　穀物　6　効果

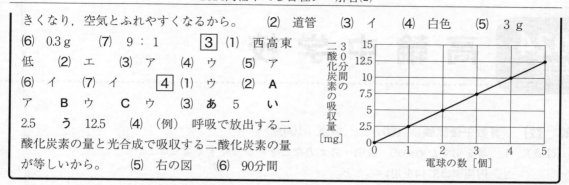

2024年度 高輪中学校

【算　数】 **〈算数午後試験〉** (60分)〈満点：100点〉

〈注意〉 1．答を出すための式・説明・考え方などをわかりやすく書くこと。

2．円周率は3.14を用いること。

1 図1のように，次の規則にしたがって，三角形の形に分数を並べていきます。

規則：それぞれの段の左端《はし》の分数と右端の分数は，分子が1で分母がその段番号である分数である。それ以外の分数は，左上の分数から左の分数を引いた分数である。

例えば，4段目の左端の分数と右端の分数は $\frac{1}{4}$ で，4段目の左から2番目の分数は $\frac{1}{12}$ $\left(=\frac{1}{3}-\frac{1}{4}\right)$ です。

1段目　$\frac{1}{1}$

2段目　$\frac{1}{2}$　$\frac{1}{2}$

3段目　$\frac{1}{3}$　$\frac{1}{6}$　$\frac{1}{3}$

4段目　$\frac{1}{4}$　$\frac{1}{12}$　$\frac{1}{12}$　$\frac{1}{4}$

5段目　$\frac{1}{5}$　$\frac{1}{20}$　$\frac{1}{30}$　$\frac{1}{20}$　$\frac{1}{5}$

⋮　　　⋮

図1

次の各問いに答えなさい。

(1) 2段目から7段目までについて，各段の左から2番目の分数の和はいくつですか。

(2) 3段目から8段目までについて，各段の左から3番目の分数の和はいくつですか。

(3) 6段目に並ぶ6個の分数の和はいくつですか。

(4) 7段目に並ぶ7個の分数の和はいくつですか。

図1の三角形の形に並べられた分数には，次の性質もあります。

性質：すべての分数は，すぐ下にある2つの分数の和である。

例えば，4段目の左から2番目の分数は $\frac{1}{12}\left(=\frac{1}{20}+\frac{1}{30}\right)$ です。

(5) 10段目に並ぶ10個の分数の和はいくつですか。

2 品川君は，毎日同じ時刻に家から駅に向かいます。毎分150mで自転車をこぐと，駅に8時26分に到着《とうちゃく》し，毎分180mで自転車をこぐと，8時22分に到着します。

次の各問いに答えなさい。

(1) 家から駅までの距離《きょり》は何mですか。

(2) 雪が降った翌日，品川君は，雪が積もっていない場所では，毎分120mで自転車をこぎ，雪が積もっている場所では，毎分40mで自転車を押して歩いて向かいました。また，品川君の弟は，常に毎分60mで歩いて家から駅に向かいました。２人の家から駅に到着するまでにかかった時間が同じであったとき，品川君が自転車を押して歩いた距離の合計は何mでしたか。

(3) ある日，品川君は毎分150mで自転車をこいで駅に向かいました。途中《とちゅう》で雨が降ってきたので，その場で３分間雨宿りをしました。その後，雨が止んだので，毎分100mで自転車をこぎ，ある地点からは毎分125mで自転車をこいだところ，家から駅に到着するまでに30分２秒かかりました。毎分100mで進んだ距離と，毎分125mで進んだ距離が同じであったとき，家から雨宿りをした地点までの距離は何mでしたか。

3 次の図のように，１辺が６cmの正方形を９個並べて図形を作りました。
下の各問いに答えなさい。

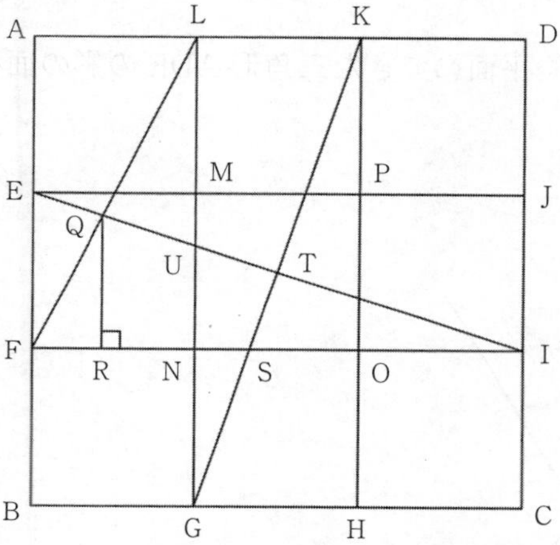

(1) LUの長さは何cmですか。

(2) QRの長さは何cmですか。

(3) 四角形QRSTの面積は何cm^2ですか。

4 次の各問いに答えなさい。

(1) 右の図１は，AB＝50cm，AD＝80cmの長方形ABCDと，AE＝DE＝50cm，面積が$1200cm^2$の二等辺三角形ADEで作った五角形ABCDEです。点F，Gはそれぞれ辺AD，BCの真ん中の点です。EFの長さは何cmですか。

(2) 右の図２は，直角三角形を組み合わせた図形であり，FI＝30cm，PF＝FG＝50cmです。IHとPHの長さはそれぞれ何cmですか。

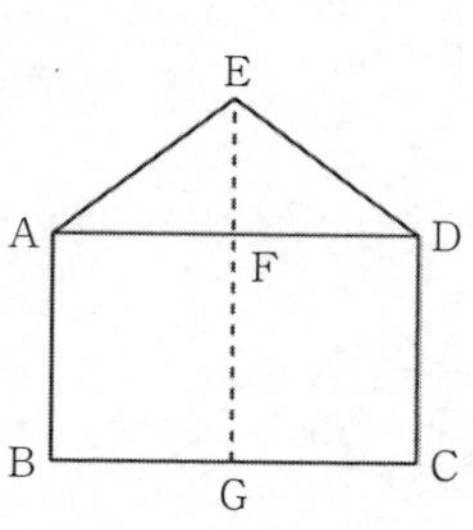

図１

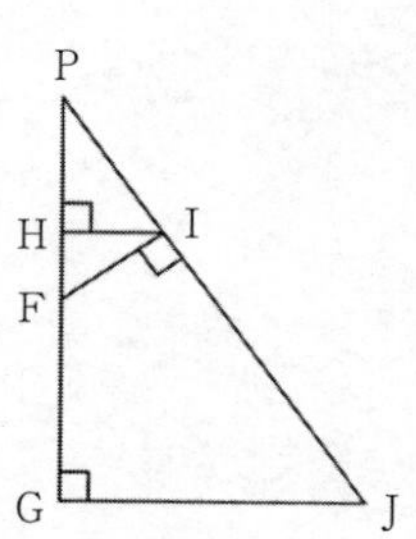

図２

(1)の五角形ABCDEを，ADを折り目として折り，BCが平面にくっつくように，長方形ABCDの部分を平面に対してまっすぐ立てます。長さ100cmの棒PQを，点Qと点Gが重なるように，平面に対してまっすぐ立てた模型を作り，点Pに電球を取りつけて，点灯させました。

ただし，模型の太さや厚みは考えないものとします。

(3)　図3のように，PFとEFが直角になるとき，平面にできた三角形ADEの影《かげ》の面積は何cm^2ですか。

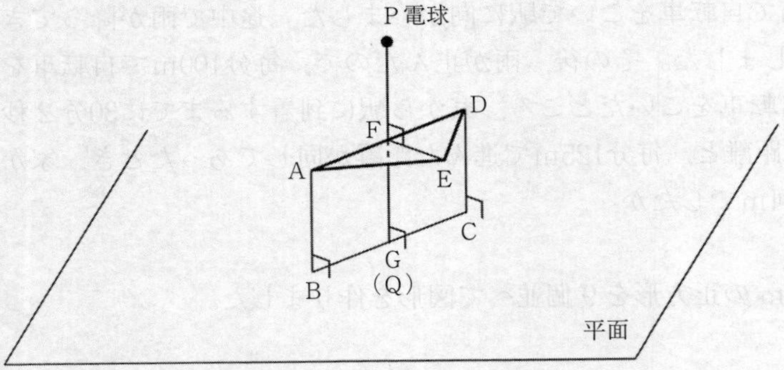

図3

(4)　図4のように，PFとEFが作る角度を変えます。平面にできた三角形ADEの影の面積が最も大きくなるとき，影の面積は何cm^2ですか。

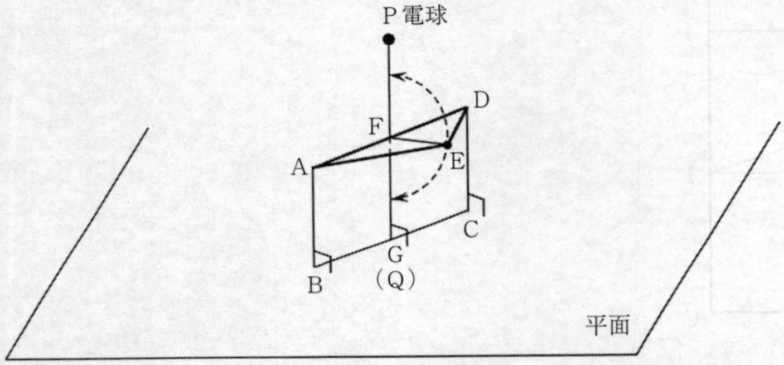

図4

2024年度

高輪中学校 ▶解説と解答

算　数　＜算数午後試験＞（60分）＜満点：100点＞

解　答

1 (1) $\frac{6}{7}$　(2) $\frac{27}{56}$　(3) $\frac{13}{30}$　(4) $\frac{151}{420}$　(5) $\frac{73}{315}$　2 (1) 3600m　(2) 1800m　(3) 2300m　3 (1) 8cm　(2) $5\frac{1}{7}$cm　(3) $24\frac{33}{49}\text{cm}^2$　4 (1) 30cm　(2) IH…24cm，PH…32cm　(3) 4800cm^2　(4) 6000cm^2

解　説

1 数列

(1) 右の図1で，2段目から7段目までの左から2番目の分数の和を，問題文の規則にしたがって差の形で表すと，$\frac{1}{2}+\frac{1}{6}+\frac{1}{12}+\frac{1}{20}+\frac{1}{30}+\frac{1}{42}=\frac{1}{2}+\left(\frac{1}{2}-\frac{1}{3}\right)+\left(\frac{1}{3}-\frac{1}{4}\right)+\left(\frac{1}{4}-\frac{1}{5}\right)+\left(\frac{1}{5}-\frac{1}{6}\right)+\left(\frac{1}{6}-\frac{1}{7}\right)=\frac{1}{2}+\frac{1}{2}-\frac{1}{7}=\frac{6}{7}$となる。

図1

1段目	$\frac{1}{1}$						
2段目	$\frac{1}{2}$	$\frac{1}{2}$					
3段目	$\frac{1}{3}$	$\frac{1}{6}$	$\frac{1}{3}$				
4段目	$\frac{1}{4}$	$\frac{1}{12}$	$\frac{1}{12}$	$\frac{1}{4}$			
5段目	$\frac{1}{5}$	$\frac{1}{20}$	$\frac{1}{30}$	$\frac{1}{20}$	$\frac{1}{5}$		
6段目	$\frac{1}{6}$	$\frac{1}{30}$	ア				
7段目	$\frac{1}{7}$	$\frac{1}{42}$	イ	ウ			
8段目	$\frac{1}{8}$	$\frac{1}{56}$					

(2) (1)と同様に考える。3段目から8段目までの左から3番目の分数の和は，$\frac{1}{3}+\left(\frac{1}{6}-\frac{1}{12}\right)+\left(\frac{1}{12}-\frac{1}{20}\right)+\left(\frac{1}{20}-\frac{1}{30}\right)+\left(\frac{1}{30}-\frac{1}{42}\right)+\left(\frac{1}{42}-\frac{1}{56}\right)=\frac{1}{3}+\frac{1}{6}-\frac{1}{56}=\frac{27}{56}$と求められる。

(3) ア$=\frac{1}{20}-\frac{1}{30}=\frac{1}{60}$であり，どの段も左右対称《たいしょう》に並んでいるので，6段目に並ぶ6個の分数の和は，$\left(\frac{1}{6}+\frac{1}{30}+\frac{1}{60}\right)\times 2=\frac{13}{30}$とわかる。

(4) (3)と同様に考える。イ$=\frac{1}{30}-\frac{1}{42}=\frac{1}{105}$，ウ$=\frac{1}{60}-\frac{1}{105}=\frac{1}{140}$なので，7段目に並ぶ7個の分数の和は，$\left(\frac{1}{7}+\frac{1}{42}+\frac{1}{105}\right)\times 2+\frac{1}{140}=\frac{151}{420}$と求められる。

(5) 例えば，6段目の分数を左から順にA～Fとすると，5段目の分数は右の図2のように表すことができるので，5段目の分数の和は，$A+F+(B+C+D+E)\times 2$となる。ここで，AとFの値は同じだから，この式は，$A+A+(B+C+D+E)\times 2=A\times 2+(B+C+D+E)\times 2=(A+B+C+D+E)\times 2$となる。つまり，6段目の分数の和$(A+B+C+D+E+F)$は，5段目の分数の和を2で割った数$(A+B+C+D+E)$に，6段目の右端《みぎはし》の分数$(F)$を加えて求めることができる。同様に，6段目の和を利用して7段目の和を求めると，$\frac{13}{30}\div 2+\frac{1}{7}=\frac{151}{420}$と求めることができる。さらに，8段目の和は，$\frac{151}{420}\div 2+\frac{1}{8}=\frac{32}{105}$，9段目の和は，$\frac{32}{105}\div 2+\frac{1}{9}=\frac{83}{315}$，10段目の和は，$\frac{83}{315}\div 2+\frac{1}{10}=\frac{73}{315}$と求められる。

図2

5段目	$A+B$	$B+C$	$C+D$	$D+E$	$E+F$	
6段目	A	B	C	D	E	F

2 速さと比，つるかめ算

(1)　毎分150m，毎分180mの速さで進むときの速さの比は，150：180＝5：6だから，毎分150m，毎分180mの速さで進むときにかかる時間の比は，$\frac{1}{5}$：$\frac{1}{6}$＝6：5となる。この差が，8時26分－8時22分＝4分なので，比の1にあたる時間は，4÷(6－5)＝4(分)となり，毎分150mの速さで進むときにかかる時間は，4×6＝24(分)とわかる。よって，家から駅までの距離《きょり》は，150×24＝3600(m)である。

(2)　弟がかかった時間は，3600÷60＝60(分)なので，品川君がかかった時間も60分であり，右の図1のようにまとめることができる。毎分120mの速さで60分進んだとすると，120×60＝7200(m)進むから，実際よりも，7200－3600＝3600(m)長くなる。そこで，毎分120mのかわりに毎分40mの速さで進むと，進む距離は1分あたり，120－40＝80(m)ずつ短くなる。よって，毎分40mの速さで進んだ時間は，3600÷80＝45(分)だから，品川君が自転車を押《お》して歩いた距離の合計は，40×45＝1800(m)と求められる。

図1

毎分120m
毎分　40m } 合わせて60分で3600m

(3)　雨宿りをしなかったとすると，かかった時間は，30分2秒－3分＝27分2秒になるので，右の図2のようにまとめることができる。ここで，②，③の速さの比は，100：125＝4：5だから，②，③の速さで同じ距離を進むのにかかる時間の比は，$\frac{1}{4}$：$\frac{1}{5}$＝5：4となる。そこで，②，③の速さで進んだ時間をそれぞれ5，4とすると，②，③の平均の速さは毎分，(100×5＋125×4)÷(5＋4)＝$\frac{1000}{9}$(m)とわかる。この速さで27分2秒進むと，$\frac{1000}{9}\times27\frac{2}{60}=\frac{81100}{27}$(m)進むから，実際よりも，$3600-\frac{81100}{27}=\frac{16100}{27}$(m)短くなる。そこで，この速さのかわりに①の速さで進むと，進む距離は1分あたり，$150-\frac{1000}{9}=\frac{350}{9}$(m)ずつ長くなる。よって，①の速さで進んだ時間は，$\frac{16100}{27}\div\frac{350}{9}=\frac{46}{3}$(分)なので，家から雨宿りをした地点までの距離は，$150\times\frac{46}{3}$＝2300(m)と求められる。

図2

①毎分150m
②毎分100m
③毎分125m } 合わせて27分2秒で3600m

3 平面図形─相似，長さ，面積

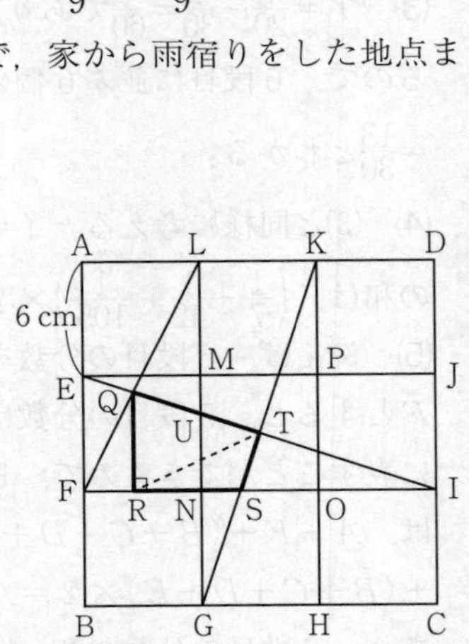

(1)　右の図で，三角形EUMと三角形IUNは相似であり，相似比は，EM：IN＝1：2だから，MU：NU＝1：2となる。よって，MU＝$6\times\frac{1}{1+2}$＝2(cm)なので，LU＝6＋2＝8(cm)と求められる。

(2)　三角形EFQと三角形ULQは相似であり，相似比は，FE：LU＝6：8＝3：4だから，FQ：QL＝3：4となる。また，三角形QFRと三角形LFNも相似であり，相似比は，QF：LF＝3：(3＋4)＝3：7なので，QR：LN＝3：7とわかる。さらに，LN＝6×2＝12(cm)だから，QR＝$12\times\frac{3}{7}=\frac{36}{7}=5\frac{1}{7}$(cm)と求められる。

(3)　FQ：QL＝3：4より，FR：RN＝3：4となるので，RN＝$6\times\frac{4}{3+4}=\frac{24}{7}$(cm)である。また，三角形NGSと三角形LGKは相似であり，相似比は，NG：LG＝1：3だから，NS＝$6\times\frac{1}{3}$＝2(cm)である。さらに，TはKGとEIがお互《たが》いの真ん中で交わる点なので，RSを底辺としたときの三角形TRSの高さは，6÷2＝3(cm)となる。よって，三角形TRSの面積は，$\left(\frac{24}{7}+2\right)\times 3\div 2=\frac{57}{7}$(cm^2)である。また，QRを底辺としたときの三角形TQRの高さは，$\frac{24}{7}+3=\frac{45}{7}$(cm)だから，三角形TQRの面積は，$\frac{36}{7}\times\frac{45}{7}\div 2=\frac{810}{49}$(cm^2)である。したがって，四角形QRSTの面積は，$\frac{57}{7}+\frac{810}{49}=\frac{1209}{49}=24\frac{33}{49}$(cm^2)と求められる。

4 立体図形―面積，相似

(1)　右の図①で，三角形ADEの面積が1200cm^{2}だから，EFの長さは，1200×2÷80＝30(cm)とわかる。

図①

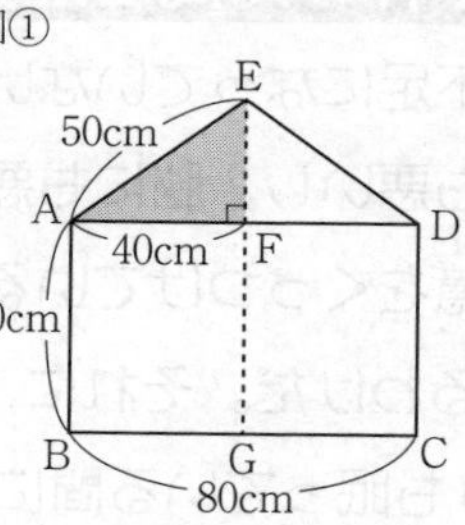

図②

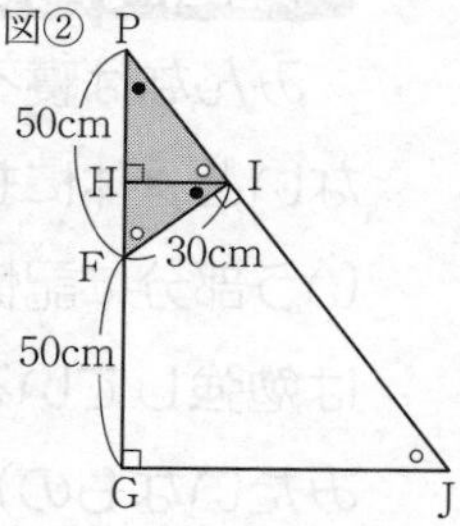

(2)　(1)より，図①の三角形AFEの3つの辺の長さの比は，30：40：50＝3：4：5になることがわかる。また，図①と右の図②のかげをつけた三角形は合同なので，PI＝40cmである。さらに，図②の同じ印をつけた角の大きさはそれぞれ等しいから，三角形PIFと三角形PHIは相似であり，三角形PHIの3つの辺の長さの比も3：4：5となる。よって，IH＝$40\times\frac{3}{5}$＝24(cm)，PH＝$40\times\frac{4}{5}$＝32(cm)と求められる。

(3)　模型のようすは下の図③のようになる。図③で，三角すいP－ADEと三角すいP－A′D′E′は相似である。このとき，相似比は，PF：PG＝(100－50)：100＝1：2だから，2つの三角すいの底面積の比は，(1×1)：(2×2)＝1：4とわかる。さらに，三角形ADEの面積は1200cm^{2}なので，影《かげ》(三角形A′D′E′)の面積は，$1200\times\frac{4}{1}$＝4800(cm^2)と求められる。

(4)　問題文中の図4で，平面にできた三角形ADEの影の面積が最も大きくなるのは，点Eの影が辺BCから最も離《はな》れるときである。このとき，模型を真横から見ると，下の図④のようになる。すると，図④は図②と同じ(図④の点E，E″，Kはそれぞれ図②の点I，J，Hに対応する)とわかるので，KE＝24cm，PK＝32cmとなる。よって，このときの影は下の図⑤のようになる。図⑤で，三角形PKEと三角形PGE″は相似であり，相似比は，PK：PG＝32：100＝8：25だから，GE″＝$24\times\frac{25}{8}$＝75(cm)とわかる。さらに，図③より，A′D′＝$80\times\frac{2}{1}$＝160(cm)となる。したがって，図⑤の影の面積は，160×75÷2＝6000(cm^2)と求められる。

図③

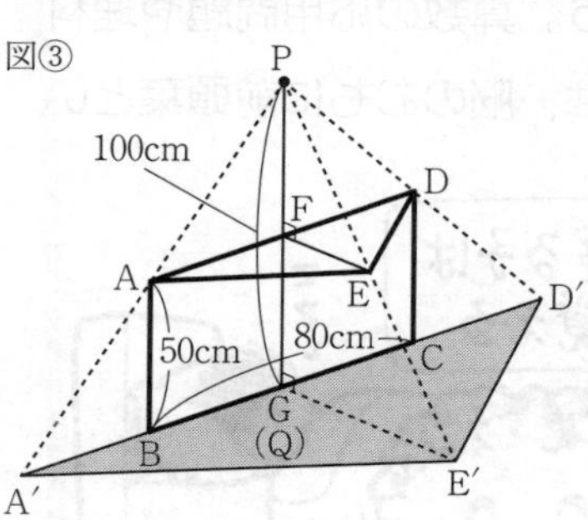

図④

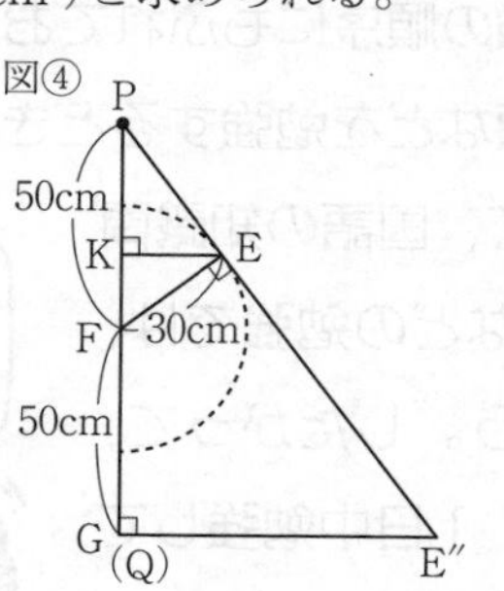

図⑤

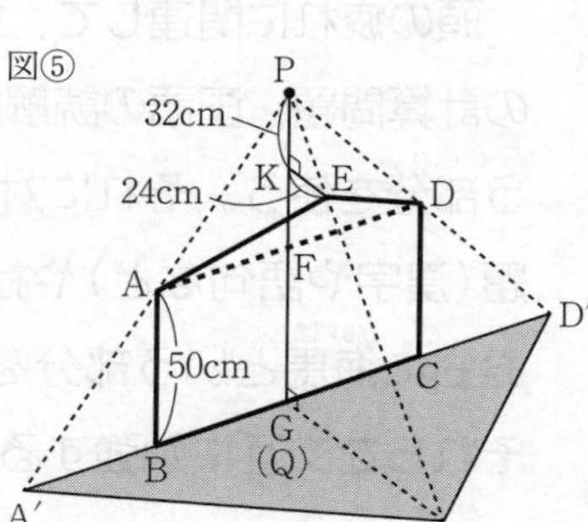

Dr.福井の
入試に勝つ！脳とからだのウルトラ科学

睡眠時間や休み時間も勉強!?

みんなは寝不足になっていないかな？　もしそうなら大変だ。睡眠時間が少ないと，体にも悪いし，脳にも悪い。なぜなら，眠っている間に，脳は海馬《かいば》という部分に記憶をくっつけているんだから。つまり，自分が眠っている間も頭は勉強しているわけだ。それに，成長ホルモン（体内に出される背をのばす薬みたいなもの）も眠っている間に出されている。昔から言われている「寝る子は育つ」は，医学的にも正しいことなんだ。

寝不足だと，勉強の成果も上がらないし，体も大きくなりにくく，いいことがない。だから，睡眠時間はちゃんと確保するように心がけよう。ただし，だからといって寝すぎるのもダメ。アメリカの学者タウブによると，10時間以上も眠ると，逆に能力や集中力がダウンしたという研究報告があるんだ。

睡眠時間と同じくらい大切なのが，休み時間だ。適度に休憩するのが勉強をはかどらせるコツといえる。何時間もぶっ続けで勉強するよりも，50分勉強して10分休むことをくり返すようにしたほうがよい。休み時間は，散歩や体操などをして体を動かそう。かたまった体をほぐして，つかれた脳を休ませるためだ。マンガを読んだりテレビを見たりするのは，頭を休めたことにならないから要注意！

頭の疲れに関連して，勉強の順序にもふれておこう。算数の応用問題や理科の計算問題，国語の読解問題などを勉強するときには，脳のおもに前頭葉という部分を使う。それに対して，国語の知識問題（漢字や語句など）や社会などの勉強では，おもに海馬《かいば》という部分を使う。したがって，それらを交互に勉強すると，１日中勉強しても疲れにくい。

Dr.福井（福井《ふくい》一成《かずしげ》）…医学博士。開成中・高から東大・文Ⅱに入学後，再受験して翌年東大・理Ⅲに合格。同大医学部卒。さまざまな勉強法や脳科学に関する著書多数。

2023年度 高輪中学校

【算　数】〈A日程試験〉（50分）〈満点：100点〉

〈注意〉　円周率は3.14を用いること。

1　次の$\square$にあてはまる数を求めなさい。

(1)　$123-\{375-9\times(16+7)\}\div 4=\square$

(2)　$\left(\frac{7}{9}-\frac{1}{2}\right)\div\frac{5}{6}+1\frac{7}{8}\times\frac{1}{5}=\square$

(3)　$3.15\times 427-31.5\times 39.5+315\times 1.68=\square$

(4)　$\left\{1\frac{2}{7}-\left(\square+\frac{3}{4}\right)\div 2\right\}\times 0.875=\frac{1}{2}$

2　次の各問いに答えなさい。

(1)　1から2023までの整数の中で，3または5で割り切れる整数は何個ありますか。

(2)　ある池のまわりに木を植えます。72m間隔《かんかく》で植えると180m間隔で植えるときよりも45本多くの木が必要になります。この池のまわりの長さは何mですか。

(3)　何人かの子供にカードを配ります。1人に7枚ずつ配ると11枚不足し，5枚ずつ配ると7枚余ります。カードの枚数は何枚ですか。

(4)　原価300円の品物を200個仕入れて，3割の利益を見込《みこ》んで定価をつけて販売《はんばい》しました。その後，売れ残りが出そうだったので，定価の1割引きで販売したところ，品物を全て売り切ることができ，利益は14880円でした。定価で売れた品物の個数は何個ですか。ただし，消費税は考えないものとします。

答えを出すための計算や考え方を書いて答えなさい。

3　湖のまわりを，高輪君は時計回りに，白金君は反時計回りに，スタート地点から同時に走り始めました。2人は出発してから8分45秒後に初めて出会いました。また，高輪君は湖を1周するのに15分かかります。

次の各問いに答えなさい。

(1)　白金君は湖を1周するのに何分かかりますか。

(2)　高輪君は湖を1周してスタート地点に戻ると，2周目以降は反時計回りで走り続けます。白金君は走る方向を変えず，2周目以降も反時計回りで走り続けます。

①　高輪君が白金君に初めて追いつくのは，出発してから何分何秒後ですか。

②　高輪君が白金君に4回目に追いついたとき，白金君は湖を何周しましたか。

4 次の図は，AB＝６cm，BC＝８cm の長方形 ABCD です。また，点Ｅは辺 AD を３：１に分ける点，点Ｆは辺 AB を１：２に分ける点，点Ｇは辺 CD の真ん中の点です。

下の各問いに答えなさい。

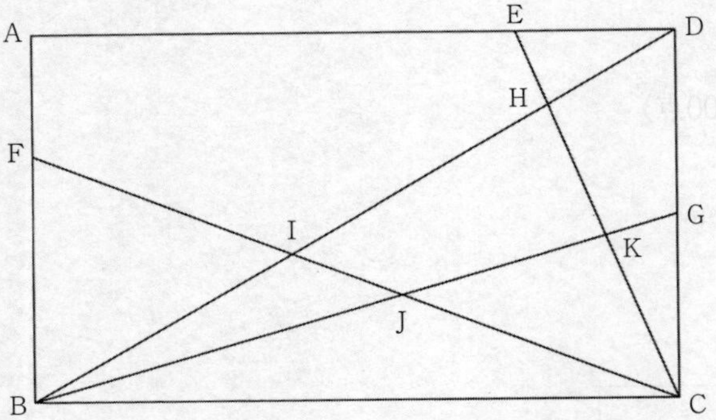

(1) 三角形 HBC の面積は何 cm^2 ですか。

(2) 三角形 IBC の面積は何 cm^2 ですか。

(3) 三角形 JBC の面積は何 cm^2 ですか。

(4) 四角形 HIJK の面積は何 cm^2 ですか。

5 図１は，対角線の長さが２cm の正方形を底面とする，高さが３cm の直方体①，②，③，④，⑤の計５個を組み合わせた立体です。

次の各問いに答えなさい。

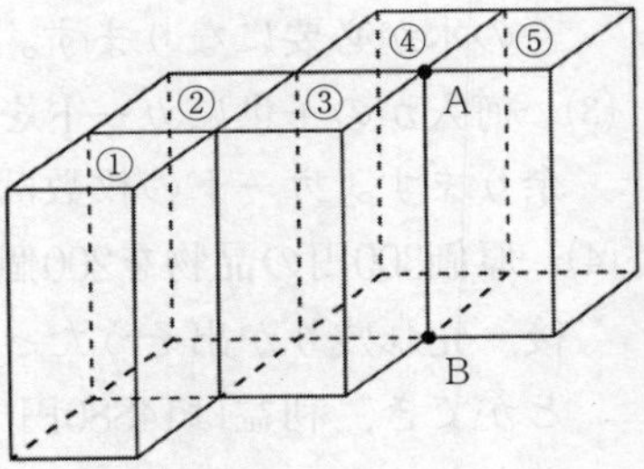

図１

(1) 図１の立体の体積は何 cm^3 ですか。

(2) 図２のように，図１の立体を２点Ａ，Ｂを通る直線 l のまわりに１回転させました。できた立体の体積は何 cm^3 ですか。

(3) 図３のように，図２の立体から直方体③，④，⑤の計３個を取り除き，直線 l のまわりに１回転させました。できた立体の体積は何 cm^3 ですか。

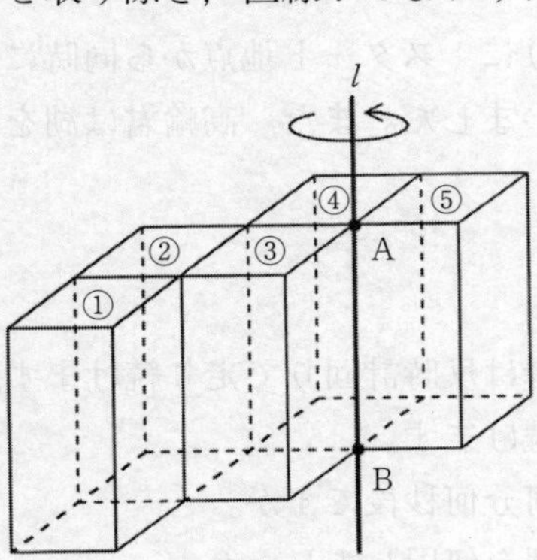

図２

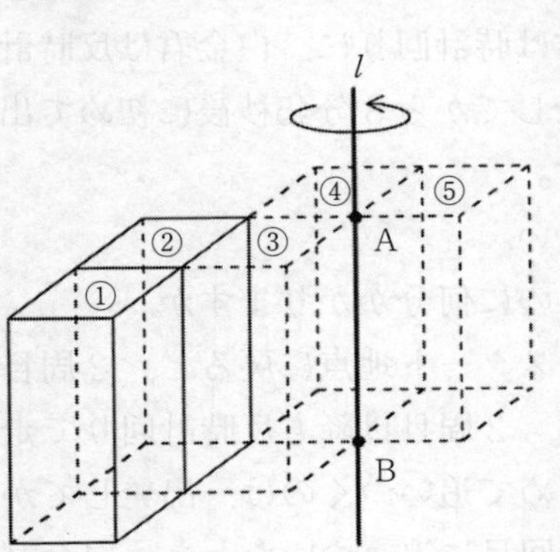

図３

【社　会】〈**Ａ日程試験**〉(30分)〈満点：60点〉

1　関東地方および長期統計に関する，下の各問いに答えなさい。

問１　下の**ア**～**エ**は，関東地方を流れるいくつかの河川について説明したものです。このうち，多摩川について説明したものはどれですか。一つ選び，記号で答えなさい。

ア　源流は東京都や山梨県の山岳地帯で，中流は東京都の西部を横断し，下流は東京都と神奈川県の県境をなし，東京湾に注いでいる。

イ　源流は群馬県などの山岳地帯で，中流は埼玉県と群馬県の県境を，下流は茨城県と千葉県の県境をなし，太平洋に注いでいる。

ウ　源流は埼玉県の山岳地帯で，中流は埼玉県中部を縦断し，下流は一部が埼玉県と東京都の県境をなし，東京湾に注いでいる。

エ　源流は神奈川県や山梨県の山岳地帯で，中流から下流にかけては神奈川県の中央部を縦断し，相模湾に注いでいる。

問２　下の**ア**～**オ**のうち，栃木県・群馬県・埼玉県の合計値が，関東地方の他の４都県の合計値より大きいものはどれですか。**２つ**選び，記号で答えなさい。

ア　面積(2020年)　**イ**　人口(2020年)　**ウ**　林業産出額(2019年)

エ　耕地面積(2020年)　**オ**　電力発電量(2020年)

問３　右の**表１**中のＡ～Ｃは，1970年・1990年・2010年における東京の猛暑日・熱帯夜・冬日の日数のいずれかについて示したものです。Ａ～Ｃが示しているものの正しい組み合わせを，下の**ア**～**カ**から選び，記号で答えなさい。

＊猛暑日とは，最高気温が35℃以上の日を指す。

＊熱帯夜とは，最低気温が25℃以上の日を指す。

＊冬日とは，最低気温が０℃未満の日を指す。

表１

	A	B	C
1970年	18	35	4
1990年	33	3	2
2010年	56	2	13

※気象庁資料より作成

	ア	イ	ウ	エ	オ	カ
猛暑日	A	A	B	B	C	C
熱帯夜	B	C	A	C	A	B
冬日	C	B	C	A	B	A

問４　下の**表２**は，都道府県別収穫量において東京都が上位に位置するいくつかの作物について，都道府県別収穫量上位の都県と国内収穫量にしめる割合を示したものです。**表２**中のＤ～Ｆには，こまつな(2020年)・パッションフルーツ(2019年)・ブルーベリー(2019年)のいずれかが入ります。作物名とＤ～Ｆとの正しい組み合わせを，下の**ア**～**カ**から選び，記号で答えなさい。

表２

	D		E		F	
	都道府県	%	都道府県	%	都道府県	%
1位	茨城県	20.3	東京都	15.5	鹿児島県	65.6
2位	埼玉県	11.6	長野県	11.0	沖縄県	16.0
3位	福岡県	9.8	群馬県	10.9	東京都	15.0
4位	東京都	6.8	茨城県	9.7	千葉県	2.8
5位	神奈川県	5.8	千葉県	4.9	岐阜県	0.6

※『野菜生産出荷統計(2021)』『特産果樹生産動態等調査(2021)』より作成

	ア	イ	ウ	エ	オ	カ
こまつな	D	D	E	E	F	F
パッションフルーツ	E	F	D	F	D	E
ブルーベリー	F	E	F	D	E	D

問5　下の**表3**は，関東地方の4都県における，都県別の製造品出荷額等(2019年：%)上位の品目とその割合を示したものです。これに関連して，①・②の各問いに答えなさい。

表3

東京都	G 16.4	電気機器 10.6	H 10.5	食料品 10.0	情報通信機器 6.5
埼玉県	G 17.4	食料品 14.7	化学 12.5	金属製品 5.9	H 5.1
群馬県	G 37.0	食料品 9.4	化学 8.6	プラスチック製品 6.1	金属製品 5.2
千葉県	石油・石炭製品 22.6	化学 17.5	食料品 12.9	I 12.9	金属製品 5.6

※『データでみる県勢 2022年版』より作成

①　**表3**中のG～Iには，印刷・鉄鋼・輸送用機械のいずれかが入ります。品目名とG～Iとの正しい組み合わせを，下の**ア**～**カ**から選び，記号で答えなさい。

	ア	イ	ウ	エ	オ	カ
印　刷	G	G	H	H	I	I
鉄　鋼	H	I	G	I	G	H
輸送用機械	I	H	I	G	H	G

②　**表3**中の4都県は，製造品出荷額等(2019年)にしめる食料品の割合が，全国平均(9.3%)を上回っています。下の**ア**～**カ**のうち，**表3**中の4都県のいずれかが，都道府県別出荷額1位である品目として**ふさわしくない**ものはどれですか。**2**つ選び，記号で答えなさい。

ア　しょうゆ　　**イ**　人造氷　　**ウ**　すし・弁当・おにぎり

エ　炭酸飲料　　**オ**　バター　　**カ**　緑茶

問6　下の**表4**は，1970年と2018年における主要港別貿易額(輸出額と輸入額の合計)上位10港を示したものです。これに関連して，①・②の各問いに答えなさい。

表4

	1970年	2018年
1	J	K
2	神戸	名古屋
3	名古屋	東京
4	東京	J
5	大阪	神戸
6	千葉	大阪
7	川崎	関西国際空港
8	門司	千葉
9	東京国際空港	博多
10	清水	川崎

※『改訂第7版 数字で見る日本の100年』より作成

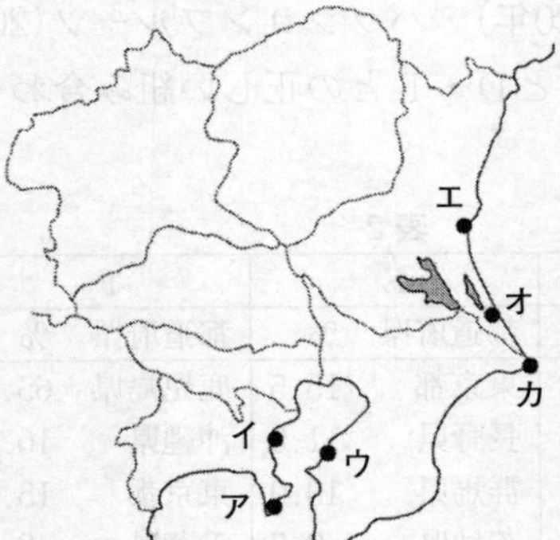

図1

① **表４**中のＪに適する港はどこですか。**図１**中の**ア～カ**から選び，記号で答えなさい。

② **表４**中のＫに適する港はどこですか。漢字で答えなさい。

問７　右の**表５**は，いくつかの都県について，1990年と2015年の昼夜間人口比率を示したものです。これに関連して，①・②の各問いに答えなさい。なお，昼夜間人口比率とは，昼間人口÷夜間人口×100によって求めた値です。

表５

	Ｏ	Ｐ
Ｌ	123.1	117.8
Ｍ	99.8	99.8
Ｎ	84.9	88.9

※『改訂第７版 数字で見る日本の100年』より作成

① **表５**中のＬ～Ｎには，群馬県・埼玉県・東京都のいずれかが，Ｏ・Ｐには1990年・2015年のいずれかが入ります。下の**ア～カ**のうち，群馬県と2015年の組み合わせとしてふさわしいものはどれですか。一つ選び，記号で答えなさい。

ア	イ	ウ	エ	オ	カ
Ｌ	Ｌ	Ｍ	Ｍ	Ｎ	Ｎ
Ｏ	Ｐ	Ｏ	Ｐ	Ｏ	Ｐ

② **表５**中のＬ～Ｎ，Ｏ・Ｐを正しく判別することができたとき，下のⅠ・Ⅱの内容を**表５**から読み取ることはできますか。読み取ることができるものを「○」，読み取ることができないものを「×」で表すとき，Ⅰ・Ⅱと「○」「×」との正しい組み合わせを，下の**ア～エ**から選び，記号で答えなさい。

Ⅰ　2015年における埼玉県から東京都への通勤者数は，1990年よりも増加した。

Ⅱ　2015年における群馬県の夜間人口は，1990年よりも減少した。

	ア	イ	ウ	エ
Ⅰ	○	○	×	×
Ⅱ	○	×	○	×

問８　下のＸ～Ｚは，どちらか一方が2010年の時点で1970年よりも値が増加したもの，もう一方が減少したものです。Ｘ～Ｚから任意に一つ選び，一方の値が増加した理由，また，もう一方の値が減少した理由を説明しなさい。

なお，解答の際には，Ｘ～Ｚのうち，自分が選んだものを一つ記し，そのうえで「○は……のため増加したが，△は……のため減少した。」という形で答えること。また，それぞれの指標の名称は，**ゴシック体**で示した最初の一文字目のみ記述すること。

Ｘ　「**小**学校数」と「**大**学在学者数」

Ｙ　「**国**内航空旅客輸送人員」と「**旅**客船旅客輸送人員」

Ｚ　「**生**鮮果実購入数量（１世帯あたり，ただし単身世帯を除く）」と「**肉**類の供給純食料（１人１日あたり：g）」

問9　解答用紙の白地図中に，①足尾銅山・②東経140度をそれぞれ記入しなさい。その際，名称や記号などは，下の例にならって同じように記入すること。なお，②は定規を使わずに書いてもよい。

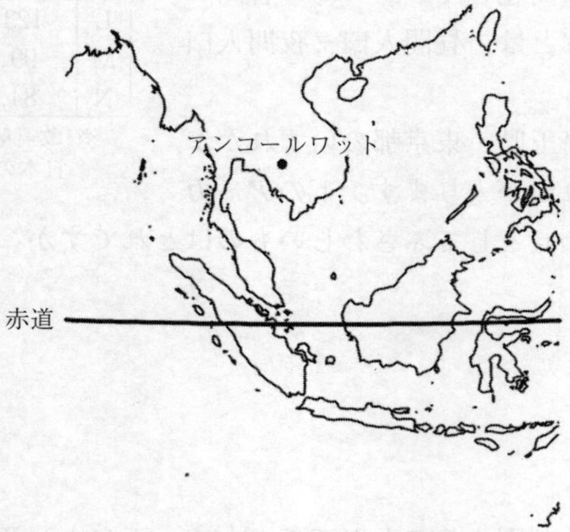

例　①アンコールワット・②赤道の場合

2　次の会話文と表をみて，下の各問いに答えなさい。

先　生：昨年は，国内外ともに社会的な不安が目立つ一年になりましたね。

生徒1：国内では，選挙活動中に銃撃事件がおこり，海外ではロシアとウクライナの間で軍事衝突がはじまりましたよね。

先　生：そうですね。私たちが生きている時代も歴史の一部だと感じる年になりました。歴史上でも数多くの争いや事件がありましたね。

生徒1：確かに。いろいろなできごとがありましたね。

生徒2：**表1**を見てみると気になったことがあります。歴史上のできごとに「〇〇の乱」とか「〇〇の変」や「〇〇の戦い」，「〇〇の役」など数多くの呼び方があって，その違いって何だろうと思いました。

先　生：鋭いところに注目しましたね。時代によって呼び方に多少の違いはありますが，基本的には**表2**のように区別されることが多いです。

生徒1：調べてみると「〇〇の乱」とも「〇〇の変」とも呼ばれるできごともあったみたいですね。

表１

663	(1)白村江の戦い	1560	(6)桶狭間の戦い
729	(2)長屋王の変	1582	本能寺の変
842	承和の変	1592〜	文禄の役
		1597〜	慶長の役
1156	保元の乱		
1159	平治の乱	1600	(7)関ヶ原の戦い
1185	(3)壇の浦の戦い	1614	大阪冬の陣
		1615	大阪夏の陣
1274	(4)文永の役	1837	（ ８ ）の乱
		1860	(9)桜田門外の変
1331	元弘の変		
		1868〜	(10)戊辰戦争
1467〜	(5)応仁の乱		
		1877	(11)西南戦争

表２

戦い	武力集団の衝突，あるいは武力・軍事力を行使しての闘争 (例)桶狭間の戦い，長篠の戦い，関ヶ原の戦い
役	辺境の地での戦争や反乱 (例)文永の役，弘安の役，文禄の役，慶長の役
乱	「世の乱れ」「戦乱」「大規模な政治的抗争＝内乱」 ①政治権力に対する武力による抵抗(反乱事件) (例)平将門の乱，保元の乱，平治の乱 ②政治権力をめぐる内乱 (例)壬申の乱，応仁の乱
変	「凶変」「変事」「政治改革の陰謀事件」 ①政治権力者である天皇・皇族や将軍などが殺害や島流しなどにあい，一方にとって不当な立場に置かれた事件 (例)嘉吉の変，桜田門外の変 ②政治上の対立による陰謀事件 (例)長屋王の変，承和の変

安田元久『研究年報』30「歴史事象の呼称について」(1983)より作成

問１　下線(1)に関連して，下の**ア**〜**エ**のうち，この戦いがおきた７世紀後半の東アジア情勢の説明としてもっともふさわしいものはどれですか。記号で答えなさい。

ア　朝鮮半島では，伽耶諸国が台頭した。

イ　日本では，白村江の戦い後，九州から近畿にかけて山城を築いた。

ウ　中国では，隋が支配地域を西アジアにも及ぼすようになった。

エ　中国では，北部に北魏が建国され，南部に唐が建国された。

問２　下線⑵に関連して，①・②の各問いに答えなさい。

①　長屋王は，天武天皇の孫にあたり，左大臣となり政権をにぎった人物です。下の**ア**～**エ**のうち，天武天皇についてのべた文として**ふさわしくない**ものはどれですか。一つ選び，記号で答えなさい。

ア　天智天皇の弟にあたる人物である。

イ　壬申の乱に勝利し，天皇に即位した。

ウ　大津宮から遷都し，政治をおこなった。

エ　天皇への権力集中を目指し，大宝律令を制定した。

②　長屋王の邸宅からは，右の写真のような遺物が見つかっており，これは当時の貴族の暮らしを知ることのできる史料となっています。右の写真の遺物を何といいますか。漢字で答えなさい。

長屋親王宮鮑大贄十編

問３　下線⑶に関連して，下の**ア**～**エ**は，鎌倉時代のできごとです。これらを年代順(古い順)に並べかえ，記号で答えなさい。

ア　北条泰時らが，御成敗式目を定めた。

イ　困窮した御家人たちを助けるために，永仁の徳政令が出された。

ウ　源実朝が暗殺され，源氏の将軍が３代で絶えた。

エ　フビライが国の名を元にあらためた。

問４　下線⑷に関連して，２度にわたる元の襲来を何といいますか。漢字２字で答えなさい。

問５　下線⑸に関連して，①・②の各問いに答えなさい。

①　この乱は，室町幕府の８代将軍の跡継ぎをめぐって対立した一面もあります。この将軍はだれですか。人名を漢字で答えなさい。

②　下の**ア**～**オ**のうち，室町・戦国時代につくられたものとしてもっともふさわしいものはどれですか。記号で答えなさい。

ア　龍安寺石庭　　**イ**　東大寺南大門　　**ウ**　平等院鳳凰堂

エ　興福寺阿修羅像　　**オ**　日光東照宮

問６　下線⑹に関連して，下の**ア**～**エ**のうち，織田信長がおこなったことの説明として**ふさわしくない**ものはどれですか。一つ選び，記号で答えなさい。

ア　近江に安土城を築いた。

イ　城下町を発展させるために，全国に楽市・楽座を命じた。

ウ　南蛮文化を積極的に受け入れ，南蛮寺の建設を支援した。

エ　堺を支配下に入れ，多くの鉄砲を戦いに用いた。

問７　下線⑺に関連して，徳川家康はこの戦いに勝利し，江戸幕府を開きました。下の**ア**～**エ**のうち，江戸幕府のしくみの説明としてもっともふさわしいものはどれですか。記号で答えなさい。

ア　幕府の最高職である大老は常に置かれた。

イ　三奉行のうち，町奉行だけは譜代大名から選出された。

ウ　六波羅探題は，京都の護衛や朝廷・公家の監察をおこなった。

エ　大目付は，大名の監察をおこなった。

問8　(8)に適する人名を漢字で答えなさい。なお，この人物は大阪町奉行所の元与力で，陽明学者でもありました。

問9　下線(9)に関連して，このときに暗殺された人物が1858年にアメリカと結んだ，自由な貿易を認める条約を何といいますか，漢字8字で答えなさい。

問10　下線(10)について，下の**ア**～**エ**のうち，この戦争の説明として**ふさわしくない**ものはどれですか。一つ選び，記号で答えなさい。

ア　京都の鳥羽・伏見の戦いからはじまった。

イ　東北諸藩などは同盟を結び，新政府軍と戦った。

ウ　江戸城をめぐる戦闘が激化し，多くの死傷者を出した。

エ　五稜郭の戦いで旧幕府軍は降伏し，戦争は終結した。

問11　下線(11)に関連して，1870年代から1880年代には，新政府に不満を抱える人々が数多くおり，彼らはさまざまな形で抵抗しました。下の**ア**～**エ**のうち，政府に抵抗した人々の動きとしてもっともふさわしいものはどれですか。記号で答えなさい。

ア　板垣退助らは政府に対して，早く民選議院を設立するように要求した。

イ　多くの特権を失った士族は，近畿地方を中心に反乱をおこした。

ウ　自由民権運動は，全国各地で言論を用いておこなわれ，暴動には発展しなかった。

エ　地租改正後も民衆の税負担は重く，各地で一揆がおきたが，政府が税率を変更することはなかった。

問12　会話文中の二重線部について，この例の一つに「承久の乱」「承久の変」があげられます。それぞれの呼称が用いられる理由を，**表2**の定義を参考にしながら具体的に説明しなさい。

3　次の文を読み，下の各問いに答えなさい。

2022年7月，第26回(1)参議院議員通常選挙がおこなわれました。この選挙では，各(2)政党がかかげる外交・(3)安全保障，(4)憲法，経済・財政などの政策のほか，(5)10代の有権者の投票率や(6)女性候補者の数の変化なども注目されました。また，長い間議論されてきた(7)「一票の格差」問題についても関心が集まりました。

国会議員は，(8)国会に参加して(9)法案の審議をおこないます。日本では(10)三権分立がとられていますが，日本国憲法第41条では「国会は，国権の(11)機関であって，国の唯一の立法機関である。」と規定されており，(12)国会議員には多くの特権があたえられています。

(13)民主主義の実現のために，国会・(14)地方議会を問わず，国民が積極的に参政権を行使していくことが重要です。

問1　下線(1)について，下の**ア**～**エ**のうち，参議院議員とその選挙についての説明として正しいものはどれですか。一つ選び，記号で答えなさい。

ア　参議院議員の任期は4年で，参議院議員選挙は2年に一度おこなわれる。

イ　参議院議員の任期は4年で，参議院議員選挙は4年に一度おこなわれる。

ウ　参議院議員の任期は6年で，参議院議員選挙は3年に一度おこなわれる。

エ　参議院議員の任期は6年で，参議院議員選挙は6年に一度おこなわれる。

問2　下線(2)について，下のア～エのうち，日本の政党に関する説明としてもっとも**ふさわしくない**ものはどれですか。記号で答えなさい。

ア　政党に所属していなければ，国政選挙に立候補することができない。

イ　政党は，政治に対して考えの近い人々で構成される。

ウ　政権を担当する政党を与党，政権を担当しない政党を野党という。

エ　選挙の際に，政党ごとに公約を作り有権者に示す。

問3　下線(3)に関連して，下のア～オのうち，1960年に日米安全保障条約が改定されたときの内閣総理大臣はだれですか。記号で答えなさい。

ア　佐藤栄作　　イ　田中角栄　　ウ　吉田茂

エ　中曽根康弘　　オ　岸信介

問4　下線(4)に関連して，日本国憲法の三大原則といわれるものは，「国民主権」「平和主義」ともう一つは何ですか。答えなさい。

問5　下線(5)に関連して，下のA～Cの正誤の組み合わせとして，正しいものはどれですか。下のア～カから選び，記号で答えなさい。

A　選挙権年齢の引き下げと同時に，憲法改正の国民投票の選挙権年齢も18歳となった。

B　選挙権年齢引き下げ以降のすべての国政選挙で，10代の有権者の投票率は50％に届かなかった。

C　2022年７月の時点で，有権者にしめる10代の割合は約10％である。

	ア	イ	ウ	エ	オ	カ
A	正	正	正	誤	誤	誤
B	正	誤	誤	正	誤	正
C	誤	誤	正	正	正	誤

問6　下線(6)に関連して，国会議員にしめる女性の割合(2022年８月時点)としてもっともふさわしいものはどれですか。下のア～オから選び，記号で答えなさい。

ア　約５％　　イ　約15％　　ウ　約25％

エ　約35％　　オ　約45％

問7　下線(7)に関連して，選挙の定数や方法について定めた，1950年制定の法律を何といいますか。漢字で答えなさい。

問8　下線(8)に関連して，下のア～エのうち，国会についての説明としてもっともふさわしいものはどれですか。記号で答えなさい。

ア　通常国会は毎年４月に召集され，予算の審議などをおこなう。

イ　臨時国会は衆議院解散後の総選挙の日から30日以内に召集される。

ウ　特別国会はいずれかの議院の総議員の４分の１以上の要求があったときに開かれる。

エ　衆議院の解散中に緊急の問題がおこった際には，参議院の緊急集会が開かれることもある。

問9　下線(9)に関連して，ある法案を衆議院では可決し，参議院では否決した場合，その法案が成立するためにはどのような手続きが必要となりますか。下の語句のうち，いずれか一つを用いて説明しなさい。

＜３分の２以上　　４分の３以上＞

問10　下線⑽に関連して，立法権と行政権・司法権のバランスを保つために，国会には(　　)調査権が認められています。(　)に適する語を漢字２字で答えなさい。

問11　⑾に適する語を漢字で答えなさい。

問12　下線⑿に関連して，下の**ア**～**エ**のうち，国会議員についての説明として正しいものはどれですか。一つ選び，記号で答えなさい。

ア　国会議員はいかなる場合でも，在職中は逮捕されない。

イ　汚職を防ぐため，政治活動はすべて国会議員個人の資金でおこなわれる。

ウ　国会議員が国会内でおこなった演説について，国会外で責任を問われない。

エ　国会議員としてふさわしくないと判断された場合，弾劾裁判所で罷免されることがある。

問13　下線⒀に関連して，日本では間接民主制を基本としながらも，直接民主制的な要素がさまざまな制度に取り入れられています。最高裁判所の裁判官が適格であるかを国民の投票で決める制度を何といいますか。漢字４字で答えなさい。

問14　下線⒁に関連して，下の**ア**～**エ**のうち，地方議会や地方議会議員の選挙についての説明としてもっともふさわしいものはどれですか。記号で答えなさい。

ア　地方議会議員の被選挙権は，満30歳以上の日本国民にあたえられる。

イ　地方議会は，首長によって解散させられることがある。

ウ　地方議会は，その地方公共団体で適用される条例を制定することができるが，罰則を設けることはできない。

エ　地方交付税や国庫支出金の使いみちは，地方議会で決定される。

【理　科】〈A日程試験〉(30分)〈満点：60点〉

1　滑《かっ》車に関する次の各問いに答えなさい。ただし，ひもの重さや，滑車の摩擦《まさつ》は考えないこととします。

(1)　図1のように，定滑車を用いて，ひもでおもりを持ち上げます。①の向きにひもを引き，おもりを支えている状態から，ひもを引く向きを②の向きに変えました。ひもを引く力はどうなりますか。次の**ア**～**ウ**の中から1つ選び，記号で答えなさい。

ア　大きくなる
イ　小さくなる
ウ　変わらない

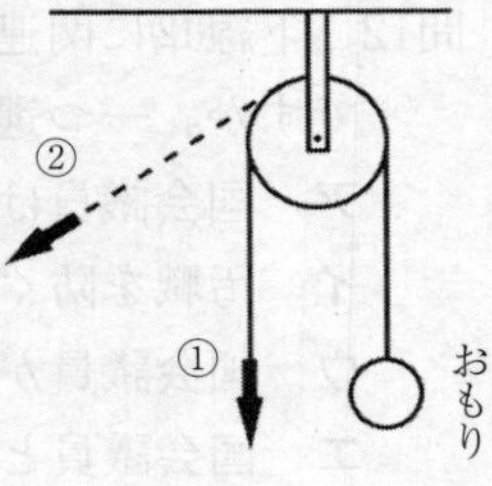

図1

(2)　図1のように，定滑車1つで物を引き上げることもありますが，図2のように，動滑車もあわせて使うこともあります。図1と同じおもりを同じ高さだけ図2で引き上げたとき，図1の①の向きにひもを引いたときと比べて，図2の③の向きにひもを引く力とひもを引く長さはどうなっていますか。次の**ア**～**エ**の中から1つ選び，記号で答えなさい。ただし，動滑車の重さは考えないものとします。

ア　大きな力で，短く引いている　　**イ**　大きな力で，長く引いている
ウ　小さな力で，短く引いている　　**エ**　小さな力で，長く引いている

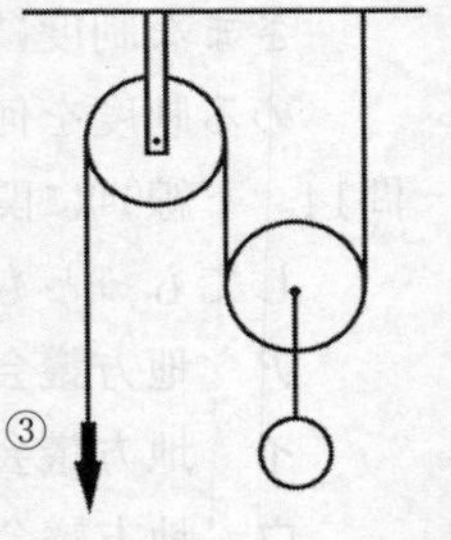

図2

(3)　図3のような，定滑車と重さ100gの動滑車を使った装置があります。400gのおもりを支えるには，矢印の向きに何gの力で引けばいいですか。

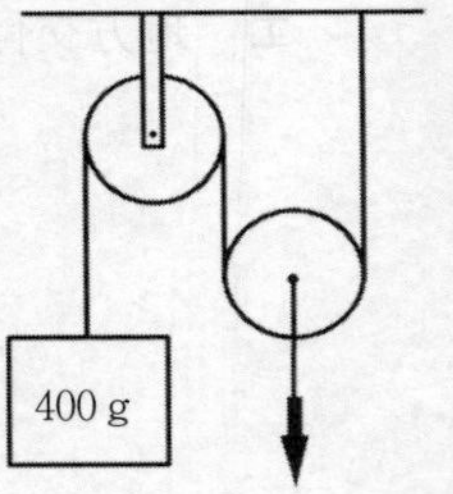

図3

(4)　図4のような，定滑車と重さ100gの動滑車2つを使った装置があります。矢印の向きにひもを引き，全体を静止させるとき，おもりAの重さとひもを引く力の関係をグラフに表しなさい。ただし，おもりAの重さが0g，100g，200gのときの3点をそれぞれ●印で表し，直線で結びなさい。

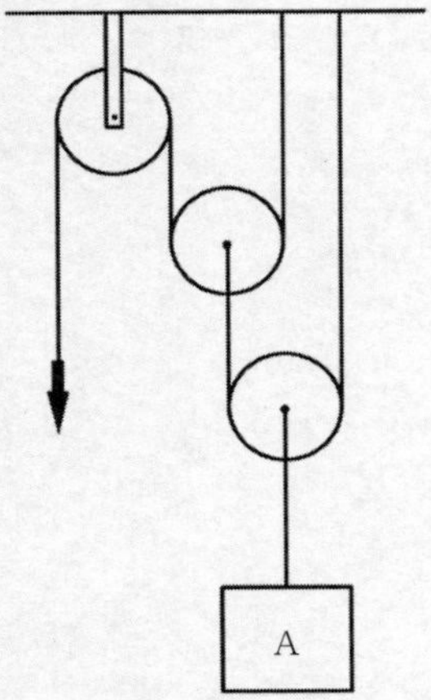

図4

(5)　半径の異なる輪を組み合わせたものを輪軸《じく》といいます。図5，図6のような，重さ50gの輪軸を使った装置に，おもりをつけたところ，全体が静止しました。おもりBとCはそれぞれ何gですか。ただし，輪軸の半径比はDとFが2：1，Eが5：2とします。

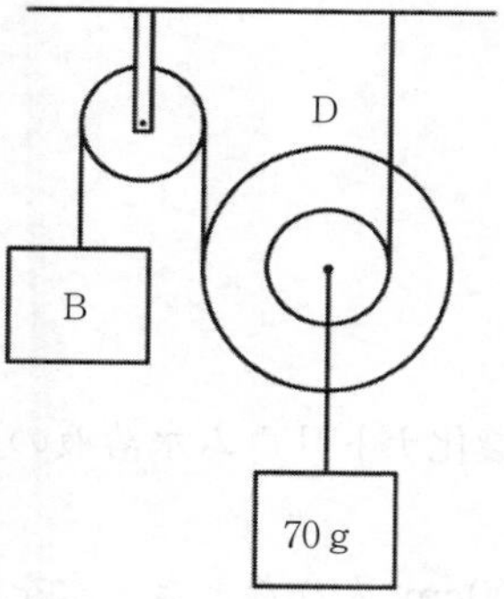

図5

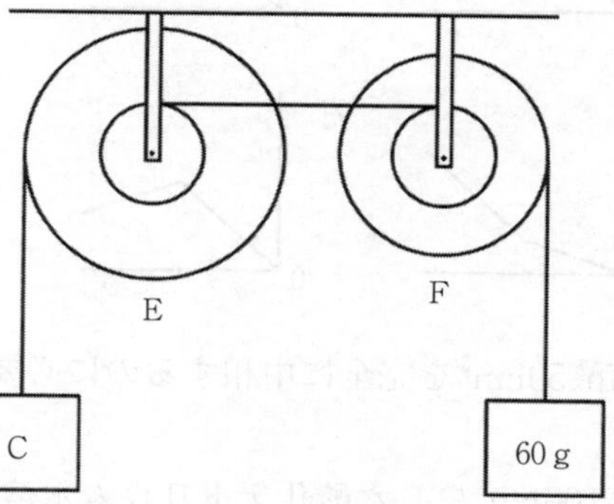

図6

(6)　図6の60gのおもりを10cm引き下げると，おもりCは何cm上がりますか。

2　ある濃度の塩酸50cm^{3}をA～Gの7個のビーカーにとり，そこにそれぞれ異なる量の水酸化ナトリウム水溶《よう》液を加えました。その後，ビーカーを加熱して水を蒸発させ，ビーカーの底に残った固体の重さを測りました。下の表はその結果です。

ビーカー	A	B	C	D	E	F	G
水酸化ナトリウム水溶液[cm^3]	15	30	45	60	75	90	105
固体[g]	0.087	0.174	0.261	0.321	0.381	0.441	0.501

(1)　この実験に用いた水酸化ナトリウム水溶液は，固体の水酸化ナトリウム4gを水にとかし，全体の体積を1L(リットル)にした水溶液です。この水溶液10cm^{3}には何gの水酸化ナトリウムがとけていますか。

(2)　水を蒸発させる前のビーカーAおよびGの液性を調べたところ，Aは酸性，Gはアルカリ性を示しました。ビーカーAおよびGの中にはどのような物質がとけていますか。次の**ア**～**ウ**の中から正しいものを，それぞれすべて選び，記号で答えなさい。

ア　塩化水素
イ　水酸化ナトリウム
ウ　塩化ナトリウム

(3)　この塩酸50cm^{3}に加える水酸化ナトリウム水溶液の体積と，次の①，②の関係として正しいグラフの形を，次のページの**ア**～**カ**の中からそれぞれ選び，記号で答えなさい。ただし，横軸《じく》を加える水酸化ナトリウム水溶液の体積，縦軸を①，②の重さとします。

①　水を蒸発させた後に残る固体にふくまれる塩化ナトリウムの重さ
②　水を蒸発させた後に残る固体にふくまれる水酸化ナトリウムの重さ

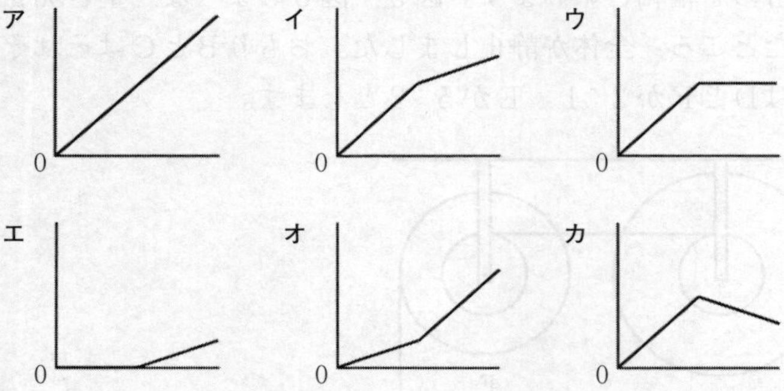

(4)　この実験において，塩酸$50cm^3$を完全に中和するのに必要な水酸化ナトリウム水溶液の体積は何cm^3になりますか。

(5)　この実験で用いた塩酸$100cm^3$に，水酸化ナトリウム水溶液を$150cm^3$入れたとき，水を蒸発させた後に残る固体の重さは何gになりますか。

(6)　水を蒸発させる前のA～Gの７個のビーカーの中から３つを選び，すべて混ぜ合わせることで，完全に中和させようと思います。どのビーカーを選べばいいですか。組み合わせを３通り答えなさい。

3　図１は，日本の小学校などで見られる百葉箱です。これについて，下の各問いに答えなさい。

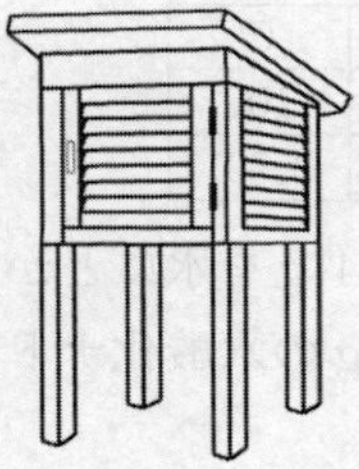

図１

(1)　百葉箱について書かれた文のうち，間違《ちが》っているものを，次の**ア**～**カ**の中から２つ選び，記号で答えなさい。

ア　全体が白くぬられているのは，日光を反射するためである

イ　外側がよろい戸(平行なすき間の多い戸)になっているのは，直射日光や雨が入るのを防ぎ，風通しをよくするためである

ウ　気温を正確にはかるために，とびらは必ず南向きになっている

エ　気温を正確にはかるために，風通しのよい場所に設置されている

オ　風雨にさらされるので，痛みやすい木製ではなく，金属製である

カ　箱の中の温度計は地上1.2～1.5mの高さになるように設置されている

百葉箱の中には図２のような乾球《かんきゅう》温度計と湿球《しっきゅう》温度計が設置されています。乾球温度計の示度は気温を示します。一方，湿球温度計は，球部がぬれたガーゼで包まれているので，水が蒸発するときの気化熱によって乾球温度計より低い値を示します。これら２つの値を用いることで空気の湿度を測定することができます。もし，乾球温度計の示度が21.0℃，湿球温度計の示度が20.0℃なら，示度の差は1.0℃なので，表１の湿度表より湿度は91％とわかります。

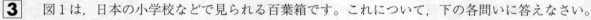

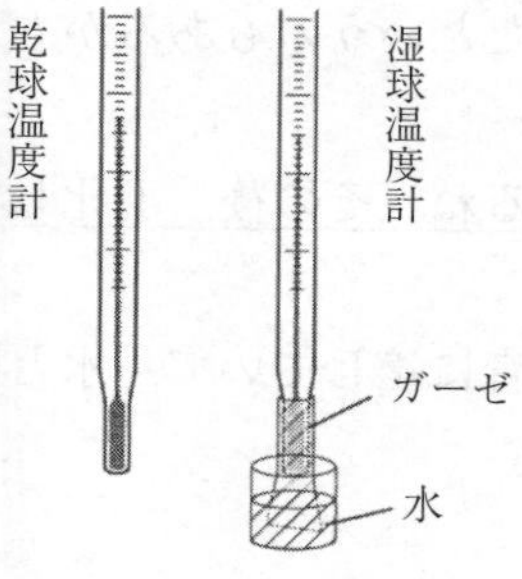

図2

表1　湿度表

乾球温度計の示度[℃]	乾球温度計と湿球温度計の示度の差[℃]					
	0	0.5	1.0	1.5	2.0	2.5
23	100	96	91	87	83	79
22	100	95	91	87	82	78
21	100	95	91	86	82	77
20	100	95	91	86	81	77
19	100	95	90	85	81	76
18	100	95	90	85	80	75
17	100	95	90	85	80	75

湿度[%]

晴れの日の午前9時に，ある地点の百葉箱の中の温度計を見ると図3のようになっていました。

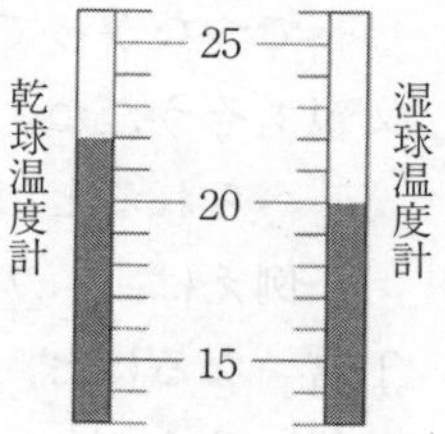

図3

(2)　この地点での湿度を答えなさい。

(3)　別の地点では気温が19.0℃で，湿度が85%でした。このとき湿球温度計は何℃を示していますか。

(4)　表1を見ると，湿度が100%のとき，どの気温でも乾球温度計と湿球温度計の示度の差が0℃とわかります。示度の差が0℃となる理由を答えなさい。

ある温度の空気1 m^3 に最大限ふくむことのできる水蒸気量を飽《ほう》和水蒸気量といいます。表2は各気温ごとの飽和水蒸気量を表したものです。また湿度は，そのときの気温の飽和水蒸気量に対して，実際に空気中にふくまれている水蒸気量の割合で表します。例えば気温が30.0℃のときに，空気1 m^3 中に15.2gの水蒸気がふくまれているときの湿度は50%となります。

表2

気温[℃]	20.0	22.0	24.0	26.0	28.0	30.0	32.0	34.0
空気1 m^3 にふくむことのできる水蒸気量[g]	17.3	19.4	21.8	24.4	27.2	30.4	33.8	37.6

(5)　気温26.0℃の空気1 m^3 中に，水蒸気が17.6gふくまれているとき，湿度は約何%になりますか。次の**ア**～**エ**の中から1つ選び，記号で答えなさい。

ア　59%　　**イ**　68%　　**ウ**　72%　　**エ**　87%

(6)　気温32.0℃，湿度82%の空気1 m^3 には水蒸気が何gふくまれていますか。小数第2位を四捨五入して小数第1位まで答えなさい。

(7)　床面積が10 m^2，天井の高さが2.5mの密閉された部屋があります。この部屋の気温が20.0℃で湿度が40%のとき，湿度を60%に上げるためには，何gの水を部屋の中で蒸発させればいいですか。ただし，気温は変化しないものとします。

4　T君は夏合宿の夜間観察でヘイケボタルを見つけました。その時のことを父親と話しています。次の会話文を読み，以下の各問いに答えなさい。

T君：合宿先で，ホタルが光っているのを見たんだよ。
父親：すごいね。見たかったな。最近はホタルも数が減っているみたいだしね。
T君：つかまえすぎたからかな？

父親：それもあるかもしれないし，生息している場所の環境が変わったというのもあるかもしれないね。ホタルがどうやって成虫になるか考えてごらん。

T君：A幼虫は水の中で成長して，陸に上がって土の中でさなぎになるね。その後，羽化して成虫となるよ。

父親：そうだね。幼虫が過ごす水中，さなぎや成虫が過ごす陸上が生育に適していて，水と陸を行き来できる環境がないと生きていけないということになるよね。

T君：生き残れる環境があるから，今もホタルが見られるんだね。

父親：うん。そしてホタルの幼虫のエサとなる巻貝などもいるということだね。

T君：ということは，巻貝などのエサもあるということか。生き物はB食べる食べられるの関係でつながっているんだね。

父親：そうだね。その関係の中で生き物の数はバランスがとれているんだね。それと，食べる食べられるという関係だけでなく，生き物どうしはお互い影響を与え合っていたりもするよ。例えば，Cアリとアブラムシのようにね。

T君：なるほど，生き物っておもしろいね。今後はもっと多くのホタルが見られるといいな。

父親：そうだね。そのためにはどうしたらいいのだろう。

T君：つかまえたホタルをたくさん増やして，その場所に放すのはどうかな。

父親：うーん，Dそれだけではホタルの数は増えていかないような気がするな。

(1) ホタルは昆《こん》虫です。昆虫の特ちょうとして間違っているものを，次の**ア**～**エ**の中から１つ選び，記号で答えなさい。

ア　体は頭部，胸部，腹部の３つに分かれている

イ　成虫は肺で呼吸をしている

ウ　胸部に６本の足がついている

エ　はねが４枚のものや２枚のもの，はねがないものがいる

(2) 下線部Aについて，ホタルのようにさなぎの時期がある育ち方を何といいますか。漢字で答えなさい。

(3) 下線部Aについて，ホタルと同じように陸に上がってさなぎになる育ち方をする昆虫を，次の**ア**～**エ**の中から１つ選び，記号で答えなさい。

ア　オニヤンマ　　**イ**　ゲンゴロウ　　**ウ**　アメンボ　**エ**　カ

(4) 下線部Bについて，次の図は，湖の中で，矢印の左のものが右のものに食べられるという「食べる食べられるの関係」を示しています。また，Ⅰ～Ⅲは，大形の魚，植物プランクトン，動物プランクトンのいずれかです。

（ Ⅰ ）→（ Ⅱ ）→小形の魚→（ Ⅲ ）

① 「食べる食べられるの関係」のことを何といいますか。

② 図に関する文として正しいものを，次の**ア**～**ウ**の中から１つ選び，記号で答えなさい。

ア　Ⅰはナマズのような大形の魚である

イ　Ⅱはミジンコのような動物プランクトンである

ウ　Ⅲはケイソウのような植物プランクトンである

③ 何らかの原因で小形の魚の数が突《とつ》然減少したとき，ⅠとⅢの数は一時的に変化し，やがて

元のような数に落ち着きました。一時的にⅠとⅢの数はどうなったと考えられますか。次の**ア**～**エ**の中から１つ選び，記号で答えなさい。

ア　Ⅰは増えて，Ⅲも増える　　**イ**　Ⅰは増えて，Ⅲは減る

ウ　Ⅰは減って，Ⅲも減る　　**エ**　Ⅰは減って，Ⅲは増える

(5)　下線部Cについて，アリとアブラムシの関係として正しいものを，次の**ア**～**エ**の中から１つ選び，記号で答えなさい。

ア　アリはテントウムシからアブラムシを守り，アブラムシからみつをもらうという共生の関係

イ　アブラムシはテントウムシからアリを守り，アリからみつをもらうという共生の関係

ウ　アリはアブラムシからみつをうばうという寄生の関係

エ　アブラムシはアリからみつをうばうという寄生の関係

(6)　下線部Dについて，増やしたホタルを放してもホタルが増えていかないかもしれないのはなぜだと思いますか。会話文を参考にして答えなさい。

エ、赤トンボが山からおりてきたことを示して、人も同じ所に定住するものではないから、川村が引っこしてしまったことを気にしないよう野歩人をなぐさめようとしている。

問一一　――12「クマゼミの激しい鳴き声は、ぼくにむかって、そういっているようにきこえた」とありますが、これは誰のどのような決意を暗示していますか。文中の言葉を使って四〇字以内で答えなさい。

が期待していること。

ウ、バカにされることもあったが、一緒にクマゼミを見つけたりラジオ体操をしたりした仲間である川村が、引っこし先でも友達が作れているかを野歩人が心配していること。

エ、クマゼミが川村に似ていることに気づいたことで、川村を本当にわかっているのは自分だけだと感じ、引っこし先で自分以上の仲間とまだ出会えていないと野歩人が思っていること。

問五　――5「コオロギの音がきこえ始めた空き地」が表すものとしてふさわしいものを次の中から一つ選び、記号で答えなさい。

ア、夏休みの充実感

イ、夏が終わる切なさ

ウ、宿題を終えた解放感

エ、新学期開始への期待

問六　――6「カモッチらしく思え」とありますが、文中から読み取れる「カモッチ」の人物像としてふさわしいものを次の中から一つ選び、記号で答えなさい。

ア、わがままを言うこともあるが、大人の言うことには素直に従う人物。

イ、普段は物静かだが、言うべきことを堂々と述べることもできる人物。

ウ、友達を想って人付き合いはするが、自分の気持ちに正直な面もある人物。

エ、面倒くさがりだが、自分の好きなことに関してはひたむきに取り組む人物。

問七　□7・9に入る言葉としてふさわしいものを次の中からそれぞれ一つずつ選び、記号で答えなさい。ただし、同じ記号は二度は使いません。

ア、きびきび　イ、だらだら

ウ、コツコツ　エ、ネチネチ

問八　――8「その声も、ぼくの気持ちがそうさせるのか、どことなくさびしそうにきこえた」とありますが、このときの「ぼくの気持ち」が表れている一文を文中から抜き出し、始めの五字を答えなさい。

問九　――10「とたんにはねあがった胸の鼓動を感じながら」とありますが、ここでの野歩人の心情としてふさわしいものを次の中から一つ選び、記号で答えなさい。

ア、自分が川村にどう思われているのかをこれから知る緊張。

イ、川村の家庭が大変な状況であることを知ってしまう恐怖。

ウ、ずっと気にかけていた川村から連絡が来たことに対する喜び。

エ、自分が川村に好意を寄せていることがかあさんに知られた焦《あせ》り。

問一〇　――11「山からおりてきた赤トンボが、たくさん飛んでる」とありますが、この発言に込められた「かあさん」の意図はどのようなものですか。その説明としてふさわしいものを次の中から一つ選び、記号で答えなさい。

ア、季節も進んでいることを示して、川村がいなくなってしまったことにいつまでもとらわれず、未来を見つめ、自分の人生を歩んでほしいと野歩人を応援しようとしている。

イ、外を見れば美しい景色が広がっていることを示して、川村との小さな思い出にこだわるのではなく、もっと大きな広い世界を見てほしいと野歩人に伝えようとしている。

ウ、様々な種類の虫がいることを示して、川村以外にも親しく付き合っていくべき友達がいるのだから、自分の周りにいる人を大切にするよう野歩人に教えようとしている。

首にカードをさげ、散らばっていくみんなを見送りながら、ぼくの、六年生の夏休みは終わった。たいへんだったようにも、あっけないようにも思えるが、とにかく、これでひとつの区切りがついたという手ごたえがある。

まっすぐ家へもどり着くと、庭先に、かあさんが出て待っていた。

「おかえり。四十日間、よくやったね。ご苦労さま」

「べつに、たいしたことないよ」

「ついさっき、ちとせちゃんから電話があったよ。ラジオ体操、楽しかったって。とちゅうでいかれなくなって、ごめんっていってた」

それをきき、10とたんにはねあがった胸の鼓動《こどう》を感じながら、ぼくは、さりげなくたずねた。

「あいつ、どこにいるんだよ。元気そうだった？」

「栃木県の宇都宮あたりでね。おとうさんは、また、新聞配達を始めたみたい。落ち着いたら住所を知らせるし、野歩人にも手紙を書くってさ」

「バカだよなあ。もう引っこすのはいやだから、この町にいようっていえばいいのに。おれのこと、ずっとバカにしてたけど、あいつがいちばんバカなんだよ」

口から出る言葉とは逆に、思いはあふれ、さけびだしたくなる。

「だいじょうぶ。あの子は、おまえが考えてるより、ずっとかしこい子だからね。ちゃんと自分の道をみつけるし、もたもたしてると、おまえも置いていかれるよ。ほら、見てごらん。11山からおりてきた赤トンボが、たくさん飛んでる。夏だと思ってるうちに、秋が近づいてくるねえ」

手をかざし、空を見あげたかあさんは、ぼくを残して家に入っていった。

ふりあおぎ、朝の日ざしに目を細め、一瞬、ぼくは、クマゼミの鳴き声をきいたような気がした。

シャンシャンシャンシャン、シャワシャワシャワ――。

周りがどんなに変わっても、生まれついた以上は、ここで、せいいっぱい生きてやる。12クマゼミの激しい鳴き声は、ぼくにむかって、そういっているようにきこえた。

《浅野　竜『シャンシャン、夏だより』より》

問一　――1「いかりのような感情」とは、具体的にはどのような感情ですか。文中の言葉を使って三〇字程度で答えなさい。

問二　――2「セミのメスは、オスとちがって、生まれた場所の近くから、はなれることはないらしい」とありますが、これはどんな出来事をふまえた表現ですか。ふさわしいものを次の中から一つ選び、記号で答えなさい。

ア、川村が野歩人と仲良くなったこと。
イ、川村をラジオ体操の係に誘ったこと。
ウ、川村が様々な町を転々としていること。
エ、川村と一緒に自由研究ができなくなったこと。

問三　――3「当然、名前は入れるべきだよ」とありますが、野歩人とカモッチがそのように考えたのはなぜですか。四〇字以内で答えなさい。

問四　――4「この町で、うるさく鳴き続けたクマゼミは、仲間とめぐりあえたのだろうか」とありますが、この表現が表すこととしてふさわしいものを次の中から一つ選び、記号で答えなさい。

ア、友人が少ないことを気にしていた野歩人が、一匹だけでこの町に生きているクマゼミの様子を目にして、クマゼミに仲間意識を持ち始めたこと。
イ、今までこの町では確認できていなかったクマゼミが、今後はこの町で定着し、目にする機会が増えるのではないかと野歩人

思える。

——なんか、川村に似てるよなあ。

4この町で、うるさく鳴き続けたクマゼミは、仲間とめぐりあえたのだろうか。

きっと会えたと信じたくて、むだと知りつつ、ぼくは耳をすませた。

夏休みも、残りはあと二日になり、約束どおり、ぼくたちは遊園地へでかけた。

かあさんは、体操仲間の親にも声をかけ、いっしょにつきそってくれた。そのおかげで事故もなく、みんなは、はしゃいで一日をすごした。

そして、三十一日の朝になり、ぼくは、最後のラジオ体操に出た。

三丁目では、クマゼミはもちろんのこと、ヒグラシやミンミンゼミの鳴き声も、だいぶ少なくなっていた。夕方になると、5コオロギの音がきこえ始めた空き地では、天下を取ったというように、ツクツクボウシが鳴いている。

カモッチが体操にきたのは、結局、一回だけだった。

「やっぱりさ、おれにはあわないよ。横ならびっていうのが、好きじゃないんだよね」

そういって、帰っていったのも6カモッチらしく思え、そのあとは、ぼくも無理にさそってはいない。

遊園地へいき、楽しみがなくなったので、もう大起《だいき》はこないかと思ったが、ちこくしないであらわれた。

くるとすぐ、なぜか悲壮《ひそう》な顔をして、ふたごにむかって両手をあわせる。

「悪い！　借りた金、もうちょっと待ってくれよ。絶対、利子《りし》つけて返すからさ」

「なによう。あした返すっていうから、貸してあげたんだよ」

「返すあてがなかったら、三回も、ジェットコースターに乗らなきゃいいじゃない」

「そうだけどさ。このあいだ、ゲームソフトを買ったのを、うっかりわすれてたんだよ」

「うそだね。ほんとはわかってたくせに」

「そういうのを、確信犯っていうんだよ。ふつうより罪が重いんだから」

[7]と、大起をいじめるふたごをよそに、ぼくは、CDプレイヤーのボタンをおした。

〈♪……さあ、きょうも、元気よく体操をしましょう。最初はラジオ体操第一です〉

最終日なので特別に、早送りするのはやめて、元気おじさんの声を復活させてある。

8その声も、ぼくの気持ちがそうさせるのか、どことなくさびしそうにきこえた。

最後だから、みんなもしっかりやるだろうという予想は、現実の前に、もろくもくずれた。大起やふたごのまねをして、体操は[9]と終わり、ぼくはつくづく、自分のあまさを思い知らされた。

CDをとめると、ふだんとおなじに、ぼくの前には早い者勝ちの列ができる。

「川村のおねえちゃんは、どうしたの。最後だから、きてくれればいいのに」

「そうだよね。ハンコ、おしてもらいたかったよ」

「あーあ、あしたから学校かあ」

「だけど、いいよね。体操がないと、七時までねてられるもの」

「宿題、やった？　おれはまだ残ってる」

イ、人それぞれが自分の意見を明確にしながら、他人の意見には一切耳を傾けずに、自分が好む楽しい人生を、他人の目を気にすることなく自由に生きることが幸せな生き方である。

ウ、人それぞれが自分の意見を明確にし、他人の意見は参考として理解しながらも、自分がよいと思う人生を他人にも大いに勧めて、多くの人と一緒に幸せな生き方を送るようにするべきである。

エ、人それぞれが自分の意見を明確にしたいときでも、常に他人の意見への理解を深め、それが世間でよいとされる生き方ならば、自分の意見をおさえてその生き方を試してみることが幸せにつながる。

三　次の文章を読んで、後の問いに答えなさい。ただし、字数に制限がある場合は、句読点や記号も字数に含まれるものとします。

小学六年生の野歩人《のぶと》(あだなはノビタ)は、一緒にクマゼミを見つけたことがきっかけで、転校生の川村ちとせと仲良くなり、彼女を夏休みのラジオ体操の係に誘う。また、この町に本来いないはずのクマゼミを捕まえて、友人のカモッチと共同の自由研究にしようと考える。川村は父子家庭で、その父親は酒を飲んで問題を起こしては引っこしを繰《く》り返していた。そしてこの町でも問題を起こし、ちとせと共に再び引っこしてしまった。

川村がいなくなったあと、ぼくの心の底には、1いかりのような感情が居《い》すわった。

それは、だれかに対してというよりも、ぼく自身にむけたものかもしれない。なにもできなかった自分がふがいなく、できるものなら、もっと強くなりたかった。

クマゼミの自由研究は、カモッチの家へいき、ふたりでまとめあげた。

もっとも、文章はすべてカモッチが書き、ぼくは、町の地図をコピーしてきたり、写真をはったりしただけだった。

2セミのメスは、オスとちがって、生まれた場所の近くから、はなれることはないらしい。

二丁目で拾ったクマゼミのメスが、市内で生まれた確率は高く、証拠として実物をだせるのは、なんといってもぼくたちの強みだった。

「市長賞、これできまりだな」

「だったらいいけど、川村が、セミをみつけてくれたおかげだろ」

「そうだよな……それで、考えたんだけどさ、カモッチ」

「わかってるよ。自由研究は、三人の名前にしようっていう気だろ」

「え!?なんでわかるんだよ」

「ノビタはノビタだもの。顔見りゃ、そう書いてあるよ。さっきもいったけどさ。実物がなきゃ、鳴き声をきいたっていうだけなんだから、3当然、名前は入れるべきだよ」

「いいやつだなあ、おまえ。うちのねえちゃんと結婚して、兄弟にならない?」

「やだね。おれは一生、ノビタを助けるドラえもんかよ」

カモッチはいやそうに答えたが、ぼくには、一瞬、迷ったように見えた。

南の地方にいたクマゼミは、この先、日本中で増え続けるのかもしれない。

地球の温暖化は、農業にも大きく影響をもたらすというが、いまはまだ、ぼくにはよくわからない。それでも、こうして、てのひらにクマゼミをのせてみると、ひと夏を、いっしょにすごした仲間のように

ア、日本では「正解とされる生き方」がある程度定まっており、その実現のためには意見などよりも知識の有無が重要になるから。

イ、日本では意見を表明できず、自我のない子供が数多くおり、知識を身につけることによってその短所を補おうとしているから。

ウ、日本では他者と意見を合わせなければならないという意識が強く、多様性の理解よりも問題の正解を導くことを優先するから。

エ、日本では意見にも正しいものと間違ったものがあり、正しい意見を述べるには知識が不可欠だと思い込んでいる人が多いから。

問五　――5「自分はこのおもちゃが好きだと思うけど、ママ、それでいい？」とありますが、このような発言をするのはどのような子供ですか。「〜子供。」に続くように文中の言葉を使って、三〇字以内で答えなさい。

問六　――6「そんな社会はギスギスして住みにくいのでは？」とありますが、日本人がこうした不安を感じるのはなぜだと考えられますか。ふさわしいものを次の中から一つ選び、記号で答えなさい。

ア、それぞれが意見をもつことを否定し、正しいとされる意見に誰もが同調することを絶対としているから。

イ、それぞれが意見をもつ社会を理解できず、他人がもつ意見への関心や対話を求めることは許されないから。

ウ、それぞれが意見をもつことに慣れないため、間違った意見をもつ人に正解を理解させようとしてしまうから。

エ、それぞれが意見をもつ社会の経験がなく、意見には正しいものと間違ったものがあると勘違いしているから。

問七　（　）7・9に入る言葉としてふさわしいものを次の中から一つずつ選び、記号で答えなさい。ただし、同じ記号は二度は使いません。

ア、つまり　　イ、そして　　ウ、ところが　　エ、なぜなら

問八　――8「絶対」とありますが、この語は文中で二種類の意味で使われています。その二つの意味をそれぞれ文中から一五字以内で抜き出して答えなさい。

問九　――11「『絶対にこの道だ！』と思えるレベルまで考え尽くす」ためにはどのようなことが必要ですか。文中の言葉を使って、三〇字以内で答えなさい。

問一〇　――12「世間がいうところの『よしとされている人生』を歩む」とはどういうことですか。ふさわしいものを次の中から一つ選び、記号で答えなさい。

ア、自分にとって心地よく、楽しいと思える生き方についてしっかりと考え尽くすこと。

イ、多くの人がイメージしている幸せな人生を正解とし、異議を唱えずに暮らしていくこと。

ウ、人それぞれに多様な意見を言い合って、お互いの意見を理解して自分の生き方に影響させること。

エ、自分の好きなことはほどほどにして、他人の意見に同調しながら自分を押し殺して生きていくこと。

問一一　筆者が言う「幸せな生き方」について述べたものとしてふさわしいものを次の中から一つ選び、記号で答えなさい。

ア、人それぞれが自分の意見を明確にしながらも、他人の意見を否定することなく、自分が送りたいと思う人生を、他人の意見を気にせずに選ぶのが幸せな生き方である。

（　９　）、自分の意見を断言できるレベルまで考え尽くした経験のない人は、すぐに「絶対などありえない」などと言いだします。

　こういう人はおそらく「絶対にこれこそが自分の意見だ！」と確信がもてるまで、なにかについて考え尽くした経験がないのでしょう。このため「絶対」という単語を聞いたとき、「１００％正しく例外がない」という解釈しか思いつかないのです。

　さまざまな方向から［10］に考えたうえで自分の意見を明確化できれば、人は「たとえ他の人の意見とは違っていても、オレの意見は絶対にコレだ！」と言えるようになります。

　そして、人生の多くの重要な決断については、11「絶対にこの道だ！」と思えるレベルまで考え尽くすことが不可欠なのです。そうでないと、少し反対されただけで「やっぱりやめたほうがいいのかな？」などと気持ちがブレてしまいます。そして12世間がいうところの「よしとされている人生」を歩むことになってしまうのです。

　もしあなたが自分の意見を「絶対にこうだ！」と思い込めないとしたら、それはまだ考える量が足りていない、ということです。しっかりと、誰に違うと言われても、「絶対にこうだ！」と言えるレベルまで考え尽くしましょう。

　ここで大切になるのが、とにかく「自分はこれが好き！」と思える分野や生き方をきちんと選んでおくことです。なぜなら人は、自分が大好きなことならトコトン考え尽くせるからです。

　反対にいえば、考えるのが面倒になるようなことは、たいして好きでもないことなのです。たいして興味がないから、考え続ける意欲が続かないのでしょう。

　自分が心から好きだ、心地よい、楽しいと思える生き方や分野を選び、その道を選んだ理由についてはしっかりと考え尽くす。そうすれば、誰に反対されようと、もしくは、そういう道を選んだ人が極めて少なくても、「自分は絶対にこういう人生が送りたかったんだ！」と断言できます。

　そんなふうに思える人生を選べたら、本当に幸せですよね。

《ちきりん『自分の意見で生きていこう』
　――「正解のない問題」に答えを出せる4つのステップ――より》

問一　［　］1・10に入る語の組み合わせとしてふさわしいものを次の中から一つ選び、記号で答えなさい。

ア、1　強制的　10　能動的
イ、1　画一的　10　徹底的
ウ、1　排他《はいた》的　10　多面的
エ、1　平均的　10　絶対的

問二　――2「『自分の意見を明確にする』練習」は何のためにするのですか。文中の言葉を使って三〇字以内で答えなさい。

問三　――3「怖いこと」とありますが、どのようなことが「怖い」のですか。ふさわしいものを次の中から一つ選び、記号で答えなさい。

ア、自分の意見に自信をもつことができず、他者の意見に流されてしまうこと。
イ、自分が正解だと思って表明した意見が間違っていて、それを指摘されること。
ウ、自分の意見を押し通すために、無理に他者を説得したり否定したりすること。
エ、自分の意見を強い言葉で断言したものの、それを相手から否定されてしまうこと。

問四　――4「日本では『意見より先に知識』を身につけさせようとします」とありますが、それはなぜですか。ふさわしいものを次の中から一つ選び、記号で答えなさい。

欠です。そして、個人の数だけ存在する意見を認め合うのが「多様性のある社会」なのです。

「私はこのおもちゃが一番好き！」「俺《おれ》は絶対コレ！」と、嬉《うれ》しそうに意見を表明している子供がいるなか、「どのおもちゃが一番好きか、わからない」という子供がいたら、どんなふうに見えるでしょう？　なんだか「自我のない子供」「自信のない子供」に見えないでしょうか？

4日本では「意見より先に知識」を身につけさせようとします。でも、いくら知識を増やしても、どのおもちゃが好きかという「正解のない問題」の答えは見つかりません。そして、人生において重要な問題はそのほとんどが「正解のない問題」なのです。

大切なのは「正解のある問題における正解を覚えること」ではなく、「正解のない問題について、自分の意見を明確に言える子供に育てる」ことであり、「5自分はこのおもちゃが好きだと思うけど、ママ、それでいい？」といった、答え合わせを必要としない、自分の意見に自信をもてる子供を増やすことなのです。

「全員が自分の意見をもつ社会」、そして「それを堂々と口にする社会」を、日本人の多くは経験したことがありません。だからすぐに「6そんな社会はギスギスして住みにくいのでは？」などと不安がります。

でもそんなことはありえません。「私はこのおもちゃが好き！」「俺はこっちのほうが絶対におもしろいと思う！」という子供らがいたとして、みながそれぞれ違うおもちゃを「一番だ！」と断言したら、ギスギスするでしょうか？

ギスギスなんてしませんよね。むしろ「へー、ねえねえ、なんでそのおもちゃがそんなに好きなの？」といった他者への関心や対話が生まれ、多様な他者にたいする理解が進むはずです。

ギスギスするとしたら、「意見は多様」ということを理解せず「どのおもちゃが一番か、という問題には正解がある。したがって、おまえの選択は間違いである！」と言いだす人がいる場合です。

（７）、「意見には正しい意見と間違った意見がある」と勘違《かんちが》いしているから、「誰の意見が一番正しいか」を巡《めぐ》ってギスギスした相互《そうご》否定が起こってしまうのです。

「いろいろな意見がありえる。正解なんて存在しない」とわかっていれば、自分の意見を明確にする際に、他者の意見を否定する必要はまったくありません。相手を説得したり、相手の間違い(?)を正す必要もないのです。

ちなみに、どのおもちゃが一番好きかと問えば「これが絶対一番！」と断言できていた子供でも、大人になると「絶対にコレだ！」と断言できなくなる人がいます。それは、「8絶対」などという言葉を使ったら、反論されるかもと怖くなるからです。

そもそも意見を表明するときに「絶対」という言葉を添《そ》えるのは、「自分は、これが自分の意見であるということに絶対の自信をもっている」という意味に過ぎません。

「このおもちゃが絶対に一番おもしろい！」という言葉は、他にもおもしろいおもちゃがあるという事実を否定しているわけではなく、「〝自分は〟〝絶対に〟このおもちゃが一番だと〝思う〟」と言っているだけです。つまり、自分の意見にはブレがない、という意味での「絶対」なのです。

私もよく「絶対こう思う」という言い方をしますが、それは「自分の意見は絶対に正しい唯一《ゆいいつ》の正解だ！」と言っているわけではありません。単に「私はしっかりと考え尽くした。したがって、自分の意見がこういう意見であることに絶対にブレはない！」と言いたいだけです。

2023年度 高輪中学校

【国語】〈A日程試験〉（五〇分）〈満点：一〇〇点〉

一 次の問いに答えなさい。

問一 次の傍線部のカタカナは漢字に直し、漢字は読みをひらがなで答えなさい。

1、カガミにうつった顔を見る。
2、友人にネンガジョウを送る。
3、将来はベンゴシになるつもりだ。
4、ライトにテらされた舞台。
5、彼は著名な科学者と知り合いだ。
6、遠くに住む家族の安否を心配する。
7、早合点は禁物です。
8、不幸は自分自身で招くものだよ。

問二 後の1～3の三字熟語の作りは次のア～エのどれにあたりますか。一つずつ選び、記号で答えなさい。

ア、〇―〇―〇　イ、〇―〇〇
ウ、〇〇―〇　エ、〇〇〇

1、屋台骨　2、両成敗　3、天地人

問三 次の1～3の各文の□には体の一部を表す語が入ります。それぞれ漢字一字で答えなさい。

1、欲しかったけれど高額なので、買うには二の□を踏《ふ》んだ。
2、検査結果が異常なしとのことだったので、□をなで下ろした。
3、□を割って話すことで、意義ある議論ができた。

二 次の文章を読んで、後の問いに答えなさい。ただし、字数に制限がある場合は、句読点や記号も字数に含まれるものとします。

日本社会の生きづらさの源は、全員に［1］な「正解とされる生き方」を押しつける同調圧力にあると思います。

人それぞれ、自分が楽しいと思える人生を自由に選べるようになるには、「幸せな生き方にはさまざまなパターンがあり、ひとつの生き方を全員に押しつける必要はない」と理解することが必要です。

そしてそれを実現するには、それぞれの人が「自分はこういうふうに生きていきたい！」と、自分の希望＝自分の意見を明確にしなければなりません。

西欧《せいおう》社会では、子供が小さな頃から2「自分の意見を明確にする」練習をさせます。幼稚園ではお気に入りのおもちゃをひとつ選ばせ「なぜこのおもちゃが一番好きなの？」と、自分の意見を説明させたりするのです。

「一番好きなおもちゃがどれか」という問題には正解がありません。だからすべての子供に意見が言えます。どの意見も「異なる」けれど、どれかひとつが正解なわけではありません。

こうした訓練を積み重ね、小さな頃から「他者と違う意見を表明することは、3怖《こわ》いことではなく、あたりまえのことなのだ」と理解していくのです。

さらには「自分が好きなものでも、他の人には特におもしろくないものもある」とか「他の人がすごくおもしろいと思うものでも、自分にはおもしろくないものもある」といったことも学んでいきます。これこそ多様性への理解です。

「多様性のある社会」の実現には、全員が他人の目を気にせず、他の人と同じ意見かどうかなど気にせず、自分の意見を言えることが不可

2023年度

高輪中学校 ▶解説と解答

算 数 ＜A日程試験＞（50分）＜満点：100点＞

解 答

[1] (1) 81 (2) $\frac{17}{24}$ (3) 630 (4) $\frac{19}{28}$ [2] (1) 944個 (2) 5400m (3) 52枚 (4) 120個 [3] (1) 21分 (2) ① 52分30秒後 ② 10周 [4] (1) $19\frac{1}{5}\text{cm}^2$ (2) $9\frac{3}{5}\text{cm}^2$ (3) $6\frac{6}{7}\text{cm}^2$ (4) $5\frac{83}{105}\text{cm}^2$ [5] (1) 30cm^3 (2) 150.72cm^3 (3) 131.88cm^3

解 説

[1] 四則計算，計算のくふう，逆算

(1) $123-\{375-9\times(16+7)\}\div4=123-(375-9\times23)\div4=123-(375-207)\div4=123-168\div4=123-42=81$

(2) $\left(\frac{7}{9}-\frac{1}{2}\right)\div\frac{5}{6}+1\frac{7}{8}\times\frac{1}{5}=\left(\frac{14}{18}-\frac{9}{18}\right)\div\frac{5}{6}+\frac{15}{8}\times\frac{1}{5}=\frac{5}{18}\times\frac{6}{5}+\frac{3}{8}=\frac{1}{3}+\frac{3}{8}=\frac{8}{24}+\frac{9}{24}=\frac{17}{24}$

(3) $3.15\times427-31.5\times39.5+315\times1.68=3.15\times427-3.15\times10\times39.5+3.15\times100\times1.68=3.15\times427-3.15\times395+3.15\times168=3.15\times(427-395+168)=3.15\times200=630$

(4) $\left\{1\frac{2}{7}-\left(\square+\frac{3}{4}\right)\div2\right\}\times0.875=\frac{1}{2}$ より，$1\frac{2}{7}-\left(\square+\frac{3}{4}\right)\div2=\frac{1}{2}\div0.875=\frac{1}{2}\div\frac{7}{8}=\frac{1}{2}\times\frac{8}{7}=\frac{4}{7}$，$\left(\square+\frac{3}{4}\right)\div2=1\frac{2}{7}-\frac{4}{7}=\frac{9}{7}-\frac{4}{7}=\frac{5}{7}$，$\square+\frac{3}{4}=\frac{5}{7}\times2=\frac{10}{7}$ よって，$\square=\frac{10}{7}-\frac{3}{4}=\frac{40}{28}-\frac{21}{28}=\frac{19}{28}$

[2] 整数の性質，集まり，植木算，比の性質，差集め算，売買損益，つるかめ算

(1) 2023÷3＝674余り1より，1から2023までに3の倍数は674個ある。同様に，2023÷5＝404余り3より，5の倍数は404個ある。また，3と5の最小公倍数は15であり，2023÷15＝134余り13より，3と5の公倍数は134個ある。よって，右の図1のように表すことができるので，3または5で割り切れる整数は，674＋404－134＝944(個)とわかる。

図1

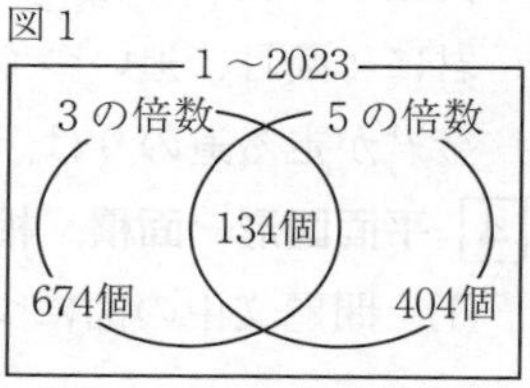

(2) 池などのまわりに木を植えるとき，木の本数と間の数は同じになるから，72m間隔《かんかく》で植えるときの木の本数を□本，180mの間隔で植えるときの木の本数を△本とすると，池のまわりの長さは，72×□＝180×△と表すことができる。よって，$\square:\triangle=\frac{1}{72}:\frac{1}{180}=5:2$であり，この差が45本なので，比の1にあたる本数は，45÷(5－2)＝15(本)となり，□＝15×5＝75(本)と求められる。したがって，この池のまわりの長さは，72×75＝5400(m)である。

(3) 1人に7枚ずつ配るのに必要な枚数と，1人に5枚ずつ配るのに必要な枚数の差は，11＋7＝18(枚)である。これは，7－5＝2(枚)の差が子供の数だけ集まったものだから，子供の数は，18÷2＝9(人)とわかる。よって，カードの枚数は，7×9－11＝52(枚)と求められる。

(4) 定価は，300×(1＋0.3)＝390(円)，定価の1割引きは，390×(1－0.1)＝351(円)である。ま

た，200個分の原価の合計は，300×200＝60000(円)である。よって，200個分の売り上げ高は，60000＋14880＝74880(円)なので，右の図２のようにまとめることができる。かりに，200個すべてを１割引きで売ったとすると，売り上げ高は，351×200＝70200(円)となり，実際よりも，74880－70200＝4680(円)少なくなる。そこで，１割引きのかわりに定価で売ると，売り上げ高は１個あたり，390－351＝39(円)ずつ増える。したがって，定価で売れた個数は，4680÷39＝120(個)と求められる。

図２

定価　　　(390円)
１割引き(351円)
} 合わせて200個で74880円

3 速さと比，旅人算

⑴　高輪君が白金君と出会ってからスタート地点に戻《もど》るまでの時間は，15分－８分45秒＝６分15秒であり，右の図のように表すことができる。また，６分15秒は，60×６＋15＝375(秒)，８分45秒は，60×８＋45＝525(秒)である。よって，高輪君と白金君が同じ道のりを走るのにかかる時間の比は，375：525＝５：７とわかる。さらに，高輪君が１周するのにかかる時間は15分なので，白金君が１周するのにかかる時間は，$15\times\frac{7}{5}$＝21(分)と求められる。

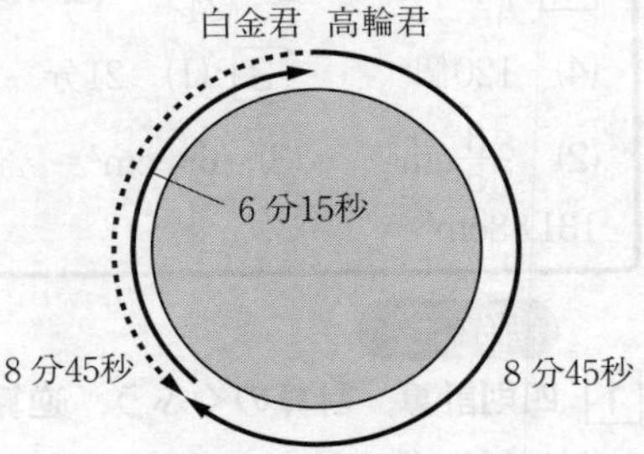

⑵　①　高輪君と白金君の速さの比は，$\frac{1}{5}:\frac{1}{7}$＝７：５だから，高輪君の速さを毎分７，白金君の速さを毎分５とすると，湖のまわりの長さは，７×15＝105となる。また，高輪君が１周してスタート地点に戻ったときまでに白金君が走った道のりは，５×15＝75である。つまり，高輪君が向きを変えて走り始めたときの２人の間の道のりは75となる。よって，高輪君が白金君に初めて追いつくのは，高輪君が向きを変えてから，75÷(７－５)＝37.5(分後)と求められる。これは出発してから，15＋37.5＝52.5(分後)であり，60×0.5＝30(秒)より，52分30秒後とわかる。　②　高輪君は，白金君に初めて追いついた後，105÷(７－５)＝52.5(分)ごとに追いつく。よって，高輪君が白金君に４回目に追いつくのは出発してから，52.5＋52.5×(４－１)＝210(分後)である。それまでに白金君が走る道のりは，５×210＝1050なので，それまでに白金君は，1050÷105＝10(周)している。

4 平面図形―面積，相似，辺の比と面積の比

⑴　問題文中の図について，AE＝$8\times\frac{3}{3+1}$＝６(cm)，ED＝８－６＝２(cm)，AF＝$6\times\frac{1}{1+2}$＝２(cm)，FB＝６－２＝４(cm)，DG＝GC＝６÷２＝３(cm)となるので，右の図のように表すことができる。三角形EHDと三角形CHBは相似であり，相似比は，ED：CB＝２：８＝１：４だから，BH：HD＝４：１となり，三角形HBCと三角形HCDの面積の比も４：１になる。また，三角形DBCの面積は，８×６÷２＝24(cm^2)である。よって，三角形HBCの面積は，$24\times\frac{4}{4+1}=19\frac{1}{5}$($cm^2$)と求められる。

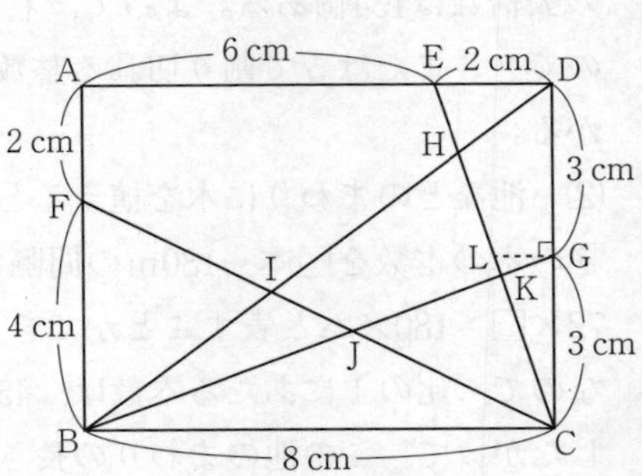

⑵　三角形FBIと三角形CDIは相似であり，相似比は，FB：CD＝４：６＝２：３なので，FI：IC＝２：３となり，三角形FBIと三角形IBCの面積の比も２：３とわかる。また，三角形FBCの面積

は，8×4÷2＝16(cm^2)である。よって，三角形IBCの面積は，$16\times\frac{3}{2+3}=9\frac{3}{5}$(cm^2)と求められる。

(3) 三角形FBJと三角形CGJは相似であり，相似比は，FB：CG＝4：3だから，FJ：JC＝4：3となり，三角形FBJと三角形JBCの面積の比も4：3とわかる。よって，三角形JBCの面積は，$16\times\frac{3}{4+3}=6\frac{6}{7}$(cm^2)と求められる。

(4) 図のように，Gを通りDEに平行な直線GLを引くと，三角形ECDと三角形LCGは相似になり，相似比は，CD：CG＝2：1だから，GL＝$2\times\frac{1}{2}$＝1(cm)となる。また，三角形KBCと三角形KGLも相似であり，相似比は，BC：GL＝8：1だから，BK：KG＝8：1となり，三角形KBCと三角形KCGの面積の比も8：1になる。よって，三角形BCGの面積は，8×3÷2＝12(cm^2)なので，三角形KBCの面積は，$12\times\frac{8}{8+1}=10\frac{2}{3}$(cm^2)とわかる。したがって，三角形HBKの面積は，$19\frac{1}{5}-10\frac{2}{3}=8\frac{8}{15}$(cm^2)であり，三角形IBJの面積は，$9\frac{3}{5}-6\frac{6}{7}=2\frac{26}{35}$(cm^2)だから，四角形HIJKの面積は，$8\frac{8}{15}-2\frac{26}{35}=5\frac{83}{105}$(cm^2)と求められる。

5 立体図形―回転体の体積

(1) 正方形の面積は，(対角線)×(対角線)÷2で求めることができるから，直方体の底面積は，2×2÷2＝2(cm^2)となる。よって，直方体1個の体積は，2×3＝6(cm^3)なので，直方体を5個組み合わせた立体の体積は，6×5＝30(cm^3)と求められる。

(2) 問題文中の図2の立体は，真上から見ると右の図Iのかげをつけた部分を通る。この部分は，底面の円の半径が，2×2＝4(cm)，高さが3cmの円柱になるので，できた立体の体積は，4×4×3.14×3＝48×3.14＝150.72(cm^3)と求められる。

図I

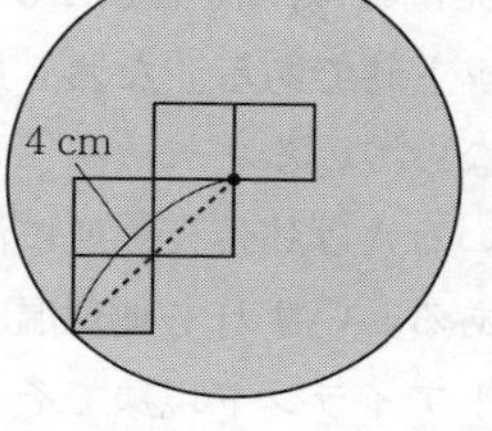

図II

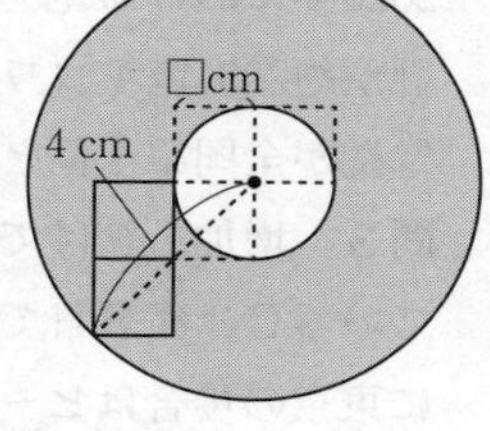

(3) 問題文中の図3の立体は，真上から見ると右上の図IIのかげをつけた部分を通る。ここで，正方形の1辺の長さを□cmとすると，□×□＝2(cm^2)となるから，かげをつけた部分の面積は，4×4×3.14－□×□×3.14＝16×3.14－2×3.14＝(16－2)×3.14＝14×3.14(cm^2)とわかる。よって，できた立体の体積は，14×3.14×3＝42×3.14＝131.88(cm^3)と求められる。

社会 ＜A日程試験＞(30分)＜満点：60点＞

解答

1 問1 ア　問2 ア，ウ　問3 オ　問4 イ　問5 ① エ ② オ，カ　問6 ① イ ② 成田国際空港　問7 ① エ ② エ　問8 (例) X／大は，進学率の向上や留学生の増加により増加したが，小は，少子化の進行により学校の統廃合が進み，減少した。　問9 右の図　2 問1 イ　問2 ① エ ② 木簡　問3 ウ→ア→エ→イ　問4 元寇　問5 ① 足利義政 ② ア　問6 イ　問7 エ　問8 大塩平八郎　問9 日米

修好通商条約　**問10**　ウ　**問11**　ア　**問12**　(例)　朝廷と幕府が軍事的に対立したことから「乱」，後鳥羽上皇が島流しになっていることから「変」とよばれる。　**3**　**問１**　ウ　**問２**　ア　**問３**　オ　**問４**　基本的人権の尊重　**問５**　カ　**問６**　イ　**問７**　公職選挙法　**問８**　エ　**問９**　(例)　衆議院で，出席議員の３分の２以上の賛成で可決される。　**問10**　国政　**問11**　最高　**問12**　ウ　**問13**　国民審査　**問14**　イ

解　説

1　関東地方の自然環境と産業を中心とした問題

問１　多摩川について述べているものはアで，イは利根川，ウは荒川，エは相模《さがみ》川について説明したものである。

問２　ア　栃木・群馬・埼玉の３県の面積の合計は16568km^2，茨城・千葉・東京・神奈川の４都県の面積の合計は15865km^2である。なお，関東地方で最も面積が大きいのは栃木県である。統計資料は『データでみる県勢』2022年版などによる(以下同じ)。　イ　2020年における栃木など３県の人口の合計は約1122万人，茨城など４都県の人口の合計は約3246万人である。　ウ　2019年における林業産出額は，栃木など３県の合計が約181億円，茨城など４都県の合計が約101億円である。　エ　2020年における耕地面積は，栃木など３県の合計が約26万ヘクタール，茨城など４都県の合計が約31万ヘクタールである。なお，茨城県の耕地面積は全国第３位となっている。　オ　2020年における電力発電量は，栃木など３県の合計が約166億キロワット時，茨城など４都県の合計が約2031億キロワット時である。なお，東京湾の臨海部に多くの火力発電所がある千葉県は，発電量が全国第１位となっている。

問３　増加し続けているＡは熱帯夜，逆に減少しているＢは冬日，数は多くないが2010年に急増しているＣは猛暑《もうしょ》日である。いずれも地球温暖化の進行が関係していると考えられている現象で，特に東京の場合はヒートアイランド現象でそうした傾向《けいこう》がさらに強まってきている。

問４　こまつな(小松菜)は近郊農業(大都市に近い場所で行われる農業)を代表する農作物で，茨城県と埼玉県が収穫量上位２県を占《し》める。パッションフルーツは熱帯から亜《あ》熱帯の地域で栽培される果実で，国内では南西諸島(沖縄県や鹿児島県など)のほか，伊豆諸島や小笠原《おがさわら》諸島(ともに東京都)などで生産されている。ブルーベリーは観光農園での生産がさかんで，東京都が収穫量全国第１位となっている。よって，イが選べる。

問５　①　千葉県で第４位に入っているＩは鉄鋼である。千葉県の東京湾岸に発達した京葉工業地域は，埋《う》め立て地に製鉄所や石油化学コンビナートが建設されており，化学工業や金属工業の割合が大きい。東京都で第３位に入っているＨは印刷である。東京都は日本の政治・経済・文化の中心地で多くの情報が集まることから，印刷・印刷関連業の出荷額が全国第１位となっている。残ったＧは輸送用機械である。　②　オのバターの第１位は北海道で，全国出荷額の８割以上を占めている。カの緑茶は静岡県が第１位で，全国出荷額の半分以上を占めている。なお，アのしょうゆの第１位は千葉県で，銚子《ちょうし》市や野田市が産地として知られている。イの人造氷とウのすし・弁当・おにぎりも千葉県，エの炭酸飲料は埼玉県が第１位となっている。

問６　①　Ｊは横浜港(神奈川県)で，図１中のイに位置する。横浜港は自動車や自動車部品の輸出が多く，石油や液化ガスなどのエネルギー資源の輸入が多い。　②　Ｋは成田国際空港(千葉県)

で，航空機による貨物輸送がさかんになるとともに取扱《とりあつかい》量が増え，国内最大の貿易港となった。

問７　①　昼夜間人口比率はふつう，都市間での人の移動を表すのに用いられ，通勤・通学者が集まる大都市は100よりも高くなり，大都市近郊のベッドタウン(大都市への通勤・通学者が多く住んでいる都市)になっているところは100よりも低くなる。よって，Ｌは東京都，Ｎは埼玉県となり，残るＭが群馬県と判断できる。また，1990年代後半には都心部で高層マンション建設などの再開発が進み，職住近接(職場の近くに住むこと)を好む人も増えたことから，都心部の人口が再び増加し始める都心回帰現象が見られるようになったので，東京都と埼玉県の値の変化に注目すると，ＰはＯよりあと(つまりＰが2015年)とわかる。　②　Ⅰ，Ⅱ　表５の数値は比率なので，この値だけでは実際の人口の増減まではわからない。なお，埼玉県から東京都への通勤者数は，実際には減少傾向にある。

問８　Ｘ　少子化が進んで児童数の減った小学校が増え，統廃合が行われたため，小学校数は減少した。一方，大学進学率の上昇やアジアからの留学生が増えたことなどにより，大学在学者数は増加した。　Ｙ　航空機の大型化と路線の拡充などのため，国内航空旅客輸送人員は増加した。一方，新幹線や航空機輸送を利用する機会が増えたことで旅客船の利用者数が減ったことや，廃止される航路もあったことなどから，旅客船旅客輸送人員は減少した。　Ｚ　価格が比較《ひかく》的高い，買い置きができない，食べるのに手間がかかる，食べる食品がほかにもあるなどの理由で，１世帯あたりの生鮮果実購入《こうにゅう》数量は減少した。一方，日本人の食生活の西洋化が進んだことで，肉類の供給純食料は増加した。

問９　①　足尾銅山は栃木県中西部の，群馬県との県境近くにあった。　②　東経140度の経線は，秋田県の八郎潟干拓地(大潟村)のほぼ中央で北緯40度の緯線と交差し，関東地方では栃木県東部，茨城県西部，千葉県西部を通って太平洋にぬける。なお，千葉県ではいったん東京湾の海上を通過し，房総《ぼうそう》半島南端の野島崎の少し東側を通る。

2　各時代の争いや事件を題材とした問題

問１　ア　伽耶《かや》(加羅《から》)諸国は４～６世紀に朝鮮半島南部に存在した小国群で，６世紀後半，新羅《しらぎ》にほろぼされた。　イ　日本は663年の白村江《はくすきのえ》の戦いで唐(中国)と新羅の連合軍に大敗した。その後，唐や新羅の侵攻《しんこう》を恐れた朝廷は，西日本各地に防衛のための水城《みずき》や山城を築かせた。　ウ　隋《ずい》(中国)は618年にほろび，代わって唐が中国を統一した。　エ　４～７世紀の中国では，北部では北方民族の国々，南部では漢民族の国々による争いが続いた。そうした中で北部を北魏《ほくぎ》，南部を宋が支配した５世紀半ばごろから６世紀末にかけての時代は，南北朝時代とよばれる。それらを破り，589年に中国を統一したのが隋である。

問２　①　大宝律令(701年)を制定したのは文武《もんむ》天皇なので，エがふさわしくない。なお，文武天皇は天武天皇の孫にあたる。　②　写真の遺物は木簡《もっかん》である。文字を墨《すみ》で書き記した木の札で，平城京(奈良県)の遺跡をはじめ全国各地で見つかっている。紙が貴重品であった飛鳥時代から奈良時代にかけて，役所間の連絡文書や都に運ばれる税の荷札などに使われた。一度使った木簡は，表面をけずって何度も使用された。

問３　源氏の将軍が３代で絶えたあとに北条氏が執権《しっけん》の地位を独占して政治を行ったので，ウ→アとなる。また，フビライは中国を征服して元を建国したあと元寇《げんこう》を行い，これに対する大きな負担が御家人たちの困窮《こんきゅう》の一因となったので，エ→イとなる。よって，年代の古い順にウ→ア→エ→

イとなる。なお，アは1232年，イは1297年，ウは1219年，エは1271年のできごと。

問４　1274年（文永の役）と1281年（弘安の役）の２度にわたる元軍の襲来《しゅうらい》は，合わせて元寇とよばれる。

問５　①　応仁の乱（1467～77年）は，室町幕府の第８代将軍足利義政の跡継《あとつ》ぎをめぐる争いに，有力な守護大名であった細川氏と山名氏の対立などがからんで起きた。　②　水を使わずに岩石と砂利《じゃり》を組み合わせて自然の風景を象徴《しょうちょう》的に表現する庭園の形式を，枯山水《かれさんすい》という。室町時代には特に禅宗寺院でさかんにつくられ，龍安寺《りょうあんじ》（京都府）の石庭はその代表として知られる。なお，イの東大寺（奈良県）の南大門は鎌倉時代初期，ウの平等院（京都府）の鳳凰《ほうおう》堂は平安時代後期，エの興《こう》福寺《ふくじ》（奈良県）の阿修羅《あしゅら》像は奈良時代，オの日光東照宮（栃木県）は江戸時代初期につくられた。

問６　織田信長は安土（滋賀県）の城下や岐阜城下の加納などに楽市・楽座の令をしいたが，全国でその政策を行わせたわけではないので，イがふさわしくない。

問７　ア　江戸幕府の最高職は老中で，通常４～５名が置かれ，月番制で政務を担当した。大老は老中の上に置かれる臨時の最高職（定員１名）であった。　イ　三奉行《ぶぎょう》とは寺社奉行・町奉行・勘定《かんじょう》奉行の３つで，寺社奉行は譜代《ふだい》大名（関ヶ原の戦い以前から徳川家に仕えてきた大名）から選ばれ，町奉行と勘定奉行は旗本（幕府直属の徳川家の家臣）から選ばれた。　ウ　江戸幕府で京都の護衛や朝廷・公家の監察を担当したのは京都所司代で，六波羅探題《ろくはらたんだい》は鎌倉幕府が置いた役職・機関である。　エ　大目付は老中の下で大名の監察を行った役職で，旗本から選任された。

問８　大坂（大阪）町奉行所の元与力《よりき》で陽明学者であった大塩平八郎は，1837年，天保《てんぽう》の大ききんに対する江戸幕府の処置を不満として乱を起こした（大塩平八郎の乱）。乱そのものは半日で平定され，その後，大塩も自害したが，幕府の元役人が起こしたということもあり，幕府や諸藩にあたえた衝撃《しょうげき》は大きかった。

問９　1858年，彦根《ひこね》藩（滋賀県）の藩主であった井伊直弼《いいなおすけ》は，大老になると，天皇の許可を得ないままアメリカと日米修好通商条約を結ぶとともに，紀伊藩（和歌山県）の藩主の徳川慶福《よしとみ》を第14代将軍家茂《いえもち》にすることを決定した。こうした強引な政治の進め方は多くの人々の反発を招いたが，直弼は反対の立場の人々をきびしく弾圧《だんあつ》する安政の大獄《たいごく》を行った。このため直弼は，1860年，水戸藩（茨城県）の浪士《ろうし》らによって，江戸城の桜田門外で暗殺された（桜田門外の変）。

問10　戊辰《ぼしん》戦争は，1868年１月から１年半近くにわたり，旧幕府軍と新政府軍との間で行われた一連の戦いである。各地で勝利をおさめた新政府軍は，江戸城総攻撃《こうげき》をくわだてたが，幕府側の代表である勝海舟《かつかいしゅう》と，薩摩《さつま》藩（鹿児島県）出身で新政府軍代表の西郷隆盛《さいごうたかもり》が会見を行い，江戸城を無血開城することなどが決められたため，総攻撃は中止された。よって，ウがふさわしくない。

問11　ア　1873年に政府を去った板垣退助らは，翌74年に民選議院設立建白書を政府に提出して早期の議会開設を求めたが，政府はこれを無視した。　イ　佐賀の乱や萩《はぎ》の乱（山口県），西南戦争など，明治時代初期の士族の反乱は，九州地方や中国地方を中心に起こった。　ウ　1881年，政府は国会開設の詔《みことのり》を発布し，10年後の国会開設を約束したが，この時代，大蔵卿《きょう》松方正義《まさよし》が進めたデフレ政策により，没落《ぼつらく》する農民が増えたことなどから自由民権運動が過激化し，秩父《ちちぶ》事件（1884年）のように，蜂起《ほうき》した農民らが軍隊・警察と衝突《しょうとつ》するようなできごとが各地であいついだ。
エ　1873年，政府は地租改正を開始し，土地所有者に地価の３％にあたる地租を現金でおさめさせるようにしたが，各地でこれに反対する一揆《いっき》が起きたことから，1877年，政府は税率を2.5％に引き下げた。

問12　源実朝《さねとも》が暗殺されて源氏の将軍が３代で絶えたのをきっかけに，政権を朝廷に取りもどそうと考えた後鳥羽《ごとば》上皇は，1221年，鎌倉幕府の第２代執権北条義時《よしとき》を討《う》つ命令を全国の武士に出した。しかし，よびかけに応じて集まった武士は少なく，幕府の大軍にわずか１か月で敗れ，上皇は隠岐《おき》(島根県)に流された。このできごとは，朝廷方と幕府方による政治権力をめぐる内乱なので，一般には表２の「乱」の定義にもとづいて「承久《じょうきゅう》の乱」とよばれる。一方で，敗れた後鳥羽上皇が島流しにあっているので，「変」の定義にもとづいて「承久の変」とよぶこともできる。

3　日本の政治についての問題

問１　参議院議員の任期は６年で，任期途中での解散はなく，３年ごとにその半数ずつが改選される。なお，衆議院議員は任期が４年だが，任期途中での解散があるので，選挙は何年ごとというようにはいえない。

問２　政党に所属していなくても国政選挙に立候補できるので，アがふさわしくない。なお，このような立場は「無所属」とよばれる。

問３　日米安全保障条約は，1951年，吉田茂《しげる》内閣によって最初に結ばれ，1960年，岸信介《のぶすけ》内閣により新日米安全保障条約が結ばれて現在にいたっている。

問４　日本国憲法は国民主権，基本的人権の尊重，平和主義を三大原則としている。

問５　Ａ　2007年に制定された国民投票法(日本国憲法の改正手続に関する法律)で，憲法改正の国民投票の投票権は満18歳以上の国民にあたえることが決められた。国政選挙などの選挙権年齢が満20歳以上から満18歳以上に引き下げられたのは，2015年の公職選挙法改正によってである。　Ｂ　選挙権の年齢が引き下げられてからの国政選挙における10代の有権者の投票率は，2016年(参議院)が46.78％，2017年(衆議院)が40.49％，2019年(参議院)が32.28％，2021年(衆議院)が43.21％，2022年(参議院)が35.42％であった。　Ｃ　2021年10月の時点での日本人人口は約１億2278万人，そのうち18歳と19歳の人口の合計は約227万人で，割合は約1.8％に過ぎなかった。よって，有権者に占める10代の割合は10％に満たないと推測できる。

問６　2022年８月の時点で，国会議員713名のうち女性は110名で，その割合は約15％となっている。

問７　国政選挙における議員の定数や選挙の方法などについては，すべて公職選挙法で定められている。したがって，選挙区の区割りや議員定数などを変更するためには，同法の改正が必要となる。

問８　ア「４月」ではなく「１月」が正しい。　イ「臨時国会」ではなく「特別国会」が正しい。　ウ　内閣が必要と認めたとき，またはいずれかの議院の総議員の４分の１以上から要求があったときに召集《しょうしゅう》されるのは，臨時国会である。　エ　参議院の緊急《きんきゅう》集会について述べた文であり，内容も正しい。

問９　衆議院で可決した法律案を参議院が否決した場合，衆議院が出席議員の３分の２以上の賛成で再び可決すれば，法律として成立する。

問10　国会は国の政治を調査する権限である国政調査権を持っており，証人の出頭や証言・記録の提出などを要求することができる。

問11　日本国憲法第41条は，「国会は，国権の最高機関であって，国の唯一《ゆいいつ》の立法機関である」と規定している。

問12　ア　日本国憲法第50条により国会議員には「国会の会期中」には逮捕《たいほ》されないといういわゆ

る「不逮捕特権」が認められているが，「いかなる場合でも」逮捕されないということではない。　イ　一定の条件を満たした政党には，国から政党助成金(政党交付金)が支給される。　ウ　日本国憲法第51条の内容として正しい。国会で自由な論争が行われることを保障するための規定である。　エ　弾劾《だんがい》裁判所は，裁判官としてふさわしくない行為《こうい》のあった裁判官を辞めさせるかどうかを決定するものである。

問13　最高裁判所の裁判官は，任命後初めて行われる衆議院議員総選挙のときと，その後10年を経て行われる衆議院議員総選挙のときごとに，適任かどうかを国民による投票で審査される。これを国民審査といい，不適任とする票が過半数に達した裁判官は罷免《ひめん》(辞めさせること)される。

問14　ア　地方議会議員の被選挙権は，満25歳以上の国民にあたえられる。　イ　地方議会が首長の不信任を決議した場合，首長は10日以内に議会を解散することができる。　ウ　地方議会が定める条例には，法律と同じように罰則を設けることができる。　エ　国庫支出金は使いみちを決められた上で支給される国からの補助金なので，地方議会はこれを変更《へんこう》することはできない。

理科　＜Ａ日程試験＞（30分）＜満点：60点＞

解答

1　(1)　ウ　(2)　エ　(3)　700ｇ　(4)　右のグラフ　(5)　**おもりＢ**…40ｇ　**おもりＣ**…48ｇ　(6)　12.5cm　**2**　(1)　0.04ｇ　(2)　**ビーカーＡ**…ア，ウ　**ビーカーＧ**…イ，ウ　(3)　①　ウ　②　エ　(4)　45cm^3　(5)　0.762ｇ　(6)　ＡとＢとＦ，ＡとＣとＥ，ＢとＣとＤ　**3**　(1)　ウとオ　(2)　82％　(3)　17.5℃　(4)　(例)　湿度100％だと水が蒸発しないため，湿球温度計の示度が下がらないから。　(5)　ウ　(6)　27.7ｇ　(7)　86.5ｇ　**4**　(1)　イ　(2)　完全変態　(3)　イ　(4)　①　食物連鎖　②　イ　③　ウ　(5)　ア　(6)　(例)　ホタルだけ増やしても，幼虫のエサとなる巻貝などの数が十分でない可能性があるから。

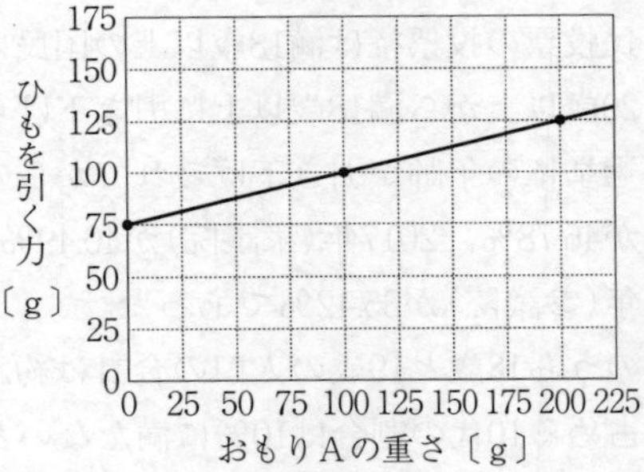

解説

1　滑車《かっしゃ》と輪軸《りんじく》についての問題

(1)　定滑車は，力の向きを変えることができるが，加える力の大きさは変わらない。

(2)　動滑車を使うと，力の大きさが半分ですむので，図２の③の向きに引く力は，おもりの重さと動滑車の重さの合計の半分となる。しかし，おもりを定滑車と同じ高さだけ引き上げるには，動滑車の左右にかかっているひもの長さの分ひもを引かなければならないので，２倍長く引くことになる。

(3)　図３で，定滑車や動滑車にかかっているひもには，おもりの重さと等しい400ｇの力がかかっている。よって，(矢印の向きに引く力)＋(動滑車の重さ)＝400×２＝800(ｇ)となるので，矢印の向きに引く力は，800－100＝700(ｇ)と求められる。

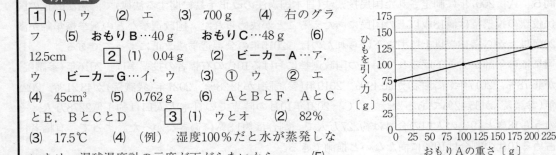

⑷　下側の動滑車にかかっているひもにかかる力，上側の動滑車にかかっているひもにかかる力（ひもを引く力）の順に求めると，おもりＡの重さが０ｇのときには，100÷２＝50（ｇ），（50＋100）÷２＝75（ｇ），おもりＡの重さが100ｇのときには，（100＋100）÷２＝100（ｇ），（100＋100）÷２＝100（ｇ），おもりＡの重さが200ｇのときには，（200＋100）÷２＝150（ｇ），（150＋100）÷２＝125（ｇ）となる。よって，●印をかき入れてから直線で結ぶと，解答のグラフのようになる。

⑸　輪軸は輪（大きい輪）と軸（小さい輪）を組み合わせたものである。図５で，輪軸Ｄについて，（輪にかかる力）＋（軸にかかる力）＝（おもりの重さ）＋（輪軸の重さ）＝70＋50＝120（ｇ）であり，輪と軸にかかる力の比は半径比の逆比の，$\frac{1}{2}$：$\frac{1}{1}$＝１：２なので，輪にかかる力は，120×$\frac{1}{1+2}$＝40（ｇ）となる。よって，おもりＢの重さは40ｇとわかる。次に，図６で，輪軸Ｆの輪と軸にかかる力の比は，輪軸Ｄと同様に１：２である。また，輪軸Ｅの輪と軸にかかる力の比は，$\frac{1}{5}$：$\frac{1}{2}$＝２：５である。よって，輪軸Ｅと輪軸Ｆの軸どうしを結ぶひもにかかる力は，60×$\frac{2}{1}$＝120（ｇ），輪軸Ｅの輪にかかる力は，120×$\frac{2}{5}$＝48（ｇ）だから，おもりＣの重さは48ｇと求められる。

⑹　図６で，60ｇのおもりを10cm引き下げると，輪軸Ｅと輪軸Ｆの軸どうしを結ぶひもが右に，10×$\frac{1}{2}$＝５（cm）動き，輪軸Ｅの輪にかかっているひもが上に，５×$\frac{5}{2}$＝12.5（cm）動く。したがって，おもりＣは12.5cm上がる。

２　塩酸と水酸化ナトリウム水溶液《すいようえき》の中和についての問題

⑴　この水溶液１Ｌ（1000cm^3）には４ｇの水酸化ナトリウムがとけているので，この水溶液10cm^{3}には，４×$\frac{10}{1000}$＝0.04（ｇ）の水酸化ナトリウムがとけている。

⑵　酸性の塩酸とアルカリ性の水酸化ナトリウム水溶液を混ぜ合わせると，互《たが》いの性質を打ち消し合う中和が起こって塩化ナトリウム（食塩）と水ができる。酸性を示したビーカーＡには，中和によりできた塩化ナトリウムと，余った塩酸にふくまれている塩化水素がとけている。一方，アルカリ性を示したビーカーＧには，中和によりできた塩化ナトリウムと，余った水酸化ナトリウム水溶液にふくまれている水酸化ナトリウムがとけている。

⑶　①　塩酸に水酸化ナトリウム水溶液を加えていくと，塩化ナトリウムと水ができるが，塩酸がなくなった後は塩化ナトリウムが増えないので，ウのようなグラフとなる。　②　中性になるまでは水酸化ナトリウムは現れないが，中性になった後は反応せずに残る水酸化ナトリウムが増え始めるので，エのようなグラフとなる。

⑷　表を見ると，ビーカーＡ～ビーカーＧの水酸化ナトリウム水溶液の体積は，30－15＝15（cm^3）ずつ増えており，固体の重さは，ビーカーＡ～ビーカーＣにかけては，0.174－0.087＝0.087（ｇ）ずつ，ビーカーＣ～ビーカーＧにかけては，0.321－0.261＝0.06（ｇ）ずつ増えている。つまり，ビーカーＡ～ビーカーＢにかけては中和によってできた塩化ナトリウムが増え，ビーカーＣでは完全に中和し，ビーカーＤ～ビーカーＧにかけては中和せずに余った水酸化ナトリウムが増えている。よって，塩酸50cm^{3}を完全に中和するのに必要な水酸化ナトリウム水溶液の体積は45cm^{3}とわかる。

⑸　塩酸100cm^{3}に水酸化ナトリウム水溶液150cm^{3}を加えた水溶液は，塩酸50cm^{3}に水酸化ナトリウム水溶液，150×$\frac{50}{100}$＝75（cm^3）を加えた水溶液，つまり，ビーカーＥの塩酸と水酸化ナトリウム水溶液をそれぞれ２倍にして加えた水溶液である。よって，水を蒸発させた後に残る固体の重さは，0.381×２＝0.762（ｇ）と求められる。

⑹　ビーカー３個の塩酸の体積の合計は，50×３＝150(cm^3)で，この塩酸と完全に中和する水酸化ナトリウム水溶液の体積は，45×３＝135(cm^3)である。ビーカーGを選ぶと，あと必要な水酸化ナトリウム水溶液は，135－105＝30(cm^3)となり，残りのビーカーから２つを選ぶことができない。ビーカーFを選ぶと，あと必要な水酸化ナトリウム水溶液は，135－90＝45(cm^3)となり，ビーカーAとビーカーBを選べばよい。ビーカーEを選ぶと，あと必要な水酸化ナトリウム水溶液は，135－75＝60(cm^3)となり，ビーカーAとビーカーCを選べばよい。また，ビーカーDを選ぶと，あと必要な水酸化ナトリウム水溶液は，135－60＝75(cm^3)となり，ビーカーBとビーカーCを選べばよい。

3　百葉箱と湿度《しつど》についての問題

⑴　気温をはかるさいに，温度計に直射日光があたって温度が上がらないようにするため，とびらは北向きについている。また，百葉箱は，太陽の熱を伝えにくくするため，木でつくられていることが多い。

⑵　乾球《かんきゅう》温度計の示度が22℃，乾球温度計と湿球温度計の示度の差が，22－20＝２(℃)なので，表１より，湿度は82％となる。

⑶　表１より，乾球温度計の示度が19℃，湿度が85％のときの乾球温度計と湿球温度計の示度の差は1.5℃なので，湿球温度計の示度は，19.0－1.5＝17.5(℃)である。

⑷　湿度が100％のときには，湿球温度計の球部を包むガーゼから水が蒸発しないので，熱がうばわれず，湿球温度計の示度が下がらない。そのため，乾球温度計と湿球温度計の示度の差が０℃となる。

⑸　湿度は，(実際に空気中にふくまれている水蒸気量)÷(飽和《ほうわ》水蒸気量)×100で求められる。表２より，気温が26.0℃のときの飽和水蒸気量は，空気１m^{3}あたり24.4ｇなので，17.6÷24.4×100＝72.1…より，空気１m^{3}中に水蒸気が17.6ｇふくまれているときの湿度は72％と求められる。

⑹　表２より，気温が32.0℃のときの飽和水蒸気量は，空気１m^{3}あたり33.8ｇなので，33.8×$\frac{82}{100}$＝27.716より，湿度82％の空気１m^{3}にふくまれている水蒸気は27.7ｇとなる。

⑺　部屋の容積は，10×2.5＝25(m^3)である。気温が20℃のとき，空気の湿度を40％から60％に，60－40＝20(％)上げるには，空気１m^{3}あたり，17.3×$\frac{20}{100}$＝3.46(ｇ)の水を蒸発させればよいので，この部屋では，3.46×25＝86.5(ｇ)の水を蒸発させればよい。

4　ホタルの特ちょうと食物連鎖《れんさ》についての問題

⑴　ふつう，昆《こん》虫の成虫は，おもに腹部にある気門という穴から空気を出し入れし，気管という管で呼吸している。なお，ホタルの幼虫は水中で，気管えらとよばれる器官で呼吸している。この器官はさなぎになるときに消え，かわりに気門が発達する。

⑵　昆虫について，成長の過程にさなぎの時期がある育ち方を完全変態といい，さなぎの時期がない育ち方を不完全変態という。ホタルは完全変態をする昆虫である。

⑶　ゲンゴロウは完全変態をする昆虫で，幼虫の時期には水中で生活するが，さなぎになるときに陸に上がって土にもぐる。カも完全変態をするが，ボウフラとよばれる幼虫や，オニボウフラとよばれるさなぎは水中で生活している。オニヤンマとアメンボは不完全変態をする昆虫である。

⑷　①　緑色植物は光合成により自分で養分をつくり出すことができるが，動物は自分で養分をつくり出せないため，ほかの生物から養分を取り入れなければ生きていけず，草食動物は緑色植物を

食べることにより，肉食動物は草食動物を食べることにより，直接・間接的に緑色植物がつくった養分を取り入れて生きている。このように，生物どうしが「食べる食べられる」の関係で鎖《くさり》のようにつながっていることを，食物連鎖という。　② Ⅰをケイソウのような植物プランクトン，Ⅱをミジンコのような動物プランクトン，Ⅲをナマズのような大形の魚とすると，食物連鎖を表した図として正しくなる。　③ 小形の魚の数が突然《とつぜん》減少すると，小形の魚に食べられていたⅡの動物プランクトンが増えるため，動物プランクトンのエサとなるⅠの植物プランクトンの数は減る。また，小形の魚をエサにしていたⅢの大形の魚は，エサが減るので数が減る。

⑸ アブラムシは植物から吸い取った栄養の一部(汁《しる》)を尻《しり》から出してアリにあたえ，アリは汁をもらうかわりにテントウムシなどの天敵からアブラムシを守っている。このように，お互いに助け合って生活する関係を共生(相利共生)という。

⑹ ホタルの幼虫のエサとなる巻貝の数が十分でないと，ホタルは増えていかない。また，幼虫が過ごす水中，さなぎや成虫が過ごす陸上が生育に適していなかったり，水と陸を行き来できる環境が整っていなかったりした場合にも，ホタルは増えていかない。

国語　＜A日程試験＞（50分）＜満点：100点＞

解答

一 問1　1～4　下記を参照のこと。　5　ちょめい　6　あんぴ　7　きんもつ　8　まね(く)　問2　1　ウ　2　イ　3　ア　問3　1　足　2　胸　3　腹

二 問1　イ　問2　(例)　他者と違う意見を言うことはあたりまえのことだと理解するため。　問3　エ　問4　ウ　問5　(例)　自分の意見に自信を持てず，正解かどうかの確認を必要とする(子供。)　問6　エ　問7　7　ア　9　ウ　問8　自分の意見にはブレがない／100％正しく例外がない　問9　(例)　自分が好きだと思える分野や生き方をきちんと選んでおくこと。　問10　イ　問11　ア

三 問1　(例)　川村の引っこしになにもできなかった弱い自分に対するふがいない感情。　問2　ウ　問3　(例)　市内にクマゼミが生息する証拠となるクマゼミの実物を見つけたのが川村だから。　問4　ウ　問5　イ　問6　ウ　問7　7　エ　9　イ　問8　たいへんだ　問9　ウ　問10　ア　問11　(例)　川村の，周りの環境がどんなに変わっても，せいいっぱい生きてやろうという決意。

●漢字の書き取り

一 問1　1　鏡　2　年賀状　3　弁護士　4　照(ら)

解説

一 漢字の読みと書き取り，三字熟語の組み立て，慣用句の完成

問1　1　音読みは「キョウ」で，「鏡台」などの熟語がある。　2　新年を祝って送る手紙やはがき。　3　裁判のときに，うったえた人やうったえられた人の代理として，その人の利益を守るための弁論を行う人。　4　音読みは「ショウ」で，「照明」などの熟語がある。　5　名高い。有名。　6　無事かどうかということ。　7　してはならないこと。　8　音読みは「ショウ」で，「招待」などの熟語がある。

問２　１　組織などを支える者を指す，“屋台の骨組み”という意味なので，ウがよい。　２　けんかをしている両者ともがばつを受けるという，“両方が成敗《せいばい》される”という意味なので，イが合う。　３“天と地と人”という意味なので，アにあたる。

問３　１「二の足を踏《ふ》む」は，一歩目は踏み出したが二歩目は踏み出せず足踏みすることから，“迷って進めない”ことを表す。　２「胸をなで下ろす」は，ほっとすること。　３「腹を割る」は，本心を包みかくさずに打ち明けること。

二　**出典はちきりんの『自分の意見で生きていこう―「正解のない問題」に答えを出せる４つのステップ―』による。**自分が楽しいと思える人生を選べるようになるには，幸せな生き方が多様であることを理解し，自分の意見を明確にする必要があると述べている。

問１　1　直後の一文から，日本社会には「ひとつの生き方」を全員に押《お》しつける傾向《けいこう》があることがわかる。したがって，「生き方」にかかる空欄《くうらん》1には，“一様であるようす”をいう「画一的」が入る。　10　直前の三つの段落で筆者は，「考え尽《つ》く」すことの重要性について述べている。よって，“とことんまでするようす”を表す「徹底《てってい》的」が合う。

問２　少し後に「こうした訓練を積み重ね，小さな頃《ころ》から『他者と違《ちが》う意見を表明することは，怖《こわ》いことではなく，あたりまえのことなのだ』と理解していく」とあるので，「他者と違う意見を表明することは当然のことだと理解するため」のようにまとめる。

問３「怖い」という感情が生じる理由について，後のほうで，「大人になると『絶対にコレだ！』と断言できなくなる人がいます。それは，『絶対』などという言葉を使ったら，反論されるかもと怖くなるからです」と説明されている。したがって，「断言」にふれているエが選べる。

問４　日本社会では，西欧《せいおう》社会とは対照的に，「他の人と同じ意見かどうか」や「正解のある問題における正解を覚えること」が重視されているといえるので，ウがよい。

問５　筆者は傍線《ぼうせん》5のような発言を「答え合わせ」とよび，「答え合わせを必要としない，自分の意見に自信をもてる子供を増やすこと」が「大切」だと述べている。よって，「自分の意見に自信が持てないため，正解かどうかを親に確認する子供」のようにまとめる。

問６　直前の一文に，「『全員が自分の意見をもつ社会』，そして『それを堂々と口にする社会』を，日本人の多くは経験したことがありません」とある。また，四つ後の段落で，日本人の特徴《とくちょう》について，「『意見には正しい意見と間違った意見がある』と勘《かん》違いしている」と述べられている。したがって，これらの内容をまとめているエがふさわしい。

問７　７　直前の段落の内容について，続く部分で言葉を補いながらわかりやすく説明し直しているので，まとめて言い換《か》えるはたらきの「つまり」がよい。　９「考え尽くした」筆者と「考え尽くした経験のない人」を比較《ひかく》する文脈なので，前後で相反する内容が置かれるときに使う「ところが」が入る。

問８　傍線8をふくむ段落の二つ後の段落には，「自分の意見にはブレがない」という意味があげられている。また，さらにその三つ後の段落で，「100％正しく例外がない」という解釈《かいしゃく》があげられている。

問９　二つ後の段落に「ここで大切になるのが，とにかく『自分はこれが好き！』と思える分野や生き方をきちんと選んでおくことです」とあるので，ここで示されている内容が，傍線11のために必要(大切)なことといえる。

問10　ここでの「世間がいうところの」は，“世の中で一般《いっぱん》に言われているような”という意味で，具体的には日本社会で一般的な考え方を指す。また，「よしとされている人生」は，「同調圧力」の強い日本社会で「正解とされる生き方」や「幸せな生き方」とよばれているものである。よって，そのような考え方に「異議を唱えず」に同調する人生を説明しているイがあてはまる。

問11　「自分の意見を明確にする際に，他者の意見を否定する必要はまったくありません」と述べられていることと，最後の二つの段落の内容から，アが合う。

三　**出典は浅野《あさの》竜《りゅう》の『シャンシャン，夏だより』による。**父親が問題を起こしたために引っこした川村を気にかける，野歩人《のぶと》の心の動きを中心に描《えが》いている。

問1　次の段落の最初の「それ」は傍線1を受けており，続く部分でくわしく描かれている。野歩人が川村の引っこしについて「なにもできなかった自分がふがいなく，できるものなら，もっと強くなりたかった」と感じていることと，その感情が「ぼく自身にむけたもの」であることをふまえ，「川村が引っこすのになにもできなかった自分をふがいなく思う感情」のようにまとめる。

問2　前書きに「彼女《かのじょ》」，「引っこしを繰《く》り返していた」とあることから，川村が様々な町を転々としている女子であることがわかるので，ウが選べる。セミのメスは「生まれた場所の近くから，はなれることはない」のに，人間の女子である川村は様々な町を転々としなければならないのでかわいそうだと，野歩人は感じているのである。

問3　直前に「実物がなきゃ，鳴き声をきいたっていうだけなんだから」とあることに注意する。「川村が，セミをみつけてくれたおかげ」で，「この町に本来いないはずのクマゼミ」が実は生息していたという強力な証拠《しょうこ》ができ，自由研究は成立した。そんな重要な役割を果たしたのだから，自由研究には川村の名前を入れるべきだというのである。

問4　直前に「なんか，川村に似てるよなあ」とあるように，野歩人はクマゼミに川村を重ねている。「仲間とめぐりあえたのだろうか」は，ウの「川村が，引っこし先でも友達が作れているかを野歩人が心配していること」を表した言葉といえる。

問5　コオロギは，夏の終わりに鳴き始める。「コオロギの音がきこえ始めた空き地」は，夏休みのラジオ体操も終わり，夏が終わり秋がやってきて，ぽっかりと心にすき間ができたようなさびしさや切なさを感じさせる表現といえるので，イがふさわしい。

問6　前に「カモッチが体操にきたのは，結局，一回だけだった。『やっぱりさ，おれにはあわないよ。横ならびっていうのが，好きじゃないんだよね』」とあるので，ウが選べる。体操に一回だけきたのは，野歩人に対する「人付き合い」だったと考えられる。

問7　**7**　借りたお金を返すのを少し待ってほしいと言う大起《だいき》に対し，ふたごはねばりつくようにしつこくからんでいるので，“態度がしつこいようす”をいう「ネチネチ」が入る。　**9**　「最後だから，みんなもしっかりやるだろうという予想は，現実の前に，もろくもくずれた」のだから，みんなは終始「だらだら」していたのだと考えられる。「だらだら」は，しまりのないようす。

問8　前後の部分から，野歩人がラジオ体操の係を務めていたことがわかる。その役目に対する野歩人の気持ちが，少し後の「たいへんだったようにも，あっけないようにも思えるが，とにかく，これでひとつの区切りがついたという手ごたえがある」に表れている。

問9　後に「あいつ，どこにいるんだよ。元気そうだった？」とあるので，「ずっと気にかけていた」とあるウがあてはまる。

問10　続けて「秋が近づいてくる」と言っているとおり，かあさんは夏から秋へと季節が進んでいると示している。また，川村を心配する野歩人に対して，川村は「ちゃんと自分の道をみつける」と言い，「もたもたしてると，おまえも置いていかれるよ」と野歩人を応援《おうえん》している。したがって，アがふさわしい。

問11　「そういっている」の「そう」は，直前の文の内容を指している。また，野歩人がクマゼミに川村を重ねていることに注意する。クマゼミの力強く激しい鳴き声は，引っこしで周りの環境《かんきょう》がどれほど変わろうと，せいいっぱい生きてやろうという川村の決意を暗示していると考えられる。

2023 年度

高輪中学校

【算　数】〈Ｂ日程試験〉(50分)〈満点：100点〉

〈注意〉　円周率は3.14を用いること。

1　次の□にあてはまる数を求めなさい。

(1)　$17\times14-\{34+(161-28)\div7\}\times3=\square$

(2)　$1\frac{7}{8}\div\left(\frac{1}{2}+\frac{2}{3}\right)-1\frac{5}{6}\times\frac{3}{7}=\square$

(3)　$2.57\times513-25.7\times48.9+257\times2.76=\square$

(4)　$\frac{4}{7}\times\left\{1+\left(1.375-\square\right)\div1\frac{1}{2}\right\}=\frac{3}{4}$

2　次の各問いに答えなさい。

(1)　かけ算九九の「答え」である81個の数のすべての和はいくつですか。

(2)　2023年の２月２日は木曜日です。2033年の２月２日は何曜日ですか。ただし，2020年はうるう年でした。

(3)　ある電車が600mのトンネルに入り始めてから通り抜《ぬ》けるまでに36秒かかり，760mの鉄橋を渡《わた》り始めてから渡り終えるまでに44秒かかりました。この電車の長さは何mですか。

(4)　4550円をＡ君とＢ君とＣ君の３人で分けました。Ａ君はＢ君の２倍より150円少なく，Ｃ君はＢ君の３倍より200円多かったとき，Ｂ君が受け取ったお金は何円ですか。

答えを出すための計算や考え方を書いて答えなさい。

3　Ａ君が１人で働くとちょうど72日，Ｂ君が１人で働くとちょうど90日で終わる仕事があります。

次の各問いに答えなさい。

(1)　Ａ君とＢ君の２人で毎日一緒《いっしょ》にこの仕事をするとき，仕事を始めてから終わるまでにちょうど何日かかりますか。

(2)　Ａ君とＢ君とＣ君の３人で毎日一緒にこの仕事をしたところ，仕事が終わるまでにちょうど24日かかりました。

①　Ｃ君が１人でこの仕事をするとき，仕事を始めてから終わるまでにちょうど何日かかりますか。

②　再び，Ａ君とＢ君とＣ君の３人で一緒にこの仕事をします。今回は，途中《とちゅう》でＡ君は２日，Ｂ君は５日，Ｃ君は10日休みます。仕事を始めてから終わるまでにちょうど何日かかりますか。

4　１辺が６cmの正三角形PQRを，１辺が12cmの正三角形ABC，正方形DEFG，正六角形HIJKLMの外側にふれながら，すべることなく時計回りに転がして，元の位置まで１周させます。

次の各問いに答えなさい。

(1)　図１のように，正三角形ABCの辺AB上に，正三角形PQRを，点Rと点Aがぴったり重なるように置きました。

正三角形PQRが正三角形ABCの外側を１周して，元の位置で止まるまでに，点Pが動いたあとの線の長さは何cmですか。

(2)　図２のように，正方形DEFGの辺DE上に，正三角形PQRを，点Rと点Dがぴったり重なるように置きました。

正三角形PQRが正方形DEFGの外側を１周して，元の位置で止まる(このとき，点Pは点Dにぴったり重なる)までに，点Pが動いたあとの線の長さは何cmですか。

(3)　図３のように，正六角形HIJKLMの辺HI上に，正三角形PQRを，点Rと点Hがぴったり重なるように置きました。

正三角形PQRが正六角形HIJKLMの外側を１周して，元の位置で止まるまでに，点Pが動いたあとの線の長さは何cmですか。

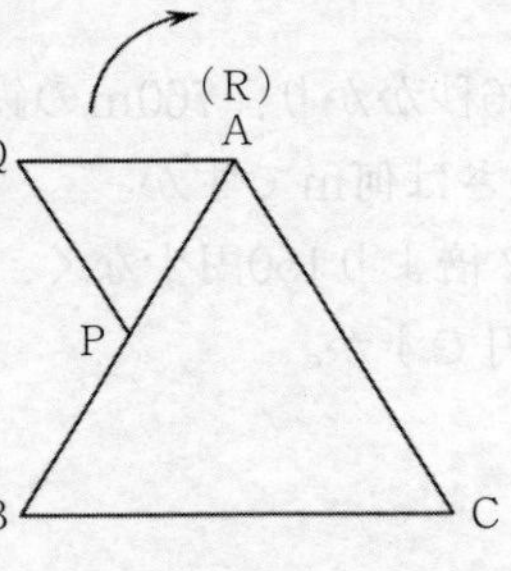

図１

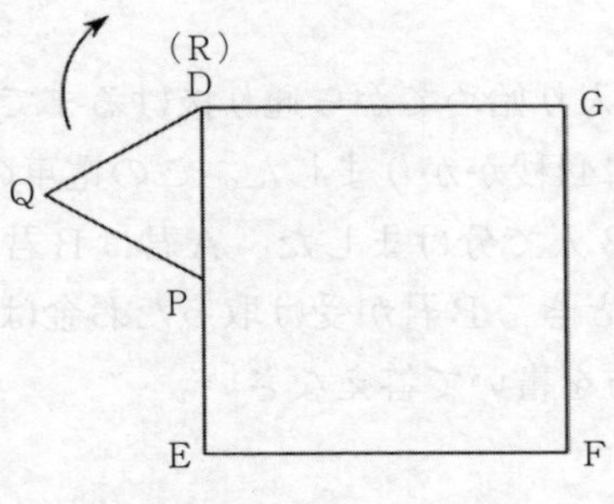

図２

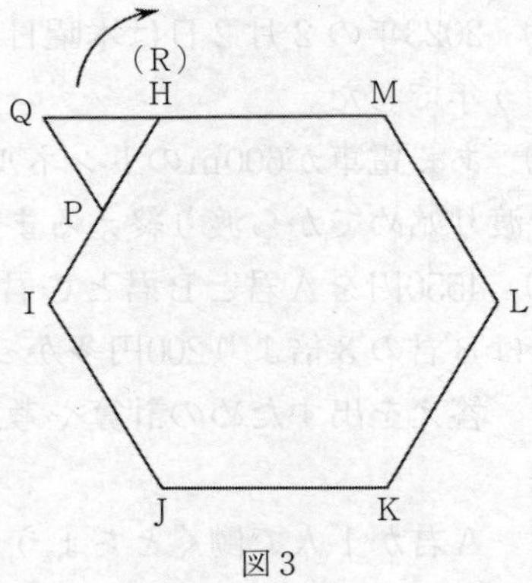

図３

5　図１は立方体で，３点Ｐ，Ｑ，Ｒは立方体の頂点であり，点Ａから順に点Ｉまでの９点は立方体のそれぞれの辺の真ん中の点です。

図１の立方体を，３点Ｂ，Ｃ，Ｆを通る平面で切断したところ，図２の立体ができました。下の各問いに答えなさい。

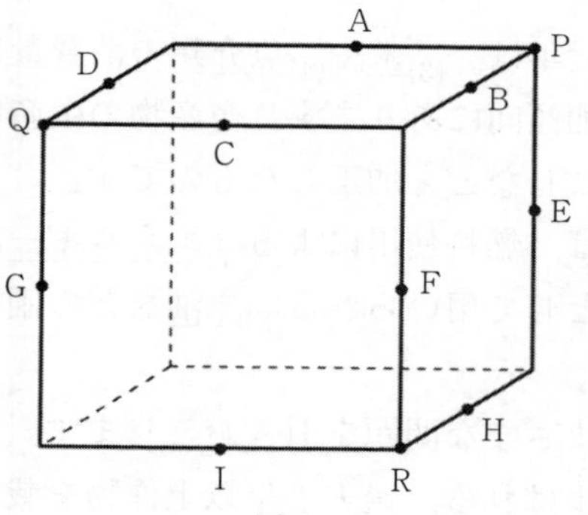

図１

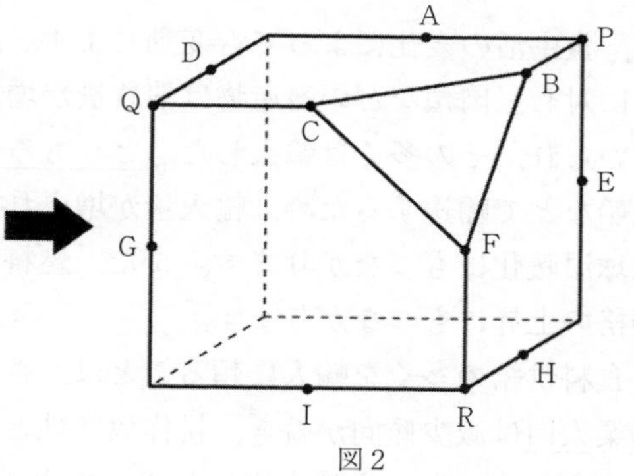

図２

(1)　図２の立体を，３点Ｐ，Ｑ，Ｒを通る平面で切断するとき，できる切り口の図形①と正三角形BCFの面積の比を，最も簡単な整数の比で表しなさい。

(2)　図２の立体を，３点Ａ，Ｄ，Ｇを通る平面で切断するとき，できる切り口の図形②と正三角形BCFの面積の比を，最も簡単な整数の比で表しなさい。

(3)　図２の立体を，３点Ａ，Ｂ，Ｅを通る平面，３点Ｃ，Ｄ，Ｇを通る平面，３点Ｆ，Ｈ，Ｉを通る平面で切断したところ，図３の立体ができました。３点Ｊ，Ｋ，Ｌはそれぞれ辺AB, CD, CGの真ん中の点です。

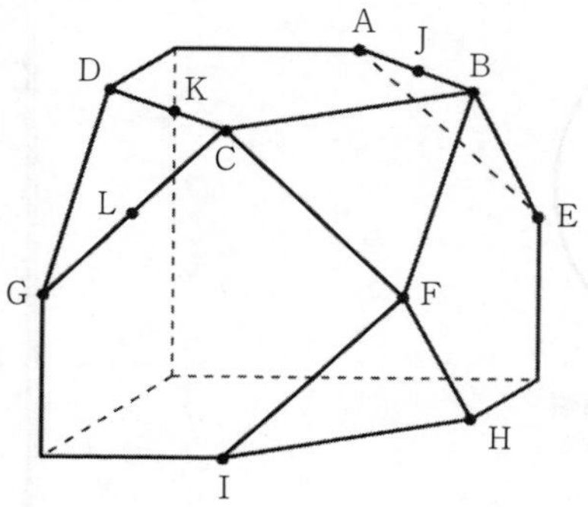

図３

図３の立体を，３点Ｊ，Ｋ，Ｌを通る平面で切断するとき，できる切り口の図形③と正三角形BCFの面積の比を，最も簡単な整数の比で表しなさい。

【社　会】〈B日程試験〉(30分)〈満点：60点〉

1　次の文を読み，下の各問いに答えなさい。

(1)日本の食料自給率は，長期にわたって低下傾向が続いています。世界各地で発生する(2)自然災害や戦争・紛争などにより輸入食料の価格が上昇すると，日本の食料供給にも大きな影響をあたえます。

食料自給率は，食生活の変化によっても変動します。近年は，(3)米や(4)魚介類の消費量は減少傾向にあるのに対し，肉類などの畜産物は消費量が増加傾向にあります。畜産物の生産には多量の飼料が用いられ，その多くは輸入した(5)とうもろこしなどを加工したものです。

輸入食料は(6)船などで輸送するため，輸入量が増えれば，燃料使用による(7)エネルギー消費量が増加し，地球温暖化にもつながります。また，燃料として用いられる(8)原油などの価格上昇は，農産物価格の上昇にもつながります。

このように，食料供給の多くを輸入に頼ることは，さまざまな問題を引きおこします。しかし，(9)日本の農業人口は減少傾向が続き，耕作放棄地とよばれる，過去1年以上作物を栽培せず，当面は栽培する予定のない土地も増加しています。耕作放棄地は全国で4000km²をこえており(2015年時点)，(10)富山県の面積と同程度です。(11)農業生産を維持するためには，にない手を確保するだけではなく，ダムや(12)かんがい用水の整備などもふくめた幅広い対策が必要です。

問1　下線(1)に関連して，食料自給率は，栄養価にもとづく「カロリーベース」と，食料の生産額にもとづく「生産額ベース」の2種類がおもに用いられています。日本の食料自給率(2020年)は，カロリーベースでは37%，生産額ベースでは67%と大きく異なります。カロリーベースの自給率が生産額ベースの自給率を大幅に下回る理由を，下の**図1**・**図2**と**表1**にある品目のうち，米以外の6品目に着目して説明しなさい。

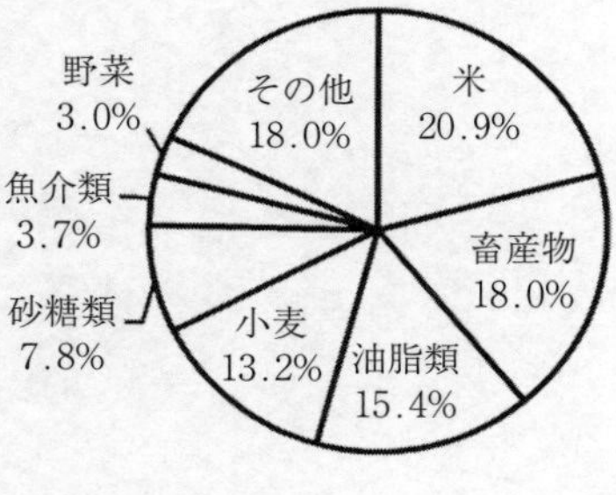

図1：主要食料が消費カロリーにしめる割合

図2：主要食料が生産額にしめる割合

表1　カロリーベース食料別自給率

米	98%
畜産物	63%
油脂類	3%
小麦	15%
砂糖類	36%
魚介類	51%
野菜	76%

※農林水産省資料より作成

問２　下線(2)に関連して，下の地形図に示した地域では，2020年に大規模な災害が発生しました。下の**ア**～**エ**のうち，この災害の種類としてもっともふさわしいものはどれですか。記号で答えなさい。

ア　塩害　　**イ**　洪水　　**ウ**　津波　　**エ**　雪崩

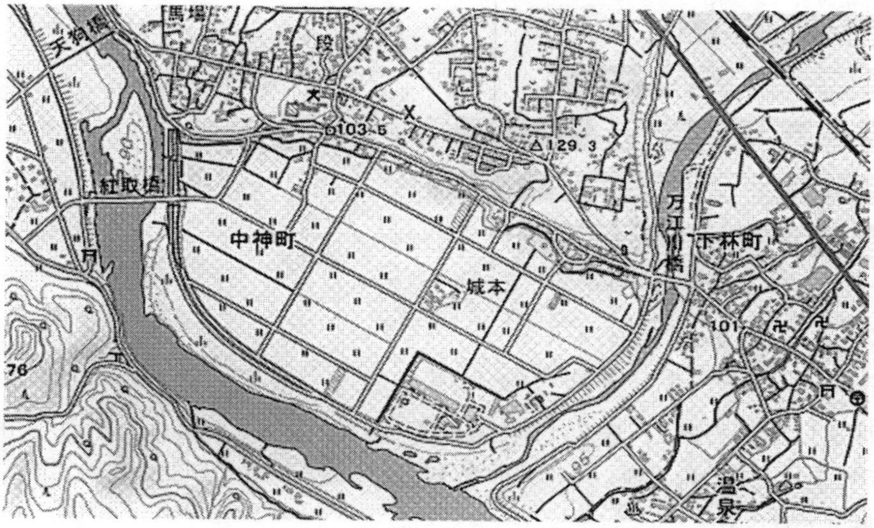

※地理院地図より作成

問３　下線(3)に関連して，米の過剰生産を抑えて価格を維持するために，政府が米の生産量を調整する政策が1970年代から2018年までおこなわれました。これを（　　）政策といいます。（　）に適する語を漢字２字で答えなさい。

問４　下線(4)に関連して，潮目とよばれる，暖流と寒流がぶつかるところは，好漁場になりやすいといわれています。下の**ア**～**カ**のうち，日本列島の太平洋側にある，潮目を形成している海流の正しい組み合わせはどれですか。記号で答えなさい。

ア　親潮（千島海流）と対馬海流　　**イ**　親潮（千島海流）とリマン海流
ウ　親潮（千島海流）と黒潮（日本海流）　　**エ**　リマン海流と黒潮（日本海流）
オ　対馬海流とリマン海流　　**カ**　対馬海流と黒潮（日本海流）

問５　下線(5)に関連して，とうもろこし・さとうきびなどの糖やでんぷんを発酵させ，ガソリンに混ぜて自動車の燃料として使用するアルコールのことを何といいますか。カタカナで答えなさい。

問６　下線(6)に関連して，新型コロナウイルス感染症の拡大後，輸送に用いるコンテナが不足したことや，アメリカでのロックダウン解除後に住宅建築に用いる木材の消費量が増えたことなどから，輸入木材の価格が上昇しました。この価格上昇は，1970年代に発生した原油価格の急上昇になぞらえて何と呼ばれますか。カタカナで答えなさい。

問７　下線(7)に関連して，下の**図３**は，日本における種類別の発電量の推移を示したもので，**ア～エ**は，火力発電・原子力発電・水力発電・太陽光発電のいずれかです。このうち，水力発電にあたるものはどれですか。記号で答えなさい。

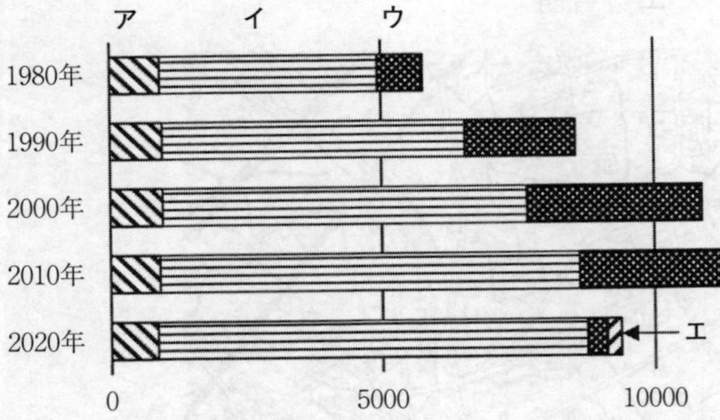

＊単位：億kWh

図３

※『日本国勢図会　2022/23年版』より作成

問８　下線(8)に関連して，下の**表２**・**表３**は日本の原油・液化天然ガスのおもな輸入相手国（2020年）を示しています。２つの表の（　）に共通する，西アジアの国はどこですか。下の**ア～オ**から選び，記号で答えなさい。

表２　原油の輸入先

サウジアラビア	39.5%
アラブ首長国	31.5%
クウェート	8.9%
（　　）	8.6%
ロシア	4.1%

表３　液化天然ガスの輸入先

オーストラリア	40.2%
マレーシア	13.2%
（　　）	11.3%
ロシア	7.8%
アメリカ	6.9%

＊割合は金額（円）による百分比

※『日本国勢図会 2022/23年版』より作成

ア　イラク　**イ**　インド　**ウ**　カザフスタン　**エ**　カタール　**オ**　タイ

問９　下線(9)に関連して，下の**表４**は，日本の耕地面積と農業就業人口の推移を示したものです。この表について説明した，下のＡ～Ｃの正誤の組み合わせとして正しいものはどれですか。下の**ア～カ**から選び，記号で答えなさい。なお，ここでの耕地面積とは，田・畑の面積の合計をさします。

表４

	耕地面積：千 ha			農業就業人口：千人
	田	畑	計	
1990年	2,846	2,397	5,243	4,819
2000年	2,641	2,189	4,830	3,891
2010年	2,496	2,097	4,593	2,606
2019年	2,393	2,004	4,397	1,681

※農林水産省資料・『日本国勢図会 2022/23年版』より作成

Ａ　1990年と2019年における耕地面積の減少量をくらべると，畑よりも田の方が耕地面積の減少量が大きい。

B　農業就業人口は，2000年から2019年の間に半分以下に減少した。

C　1990年から2019年の間に，農業就業者１人あたりの耕地面積は減少した。

	ア	イ	ウ	エ	オ	カ
A	正	正	正	誤	誤	誤
B	正	誤	誤	正	誤	正
C	誤	誤	正	正	正	誤

問10　下線(10)に関連して，富山県と接している県の数はいくつですか。算用数字で答えなさい。

問11　下線(11)に関連して，下の**図４**～**図６**はそれぞれ，各市町村における農業産出額のうち，野菜・米・乳製品が30％以上をしめる地域を網かけで示したものです。これについて説明した下の文を読み，①～③の各問いに答えなさい。

夏でも気温があまり上がらない地域や，(あ)火山灰が厚く積もっている地域では（ A ）の割合が，(い)上川盆地など石狩川の流域では（ B ）の割合が，道内最大都市である札幌市とその周辺では（ C ）の割合が高くなっていることがわかります。

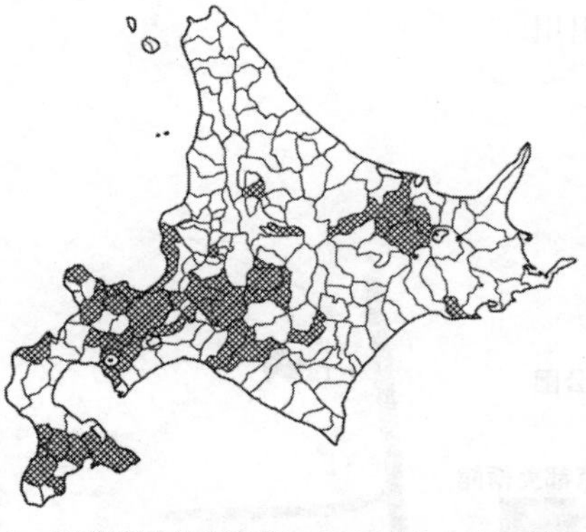

図４　野菜が農業産出額の30％以上の市町村（2020年）

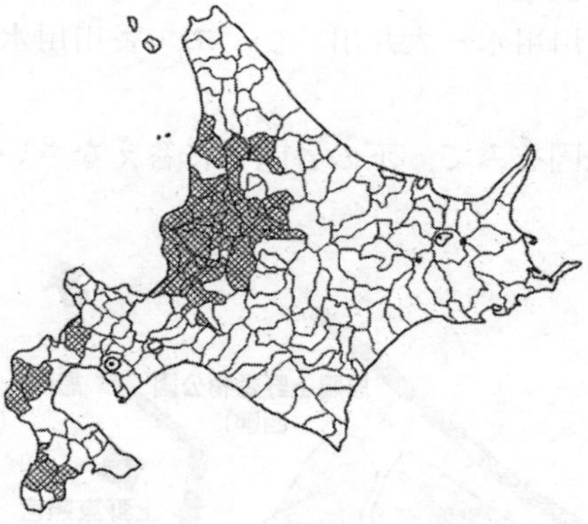

図５　米が農業産出額の30％以上の市町村（2020年）

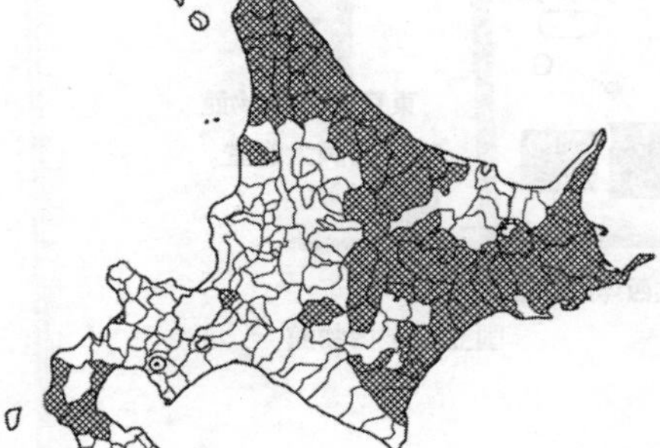

図６　乳製品が農業産出額の30％以上の市町村（2020年）

※農林水産省資料より作成

①　下の**ア**～**カ**のうち，文中の（A）～（C）に適する語の組み合わせとして正しいものはどれですか。記号で答えなさい。

	ア	イ	ウ	エ	オ	カ
A	野菜	野菜	米	米	乳製品	乳製品
B	米	乳製品	野菜	乳製品	野菜	米
C	乳製品	米	乳製品	野菜	米	野菜

②　二重線(あ)に関連して，下の**ア**～**オ**のうち，北海道中央部にある火山はどれですか。一つ選び，記号で答えなさい。

ア　石鎚山　　**イ**　大雪山　　**ウ**　筑波山　　**エ**　八ヶ岳　　**オ**　三原山

③　二重線(い)に関連して，下の**ア**～**オ**のうち，上川盆地にある，道内で２番目に人口（2019年）の多い都市はどれですか。記号で答えなさい。

ア　旭川市　　**イ**　小樽市　　**ウ**　帯広市　　**エ**　釧路市　　**オ**　函館市

問12　下線(12)に関連して，下の**ア**～**エ**のうち，かんがい用水とその水源となる川・湖との組み合わせとして正しいものはどれですか。一つ選び，記号で答えなさい。

ア　安積疏水―十和田湖　　**イ**　愛知用水―木曽川

ウ　豊川用水―大井川　　**エ**　香川用水―太田川

2　次の地図をみて，下の各問いに答えなさい。

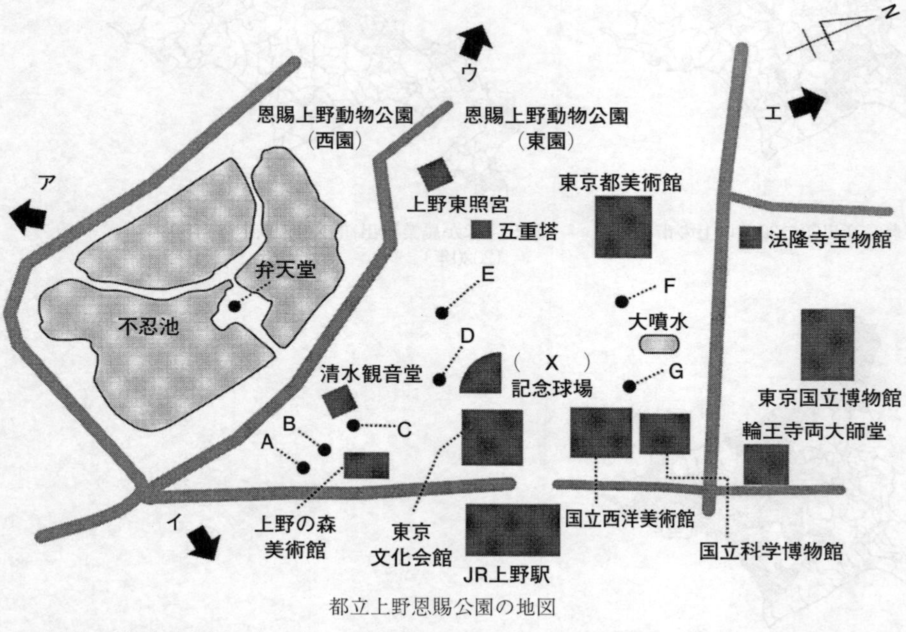

都立上野恩賜公園の地図

※地図は公園と公園周辺をふくみ，一部簡略・省略した部分がある。

問１　地図中**A**には，明治維新で指導的役割をになった政治家の銅像があります。この人物と同じ藩出身の人物はだれですか。下の**ア**～**オ**から一人選び，記号で答えなさい。

ア　吉田松陰　　**イ**　山県有朋　　**ウ**　木戸孝允

エ　大久保利通　　**オ**　伊藤博文

問2　地図中**B**には，徳川慶喜側近の旧幕臣を中心に結成され，新政府軍に対抗した組織の慰霊碑があります。この組織は何ですか。下の**ア**～**オ**から一つ選び，記号で答えなさい。

ア　天誅組　**イ**　彰義隊　**ウ**　海援隊
エ　新選組　**オ**　奇兵隊

問3　地図中**C**には，日本に『論語』などを伝えたとされる王仁の記念碑があります。儒教の祖である中国の学者はだれですか。漢字2字で答えなさい。

問4　地図中**D**には，前方後円墳に分類される摺鉢山古墳があります。下の**ア**～**オ**のうち，この古墳と同じ種類で，日本最大の古墳はどれですか。記号で答えなさい。

ア　高松塚古墳　**イ**　箸墓古墳　**ウ**　石舞台古墳
エ　造山古墳　**オ**　大仙古墳

問5　地図中**E**には，大仏の顔面部があります。この大仏は度重なる災害にあい，大正12年の災害で頭部が落下して以降，再建されていません。この災害は何ですか。漢字5字で答えなさい。

問6　地図中**F**には，上野の地に公園をつくることを政府に提言したボードワン博士の像があります。ボードワン博士は長崎養生所で医学を教えていた人物です。ボードワン博士と同じように，長崎で医学を教えていたことがある人物はだれですか。下の**ア**～**オ**から一人選び，記号で答えなさい。

ア　モース　**イ**　シーボルト　**ウ**　ウィリアム＝アダムス
エ　ロッシュ　**オ**　パークス

問7　地図中**G**には，梅毒の病原体を発見し，アフリカで黄熱病の研究中に感染して死去した人物の像があります。この人物はだれですか。下の**ア**～**オ**から一人選び，記号で答えなさい。

ア　志賀潔　**イ**　北里柴三郎　**ウ**　野口英世
エ　南方熊楠　**オ**　湯川秀樹

問8　地図中の法隆寺宝物館に関連して，下の**ア**～**エ**のうち，法隆寺の説明として**ふさわしくない**ものはどれですか。一つ選び，記号で答えなさい。

ア　法隆寺には，国際色豊かな宝物をおさめた正倉院がある。
イ　法隆寺の境内には，地図中にみられる建物と同系統の仏教建築がある。
ウ　法隆寺には，厩戸皇子が鞍作鳥につくらせた金堂釈迦三尊像がある。
エ　法隆寺の金堂は，現存する世界最古の木造建築である。

問9　地図中の上野東照宮は，東照大権現として徳川家康をまつったものです。下の**ア**～**エ**のうち，徳川家康に関する説明として**ふさわしくない**ものはどれですか。一つ選び，記号で答えなさい。

ア　小牧・長久手の戦いで豊臣(羽柴)秀吉と戦った。
イ　豊臣政権では五大老をつとめた。
ウ　大阪夏の陣で豊臣氏を滅ぼした。
エ　将軍在職中に武家諸法度を定めた。

問10　下の文は東叡山寛永寺の説明です。(　)に適する語は何ですか。漢字で答えなさい。

> 徳川家康・秀忠・家光三代にわたる将軍の帰依を受けた天海大僧正が徳川幕府の安泰と万民の平安を祈願するため，江戸城の鬼門(北東の方向)にあたる上野の台地に寛永寺を建立しました。これは桓武天皇の帰依を受けた天台宗の宗祖伝教大師最澄上人が開いた比叡山(　　)が，京都御所の鬼門に位置し，朝廷の安穏を祈る鎮護国家の道場であったことにならったものです。そこで山号は東の比叡山という意味で東叡山とされました。

問11　上野恩賜公園の大部分は東叡山寛永寺のかつての敷地にあります。地図中の矢印**ア**〜**エ**のうち，江戸城があったおおよその方角を示すものとしてもっともふさわしいものはどれですか。記号で答えなさい。

問12　地図中(X)に関連して，①・②の各問いに答えなさい。

①　(X)には，俳句雑誌『ホトトギス』を中心に俳句活動をおこない，野球好きとしても知られる明治時代の俳人が入ります。この人物はだれですか。下の**ア**〜**オ**から一人選び，記号で答えなさい。

ア　小林一茶　　**イ**　狩野永徳　　**ウ**　岡本太郎

エ　与謝野晶子　　**オ**　正岡子規

②　(X)の人物はある戦争に記者として従軍しています。下の**ア**〜**エ**のうち，この人物が従軍した戦争の説明としてもっともふさわしいものはどれですか。記号で答えなさい。

ア　盧溝橋事件を発端にはじまった戦争だった。

イ　真珠湾攻撃を発端にはじまった戦争だった。

ウ　甲午農民戦争を発端にはじまった戦争だった。

エ　柳条湖事件を発端にはじまった戦争だった。

問13　地図中の建物のうち，世界遺産「ル・コルビュジエの建築と都市計画」の一部にふくまれるものはどれですか。**地図中から書き抜いて**答えなさい。

問14　明治4年の社寺上地処分によって寛永寺や上野東照宮などから取り上げられた土地は，その後公園の一部として利用されていました。しかし，1947年5月1日，寛永寺や上野東照宮などの境内地が上野恩賜公園の公園地から解除されました。このような動きがおこった理由を，下の日本国憲法第20条の条文を参考に説明しなさい。

> 1　信教の自由は，何人に対してもこれを保障する。いかなる宗教団体も，国から特権を受け，又は政治上の権力を行使してはならない。
> 2　何人も，宗教上の行為，祝典，儀式又は行事に参加することを強制されない。
> 3　国及びその機関は，宗教教育その他いかなる宗教的活動もしてはならない。

3 次の表をみて，下の各問いに答えなさい。

年月	おもなできごと
2021．9	アメリカ同時多発テロから（ 1 ）年が経過し，ニューヨークなどで追悼式典を開催
．10	第一次岸田文雄(2)内閣が発足
．11	イギリスで開かれた(3)国連気候変動枠組条約第26回締約国会議で，「グラスゴー気候合意」を採択
．12	ワシントンで（ 4 ）氏にノーベル物理学賞のメダルを授与する式典を開催
2022．1	(5)トンガ付近で発生した海底火山噴火にともない，(6)気象庁が津波警報を発表
．2	(7)国連安全保障理事会で，アメリカなどがロシアへの非難決議を提案
．3	名古屋(8)高等裁判所が，名張ぶどう酒事件の第10次(9)再審請求異議申し立てを棄却
．4	グテーレス国連（ 10 ）がウクライナを訪問
．5	(11)沖縄の日本本土復帰50年をうけ，記念式典を開催
．7	財務省が2021年度の国の(12)一般会計決算概要を発表
．8	岸田首相が第10回(13)核兵器不拡散条約運用検討会議に出席
．9	厚生労働省が(14)2021年の人口動態統計（確定数）を発表
	複数の(15)地方公共団体が(16)新型コロナウイルス感染症患者の全数把握を見直すことを決定

問１ （1）に適する数字を算用数字で答えなさい。

問２ 下線(2)に関連して，下の**ア**～**エ**のうち，日本の内閣制度について正しくのべた文はどれですか。一つ選び，記号で答えなさい。

ア 各省庁の長である国務大臣は，必ず国会議員から選ばれる。

イ 内閣総理大臣は国会によって指名され，天皇によって任命される。

ウ 内閣は，各地方公共団体で適用される条例を定めることができる。

エ 衆議院が内閣不信任案を可決した場合，内閣はただちに総辞職しなければならない。

問３ 下線(3)に関連して，下の**ア**～**エ**のうち，この会議およびここで決定した合意の内容として正しいものはどれですか。一つ選び，記号で答えなさい。

ア 石炭火力発電を段階的に削減していく。

イ 2100年の世界平均気温の上昇を産業革命前に比べて2.0度以内に抑える。

ウ 森林破壊については議論がおこなわれなかった。

エ すべての国連加盟国の首脳が参加した。

問４ （4）に適する人名を，下の**ア**～**オ**から選び，記号で答えなさい。

ア 大江健三郎　**イ** 湯川秀樹　**ウ** 山中伸弥

エ 眞鍋淑郎　**オ** 小柴昌俊

問５ 下線(5)について，下の**ア**～**エ**のうち，トンガについて正しくのべた文はどれですか。一つ選び，記号で答えなさい。

ア 西アフリカに位置する共和制国家で，漁業従事者が多い。

イ 南太平洋の島群からなる王国で，カボチャ栽培などの農業がさかんである。

ウ　南アメリカ大陸に位置する共和制国家で，北部では銅の産出量が多い。

エ　何千もの火山島からなる東南アジアの国で，数百もの民族から構成されている。

問６　下線(6)に関連して，気象庁はどの機関に属していますか。下の**ア**～**オ**から選び，記号で答えなさい。

ア　総務省　　**イ**　経済産業省　　**ウ**　文部科学省

エ　国土交通省　**オ**　内閣府

問７　下線(7)について，下の**ア**～**エ**のうち，国連安全保障理事会に関する説明としてもっともふさわしいものはどれですか。記号で答えなさい。

ア　決議にはすべての国連加盟国が参加する。

イ　本部はオランダのハーグにある。

ウ　非常任理事国は10か国で，任期は２年である。

エ　常任理事国は拒否権をもつが，行使したことはない。

問８　下線(8)に関連して，日本では三審制が採用されており，高等裁判所は多くの場合，第二審を扱うことになります。第一審の判決に不服がある場合に第二審での審理を求めることを何といいますか。漢字２字で答えなさい。

問９　下線(9)に関連して，下の**ア**～**オ**のうち，再審請求ともっとも関係の深い権利はどれですか。記号で答えなさい。

ア　経済の自由　**イ**　思想の自由　**ウ**　表現の自由

エ　学問の自由　**オ**　身体の自由

問10　(10)には，国連におけるグテーレス氏の役職名が入ります。適する語を漢字４字で答えなさい。

問11　下線(11)に関連して，下の**ア**～**エ**のうち，1972年におこったできごととして正しいものはどれですか。一つ選び，記号で答えなさい。

ア　日ソ共同宣言が調印された。

イ　日韓基本条約が締結された。

ウ　日中共同声明が調印された。

エ　日中平和友好条約が締結された。

問12　下線(12)に関連して，下の**ア**～**オ**のうち，2020年度一般会計の歳出でもっとも大きな割合をしめるものはどれですか。記号で答えなさい。

ア　防衛関係費　**イ**　地方交付税交付金　**ウ**　社会保障関係費

エ　国債費　**オ**　公共事業関係費

問13　下線(13)について，下の**ア**～**オ**のうち，この条約の略称として正しいものはどれですか。記号で答えなさい。

ア　PTBT　**イ**　CTBT　**ウ**　IAEA　**エ**　START　**オ**　NPT

問14　下線(14)に関連して，下の**ア**～**エ**のうち，日本の人口動態についてのべた文として**ふさわしくない**ものはどれですか。一つ選び，記号で答えなさい。

ア　出生数(2021年)は，前年より増加した。

イ　死亡数(2021年)は，前年より増加した。

ウ　婚姻件数(2021年)は，前年より減少した。

エ　外国人人口(2021年)は，前年より減少した。

問15　下線⒂に関連して，イギリスの政治学者ブライスは，「地方自治は民主主義の(　　)である」との言葉を残しました。(　)に適する語を漢字で答えなさい。

問16　下線⒃に関連して，新型コロナウイルス感染症の患者の全数把握をやめることによる利点は何ですか。また，問題点としてどのようなことが考えられますか。それぞれ簡潔に答えなさい。

【理　科】〈B日程試験〉（30分）〈満点：60点〉

1　断面積の異なる容器A，Bがあり，その間を細い管と，これを開閉できる弁で連結します。図1のように弁を閉じた後，A，Bに水を入れたところ，Aの底面から水面までの高さは30cm，Bの底面から水面までの高さは15cmになりました。Aの断面積を10cm^2，Bの断面積を20cm^2，水1cm^{3}あたりの重さを1gとして以下の各問いに答えなさい。ただし，AB間をつなぐ細い管の体積は考えないものとします。

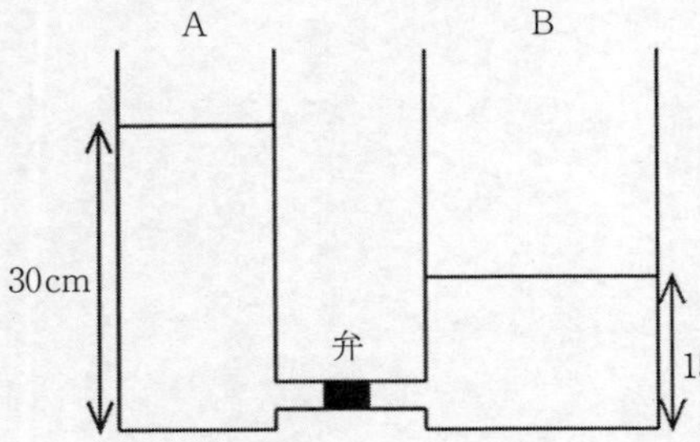

図1

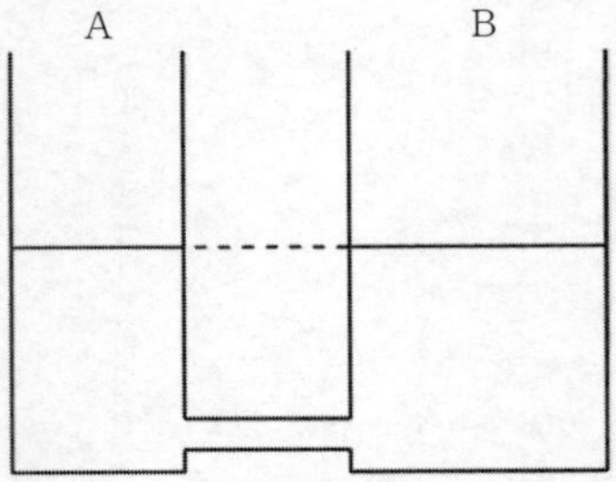

図2

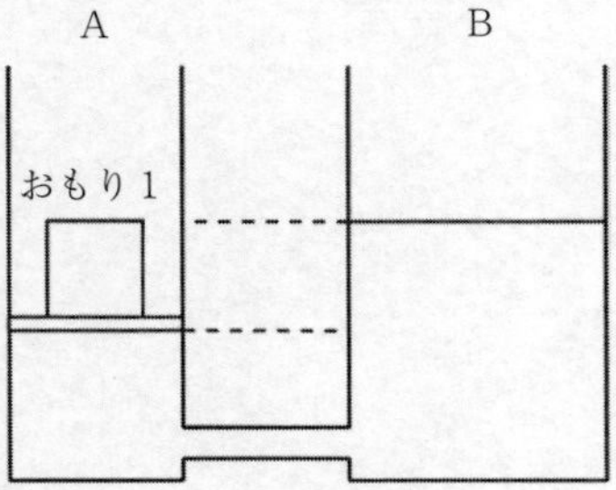

図3

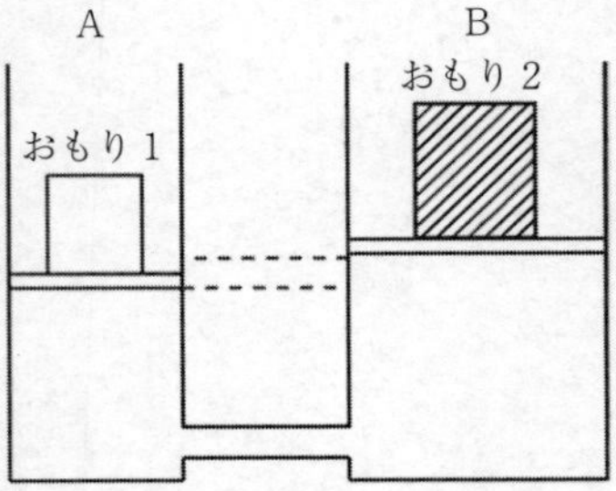

図4

まず，AB間の弁を開けると，AからBに向かって水が移動し，図2のようにA，Bで水面の高さは同じになりました。

(1)　図2のA，Bの底面から水面までの高さはいくらになりますか。

次に図3のように，Aと同じ断面積を持つピストンを水面の上にのせ，その上に重さ120gのおもり1をのせたところ，Aの水面は下降し，Bの水面は上昇《しょう》し水面の高さに差が生じました。120gのおもりをのせることは，120g（120cm^3）の水をのせるのと同じことです。なお，ピストンはなめらかに動くものとし，ピストンの厚みや重さは考えないものとします。

(2)　図3のA，Bの水面の高さの差はいくらになりますか。

(3)　図3のBの底面から水面までの高さはいくらになりますか。

続いて図4のように，Bと同じ断面積を持つピストンを水面の上にのせ，その上に重さ150gのおもり2をのせたところ，Aの水面は上昇し，Bの水面は下降し，水面の高さに差が生じました。

(4)　図4のA，Bの底面から水面までの高さはそれぞれいくらになりますか。

おもりとピストンを取り除いて，図2の状態に戻した後，図5のように，Bの水面から5cm上に，ばねはかりを用いておもり2をつるしたところ，ばねはかりの値は150gを示しました。この位置を基準として，おもり2をゆっくり6cm下げました。おもり2は図6のような底面積が10cm^2，高さが12cmの直方体であるとします。

おもりが水につかっているとき，おもりは，おしのけた水の重さ(「1 cm^3 あたりの水の重さ」×「水の中にあるおもりの体積」)に等しい浮《ふ》力という上向きの力を受け，その分ばねはかりの示す値は小さくなります。

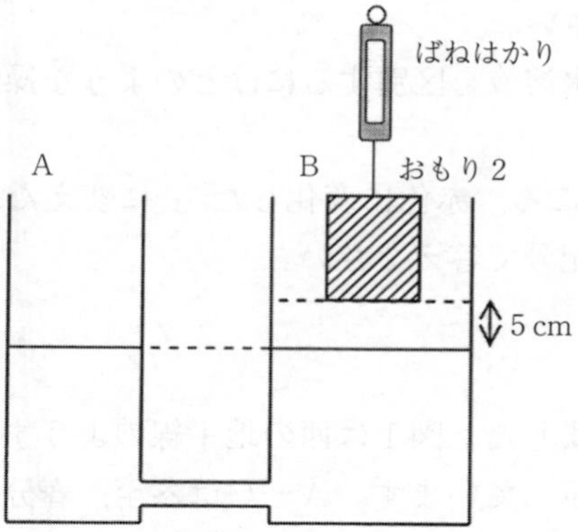

図5

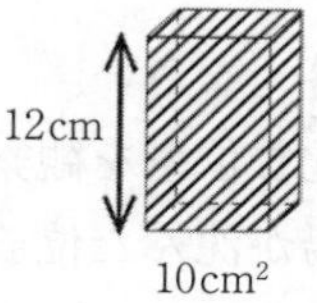

図6

(5)　おもり2を6 cm 下げたとき，A，Bの水面は図5の位置からともに同じ高さだけ上昇しました。上昇した高さはいくらですか。

(6)　おもり2を6 cm 下げたとき，ばねはかりの示す値はいくらになりますか。

2　**ア**～**カ**の水溶《よう》液をⅠ，Ⅱ，Ⅲの操作の結果で分類し，下の図のようにまとめました。次の各問いに答えなさい。

ア　石灰水　**イ**　炭酸水　**ウ**　食塩水　**エ**　酢《さく》酸水溶液
オ　アンモニア水　**カ**　水酸化ナトリウム水溶液

Ⅰ　赤色リトマス試験紙につけたところ，青色に変化した。
Ⅱ　スライドガラスに少量とり，ガスバーナーで加熱して，水分を蒸発させたところ，固体は残らなかった。
Ⅲ　においをかいだところ，鼻をさすようなにおいがした。

例えば，ⅠとⅡにあてはまり，Ⅲにあてはまらない物質は②に分類されます。

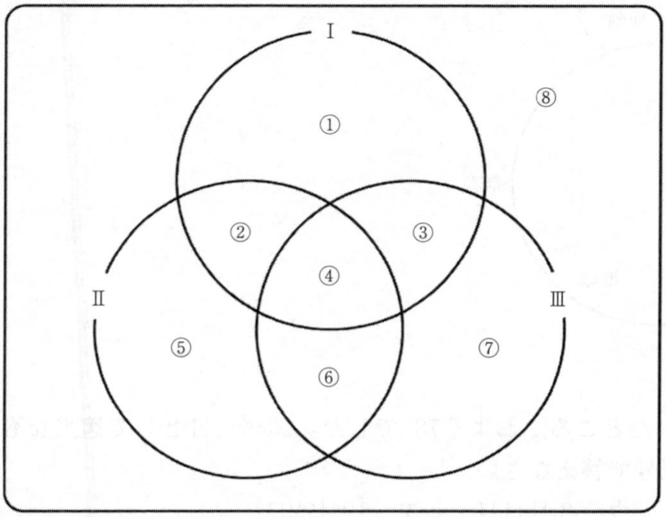

(1)　赤色リトマス試験紙を青色に変化させる性質を何性といいますか。

(2)　Ⅱにあてはまる水溶液を，**ア**～**カ**の中からすべて選び，記号で答えなさい。

(3)　③，④，⑤，⑧に分類される水溶液を，**ア**～**カ**の中から1つずつ選び，記号で答えなさい。ただし，あてはまるものがない場合は「×」と答えなさい。

(4)　①に分類される水溶液は2つあります。この2つの水溶液を区別するにはどのような操作を行えばいいですか。

(5)　Ⅰの操作の結果を「青色リトマス試験紙につけたところ，赤色に変化した。」に変えたとき，④に分類される水溶液を，**ア**～**カ**の中から1つ選び，記号で答えなさい。

3　太陽の動きに関する次の各問いに答えなさい。

日本のある地点で太陽が地平線に沈《しず》む位置を観察しました。図1は西の地平線のようすを表しており，矢印はそれぞれの日に太陽が沈んだ位置を示しています。A～Cは冬至，春分，夏至のいずれかの日です。

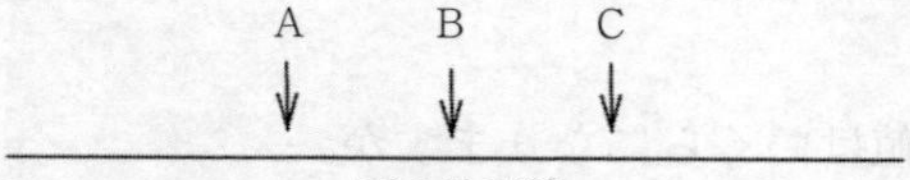

図1

(1)　春分の日はA～Cのどの日ですか。

(2)　昼の時間が最も長いのはA～Cのどの日ですか。

(3)　この観察のように，時期によって太陽の沈む位置が変わるのはなぜですか。

次に，東京(東経139°，北緯《い》35°)と那《な》覇《は》(東経127°，北緯26°)での南中高度と南中時刻について調べました。

(4)　図2は，北半球のある地点で，春分の日に太陽が南中した時の地球を示しています。南中高度とは図2のD～Fのどの角度ですか。

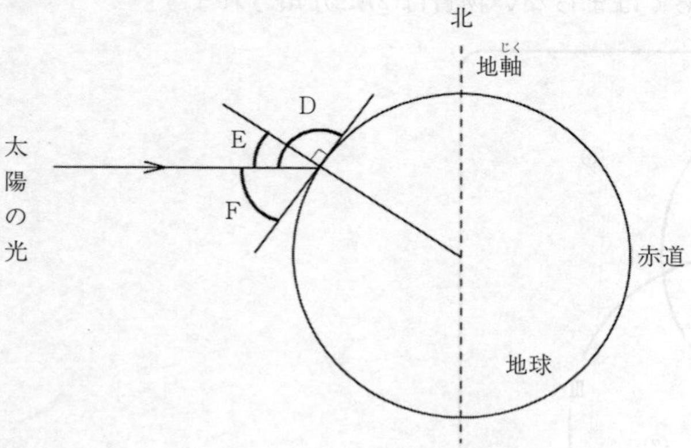

図2

(5)　ある日に東京で南中高度を調べたところ，およそ78°でした。調べた日として適当なものを，次の**ア**～**エ**の中から1つ選び，記号で答えなさい。

ア　3月20日　　**イ**　6月21日　　**ウ**　8月11日　　**エ**　12月22日

(6)　(5)と同じ日の東京での南中時刻は日本時間で11時43分でした。この日の那覇での南中時刻に最も近いものを，次の**ア**～**エ**の中から１つ選び，記号で答えなさい。

ア　11時31分　　**イ**　11時55分　　**ウ**　12時19分　　**エ**　12時31分

(7)　地面に垂直に立てた棒に太陽の光があたると影《かげ》ができます。次の**ア**～**カ**は地面に立てた棒を真上から見たときの影のようすを表しています。(6)と同じ日の正午に，東京と那覇で同じ長さの棒を地面に垂直に立てたとき，太陽の光によってできる棒の影はどうなりますか。東京と那覇の棒の影としてふさわしいものを，次の**ア**～**カ**の中からそれぞれ１つずつ選び，記号で答えなさい。

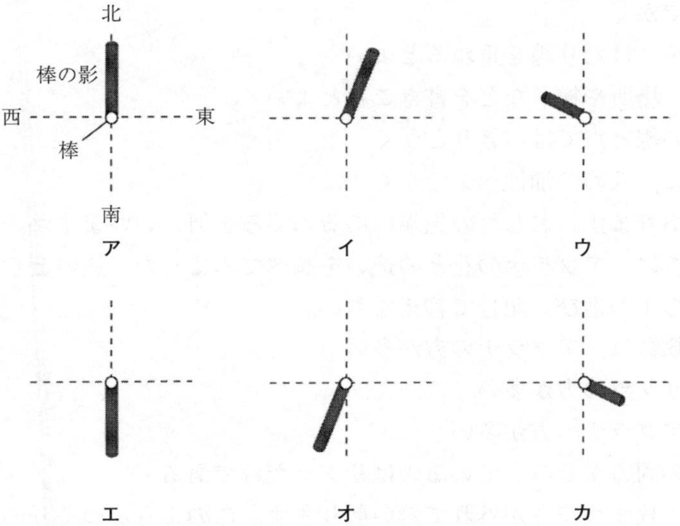

4　Ｔ君は３月下旬《げじゅん》に父親と，都内のソメイヨシノの桜並木にお花見に行きました。次の会話文を読み，以下の各問いに答えなさい。

父親：サクラの花を見ると春が来たことを強く感じるね。

Ｔ君：うん。今日は晴天だけど風が強いね。あっ，$_{\mathrm{A}}$サクラの花びらが風にあおられてたくさん舞《ま》っているよ。

父親：桜ふぶきっていうんだ。サクラの花は見事に咲《さ》くけど，長続きしないで割と早く散ってしまうんだ。

Ｔ君：そういえば，長い期間咲いているイメージはないよね。でも，春っていろんな花が咲き乱れてきれいな季節って感じがするよ。

父親：そうだね，$_{\mathrm{B}}$春に咲く花も多いけど，夏や秋に咲く花もいろいろあるんだよ。

Ｔ君：あとさ，このサクラを見ていて気づいたんだけど，$_{\mathrm{C}}$花が咲いているときには葉っぱが全然ついていないよね。桜もちについている葉っぱってサクラの葉だよね。葉はいつ生えるの？

父親：疑問に思ったことは自分で調べてごらん。葉っぱは必ず生えるよ。

Ｔ君：疑問は自分で調べるか。疑問といえばもう一つ，$_{\mathrm{D}}$サクラって４月の入学式に咲いているイメージがあるけど，今年は３月の卒業式に満開だったな。年々咲く時期が早くなっているのはなんでだろう。

父親：不思議に思うことは大事だね。父さんが子どものころ住んでいた仙台だと，東京よりも２週間くらいは遅れて開花していたよ。開花時期は，年による違《ちが》いだけでなく，同じ年でも場所によって違うんだよ。

Ｔ君：そうなんだ。家に帰ったら図鑑《かん》やインターネットでいろいろ調べてみるよ。

父親：いいね。また，花が咲き終わった後も観察に来てみよう。

(1)　自宅に帰って，Ｔ君は植物図鑑でサクラの花を縦に切った写真を見つけ，スケッチしてみました。スケッチのしかたとして適当でないものを，次の**ア**～**オ**の中から２つ選び，記号で答えなさい。

ア　先を細くけずったえんぴつでかく

イ　立体的に見えるように，影《かげ》をつけたり線を重ねるとよい

ウ　観察したときの日時や天気，場所や様子などを書きこむとよい

エ　目的とするものだけを，細い線と点ではっきりとかく

オ　あとで消えたりしないように，太めの油性ペンでかく

(2)　サクラの花にはおしべが複数あります。おしべの先端《たん》にあるふくろを何といいますか。

(3)　サクラの花をスケッチしたときに，アブラナの花との違いを調べてみました。違いとして正しいものを，次の**ア**～**エ**の中から１つ選び，記号で答えなさい。

ア　１つの花の花弁(花びら)の枚数は，アブラナの方が多い

イ　１つの花のおしべの数は，サクラの方が多い

ウ　１つの花のめしべの数は，アブラナの方が多い

エ　１つの花におしべとめしべの両方がそろっているのはサクラだけである

(4)　下線部Ａのように，サクラは１枚ずつ花弁が外れて舞い散ります。このようなつくりの花を何といいますか。

(5)　(4)と同じつくりの花を，次の**ア**～**オ**の中からすべて選び，記号で答えなさい。

ア　ツツジ　　**イ**　ナス　　**ウ**　アサガオ　　**エ**　アブラナ　　**オ**　バラ

(6)　下線部Ｂについて，ふつう，春・夏・秋に花を咲かせる植物の組み合わせとして正しいものを，次の**ア**～**エ**の中から１つ選び，記号で答えなさい。

ア　春：タンポポ　夏：ツバキ　　秋：ヒマワリ

イ　春：コブシ　　夏：アサガオ　秋：ヒガンバナ

ウ　春：ツユクサ　夏：コスモス　秋：ナズナ

エ　春：キク　　　夏：カタクリ　秋：ホウセンカ

(7)　下線部Ｃについて，サクラの葉の説明として最も適当なものを，次の**ア**～**エ**の中から１つ選び，記号で答えなさい。

ア　葉はイチョウと同じように黄色く黄葉する

イ　秋から冬に葉が落ちるころには，次の年の葉の芽がつくられている

ウ　春に花が咲く直前に葉は一度かれて落ちる

エ　花が咲いた年は，葉が生えない

(8)　下線部Ｄについて，東京でサクラの開花時期が年々早まっているのはなぜだと思いますか。

互《ご》に『見守り隊』でありながら、『完璧』にはできない『見習い』であるということなんでしょうね。たぶんそれはAさん・Bさん・Cさん、そして私にもあてはまることなんです。そう考えてみると、この題名は人間全てにあてはまる深い意味を持っているようにも思われますね。」

(1) [1]に入る言葉としてふさわしいものを次の中から一つ選び、記号で答えなさい。

ア、その人の心が前向きになれるように、時には励《はげ》ましたり、時には叱《しか》ったりしてゆく

イ、その人と問題意識を共有して、その人と共に苦しみその人と共に打開策を求めてゆく

ウ、その人が自分の力でできると判断したことに関しては、その人自身の力でやらせてみる

エ、その人が自分で問題を乗り越えることができる方法やヒントを、暗に指し示してあげる

(2) ――2「よい意味で人生に開き直れる場面」とありますが、母が開き直ったことのわかる最初の言葉を、文中から一五字以内で抜き出して答えなさい。（ここでは「」は字数にはふくまれません。）

(3) [3]に入る言葉としてふさわしいものを次の中から一つ選び、記号で答えなさい。

ア、未熟であっても支え合って生きていける

イ、未熟であるからこそ周りから助けてもらえる

ウ、未熟であると思ってもそれなりに成し遂げられる

エ、未熟であることを自覚しながら生きなくてはいけない

(4) [4]に入る言葉を考えて答えなさい。

対して感謝しているのですか。ふさわしいものを次の中から一つ選び、記号で答えなさい。

ア、あきら以上に自分を支えてくれた夫に対する感謝の気持ちを、あきらが思い出させてくれたこと。

イ、自分の考えから抜け落ちていた夫を含めた、家族全員による再出発の形をあきらが気づかせてくれたこと。

ウ、自分たちのことばかり考え過ぎて夫の存在を忘れていたことを、あきらがはっきりと注意してくれたこと。

エ、家を空けがちな夫のことを言い出したのは意外だったが、あきらがそんな夫のことを忘れないでくれたこと。

問九　『見守り隊見習い』という題名に込められた意味について、先生と生徒たちが話し合っています。次の発言についての後の問いに答えなさい。

先　生「今日はこの文章の題名『見守り隊見習い』とはだれのことを指しているのか考えてみましょう。」

生徒Ａ「はい、それはもちろん『あきら』のことを指しているのだと思います。『安心して』『ほっとした』『心配する』などの言葉が目立つ前半からは、母を心配しながら『見守』る『見守り隊』としての『あきら』の姿がはっきりと見て取れます。でも、『あきらはなんと励ませばいいかわからなかった』『あきらはそっと見守った』『あきらは何も言わず、手も出さない』のように、未熟である『あきら』は直接母を助けることはできていません。だから十分に『見守り』きれないということで『見習い』なのではないでしょうか。」

生徒Ｂ「私は『あきら』の『見守り』が未熟だとは思いません。Ａさんが指摘《してき》していた『あきらは何も言わず、手も出さない』のは、『あきら』が未熟ゆえに手を出せないのではなく、あえて手を出さないようにしているのです。その証拠に『手を差し伸べるのは簡単だ』と書いてあります。ではなぜあえて手を出さなかったのかと言えば、さらにその後にあるように、『だけどそうしてしまったら、お母さんはもう二度と、一人で立てなくなってしまう気がした』からなんですよ。つまり『あきら』は、『見守り』とは直接手を下して人を助けることではなくて、［1］ことが大切で、それが『一人で立つ』つまり自立をうながしてゆく真の『見守り』だということに気づいているんですね。これはもう大人の考え方なのであって、『見守り隊隊長』の母が、むしろ我が子に『見守』られ、成長させられる『見習い』であったということを、この題名は言おうとしているのではないでしょうか。」

生徒Ｃ「私もＢさんの意見に賛成です。母が『完璧じゃなくても、ダメな母親でも、でしゃばりでも無能でも、別にいいのよね』と、2よい意味で人生に開き直れる場面がありますね。Ａさんが言うように子供はやはり未熟であるわけで、そんな子供の前で、より『完璧』な姿を見せようと努力してきた母が、今回の事件を通して、かえって未熟な我が子によって精神的に救われることになるわけです。ここで母は、きっと人間というものは［3］ということに気がついて、自分を［4］ことができるようになったと言えるのではないでしょうか。」

先　生「みなさん、よいところに気がついていますね。Ｃさんが言っていた、人間というものは［3］という考えに基《もと》づけば、『あきら』も母も、そして父も、相《そう》

エ、警察も介入《かいにゅう》するような大きな事件になってしまったことはあきらには黙っておきたかったのに、あきらの反応の大きさを考えればもう隠してはおけないとあきらめて、正直に全てを話してしまおうという思い。

問三 ――4「ありがとう」とありますが、どんなことに対して感謝しているのですか。二〇字以内で答えなさい。

問四 ――5「お母さんの吐く息が震える音がした」・7「今日は指が震えてうまく靴紐を結べていない」とありますが、ここから母のどのような気持ちが読み取れますか。二〇字以内で答えなさい。

問五 ――6「お母さんがスニーカーを履く」・8「あきらも続いて靴を履く」とありますが、二人が靴を履く場面から考えられることがらとしてふさわしいものを次の中から一つ選び、記号で答えなさい。

ア、あきらの靴は安いものだが履きやすく、母の靴は高いものだが履きにくいということから、実用性と価格が必ずしも釣《つ》り合ってはいない世の中の矛盾《むじゅん》を暗示している。

イ、あきらの靴はゴム素材ですぐ履けるが、母の靴は靴紐を結ぶことに時間のかかるものであり、効率を重んじるはずの大人よりも、子供の方が効率的であることを皮肉をこめて暗示している。

ウ、あきらの靴はゴム素材で安価だが、母の靴はそれなりに高価なもので、外出という行為が、子供には何の気がねのないものでも、大人にとっては世間の目を気にするものであることを暗示している。

エ、あきらの靴は履くのに手間がかからないが、母の靴は靴紐を解いたり結んだりと手間がかかり、子供の単純な世界に比べて、大人の世界は複雑で簡単には解決ができないこともあると暗示している。

問六 ――9「まっすぐ行くのよー」・10「はーい」とありますが、この場面の説明としてふさわしいものを次の中から一つ選び、記号で答えなさい。

ア、あきらが母である自分の真似をしてきたので、怒って母はあきらの真似をし返した。そんな大人げなさがおかしくなり、かえって場が和《な》む結果となっている。

イ、あきらの真似によって雰囲気《ふんいき》が和み、母も真似して返す心の余裕が生まれた。一緒にお腹が鳴ったりする場面と同様に、支え合う二人の近しさが見て取れる。

ウ、あきらの方が大人の目線で注意をし、それに合わせて母は子供のような返事をする。二人の力関係が完全に逆転してしまったことを、二人の会話を通して示している。

エ、あきらも母も、お互いをいたわる気持ちを素直に表現できないため、それぞれを真似することでふざけて見せた。つい意地を張ってしまう二人の気質がにじみでている。

問七 ――11「お母さんはあきらを見ていなかった。テレビに話しかけるような、遠い目をしている」とありますが、それはなぜですか。ふさわしいものを次の中から一つ選び、記号で答えなさい。

ア、自分自身に言い聞かせて、納得させようとしているから。

イ、申し訳なさでいっぱいとなり、あきらの顔を見られなかったから。

ウ、自分の新しい考えに酔《よ》いしれて、周りが見えなくなっているから。

エ、あきらのために気負っていた過去を後悔して、むなしくなったから。

問八 ――12「あきら、ありがとうね」とありますが、どんなことに

「お母さんね、本当は牛丼が大好き」

唐突に言われて、あきらは驚いた。

「そうなの？」

「あきらのために栄養バランスが整った食事を作らなきゃとか、いいお母さんでいなきゃとか、ちょっと気負《きお》いすぎていたみたい。バナナケーキを作っていたのも炭酸を禁止していたのも、あきらの栄養のことを考えて考えて、私なりに決めたことだったの」

バナナケーキは確かにあまり美味《おい》しくなかったな、と思いながらも、あきらは何も言えずに黙っていた。

「だけど今回思ったの」

そう言ってお母さんは水を飲み、スッキリしたような表情に変わった。

「完璧《かんぺき》じゃなくても、ダメな母親でも、でしゃばりでも無能でも、別にいいのよね」

11お母さんはあきらを見ていなかった。テレビに話しかけるような、遠い目をしている。

「だからこれからは、あきらと楽しく過ごせたらそれでいいかもって、そんな気がする」

「あと、お父さんも」

「そうね……」

遠い目をしていたお母さんはゆっくりとあきらの顔を見た。顕微鏡《けんびきょう》のピントを合わせるみたいに焦点《しょうてん》をすうっと合わせて、

「12あきら、ありがとうね」

としんみりと言った。一体お母さんに何に感謝されたのかわからないあきらは、返す言葉が思いつかなかったので、

「牛丼、楽しみだね」

と返した。

それから店員さんがやってきて、

「並二つでーす」

と牛丼を置いて戻って行った。

目の前に現れた牛丼は、茶色いお肉がつやつやと輝いて、達哉くんの家で食べたものよりも、この間うちで食べたものよりも、ずっと美味しそうに見えた。思わずお腹が鳴ったので隠すように押さえると、お母さんも同時にお腹を押さえて笑っていた。

《真下みこと『見守り隊見習い』／光文社（小説宝石所収）より》

（注）封筒…お年玉が入っている封筒。あきらは、外出できない母の代わりに自分のお年玉を使って買い物をしようとした。

問一 □1・2に入る言葉としてふさわしいものを考えて、それぞれひらがな二字で答えなさい。

問二 ――3「遮って聞いたが、お母さんは怒らない」とありますが、このときのあきらに対する母の思いとしてふさわしいものを次の中から一つ選び、記号で答えなさい。

ア、警察ざたになったことを聞いたら、混乱や不安からあきらがどんな反応をするか予想はついていたものの、ここまで状況を話していなかったのは申し訳なく、ここできちんと説明して安心させようという思い。

イ、警察という言葉を聞いて敏感に反応したあきらの早とちりはおかしかったが、自分のことを真剣に心配してくれる気持ちはうれしく、あきらの優しさに免じて、そのそそっかしさは見逃してやろうという思い。

ウ、警察とのいきさつについてきちんと説明しようとしていたのに、それを遮った発言は我が子ながらも失礼だが、母親がいなくなる悲しさから出た言葉だと思うといとおしく、今回は許してあげようという思い。

ちゃんと聞いてくれて、目尻《めじり》の涙を人差し指で拭《ぬぐ》った。

「4ありがとう」

「どういたしまして」

「お母さんもあきらの見守り隊だからね」

「まあ、お母さんは隊長だからね」

「そうそう」

そう言うと、ほっとしたのか、あきらのお腹《なか》が鳴った。あくびがうつるように、お母さんのお腹も鳴った。

「今日のご飯、どうする？」

今朝、出がけにお父さんが、今日も遅いから夕飯は二人で食べてと言っていた。

「お母さん、わがまま言ってもいいのかな」

お母さんは俯《うつむ》き、恥ずかしそうに笑った。

「あきらと一緒に、牛丼食べたい」

「わかった」

あきらは使命感に燃えながら(注)封筒を取りに勉強机に向かった。

すると後ろから、

「ちょっと待って」

と声がした。

後ろを向くと、5お母さんの吐《は》く息が震《ふる》える音がした。

「あきらが見守ってくれるんだったら、久しぶりに外に出られるかも」

お母さんが家を出なくなって十日以上が経つ。今更《いまさら》、いきなり外に出られるのだろうか。心配するあきらをよそに、お母さんは財布と鍵《かぎ》をポシェットに入れている。

半信半疑で玄関に向かい、6お母さんがスニーカーを履《は》くのを見ていた。いつもならすぐに履けるのに、7今日は指が震えてうまく靴紐《くつひも》を結べていない。だけどあきらは何も言わず、手も出さない。小さい頃にあきらが道で転んだとき、自分で立ち上がるのを待ってくれたお母さんを思い出す。手を差し伸べるのは簡単だ。だけどそうしてしまったら、お母さんはもう二度と、一人で立てなくなってしまう気がした。

「お待たせ」

「はーい」

8あきらも続いて靴を履く。あきらのスニーカーは靴紐がゴム素材なので、解《ほど》いたり結んだりをしなくてもすぐに履くことができた。

「9まっすぐ行くのよー」

見守り隊をするお母さんの真似《まね》をして声をかけながら、ドアを開けた。

「10はーい」

その返事が小学生みたいだったので、あきらとお母さんは顔を見合わせて笑った。

エレベーターに二人で乗り、マンションを出るときは息を潜《ひそ》めた。誰にも見つかってはいけないスパイのつもりで、あきらたちはマンションの脱出に成功した。

牛丼屋に行くまでに信号はないから、きっと誰にも見つからない。あきらは見守り隊として常に左右の確認を怠《おこた》らず、後ろから車がきたときにはお母さんに教えてあげた。

「あきら、見守り隊向いてるね」

お母さんがくすくすと笑う。あきらはお母さんと二人で歩いているところを見られるのが恥ずかしくて、あえてキビキビと行動していたのだ。そんなことは言えず、あきらは左右の確認をずっとしていた。

牛丼屋に着くと、食券を買ってくださいと店員さんに言われた。二人で牛丼の並盛りの券を買い、空いていたテーブル席に座る。

(1)「使命感」は何によってもたらされますか。文中から三〇字程度で抜き出し、始めと終わりの五字を答えなさい。

(2)「自己肯定感」に「使命感」が強く関係するのはなぜですか。「献身」の語を使って、四〇字程度で説明しなさい。

三 次の文章を読んで、後の問いに答えなさい。ただし、字数に制限がある場合は、句読点や記号も字数に含まれるものとします。

あきらの母はPTAで登下校の「見守り隊」の隊長をやっていたのだが、ある日、あきらの母が目を離していた隙《すき》に、児童が自転車に轢《ひ》かれる事故が起こり、あきらの母もあきらも様々な非難や中傷を受け、母は鬱《うつ》症状から、自宅を一歩も出られなくなる。しかし、実はこの事故はあきらの母を最も強く非難していた人物が私情から起こした事件であることが発覚し、PTAの代表があきらの家に謝罪に来る。この場面は、あきらが母に代わって対応し、PTAの人達が帰った後に続く部分である。

お母さんは食卓で頰杖《ほおづえ》をついていて、おばさんたちを見送る余裕はなさそうだった。

「来客対応もできなくてごめんね」

「大丈夫、［ 1 ］三年生だし」

［ 1 ］低学年ではないのだとアピールしたつもりが、お母さんはあきらが子供であることを思い出してしまったらしい。

「［ 2 ］三年生なのに……」

そう言って泣いているお母さんを、あきらはなんと励《はげ》ませばいいかわからなかった。

「これ、プリントとお菓子《かし》くれた」

あきらはとにかくおばさん達に渡されたものをお母さんに手渡した。

お母さんは黙って受け取り、プリントを眺《なが》め始める。

「なんかお母さんは悪くなくって、悪いのは翔吾くんママだっておばさん達が言ってた」

「そう……」

お母さんがプリントを捲《めく》る。ぺら、と紙が動く音がして、あきらはそっと見守った。

「先週ね、警察の人がうちに来たの」

「え？」

「あきらが学校行っている間だけど」

「お母さん捕まっちゃうの？」

3遮《さえぎ》って聞いたが、お母さんは怒らない。

「捕まらないわよ。でも事件性があるって判断したって言っててね、翔吾くんのお母さんについて色々聞かれた。事故を起こした人の写真も改めて見せられてね。とにかく、お母さんが見守ってなかったから事故が起きたんじゃなくて、お母さんが目を離した隙に事故を起こそうと計画してたとも言われた」

「じゃあ、お母さんのせいじゃないって知ってたの？」

「ただの事故じゃないとはわかってて、だけどあきらにそんなこと言ったら混乱させるかも、って思って。黙っててごめんね」

そう言って、お母さんはこちらを見て笑みを浮かべる。あきらも安心して笑顔を返した。

「お母さん、悪くないよ」

「そうかな」

お母さんはまだ、自信がないようだった。

「だって、僕はお母さんの見守り隊だし」

恥ずかしくなり、語尾がどんどん小さくなる。それでもお母さんは

二人称代名詞…聞き手を直接指し示す言葉。「あなた」「君」など。
契機…きっかけ。要因。
抽象…事物から共通する性質だけを取り出すこと。
自称詞…「私」「僕《ぼく》」のように、自分のことを指す言葉。
依存…他のものを頼りにして存在すること。
前項で紹介した…筆者は問題の文章の前に欧米と日本での自己肯定感について触れていた。

問一　――1「自己にとっての相手にすぎず、相手に即した相手その人ではありません」とありますが、この説明としてふさわしいものを次の中から一つ選び、記号で答えなさい。
ア、相手の気持ちを全く考えず、あらゆる物事を自己中心的に判断しようと考えるということ。
イ、対立する相手が自分に意見する機会を完全に奪い、相手を自分に従わせようと考えるということ。
ウ、目の前にいる人の存在を一切無視し、なにもかもを自分の思い通りに進めようと考えるということ。
エ、今向かい合う人がどのような人かは一切考慮せず、ただ自分の前にいる存在とだけ考えるということ。

問二　――2「相手との関係性によって適切な自称詞が決まってくる」とは、どのようなことですか。身近な具体例を挙げて、五〇字以内で説明しなさい。

問三　――3「その言語を用いる人の心が映し出されている」とありますが、これにあてはまるものを次の中から一つ選び、記号で答えなさい。
ア、欧米の言語を使う人たちは、物事の判断基準を自分自身の意見に求めようとしていること。
イ、日本語を使う人たちは、他者を気にするあまり自己肯定《こうてい》感が低くなってしまっていること。
ウ、欧米の言語を使う人たちは、他者と良好な関係を築けなくてもかまわないと考えていること。
エ、日本語を使う人たちは、謙虚に振る舞うことで社会に受け入れられようとたくらんでいること。

問四　□4・6に入る語句としてふさわしいものを次の中からそれぞれ一つずつ選び、記号で答えなさい。
ア、他者の影響を受けるのは
イ、他者の意見にいちいち反論する人は
ウ、他者と良好な関係をつくる人は
エ、他者を気づかうことができない人は
オ、他者を排除してのし上がろうとするのは

問五　（　）5・9に入る言葉としてふさわしいものを次の中から一つずつ選び、記号で答えなさい。
ア、さらに　イ、なぜなら　ウ、一方　エ、つまり

問六　――7「アピールする」の文中での意味としてふさわしいものを次の中から一つ選び、記号で答えなさい。
ア、人々を自分の魅力《みりょく》で引き付ける。
イ、自分の有能さを人に強く主張する。
ウ、事実とは違うでたらめなうそをつく。
エ、自分を大きく見せようと必死になる。

問七　――8「他者に対して開かれた自己の感覚の中で自己肯定感が高まっていく」とありますが、なぜ日本ではこのように言えるのですか。文中の言葉を使って、四〇字以内で説明しなさい。

問八　[10]に入る言葉を文中から四字で抜き出して答えなさい。

問九　――11「私たち日本人にとっての自己肯定感には、使命感が強く関係してきます」について

欧米の文化は、まさに自己中心の文化と言えます。そのような文化のもとで自己形成してきた欧米人の自己は、個として独立しており、他者から切り離されています。つまり、［4］未熟とみなされます。

（5）、「間柄の文化」というのは、一方的な自己主張で人を困らせたり嫌《いや》な思いをさせたりしてはいけない、ある事柄をもち出すかどうか、ある行動を取るかどうかは相手の気持ちや立場に配慮《はいりょ》して判断すべき、とする文化のことです。常に相手の気持ちや立場に配慮しながら判断することになります。

日本の文化は、まさに「間柄の文化」と言えます。そのような文化のもとで自己形成してきた日本人の自己は、何ごとに関しても自分だけを基準とするのではなく、他者の気持ちや立場に配慮して判断するのであり、個として閉じておらず、他者に対して開かれています。つまり、［6］未熟とみなされます。

このように欧米と日本では自己のあり方もコミュニケーションのあり方も対照的といっていいほど違っているので、自己肯定《こうてい》感のあり方もまったく違ってくるのです。

（注）前項で紹介した心理学の研究成果からも、欧米では「自分はすごい」「自分はこんなにできるんだ」と7アピールすることで自己肯定感が高まるのに対して、日本では「自分はたいしたことない」「自分はまだまだだ」と謙虚《けんきょ》に振る舞うことで社会に受け入れられ、適応《てきおう》感が得られることで自己肯定感が高まると考えられます。

さらに日本では、欧米のように個に閉じられた自己ではなく、8他者に対して開かれた自己の感覚の中で自己肯定感が高まっていくとも考えられます。

（9）、日本人の場合は、人との関わりが重要であって、人とうまくやっていければ自己肯定感が高まるけれども、人とうまくやっていけないと、どんなに個人的にいい成果を上げたとしても、自己肯定感が低下してしまう恐れがあるというわけです。

じつは、個として他者から切り離されて生きているとされるアメリカ人でも、２０００年代になると、仲間として認めてもらえないと自己肯定感が低下することが指摘されたり、他者と良好な関係をもつことが自己肯定感を高めると言われ始めています。

ましてやお互いに依存し合い、支え合うことで自己を保つのが基本となっている私たち日本人の場合は、人とうまくやっていけることや、何でも語り合える親密な相手がいることが、自己肯定感を高めるうえでの大きな要素になるのです。

このように、自己中心の文化と間柄の文化では自己肯定感を左右する要因が大きく異なります。

間柄の文化で重要な要因となるのが［10］でしたが、もうひとつあります。それは「使命感」です。11私たち日本人にとっての自己肯定感には、使命感が強く関係してきます。

私たちは、「世のため、人のため」に役立つ人間になるようにといった文化的圧力、つまり期待を受けて育ち、間柄を大切にして生きています。そのため、自己中心の文化で生まれ育った人たちと違って、「自分は有能」「自分はすごい」というだけでは、心から自己を肯定することができません。それだけだと、利己《りこ》的でいやらしい人間のような感じになり、間柄をうまく保つことができなくなってしまうのです。

そこで大切となるのが、自己を超えた何ものかのために献身《けんしん》することです。だれかのために役に立っている自分、世の中のためになることに必死に取り組んでいる自分、そんな自分を感じるとき、自然に自己肯定感が高まっていくのです。

《榎本博明『自己肯定感という呪縛』より》

（注）ｙｏｕ…英語で「あなた」を意味する言葉。

2023年度 高輪中学校

【国　語】〈Ｂ日程試験〉（五〇分）〈満点：一〇〇点〉

一　次の問いに答えなさい。

問一　次の傍線部のカタカナは漢字に直し、漢字は読みをひらがなで答えなさい。

1、コキョウを離れて二十年になる。
2、医学のセンモンショを借りた。
3、小学校時代の記憶がケツラクしている。
4、実家は旅館をイトナんでいる。
5、直筆のサイン入りボール。
6、原物を寸分違《たが》わず写したものだ。
7、自分の素性を明かさない。
8、名簿に名前を連ねる。

問二　次の1～3の漢字と反対の意味を持つ漢字を□に入れると熟語になります。□に入る漢字を答えなさい。

〔例〕上□→下…【上下】

1、異□　　2、加□　　3、伸□

問三　次の1～3の文について、送り仮名の正しいものを一つずつ選び、記号で答えなさい。

1、もう少し説明を（ア、補ぎなった　　イ、補なった　　ウ、補った）ほうがいいですよ。
2、ご注文を（ア、承まわり　　イ、承わり　　ウ、承り）ました。
3、その国は数年のうちに（ア、著るしい　　イ、著しい　　ウ、著い）成長を遂げた。

二　次の文章を読んで、後の問いに答えなさい。ただし、字数に制限がある場合は、句読点や記号も字数に含まれるものとします。

　精神医学者木村敏《びん》は、相手がだれであっても「(注)ｙｏｕ」で済んでしまう英語について、徹底《てってい》した自己中心主義であると指摘《してき》しています。相手がだれであるかは無視され、(注)二人称代名詞で呼ばれる相手は、1自己にとっての相手にすぎず、相手に即《そく》した相手その人ではありません。自分の目の前にいる他者から、その一切の個別性を奪《うば》って、それが自己に対立する相手であるという、自己本位の(注)契機《けいき》だけを(注)抽象《ちゅうしょう》したものが、西洋の二人称代名詞であるというのです。

　私は、(注)自称詞が「Ｉ」だけで済む英語と違って、日本語では2相手との関係性によって適切な自称詞が決まってくることを例示し、日本文化においてはだれといようと一定不変な自己などなく、具体的な場面設定によって、その場にふさわしい自己が形を取ってくるといった心理メカニズムの存在を指摘しました。

　相手との関係性を考慮《こうりょ》し、相手の気持ちまで思いやらないと言葉づかいも決められない日本語と、相手がだれであれ一定の言葉づかいで済ませられる欧米《おうべい》の言語の違いには、3その言語を用いる人の心が映し出されているはずです。

　このように自己のあり方もコミュニケーションのあり方も、他者との関係性に大いに(注)依存しているところに日本的な人間関係の特徴があるといえます。そこで私は、欧米の文化を「自己中心の文化」、日本の文化を「間柄《あいだがら》の文化」と名づけて対比させています。

　自己中心の文化というのは、自分が思うことを思う存分主張すればよい、ある事柄《ことがら》をもち出すかどうか、ある行動を取るかどうかは自分の気持ちや意見を基準に判断すればよい、とする文化のことです。常に自分自身の気持ちや意見に従って判断することになります。

2023年度

高輪中学校 ▶解説と解答

算数 ＜Ｂ日程試験＞（50分）＜満点：100点＞

解答

1 (1) 79 (2) $\frac{23}{28}$ (3) 771 (4) $\frac{29}{32}$ 2 (1) 2025 (2) 水曜日 (3) 120m (4) 750円 3 (1) 40日 (2) ① 60日 ② 30日 4 (1) 75.36cm (2) 103.62cm (3) 125.6cm 5 (1) 4：1 (2) 6：1 (3) 13：4

解説

1 四則計算，計算のくふう，逆算

(1) $17\times14-\{34+(161-28)\div7\}\times3=238-(34+133\div7)\times3=238-(34+19)\times3=238-53\times3=238-159=79$

(2) $1\frac{7}{8}\div\left(\frac{1}{2}+\frac{2}{3}\right)-1\frac{5}{6}\times\frac{3}{7}=\frac{15}{8}\div\left(\frac{3}{6}+\frac{4}{6}\right)-\frac{11}{6}\times\frac{3}{7}=\frac{15}{8}\div\frac{7}{6}-\frac{11}{14}=\frac{15}{8}\times\frac{6}{7}-\frac{11}{14}=\frac{45}{28}-\frac{22}{28}=\frac{23}{28}$

(3) $2.57\times513-25.7\times48.9+257\times2.76=2.57\times513-2.57\times10\times48.9+2.57\times100\times2.76=2.57\times513-2.57\times489+2.57\times276=2.57\times(513-489+276)=2.57\times300=771$

(4) $\frac{4}{7}\times\left\{1+(1.375-\square)\div1\frac{1}{2}\right\}=\frac{3}{4}$より，$1+(1.375-\square)\div1\frac{1}{2}=\frac{3}{4}\div\frac{4}{7}=\frac{3}{4}\times\frac{7}{4}=\frac{21}{16}$，$(1.375-\square)\div1\frac{1}{2}=\frac{21}{16}-1=\frac{21}{16}-\frac{16}{16}=\frac{5}{16}$，$1.375-\square=\frac{5}{16}\times1\frac{1}{2}=\frac{5}{16}\times\frac{3}{2}=\frac{15}{32}$ よって，$\square=1.375-\frac{15}{32}=1\frac{3}{8}-\frac{15}{32}=\frac{11}{8}-\frac{15}{32}=\frac{44}{32}-\frac{15}{32}=\frac{29}{32}$

2 数列，条件の整理，通過算，分配算

(1) 1の段の答えの和は，1×1＋1×2＋…＋1×9＝1×(1＋2＋…＋9)＝1×(1＋9)×9÷2＝1×45である。また，2の段の答えの和は，2×1＋2×2＋…＋2×9＝2×(1＋2＋…＋9)＝2×45である。同様に，3～9の段の答えの和はそれぞれ，3×45，4×45，…，9×45となる。よって，1～9の段の81個の答えの和は，1×45＋2×45＋…＋9×45＝(1＋2＋…＋9)×45＝45×45＝2025と求められる。

(2) 365÷7＝52余り1より，平年の1年間は52週間と1日とわかる。よって，平年は最初の日と最後の日の曜日が同じになるから，1年後の同じ日付の曜日は後ろに1日ずれる。ただし，間にうるう年の2月29日をはさむ場合は，後ろに2日ずれる。また，2024年，2028年，2032年はうるう年である。したがって，各年の2月2日の曜日は右の図1のようになるので，2033年の2月2日は水曜日とわかる。

図1

2023年	木曜日	2029年	金曜日
2024年	金曜日	2030年	土曜日
2025年	日曜日	2031年	日曜日
2026年	月曜日	2032年	月曜日
2027年	火曜日	2033年	水曜日
2028年	水曜日		

(3) 下の図2で，電車の最後尾《さいこうび》が走った部分を比べると，走った長さの差は，760－600＝160(m)であり，走った時間の差は，44－36＝8(秒)となる。よって，この電車の速さは毎秒，160÷8＝20(m)であり，36秒で走る長さは，20×36＝720(m)だから，この電車の長さは，720－600＝120

(m)と求められる。

図2

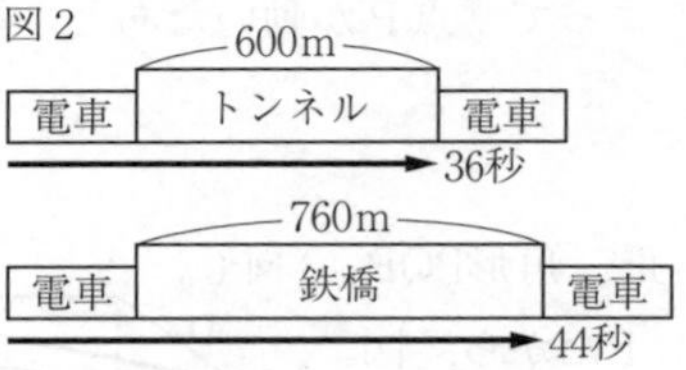

図3

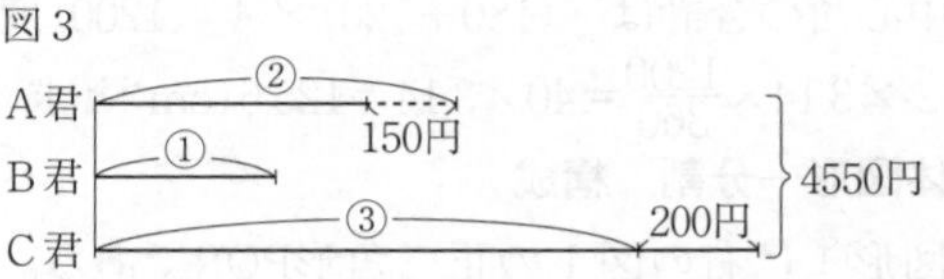

(4)　B君が受け取ったお金を①とすると，上の図3のようになる。A君を150円増やし，C君を200円減らすと，B君の，$2+1+3=6$（倍）が，$4550+150-200=4500$（円）とわかる。よって，B君が受け取ったお金は，$4500\div6=750$（円）と求められる。

3 仕事算

(1)　この仕事全体の量を1とすると，1日でする仕事の量は，A君が，$1\div72=\frac{1}{72}$，B君が，$1\div90=\frac{1}{90}$となるので，2人では，$\frac{1}{72}+\frac{1}{90}=\frac{1}{40}$となる。よって，A君とB君が一緒《いっしょ》にこの仕事をするとき，仕事を始めてから終わるまでにちょうど，$1\div\frac{1}{40}=40$（日）かかる。

(2)　①　1日でする仕事の量は，3人では，$1\div24=\frac{1}{24}$，A君とB君の2人では$\frac{1}{40}$なので，C君1人では，$\frac{1}{24}-\frac{1}{40}=\frac{1}{60}$となる。よって，C君が1人でこの仕事をするとき，仕事を始めてから終わるまでにちょうど，$1\div\frac{1}{60}=60$（日）かかる。　②　3人が休んだ日もそれぞれ仕事をしたとすると，実際よりも，$\frac{1}{72}\times2+\frac{1}{90}\times5+\frac{1}{60}\times10=\frac{1}{4}$多くの仕事，つまり全部で，$1+\frac{1}{4}=\frac{5}{4}$の仕事をすることになる。よって，仕事を始めてから終わるまでにちょうど，$\frac{5}{4}\div\frac{1}{24}=30$（日）かかる。

4 平面図形―図形の移動，長さ

(1)　点Pは下の図①の太線のように動く。いずれの部分も，半径が6cmのおうぎ形の弧《こ》である。また，中心角は，$360-(60+60)=240$（度）の部分と，$60+60=120$（度）の部分が2か所ずつあるので，中心角の合計は，$(240+120)\times2=720$（度）となる。よって，点Pが動いたあとの線の長さは，$6\times2\times3.14\times\frac{720}{360}=24\times3.14=75.36$（cm）と求められる。

(2)　点Pは下の図②の太線のように動く。中心角は，$360-(90+60)=210$（度）の部分と120度の部分が3か所ずつあるから，中心角の合計は，$(210+120)\times3=990$（度）となる。よって，点Pが動いたあとの線の長さは，$6\times2\times3.14\times\frac{990}{360}=33\times3.14=103.62$（cm）とわかる。

図①

図②

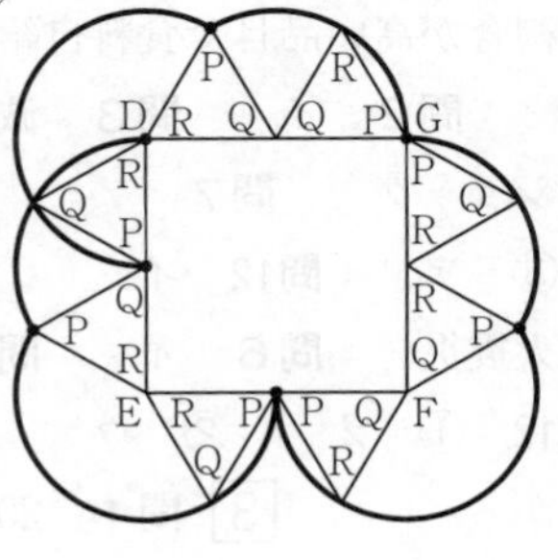

図③

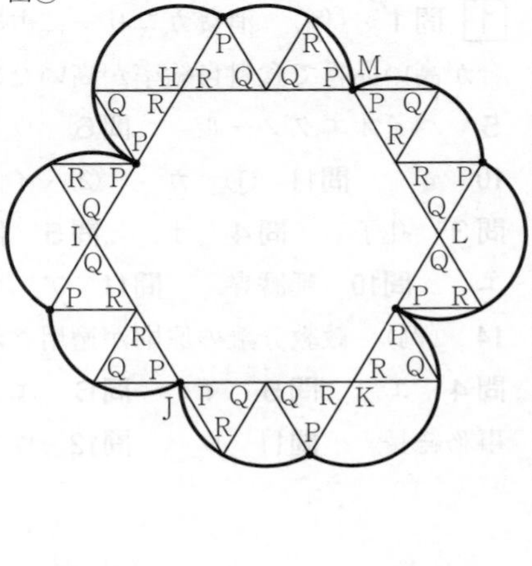

(3)　点Ｐは上の図③の太線のように動く。中心角は180度の部分と120度の部分が４か所ずつあるので，中心角の合計は，(180＋120)×４＝1200(度)となる。よって，点Ｐが動いたあとの線の長さは，$6 \times 2 \times 3.14 \times \frac{1200}{360} = 40 \times 3.14 = 125.6$(cm)と求められる。

5　立体図形―分割，構成

(1)　図形①は右の図Ⅰの正三角形PQRである。図Ⅰで，正三角形PQRと正三角形BCFは相似であり，相似比は，PQ：BC＝２：１だから，図形①と正三角形BCFの面積の比は，(２×２)：(１×１)＝４：１とわかる。

図Ⅰ
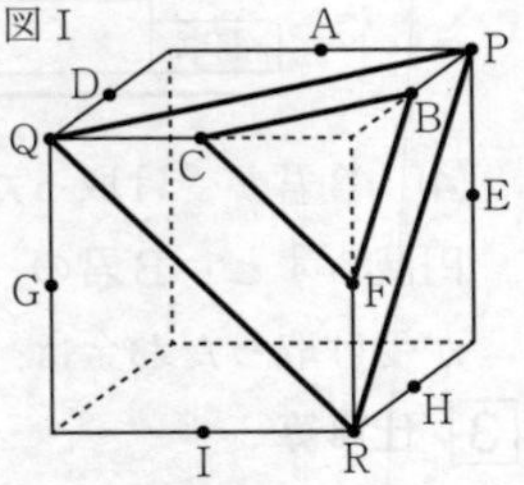

(2)　図形②は下の図Ⅱの正六角形ADGIHEである。この正六角形は，下の図Ⅲのように合同な６個の正三角形に分けることができ，１個の正三角形は正三角形BCFと合同である。よって，図形②と正三角形BCFの面積の比は６：１である。

図Ⅱ
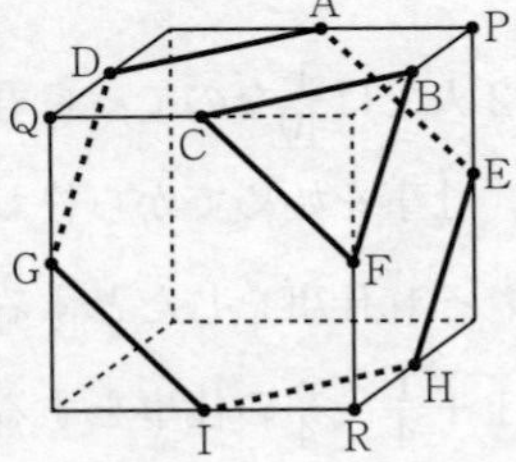

図Ⅲ
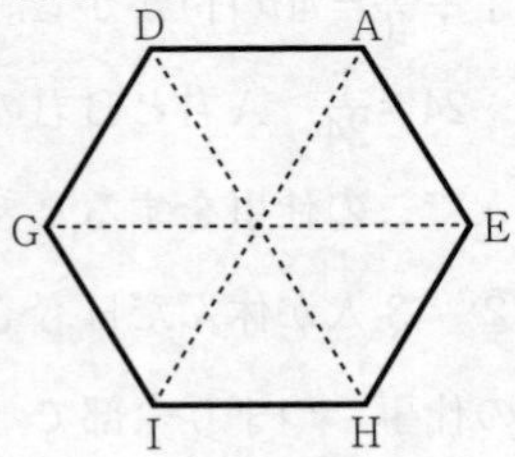

図Ⅳ
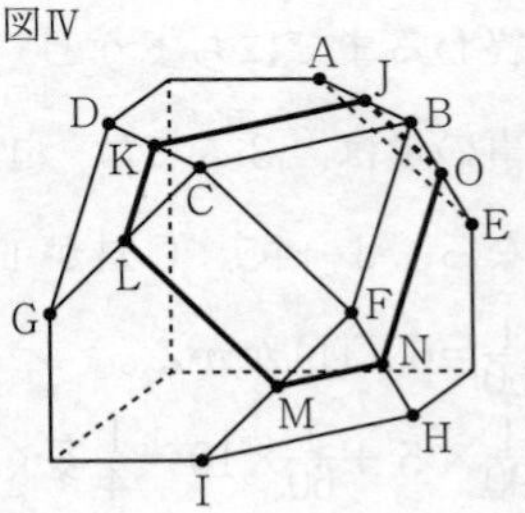

図Ⅴ
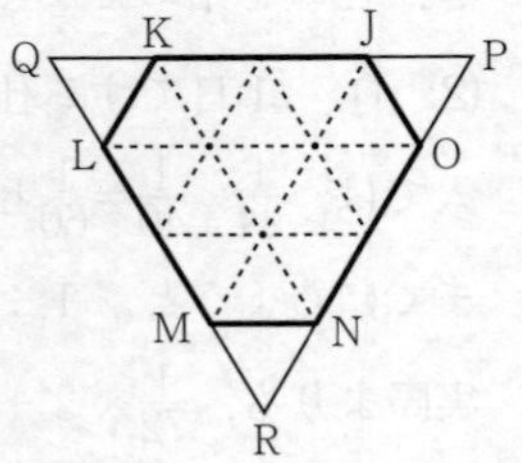

(3)　上の図Ⅳで，Ｊは図ⅠのABとPQの交点，KはDCとPQの交点，LはCGとQRの交点だから，図形③は図Ⅰの正三角形PQRの一部である。よって，図形③は図Ⅳの六角形JKLMNOであり，正三角形PQRを上の図Ⅴのように合同な16個の正三角形に分けると，図形③の面積は正三角形，16－３＝13(個)分，正三角形BCFの面積は正三角形，$16 \times \frac{1}{4} = 4$(個)分とわかる。よって，図形③と正三角形BCFの面積の比は13：４と求められる。

社　会　＜Ｂ日程試験＞（30分）＜満点：60点＞

解　答

1　**問１**　(例)　消費カロリーに占める割合が高い品目で食料自給率が低く，生産額に占める割合が高い品目で食料自給率が高いため。　**問２**　イ　**問３**　減反(政策)　**問４**　ウ　**問５**　バイオエタノール　**問６**　ウッドショック　**問７**　ア　**問８**　エ　**問９**　ア　**問10**　４　**問11**　①　カ　②　イ　③　ア　**問12**　イ　**2**　**問１**　エ　**問２**　イ　**問３**　孔子　**問４**　オ　**問５**　関東大震災　**問６**　イ　**問７**　ウ　**問８**　ア　**問９**　エ　**問10**　延暦寺　**問11**　ア　**問12**　①　オ　②　ウ　**問13**　国立西洋美術館　**問14**　(例)　政教分離の原則が適用されたから。　**3**　**問１**　20　**問２**　イ　**問３**　ア　**問４**　エ　**問５**　イ　**問６**　エ　**問７**　ウ　**問８**　控訴　**問９**　オ　**問10**　(国連)事務総長　**問11**　ウ　**問12**　ウ　**問13**　オ　**問14**　ア　**問15**　学校　**問16**　(例)

医療機関の負担が減ることが利点である。問題点としては，感染状況の把握が難しくなることが考えられる。

解　説

1　食料供給を題材とした地理の問題

問1　図1，図2，表1をみると，油脂《ゆし》類，小麦，砂糖類は，消費カロリーに占《し》める割合が比較《ひかく》的高いが，生産額に占める割合は低く，自給率も低い(40％以下)。これに対し，畜産物，魚介《ぎょかい》類，野菜は，消費カロリーに占める割合がそれほど高くないが，生産額に占める割合は高く，自給率も高い(50％以上)。よって，カロリーベースの自給率が生産額ベースの自給率を大幅《おおはば》に下回るのは，消費カロリーに占める割合の高い食料の自給率が低く，生産額に占める割合の高い食料の自給率が高いためだといえる。

問2　河川が見られることから，この地域では洪水が発生したと考えられる。地形図は熊本県人吉《ひとよし》市の一部を示したもので，球磨《くま》川の中流域に位置するこの地域では，2020年７月の集中豪雨により堤防が決壊《けっかい》し，洪水の被害が発生した。なお，アの塩害は，流れこむ海水や潮風の塩分のために，田畑の作物や電線などが害を受けること。ウの津波は，海底地震や海底火山の噴火《ふんか》などで発生する潮位の上昇《じょうしょう》。エの雪崩《なだれ》は，山の斜面《しゃめん》に積もった雪が，急に一度に崩《くず》れ落ちる現象である。地形図中に標高129.3ｍを示す三角点(△)があることなどから，この地域は海岸から離れていると考えられるので，アとウはあてはまらない。また，傾斜《けいしゃ》地の付近に集落は見られないので，エもふさわしくない。

問3　高度経済成長が続いていた1960年代には，農作業の機械化や栽培技術の進歩などによって米の生産量が増えたが，人々の食生活の変化により需要《じゅよう》量は減ったため，大量の米が余るようになった。当時は政府が決まった価格で農家から米を買い上げる食糧管理制度が行われていたので，米が売れ残るとそれだけ政府の財政負担が増えた。そのため政府は，1970年ごろから米の栽培面積を減らす減反政策を進めるようになり，田を畑に替《か》えて米以外の作物を栽培する転作や，田を休ませる休耕が奨励《しょうれい》された。

問4　東北地方の太平洋側の沖合には，北上する暖流の黒潮(日本海流)と南下する寒流の親潮(千島海流)とがぶつかる潮目(潮境)があり，魚のえさとなるプランクトンが豊富で，寒流系や暖流系の魚が多く集まるよい漁場となっている。なお，対馬《つしま》海流は日本海を北上する暖流，リマン海流は日本海をユーラシア大陸に沿うように南下する寒流である。

問5　とうもろこしやさとうきびなどの糖やでんぷんを発酵《はっこう》させることで得られるアルコールは，バイオエタノールとよばれる。ガソリンと混ぜ，自動車などの燃料に利用されている。

問6　2021年以降，輸入木材の価格が急上昇したことは，1970年代に起きたオイルショック(石油危機)にたとえてウッドショックとよばれている。価格の上昇の原因としては，新型コロナウイルス感染症《しょう》の広がりによって物流が滞《とどこお》ったことや，輸送に用いるコンテナが不足したこと，ロックダウン終了後のアメリカで建築の需要が急増し，木材が不足するようになったことなどがあげられている。

問7　1980年以降，発電量があまり変わらないアが水力発電である。なお，発電量が最も多いイは火力発電，2020年の発電量が大きく減少しているウは原子力発電，2020年から統計に入ってきているエは太陽光発電である。

問８　空欄《くうらん》にあてはまる国は，ペルシャ湾に面した小国のカタールである。首都はドーハで，2022年11～12月にはサッカーのワールドカップが開かれた。

問９　Ａ　1990年から2019年の間に，田は453(千ha)，畑は393(千ha)減少している。　Ｂ　農業就業人口は，2000年には3891(千人)であったものが，2019年には1681(千人)と，半分以下になっている。　Ｃ　1990年から2019年の間に，耕地面積と農業就業人口はどちらも減少しているが，農業就業人口のほうが減少の割合が大きいので，農業就業者１人あたりの耕地面積は増加している。

問10　富山県と接しているのは，新潟・長野・岐阜・石川の４県である。

問11　①　Ａ　夏でもあまり気温が上がらないのはオホーツク海沿岸，火山灰が厚く積もっているのは十勝《とかち》平野や根釧《こんせん》台地なので，図６の乳製品があてはまる。　Ｂ　上川盆地など石狩《いしかり》川流域で産出額が多くなっているのは，図５の米である。　Ｃ　札幌市とその周辺で産出額が多くなっているのは，図４の野菜である。　②　北海道中央部に位置する火山は大雪山《だいせつざん》である。なお，アの石鎚《いしづち》山は愛媛県にある四国最高峰《ほう》で，ウの筑波《つくば》山は茨城県，エの八ヶ岳は山梨県と長野県の県境，オの三原山は大島(東京都)にある。　③　北海道で札幌市(約197万人)につぐ人口を持つ都市は旭川《あさひかわ》市(約33万人)である。なお，イの小樽《おたる》市は約11万人，ウの帯広市は約17万人，エの釧路《くしろ》市は約17万人，オの函館市は約25万人となっている。統計資料は『日本国勢図会』2022／23年版による(以下同じ)。

問12　ア　安積疏水《あさかそすい》は福島県中部の猪苗代《いなわしろ》湖を水源としている。また，十和田《とわだ》湖は青森県と秋田県の県境に位置する。　イ　愛知用水は木曽川の水を濃尾平野東部や愛知県西部の知多半島に引く用水路である。　ウ　豊川用水は愛知県東部の渥美《あつみ》半島に引かれている用水路で，天竜川と豊川を水源としている。また，大井川は静岡県中西部を流れている。　エ　香川県を流れる香川用水は，となりの徳島県を流れる吉野川を水源としている。また，太田川は広島県を流れる河川で，下流の三角州の上に広島市がある。

2　上野周辺の史跡を題材とした歴史の問題

問１　地図中Ａには，西郷隆盛《さいごうたかもり》の銅像がある。西郷と同じ薩摩《さつま》藩(鹿児島県)出身の人物は，エの大久保利通《としみち》である。なお，アの吉田松陰《しょういん》は長州藩(山口県)出身で，安政の大獄《たいごく》のさいに処刑された。イの山県有朋《やまがたありとも》，ウの木戸孝允《たかよし》，オの伊藤博文《ひろぶみ》も長州藩出身である。

問２　戊辰《ぼしん》戦争(1868～69年)のさい，江戸幕府の第15代将軍徳川慶喜《よしのぶ》の側近の旧幕臣を中心に彰《しょう》義隊《ぎたい》が結成され，江戸城の無血開城後も上野の寛永寺《かんえいじ》に籠《こも》って新政府に抵抗したが，大村益次郎《ますじろう》率いる新政府軍と戦って壊滅《かいめつ》した。なお，アの天誅《てんちゅう》組は尊王攘夷《そんのうじょうい》派の軍事組織，ウの海援隊は坂本龍馬《りょうま》が長崎で結成した海運・貿易を行う結社，エの新選組は京都で尊王攘夷派の制圧などを行った浪士隊，オの奇兵《きへい》隊は高杉晋作《しんさく》が結成した，長州藩の武士と庶民《しょみん》などからなる軍事組織である。

問３　儒教《じゅきょう》の祖とされるのは孔子《こうし》である。『論語』は孔子とその弟子たちの対話などを集めたもので，日本には４～５世紀ごろ百済《くだら》(当時の朝鮮半島にあった国の一つ)の王仁《わに》によって伝えられた。

問４　日本最大の古墳は，大阪府堺市に位置する前方後円墳の大仙《だいせん》(大山)古墳で，ユネスコ(国連教育科学文化機関)の世界文化遺産「百舌鳥《もず》・古市古墳群」の構成資産となっている。なお，アの高松塚古墳は奈良県明日香《あすか》村にある円墳で，その石室の壁《かべ》にえがかれた極彩色《ごくさいしき》の壁画《へきが》で知られる。イの箸墓《はしはか》古墳は奈良県桜井市にある前方後円墳で，卑弥呼《ひみこ》の墓とする説もある。ウの石舞台《いしぶたい》古墳は奈良県明日香村にある方墳で，横穴式石室だけが残されており，蘇我《そがの》馬子の墓と推定されている。エの造山《つくりやま》古墳は岡山市にある大型の前方後円墳である。

問５　1923(大正12)年９月１日，相模《さがみ》湾北部を震源とする大地震が発生し，地震の揺《ゆ》れや火災により，東京と横浜を中心に多くの死者・行方不明者を出す大災害となった。これを関東大震災といい，その後の不景気の一因になった。現在，関東大震災が起きた９月１日は「防災の日」とされており，各地で防災訓練などが行われている。

問６　19世紀前半，長崎の出島(扇形《おうぎがた》の埋《う》め立て地)のオランダ商館医師として来日したシーボルトは，長崎郊外の鳴滝《なるたき》に診療《しんりょう》所兼《けん》学問所(鳴滝塾)を設け，日本人の弟子たちに医学など西洋の学問を教えた。なお，アのモースは大森貝塚(東京都)を発見したことで知られるアメリカ人動物学者。ウのウィリアム＝アダムスは豊後《ぶんご》(大分県)に漂着《ひょうちゃく》し，のちに徳川家康に外交顧問《こもん》としてつかえた人物。エのロッシュは江戸時代末期に駐日フランス公使を，オのパークスは同時期に駐日イギリス公使を，それぞれ務めた人物である。

問７　梅毒《ばいどく》や黄熱病の研究で知られるのは細菌《さいきん》学者の野口英世《ひでよ》で，現行(2023年時点)の千円紙幣《しへい》の肖像《しょうぞう》となっている。なお，アの志賀潔《しがきよし》は赤痢《せきり》菌の発見，イの北里柴三郎《しばさぶろう》は破傷風の血清療法を確立したことなどで知られる細菌学者。エの南方熊楠《みなかたくまぐす》は粘《ねん》菌の研究などで知られる在野の博物学者・民俗学者。オの湯川秀樹《ひでき》は日本で最初にノーベル賞(物理学賞)を受賞した物理学者である。

問８　正倉院は東大寺(奈良県)の倉であった建物なので，アがふさわしくない。

問９　武家諸法度《しょはっと》(1615年)は第２代将軍秀忠《ひでただ》の名で初めて出されたので，エがふさわしくない。

問10　最澄《さいちょう》が比叡《ひえい》山(滋賀県・京都府)に開いた延暦《えんりゃく》寺は，天台宗の総本山である。

問11　問10の問題文に「江戸城の鬼門《きもん》(北東の方向)にあたる上野の台地に寛永寺を建立《こんりゅう》しました」とあるので，江戸城は寛永寺(上野恩賜《おんし》公園)から見て南西に位置する。したがって，地図中の方位記号から判断すると，アがふさわしい。

問12　①　正岡子規《まさおかしき》は明治時代に活躍《かつやく》した俳人・歌人で，雑誌「ホトトギス」を発行して俳句・短歌の革新運動を行った。英語のbaseball《ベースボール》を「野球」と訳したのも子規だとされている。なお，アの小林一茶《いっさ》は江戸時代後半の化政文化を代表する俳人。イの狩野永徳《かのうえいとく》は安土桃山時代に活躍した絵師で，「唐獅子図屏風《からじしずびょうぶ》」などで知られる。ウの岡本太郎は昭和時代～平成時代に活躍した芸術家で，日本万国博覧会(大阪万博)のさいに制作された「太陽の塔」などで知られる。エの与謝野晶子《よさのあきこ》は明治～昭和時代に活躍した歌人で，代表作に歌集『みだれ髪《がみ》』がある。　②　アの盧溝橋《ろこうきょう》事件は日中戦争，イの真珠《しんじゅ》湾攻撃は太平洋戦争，エの柳条湖《りゅうじょうこ》事件は満州事変のきっかけとなった昭和時代のできごとで，ウの甲午《こうご》農民戦争は日清戦争のきっかけとなった明治時代のできごとである。①の問題文に「明治時代の俳人」とあることから，ウが選べる。なお，子規は日清戦争の末期に従軍記者として遼東《リャオトン》半島に渡っている。

問13　国立西洋美術館の本館は世界文化遺産「ル・コルビュジエの建築作品―近代建築運動への顕《けん》著《ちょ》な貢献《こうけん》―」の構成資産として知られる。

問14　日本国憲法第20条は，信教の自由と，いわゆる「政教分離」の原則を示した条文である。政教分離とは，政府が特定の宗教や宗教団体とかかわりを持つことを禁じるものなので，その原則が適用されたと考えられる。

3　**2021年と2022年のできごとを題材とした問題**

問１　アメリカ同時多発テロとは，2001年９月11日，アメリカで４機の旅客機がほぼ同時にハイジャックされ，それらがニューヨークの世界貿易センタービルに突入《とつにゅう》するなどの行動をとったことにより，3000人以上の死者を出したできごとである。犯行はイスラム過激派組織のアルカイダによるもので，事件直後，アメリカはアフガニスタンが犯行グループをかくまっているとして，その引き渡しを要求。アフガニスタンのタリバン（イスラム原理主義の組織）政府がこれを拒否すると，同国への空爆などを行い，タリバン政府を倒した。

問２　ア　国務大臣の過半数は国会議員でなければならないが，国会議員ではない一般の民間人を国務大臣として入閣させることもできる。　イ　正しい文である。　ウ　条例は地方議会が定める，その地方公共団体の中だけに適用されるきまりである。なお，内閣は法律を補うきまりとして，政令を定めることができる。　エ　衆議院で内閣不信任案が可決，または内閣信任案が否決された場合，内閣は10日以内に衆議院を解散しない限り総辞職しなければならない。

問３　ア　イギリスで開かれた国連気候変動枠組《わくぐみ》条約（地球温暖化防止条約）第26回締約《ていやく》国会議（COP《コップ》26）では，以前に定められたパリ協定の内容をさらに深めるための話し合いが行われ，石炭火力発電を段階的に削減《さくげん》していくことも決められた。　イ「2030年までに世界平均気温の上昇を産業革命前に比べて2.0度以内に抑《おさ》える」というパリ協定で定められた目標をさらに高め，今回の合意では「1.5度以内」とすることが確認された。　ウ「2030年までに森林破壊をなくす」という目標も合意された。　エ　COP26では，条約を結んだ197の国と地域のうち，約120か国の首脳が出席した。

問４　2021年，二酸化炭素濃度の上昇が地球温暖化に影響《えいきょう》することを世界に先がけて予測したことが評価され，眞鍋淑郎《まなべしゅくろう》がノーベル物理学賞を受賞した。なお，ほかの４人もすべてノーベル賞の受賞者である。

問５　トンガについて正しく述べた文はイである。南半球に位置するトンガやニュージーランドなどは，北半球に位置する日本とは季節が逆になっている。そのため，日本の露地《ろじ》栽培のものの出荷量が減る時期には，トンガなどで生産されたカボチャが多く輸入されている。なお，アはモーリタニア，ウはチリ，エはインドネシアである。

問６　気象庁は国土交通省の外局で，国土交通省は国土の開発と保全，ダムや港などの整備，交通，気象，海運などに関する仕事を担当している。

問７　ア，ウ　国連の安全保障理事会は，常任理事国５か国（アメリカ，ロシア，イギリス，フランス，中国）と，任期２年の非常任理事国10か国の計15か国で構成されている。重要事項の決議には，すべての常任理事国をふくむ９か国以上の賛成が必要である。　イ　安全保障理事会の本部は，ニューヨークの国連本部ビルに置かれている。なお，本部がオランダのハーグに置かれているのは国際司法裁判所である。　エ　安全保障理事会の重要事項の議決は，常任理事国のうち１か国でも反対すれば成立しない。そのため，常任理事国が持つそのような権限は拒否権とよばれる。たとえば北朝鮮（朝鮮民主主義人民共和国）が行った核実験やミサイル発射実験を非難する決議案がロシアや中国の反対により成立しなかったように，拒否権はこれまでもたびたび行使されてきた。

問８　日本の裁判では，審理を慎重に行うため，同一事件について３回まで審判が受けられるようになっている。これを三審制といい，第一審の判決に不服で第二審の裁判所に訴《うった》えることを控訴《こうそ》，第二審の判決に不服で第三審の裁判所に訴えることを上告という。

問９　裁判の判決が確定したあとでも，新たな証拠《しょうこ》が見つかるなどした場合，裁判のやり直しを求めること(再審請求《せいきゅう》)ができ，裁判所がそれを認めれば，やり直しの裁判が開かれる。日本国憲法第18条では，「犯罪に因《よ》る処罰《しょばつ》の場合を除いては，その意に反する苦役に服させられない」と定められており，無実なのに刑事裁判で有罪判決を受け服役している人の場合は，身体の自由が侵害《しんがい》されていることになる。

問10　グテーレスは元ポルトガル首相で，2017年から第９代国連事務総長を務めている。国連事務総長は国連事務局の長であり，国連における最高職である。

問11　1972年，田中角栄首相が中国(中華人民共和国)の首都北京《ペキン》で日中共同声明に調印し，中国との国交正常化が実現した。なお，アの日ソ共同宣言の調印は1956年，イの日韓基本条約の締結は1965年，エの日中平和友好条約の締結は1978年のできごとである。

問12　2020年度一般会計の歳出(当初予算)は総額102兆6580億円で，内わけは社会保障関係費34.9％，国債費22.7％，地方交付税交付金15.4％，公共事業関係費6.7％，文教・科学振興費5.4％，防衛関係費5.2％の順となっている。

問13　核兵器不拡散(核拡散防止)条約は，アメリカ・ロシア・イギリス・フランス・中国の５か国以外の国が核兵器を製造・保有することを禁止した条約で，略称はNPTである。なお，アのPTBTは部分的核実験禁止条約，イのCTBTは包括《ほうかつ》的核実験禁止条約，ウのIAEAは国際原子力機関の略称。エのSTART《スタート》はアメリカとロシアが結んでいる戦略兵器削減条約の略称である。

問14　2021年の出生数は約81万人で，前年より約３万人減少して過去最少を更新した。したがって，アがふさわしくない。

問15　ブライスはイギリスの政治学者・政治家で，地域の政治を住民自身で実践《じっせん》することは民主主義の根源を知ることに通じ，国の民主主義を実現することに通じるという考えから，「地方自治は民主主義の学校」と述べた。

問16　新型コロナウイルス感染症の患者については，それまで診察した医療機関に，患者の氏名，年齢，連絡先などを「発生届」として地域の保健所に報告することが義務づけられており，その報告にもとづいて国や自治体が患者を全数把握《はあく》していた。これが見直され，「発生届」の報告は高齢者や重症化リスクの高い患者に限ってよいとされた。これにより，医療機関の負担は軽減されたが，その一方で，報告されない患者についての情報を国や自治体が得にくくなるため，実際の感染状《じょう》況《きょう》をつかみにくくなるのではないかと心配する意見も出た。

理　科　＜Ｂ日程試験＞（30分）＜満点：60点＞

解　答

[1] (1)　20cm　(2)　12cm　(3)　24cm　(4)　**A**　17cm　**B**　21.5cm　(5)　0.5cm　(6)　135ｇ　[2] (1)　アルカリ性　(2)　イ，エ，オ　(3)　③　×　④　オ　⑤　イ　⑧　ウ　(4)　(例)　それぞれの水溶液に二酸化炭素をふきこんでみる。　(5)　エ　[3] (1)　B　(2)　C　(3)　(例)　地球は地軸が公転面に垂直な線に対して23.4度傾いたまま公転しているから。　(4)　F　(5)　イ　(6)　エ　(7)　**東京**…イ　**那覇**…ウ　[4] (1)

イとオ　⑵　やく　⑶　イ　⑷　離弁花　⑸　エ，オ　⑹　イ　⑺　イ　⑻
（例）地球温暖化などにより，気温が高くなる時期が年々早まっているから。

解　説

1　容器に入れた水の高さについての問題

⑴　Ａ，Ｂの水の体積の合計は，10×30＋20×15＝600(cm^3)で，Ａ，Ｂの断面積の合計は，10＋20＝30(cm^2)なので，図２のＡ，Ｂの底面から水面までの高さは，600÷30＝20(cm)と求められる。

⑵　図３で，おもり１のかわりに，120÷１＝120(cm^3)の水をＡのピストンにのせると，この水の高さは，120÷10＝12(cm)になる。したがって，Ａ，Ｂの水面の高さの差は12cmとわかる。

⑶　図３で，おもり１のかわりに120cm^{3}の水をＡのピストンにのせると，Ａ，Ｂの底面から水面までの高さは，(600＋120)÷30＝720÷30＝24(cm)になる。よって，Ｂの底面から水面までの高さは24cmである。

⑷　図４で，おもり２のかわりに，150÷１＝150(cm^3)の水をＢのピストンにのせると，この水の高さは，150÷20＝7.5(cm)になる。また，おもり１のかわりに120cm^{3}の水をＡのピストンにのせ，おもり２のかわりに150cm^{3}の水をＢのピストンにのせると，Ａ，Ｂの底面から水面までの高さは，(600＋120＋150)÷30＝29(cm)になる。したがって，Ａの底面から水面までの高さは，29－12＝17(cm)，Ｂの底面から水面までの高さは，29－7.5＝21.5(cm)と求められる。

⑸　図５で，おもり２をすべて水中に入れると，水面の高さが，120÷30＝４(cm)上昇《じょうしょう》する。つまり，おもり２を下げていくときには，底面が水面についてから，12－４＝８(cm)下げると，すべて水中に入る。おもり２を６cm下げるときには，５cm下げたところで底面が水面につき，この位置からさらに，６－５＝１(cm)下げるので，水面の高さは，$4\times\frac{1}{8}$＝0.5(cm)上昇する。

⑹　⑸より，おもり２がおしのけた水の体積は，$120\times\frac{1}{8}$＝15(cm^3)なので，おもり２にはたらく浮力《ふりょく》は，１×15＝15(ｇ)となる。よって，ばねはかりの示す値は，150－15＝135(ｇ)と求められる。

2　水溶液《すいようえき》の性質についての問題

⑴　リトマス試験紙の色と水溶液の酸性・中性・アルカリ性の関係は，右の表のようになっている。

	酸性	中性	アルカリ性
赤色リトマス試験紙	変化なし	変化なし	青色に変化
青色リトマス試験紙	赤色に変化	変化なし	変化なし

⑵　固体が溶《と》けている水溶液を加熱すると，水が蒸発したあとに固体が残るが，気体や液体が溶けている水溶液を加熱しても，溶けている物質は空気中に逃《に》げていくので，水が蒸発したあとには何も残らない。石灰水には固体の水酸化カルシウム，炭酸水には気体の二酸化炭素，食塩水には固体の食塩(塩化ナトリウム)，酢酸《さくさん》水溶液には液体の酢酸，アンモニア水には気体のアンモニア，水酸化ナトリウム水溶液には固体の水酸化ナトリウムが溶けている。

⑶　石灰水，アンモニア水，水酸化ナトリウム水溶液はアルカリ性，炭酸水，酢酸水溶液は酸性，食塩水は中性の水溶液である。また，酢酸水溶液とアンモニア水には鼻をさすようなにおいがあるが，ほかの水溶液にはにおいがない。よって，①には石灰水と水酸化ナトリウム水溶液，④にはアンモニア水，⑤には炭酸水，⑥には酢酸水溶液，⑧には食塩水があてはまる。また，②，③，⑦にあてはまるものはない。

⑷　石灰水は二酸化炭素をふきこむと白くにごるが，水酸化ナトリウム水溶液は二酸化炭素をふきこんでも変化しないので，この操作を行えば区別できる。

⑸　青色リトマス試験紙を赤く変化させる水溶液は酸性の水溶液なので，これをⅠの操作の結果にすると，④に分類される水溶液は，においがする，気体か液体が溶けている水溶液で，酸性のものとなる。これにあてはまる水溶液は酢酸水溶液である。

3　太陽の動きについての問題

⑴，⑵　北半球に位置する日本での太陽の通り道は右の図のようになるので，Ａは冬至《とうじ》の日，Ｂは春分の日，Ｃは夏至《げし》の日と判断できる。また，昼の時間が最も長いのは夏至の日である。

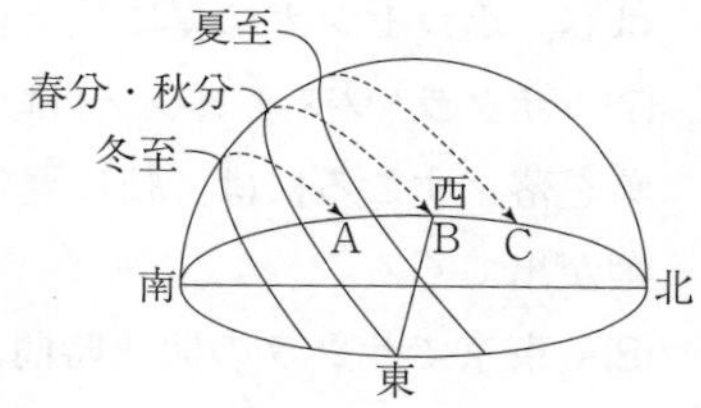

⑶　地球は，地軸《ちじく》を公転面に垂直な線に対して約23.4度傾《かたむ》けたまま，太陽のまわりを公転している。そのため，時期によって太陽の通り道が変わるので，太陽ののぼる位置や沈《しず》む位置，南中高度，昼夜の長さなどが変化する。

⑷　太陽の高さは，太陽の光と地面がつくる角度で表される。太陽が南中したときの太陽の高さを南中高度といい，図２ではＦの角度にあたる。

⑸　北半球での太陽の南中高度は，春分の日・秋分の日には{90−(その地点の緯《い》度)}となり，冬至の日にはそれより地軸の傾きの分だけ低く，夏至の日にはそれより地軸の傾きの分だけ高くなる。よって，東京(北緯35度)での太陽の南中高度は，春分の日・秋分の日がおよそ，90−35＝55(度)，冬至の日がおよそ，55−23.4＝31.6(度)，夏至の日がおよそ，55＋23.4＝78.4(度)となる。したがって，南中高度がおよそ78度だった日は夏至の日(６月21日ごろ)に近いと判断できるので，イが選べる。

⑹　地球は約１日で１回自転するので，経度１度分回るのにおよそ，60×24÷360＝４(分)かかる。また，地球は西から東に自転しており，那覇《なは》(東経127度)と東京(東経139度)の経度差はおよそ，139−127＝12(度)である。よって，那覇での南中時刻は，東京よりおよそ，４×12＝48(分)遅《おそ》いので，11時43分＋48分＝12時31分となる。

⑺　正午ごろには，太陽が南の空にあるので，棒の影《かげ》は北側にできる。南中時刻が11時43分である東京では，正午には太陽が真南より西側にあるので，棒の影はイのように真北より東側にできる。また，南中時刻が12時31分である那覇では，正午には太陽が真南より東側にあるので，棒の影はウのように真北より西側にできる。

4　花のつくりや特徴《とくちょう》についての問題

⑴　理科のスケッチでは，細い線や点で細かいところまではっきりとかけるように，先を細くけずったえんぴつでかく。このとき，影をつけたり細かい線を重ねがきしたりせず，りんかくを１本の連続した線にする。また，観察した日時や天気，場所や様子などをスケッチに書きこんでおくと，整理がしやすくなる。なお，油性ペンなどはかき直しができないので，スケッチには適していない。

⑵　おしべの先端《せんたん》にあるふくろをやくという。花粉はやくの中でつくられている。

⑶　サクラはバラ科で，１つの花にめしべが１本，おしべが多数，花弁が５枚，がくが５枚ある。一方，アブラナはアブラナ科で，１つの花にめしべが１本，おしべが６本，花弁が４枚，がくが４枚ある。

⑷　複数の花びらの根もとがくっついている花を合弁花といい，花びらがたがいに離《はな》れている花を離《り》弁花という。サクラの花は離弁花である。

⑸　ツツジ，ナス，アサガオの花は合弁花，アブラナ，バラの花は離弁花である。アブラナの花の花弁は４枚，バラの花の花弁はふつう５枚である。

⑹　タンポポは春，ツバキは冬から春にかけて，ヒマワリは夏，コブシは早春，アサガオは初夏，ヒガンバナは秋，ツユクサは夏，コスモスは秋，ナズナは春から夏にかけて，キクは秋，カタクリは春，ホウセンカは夏に咲《さ》く。

⑺　サクラ(ソメイヨシノ)は，秋に紅葉して赤色などの葉を落とし，枝だけのすがたで冬をこす。葉を落とすころには，枝に翌年つける花や葉の芽がすでについており，春にまず花が咲き，続いて葉が出てくる。

⑻　東京でサクラの開花時間が年々早まっているのは，地球温暖化の影響《えいきょう》などにより，東京の気温が高くなる時期が早まっていることなどが原因だと考えられる。

国　語　＜Ｂ日程試験＞（50分）＜満点：100点＞

解　答

一　問１　１～４　下記を参照のこと。　５　じきひつ　６　すんぶん(すんぷん)　７　すじょう　８　つら(ねる)　問２　１　同　２　減　３　縮　問３　１　ウ　２　ウ　３　イ　二　問１　エ　問２　(例)　学校の先生のような目上の人と話すときには，生徒が「私」といったような，ていねいな自称詞を使うこと。　問３　ア　問４　４　ア　６　エ　問５　５　ウ　９　エ　問６　イ　問７　(例)　日本人は，お互いに依存し合い，支え合うことで自己を保つのが基本となっているから。　問８　人間関係　問９　⑴　「世のため～文化的圧力　⑵　(例)　他者に献身することで，他者との間柄をうまく保ち，自己肯定感を持つことができるから。　三　問１　１　もう　２　まだ　問２　ア　問３　(例)　あきらが自分を見守ってくれていること。　問４　(例)　久しぶりに外出することへの不安。　問５　エ　問６　イ　問７　ア　問８　イ　問９　⑴　ウ　⑵　お母さんね，本当は牛丼が大好き　⑶　ア　⑷　(例)　許す

●漢字の書き取り

一　問１　１　故郷　２　専門書　３　欠落　４　営(ん)

解　説

一　**漢字の書き取りと読み，熟語の完成，送り仮名の知識**

問１　１　ふるさと。　２　特定の分野について書かれた，専門性の高い書物。　３　必要なものがぬけ落ちていること。　４　音読みは「エイ」で，「営業」などの熟語がある。　５　自分が直接書いたもの。　６　後に打ち消しの語をともなって，“少しも～ない”という意味になる。　７　家がら。血すじ。　８　音読みは「レン」で，「連続」などの熟語がある。訓読みにはほかに「つ(れる)」がある。

問２　１　「異同」は，違《ちが》っている点。　２　「加減」は，加えたり減らしたりすること。ものご

との程度や具合。　**3**　「伸縮」は，伸《の》びたり縮んだりすること。

問3　**1**，**2**　活用のある言葉は，一般《いっぱん》に活用する部分を送りがなとするので，１は「補った」，２は「承り」が正しい。　**3**　「著しい」「惜《お》しい」「悔《くや》しい」など，語幹(形の変わらない部分)が「し」で終わる形容詞(ようすをあらわす言葉)は，「し」から送る。

二　**出典は榎本博明《えのもとひろあき》の『自己肯定《こうてい》感という呪縛《じゅばく》―なぜ低いと不安になるのか』による。**欧米《おうべい》の「自己中心の文化」に対して日本の文化は「間柄《あいだがら》の文化」であり，自己肯定感には人間関係と使命感が強く関係すると述べている。

問1　直後の一文に「自分の目の前にいる他者から，その一切の個別性を奪《うば》って」とあるので，これを「今向かい合う人がどのような人かは一切考慮《こうりょ》せず」と言い換《か》えているエがふさわしい。

問2　日本語の自称《じしょう》詞には“私”，“僕《ぼく》”，“俺《おれ》”などがあり，その使い方は自分が相手とどのような関係かによって変わってくる。このことについて，学校での人間関係などを具体例にあげながら説明すればよい。

問3　続く部分で筆者は，「欧米の文化」では「自分の気持ちや意見を基準に判断」するが，「日本の文化」では「他者の気持ちや立場に配慮して判断する」と述べている。よって，「欧米」での「判断」について正しく説明しているアがあてはまる。

問4　いずれも直前に，前の内容を言い換えるときに使う「つまり」があるので，前の内容を参考にして考える。　**4**　前に「欧米人の自己は，個として独立しており，他者から切り離《はな》されています」とあるので，そのような文化のもとで「未熟とみなされ」るのは，「他者の影響《えいきょう》を受ける」ことだと考えられる。　**6**　前に「他者の気持ちや立場に配慮して判断する」とあるので，そのような文化のもとで「未熟とみなされ」るのは，「他者を気づかうことができない人」だといえる。

問5　**5**　直前の二つの段落では，欧米の「自己中心の文化」について述べられている。また，この後の二つの段落では，欧米とは対照的な日本の「間柄の文化」について述べられている。よって，“関連するもう一つのほうを見ると”という意味の「一方」が入る。　**9**　続く部分の内容は，日本での「自己肯定感」について述べた直前の二つの段落の内容をまとめたものとなっている。よって，まとめて言い換えるはたらきの「つまり」が合う。

問6　五つ前の段落で，「自己中心の文化」では「自分が思うことを思う存分主張すればよい」と述べられているので，「主張」にふれているイがふさわしい。

問7　日本人の「他者に対して開かれた自己の感覚」については，三つ後の段落で，「お互《たが》いに依《い》存《そん》し合い，支え合うことで自己を保つのが基本となっている私たち日本人」と述べられている。よって，「日本人は，互いに依存し合い支え合うことで，自己を保つことを基本としているから」のようにまとめる。

問8　最初から四番目の段落で筆者は，「日本的な人間関係の特徴《とくちょう》」から「間柄の文化」と名づけたと述べているので，「人間関係」がぬき出せる。

問9　⑴　「使命感」は，自分にあたえられた務めをはたそうとする意気ごみ。直後の一文に，日本人は「『世のため，人のため』に役立つ人間になるようにといった文化的圧力」を受けて育っているという，「使命感」がもたらされる文化的背景が述べられている。　⑵　「自己肯定感」と「使命感」の関係については，最後の二つの段落で説明されている。また，「献身《けんしん》」の語は最後の段落にある。「間柄の文化」で育つ日本人は，「自己中心の文化」のやり方だけでは他者との「間柄をうまく保つことができなくなってしまう」。しかし，「使命感」を持って他者に「献身」することで，自己肯定感を持つことができるのだと考えられる。

三 **出典は『小説宝石』2022年７月号所収の「見守り隊見習い（真下《ました》みこと作）」による。**あきらの母は，事件にまきこまれ，非難や中傷を受けて傷ついたが，あきらに見守られ，家族で助け合っていけばいいと考えるようになる。

問１　**１**　あきらは「低学年ではない」ので来客対応も十分こなせるのだと「アピールしたつもり」だったのだから，“すでに”という意味の「もう」が入る。　**２**　母は「あきらが子供であることを思い出し」，そんな子供に負担をかけてしまったと感じて「泣いている」のだから，“いまだに”という意味の「まだ」があてはまる。

問２　続く部分に「捕《つか》まらないわよ」，「ただの事故じゃないとはわかってて，だけどあきらにそんなこと言ったら混乱させるかも，って思って。黙《だま》っててごめんね」とあるので，あきらの「混乱や不安」と母の「申し訳なく」思う気持ちをとらえているアがふさわしい。

問３　前後に「僕はお母さんの見守り隊だし」，「お母さんもあきらの見守り隊だからね」とあることから，母はあきらが自分を見守ってくれていることに感謝しているといえる。

問４　「お母さんが家を出なくなって十日以上が経つ。今更《いまさら》，いきなり外に出られるのだろうか」とあるように，あきらは母が本当に外出できるのかと不安になっている。その不安を母自身も感じているようすが，傍線《ぼうせん》５や傍線７からはうかがえる。

問５　精神的なストレスからうつ症状《しょうじょう》が出た母は，久しぶりの外出への不安から，靴紐《くつひも》を結ぶのに手間取っている。あきらの靴《くつ》が簡単に履《は》けるものであるのに対し，母の靴はそうでないことは，エのように，「子供の単純な世界に比べて，大人の世界は複雑」であることを示していると考えられる。

問６　あきらが母の真似をすると，母もそれに合わせて子供のような返事をしてみせ，その後で二人は笑い合っている。このようすからは，寄りそい合う二人の心の近さが感じられるので，イが合う。

問７　直前の「別にいいのよね」は，「完璧《かんぺき》じゃなくても，ダメな母親でも，でしゃばりでも無能でも」を，母が自分自身に言い聞かせて納得《なっとく》させるための言葉なので，アがよい。

問８　「あきらと楽しく過ごせたらそれでいいかも」と言った自分の言葉に，あきらが「あと，お父さんも」とつけ加えてくれたことで，母は家族で再出発するという形になることに気づき，家族で助け合い，楽しくがんばっていこうと気持ちが定まっている。したがって，イがふさわしい。

問９　⑴　あきらの考える「見守り」とは，靴紐を結ぶのに手間取る母をじっと待つように，やみくもに手を出して助けるのではなく，その人ができることはやらせて自立をうながすことなのだから，ウがあてはまる。　⑵　以前の母は，「栄養バランスが整った食事を作らなきゃ」と気負っていた。そんな母が「開き直」ったようすは，「お母さんね，本当は牛丼《ぎゅうどん》が大好き」という言葉に表れている。　⑶　先生が「相互《そうご》に『見守り隊』でありながら」と言っているので，「支え合って」とあるアがよい。　⑷　「完璧じゃなくても，ダメな母親でも，でしゃばりでも無能でも，別にいいのよね」と開き直ることができた母は，ありのままの自分を許して認めることができるようになったといえる。

2023年度 高輪中学校

【算　数】〈C日程試験〉(50分)〈満点：100点〉

〈注意〉 円周率は3.14を用いること。

1 次の □ にあてはまる数を求めなさい。

(1) $261 \div 9 + \{64 - (86 + 79) \div 3\} \times 5 = \square$

(2) $2\frac{2}{9} \div \left(1\frac{2}{3} + \frac{1}{5}\right) - 2\frac{2}{7} \times \frac{1}{6} = \square$

(3) $4.31 \times 391 + 43.1 \times 28.5 - 431 \times 4.76 = \square$

(4) $\left\{\left(\square + 4\frac{2}{3}\right) \times 0.625 - \frac{1}{6}\right\} \div \frac{2}{3} = 5$

2 次の各問いに答えなさい。

(1) 4桁《けた》の整数24□2が3の倍数であり，4の倍数でもあるとき，□にあてはまる数字をすべて答えなさい。

(2) ある仕事を6人でちょうど9日行い，仕事全体の $\frac{1}{3}$ を終わらせ，残りの仕事を4人で終わらせました。6人で仕事を始めてから4人で仕事を終わらせるまでにちょうど何日かかりましたか。

(3) 4個の商品A，B，C，Dがあります。3個の商品A，B，Cを買うと1050円，3個の商品A，B，Dを買うと1140円，3個の商品A，C，Dを買うと1220円，3個の商品B，C，Dを買うと1300円になります。商品Dの値段は何円ですか。

(4) 正午の次に長針と短針がぴったり重なる時刻は午後何時何分何秒ですか。「時」「分」は整数で，「秒」は帯分数で答えなさい。

答えを出すための計算や考え方を書いて答えなさい。

3 高輪君は階段を上るのに，1歩で1段または2段上っていきます。

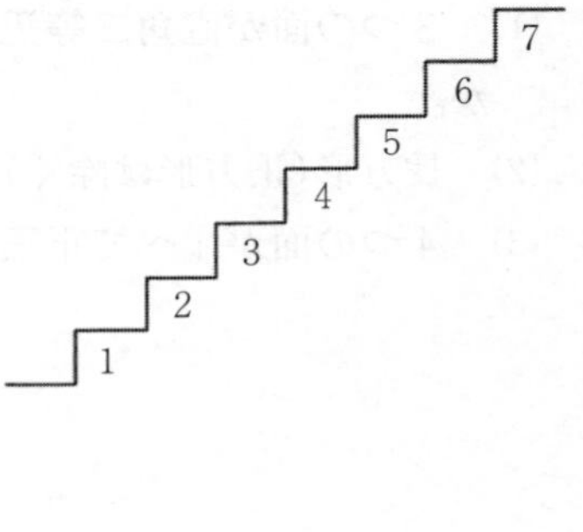

具体例を考えると

・高輪君が1段の階段を上る上り方は1通り

・高輪君が2段の階段を上る上り方は「1段ずつ上る上り方」と「2段上る上り方」があるので2通り

になります。

次の各問いに答えなさい。

(1) 高輪君が3段の階段を上ります。高輪君が1歩目に1段上る場合と2段上る場合に分けて考えると，3段の階段を上る上り方は全部で何通りですか。

(2) 高輪君が4段の階段を上ります。

① 高輪君が1歩目に1段上りました。このとき，4段の階段を上る上り方は何通りですか。

② 高輪君が1歩目に2段上る場合も考えると，4段の階段を上る上り方は全部で何通りですか。

(3) 高輪君が7段の階段を上る上り方は全部で何通りですか。

4 4本の煙突《えんとつ》A，B，C，Dと一直線に進む線路上に駅P，Q，Rがあります。

煙突A，Bと駅P，Q，Rは図1の位置にあり，AB＝30m，BP＝40mで，煙突Dの位置は煙突A，Bよりも南にあり，煙突Cよりも東にあります。

ただし，煙突の太さは考えないものとします。

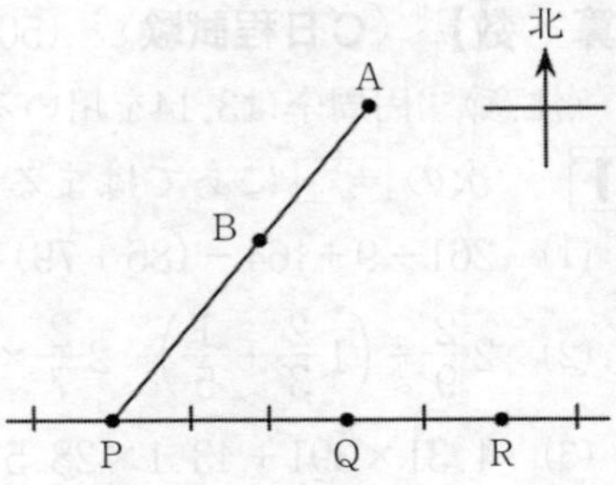

図1

電車は線路上を一定の速さで進んでいて

① 駅Pでは，4本の煙突が2本に見えます。

② 駅Pを出発した電車は3分後に駅Qに到着《とうちゃく》し，駅Qでは，4本の煙突が3本に見えます。

③ 駅Qを出発した電車は2分後に駅Rに到着し，駅Rでは，4本の煙突が2本に見えます。

次の各問いに答えなさい。

(1) 煙突C，Dの位置を解答欄《かいとうらん》にかき入れなさい。なお，作図に用いた線は消さずに残しておくこと。

(2) 駅Rから煙突Aまでの距離《きょり》RAと駅Rから煙突Dまでの距離RDの比を最も簡単な整数の比で表しなさい。

(3) 電車は駅Rからさらに進み，駅Sに到着しました。駅Sでは，4本の煙突が3本に見えました。駅Rから駅Sまで何分かかりましたか。

5 右の図は立方体ABCD-EFGHです。この立方体の8個の頂点から異なる4個の頂点を選びます。このとき，その4点を頂点とする立体図形(三角すい)または平面図形(長方形または正方形)ができます。

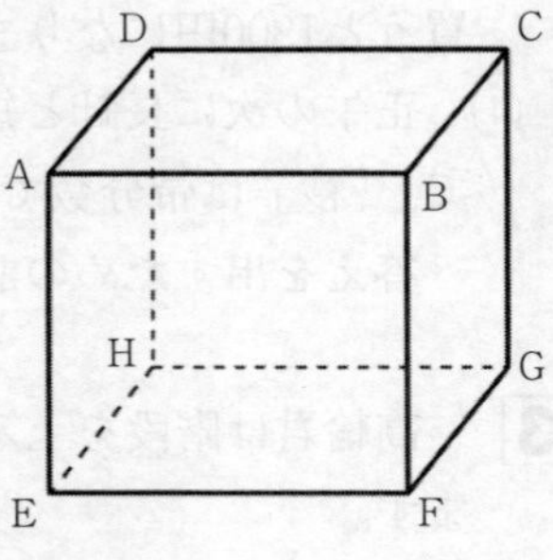

次の各問いに答えなさい。

(1) 3つの面が直角二等辺三角形である三角すいは何通りできますか。

(2) 長方形(正方形は除く)は何通りできますか。

(3) 4つの面がすべて正三角形である三角すいは何通りできますか。

【社　会】〈C日程試験〉（30分）〈満点：60点〉

1　次の文を読み，下の各問いに答えなさい。

A　沖ノ鳥島は日本最（ a ）端に位置する島です。（ b ）から成る島で，(1)島の周囲はコンクリートにおおわれています。この島を失うと，日本の国土面積よりやや（ c ）範囲の（ 2 ）を失うことになり，(3)水産業や資源開発などに大きな影響を及ぼします。

B　八丈島は(4)おおよそ北緯33度，東経140度に位置する島です。伊豆諸島の他の島とは異なり，性質の違う二つの火山がくっついてできました。そのため，二つの山頂がある特徴的な形になっており，「（ 5 ）」のモデルになった島の一つともいわれています。(6)八丈島は，農業や水産業のほか観光業もさかんで，(7)空路と海路でのアクセスが可能です。

C　徳之島は，徳之島町・伊仙町・天城町の３町によって構成されています。2003〜2007年における市町村別の（ 8 ）は，この３町が全国の上位１〜３位を独占するなど，徳之島は(9)「子宝の島」ともいわれます。主産業は農業で，徳之島が属する県と隣りあう県とで，全国生産のほぼ100％をしめる（ 10 ）の生産がさかんです。近年では，温暖な気候を利用した（ 11 ）栽培への取り組みが広がりつつあります。

問１　下の**ア**〜**ク**のうち，（a）〜（c）に適する語の正しい組み合わせはどれですか。一つ選び，記号で答えなさい。なお，１海里は1852ｍとします。

ア　（a）東　（b）火山　（c）広い
イ　（a）東　（b）火山　（c）狭い
ウ　（a）東　（b）サンゴ礁　（c）広い
エ　（a）東　（b）サンゴ礁　（c）狭い
オ　（a）南　（b）火山　（c）広い
カ　（a）南　（b）火山　（c）狭い
キ　（a）南　（b）サンゴ礁　（c）広い
ク　（a）南　（b）サンゴ礁　（c）狭い

問２　下線(1)について，沖ノ鳥島の周囲をコンクリートでおおっているのは，島が無くならないようにするためです。コンクリートによる護岸をおこなわないと島が無くなってしまう理由を説明しなさい。

問３　（２）には，「資源の探査・開発・保存・管理に沿岸国の主権が認められた海域」という意味の語が入ります。適する語を漢字７字で答えなさい。

問４　下線(3)に関連して，下の**ア**〜**オ**のうち，水揚量(2020年)のもっとも多い漁港はどこですか。記号で答えなさい。

ア　枕崎　　**イ**　境　　**ウ**　焼津　　**エ**　銚子　　**オ**　釧路

問５　下線(4)について，下の**ア**〜**カ**のうちもっともふさわしいものを選び，記号で答えなさい。

ア　緯度は大分県大分市とほぼ同じくらいである。
イ　緯度は沖縄県那覇市とほぼ同じくらいである。
ウ　緯度は北海道根室市とほぼ同じくらいである。
エ　経度は大分県大分市とほぼ同じくらいである。
オ　経度は沖縄県那覇市とほぼ同じくらいである。
カ　経度は北海道根室市とほぼ同じくらいである。

問６　(５)に適する語を，下の**ア**～**オ**から一つ選び，記号で答えなさい。

ア　宝島　　　**イ**　凪の島　　**ウ**　海神の島

エ　祝の島　　**オ**　ひょっこりひょうたん島

問７　下線(6)に関連して，下の**ア**～**エ**は，八丈町・函館市・熊谷市・富山市のいずれかの気候(1991年～2020年の平均)を表したものです。八丈島にあたるものはどれですか。一つ選び，記号で答えなさい。

	ア	イ	ウ	エ
最暖月平均気温(℃)	27.1	26.9	26.5	22.1
気温の年較差(℃)	22.8	23.9	16.4	24.5
年降水量(mm)	1305.8	2374.2	3306.6	1188.0
最多雨月降水量(mm)	198.2(９月)	281.6(12月)	479.1(10月)	156.5(８月)

＊気温の年較差とは，最暖月平均気温と最寒月平均気温との差である。

※気象庁資料より作成

問８　下線(7)について，次の表中のＸ～Ｚは，「八丈島行き大型客船(東京・竹芝客船ターミナル発)」・「八丈島空港行き航空機(羽田空港発)」・「八丈町営バス循環路線(八丈島空港停留所発町役場方面行き)」のいずれかの時刻表(2022年８月時点)です。Ｘ～Ｚと交通手段との正しい組み合わせを，下の**ア**～**カ**から選び，記号で答えなさい。

	X	Y	Z
時	分	分	分
5			
6			
7			30
8	4		
9	15		
10			
11	33		
12			15
13			
14	23		
15	38		55
16	32		
17			
18			
19			
20			
21			
22		30	
23			

＊臨時便などは除く。

※ ANA ホームページ・東海汽船ホームページ・八丈町営バスホームページより作成

	ア	イ	ウ	エ	オ	カ
大型客船	X	X	Y	Y	Z	Z
航空機	Y	Z	X	Z	X	Y
町営バス	Z	Y	Z	X	Y	X

問9　(8)には,「15～49歳の女性が一生涯に出産する子どもの数の平均値」という意味の語が入ります。適する語を,解答欄に合うように漢字6字で答えなさい。

問10　下線(9)に関連して,徳之島はなぜ「子宝の島」とよばれているのでしょうか。(8)の値が全国平均よりもはるかに高い理由について,**下の語句をすべて用いて**説明しなさい。

＜地方公共団体　　地域＞

問11　下の**ア**～**オ**のうち,(10)に適する作物を一つ選び,記号で答えなさい。なお,この作物の都道府県別の収穫量(2020年)は,徳之島が属する県が第2位となっています。

ア　マンゴー　　**イ**　サトウキビ　　**ウ**　てんさい

エ　茶　　**オ**　ゴーヤー

問12　下の**ア**～**オ**のうち,(11)に適する作物を一つ選び,記号で答えなさい。

ア　コーヒー豆　　**イ**　オリーブ　　**ウ**　てんさい

エ　ブルーベリー　　**オ**　西洋なし

問13　**A**～**C**で説明した3つの島のうち,一つだけ異なる都県に属する島があります。この島が属する都県はどこですか。下の**ア**～**カ**から選び,記号で答えなさい。

ア　東京都　　**イ**　神奈川県　　**ウ**　静岡県

エ　宮崎県　　**オ**　鹿児島県　　**カ**　沖縄県

2

次の会話文を読み,下の各問いに答えなさい。

先　生:今日の音楽の授業では,校歌の練習をしましょう。様々な式典のときにしっかり歌えるように頑張りましょうね。特に卒業式など厳かな空間では,音楽は重要ですからね。

Aさん:なるほど。弥生時代につくられたつりがね型の青銅器である(　1　)も祭礼の中で音を出すものとして使われた可能性があると考えられていますものね。

先　生:ええ。歴史上,音楽は儀式の中で重要なはたらきをしてきました。例えば,奈良時代の大仏の開眼供養では,鐘と太鼓が演奏され,歌のようなお経を唱える梵唄(ぼんばい)がおこなわれました。

Bさん:日本の古典音楽というと「雅楽」のイメージが強いな。

先　生:そうですね。雅楽には,(2)奈良・平安時代に日本へ伝えられた音楽と舞,日本に古来からあった舞楽,平安時代につくられた歌曲などがふくまれます。701年に制定された(3)大宝律令により雅楽寮が設けられています。先ほどの大仏の開眼供養では雅楽も披露されていますね。

Aさん:一言に音楽といっても,色々なものがあるのですね。

Bさん:楽器の演奏に合わせて物語を語るスタイルもあるよね。琵琶法師によって弾き語りされた(4)「平家物語」とか。

Cさん:(　　5　　)の「踊念仏」は,念仏を唱えたり鐘をたたいたりしながら踊るよ。

先　生:皆さん,よく歴史を勉強していますね。中世では他にも「現代風」という意味を持つ歌謡,「今様」が流行しました。(　6　)上皇が喉を痛めるくらいに熱中して歌っていたようです。また,歌と舞をおもな要素とする歌舞劇として(7)「能楽」も生まれ,(8)武家政権の保護を受けました。

Aさん:江戸時代だと,歌舞伎や人形浄瑠璃が民衆の間で人気になりましたよね。

先　生：歌舞伎や人形浄瑠璃では，三味線が重要な楽器として活躍しました。三味線のもとになったのは(X)から伝わった三線です。

Bさん：そういえば，アジア以外の地域から日本の音楽に影響をあたえた事例ってないのかな？

先　生：よく歴史を思い出してみてください。

Cさん：あっ！　(　Y　)。

先　生：そうですね。他にも西洋音楽と日本との出会いのエピソードとしては，ベートーヴェンの楽曲「第九」に関するものがありますよ。徳島県にある(9)板東俘虜収容所に収容されたドイツの将兵らによって，はじめて日本で「第九」が演奏されました。

Aさん：へぇ！　そんなお話があったんですね。

先　生：20世紀に入ると，レコードやラジオが音楽を届ける重要な役割を果たします。しかし，戦時中は(10)敵国米英の音楽を禁じたり，問題のある歌詞を改めさせたりすることもありました。終戦直後は，楽劇・演劇は占領軍によって統制されたこともありました。歌舞伎では，主君の仇討ちを題材にした「(11)」などが禁止リストに入りました。新作歌舞伎でも戦争や忠君愛国を主題にしたものは不許可とされました。

Dさん：先生，歴史の話は面白かったのですが，そろそろ校歌の練習もしませんか？

先　生：ついつい，歴史の話が長くなってしまいましたね。それでは校歌の練習をしましょう。我が校の(12)校歌の歴史は古く…。

問1　(1)に適する語を漢字2字で答えなさい。

問2　下線(2)に関連して，下の**ア**～**オ**のうち，奈良・平安時代と同時期に存在していた東アジアの国として**ふさわしくない**ものはどれですか。一つ選び，記号で答えなさい。

ア　唐　　**イ**　渤海　　**ウ**　新羅　　**エ**　百済　　**オ**　高麗

問3　下線(3)に関連して，律令の「令」は民法や行政法などを定めたものですが，「律」は何を定めたものですか。答えなさい。

問4　下線(4)に関連して，下の**ア**～**エ**を，年代順(古い順)に並べ替え，記号で答えなさい。

ア　源頼朝が石橋山の戦いで平氏に敗れた。

イ　源義経が屋島の戦いで平氏を破った。

ウ　平清盛が太政大臣となった。

エ　平治の乱で源義朝が平清盛に敗れた。

問5　(5)に適する語句を，下の**ア**～**カ**から選び，記号で答えなさい。

ア　一遍が開いた曹洞宗　　**イ**　一遍が開いた時宗

ウ　一遍が開いた浄土宗　　**エ**　法然が開いた曹洞宗

オ　法然が開いた時宗　　**カ**　法然が開いた浄土宗

問6　(6)に適する上皇の名を漢字で答えなさい。この人物は保元の乱で崇徳上皇を配流し，1158年から院政をおこないましたが，平氏との関係が悪化して幽閉され，平清盛の死後に院政を再開した人物です。

問7　下線(7)に関連して，室町時代の人物で『風姿花伝』などをあらわした能役者・能作者はだれですか。下の**ア**～**オ**から一人選び，記号で答えなさい。

ア　近松門左衛門　　**イ**　観阿弥　　**ウ**　出雲の阿国

エ　世阿弥　　**オ**　狩野永徳

問8　下線(8)に関連して，能を保護した人物として豊臣秀吉が有名です。下の**ア**～**エ**のうち，豊臣秀吉に関する説明としてもっともふさわしいものはどれですか。記号で答えなさい。

ア　自らを題材にした「太閤能」をつくらせた。

イ　本拠地とした小田原城や宮中で能を上演させた。

ウ　物価を引き下げるため，株仲間を解散した。

エ　バテレン追放令を出し，絵踏をおこなった。

問9　下線(9)に関連して，板東俘虜収容所にドイツの将兵らが収容されていたのはなぜですか。歴史的背景を踏まえて説明しなさい。その際に**下の語句をすべて用いる**こと。

＜日英同盟　　山東＞

問10　下線(10)に関連して，第二次世界大戦中に枢軸国と対立した国家のグループは何ですか。漢字3字で答えなさい。

問11　(11)に適する作品を，下の**ア**～**オ**から選び，記号で答えなさい。

ア　好色一代男　　**イ**　国性爺合戦　　**ウ**　仮名手本忠臣蔵

エ　曽根崎心中　　**オ**　日本永代蔵

問12　下線(12)に関連して，高輪中学校の校歌は土井晩翠が作詞しています。彼の活躍した時代は，同時期に活躍した島崎藤村と合わせて，「藤晩時代」といわれています。島崎藤村の著作と土井晩翠作詞の曲の組み合わせとして正しいものはどれですか。下の**ア**～**エ**から選び，記号で答えなさい。

ア　『破戒』―「荒城の月」　　　　**イ**　『破戒』―「川の流れのように」

ウ　『坊っちゃん』―「荒城の月」　**エ**　『坊っちゃん』―「川の流れのように」

問13　下の**ア**～**カ**のうち，(X)に適する語a・bと(Y)に適する発言Ⅰ～Ⅲの組み合わせとして正しいものはどれですか。記号で答えなさい。

(X)に適する語

a　アイヌ　　b　琉球

(Y)に適する発言

Ⅰ　いわゆる鎖国中でもイギリスとの交易の中で，音楽が伝わってきた可能性があるよね

Ⅱ　イエズス会の布教活動の中で，聖歌や西欧の楽器が日本に伝わったんじゃないかな

Ⅲ　織田信長によって天正遣欧使節がローマに派遣された際に，西欧の音楽を習ったんじゃないかな

ア　a－Ⅰ　　**イ**　a－Ⅱ　　**ウ**　a－Ⅲ

エ　b－Ⅰ　　**オ**　b－Ⅱ　　**カ**　b－Ⅲ

3　次の文を読み，下の各問いに答えなさい。

イギリスのエコノミスト誌は，※「民主主義指数」を発表しています。この指数は，選挙のおこなわれ方，国民の政治参加の程度，国民の自由度などの項目から算出されています。この指数により各国に順位がつけられ，上位から順に「完全な民主主義国」・「欠陥のある民主主義国」・「強権体制と民主主義の混合政治体制の国」・「独裁政治体制の国」の4つに分類されています。

「完全な民主主義国」の上位には，(1)福祉国家とよばれる，社会保障制度が手あつい北欧の国

が集中しています。日本は「完全な民主主義国」にふくまれていますが，国民の政治参加に関する項目の指数が低くなっています。この項目は，(2)選挙の投票率，(3)女性議員の比率，市民の政治への関心などから構成されています。

「欠陥のある民主主義国」には，フランスやアメリカなどがふくまれています。これらの国では，人種間の(4)差別や所得格差などの社会問題が一部にみられます。

「強権体制と民主主義の混合政治体制の国」や「独裁政治体制の国」にふくまれている国では，「(５)の自由」の保障が不十分で，政府批判などの政治的発言が制限され，公正な(6)裁判がおこなわれているとはいえない場面もみられます。いわゆる(7)軍事政権がおさめる国もふくまれています。

2020年代に入り，(8)新型コロナウイルス感染症の流行や(9)ロシアによるウクライナへの軍事行動など，世界全体に大きな影響をあたえるできごとがおきています。

戦争や紛争は，多くの人々の生活のみならず生命さえもおびやかす存在です。解決には(10)国際連合などによる仲介も期待されますが，(11)経済活動への影響による各国の利害が対立するなど，現在も多くの問題をかかえています。

※この文章は，2021年に発表された民主主義指数をもとにのべたものです。

問１　下線(1)に関連して，下の**ア**～**オ**のうち，日本で社会保障をおもに担当する省はどこですか。もっともふさわしいものを選び，記号で答えなさい。

ア　環境省　　**イ**　厚生労働省　　**ウ**　経済産業省

エ　法務省　　**オ**　文部科学省

問２　下線(2)に関連して，右の表は2021年10月31日におこなわれた衆議院議員総選挙の年代別のおおよその投票者数を示したものです。表のような状況が続くと，高齢者向けの政策が優先されやすくなるおそれがあります。このような状態は「(　　)民主主義」といわれます。(　)に適する語をカタカナで答えなさい。

20歳代	461万人
30歳代	643万人
40歳代	984万人
50歳代	1071万人
60歳代	1087万人
70歳代	1188万人

＊10歳代と80歳代以上は省略している

※総務省資料より作成

問３　下線(3)に関連して，日本で初めて女性の国会議員が誕生した年はいつですか。下の**ア**～**オ**から選び，記号で答えなさい。

ア　1890年　**イ**　1905年　**ウ**　1925年　**エ**　1946年　**オ**　1964年

問４　下線(4)に関連して，人種や出身国などを理由に，特定の個人や集団に対して，暴力や差別をあおるような主張をすることを何といいますか。カタカナ７字で答えなさい。

問５　(５)には，下に示した日本国憲法第21条の条文中の(　)と同じ語が入ります。(　)に適する語を漢字で答えなさい。

> 集会，結社及び(　　)，出版その他一切の表現の自由は，これを保障する。

問６　下線(6)に関連して，下の**ア**～**エ**のうち，裁判に関する説明として**ふさわしくない**ものはどれですか。一つ選び，記号で答えなさい。

ア　裁判員裁判は，重大な刑事事件のみでおこなわれる。

イ　違憲立法審査権は，すべての裁判所がもつ権限である。

ウ　最高裁判所長官は，国会によって指名される。

エ　判決に不服があるときには，同一事件について裁判を原則３回まで受けることができる。

問7　下線(7)に関連して，東南アジアのある国では，2021年2月に軍がアウンサンスーチー国家顧問と大統領を拘束し，非常事態を宣言するなどしたため，2021年の民主主義指数が急落しました。この国はどこですか。下の**ア**～**オ**から選び，記号で答えなさい。

ア　インドネシア　　**イ**　カンボジア　　**ウ**　フィリピン

エ　ベトナム　　**オ**　ミャンマー

問8　下線(8)に関連して，①・②の各問いに答えなさい。

①　コロナ禍では，飲食店や商業施設などで時短営業がおこなわれるなど，経済活動の自由が制限されました。この政策を政府がおこなった目的は何ですか。また，本来保障されるはずの権利を政府が制限できる根拠は何ですか。あわせて説明しなさい。

②　新型コロナウイルス感染症の影響を受けた2020年は，日本の国内総生産は前年と比べて大幅に落ち込みました。下の表は，2020年の経済活動別国内総生産(名目，単位：十億円)と対前年増加率を示したもので，**ア**～**エ**は，農業，製造業，電気，宿泊・飲食サービス業のうちいずれかです。このうち，電気にあたるものはどれですか。記号で答えなさい。

	国内総生産	対前年増加率
ア	106274	−5.1％
イ	9501	−31.0％
ウ	8505	4.1％
エ	4659	−3.0％

※『日本国勢図会 2022/23年版』より作成

問9　下線(9)に関連して，①～③の各問いに答えなさい。

①　この軍事行動は，ある組織への加盟を求める動きがウクライナで強まったことが，背景の一つとされています。アメリカやヨーロッパ諸国など約30か国が加盟するこの組織は，加盟国の領土と国民を相互に守ることをめざしています。この組織の英略称をアルファベットで答えなさい。

②　ロシアとウクライナはいずれも，旧ソ連の構成国です。下の**ア**～**オ**のうち，旧ソ連の構成国を一つ選び，記号で答えなさい。

ア　アフガニスタン　　**イ**　イラン　　**ウ**　ジョージア

エ　フィンランド　　**オ**　ポーランド

③　下の**ア**～**エ**のうち，ロシア(ソ連)と日本の関係についての説明として**ふさわしくない**ものはどれですか。一つ選び，記号で答えなさい。

ア　19世紀のはじめに，ロシアのレザノフが日本との通商を求めて長崎を訪れた。

イ　日清戦争後に，ロシアはフランス・ドイツとともに，日本が獲得した遼東半島を清に返還するよう求めた。

ウ　第二次世界大戦においてソ連が対日参戦したのは，広島に原爆が投下された後だった。

エ　田中角栄内閣のときに，日本とソ連の国交が回復した。

問10　下線(10)に関連して，国際連合の安全保障理事会には5つの常任理事国があります。下の**ア**～**カ**のうち，常任理事国はどれですか。**2つ**選び，記号で答えなさい。

ア　イギリス　　**イ**　イタリア　　**ウ**　オランダ

エ　スペイン　　**オ**　ドイツ　　**カ**　フランス

問11　下線⑾に関連して，下の表は2020年の日本の貿易輸入品における主要輸入相手国の割合を示したもので，**ア〜エ**は，衣類・小麦・自動車・肉類のうちいずれかです。このうち，衣類にあたるものはどれですか。記号で答えなさい。

ア

アメリカ	28.6%
タイ	14.6%
オーストラリア	13.6%
カナダ	10.8%
中国	6.4%

イ

中国	54.1%
ベトナム	16.0%
バングラデシュ	4.1%
カンボジア	4.1%
ミャンマー	3.8%

ウ

アメリカ	46.9%
カナダ	36.5%
オーストラリア	16.2%

エ

ドイツ	31.7%
アメリカ	9.6%
タイ	8.9%
イギリス	8.7%
イタリア	7.2%

＊割合は金額(円)による百分比
※『日本国勢図会 2022/23年版』より作成

【理　科】〈C日程試験〉（30分）〈満点：60点〉

1　水と氷を混ぜるとやがて温度が均一になりますが，これは温度の高い水から温度の低い氷へ熱が移動したためです。熱の単位にはカロリーという単位を用いますが，１カロリーは「水１ｇの温度を１℃上昇《しょう》させるのに必要な熱」と定められています。よって水１ｇの温度が１℃上昇すれば，その水は１カロリーの熱を吸収したことになり，温度が１℃下降すれば，その水は１カロリーの熱を放出したことになります。次のグラフは，－40℃の氷100ｇを容器に入れ，ヒーターを用いて，毎秒100カロリーの割合で熱を加えていったときの，温度と時間の関係を表したものです。ここで－40℃とは０℃のときよりも，40℃低い温度を表します。グラフの(a)～(c)の区間で容器の中の状態を確認したところ，(a)は氷のみの状態，(b)は水と氷が混ざった状態，(c)は水のみの状態でした。以下の各問いに答えなさい。ただし，ヒーターが放出した熱はすべて氷や水が吸収するものとし，容器や空気中には逃げないものとします。

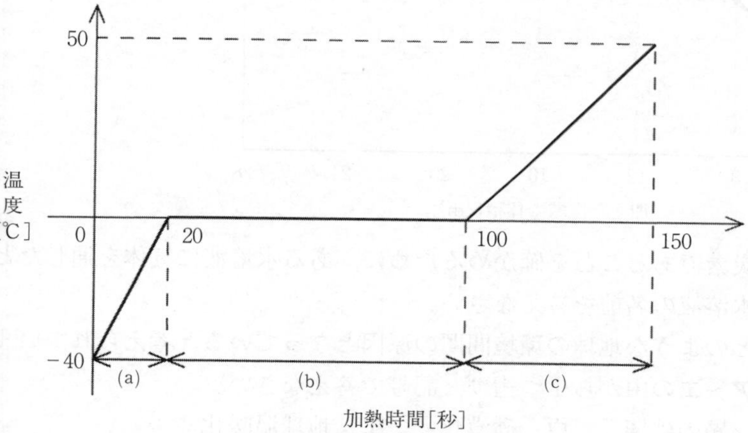

(1)　－40℃の氷100ｇが０℃の氷100ｇになるまでにヒーターから吸収した熱はいくらですか。

(2)　氷１ｇの温度が１℃上昇するのに必要な熱はいくらになりますか。

(3)　(b)の区間では，ヒーターが出した熱はすべて氷をとかすのに使われるため，温度は変化しません。氷１ｇがとけて水１ｇに変化するのに必要な熱はいくらになりますか。

(4)　加熱を始めてから80秒後では，容器の中に何ｇの氷が残っていますか。

(5)　容器Ａには20℃の水500ｇが，容器Ｂには80℃の水100ｇが入っています。容器Ａの水をすべて容器Ｂに移して十分時間がたったとき，容器Ｂの中の水の温度は何℃になっていますか。ただし，熱は容器や空気中に逃げないものとします。

(6)　容器Ｃには０℃の氷50ｇが，容器Ｄには45℃の水200ｇが入っています。容器Ｃの氷をすべて容器Ｄに移して十分時間がたったとき，氷はとけてすべて水になりました。このとき容器Ｄの中の水の温度は何℃になっていますか。ただし，熱は容器や空気中に逃げないものとします。

(7)　容器Ｅには－10℃の氷200ｇが，容器Ｆには58℃の水100ｇが入っています。容器Ｅの氷をすべて容器Ｆに移して十分時間がたったとき，氷は一部とけ残っていました。とけ残った氷の重さは何ｇになりますか。ただし，熱は容器や空気中に逃げないものとします。また，氷は温度が０℃に達するまでとけ始めることはないものとします。

2 卵のからに塩酸を加えると，卵のからはとけて，二酸化炭素が発生します。卵のから1gを細かくしたものに，ある濃度の塩酸を加え，十分に反応させたときに発生する二酸化炭素の体積を測定する実験を行いました。発生した二酸化炭素の体積は次のグラフのようになり，加えた塩酸の体積が12cm³のとき，卵のからはすべてとけていました。下の各問いに答えなさい。ただし，答えが割り切れない場合は，小数第2位を四捨五入して小数第1位まで求めなさい。

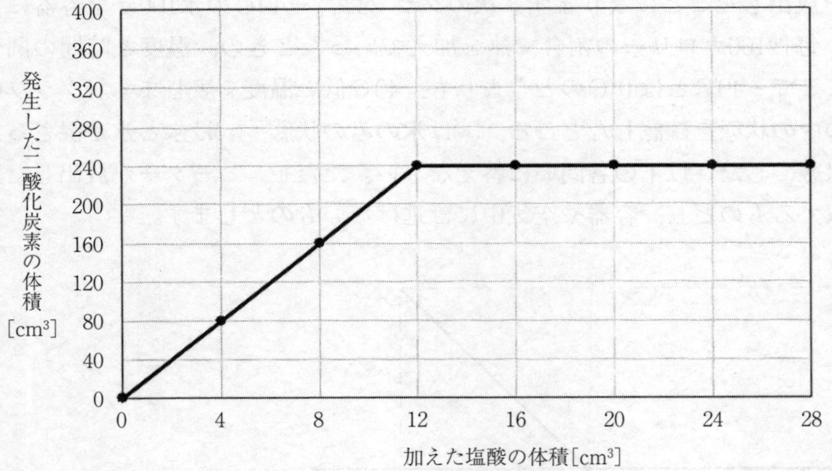

(1) 発生した気体が二酸化炭素であることを確かめるために，ある水溶《よう》液に気体を通したところ，白くにごりました。この水溶液の名前を答えなさい。

(2) 二酸化炭素の増加は，どのような地球の環境問題の原因となっていると考えられていますか。最も適当なものを，次の**ア**～**エ**の中から1つ選び，記号で答えなさい。

ア 酸性雨　　**イ** オゾン層の破壊《かい》　　**ウ** 砂漠《ばく》化　　**エ** 地球温暖化

(3) 卵のからを細かくしないまま実験を行うと，反応の速さと発生する二酸化炭素の体積はどう変化しますか。それぞれ答えなさい。ただし，変化しない場合は「変化しない」と答えなさい。

(4) 同じ濃度の塩酸100cm³に過不足なく反応する卵のからは何gですか。

(5) 二酸化炭素を500cm³発生させるためには，同じ濃度で十分な量の塩酸に何gの卵のからを反応させればよいですか。

(6) ある重さの卵のからを用意し，2倍の濃度の塩酸を加えました。二酸化炭素が144cm³発生し，卵のからが0.8gとけ残り，反応が止まりました。用意した卵のからの重さと加えた塩酸の体積は，それぞれいくらですか。

3 地震のゆれは地震計で記録することができます。図1は地震計を簡易的に示したもので，図2は地震計の記録紙に記録されたゆれを示しています。下の各問いに答えなさい。

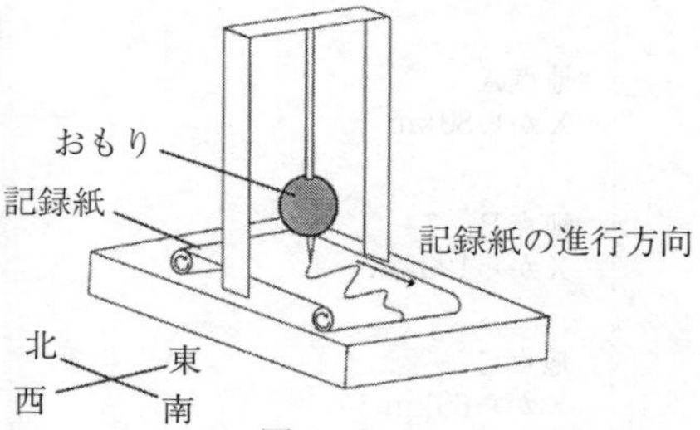

図1

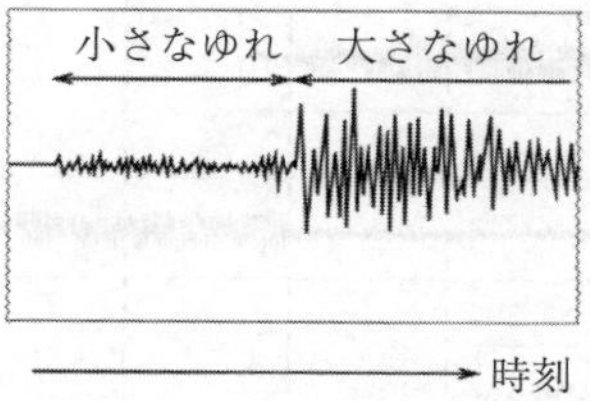

図2

(1) 地震計でゆれが記録できるしくみについて説明した次の文章の(①)～(③)に入る言葉を，以下の**ア**～**エ**の中から1つずつ選び，記号で答えなさい。

地震で地面がすばやくゆれると，地震計の(①)も地面と同じようにゆれる。しかし，地震計の(②)はゆれないため，地震のゆれを記録紙に記録できる。また，図1の地震計では，記録紙が北から南の方向に動いているので，記録することができるのは(③)方向のゆれである。

ア おもり　**イ** 記録紙　**ウ** 東西　**エ** 南北

(2) 図1の地震計で，ある地震のゆれを記録しました。ゆれていない状態から地震によって西の方角にゆれだし，ゆれが続いたようすは，記録紙にどのように記録されますか。次の**ア**～**エ**の中から1つ選び，記号で答えなさい。

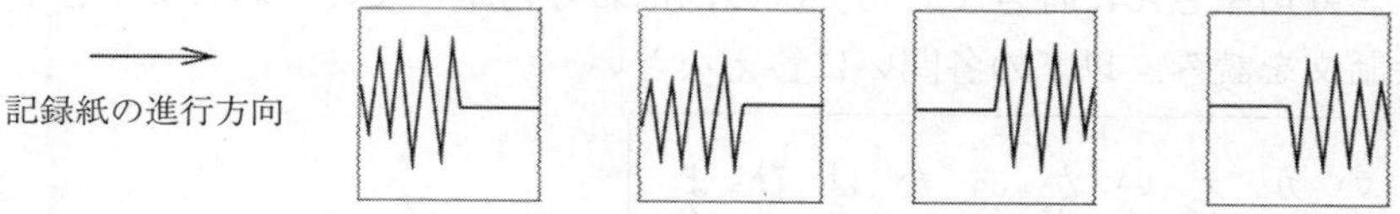

ア　**イ**　**ウ**　**エ**

(3) 図2のゆれについて説明したものとして正しいものを，次の**ア**～**エ**の中から1つ選び，記号で答えなさい。

ア 小さなゆれは初期微《び》動といい，P波によって引き起こされる
イ 小さなゆれは主要動といい，S波によって引き起こされる
ウ 大きなゆれは初期微動といい，S波によって引き起こされる
エ 大きなゆれは主要動といい，P波によって引き起こされる

ある時刻に震源Xで発生した地震のゆれを，地点A～Cの地震計で記録しました。図3は，A～Cの記録紙を時刻が同じになるようにして並べたものです。

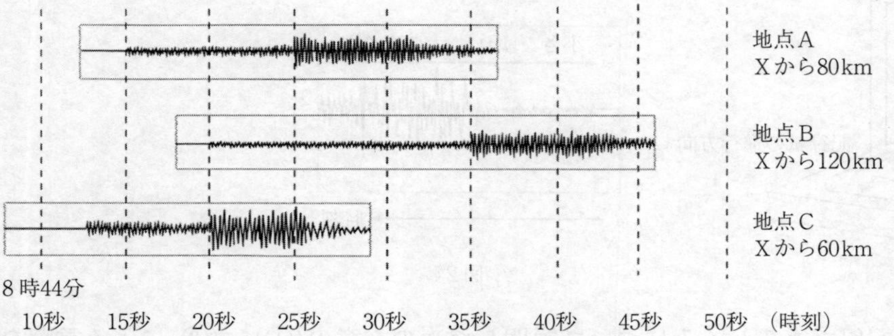

図3

(4) 図3から，ゆれの開始時刻と震源Xからの距離の関係をグラフに表しなさい。ただし，地点A～Cの小さなゆれの開始時刻を●印で表し，3点を通る直線を書きなさい。同じように，地点A～Cの大きなゆれの開始時刻を▲印で表し，3点を通る直線を書きなさい。

(5) 震源Xで地震が発生した時刻は，何時何分何秒ですか。

(6) この地震で，地点Dでは小さなゆれが始まってから12.5秒後に大きなゆれが始まりました。地点Dは震源Xから何km離れていますか。

4 T君はお父さんとお寿司《すし》屋さんに行きました。次の図はお寿司屋さんの「おしながき」です。これに関する下の会話文を読み，以下の各問いに答えなさい。

まぐろ ひらめ はまち たい あじ かずのこ いくら えび かに いか たこ あわび ほたて つぶ貝 うに

T君：さっき，板前さんが今日のおすすめは白身なら「ひらめ」，赤身なら「まぐろ」だよと言っていたけど，なんで魚には白身と赤身があるのかな？

父親：それは，その魚の生態と関係があることが多いんだよ。例えば，A マグロは筋肉中にミオグロビンという酸素を保管できる赤い色素を多くもっているから赤身って言われているんだよ。

T君：なるほど。たしかにマグロの身は赤いね。次は「かずのこ」を食べようかな。よく見ると，たくさんの卵がつまっているね。

父親：きっと B 産む卵の数も，魚の生態とつながりがあるんじゃないかな。

T君：たしかに，C ほ乳類や鳥類に比べたら産む数が多いもんね。そういえば，お寿司では魚の身だけじゃなくて，卵もネタになるんだね。

父親：そうだね。でも，魚じゃないものもたくさんお寿司のネタになっているよ。おしながきを見てごらん。

T君：本当だね。甲殻《こうかく》類のものや D 軟体《なんたい》動物のものもあるね。あれ，「うに」ってどっちに入るんだろう。とげとげしているから甲殻類なのかな。

父親：残念ながらウニは甲殻類でも軟体動物でもないんだよ。

T君：そうなんだ。たしかにウニは，食べている部分も他のものと違《ちが》う感じがするしな。でも，Eどの部分を食べているんだろう。

父親：体の中の一部なのはたしかだね。

T君：イカやタコだったら，食べている部分がすぐわかるんだけどな。

父親：たしかに。でも，イカは体だけじゃなくて「すみ」を食べることもあるよね。

T君：そうだね。けど，タコすみは食べるって聞かないな。すみに違いがあるのかな。

父親：タコすみはさらっとしていて，イカすみは粘《ねば》り気があるらしいよ。タコの吐《は》いたすみは，水中で広がって敵の視界をさえぎるとか，すみにふくまれる成分で敵の鼻をまひさせるとか，聞いたことがあるよ。じゃあ，Fイカすみのほうはどんな役割をしているんだろう。粘り気があるからタコと違いそうだね。

T君：うーん。どうなんだろう。

(1) マグロやヒラメなどの魚類に共通する特ちょうは，背骨があることです。このような背骨をもつ動物を何といいますか。

(2) 下線部Aについて，マグロの筋肉にミオグロビンが多くふくまれている理由として最も適当なものを，次の**ア**～**エ**の中から１つ選び，記号で答えなさい。

ア　非常に深い海底で生活するため　　**イ**　海中をひたすら泳ぎ続けるため

ウ　海そうの少ない場所で生活するため　　**エ**　水中でしずみにくくするため

(3) 下線部Bについて，魚には一度にたくさんの卵を産むものがいます。多くの卵を産む必要がある理由として最も適当なものを，次の**ア**～**エ**の中から１つ選び，記号で答えなさい。

ア　成長段階で他の生き物に食べられてしまうことが多いため

イ　メスが産み落とす前に体内で死んでしまう卵が多いため

ウ　どの魚も一生に一度しか産卵できないため

エ　産卵場所に集まったメスの中で一匹しか産卵できないため

(4) 下線部Cについて，ほ乳類や鳥類の特ちょうとして間違っているものを，次の**ア**～**エ**の中から１つ選び，記号で答えなさい。

ア　ほ乳類も鳥類も心臓は２心ぼう２心室である

イ　ほ乳類も鳥類も体内受精を行う

ウ　ほ乳類も鳥類も肺呼吸をするので必ず陸上で生活している

エ　ほ乳類も鳥類も気温によらず一定の体温を保っている

(5) 下線部Dについて，「おしながき」の中には，軟体動物はいくつありますか。

(6) 下線部Eについて，お寿司ではウニの体のどの部分を主に食べていますか。最も適当なものを，次の**ア**～**エ**の中から１つ選び，記号で答えなさい。

ア　精巣や卵巣　　**イ**　管足　　**ウ**　消化器　　**エ**　筋肉

(7) 下線部Fについて，イカが粘り気のあるすみを吐くことには，どんな役割があると思いますか。あなたの考えた役割を書きなさい。ただし，「敵の視界をさえぎる」，「敵の鼻をまひさせる」以外とします。

てず、彼女の意図とは違う詩になったのではないかと悩んでいたが、一緒に音読してみていい詩であることがジュリアにも伝わったようで安心した。

エ、ジュリアの書いた素直な言葉が、大人の自分が手を入れることによって歪《ゆが》んでしまうのではないかと不安に思っていたが、全て日本語になった詩を彼女が嬉しそうに読んでいたのでこちらも嬉しくなっている。

問一〇 ――12「素敵な詩だよ。すごいね」とありますが、「私」がそのように感じたのはなぜですか。ふさわしいものを次の中から一つ選び、記号で答えなさい。

ア、ジュリアの詩は日本でも前向きに生きていこうという決意表明であり、過去日本に来てすぐアメリカに戻りたがった幼稚《ようち》な自分とは大違いだと頭が下がる思いがしたから。

イ、ジュリアの詩は日本語を上達させようとした彼女の努力の結晶であり、過去の自分はここまでしなかったと反省すると同時に、彼女の書く言葉に心がひきつけられたから。

ウ、ジュリアの詩に感じられる、簡単な言葉だけで読み手に働きかける言語感覚の鋭《するど》さが、過去に日本に来て嘆いてばかりいた自分にはなかったものだと尊敬の念を抱いたから。

エ、ジュリアの詩に表れる、言語の壁を気にせず自分の人生を大切にする姿勢が、過去にほとんど日本語が話せず強烈な孤独感を抱いていた自分にとってはまぶしく映ったから。

問一一 ――13「肩越しに声をかけられ、はっとする」とありますが、なぜ「はっと」したのですか。三〇字以内で答えなさい。

ウ、正月の華やかなテレビ番組によって、母国での家族団欒を思い出して、一人でいるさびしさが募《つの》るから。

エ、正月の華やかなテレビ番組を多くの人が楽しんでいても、生徒たちは言葉も文化も分からず楽しめないから。

問四 [4] に入る言葉としてふさわしいものを次の中から一つ選び、記号で答えなさい。

ア、そわそわ　イ、こそこそ
ウ、ばたばた　エ、とぼとぼ

問五 ――5「ここは日本の礼儀を身につける場所じゃない」とありますが、それはどういうことですか。ふさわしいものを次の中から一つ選び、記号で答えなさい。

ア、様々な国の文化が混在する場所であるため、日本の文化だけを教えるのではなくそれぞれの国の文化について互いに学び合う場所であるということ。

イ、様々な国にルーツを持つ子どもたちが日本で暮らすための知恵を身につける場所であって、礼儀やマナーだけにこだわった暮らしをする場所ではないということ。

ウ、様々な国の文化を認めながら、それぞれが日本で暮らしやすくなるための学習を支援するところであって、日本の文化を押しつけるための場所ではないということ。

エ、様々な国にルーツを持つ子どもたちに日本の礼儀やマナーを教えるのは困難なことであり、学習支援員たちだけでは無理があるのでそのこだわりは持っていないということ。

問六 ――6「また日本語が上達している」とありますが、なぜジュリアは短い期間で日本語を上達させることができたのですか。文中の言葉を使って六〇字以内で答えなさい。

問七 ――8「よるのそら」の詩について、ジュリアはこの詩でどのようなことを表現していると考えられますか。文中の言葉を使って答えなさい。

問八 ――9「やっぱりこの子は、言葉で他人に伝えるべきことが何か、よく知っている」とありますが、「私」がそう感じたのはなぜですか。ふさわしいものを次の中から一つ選び、記号で答えなさい。

ア、ジュリアが使う言葉はうまくはないが、自分の気持ちがいつわりなくまっすぐ表現されているから。

イ、ジュリアは、自分の理解している複数の言語をうまく組み合わせて自分の心のなかを表しているから。

ウ、ジュリアは、ひとつひとつの言葉をよく考えて使い、周りに伝えたいことを効率よく表現しているから。

エ、ジュリアが使う言葉には、異国での暮らしを不安に思い、周りに助けを求めていることが表れているから。

問九 ――11「そんなことをくよくよ考えていたが、読み終えたジュリアが顔を輝かせたのを見るとどうでもよくなった」とありますが、ここでの「私」の心の動きの説明としてふさわしいものを次の中から一つ選び、記号で答えなさい。

ア、ジュリアの詩からポルトガル語をなくしてしまうことは彼女のルーツを否定することになるのではないかと不安に思っていたが、そんな小さいことを一切気にすることなく詩に夢中になる様子に救われている。

イ、ジュリアの作品に手を入れ全て日本語にしてしまったことで、詩の本来の良さが失われてしまったのではないかと悩んでいたが、彼女が全て日本語になった詩を喜んでいる様子だったので気にならなくなった。

ウ、ジュリアのポルトガル語を正しく日本語に直せたか自信が持

けて、しっかり自分のものにしている。決して負《お》い目とは感じていない。

改めて読んで、いい詩だと思う。ブラジルの雄大な夕景と、日本の明るい夜が切れ目なくつながっている。ジュリアにとっては両方が大切な風景であり、切り離して考えることはできないのだ。二つの夜空が混ざり合い、一つになっている。

ただ、結局はかなりの部分を私が日本語に訳してしまった。ポルトガル語交じりの原文のほうが、よかったかもしれない。11そんなことをくよくよ考えていたが、読み終えたジュリアが顔を輝かせたのを見るとどうでもよくなった。

「12素敵な詩だよ。すごいね」

ジュリアはもう一度、頭から詩を音読した。少しでも彼女を手助けできたことが嬉《うれ》しくて、私も彼女の声に耳を傾けていた。

「ねえ、聡美先生」

13肩越しに声をかけられ、はっとする。フィリピンにルーツを持つ小学六年生の男の子が、計算ドリルを手に待っていた。つい、ジュリアに構いすぎてしまった。

「算数の宿題教えて」

「いいよ。ジュリアちゃん、またね」

軽く手を振ると、彼女も振り返してくれた。

《岩井圭也『生者のポエトリー』所収「あしたになったら」より》

(注) 息子が家に帰ってきた…「私」の息子は大学生で、家を出て一人暮らしをしている。

団欒を満喫…親しいものたちが集まって和やかに心ゆくまで楽しむこと。

ママイ…ポルトガル語(ブラジルの公用語)で「母親」のこと。

問一 ――1「とんぼ返りして」・7「はにかむ」・10「つぶらな」の文中での意味としてふさわしいものを下の中から一つずつ選び、記号で答えなさい。

1 ア、どこかへ行って　イ、ただちに戻って
ウ、気が抜けきって　エ、親の手を離れて

7 ア、恥ずかしがる　イ、嬉しそうにする
ウ、控えめな態度をとる　エ、やる気に満ちている

10 ア、真っ直ぐでりりしい　イ、小さくておさない
ウ、丸くてかわいらしい　エ、ぼんやりして頼りない

問二 ――2「三人家族であることを実感した」とありますが、その理由としてふさわしいものを次の中から一つ選び、記号で答えなさい。

ア、学習支援教室とは異なり、その場にいる全員と日本語で会話できることのありがたみに気付いたから。

イ、学習支援教室がお休みになって自宅で過ごすようになり、本来自分がいるべき場所を思い出したから。

ウ、直接言葉にこそしなかったものの、夫も息子も自分を気遣《きづか》って家で過ごしていることが伝わったから。

エ、普段は生活リズムや場所も異なる中で過ごしていたが、同じ場所で時間を共有することができたから。

問三 ――3「生徒たちは今、強烈な孤独感を抱いているかもしれない」とありますが、「私」がそう考える理由としてふさわしいものを次の中から一つ選び、記号で答えなさい。

ア、正月の華やかなテレビ番組が、かえって言葉も文化も分からない生徒たちの不安感を強めるから。

イ、正月の華やかなテレビ番組でも、生徒たちはそれによって母国を思い出して悲しい気持ちになるから。

のぞきこむと、そこには手書きで言葉が書きつけられていた。ひらがなが視界に入る。

「すごい。日本語じゃない。作文？」

作文の添削《てんさく》なら、この支援教室ではよくやる。しかしジュリアは首を横に振《ふ》った。よく見ると、ページの下半分が空《あ》いている。一文ずつ改行しているためだ。国語の教科書で読んだ詩がよみがえる。

「もしかして、詩を書いたの？　読んでいい？」

恥ずかしそうにこくりとうなずく。隣にしゃがみこんで、ノートの文字を目で追う。いくつかの詩が書かれていて、それぞれに『8よるのそら』とか『あしたになったら』というタイトルがつけられていた。

一読して、日本語が上達する理由がわかった。

ノートには、鉛筆と消しゴムで何度も書き直した跡《あと》がある。ジュリアは何度も文章を直し、調べながら詩を書いたのだ。辞書か何かをひっくり返して、少しずつ書き進めたのだろう。それだけまじめに向き合えば、日本語も上達するはずだ。

何より、書きつけられている詩そのものが良かった。素直な言葉のひとつひとつが映像として目に浮かび、ジュリアの心のなかをのぞかせてもらったような気分になる。日本語のうまい下手《へた》は関係ない。

9やっぱりこの子は、言葉で他人に伝えるべきことが何か、よく知っている。

調べてもわからなかったのか、ポルトガル語と思《おぼ》しき言葉で書かれている箇所《かしょ》も残されていた。これらの箇所だけでも日本語に直してあげたいが、それは子どもの作品に大人が手を入れることになる。それに、あえてそうしているのかも。悩んでいると、ジュリアがポルトガル語の単語を指さした。

「日本語、教えて」

10つぶらな瞳が私の目を見ている。その真剣さがぐっと胸に迫《せま》る。

「わかった。少し待って」

ポケットのスマートフォンを取り出し、翻訳《ほんやく》サイトを開く。ノートに綴《つづ》られた単語を読み取り、打ち込む。音声はともかく、文章ならネットを使えば意味がわかる。ひとつひとつポルトガル語の単語を訳し、別のページへ清書していく。ジュリアは私の作業をじっと見守っていた。書かれていたいくつかの詩を、次々に訳していく。

「できた」

翻訳は三十分もかからず終わった。すべての詩が日本語で生まれ変わった。

「読んでみようか」

私とジュリアは声を合わせて、清書した『よるのそら』を読んだ。

ゆうやけでまちはオレンジだ
いえもマンションも　おみせも
オレンジになっていく
ゆうやけをみるとおもいだす
ブラジルのひろいひろいはたけ
うみにきえていくたいよう
オレンジがすこしずつかわる
あおいろ　むらさきいろ
よるになってそらはまっくろだ
でもあたらしいまちは
よるがあかるくて　こわくない
わたしは
どちらのよるのそらもすきだ

羨《うらや》ましい、と思った。彼女はブラジルから来たという過去を引き受

三　次の文章を読んで、後の問いに答えなさい。ただし、字数に制限がある場合は、句読点や記号も字数に含まれるものとします。

幼少期をアメリカで過ごし、十歳で日本に来て言語の壁に悩まされた経験を持つ専業主婦の「私」（林田聡美）は、外国にルーツを持つ子どもたちのための学習支援教室でボランティア活動を行っている。生徒の一人でブラジルにルーツを持つ伊藤ジュリアは、ほとんど日本語が分からない状態で教室にやってきたが、国語の教科書の詩を読んでもらったことがきっかけで、日本語を上達させていく。

年末年始は(注)息子が家に帰ってきた。夫も仕事には手をつけず、男二人はリビングのこたつでテレビを見ていることが多かった。息子はたった四日で1とんぼ返りしてしまったが、久しぶりに2三人家族であることを実感した。

正月、三人でテレビを見ながら、ジュリアのことを思いだした。きっと彼女はこの瞬間も、あの団地で過ごしている。母国語の通じないこの国で。故郷から遠く離れた、地球の裏側で。彼女が(注)団欒《だんらん》を満喫《きつ》しているとは、思いにくかった。

ジュリアだけじゃない。故郷を出て日本へ移ってきた生徒は他にもいる。テレビ画面はきらびやかなセットや晴れ着の女性で華《はな》やかに彩《いろど》られている。しかしどんなに面白い番組でも、知らない言葉で流れていれば楽しめない。文化を知らなければ面白さもわからない。3生徒たちは今、強烈な孤独感を抱いているかもしれない。

年明け第一回の教室は、一月最初の土曜だった。

［　4　］した気分で、いつもより早く教室に入った。お年玉は用意できないが、ちょっとしたお菓子は持ってきた。年明けは皆気合が入っているのか、指導員は私を含めて八人も来た。きっと生徒たちもたくさん来るだろうから、ちょうどいい。

土曜の始業は午後一時だが、その十分前から子どもたちはやってきた。「あけましておめでとう」と挨拶《あいさつ》を交わす。どの生徒も挨拶を返してくれるわけではないし、無表情でぼそぼそと言うだけの生徒もいる。それでいい。もちろん、やり直しなんかさせない。5ここは日本の礼儀《れいぎ》を身につける場所じゃない。

そこここで、生徒たちのはしゃぐ声がする。二、三週間ぶりに再会する子どもたちの興奮が伝わってくる。

リビングとダイニングは十数人の子どもたち、それに指導員ですし詰《づ》めだった。急遽《きゅうきょ》、スタッフ用の部屋を開放することになり、指導員は片付けに追われた。

生徒たちの居場所が落ち着いたころ、ジュリアが来た。すでに他の部屋は満席のため、私が教えていたスタッフ室へ誘導されてきた。

「あけましておめでとう、ジュリアちゃん」

「おめでとうございます」

彼女はまた、深く頭を下げる。年末に会った時とは色違いの、緑のパーカーを着ていた。

「お洋服かわいいね。買ったの？」

「買った、スーパーで、(注)ママイと」

すぐに返ってきた答えに驚《おどろ》く。年末、最後に会った時と比べて6また日本語が上達している。私の言葉の意味も理解しているらしい。

「日本語、上手になったね」

「ありがとう。勉強した。もっと、友達と話したい。だから覚える」

「すごいね。これから、もっとうまくなるよ」

7はにかむジュリアは、室内の空席を探して腰を下ろした。バッグから青い表紙のノートを取り出して広げ、私を手招きする。近づいて

ら一つずつ選び、記号で答えなさい。ただし、同じ記号は二度は使いません。

ア、効果的　イ、対照的　ウ、身体的

エ、日常的　オ、自主的

問五　――6「子供と話をしているとすぐに分かるようなうそばかりつく」とありますが、子供が成長するとウソはどうなっていきますか。文中から一〇字で抜き出して答えなさい。

問六　[7] に入る言葉としてふさわしいものを次の中から一つ選び、記号で答えなさい。

ア、正直に言い過ぎない

イ、正直だと思っていた

ウ、正直であるふりをした

エ、正直に言ってしまった

問七　――8「実際にウソをつけない子供に育ってしまうと、大人になり社会に出たときに子供自身が困ることになります」とありますが、そのようにならないためには子供の時からどのようにすればよいですか。文中の言葉を使って四〇字以内で答えなさい。

問八　――10「大事なことは、そのウソに他人を思いやる気持ちがあるかどうかだ」とありますが、「他人を思いやる気持ちのあるウソ」の具体例としてふさわしいものを次の中から一つ選び、記号で答えなさい。

ア、大好きな女の子に好かれようと思い、一本しか持っていない傘を、もう一本持っているから大丈夫だと言ってその子に貸した。

イ、ある友達と一緒に勉強する約束をしていたが、別の仲良しの友達から遊びの誘いを受け、勉強の約束の方は体調を理由に断った。

ウ、部活の先輩が歌っている歌は明らかに音程が外れているが、自分が恐れている人なので、プロ顔負けの歌いぶりだとほめちぎった。

エ、サッカー部の後輩に技術的な成長は見えなかったが、彼が毎日残って練習しているのを知っているので、うまくなったねと声をかけた。

問九　――11「何度叱っても子供の心には響かない」とありますが、心に響くようにするための方法としてふさわしくないものを次の中から一つ選び、記号で答えなさい。

ア、子供の大人への信頼感が大切で、最初から疑ってかかっていると思われないよう慎重に対応する。

イ、大人が自分の気持ちをもとにしながら、正直であることの利点をその理由も含めて子供に伝える。

ウ、ウソが大きくなれば、最後は重い罰を受けなくてはならないことを強調し子供の恐怖心に訴《うった》える。

エ、叱られるのが怖い、褒めてほしいなどの子供のウソの背景にあるものを理解した上で指導をする。

ときに助けてあげられないから」

「小さいウソのうちならママが助けてあげられるから、なるべく小さなウソのうちに言ってね」

「先生は君から信頼されていると思っていたけれど、そうではなかったんだね。悲しいよ」

と自分の気持ちをベースにしながら、正直であるほうがメリットになるということを、その理由も含めて教えてあげるとよいのではないでしょうか。

また、「この皿を割ったのは誰だ！ 正直に言いなさい」と責めるより、「こんなところにお皿を置いていた私が悪いよね。これじゃあすぐに落ちて割れてしまうのもしょうがない。あ、これを落としたのはあなた？ 大丈夫？ けがは？」と言われたほうが、子供は「ごめんなさい。お皿を割ったのはぼくです」と正直に名乗り出る確率は高くなるでしょう。

ウソを暴き責めるよりも、受け入れる姿勢を見せることで、子供は正直である自分を表現しやすくなり、それを大人が褒めてあげることで、「誠実であること」の意義も体感してもらうことができるはずです。

ウソを強引に暴き、罰しても、子供にとってはもっと上手なウソをつこうとするためのトレーニングになってしまうでしょう。また、自分がウソつきであることを証明させても倫理《りんり》教育になりません。「正直に言ったら許します」と言って、犯人捜《さが》しをするような指導は学校でも避けるべきです。

正直に告白し、先生からたとえ許されたとしても「クラスみんなの前で晒《さら》し者になった」という子供の心の傷は消えません。罰を与えるのではなく理解を示し、誠実であるにはどうすればよいのかを、一緒に考えてあげるほうが〔12〕な指導になることもあるでしょう。

《中野信子『フェイク』より》

（注）寓話…教訓的な内容やためになる考えを表したたとえ話。
金の斧…鉄の斧を泉に落としたきこりの前に現れた女神が金と銀の斧を提示するが、きこりは正直に違うと答えたため全ての斧をもらえた。また、欲張りな男がうそをつき、何ももらえなかった話が続く。
脆弱…もろくて弱いこと。
駆使…自分の思い通りに使いこなすこと。
乖離…離れていること。
リスク…何か悪いことが起こる可能性のこと。
斟酌…相手の心情・事情をくみとること。
些細…取り上げる値打ちがないほど小さい様子。

問一 ――1「正直であれ」・2「口を酸っぱくして」の文中での意味としてふさわしいものを下の中から一つずつ選び、記号で答えなさい。

1 ア、正直であってよい　イ、正直でありなさい
ウ、正直であるはずだ　エ、正直であってほしい

2 ア、くり返して　イ、大きな声で
ウ、身をもって　エ、口先だけで

問二 ――3「子供は大人から『ウソをついてはいけません』と教わり」とありますが、大人がこのように教えるのはなぜですか。その理由を二つ、文中の言葉を使ってそれぞれ三〇字前後で答えなさい。

問三 ――4「ウソを身に付けていく」とありますが、それはなぜですか。文中の言葉を使って五〇字以内で答えなさい。

問四 〔　〕5・9・12に入る言葉としてふさわしいものを次の中か

くないと思うから、ウソをつく頻度《ひんど》もおのずと上がってしまうのでしょう。

また子供は、［5］に大人の行動を見ながら、どうすれば自分をよく思ってもらえるのかを観察して学んでいます。

そして好き嫌《きら》いを伝えるときにも、ウソをついたほうが褒《ほ》められ、正直に言うと嫌《いや》な顔をされることに薄々《うすうす》気づいていくでしょう。

本当の自分が、周囲の期待と(注)乖離《かいり》していたとき、本当の自分が暴《あば》かれる(注)リスクがなければ、いくらでもウソをつくでしょう。そのほうが安全だからです。6子供と話をしているとすぐに分かるようなうそばかりつくので不安になる親御《おやご》さんもいると思いますが、理由は明確で、単純に子供は「褒められたい」のです。

幼児期には、ウソをつかれると困る親を(注)斟酌《しんしゃく》できるまでに脳は育っていません。ただ褒められたい、叱られたくない、という欲求からついウソをつくのです。成長するにつれ脳も発達し、「ここは［7］ほうがよいだろう」という知恵も働くようになります。

親が子にウソをついてはいけないと教えるのは、一つは、「平気でウソをつく」ということに慣れさせないためでしょう。確かに、ウソばかり言っている人は、誰からも信用してもらえなくなってしまいます。

もう一つの理由は、子供には正直でいてもらわなければ管理できず、守ってあげることもできない。つまり便宜《べんぎ》上不都合だからです。だからウソをついてはいけないと教えるわけですが、8実際にウソをつけない子供に育ってしまうと、大人になり社会に出たときに子供自身が困ることになります。

もちろん、誰かをコントロールしたり、傷つけたりする悪いウソつきにならないように育てることも大事です。

［9］に危険があるような場合や金銭トラブルなどに関わるウソには、時にはきっぱりとした対応をする必要もあるでしょう。

しかし、子供は小さなウソをたくさんついてしまうものだと知っておくことも大切なのではないでしょうか。

子供のウソを助長させるようなことはしたくないでしょう。「大人は騙《だま》しやすい」と思われることも多くの親は望んでいないはずです。しかし、(注)些細《ささい》なことにも疑いの目を向け、子供に「自分は親から信頼されていないのだ」という意識を植え付けてしまいかねないということにも慎重《しんちょう》になるべきです。

ウソをつくことも、正直に話すことも、トレーニングが必要なのです。正直はよしとし、ウソはすべてダメと言って、ウソを使えない人に育ててしまうのではなく、よいウソと悪いウソ、そしてまた誤解を受ける正直さ、常に正直であることのリスクについても教え、それぞれ学んでいく必要があるのではないでしょうか。

「どんな人でもウソをついてしまうことがある。10大事なことは、そのウソに他人を思いやる気持ちがあるかどうかだ」などと、ウソの存在を認めつつ、絶対に守るべきポイントを伝えるのもよいでしょう。

そして子供がウソをついたときには「何のためにウソをついているのか」、その背景を想像してあげてほしいと思います。

褒められたいだけなのか、叱られるのが恐ろしいのか、自分のプライドを守りたいのか、想像してあげることで子供理解にもつながるでしょう。

どうしても指導しなくてはいけないときもあるでしょう。けれども「ウソをつくのは許さない！」「なぜウソをつく！」と、11何度叱っても子供の心には響《ひび》かないことを自覚しておくべきです。

「ウソをつくことであなたは損をしてしまうんだよ。それが私にとっても悲しいことなんだよ」

「ママはあなたがウソをつくと困ってしまう。本当にあなたが困った

2023年度 高輪中学校

【国語】〈C日程試験〉（五〇分）〈満点：一〇〇点〉

一 次の問いに答えなさい。

問一 次の傍線部のカタカナは漢字に直し、漢字は読みをひらがなで答えなさい。

1、辞書でゴギを明らかにする。

2、新しい雑誌がシュッパンされた。

3、強いクチョウで子供を注意する。

4、ユザめをしないように気をつける。

5、肝臓は解毒を担《にな》う器官だ。

6、新幹線の車窓からの景色を楽しむ。

7、陰《かげ》であれこれと画策しているようだ。

8、喜び勇んで出かけていった。

問二 次の1〜3の□に、それぞれ漢字一字を入れて四字熟語を作りなさい。

1、□刀直入　2、用意□到　3、言語□断

問三 次の1〜3の漢字には異なる訓読みがあります。二つの訓読みを例のように送り仮名をつけて、すべてひらがなで答えなさい。

〔例〕歩　あゆむ　あるく

1、勝　□　□　2、細　□　□　3、試　□　□

二 次の文章を読んで、後の問いに答えなさい。ただし、字数に制限がある場合は、句読点や記号も字数に含まれるものとします。

「1正直であれ」

これは親が子供に2口を酸《す》っぱくして教え諭《さと》す性質の筆頭《ひっとう》ではないでしょうか。

3子供は大人から「ウソをついてはいけません」と教わり、「ピノキオ」や「オオカミ少年」など「ウソをついたら大変なことになる」という(注)寓話《ぐうわ》を聞かされて育ちます。

イソップ童話の「(注)金の斧《おの》」で説かれている教訓は明快で、「神は正直者を助け、ウソつきには罰《ばつ》を与える」ということです。

子供のウソはほぼ言語能力の獲得とともに始まり、成長につれて、言葉の幅《はば》の広がりと合わせて、ウソは着実に複雑化し、巧妙化《こうみょうか》すると言われます。

赤ちゃんですら、ウソ泣きや愛想《あいそ》笑いで気を惹《ひ》こうとするという研究結果もあります。

子供が成長に合わせて、社会的な4ウソを身に付けていく過程にはいろいろな要因がありますが、生きるための本能とも言えるでしょう。

なぜなら子供は自分の力だけでは生きていくことはできません。子供は身体が小さく(注)脆弱《ぜいじゃく》なので、大人に注意を向けてもらわないと命を落とす可能性もあります。さらに他者から攻撃を受けやすいので、常に大人に注目されていたほうが生き延びやすいのです。つまり、相手の注意を惹くためにウソを発信するということは、子供の生存戦略としては正しいやりかたと言えるのです。

周囲に見守られ、よい印象を与えて手助けしてもらいたい。だから偽《にせ》の情報を(注)駆使《くし》してでも相手の好意を得ようとするのです。

子供はたくさん失敗をします。それでもよく思われたい、叱《しか》られた

2023年度 高輪中学校 ▶解答

※　編集上の都合により，C日程試験の解説は省略させていただきました。

算数 ＜C日程試験＞（50分）＜満点：100点＞

解答

[1] (1)　74　　(2)　$\frac{17}{21}$　　(3)　862　　(4)　$\frac{14}{15}$　　[2] (1)　1，7　　(2)　36日　　(3)　520円　　(4)　午後1時5分$27\frac{3}{11}$秒　　[3] (1)　3通り　　(2)　①　3通り　　②　5通り　　(3)　21通り　　[4] (1)　右の図　　(2)　17：8　　(3)　10分　　[5] (1)　8通り　　(2)　6通り　　(3)　2通り

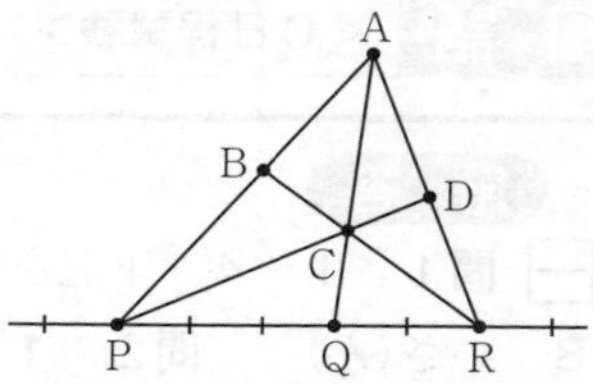

社会 ＜C日程試験＞（30分）＜満点：60点＞

解答

[1] **問1**　キ　　**問2**　（例）　波によってしん食されるため。　　**問3**　排他的経済水域　　**問4**　エ　　**問5**　ア　　**問6**　オ　　**問7**　ウ　　**問8**　エ　　**問9**　合計特殊出生(率)　　**問10**　（例）　地方公共団体の支援が手厚いうえ，地域全体で子育てをしようという土壌が根づいているため。　　**問11**　イ　　**問12**　ア　　**問13**　オ　　[2] **問1**　銅鐸　　**問2**　エ　　**問3**　刑罰の規定　　**問4**　エ→ウ→ア→イ　　**問5**　イ　　**問6**　後白河(上皇)　　**問7**　エ　　**問8**　ア　　**問9**　（例）　日本は日英同盟を口実に第一次世界大戦に参戦し，ドイツ領の山東を占領し，捕虜としたから。　　**問10**　連合国　　**問11**　ウ　　**問12**　ア　　**問13**　オ　　[3] **問1**　イ　　**問2**　シルバー(民主主義)　　**問3**　エ　　**問4**　ヘイトスピーチ(ヘイトクライム)　　**問5**　言論　　**問6**　ウ　　**問7**　オ　　**問8**　①　（例）　新型コロナウイルス感染症の感染拡大を抑えることが目的で，公共の福祉を根拠とした。　　②　ウ　　**問9**　①　NATO　　②　ウ　　③　エ　　**問10**　ア，カ　　**問11**　イ

理科 ＜C日程試験＞（30分）＜満点：60点＞

解答

[1] (1)　2000カロリー　　(2)　0.5カロリー　　(3)　80カロリー　　(4)　25g　　(5)　30℃　　(6)　20℃　　(7)　140g　　[2] (1)　石灰水　　(2)　エ　　(3)　**反応の速さ**…遅くなる　　**二酸化炭素の体積**…変化しない　　(4)　8.3g　　(5)　2.1g　　(6)　**からの重さ**…1.4g　　**塩酸の**

体積…3.6cm^3　[3] (1) ① イ　② ア　③ ウ　(2) ア　(3) ア　(4) 右の図　(5) 8時44分5秒　(6) 100km　[4] (1) せきつい動物　(2) イ　(3) ア　(4) ウ　(5) 5　(6) ア　(7) (例) すみが水中で広がらずにまとまることで，自分がその場所にいると思わせ，敵をひきつける役割。

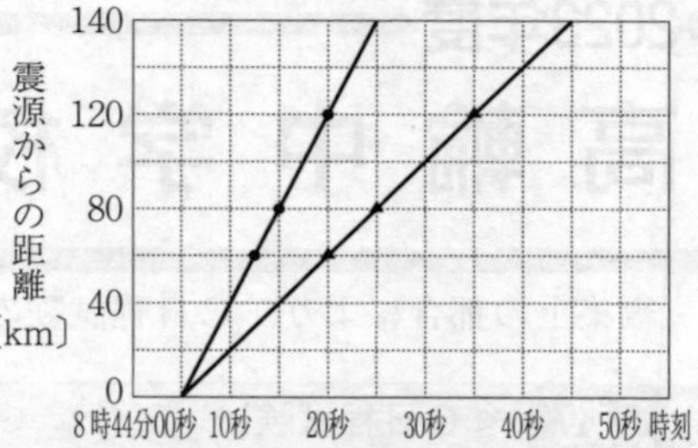

国　語　＜Ｃ日程試験＞ (50分) ＜満点：100点＞

解　答

[一] **問1**　1～4　下記を参照のこと。　5　げどく　6　しゃそう　7　かくさく　8　いさ(ん)　**問2**　1　単　2　周　3　道　**問3**　1　かつ／まさる　2　ほそい／こまかい　3　ためす／こころみる　[二] **問1**　1　イ　2　ア　**問2**　(例) 平気でウソをつくことに慣れ，誰からも信用されない人間にしないため。／正直であることが，子供を管理し守るのに便宜上都合がいいため。　**問3**　(例) 子供は自分の力だけでは生きられず，大人の見守りを必要とするため，常に大人に注目される必要があるから。　**問4**　5　エ　9　ウ　12　ア　**問5**　複雑化し，巧妙化する　**問6**　エ　**問7**　(例) よいウソと悪いウソや，誤解を受ける正直さ，常に正直であることのリスクを学ぶ。　**問8**　エ　**問9**　ウ　[三] **問1**　1　イ　7　ア　10　ウ　**問2**　エ　**問3**　エ　**問4**　ア　**問5**　ウ　**問6**　(例) 日本語でもっと友達と話したいと思い，興味を持った詩を書くときにも辞書などで日本語を調べながら，何度も文章を直したから。　**問7**　(例) 故郷であるブラジルの雄大な夕景と，現在住んでいる日本の明るい夜を一つにつなげることで自分にとって大切な二つの土地の風景が切り離せないという想いを表現している。　**問8**　ア　**問9**　イ　**問10**　エ　**問11**　(例) ジュリアのことに集中しているときに話しかけられて驚いたから。

●漢字の書き取り

[一] **問1**　1　語義　2　出版　3　口調　4　湯冷(め)

2023年度 高輪中学校

【算　数】〈算数午後試験〉（60分）〈満点：100点〉

〈注意〉 1．答を出すための式・説明・考え方などをわかりやすく書くこと。

2．円周率は3.14を用いること。

1 図1のように，分数が書かれている白のご石をある決まりにしたがって並べていきます。後の各問いに答えなさい。

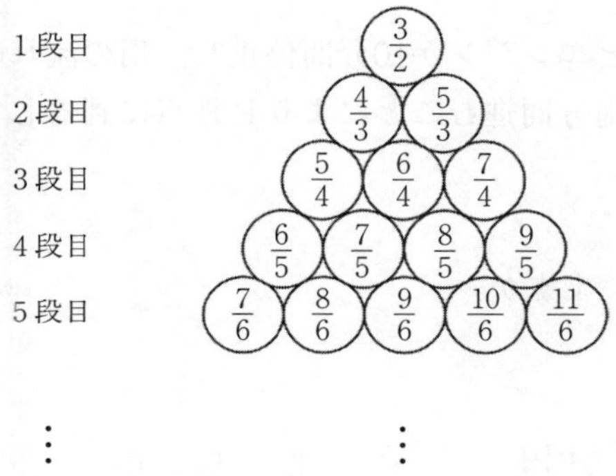

図1

(1) 8段目の左から4番目にあるご石に書かれている分数はいくつですか。

(2) 11段目のご石に書かれているすべての分数の和はいくつですか。

(3) 1段目から14段目までのご石に書かれているすべての分数の和はいくつですか。

図2のように，分数の分母が素数(1と自分自身以外に約数を持たない数)であるご石をすべて黒のご石と取りかえました。

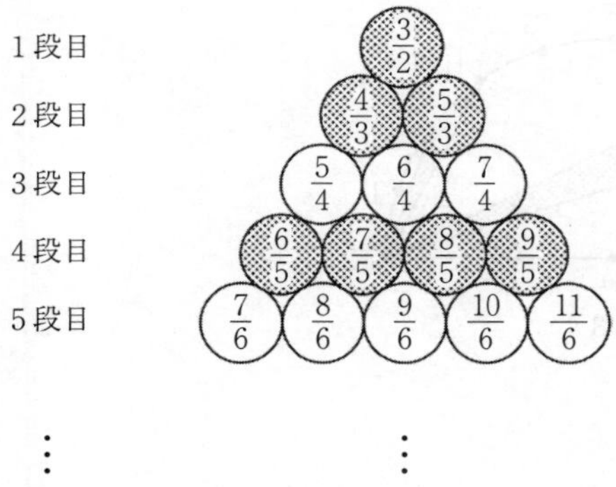

図2

(4) 1段目から黒のご石だけを数えます。91個目の黒のご石までに書かれているすべての分数の和はいくつですか。

2　川の下流にあるＡ地点と川の上流にあるＢ地点は25km離《はな》れており，エンジンをかけると静水時に時速12kmで進む船Ｐと時速18kmで進む船Ｑがあります。

船Ｐは午前７時にＡ地点からＢ地点に向かいました。この日，船Ｐは「上流に40分間進むとエンジンが10分間停止し，川の流れの速さで下流に流される」ことを繰《く》り返したため，午前10時40分にＢ地点に到着《とうちゃく》しました。

船ＰはＢ地点で20分間停泊《ていはく》し，その後，エンジンを止めたまま，川の流れの速さでＡ地点に向かいました。

また，船Ｑは午前10時14分にＡ地点からＢ地点に向かいました。船Ｑはエンジンが停止することなく順調に進み，川を下ってくる船Ｐと出会いました。

ただし，川の流れの速さは一定とします。

次の各問いに答えなさい。

(1)　船ＰはＡ地点を出発してから「上流に40分間進むとエンジンが10分間停止し，川の流れの速さで下流に流される」ことを何回繰り返し，最後に何分間進むことによりＢ地点に到着しましたか。

(2)　川の流れの速さは時速何kmですか。

(3)　船Ｑは午前11時にＡ地点から何km上流の地点にいますか。

(4)　船Ｐと船Ｑが出会ったのは午前何時何分ですか。

3　図１，図２，図３は点Ｏを中心とする半径10cmの半円(AKは直径)で，点Ｂから順に点Ｊまでの９点は，半円の円周部分を10等分する点です。

(1)　図１の網目《あみめ》部分の面積は何cm^2ですか。

(2)　図２の網目部分の面積の和は何cm^2ですか。

(3)　図３の網目部分の面積の和は何cm^2ですか。

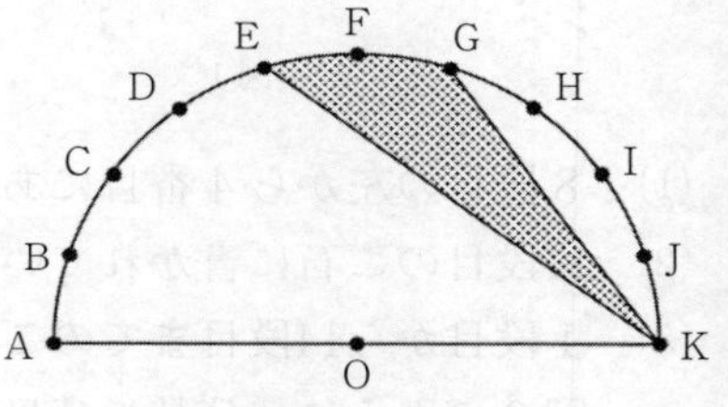

図１

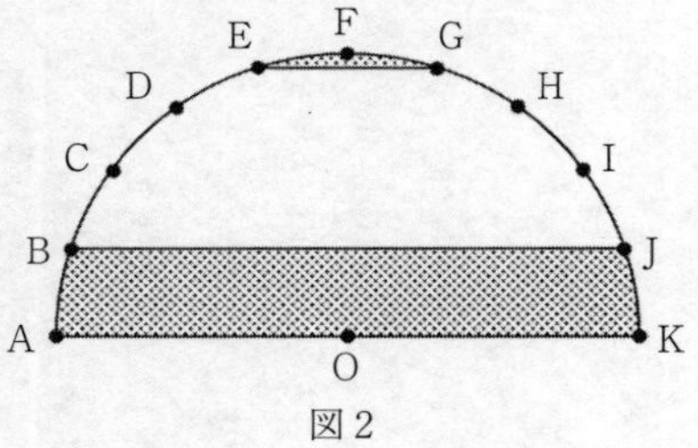

図２

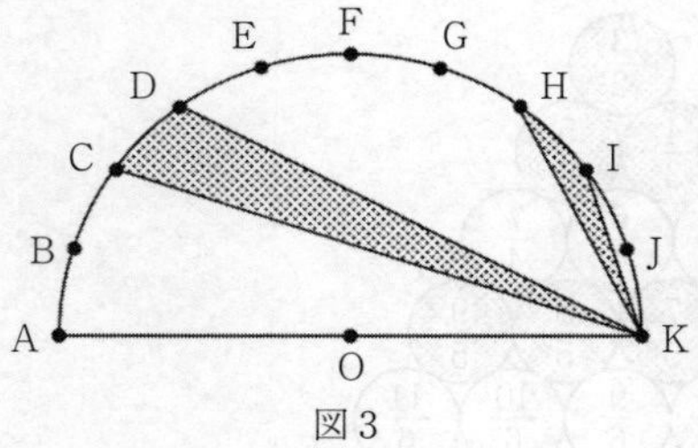

図３

4　１辺が８cmの立方体の辺上に２点A，Bがあります。

立方体の表面および内部の位置で，点Bよりも点Aに近い位置を「Aの領域」，点Aよりも点Bに近い位置を「Bの領域」とします。点Aからも点Bからも等しい長さになる位置は「境界」と呼び，境界はどちらの領域にも含《ふく》まれる「ある平面」になります。

例えば，点A，Bが図１の位置にあるとき，点C，D，E，Fを立方体の各辺の真ん中の点とすると，Aの領域，Bの領域，境界（面CDEF）は図２のようになります。

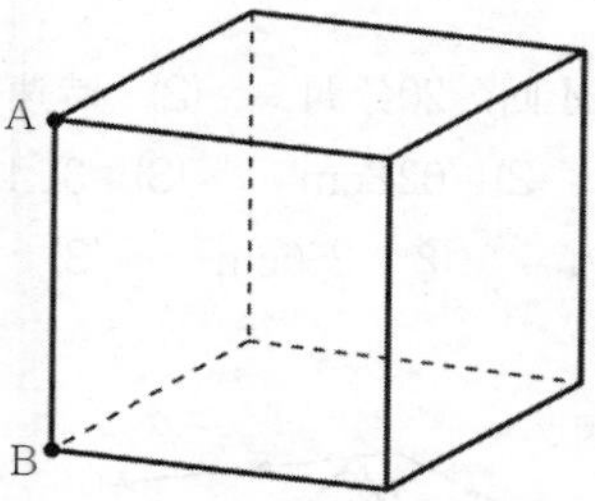

図１

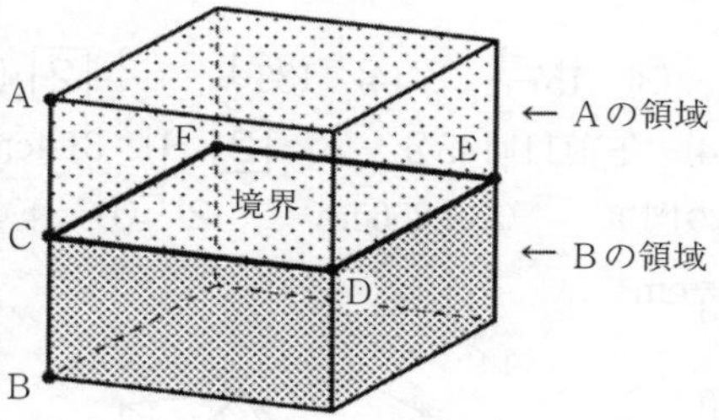

図２

次の各問いに答えなさい。

ただし，角すいの体積は（底面積）×（高さ）×$\frac{1}{3}$で求めることができます。

(1)　点A，Bが図３の位置にあります。立方体の各辺上にある点は，すべて真ん中の点です。

①　境界を解答欄《かいとうらん》にかき入れなさい。

②　Aの領域の体積は何cm^3ですか。

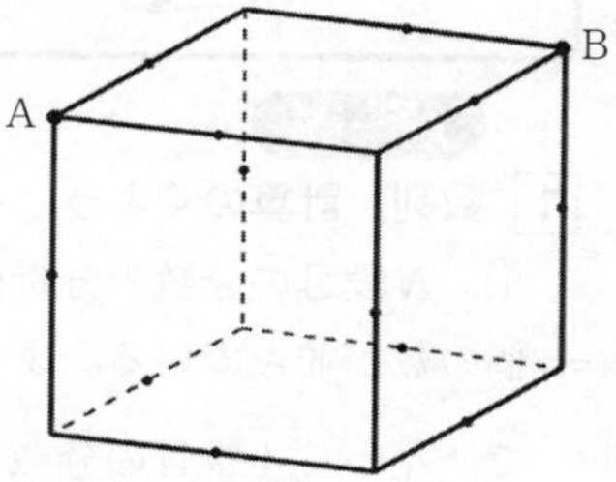

図３

(2)　点A，Bが図４の位置にあります。立方体の各辺上にある点は，すべて真ん中の点です。

①　境界を解答欄にかき入れなさい。

②　Aの領域の体積は何cm^3ですか。

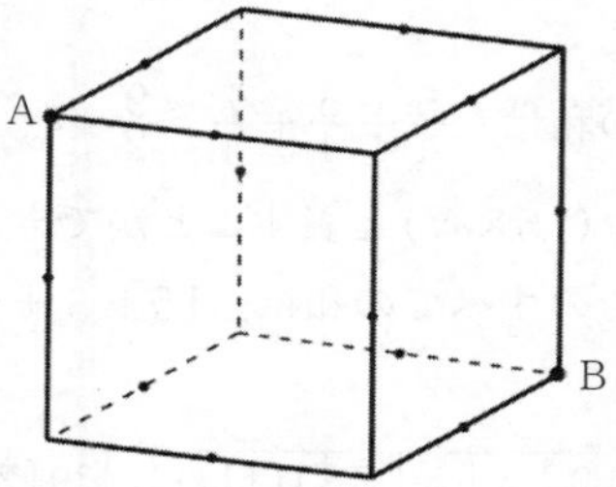

図４

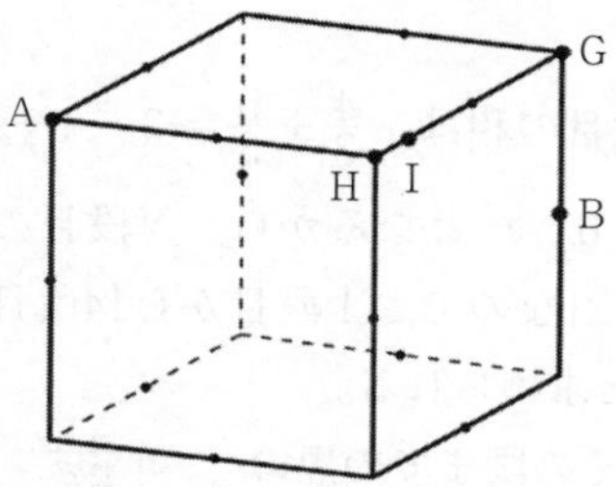

図５

(3)　点A，Bが図５の位置にあります。BG＝4cm，HI＝1cmであるとき，点Iは境界上の点になります。立方体の各辺上にある点I以外の点は，すべての真ん中の点です。

①　境界を解答欄にかき入れなさい。

②　Aの領域の体積は何cm^3ですか。

2023年度

高輪中学校 ▶解説と解答

算数 ＜算数午後試験＞（60分）＜満点：100点＞

解答

1 (1) $\frac{13}{9}$ (2) $16\frac{1}{2}$ (3) $157\frac{1}{2}$ (4) $136\frac{1}{2}$ **2** (1) 4回，20分間 (2) 時速3km (3) 11.5km (4) 午前11時45分 **3** (1) $31.4cm^2$ (2) $62.8cm^2$ (3) $31.4cm^2$ **4** (1) ① 下の図ア ② $256cm^3$ (2) ① 下の図イ ② $256cm^3$ (3) ① 下の図ウ ② $200\frac{2}{3}cm^3$

図ア

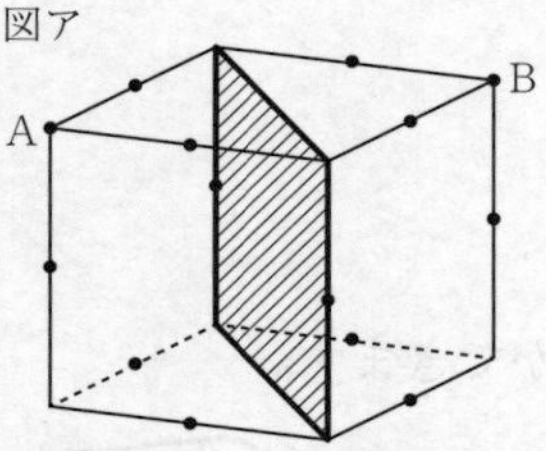

図イ

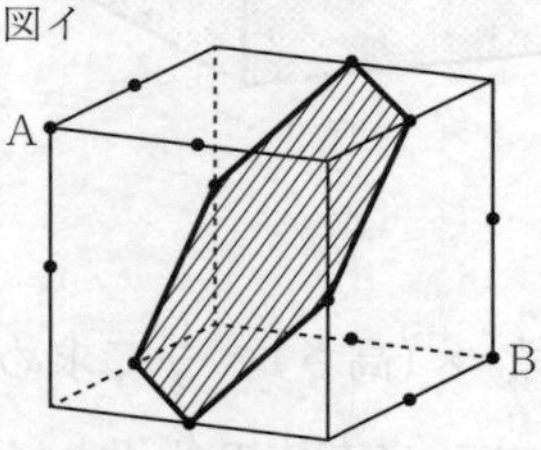

図ウ

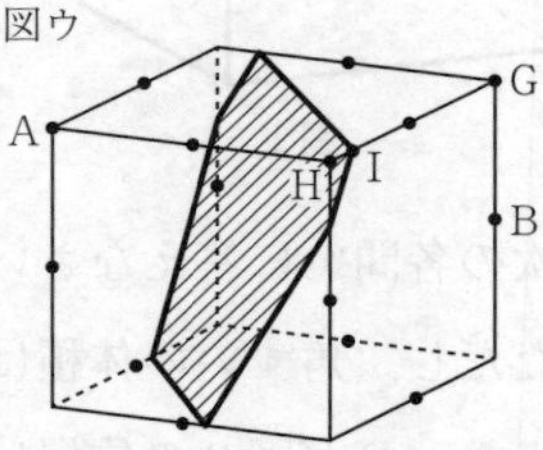

解説

1 **数列，計算のくふう**

(1) N段目の分数の分母は$(N+1)$である。また，分子には，$(N+2)$から$(N\times2+1)$までのN個の数が並んでいる。よって，8段目に並んでいる分数は左から順に$\frac{10}{9}$，$\frac{11}{9}$，$\frac{12}{9}$，$\frac{13}{9}$，…となるので，左から4番目の分数は$\frac{13}{9}$である。

(2) $11+1=12$，$11+2=13$，$11\times2+1=23$より，11段目の分数は$\frac{13}{12}$，$\frac{14}{12}$，…，$\frac{23}{12}$の11個とわかる。よって，分子だけの和は，$13+14+\cdots+23=(13+23)\times11\div2=198$となるので，11段目の和は，$\frac{198}{12}=16\frac{1}{2}$と求められる。

(3) 1段目の和は，$\frac{3}{2}=1.5$，2段目の和は，$\frac{4}{3}+\frac{5}{3}=3$，3段目の和は，$\frac{5}{4}+\frac{6}{4}+\frac{7}{4}=\frac{9}{2}=4.5$，4段目の和は，$\frac{6}{5}+\frac{7}{5}+\frac{8}{5}+\frac{9}{5}=6$，…となるから，$N$段目の和は$(1.5\times N)$と表すことができる。よって，14段目の和は，$1.5\times14=21$なので，1段目から14段目までのすべての和は，$1.5+3+\cdots+21=(1.5+21)\times14\div2=157\frac{1}{2}$と求められる。

(4) 黒のご石に取りかえた段と，その段までの黒のご石の個数の合計を調べると，右の表のようになる。この表より，ちょうど22段目まで数えたときに，黒のご石の個数の合計が91個になることがわかる。また，N段目の和は$(1.5\times N)$と表すことができるので，黒のご石に書かれている分数の和は，$1.5\times\underline{1}+1.5\times\underline{2}+1.5\times\underline{4}+\cdots+1.5\times\underline{22}$となる。ここで，＿部分の和は91だから，これを計算すると，$1.5\times(1+2+4+\cdots+22)=1.5\times91=136\frac{1}{2}$となる。

素数	2	3	5	7	11	13	17	19	23
段目（個数）	1	2	4	6	10	12	16	18	22
個数の合計	1	3	7	13	23	35	51	69	91

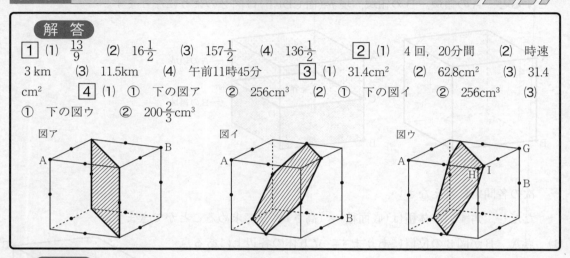

2 周期算，流水算，旅人算

(1)「40分間進むと10分間停止する」ことを１つの周期と考えると，１つの周期の時間は，40＋10＝50(分)になる。また，船ＰがＡ地点を出発してからＢ地点に到着《とうちゃく》するまでの時間は，10時40分－７時＝３時間40分，つまり，60×３＋40＝220(分)である。よって，220÷50＝４余り20より，船Ｐはこの周期を４回繰《く》り返し，最後に20分間進んでＢ地点に到着している。

(2) 船Ｐがエンジンを動かしていた時間の合計は，40×４＋20＝180(分)，つまり，180÷60＝３(時間)なので，川の流れがなければ船Ｐは，12×３＝36(km)進んでいたはずだが，実際には３時間40分で25km進んでいる。よって，川の流れの速さは時速，(36－25)÷$3\frac{40}{60}$＝３(km)とわかる。

(3) 船ＰがＢ地点を出発した時刻は，10時40分＋20分＝11時であり，船ＱがＡ地点を出発した後と，船ＰがＢ地点を出発した後のようすは右のグラフのようになる。10時14分から11時までの時間は，11時－10時14分＝46分であり，このときの船Ｑの速さは時速，18－３＝15(km)なので，この間に船Ｑが進んだ距《きょ》離《り》は，15×$\frac{46}{60}$＝11.5(km)とわかる。よって，船Ｑは11時にＡ地点から11.5km上流の地点にいる。

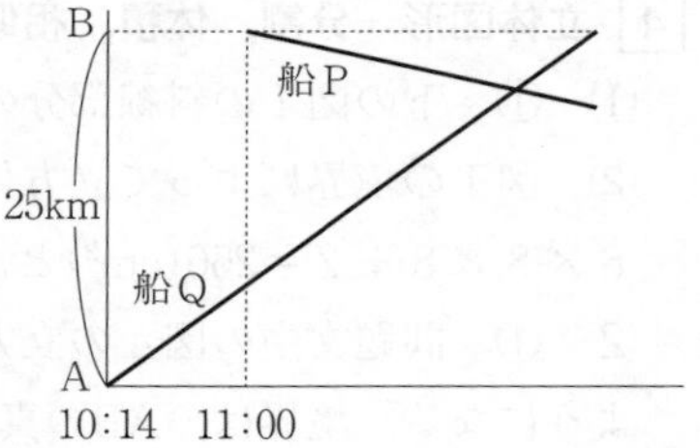

(4) 11時の船Ｐと船Ｑの間の距離は，25－11.5＝13.5(km)である。この後，船Ｐは時速３kmで流され，船Ｑは時速15kmで上るので，船Ｐと船Ｑの間の距離は１時間に，３＋15＝18(km)の割合で縮まる。よって，船Ｐと船Ｑが出会うまでの時間は，13.5÷18＝$\frac{3}{4}$(時間)，つまり，60×$\frac{3}{4}$＝45(分)だから，船Ｐと船Ｑが出会った時刻は，11時＋45分＝11時45分とわかる。

3 平面図形─面積

(1) 下の図①で，AKとEGは平行だから，三角形EKGと三角形EOGの面積は等しい。よって，網《あみ》目《め》部分の面積はおうぎ形OGEの面積と等しくなる。また，角EOGの大きさは，180÷10×２＝36(度)である。よって，網目部分の面積は，10×10×3.14×$\frac{36}{360}$＝10×3.14＝31.4(cm^2)と求められる。

図①

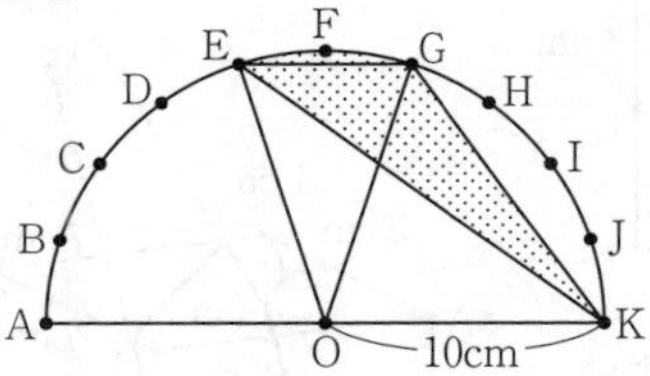

図②

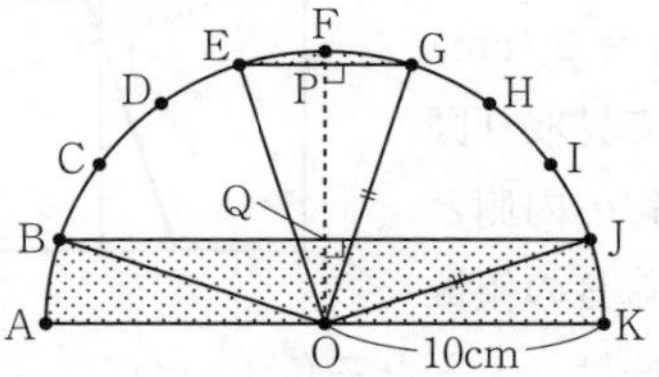

図③

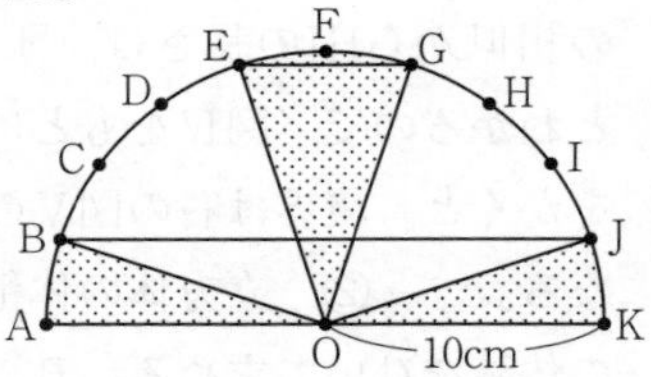

(2) 上の図②で，角JOKと角FOGの大きさは等しい。また，AKとBJは平行だから，角JOKと角OJBの大きさも等しい。よって，角FOGと角OJBの大きさも等しくなる。また，OJとOGの長さは等しく，角OQJと角GPOは直角である。したがって，三角形OJQと三角形GOPは合同であり，同様に三角形OBQと三角形EOPも合同なので，網目部分は上の図③のように移動することができる。以上より，網目部分の面積の和は，(1)で求めた面積の２倍になるから，31.4×２＝62.8(cm^2)とわかる。

(3) 下の図④の網目以外の部分，つまり，下の図⑤のかげの部分について考える。図⑤で，AKとCIは平行だから，三角形COKと三角形IOKの面積は等しい。また，AKとDHは平行なので，三角形DKHと三角形DOHの面積は等しい。よって，かげの部分は下の図⑥のように移動することができるから，図④の網目部分の面積の和は図⑥の白い部分の面積の和と等しくなる。これは(1)で求めた面積と同じなので，31.4cm^2となる。

図④

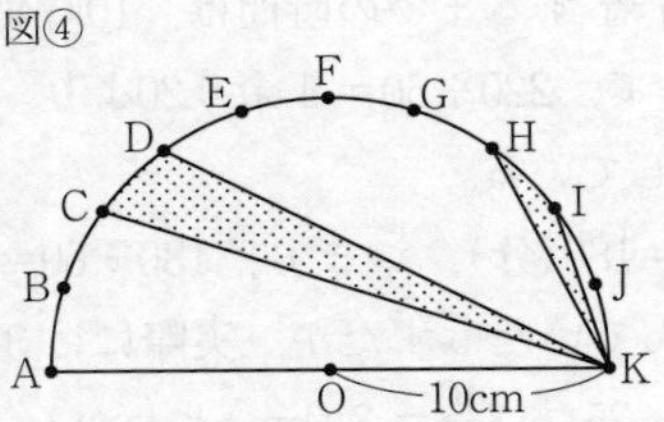

図⑤

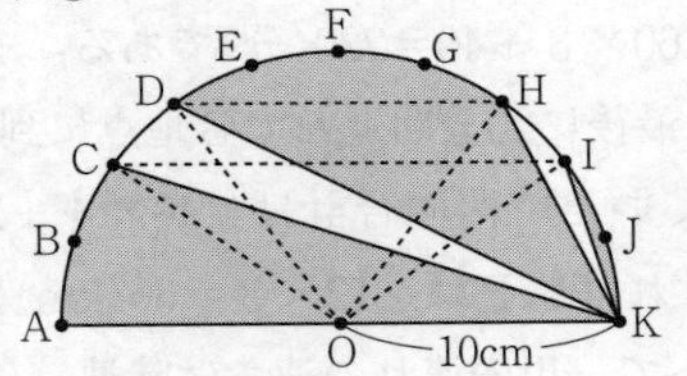

図⑥

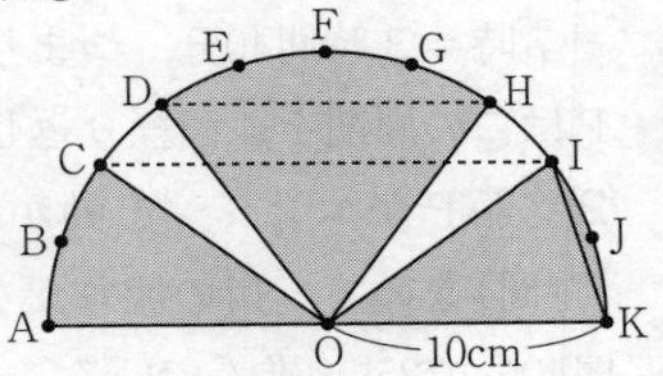

4 立体図形―分割，体積，相似

(1) ① 下の図Ⅰの斜線《しゃせん》部分のように，境界は，ABの真ん中の点を通り，ABと直角に交わる。

② 図Ⅰの境界によって立方体が２等分されるので，Aの領域の体積は立方体の体積の半分であり，$8\times8\times8\div2=256$(cm^3)と求められる。

(2) ① 問題文中の図４の立方体を，正面と右側のちょうど真ん中の方向から見ると，下の図Ⅱのようになる。境界は，ABの真ん中の点を通り，ABと直角に交わるので，太線のようになる。さらに，図Ⅱをもとにして見取り図をかくと，下の図Ⅲのようになる。 ② (1)と同様に，図Ⅲの境界によって立方体が２等分されるから，Aの領域の体積は256cm^3になる。

図Ⅰ

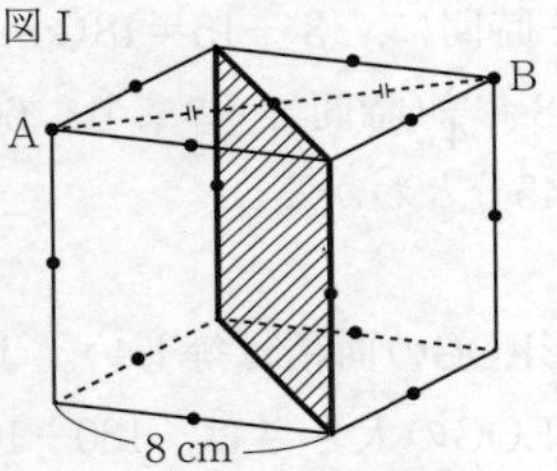

図Ⅱ

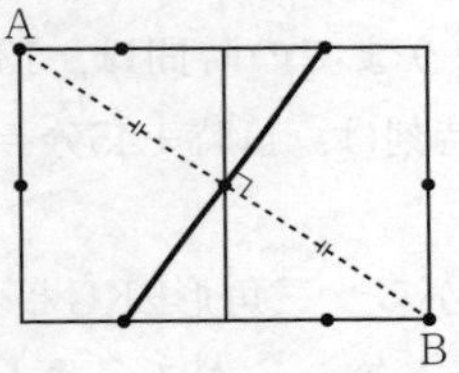

図Ⅲ

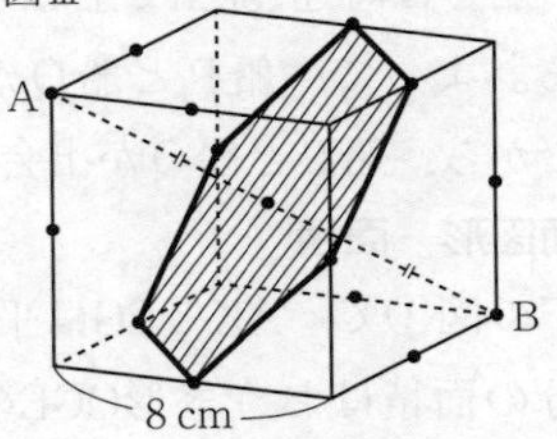

(3) ① (2)と同様に考えると，境界は右の図Ⅳの太線のようになる。図Ⅳで，三角形の相似からHJの長さは，$4\times\frac{1}{2}=2$(cm)とわかるので，図Ⅳをもとにして見取り図をかくと，境界は右の図Ⅴの太線の内側となる。 ② 立方体の体積からBの領域の体積をひいて求める。Bの領域は，大きな三角すいから，三角すい㋐を１個と三角すい㋑を２個取り除いたものである。ここで，これらの三角すいは相似であり，相似比は小さい順に，$3:7:(3+8)=3:7:11$だから，体積の比は，$(3\times3\times3):(7\times7\times7):(11\times11\times11)=27:343:1331$となる。この比を用いると，Bの領域の体積は，$1331-(343+27\times2)=934$になるので，Bの領域の体積は三角すい㋑の体積の，$934\div27=\frac{934}{27}$(倍)とわかる。さらに，三角すい㋑の体積は，$3\times3\div2\times6\times\frac{1}{3}=9$($cm^3$)である。よって，Bの領域の体積は，$9\times\frac{934}{27}=\frac{934}{3}$($cm^3$)なので，Aの領域の体積は，$8\times8\times8-\frac{934}{3}=200\frac{2}{3}$($cm^3$)と求められる。

図Ⅳ

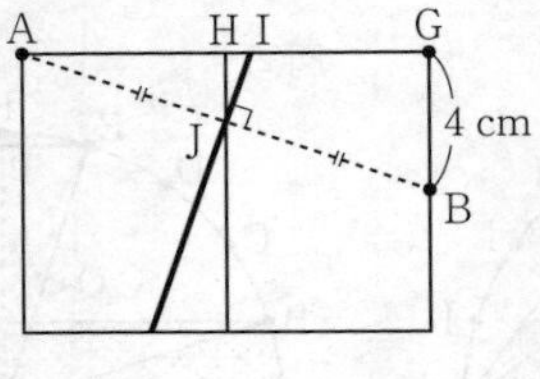

図Ⅴ

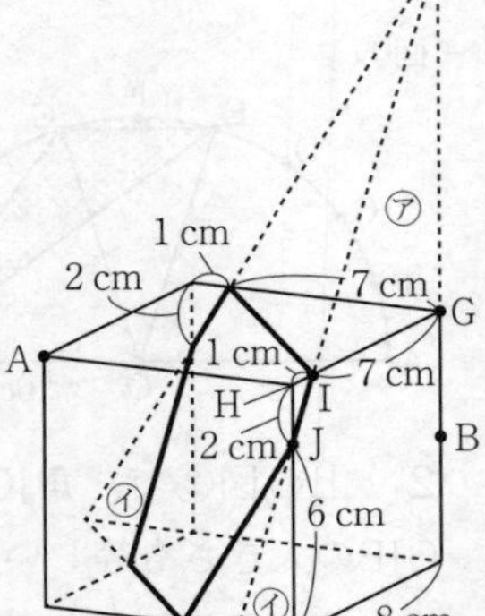

2022年度　高輪中学校

〔電　話〕(03) 3441－７２０１
〔所在地〕〒108-0074　東京都港区高輪２－１－32
〔交　通〕都営浅草線－「泉岳寺駅」より徒歩３分
東京メトロ南北線・都営三田線－「白金高輪駅」より徒歩５分

【算　数】〈Ａ日程試験〉(50分)〈満点：100点〉

〈注意〉 円周率は3.14を用いること。

１ 次の$\square$にあてはまる数を求めなさい。

(1) $67-342\div\{165-7\times(13+8)\}=\square$

(2) $\left(\frac{7}{9}-\frac{3}{5}\right)\div\frac{4}{15}+1\frac{2}{5}\times\frac{1}{7}=\square$

(3) $2.65\times491-26.5\times31.7+265\times1.26=\square$

(4) $\left\{\left(\square-\frac{1}{6}\right)\div2+1\frac{1}{5}\right\}\times0.625=\frac{8}{9}$

２ 次の各問いに答えなさい。

(1) 60の約数のすべての和はいくつですか。

(2) ２でも５でも割り切れない整数を小さい順に

１，３，７，９，11，13，……

と並べていきます。はじめから数えて103番目の数はいくつですか。

(3) あるクラスの生徒全員にチョコレートを配ります。最初の５人には３個ずつ，次の６人には４個ずつ，そして残りの生徒には６個ずつ配るとすると41個足りません。また，生徒全員に４個ずつ配るとすると26個余ります。チョコレートの個数は何個ですか。

(4) お弁当を220個仕入れ，仕入れ値の５割の利益を見こんで定価をつけて販売《はんばい》しました。しかし，１個も売れなかったので，定価から100円引きにしたところ，170個売れました。その後，残りの50個は定価の４割引きにしたところ，お弁当を全て売り切ることができ，利益は16600円でした。お弁当１個の仕入れ値は何円でしたか。ただし，消費税は考えないものとします。

答えを出すための計算や考え方を書いて答えなさい。

３ 家から公園までの道の途中《とちゅう》に，家に近い方から順にＡ地点，Ｂ地点，Ｃ地点があります。

太郎君は午前８時に歩いて家を出発し，公園に向かいました。途中のＢ地点で７分間休み，Ｃ地点でも13分間休みました。

花子さんは午前８時20分に自転車で家を出発し，公園まで行きました。公園で７分間休んだ後，再び家に向けて公園を出発しました。

この間，花子さんは午前８時32分にＡ地点で太郎君を追い抜《ぬ》きました。また，花子さんは公園を出発してから15分後にＣ地点を通過し，ちょうどそのとき，太郎君がＣ地点に着きました。太郎君の歩く速さと，花子さんの自転車で走る速さはそれぞれ一定とします。

次の各問いに答えなさい。

(1) 太郎君の歩く速さと，花子さんの自転車で走る速さの比を，最も簡単な整数の比で表しなさい。

(2)　Ａ地点とＣ地点の距離《きょり》Ｘと，Ｃ地点と公園の距離Ｙの比を，最も簡単な整数の比で表しなさい。

(3)　太郎君が公園に着いたのは午前何時何分ですか。

4　図１，図２，図３は半径18cm，中心角90°のおうぎ形で，点Ｂ，Ｃはそれぞれ弧《こ》ADを３等分した点です。また，点Ｅ，ＦはOD上にあり，BEとCFはAOと平行です。

次の各問いに答えなさい。

(1)　図１の網目《あみめ》部分の面積は何 cm^2 ですか。

(2)　図２の網目部分の面積は何 cm^2 ですか。

(3)　図３の網目部分の面積は何 cm^2 ですか。

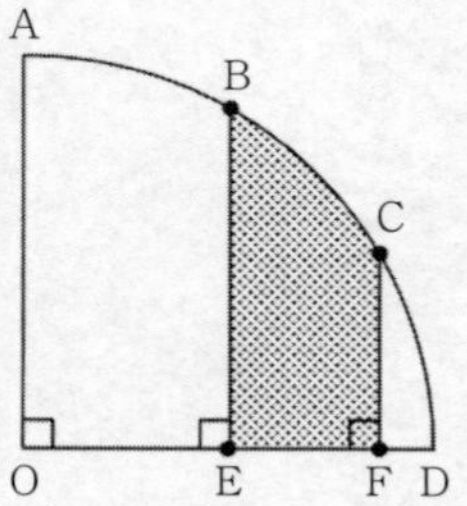

図１

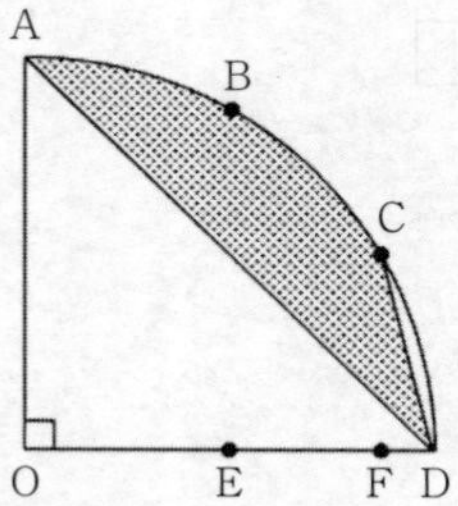

図２

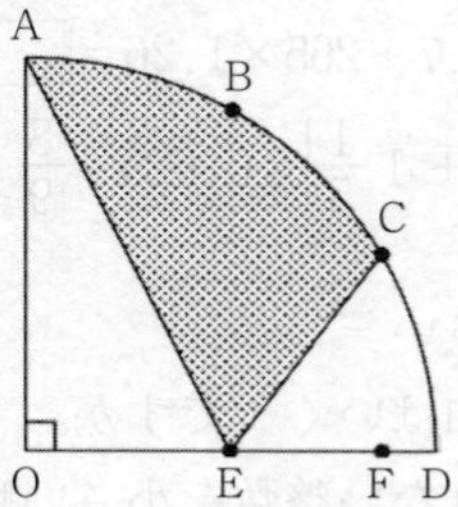

図３

5　図１は１辺が12cmの立方体で，４点Ｉ，Ｊ，Ｋ，Ｌはそれぞれ辺AB，BC，CD，DAの真ん中の点です。図１の立方体を３点Ｌ，Ｅ，Ｉを通る平面，３点Ｉ，Ｆ，Ｊを通る平面，３点Ｊ，Ｇ，Ｋを通る平面，３点Ｋ，Ｈ，Ｌを通る平面で切断したとき，図２のような立体ができました。

下の各問いに答えなさい。

ただし，角すいの体積は(底面積)×(高さ)× $\frac{1}{3}$ で求めることができます。

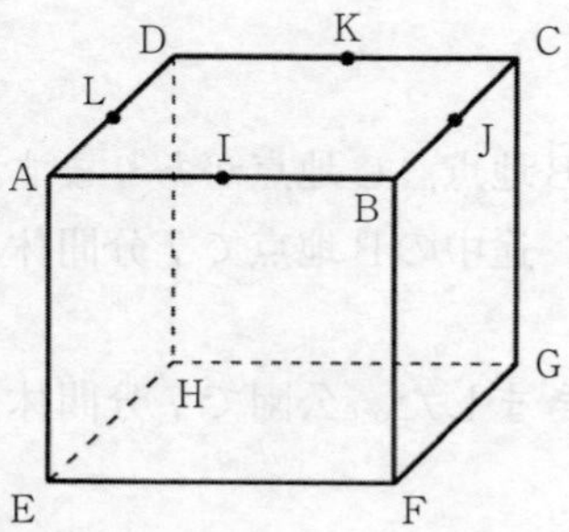

図１

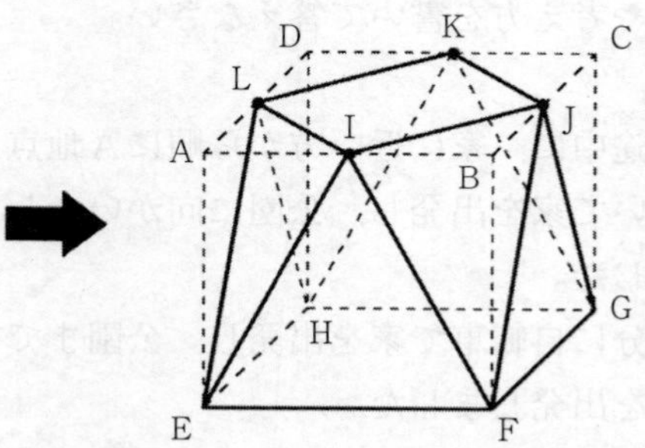

図２

(1)　図２の立体の体積は何 cm^3 ですか。

(2)　三角形IFJの面積は何 cm^2 ですか。

(3)　図２の立体の表面積は何 cm^2 ですか。

【社　会】〈Ａ日程試験〉（30分）〈満点：60点〉

1　次の文と地図をみて，下の各問いに答えなさい。

北海道は，日本の国土面積の約２割をしめるため，他の都府県とくらべて(1)可住地面積（各都道府県の総面積から林野面積と湖沼・河川の面積を引いたもの）は圧倒的に広くなっています。しかし，(2)年平均気温が低く，やせた土地が多いことなどから，都道府県別の人口密度がもっとも低くなっています。道内の(3)人口の３分の１以上が集中する札幌市をはじめ，いくつかの市町村では現在もゆるやかな人口増加がみられますが，大半は人口が減少しています。

また，広い農地や周囲を海に囲まれた自然環境をいかして，(4)農畜産業や(5)水産業がさかんです。工業においては，(6)食品加工業・(7)製紙・パルプ工業・鉄鋼業などが発達しています。

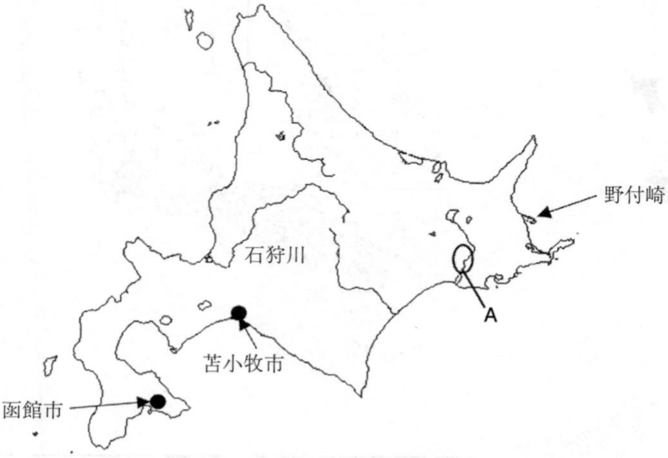

問１　下線(1)に関連して，下の表は，いくつかの府県における可住地面積（2019年）と，各府県の総面積にしめる可住地面積の割合（2019年）を示したもので，表中の**ア**～**エ**は，福島県・茨城県・大阪府・奈良県のうちいずれかです。このうち，奈良県にあたるものはどれですか。記号で答えなさい。

府県	可住地面積	府県の面積にしめる割合
ア	1250km^2	65.6%
イ	3746km^2	61.4%
ウ	3990km^2	28.9%
エ	780km^2	21.1%

※『データでみる県勢 2021年版』より作成

問２　下線(2)に関連して，北海道や東北地方の気候に影響をあたえる風の一つにやませがあります。やませが吹くとおもにどのような影響がありますか。下の**ア**～**エ**のうち，もっともふさわしいものを選び，記号で答えなさい。

ア　初夏に日本海側の気温が低くなる。
イ　初夏に太平洋側の気温が低くなる。
ウ　初冬に日本海側の気温が低くなる。
エ　初冬に太平洋側の気温が低くなる。

問3　下線(3)に関連して，①・②の各問いに答えなさい。

①　次の**A**～**C**の図は，人口増減率・自然増減率・社会増減率のうちいずれかを示したものです。**A**～**C**が示す指標の正しい組み合わせを，下の**ア**～**カ**から選び，記号で答えなさい。なお，自然増減とは出生数から死亡数を引いたもの，社会増減とは転入者数から転出者数を引いたものをあらわします。

A

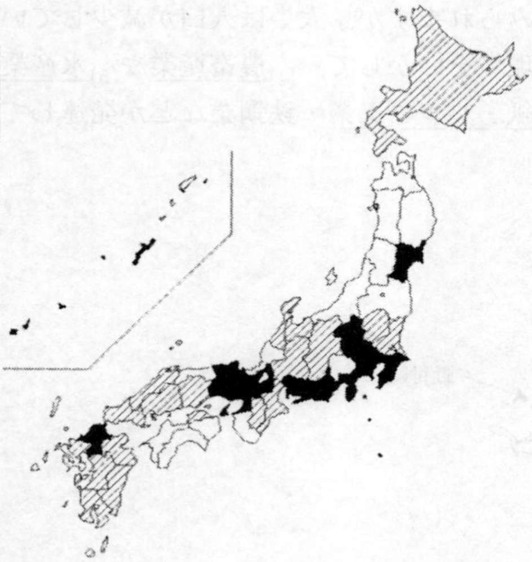

B

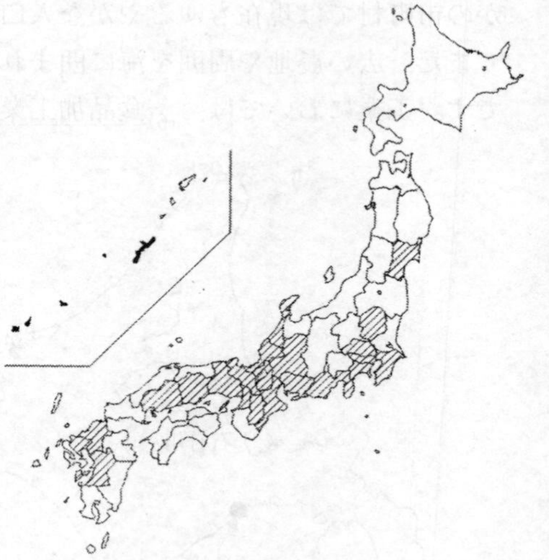

C

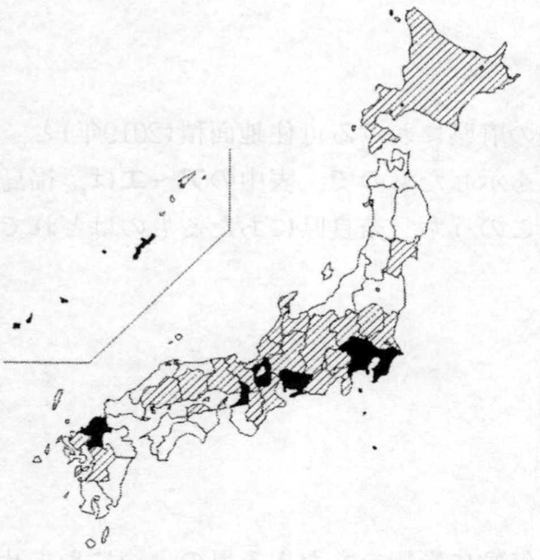

	人口増減率	自然増減率	社会増減率
■	0％以上	0％以上	0％以上
▨	－3％以上0％未満	－0.5％以上0％未満	－0.2％以上0％未満
□	－3％未満	－0.5％未満	－0.2％未満

＊人口増減率：2015年～2020年(国勢調査)
自然増減率：2018年～2019年(推計人口)
社会増減率：2018年～2019年(推計人口)

※総務省統計局ホームページおよび『データでみる県勢 2021年版』より作成

	ア	イ	ウ	エ	オ	カ
人口増減率	A	A	B	B	C	C
自然増減率	B	C	A	C	A	B
社会増減率	C	B	C	A	B	A

②　下の**ア**～**エ**のうち，各県で人口最多の都市の人口数を，第2位の都市の人口数で割った値をくらべたときに，もっとも値が大きい県はどれですか。記号で答えなさい。

ア　宮城県　　**イ**　群馬県　　**ウ**　静岡県　　**エ**　福岡県

問4　下線(4)に関連して，下の表は，都道府県別の飼養頭数(羽数)の上位5位までと，それらが全国にしめる割合を示したもので，**ア～エ**は，肉用牛・乳用牛・採卵鶏・豚のうちいずれかです。このうち，採卵鶏にあたるものはどれですか。記号で答えなさい。

ア	
北海道	60.7%
栃木	3.9%
熊本	3.3%
岩手	3.1%
群馬	2.5%

イ	
北海道	20.5%
鹿児島	13.3%
宮崎	9.6%
熊本	5.2%
岩手	3.6%

ウ	
鹿児島	13.9%
宮崎	9.1%
北海道	7.6%
群馬	6.9%
千葉	6.6%

エ	
茨城	8.3%
千葉	6.8%
鹿児島	6.4%
岡山	5.7%
広島	5.1%

＊肉用牛・乳用牛は2020年，採卵鶏・豚は2019年

※『データでみる県勢 2021年版』より作成

問5　下線(5)に関連して，次の図は，日本の魚介類の需給動向を示したもので，図中の**A～C**は，Ⅰ：輸入量・Ⅱ：輸出量・Ⅲ：国内消費量のいずれかです。**A～C**とⅠ～Ⅲとの正しい組み合わせを，下の**ア～カ**から選び，記号で答えなさい。

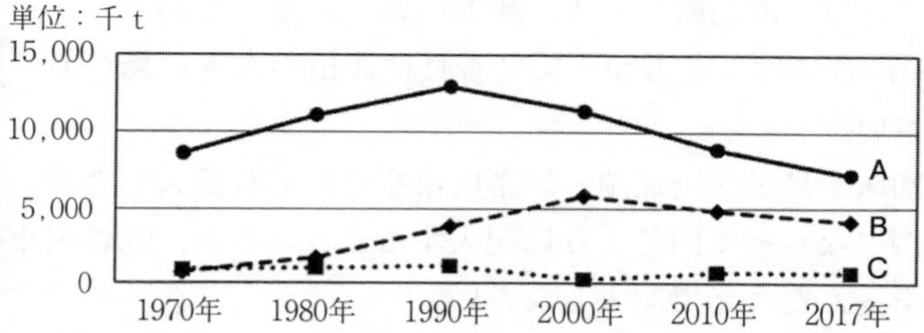

＊ここでいう国内消費量とは，国内生産量に輸入量を加えたものから，輸出量を引いたものをあらわします。

※『数字でみる日本の100年　改訂第7版』より作成

	ア	イ	ウ	エ	オ	カ
A	Ⅰ	Ⅰ	Ⅱ	Ⅱ	Ⅲ	Ⅲ
B	Ⅱ	Ⅲ	Ⅰ	Ⅲ	Ⅰ	Ⅱ
C	Ⅲ	Ⅱ	Ⅲ	Ⅰ	Ⅱ	Ⅰ

問6　下線(6)に関連して，北海道で生産されている酪製品のうち，東京など大都市に出荷されているものの多くは，チーズやバターなどに加工されたものです。この理由を説明しなさい。

問7　下線(7)に関連して，地図中に示した苫小牧市では製紙・パルプ工業がさかんです。下の**ア～オ**のうち，製紙・パルプ工業がさかんな都市としてもっともふさわしいものはどれですか。記号で答えなさい。

ア　太田市　　**イ**　燕市　　**ウ**　延岡市　　**エ**　日立市　　**オ**　富士市

問8　地図中に示した函館市とほぼ同緯度に位置する世界の主要都市に，イタリアの首都があります。下の**ア～オ**のうち，この都市名としてふさわしいものはどれですか。記号で答えなさい。

ア　ローマ　　**イ**　ベルリン　　**ウ**　アムステルダム　　**エ**　パリ　　**オ**　ロンドン

問9　地図中に示した石狩川の全長は約268km ですが，河川改修工事によって流路が短縮される前は，今よりも数十 km は長かったとされています。下の**ア～エ**のうち，この工事がおこなわれたことで，現在の流路周辺に多くみられるようになった地形はどれですか。もっともふさわしいものを選び，記号で答えなさい。

ア　V字谷　　イ　扇状地　　ウ　三日月湖　　エ　三角州

問10　地図中にAで示した地域の付近には湿原が広がっています。このような湿原や，そこに生息・生育する動植物の保全を目的とする国際条約は何ですか。名称を答えなさい。

問11　右の写真は，地図中に示した野付崎の周辺を撮影したものです。これに関連して，①・②の各問いに答えなさい。

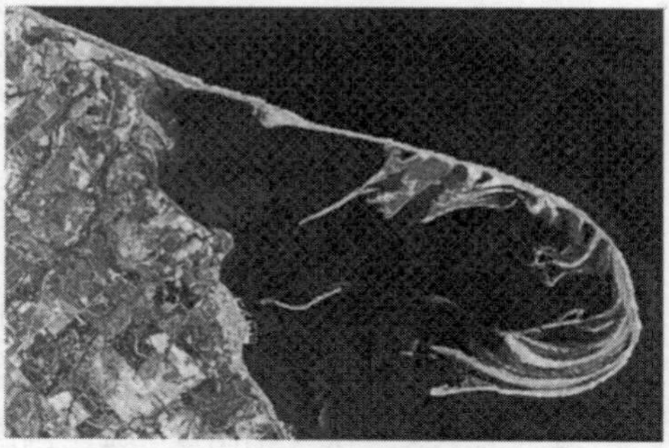

※地理院地図より作成

①　この地域にみられる細長い陸地は，海水が運んだ土砂が堆積してできた地形で，砂嘴(さし)といいます。砂嘴は野付崎の他に，歌川広重の浮世絵にもえがかれた三保の松原が有名です。三保の松原はどこの県にありますか。下のア～オから選び，記号で答えなさい。

ア　岩手県　　イ　石川県　　ウ　静岡県　　エ　和歌山県　　オ　徳島県

②　ここから20kmほど北東の沖合には，北方領土で2番目に面積の大きい島があります。この島の名を漢字で答えなさい。

問12　解答用紙の白地図中に，①知床半島・②洞爺湖・③帯広市をそれぞれ記入しなさい。その際，名称や記号などは，下の例にならって同じように記入すること。なお，③帯広市は，地図中のア～オから正しい位置を選んだうえで記入しなさい。

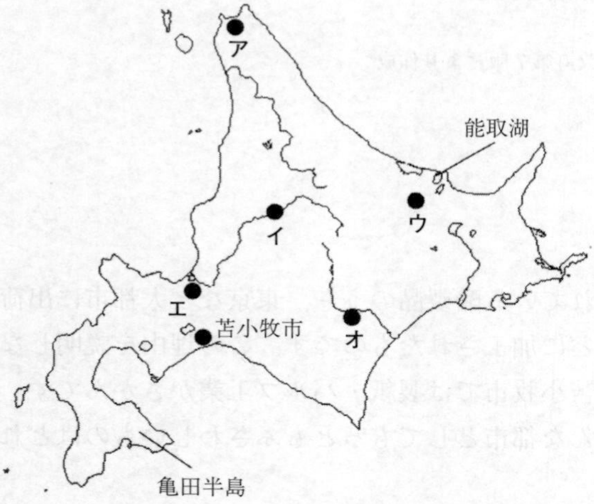

例　①亀田半島・②能取湖・③苫小牧市の場合

2　次の会話文を読み，下の各問いに答えなさい。

Aさん：(1)アマビエって妖怪を知ってる？

Bさん：知ってる！　新型コロナウイルスの感染が拡大するなか，注目されたユーモラスな妖怪だよね。でもどんな妖怪かはよく知らないな。

先　生：Bさん，アマビエは半人半魚の妖怪で，その絵をえがけば疫病にかからないという伝説で話題になったものだよ。

Ｂさん：これだけ(2)文明が発展した現代社会で，妖怪が話題になるって面白いな。

先　生：そうですね。アマビエは疫病を退散させる妖怪ですが，古くから人々は，疫病などの社会不安が広がったとき，その原因を「モノノケ」によるものと考えてきました。「モノノケ」は(3)古代や中世では正体不明の死霊・怨霊を指しましたが，次第に幽霊や妖怪と同一視されていきました。

Ａさん：そういえば，先ほどの歴史の授業で怨霊の話が出てきましたね。

先　生：(4)早良親王の話だね。他にも怨霊とされた代表的な人物としては，(5)菅原道真，(6)平将門などがいるよ。非業の死をとげた人物は，仇となった人物やその近親者にたたるのみならず，社会に疫病や天災などをもたらすとも考えられました。特にａ平安時代にはこのような考え方が強く，災厄をのがれるため，疫神や怨霊をしずめる御霊会がさかんにおこなわれました。

Ｂさん：平将門は(7)現在の皇居の近くにある「首塚」で有名ですね。少し怖い気分になってきたな…。

先　生：それでは，こんな話はどうかな。ｂ江戸時代になると「百種怪談妖物双六」や「おばけかるた」などのおもちゃが登場するようになりました。『(8)東海道中膝栗毛』で有名な（　９　）は，草双紙とよばれる挿絵入りの小説を毎年のように書いており，ろくろ首が縄を切ろうとして間違えて自分の首を食い切ってしまった話などもありますよ。

Ｂさん：へぇ！　古代・中世の頃にくらべると［　　　　　　　　］。

Ａさん：なるほど，面白い話ですね。ｃ明治時代以降では，幽霊や妖怪などはどのように人々にとらえられるようになったのか，調べてみたいと思いました。

先　生：Ａさん，ぜひ調べてみてくださいね。Ｂさんは授業中にくらべると，だいぶ元気な様子ですね。授業中は集中できていなかったようでしたが…。

Ｂさん：きっと妖怪のしわざではないでしょうか。では，僕は(10)疫病の歴史について興味がわいたので調べてみます！

問１　下線(1)に関連して，江戸時代の瓦版に，アマビエは肥後国で出現したという記述が残っています。肥後国はおもに現在の何県にふくまれますか。下の**ア～オ**からもっともふさわしいものを選び，記号で答えなさい。

ア　福岡県　　**イ**　佐賀県　　**ウ**　大分県　　**エ**　熊本県　　**オ**　鹿児島県

問２　下線(2)に関連して，下の文章は2021年９月に設置された新しい省庁に関する法令文の一部です。（　）に共通する語は何ですか。カタカナで答えなさい。

> 第三条　（　　　）庁は，次に掲げることを任務とする。
> 一　（　　　）社会形成基本法第二章に定める（　　　）社会の形成についての基本理念にのっとり，（　　　）社会の形成に関する内閣の事務を内閣官房と共に助けること。
> 二　基本理念にのっとり，（　　　）社会の形成に関する行政事務の迅速かつ重点的な遂行を図ること。

問３　下線(3)に関連して，下の**ア～エ**のうち，古墳に関連する説明として**ふさわしくない**ものはどれですか。一つ選び，記号で答えなさい。

ア 大仙古墳は，前方後円墳に分類される。

イ 石舞台古墳からは，色彩鮮やかな壁画が発見された。

ウ 古墳の副葬品には，武器や馬具などもみられた。

エ 古墳の上に並べられた埴輪には，家や馬をかたどったものもみられた。

問4 下線(4)に関連して，早良親王は，平安京遷都をおこなった天皇の弟にあたります。この天皇はだれですか。人名を漢字で答えなさい。

問5 下線(5)に関連して，下の**ア**～**エ**のうち，菅原道真の説明として**ふさわしくない**ものはどれですか。一つ選び，記号で答えなさい。

ア 遣唐使の停止を提案した。

イ 聖武天皇に重く用いられた。

ウ 藤原時平の陰謀で大宰府に追いやられた。

エ 学問・漢詩文にすぐれ，後に学問の神様として信仰された。

問6 下線(6)に関連して，平将門の乱と藤原純友の乱はほぼ同じころにおこりました。これらの乱は当時の元号にちなんで，何と呼ばれましたか。下の**ア**～**オ**からもっともふさわしいものを選び，記号で答えなさい。

ア 応仁の乱 **イ** 平治の乱 **ウ** 保元の乱

エ 承平・天慶の乱 **オ** 承久の乱

問7 下線(7)に関連して，下の**ア**～**オ**のうち，現在の皇居にある門として**ふさわしくない**ものはどれですか。一つ選び，記号で答えなさい。

ア 大手門 **イ** 半蔵門 **ウ** 桜田門 **エ** 坂下門 **オ** 蛤御門

問8 下線(8)に関連して，下の**ア**～**オ**のうち，東海道新幹線が開業した年のできごととしてもっともふさわしいものはどれですか。記号で答えなさい。

ア 日ソ共同宣言が調印された。 **イ** 第一次石油危機がおきた。

ウ 朝鮮戦争が勃発した。 **エ** 湾岸戦争が勃発した。

オ 東京では初となるオリンピックが開催された。

問9 (9)に関連して，①・②の各問いに答えなさい。

① (9)に適する人名を漢字で答えなさい。

② (9)の人物が生きた時期は1765年から1831年の間でした。下の**ア**～**エ**は，この人物が生きた時代におきたできごとです。これらを年代順(古い順)に並べ替え，記号で答えなさい。

ア 異国船打払令が出された。

イ 伊能忠敬が蝦夷地の測量をはじめた。

ウ 田沼意次が老中になった。

エ 松平定信によって寛政の改革がはじまった。

問10 下線(10)に関連して，もともとインドの風土病だったコレラの感染爆発が1817年におこり，世界的流行の中，1822年，日本にもコレラが入ってきました。下の**ア**～**オ**のうち，19世紀前半の日本にコレラが伝播したルートとして想定できるものはどれですか。**2つ**選び，記号で答えなさい。

ア オランダとの貿易によって，ジャワから長崎に入った。

イ ラクスマンの来航によって，ロシアから根室に入った。

ウ　朝鮮との貿易の中で，朝鮮から対馬に入った。

エ　ペリーの来航によって，インドのカリカットから浦賀に入った。

オ　イエズス会の布教活動を通じて，セイロンから鹿児島に入った。

問11　あなたなら，会話文中の[　]にどのような会話文を入れますか。会話文の流れに合う形で答えなさい。

問12　下の資料は『真景累ヶ淵』という作品の一部です。この資料が書かれた時期を，会話文中の二重線部**a**～**c**から一つ選び，記号で答えなさい。また，その時代を選んだ理由について，資料を参考にして説明しなさい。

> 今日より怪談のお話を申し上げまするが，怪談ばなしと申すは近頃非常に廃りまして，あまり寄席で致す者もございません。と申しますのは，幽霊というものは無い，全く神経病だということになりましたから，怪談は開化先生方はお嫌いなさる事でございます。
>
> ※『真景累ヶ淵』(三遊亭圓朝)　一部分かりやすい表現に改めてあります。

3　次の会話文と表をみて，下の各問いに答えなさい。

【2021年を振り返った３人の会話】

Aさん：(1)コロナ禍において，(2)１月にアメリカ合衆国大統領が交代しました。アメリカ大統領選挙における混乱はとても印象に残ったね。特に，議会に民衆が乱入する様子は驚きでした。

Bさん：衝撃的なできごとといえば，８月の(3)アメリカ軍のアフガニスタンからの撤退もあったよね。アメリカは民主主義や(4)基本的人権の尊重をアフガニスタンに定着させようとしていたけれど，結末がこのような形になるとは。

Cさん：夏には，(5)東日本大震災からの復興をテーマの一つにかかげて(6)東京都を中心に開催されたオリンピックもありましたね。

【2022年に関連するできごと】

予定	2022年	(7)成人年齢18歳へ引き下げ
		(8)参議院議員通常選挙実施
		FIFAワールドカップカタール大会開催
50年前	1972年	(9)沖縄返還
		(10)国連人間環境会議開催
		(11)日中共同声明発表
100年前	1922年	(12)全国水平社設立
		(13)ソヴィエト社会主義共和国連邦(ソ連)成立

問１　下線(1)に関連して，コロナ禍では日本もふくめて世界経済が大きく混乱しました。下の**ア**～**エ**のうち，経済の安定化を図る役割を担っている日本銀行についてのべた文として**ふさわ**

しくないものはどれですか。一つ選び，記号で答えなさい。

ア　日本銀行は，政府の銀行としての役割を担っている。

イ　日本銀行は，紙幣と硬貨の発行をおこなう日本で唯一の銀行である。

ウ　日本銀行は，個人とは取引をおこなっていない。

エ　日本銀行は，景気の調節のために，金利を上げ下げする。

問２　下線(2)について，下の**ア**～**エ**のうち，このときのアメリカ合衆国大統領の組み合わせとして正しいものはどれですか。記号で答えなさい。

ア　トランプからバイデンに交代した。

イ　オバマからトランプに交代した。

ウ　バイデンからトランプに交代した。

エ　オバマからバイデンに交代した。

問３　下線(3)に関連して，アメリカ軍がアフガニスタンに侵攻するきっかけとなった，2001年のできごとは何ですか。解答欄に合うように答えなさい。

問４　下線(4)に関連して，下の文は基本的人権の本質についてのべた日本国憲法第97条の条文です。下の**ア**～**カ**のうち，（ａ）・（ｂ）に適する語の組み合わせとして正しいものはどれですか。記号で答えなさい。

> この憲法が日本国民に保障する基本的人権は，人類の多年にわたる自由獲得の（　ａ　）の成果であつて，これらの権利は，過去幾多の試練に堪へ，現在及び将来の国民に対し，侵すことのできない（　ｂ　）の権利として信託されたものである。

ア（ａ）戦い（ｂ）個人　　**イ**（ａ）権威（ｂ）永久

ウ（ａ）努力（ｂ）幸福追求　　**エ**（ａ）努力（ｂ）永久

オ（ａ）権威（ｂ）個人　　**カ**（ａ）戦い（ｂ）幸福追求

問５　下線(5)に関連して，2012年に設置された，東日本大震災の復興を担っている省庁は何ですか。漢字で答えなさい。

問６　下線(6)に関連して，①・②の各問いに答えなさい。

①　東京都は47都道府県で唯一，地方交付税交付金を国から受け取っていません。その理由を説明しなさい。

②　下の**ア**～**カ**のうち，近代夏季オリンピックの第１回(1896年)開催地と第33回(2024年)開催予定地の組み合わせとして正しいものはどれですか。記号で答えなさい。

ア　ニューヨークとロンドン　　**イ**　ニューヨークとパリ

ウ　ニューヨークと北京　　**エ**　アテネとロンドン

オ　アテネとパリ　　**カ**　アテネと北京

問７　下線(7)に関連して，下の**ア**～**エ**のうち，2022年４月１日以降に，18歳の誕生日を迎えた人ができることとして**ふさわしくない**ものはどれですか。一つ選び，記号で答えなさい。

ア　飲酒や喫煙ができる。　　**イ**　男女ともに結婚できる。

ウ　憲法改正の国民投票で投票できる。　　**エ**　国政選挙で投票できる。

問８　下線(8)に関連して，下の**ア**～**エ**のうち，日本の国政選挙に関する説明として**ふさわしくな**

いものはどれですか。一つ選び，記号で答えなさい。

ア　衆議院議員の任期は４年で，参議院議員の任期は６年である。

イ　参議院議員選挙では，小選挙区比例代表並立制が採用されている。

ウ　特別会(特別国会)は，衆議院解散後の総選挙の日から30日以内に召集される。

エ　公職選挙法は，選挙運動でのインターネット利用についても定めている。

問９　下線(9)に関連して，下の**ア**～**エ**のうち，1972年の沖縄返還後も沖縄に残された在日米軍基地として**ふさわしくない**ものはどれですか。一つ選び，記号で答えなさい。

ア　普天間基地　**イ**　キャンプ・シュワブ

ウ　横田基地　**エ**　嘉手納基地

問10　下線(10)に関連して，この会議では，「経済や社会の発展のためには，環境保全の視点を持つことが重要だ」という考え方が打ち出されました。国連が2015年に設定した，2030年までに達成すべき「持続可能な開発目標」を何といいますか。下の**ア**～**オ**から選び，記号で答えなさい。

ア　ESG　**イ**　CSR　**ウ**　SDGs　**エ**　PDCA　**オ**　NGO

問11　下線(11)に関連して，下の**ア**～**オ**のうち，1972年に北京を訪問した内閣総理大臣はだれですか。記号で答えなさい。

ア　佐藤栄作　**イ**　吉田茂　**ウ**　中曽根康弘　**エ**　田中角栄　**オ**　池田勇人

問12　下線(12)に関連して，①・②の各問いに答えなさい。

①　下の文は，基本的人権の一つである平等権について定めた日本国憲法第14条の条文です。文中の(　)に適する語を漢字２字で答えなさい。

> すべて国民は，法の下に平等であつて，人種，信条，性別，社会的身分又は(　　)により，政治的，経済的又は社会的関係において，差別されない。

②　下の**ア**～**エ**のうち，日本における差別を乗りこえる取り組みについてのべた文として，**ふさわしくない**ものはどれですか。一つ選び，記号で答えなさい。

ア　2020年に，アイヌ文化の復興と発展をおこなう拠点として民族共生象徴空間(ウポポイ)が開館した。

イ　1999年に，男女共同参画社会基本法が制定され，性別によって賃金の差をつけることの禁止がはじめて法に明記された。

ウ　渋谷区では，2015年より，同性のパートナーがいる人を尊重するという観点から「パートナーシップ証明書」を交付している。

エ　人々に不安感や嫌悪感をあたえるヘイトスピーチを解消するための法律が，2016年に制定された。

問13　下線(13)に関連して，冷戦終結時のソ連の指導者はだれですか。人名を答えなさい。

【理　科】〈A日程試験〉(30分)〈満点：60点〉

1　物体から出た光は図1のように，鏡の面ではね返り人の目に向かって進みます。人には鏡の奥にある物体から光が出てきたように感じるので，物体が鏡に対して対称《しょう》の位置にあるように見えます。この鏡に映って見えるもののことを「像」といいます。

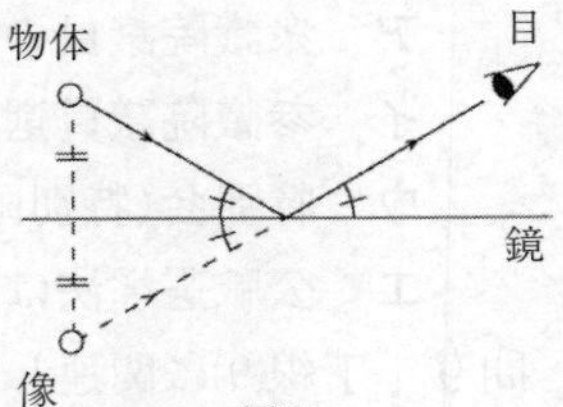

図1

図2は，鏡を置いた部屋を真上から見たようすを表しています。このとき鏡の面は物体に向かい合うように置かれていて，鏡の厚さは考えなくてよいものとします。部屋の床には1辺の長さが1mのマス目が描《か》かれていて，部屋の中の位置を表しています。例えば，物体の置かれている位置は(E，7)となります。なお，図2でT君が(E，5)，(K，7)，(E，11)にいる場合も，鏡に映る物体の像を見ることができるものとします。

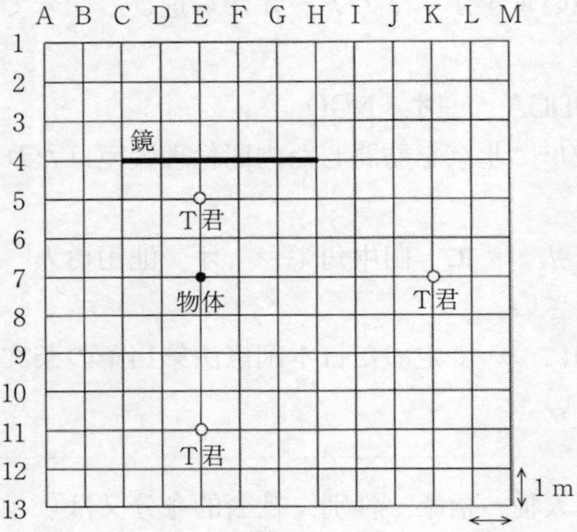

図2

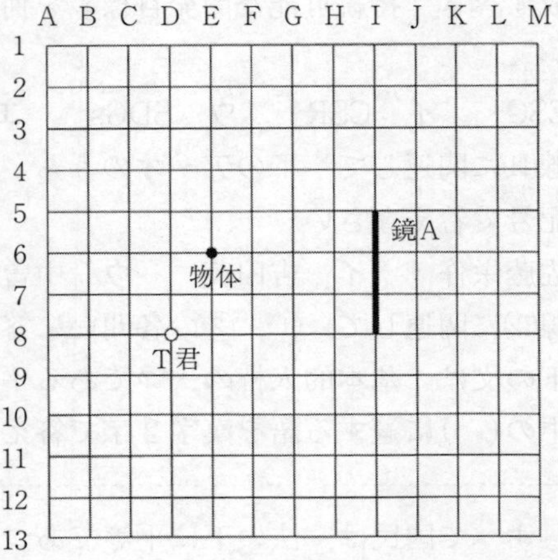

図3

(1)　図3のように，鏡Aを置きました。(D，8)にいるT君が鏡を見ると，(E，6)にある物体の像はどの位置に見えますか。

(2)　図3で，左側の壁《かべ》(A，1)から(A，13)の13地点のうち，物体の像が見えるのは何地点ありますか。

(3)　図4のように，鏡Aと鏡Bを置きました。(G，7)にいるT君が鏡を見たときに見える物体の像について，次の文章の(①)～(③)に入る位置を答えなさい。

T君は鏡に映る物体の像を3つ見ることができます。1つ目は，鏡Aによる像が(　①　)の位置に見えます。2つ目は，鏡Bによる像が(　②　)の位置に見えます。3つ目は，鏡Aと鏡Bの2枚による像が(　③　)の位置に見えます。

(4)　図4で，T君が(G，7)以外にいても，鏡に映る物体の像を3つ見ることができる位置があります。その位置は何地点ありますか。ただし，(G，7)と，物体や鏡のある位置は含《ふく》まないものとします。

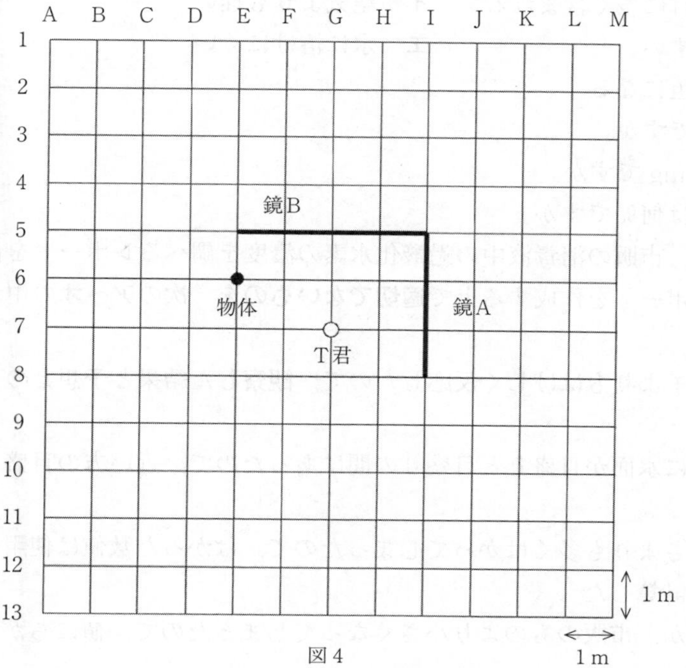

図4

(5) 図4で，T君が鏡を見ながら毎秒2mの速さで下側の壁に沿って(A，13)から(M，13)まで移動します。物体の像を1つでも見ることができる時間は何秒間ですか。

2 図1のように，ある濃《のう》度の過酸化水素水(水に過酸化水素を溶《と》かしたもの)15gと十分な量の二酸化マンガンを使って酸素を発生させました。発生が終わったあと，器具②で集めた気体の体積を調べると180.0mLで，この体積を発生した酸素の体積とします。

ただし，過酸化水素34mgが反応すると酸素16mgと水18mgができ，酸素16mgの体積は12.0mLとします。また，二酸化マンガンはこの反応を助けるはたらきがありますが，二酸化マンガン自体は変化しません。次の各問いに答えなさい。

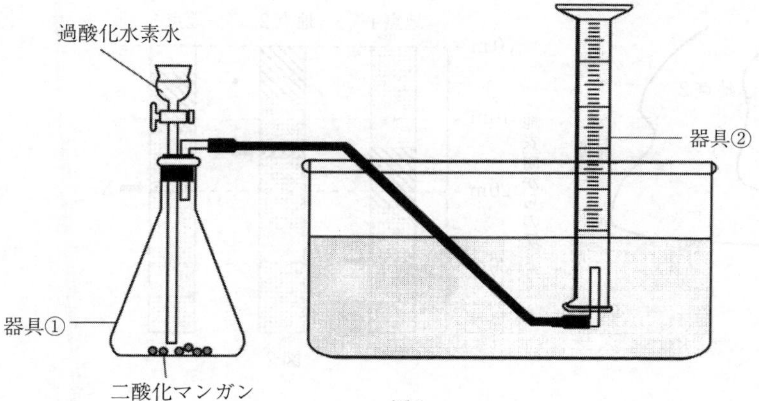

図1

(1) 図1の器具①，器具②の名前を答えなさい。

(2) 酸素の性質や特徴《ちょう》として正しいものを，次の**ア**～**オ**の中から2つ選び，記号で答えなさい。

ア　通常，ヒトの呼気では３番目に多く含《ふく》まれる

イ　空気よりも軽い

ウ　ヘモグロビンと結びつきやすい

エ　水に溶けにくい

オ　冷やして液体にすると，赤色になる

(3)　発生した酸素の重さは何mgですか。

(4)　反応してできた水の重さは何mgですか。

(5)　使用した過酸化水素水の濃度は何％ですか。

(6)　T君はこの反応の実験を行い，市販《はん》の消毒液中の過酸化水素の濃度を調べるレポートを作成しました。実験の記録やそのレポートを作成する上で**適切でないもの**を，次の**ア**～**オ**の中から２つ選び，記号で答えなさい。

ア　実験前に予想した反応の様子よりもはげしく反応したので，観察した結果と予想とのちがいを書き記した

イ　器具②で体積を調べるときに水面が目盛りと目盛りの間にあったので，近い方の目盛りを読んで書き記した

ウ　消毒液を，予定していた重さよりも多くはかってしまったので，はかった数値は使用せず，予定していた重さから濃度を計算した

エ　実験結果から計算した濃度が，市販のものより小さくなってしまったので，値にちがいが出た理由を考えて書き記した

オ　反応中に器具①をさわると温かくなっていたので，「温度が何度まで上がるか調べてみたい」と感想を書き記した

3　ある地域についての地質調査をしました。次の各問いに答えなさい。

(1)　地質調査をするために，パイプを地面に打ちこみ，地層の試料を取り出して調べました。この調査方法を何といいますか。

(2)　図１の３地点から取り出した地層のようすを見くらべると，図２のようにどの地点にもXの層が含《ふく》まれていました。この層をよく観察すると，無色透明の角ばった鉱物が多く含まれています。この層がたい積した時代には何が起きたと考えられますか。

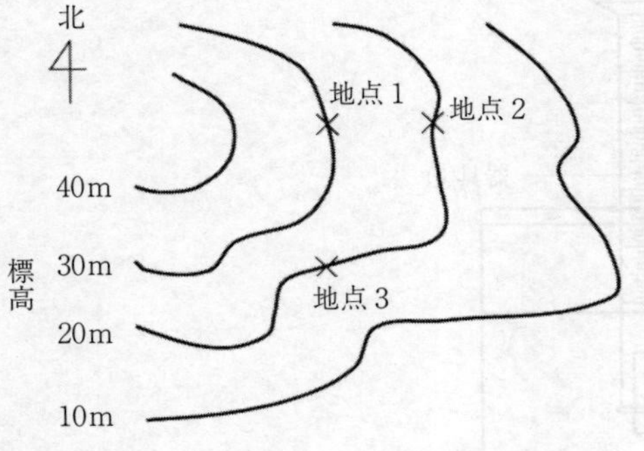

図１

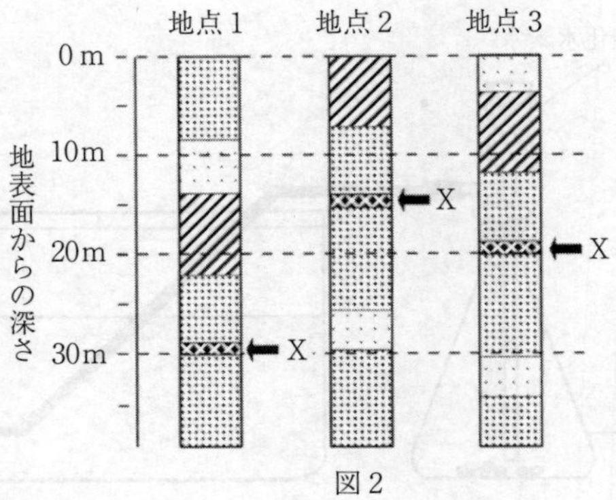

図２

(3)　図１の３地点の標高と，図２のXの層の位置から，この地域の地層のかたむきについて分かることを，次の**ア**～**エ**の中から１つ選び，記号で答えなさい。ただし，この地域の地層では，しゅう曲や断層はないことが確認されています。

ア　南北方向は水平で，東西方向は東へいくほど低くなっている
イ　南北方向は水平で，東西方向は西へいくほど低くなっている
ウ　東西方向は水平で，南北方向は南へいくほど低くなっている
エ　東西方向は水平で，南北方向は北へいくほど低くなっている

(4)　図２のＸの層や，同じ時代の示準化石を含む層は，離れた地域の地層をくらべるときの手がかりになります。このような層を何といいますか。

(5)　この地域とは別の場所に，地層がむき出しになっている所がありました。図３は，そのようすをスケッチしたものです。

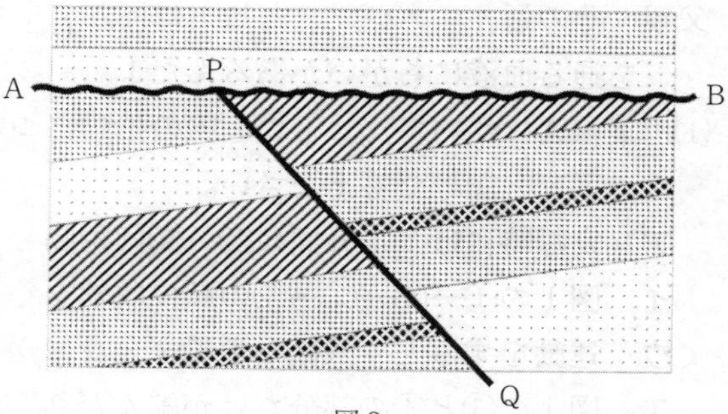

図３

①　図中Ａ―Ｂの面を何といいますか。漢字で答えなさい。

②　この地層は図中Ｐ―Ｑの面で大きくずれています。このような地層のずれ方を何といいますか。次の**ア**～**エ**の中から１つ選び，記号で答えなさい。

ア　正断層　　**イ**　逆断層　　**ウ**　横ずれ断層　　**エ**　しゅう曲

(6)　図４は，２つの岩石をルーペで観察したときのスケッチと特徴《ちょう》を記したものです。岩石Ｃ，Ｄの名前を，次の**ア**～**オ**の中からそれぞれ１つ選び，記号で答えなさい。

ア　れき岩　　**イ**　泥《でい》岩　　**ウ**　凝《ぎょう》灰岩　　**エ**　玄《げん》武岩　　**オ**　花こう岩

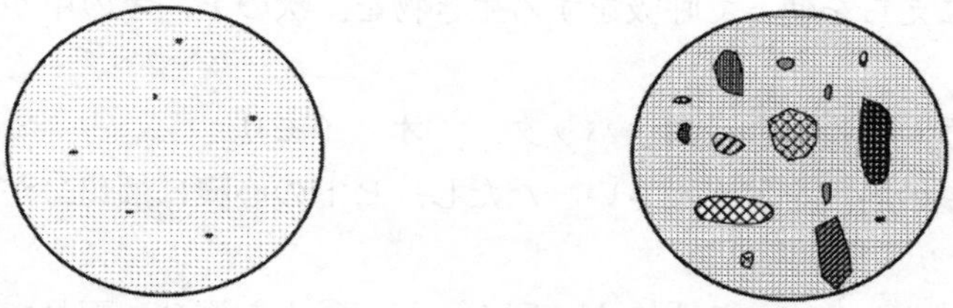

細かくなめらかなつぶからできていて，けずると粉のようになった

岩石Ｃ

黒っぽい色をしていて，いろいろな大きさや色の鉱物が含まれていた

岩石Ｄ

図４

4

　Ｔ君は父親と釣《つ》りたてのニジマスを調理したときに，ニジマスの心臓を観察しました。これに関する次の会話文を読み，以下の各問いに答えなさい。

Ｔ君：ニジマスの心臓も，ヒトの心臓と同じように$_{A}$<u>拍《はく》動</u>しているね。でも，ヒトの心臓と魚の心臓でちがうところもあるのかな？

父親：じゃあ，一緒に考えてみよう。まず，ヒトの心臓を正面から見たものを描《か》いてみるよ(図１)。ヒトの心臓では，心臓から出た血液は，(　Ｂ　)を通って肺に行き，酸素を取り込んでから(　Ｃ　)を通って一度心臓に戻ってくるんだ。それから，全身に送り出されるよ。

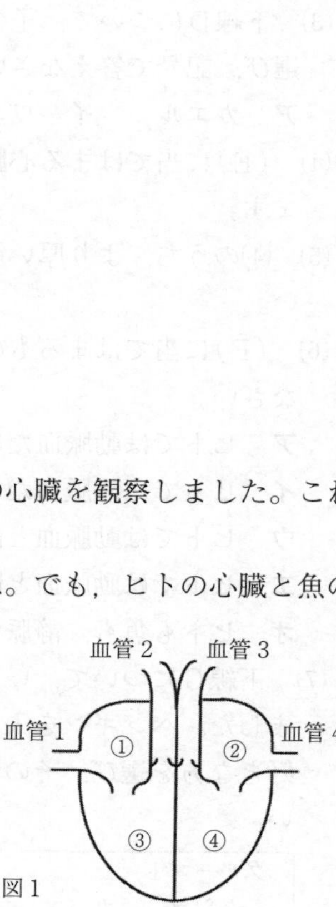

図１

Ｔ君：なるほど。でも，魚って肺がないから，心臓から出た血液は

Dえらに行って酸素を取り込んでから一度心臓に戻ってくるのかな？

父親：いや，ヒトとちがって，心臓から出た血液はえらに送られた後，そのまま全身を通って，心臓に戻ってくるんだよ。だから，心臓から血液を送り出す部屋である（ Ｅ ）も１つなんだよ。

Ｔ君：ということは，心臓を通る血液は（ Ｆ ）だね。

父親：その通り。ニジマスとヒトは同じGセキツイ動物だけど，このように心臓のつくりや心臓を通る血液にちがいがあるんだよ。

(1) 下線Ａについて，ヒトの心臓の拍動についての文として正しいものを，次の**ア**～**エ**の中から１つ選び，記号で答えなさい。

ア 安静時には，１分間に20～30回拍動している

イ 図１の①→②→③→④の順に収縮をくり返す

ウ 運動をすると，酸素や栄養を全身に送るために，拍動の回数が増える

エ 図１の③と④の部分だけが縮んだり，ゆるんだりする

(2) （Ｂ）と（Ｃ）には，図１の血管１～４のいずれかが入ります。その組み合わせとして最も適当なものを，次の**ア**～**カ**の中から１つ選び，記号で答えなさい。

ア Ｂ：血管１　Ｃ：血管２　　**イ** Ｂ：血管２　Ｃ：血管１

ウ Ｂ：血管１　Ｃ：血管３　　**エ** Ｂ：血管２　Ｃ：血管３

オ Ｂ：血管１　Ｃ：血管４　　**カ** Ｂ：血管２　Ｃ：血管４

(3) 下線Ｄについて，子の時期にえらを使って呼吸をする生き物を，次の**ア**～**オ**の中からすべて選び，記号で答えなさい。

ア カエル　　**イ** ワニ　　**ウ** イルカ　　**エ** バッタ　　**オ** イモリ

(4) （Ｅ）に当てはまる心臓の部屋の名前を答えなさい。ただし，ヒトの心臓には（Ｅ）が２つあります。

(5) (4)のうち，より厚い筋肉でおおわれているものを，図１の①～④から選び，記号で答えなさい。

(6) （Ｆ）に当てはまるものとして最も適当なものを，次の**ア**～**オ**の中から１つ選び，記号で答えなさい。

ア ヒトでは動脈血だけで，魚では静脈血だけ

イ ヒトでは静脈血だけで，魚では動脈血だけ

ウ ヒトでは動脈血と静脈血で，魚では動脈血だけ

エ ヒトでは動脈血と静脈血で，魚では静脈血だけ

オ ヒトも魚も，静脈血だけ

(7) 下線Ｇについて，いくつかのセキツイ動物を，共通する特徴《ちょう》をもとに２つのグループに分けました。ペンギンを入れるとしたら，グループ１とグループ２のどちらにしますか。どちらか好きな方を選び，そのグループに入れた理由を，グループに共通する特徴を含《ふく》めて説明しなさい。

グループ１	グループ２
クジラ　カバ　コウモリ	ヤモリ　サンショウウオ　カメ

問一〇　――10「このままの方がいいような気がする」とありますが、大浦はなぜそのように思ったのですか。ふさわしいものを次から一つ選び、記号で答えなさい。

ア、晴子が修学旅行で留守の間に机を買い替えようと思っていたが、それは晴子の意思を尊重していないことになると考えたから。

イ、入学祝いに机を買い与えようと思っていたが、小学生のときから使い慣れている机の方が、身を入れて勉強してくれると思ったから。

ウ、引っ越し当初は壁や柱も新しかったが、時間が経って少しずつ部屋全体が古びてきたので、机の古さが気にならなくなってきたから。

エ、部屋の中で机だけがなじんでいないように感じていたが、実はこの机の存在が部屋の調和のためになくてはならないものだと気づいたから。

問一一　次に挙げた出来事を、過去のものから順番に並べ替えなさい。

ア、晴子が高校に入学する。

イ、正次郎が小学校に入学する。

ウ、晴子が修学旅行に出かける。

エ、晴子が自分ひとりの部屋を貰《もら》う。

オ、安雄が馬の置き物を拾って来る。

問一二　本文について述べたものとしてふさわしいものを一つ選び、記号で答えなさい。

ア、家族の出来事を過去から順番に回想する形式で、父である大浦が子供たちの成長を記録している。

イ、晴子がいない部屋の机を眺める姿は、娘が留守にしていて孤独を感じる父の気持ちを表している。

ウ、晴子の部屋の様子や勉強机との付き合い方に、父である大浦が感じた娘の成長が表現されている。

エ、子供たちの勉強机の様子を通して、晴子、安雄、正次郎の成長していく姿が詳細に描かれている。

ア、勉強部屋とはいっても、人の出入りが多くて落ち着ける環境ではないから。

イ、勉強部屋とはいっても、もともと物置《ものおき》部屋として作られた部屋で狭いから。

ウ、勉強部屋とはいっても、安雄が騒がしくするので勉強に集中できないから。

エ、勉強部屋とはいっても、勉強とは関係ない様々なものが置かれているから。

問三　――3「もとの場所へ戻しに行かせた」とありますが、このときの大浦の気持ちについて述べたものとしてふさわしいものを次の中から一つ選び、記号で答えなさい。

ア、世の中にはいろいろな人がいて他人とは違うことをするという価値観もあるが、安雄には家族や周りの人から普通の生活を学び、周りに迷惑をかけることのない人になってほしかった。

イ、世の中にはいろいろな人がいてその好みは様々なので、安雄のよろこびにも水を差したくはないが、やはりどこの誰が持っていたとも知れない奇妙な物を家に置くのは認められなかった。

ウ、世の中にはいろいろな人がいて理解できないようなこともするものだが、安雄にはそういう人と同じように理解できないことをしてほしくなく、不要な物を集めて持って帰ってくることを止めさせたかった。

エ、世の中にはいろいろな人がいて多様な生き方があるので、安雄のように他の人とは違った物に興味を持てる感性を育てて将来につなげていきたいとは思うが、まずは不要な物より必要な物を知ってほしかった。

問四　――4「『拾い屋』の安雄」とありますが、どのようなものを拾ってくるのですか。文中から二〇字以上二五字以内で抜き出しなさい。

問五　――5「その望み」とありますが、晴子はどのような望みを持っていましたか。文中の言葉を使って三〇字以内で答えなさい。

問六　――6「小さな船室のような感じがしないでもない」とありますが、ここで感じている気持ちはどのようなものですか。ふさわしいものを次の中から一つ選び、記号で答えなさい。

ア、閉じ込められているような不安感。

イ、自分の行動が制限されてしまう圧迫《あっぱく》感。

ウ、誰にも邪魔《じゃま》されない自由を得た充足《じゅうそく》感。

エ、外の世界に羽ばたいていけそうな期待感。

問七　――7「いいよ。大丈夫よ、これで」とありますが、晴子がそう言った理由としてふさわしいものを次の中から一つ選び、記号で答えなさい。

ア、長く使って古くなった机にはそれなりに愛着を持っており、勉強机として使う上でも不自由がないと感じていたから。

イ、晴子の机は買った当時非常に高価でぜいたくなものであったので、新しいものに買い換えるのは気が進まなかったから。

ウ、傷や落書きだらけの机を見ると、物を大切にできない自分が恥ずかしく、新しい机を買ってもらう資格がないと思ったから。

エ、晴子の机は確かに見すぼらしく、背が伸びたために窮屈で仕方ないが、その方がかえって勉強に集中できるような気がしたから。

問八　文中の三か所の[8]には同じ語が入ります。その語を文中から抜き出しなさい。

問九　――9「あれでは、あんまりだわ」とありますが、細君はなぜそのように考えたのですか。その理由を六〇字以内で説明しなさい。

ほんの少し低いからといって、兄貴の面目《めんぼく》が立たないこともあるまい。まあ、このままでやってみようということになった。

ところが、正次郎の新しい机が入ってみると、晴子の机がいかにも見すぼらしく見えた。背がいちばん高くて、実際にいちばんよく勉強机を使う者が、兄弟の中でいちばん古くて、小さな机にいることになる。どうも矛盾《むじゅん》しているように見える。

しかし、最初に勉強机というものを必要とする者から順番に買って行くと、自然にこうなる。子供は年とともに背が伸びてゆくが、机は買った時のままで変《かわ》らない。困ったことだけれども、何とも致《いた》しかたない。

そのうちにまた一年経って、晴子は高校に入学した。大浦は細君にいった。

「今度こそ机を買ってやらないといけないな」

「ええ、そうしてやりましょう。9あれでは、あんまりだわ」

大浦は晴子にいった。

「机、買うから。お祝いに」

「いいよ、これで」

「どうして」

「大丈夫よ。何ともないんだもの」

「膝《ひざ》がつかえないか」

「つかえない。ちゃんと入る」

彼が椅子に腰かけてみると、膝は机の下に入った。ぎりぎりいっぱいで入る。

「なるほど」

「ね、大丈夫でしょう」

小学生用の勉強机というのは、どうしてこんなに融通《ゆうずう》がきくのだろう。小学校を出てから三十年も経ち、体重（注）十八貫《かん》ある大浦が坐っても、役に立つのである。

だが、いまはそんなことに感心している場合ではない。お祝いは、お祝いだ。中学まではまあ我慢《がまん》するとして、高校生になってもまだ小学生の時の机に向《むか》っていたのでは、向学心《こうがくしん》が燃え立たないかも知れない。

「お祝いは遅い方がいいというから、そのうちに買うよ」

大浦はそういった。ところで、それからまた一年経ち、晴子は二年生になったが、まだ机はもとのままであった。お祝いは遅い方がいいにしても、も早《は》や時期を失《しっ》した観《かん》がある。

そうして、いま修学旅行に出かけている留守《るす》の部屋で、つくづくわが子の古机を眺《なが》めていると、まわりの壁や柱に不釣り合いなどころか、いつの間にか周囲に融《と》け込んでというよりは、むしろこの机が目立たない様子でそこにあるために、部屋全体に或《あ》る落着《おちつ》きと調和がもたらされていることに初めて彼は気が附《つ》いた。

「もうこの机を取ってしまうことは出来ない。10このままの方がいいような気がする」

と大浦は思うのであった。

《庄野潤三『夕べの雲』より》

（注）細君…自分の妻を指す語。大浦夫妻の子が、晴子、安雄、正次郎である。

十八貫…貫は重さの単位。十八貫は約六七・五キログラム。

問一 ――1「こりごりした」とありますが、晴子はなぜこりごりしたのですか。その理由を四〇字以内で答えなさい。

問二 ――2「決して勉強部屋といえるような体裁のいいものではなかった」とありますが、それはなぜですか。ふさわしいものを次の中から一つ選び、記号で答えなさい。

にも床の上にもそれらの雑多な物がはみ出して来る。

外の道を歩いている時も同じことで、大きな篠竹《しのだけ》があると、どんなに遠くても引きずって帰って来る。ボルトが一個落ちていると拾って来る。椿《つばき》の実でも拾って来る。

ある時、安雄は（小学四年生の時であったが）学校の帰りに大理石でこしらえた馬の置き物で、脚《あし》が四本とも根元から取れて無くなったものを拾って、大よろこびで帰って来た。

頭があるので馬だと分るが、もしそれも取れていたら、いったい何なのか判断に苦しむ代物《しろもの》であった。

「道の真中《まんなか》にあったんだよ」

と安雄はいった。

どうしてそんなこわれた馬の置き物が道に落ちていたのだろう。どういう人が持っていて、どういう時に脚が四本とも折れてしまったのだろう。何のつもりでその人は、家の中に馬の置き物なんか飾っていたのだろう。

世の中にはいろんな人がいて、訳の分らないようなことが起《おこ》るものだ。大浦は不思議な気持《きもち》に襲《おそ》われたが、それだけは家の中へ持ち込むことを認めず、安雄にいいつけてもう一度、3もとの場所へ戻しに行かせた。

そのような4「拾い屋」の安雄とひとつの部屋にいたのでは、いかに晴子が身のまわりをきちんと片附けようとしても、どうにもならなかった。そこで、どんなに狭《せま》いところでもいいから、いつか自分ひとりの部屋を貰えたら、どんなに嬉《うれ》しいだろうと思うようになった。

彼女の5その望みは、三年前にこの家へ移った時、やっと叶《かな》えられた。釣《つ》り戸棚《とだな》が部屋の半分くらいまで突き出ていて、寝台《しんだい》から慌《あわ》てて起き上《あが》るとおでこを角にぶっつけるおそれがある。ゆったりというわけにはゆかないが、それでも入口《いりぐち》の戸を締《し》めてしまうと、6小さな船室のような感じがしないでもない。

もう誰もがらくたを持ち込む者はいないので、彼女は自分の好みのままに部屋を飾ることも片附けることも出来るのであった。

最初、この部屋に晴子の勉強机が運び込まれた時、新しい壁や柱に対して釣り合いが取れないように見えた。なぜならこの勉強机は晴子が小学校に入学した時に買ったもので、もうすっかり古くなっていたのである。

「これはやっぱり新しいのを買った方がいいな。もうだいぶ窮屈そうだ」

大浦がそういうと、晴子は、

「7いいよ。大丈夫よ、これで」

「まあ、高校へ入った時まで辛抱《しんぼう》するか」

「いいよ、いいよ。この方が貫禄《かんろく》があっていいよ」

「貫禄はたしかにある」

机の表面のいちばんよく手や腕の当るところは、とっくにニスが剝《は》げて、木目があらわに浮《う》び出ていた。大小無数の傷あとが、あらゆる方向に刻まれていて、ところどころに子供らしい落書きのあとが残っている。

一年経《た》って正次郎が小学校に入学した。新しい勉強机が隣《となり》の部屋に入った。それは、隣にある安雄の机よりも寸法がほんの少し大きかった。

「[8]を切って、縮めるか」

と大浦はいったが、[8]を切るのも惜《お》しい気がする。せっかく坐りがよく出来ている机を、下手に鋸《のこぎり》で短く切って、四本の[8]がうまく水平に揃《そろ》わなくなっては、何もならない。

二人の机の高さが同じである方がいいことは確かだが、安雄の机が

見極めようとしていると考えると、先生と生徒が一緒に学んでいるのが江戸時代の教育の場と言えるかもしれない。」

エ、生徒D「それが今で言えば『素養』『教養』を身につけるということなんだね。そう考えると、古い時代のやり方だからと言って、現代では役に立たないというわけじゃない。ぼくも受験勉強では分からないことだらけで、いらいらしていたけれど、もっとゆったり構えてみようかな。」

問一〇 ――10「敬愛の念」とありますが、教える素材に対する「敬愛の念」と同様な思いを文中から一〇字以内で抜き出して答えなさい。

問一一 ――11「今日の学校での教育がどこか教育の本質から逸脱している」とありますが、どのような点が「教育の本質から逸脱している」と考えられるのですか。ふさわしいものを次の中から一つ選び、記号で答えなさい。

ア、問題の内容によって、即断すべきか熟慮すべきか見極める能力を養成しきれていない点。

イ、容易に解決できない問題に対して、立ち止まってゆっくりと考える態度を育《はぐく》んでいない点。

ウ、一見無意味に思える学習方法にも教える側の意図があることを、理解させることができない点。

エ、成功と失敗の繰り返しの末、ようやく難問が解けるようになるという真理を伝えきれていない点。

三 次の文章を読んで、後の問いに答えなさい。ただし、字数に制限がある場合は、句読点や記号も字数に含まれるものとします。

なぜ晴子の部屋がいつも整頓《せいとん》されているかというと、それには理由がある。彼女は前いた家で、安雄と一緒の部屋にいて1こりごりしたのであった。

いくら彼女がきれいに片付《づ》けようとしても、安雄と同じ部屋にいる限り、それは不可能であった。

もともとそこは勉強部屋といっても、ほかにいろんな物があった。(注)細君《さいくん》の洋服箪笥《だんす》もあればミシンもある。大きな籐椅子《とういす》(それは坐《すわ》り心地はよかったが)が二つあり、みんなのシャツや靴下《くつした》なんかが入っている箪笥《たんす》もあるし、まだ隅《すみ》っこに何の役にも立たない大型のトランクが二個積み上げてあり、ふとん綿の包みが押し込んであるといった有様で、2決して勉強部屋といえるような体裁《ていさい》のいいものではなかった。

要するにそこで子供は勉強もするが、ほかの部屋や押入《おしいれ》に入り切らないものが集《あつま》って来る場所になっていた。

それだけでも出入りが窮屈《きゅうくつ》なのに、安雄は家の中で要《い》らなくなったものがあれば、何でも片っぱしから貰《もら》って、自分の物にしてしまう困った性質があった。それが珍しい形をした壜《びん》だとか、美しい菓子《かし》箱というのなら分《わか》るが(そういう物も無論欲しがる)、古くなったペン先やビールの蓋《ふた》のようなものまで欲しがる。多ければ多いほど、よろこぶ。

「そんな物貰って何にするんだ」

といわれるような物でも貰って、机の引出しに仕舞《しま》い込む。

引出しの中には、何のために集めたのか理解に苦しむようながらくたがいっぱい詰《つま》っていて、捨てるということを知らないから、机の上

から始まりますか。初めの五字を答えなさい。

問二　――1「吐き出し」とありますが、これは何をどうすることですか。文中の言葉を使って二〇字以内で答えなさい。

問三　――2「平たい言い方をすれば」・6「土俵」の文中での意味としてふさわしいものを下の中からそれぞれ一つ選び、記号で答えなさい。

2　ア、わかりやすく言うと　イ、日本語に言い換えると
　　ウ、似ている表現で言うと　エ、正反対の言葉を使うと

6　ア、動機　イ、目的　ウ、前提　エ、行動

問四　――3「問題解決のための教育」の具体例としてふさわしくないものを次の中から一つ選び、記号で答えなさい。

ア、世界にある様々な国は、どんな政治体制なのか。
イ、地球は太陽の周りを、どのように動いているのか。
ウ、国家間で起こる戦争が、どうすればなくなるのか。
エ、豊臣秀吉による刀狩りは、どうして行われたのか。

問五　［4］に入る言葉としてふさわしいものを次の中から一つ選び、記号で答えなさい。

ア、急転直下　イ、一石二鳥
ウ、起死回生　エ、電光石火

問六　――5「ここに迅速さの落とし穴があります」とありますが、「迅速さの落とし穴」とはどのようなことですか。ふさわしいものを次の中から一つ選び、記号で答えなさい。

ア、能力が十分ではない者に今すぐの問題解決を求めても、かえって本質的な解決にはならないということ。
イ、経験豊富で能力もあるからといってより多くの問題をその人に与えても、解決能力には限界があること。
ウ、知的能力ばかりに注目し即座の問題解決を迫っても、肉体的能力が追いつかない人たちもいるということ。
エ、能力の差が激しい者たちに同じ早さでの問題解決を期待しても、能力の差がうまることはないということ。

問七　――7「現実を踏まえていない」とありますが、筆者は現実をどのようなものだと考えていますか。――7を含む段落の内容をもとにして二五字以内で説明しなさい。

問八　――8「現在の教育とは正反対の極にあります」とありますが、江戸時代の教育は現代の教育とどのような点が違っていたのですか。本文を最後まで読んで、四〇字以内で説明しなさい。

問九　――9「教える側も教えられる側にも、分からないことへのいらだちがありません」とありますが、このことについて、授業中に生徒たちが話し合っています。次の生徒の発言のうち、本文の内容と合っていないものを一つ選び、記号で答えなさい。

ア、生徒A「江戸時代の教育では、子供は何のために素読するのかさえも分からなくてもよかったから、内容が分からなくてもいらだちなんかなかったんだな。ぼくたちは、受験のために少しでも理解を深めなくちゃと思うからストレスなんだ。」

イ、生徒B「でも、そんな素読だって、言われるがままに何回も繰り返せば、すらすら読めるようになるし、意味も分かってくる。そうなることが分かっているから、子供たちもいらだつことなく続けられるんだ。ぼくも塾の先生に『今は分からなくても、きっとやっていくうちに分かるようになるよ』って励《はげ》まされてる。」

ウ、生徒C「でも、先生の方も分かっていない可能性があるというのが、江戸時代の教育のすごいところなのかも。子供に素読させながら、自分もその背後にある真実を

題の設定とそれに対する解答に尽きます。

その教育が目ざしているのは、本書の冒頭《ぼうとう》で述べた（注）ポジティブ・ケイパビリティの養成です。2平たい言い方をすれば、3問題解決のための教育です。しかも、問題解決に時間を費やしては、賞讃《しょうさん》されません。なるべくなら［　4　］の解決が推賞されます。この「早く早く」は学校だけでなく、家庭にも浸透《しんとう》しています。わが子に対して、「早く早く」を母親がひと言も口にしない日はないのではないでしょうか。

「早く早く」を耳にするたび私は、九十歳の高齢者に、息子と娘が「早く早く」と急《せ》かす光景が重なります。足元もおぼつかない高齢者に、「早く早く」と言うのは、「早く死ね」と言うのと同じだからです。5ここに迅速《じんそく》さの落とし穴があります。

問題解決が余りに強調されると、まず問題設定のときに、問題そのものを平易化してしまう傾向が生まれます。単純な問題なら解決も早いからです。このときの問題は、複雑さをそぎ落としているので、現実の世界から遊離したものになりがちです。言い換えると、問題を設定した6土俵《どひょう》自体、7現実を踏《ふ》まえていないケースが出てきます。こうなると解答は、そもそも机上の空論になります。

教育とは、本来、もっと未知なものへの畏怖《いふ》を伴うものであるべきでしょう。この世で知られていることより、知られていないことのほうが多いはずだからです。

江戸時代、武士の子弟が小さい頃から、返り点をつけただけの（注）漢籍を内容がよく分からないまま素読させられたのは、8現在の教育とは正反対の極にあります。

子供は何のために素読をするのか、まず分かりません。ただ声を出すだけで、意味も分からないままです。しかし何十回と繰り返していくうちに、漢文独特の抑揚《よくよう》が身についてきます。漢字の並びからぼんやり意味が摑《つか》めるようにもなります。

この教育には、9教える側も教えられる側にも、分からないことへのいらだちがありません。分からなくてもいいのです。子供は、言われるがままに何回も音読を繰り返します。つっかえつっかえ読んでいたものが、いつの間にかすらすらと読めるようになります。

一方の教える側も、手取り足取りは教えません。ゆっくり構えています。その漢籍が自分にまだ理解できないような、深い内容を含んでいるのかもしれません。教える内容を、教える者自身が充分に分かっていない可能性もあります。それでも教える素材に10敬愛の念をいだいているのは確かです。子供に音読させながら、自分もその文章の背後にある真実を見極めようとしているのかもしれません。

ここには、そもそも土俵としての問題設定がありません。ひたすら音読して学ぶだけです。さらに言えば、学びの先にあるものも、判然としません。簡単に言えば、素養でしょうか。たしなみです。現代風な表現では教養です。

素養や教養、あるいはたしなみは、問題に対して早急に解答を出すことではありません。むしろ反対かもしれません。解決できない問題があっても、じっくり耐えて、熟慮するのが教養でしょう。

そうなると、11今日の学校での教育がどこか教育の本質から逸脱《いつだつ》しているのが分かります。

《帚木蓬生『ネガティブ・ケイパビリティ　答えの出ない事態に耐える力』より》

（注）坐学…講義を聞いて学習すること。
ポジティブ・ケイパビリティ…問題を早急に解決する能力。
漢籍…中国において著された書籍。ちなみに「返り点」とは日本人が漢籍を読む際、読みやすくするために記す符号。

問一　本文を、内容から前半と後半の二つに分ける場合、後半はどこ

二〇二二年度　高輪中学校

【国語】〈A日程試験〉（五〇分）〈満点：一〇〇点〉

一　次の問いに答えなさい。

問一　次の傍線部のカタカナは漢字に直し、漢字は読みをひらがなで答えなさい。

1、彼にとってはそれは死刑センコクに等しい。

2、その木は、ヨクシュンには花を咲かせるでしょう。

3、ヤオチョウに関わった選手が追放された。

4、仲間の声援を受けてフルい立った。

5、私の伯父は、この神社の神主をしている。

6、連絡を取ろうと試みたが、うまくいかなかった。

7、ポケットを探って小銭を取り出した。

8、もう二度とあんな馬鹿な真似はしない。

問二　次の1～3の、「舌」に関する慣用句の意味とつながりのある文を後のア～エからそれぞれ一つ選び、記号で答えなさい。

1、舌が回る　2、舌を出す　3、舌を巻く

ア、彼の前では「いい男ですね」とほめているが、実は陰では小ばかにしていた。

イ、彼は一社目の入社試験にもかかわらず、すらすらよどみなく自己紹介をした。

ウ、横尾先生は、今日から禁煙するといったそばからタバコを取り出し火をつけた。

エ、何度失敗してもあきらめずに挑戦を続ける彼女の姿に、ぼくは本当に感心した。

問三　次の1～3の各文の（　）に入れるのにふさわしい語を後のア～カからそれぞれ一つ選び、記号で答えなさい。ただし、同じ語を二度は使わないこと。

1、妙な場所で電車が停車したことを（　）思った。

2、彼の演奏はあまりにも（　）て、批評のしようがなかった。

3、なかなか返事が来なかったので、（　）てしかたがなかった。

ア、おびただしく　イ、いかめしく　ウ、つたなく

エ、もどかしく　オ、いまわしく　カ、いぶかしく

二　次の文章を読んで、後の問いに答えなさい。ただし、字数に制限がある場合は、句読点や記号も字数に含まれるものとします。

教育は一見すると、分かっている事柄《ことがら》を、一方的に伝授すればすむことのように思えます。

保育園や幼稚園の勉強や遊戯《ゆうぎ》にしてもそうです。保育士や先生がすべてをお膳立《ぜんだ》てして、幼児はそれに乗っかっていけばいいのです。

小学校はどうでしょうか。学科は増え、漢字や計算を学習し、動植物、星、世の中の仕組みも、教えてもらえます。

中学では、勉強の幅《はば》が広がり、深さも増します。覚えることだらけです。期末テストや実カテストが節目《ふしめ》節目に実施されて、記憶したものを素早く吐《は》き出す訓練を受けます。

高校になると、商業高校でも工業高校でも、（注）坐学《ざがく》と実学で習い覚えなければならない事柄は、朝から夕方までびっしり詰《つ》まっています。

普通高校では、それこそ受験に向けての知識の詰め込みと、頻繁《ひんぱん》に行われる試験での敏速《びんそく》な1吐き出しを覚えさせられます。

そうした幼稚園から大学に至《いた》るまでの教育に共通しているのは、問

2022年度

高輪中学校　▶解説と解答

算数　＜Ａ日程試験＞（50分）＜満点：100点＞

解答

[1] (1) 48　(2) $\frac{13}{15}$　(3) 795　(4) $\frac{11}{18}$　[2] (1) 168　(2) 257　(3) 214個　(4) 420円　[3] (1) 3：8　(2) 6：5　(3) 午前10時20分　[4] (1) 84.78cm^2　(2) 88.56cm^2　(3) 129.06cm^2　[5] (1) 1440cm^3　(2) 54cm^2　(3) 720cm^2

解説

[1] 四則計算，計算のくふう，逆算

(1) $67-342\div\{165-7\times(13+8)\}=67-342\div(165-7\times21)=67-342\div(165-147)=67-342\div18=67-19=48$

(2) $\left(\frac{7}{9}-\frac{3}{5}\right)\div\frac{4}{15}+1\frac{2}{5}\times\frac{1}{7}=\left(\frac{35}{45}-\frac{27}{45}\right)\div\frac{4}{15}+\frac{7}{5}\times\frac{1}{7}=\frac{8}{45}\times\frac{15}{4}+\frac{1}{5}=\frac{2}{3}+\frac{1}{5}=\frac{10}{15}+\frac{3}{15}=\frac{13}{15}$

(3) $A\times B+A\times C=A\times(B+C)$となることを利用すると，$2.65\times491-26.5\times31.7+265\times1.26=2.65\times491-2.65\times10\times31.7+2.65\times100\times1.26=2.65\times491-2.65\times317+2.65\times126=2.65\times(491-317+126)=2.65\times300=795$

(4) $\left\{\left(\square-\frac{1}{6}\right)\div2+1\frac{1}{5}\right\}\times0.625=\frac{8}{9}$より，$\left(\square-\frac{1}{6}\right)\div2+1\frac{1}{5}=\frac{8}{9}\div0.625=\frac{8}{9}\div\frac{5}{8}=\frac{8}{9}\times\frac{8}{5}=\frac{64}{45}$，$\left(\square-\frac{1}{6}\right)\div2=\frac{64}{45}-1\frac{1}{5}=\frac{64}{45}-\frac{6}{5}=\frac{64}{45}-\frac{54}{45}=\frac{10}{45}=\frac{2}{9}$，$\square-\frac{1}{6}=\frac{2}{9}\times2=\frac{4}{9}$　よって，$\square=\frac{4}{9}+\frac{1}{6}=\frac{8}{18}+\frac{3}{18}=\frac{11}{18}$

[2] 整数の性質，数列，差集め算，売買損益

(1) 60の約数を積が60になる組み合わせで表すと右の図1のようになるから，60の約数のすべての和は，$1+2+3+4+5+6+10+12+15+20+30+60=168$とわかる。

図1

60	1	2	3	4	5	6
	60	30	20	15	12	10

(2) 並べられた整数を2と5の最小公倍数である10ごとに組に分けると，(1，3，7，9)，(11，13，17，19)，…のようになる。$103\div4=25$余り3より，はじめから数えて103番目の数は，$25+1=26$(組目)の3番目の数とわかる。また，各組の3番目には，7から始まり10ずつ増える数が並んでいるので，26組目の3番目の数は，$7+10\times(26-1)=257$と求められる。

(3) 2通りの配り方をまとめると，右の図2のようになる。全員に6個ずつ配ると，アの配り方よりも，$(6-3)\times5+(6-4)\times6=27$(個)多く必要になるから，全部で，$41+27=68$(個)不足することになる。これとイの配り方を比べると，全員に6個ずつ配るのに必要な個数と，全員に4個ずつ配るのに必要な個数の差は，$68+26=94$(個)とわかる。これは，$6-4=2$(個)の差が生徒の数だけ集まったものなの

図2

	5人	6人		
ア	3個，…，3個，	4個，…，4個，	6個，…，6個	→41個不足
イ	4個，…，4個，	4個，…，4個，	4個，…，4個	→26個余る

で，生徒の数は，94÷２＝47(人)と求められる。よって，チョコレートの数は，４×47＋26＝214(個)である。

⑷　１個の仕入れ値を１とすると，220個分の仕入れ値の合計は，１×220＝220，定価は，１×(１＋0.5)＝1.5，定価の４割引きは，1.5×(１－0.4)＝0.9となる。ここで，定価から100円引きにしなかったとすると，その分だけ利益が増えるから，全て売り切ったときの利益の合計は，16600＋100×170＝33600(円)になる。さらに，そのときの220個分の売り上げの合計は，1.5×170＋0.9×50＝300なので，全て売り切ったときの利益の合計は，300－220＝80とわかる。これが33600円にあたるから，１にあたる金額，つまり，１個の仕入れ値は，33600÷80＝420(円)と求められる。

3 速さと比

⑴　２人の進行のようすをグラフに表すと，右のようになる。家からA地点まで行くのに，太郎君は32分かかり，花子さんは，32－20＝12(分)かかっている。その比は，32：12＝８：３だから，太郎君と花子さんの速さの比は，$\frac{1}{8}:\frac{1}{3}=3:8$とわかる。

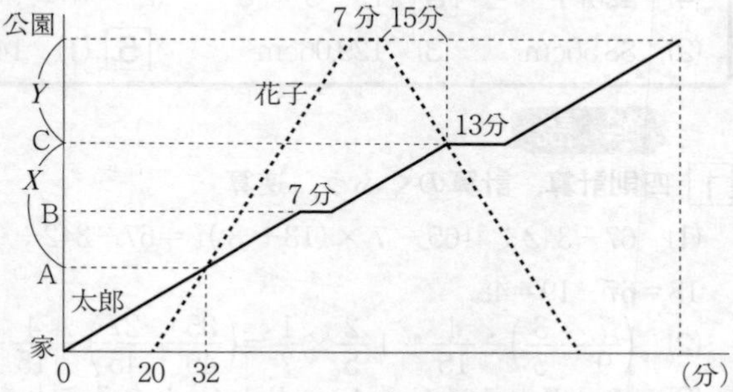

⑵　花子さんがA地点で太郎君を追い抜《ぬ》いてから，C地点で２人がすれちがうまでの間について考える。このとき，２人は７分ずつ休んでいるので，２人が進んだ時間は同じである。よって，このとき太郎君と花子さんが進んだ距離《きょり》の比は，２人の速さの比と等しく３：８とわかる。つまり，A→B→Cの距離と，A→B→C→公園→Cの距離の比が３：８だから，X＝３とすると，Y＝(８－３)÷２＝2.5となり，X：Y＝３：2.5＝６：５と求められる。

⑶　太郎君の速さを毎分３，花子さんの速さを毎分８とすると，Yは花子さんが15分で進んだ距離なので，Y＝８×15＝120となる。また，⑵から，$X=120\times\frac{6}{5}=144$とわかるから，太郎君がA地点から公園まで進むのにかかった時間は，(144＋120)÷３＝88(分)と求められる。よって，休んだ時間を加えると，太郎君が家から公園まで行くのにかかった時間は，32＋88＋７＋13＝140(分)となるので，太郎君が公園に着いた時刻は，午前８時＋140分＝午前８時＋２時間20分＝午前10時20分とわかる。

4 平面図形—面積

⑴　下の図Ⅰの三角形BOEと三角形OCFで，BOとOCはどちらもおうぎ形の半径だから，長さは等しい。また，角BOEの大きさは，90÷３×２＝60(度)なので，角OBEの大きさは，180－(90＋60)＝30(度)になる。さらに，角COFの大きさは，90÷３＝30(度)だから，三角形BOEと三角形OCFは合同とわかる。よって，両方から三角形GOEを除くと，三角形BOGと四角形GEFCの面積も等しくなる。したがって，網目《あみめ》部分の面積はおうぎ形OCBの面積と等しいので，$18\times18\times3.14\times\frac{30}{360}=27\times3.14=84.78$(cm²)と求められる。

⑵　下の図Ⅱで，おうぎ形ODAの面積は，$18\times18\times3.14\times\frac{90}{360}=81\times3.14=254.34$(cm²)であり，三角形ODAの面積は，18×18÷２＝162(cm²)だから，網目部分と斜線《しゃせん》部分の面積の合計は，254.34－162＝92.34(cm²)となる。また，図Ⅰの三角形OCFは正三角形を半分にした形の三角形なので，CFの長さは，18÷２＝９(cm)である。よって，図Ⅱの三角形CODの面積は，18×９÷２

＝81(cm^2)と求められる。さらに，おうぎ形ODCの面積は，⑴で求めたおうぎ形OCBの面積と等しく84.78cm^{2}だから，斜線部分の面積は，84.78－81＝3.78(cm^2)とわかる。したがって，網目部分の面積は，92.34－3.78＝88.56(cm^2)となる。

⑶　図Ⅰで，OEの長さはCFの長さと等しく９cmなので，下の図Ⅲで，三角形AOEの面積は，９×18÷２＝81(cm^2)となる。また，三角形AOEと三角形CEDは，底辺(OEとED)が等しく，高さの比が，AO：CF＝18：９＝２：１だから，面積の比も２：１である。よって，三角形CEDの面積は，81×$\frac{1}{2}$＝40.5(cm^2)なので，網目部分の面積は，254.34－(81＋40.5＋3.78)＝129.06(cm^2)と求められる。

図Ⅰ

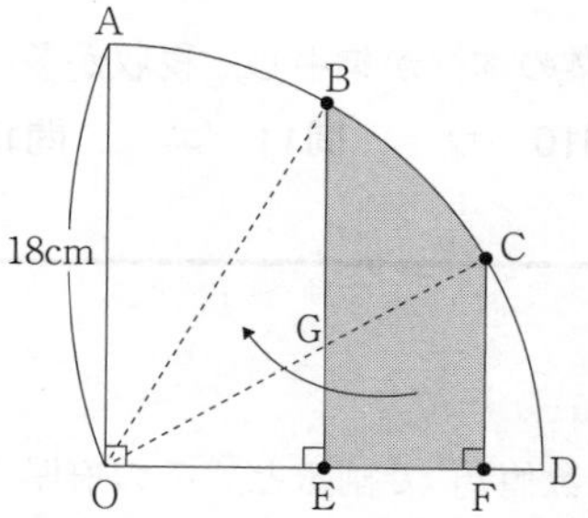

図Ⅱ

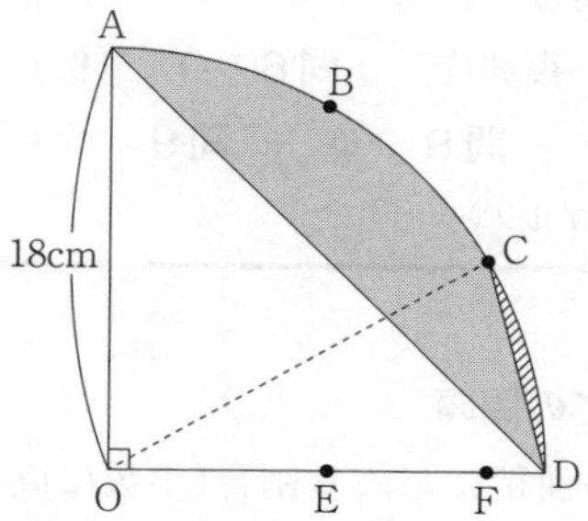

図Ⅲ

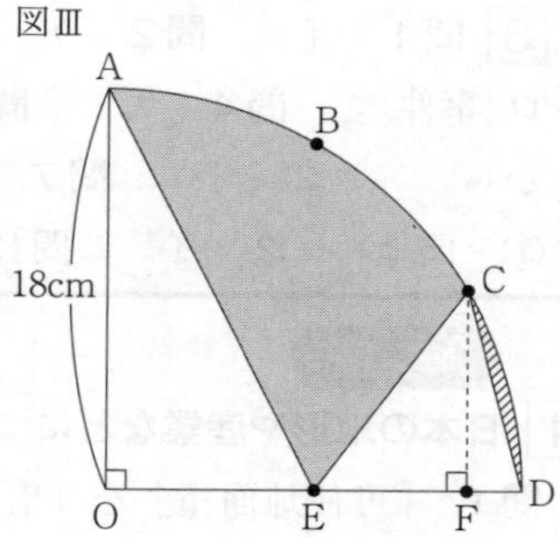

5　立体図形―分割，体積，表面積

⑴　右の図①で，もとの立方体の体積は，12×12×12＝1728(cm^3)である。また，切断した１つの三角すいの体積は，６×６÷２×12×$\frac{1}{3}$＝72(cm^3)だから，残った立体の体積は，1728－72×４＝1440(cm^3)とわかる。

図①

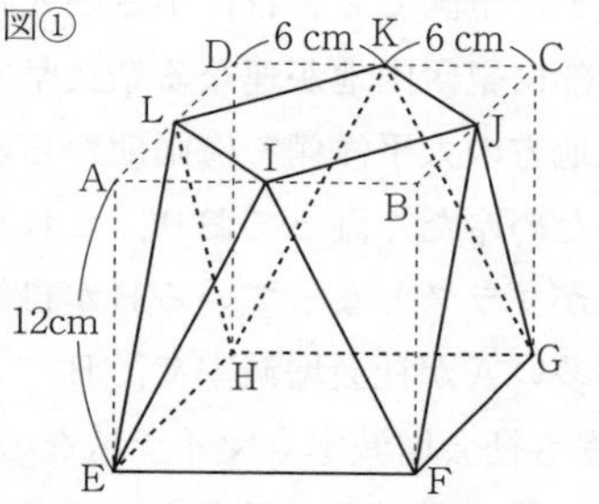

図②

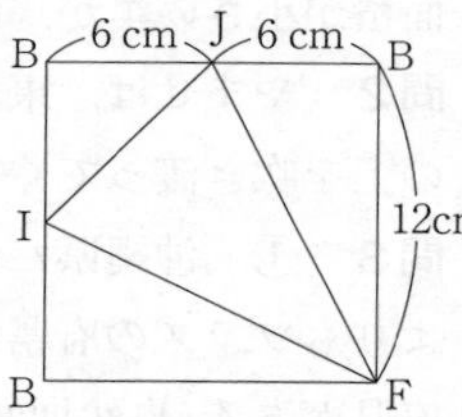

⑵　三角すいF－BJIを展開図に表すと，右上の図②のような正方形になる。図②で，三角形BJIの面積は，６×６÷２＝18(cm^2)であり，三角形BFJと三角形BFIの面積はどちらも，12×６÷２＝36(cm^2)である。また，全体の正方形の面積は，12×12＝144(cm^2)なので，三角形IFJの面積は，144－(18＋36×２)＝54(cm^2)と求められる。

⑶　図①で，正方形EFGHの面積は144cm^{2}であり，正方形IJKLの面積はその半分だから，144÷２＝72(cm^2)となる。また，側面のうち，三角形IEFの面積は，12×12÷２＝72(cm^2)，三角形IFJの面積は54cm^{2}であり，これらと合同な面がそれぞれ４面ずつある。よって，図①の立体の表面積は，144＋72＋(72＋54)×４＝720(cm^2)と求められる。

社　会　＜Ａ日程試験＞（30分）＜満点：60点＞

解　答

1　**問１**　エ　**問２**　イ　**問３**　①　カ　②　ア　**問４**　エ　**問５**　オ　**問６**　(例)　消費地から遠い北海道では，生乳よりも加工の度合いが高くて保存のきく製品の生産・出

荷に適しているため。　**問７**　オ　**問８**　ア　**問９**　ウ　**問10**　ラムサール(条約)

問11　①　ウ　②　国後(島)　**問12**　(例)　右の図

2　**問１**　エ　**問２**　デジタル　**問３**　イ　**問４**　桓武(天皇)　**問５**　イ　**問６**　エ　**問７**　オ　**問８**　オ　**問９**　①　十返舎一九　②　ウ→エ→イ→ア　**問10**　ア，ウ　**問11**　(例)　娯楽として楽しまれるようになったんだね　**問12**　c／(例)　資料中の開化先生方とは，文明開化の時代に活躍した知識人を指す言葉だから。

3　**問１**　イ　**問２**　ア　**問３**　(アメリカ)同時多発テロ(事件)　**問４**　エ　**問５**　復興庁　**問６**　①　(例)　企業の本社が集中し，税収が多いから。　②　オ　**問７**　ア　**問８**　イ　**問９**　ウ　**問10**　ウ　**問11**　エ　**問12**　①　門地　②　イ　**問13**　ゴルバチョフ

解　説

1　日本の地形や産業などについての問題

問１　「可住地面積」を「府県の面積にしめる割合(小数に直した数値)」で割ると，その府県の総面積が求められる。ここから，最も府県の総面積が大きいウが全国で３番目に大きい福島県，最も府県の総面積が小さいアが全国で２番目に小さい大阪府と判断できる。イとエのうち，より可住地面積が小さいエが，南部に紀伊山地が連なる奈良県で，残ったイに茨城県があてはまる。

問２　やませは，東北地方の太平洋側で梅雨期から盛夏にかけて吹《ふ》く北東の風で，寒流の千島海流の上を吹き渡ってくるため冷たく湿っており，これが長く続くと日照不足となって気温が低くなる。

問３　①　沖縄県だけがプラスとなっているＢが自然増減率で，近年はこの状態が続いている。ＣよりもプラスのＢ府県が多いＡが社会増減率で，Ｂ，ＣともマイナスでＡだけがプラスになっている府県がある(自然増減率も社会増減率もマイナスなのに人口増減率がプラスになることはない)ことからも判断できる。　②　群馬県で最も人口が多いのは高崎市で，県庁所在地の前橋市がこれにつぐ。また，静岡県で人口が最も多いのは浜松市で，県庁所在地の静岡市が第２位である。福岡県では，最も人口が多い県庁所在地の福岡市，第２位の北九州市のいずれも政令指定都市となっている。これらのことから，宮城県だと判断できる。宮城県で人口が最も多いのは県庁所在地の仙台市で，人口は100万人を超《こ》え，宮城県の人口の半分近くが仙台市に集中している。第２位の石巻市は人口約14万人で，その差は７倍以上ある。統計資料は『データでみる県勢』2021年版による。

問４　卵は新鮮なうちに出荷する必要があるので，大消費地である東京近郊の茨城県や千葉県で，採卵鶏《さいらんけい》の飼養羽数が多い。なお，アは乳用牛，イは肉用牛，ウは豚の飼養頭数。

問５　最も量が多いＡが国内消費量で，これに合わせるように推移しているＢが輸入量，残ったＣが輸出量と判断できる。

問６　乳牛を育てるための広い牧草地があり，冷涼な気候の北海道では，東部の根釧台地を中心に酪農がさかんである。しかし，消費地である大都市から遠いため，新鮮さが求められる生乳ではなく，保存のきくチーズやバターなどの乳製品に加工して出荷されるものも多い。

問７　静岡県東部の富士市や富士宮市では，富士山からきれいなわき水が豊富に得られること，大

都市への交通の便がよいことなどを生かして，製紙・パルプ工業が発達した。なお，太田市(群馬県)は自動車を中心とする機械工業，燕《つばめ》市(新潟県)は金属洋食器の生産，延岡《のべおか》市(宮崎県)は化学工業，日立市(茨城県)は機械工業がさかんな都市。

問８　函館市は北緯41度に位置しており，アメリカのシカゴやイタリアの首都ローマとほぼ同緯度にあたる。なお，イはドイツの首都，ウはオランダの首都，エはフランスの首都，オはイギリスの首都で，いずれも函館市より北に位置している。

問９　蛇行《だこう》する川の流路が何らかの事情で直行し，もとあった流路が取り残されてできた湖を三日月湖という。北海道を流れる石狩川の流域は，三日月湖が多く見られることで知られる。

問10　ラムサール条約は正式名を「特に水鳥の生息地として国際的に重要な湿地に関する条約」といい，1971年にイランのラムサールで採択《さいたく》された。加盟国には，湿地を適正に保全・管理し，そこに生息する野生生物を保護することが義務づけられる。

問11　①　三保《みほ》の松原は静岡市にある白砂青松《はくさせいしょう》の景勝地で，2013年には「富士山－信仰の対象と芸術の源泉」の一部として，ユネスコ(国連教育科学文化機関)の世界文化遺産に登録された。
②　国後《くなしり》島は，択捉《えとろふ》島・国後島・色丹《しこたん》島・歯舞《はぼまい》群島で構成される北方領土のうち，北から２番目に位置し，北方領土で択捉島について大きい。

問12　①　知床《しれとこ》半島は北海道東部にあり，オホーツク海に向かって北東に突《つ》き出している。
②　北海道南西部には支笏《しこつ》湖と洞爺《とうや》湖という大きな湖があり，より西側で海に近いのが洞爺湖である。　③　帯広市は北海道中東部の十勝平野に位置し，この地域の中心都市となっている。なお，アは稚内《わっかない》市，イは旭川市，ウは北見市，エは札幌市。

2　各時代の歴史的なことがらについての問題

問１　肥後《ひご》国はおもに，現在の熊本県にふくまれる。なお，福岡県は筑前《ちくぜん》国・筑後国と豊前《ぶぜん》国の一部，佐賀県は肥前国，大分県は豊後《ぶんご》国と豊前国の一部，鹿児島県は大隅《おおすみ》国・薩摩《さつま》国にあたる。

問２　デジタル庁は，膨大《ぼうだい》なデータを活用・運営してデジタル社会を形成するため，2021年９月に設立された新しい省庁で，内閣の下に置かれている。

問３　色彩鮮《あざ》やかな壁画が発見された古墳としては，高松塚古墳やキトラ古墳が知られる。石舞台《いしぶたい》古墳は蘇我《そがの》馬子の墓と伝えられる古墳で，現在までに中から壁画が発見されたという事実はない。なお，高松塚古墳，キトラ古墳，石舞台古墳とも，奈良県明日香村にある。

問４　桓武天皇は奈良時代末に即位《そくい》すると，仏教勢力が強くなった平城京(奈良県)を離れて律令政治を立て直すため，784年に長岡京(京都府)に遷都《せんと》した。しかし，都の造営中に不吉なできごとがあいついだため，794年に平安京遷都を行った。

問５　菅原道真は平安時代の９世紀に活躍《かつやく》した貴族で，宇多《うだ》天皇と醍醐《だいご》天皇に重く用いられた。聖武天皇は奈良時代の天皇で，橘諸兄《たちばなのもろえ》・玄昉《げんぼう》・吉備真備《きびのまきび》らを重く用いて政治を行った。

問６　10世紀前半の935年，平将門が関東地方で反乱を起こし，939年には瀬戸内で藤原純友が反乱を起こした。この二つの反乱は当時の元号をとって承平《じょうへい》・天慶《てんぎょう》の乱とよばれ，いずれも朝廷が派遣した武士によって平定されたが，武士の力が示されるとともに，朝廷や貴族を不安にさせた。

問７　蛤御門《はまぐりごもん》は京都御所の西側の門の一つで，1864年に長州藩(山口県)が幕府軍と争い，やぶれるという蛤御門の変(禁門の変)が起こった場所として知られる。

問８　東海道新幹線は，東京オリンピックが開幕する直前の1964年10月１日に開業し，東京駅－新大阪駅間を４時間（翌年には３時間10分）で結んだ。なお，アは1956年，イは1973年，ウは1950年，エは1991年のできごと。

問９　①　十返舎一九《じっぺんしゃいっく》は滑稽《こっけい》本作家で，江戸を中心に化政文化が栄えた19世紀初めに『東海道中膝《ひざ》栗毛《くりげ》』を出版し，人気を博した。　②　アは1825年，イは1800年，ウは1772年，エは1787年のできごとなので，年代順にウ→エ→イ→アとなる。

問10　19世紀前半の日本は鎖国中で，オランダ・清（中国）との貿易が行われた長崎，琉球《りゅうきゅう》王国を支配下に置いていた薩摩藩（鹿児島県），朝鮮と交易していた対馬《つしま》藩（長崎県），蝦夷《えぞ》地のアイヌを支配下に置いていた松前藩（北海道）のみが窓口であった。なお，ロシア使節ラクスマンが根室に来航したのは1792年（18世紀後半），アメリカ使節ペリーが来航したのは1853・54年（19世紀後半），イエズス会の布教活動が行われたのは16世紀のこと。

問11　本文によると，古代や中世のころは，死霊《しりょう》や怨霊《おんりょう》は人をたたったり，社会に疫病《えきびょう》や天災をもたらしたりするおそろしい存在としてとらえられていた。しかし，次第に幽霊《ゆうれい》や妖怪《ようかい》と同一視されるようになり，江戸時代には妖怪をテーマにしたおもちゃがつくられたり，小説でおもしろおかしく書かれたりするなど，娯楽《ごらく》として楽しまれるようになったことが読み取れる。

問12　明治時代になると，欧米の文化や生活様式が急速に取り入れられ，社会が変化した。この動きは文明開化とよばれ，欧米に留学した人々やお雇《やと》い外国人によって，新しい知識や考えが広められた。資料中に出てくる「開化先生」はこのころの知識人だと考えられ，幽霊などが出てくる怪談話を迷信ととらえるようになったことがうかがえる。

３　日本国憲法や現代の社会などについての問題

問１　紙幣《しへい》は正式には日本銀行券といい，唯一《ゆいいつ》の発券銀行である日本銀行によって発行される。硬《こう》貨《か》は紙幣を補助するものという位置づけで，政府が発行し，造幣局が製造する。

問２　2020年11月にアメリカで大統領選挙が行われ，民主党のジョー＝バイデンが共和党で現職のドナルド＝トランプに勝利し，2021年１月に第46代アメリカ大統領に就任した。

問３　2001年９月11日，アメリカ最大の都市ニューヨークの世界貿易センタービルや，ワシントンの国防総省の本部などに，ハイジャックされた旅客機が激突《げきとつ》し，多くの犠牲《ぎせい》者が出た。この事件をアメリカ同時多発テロという。この事件ののち，アメリカのブッシュ大統領は，テロの実行犯らをアフガニスタンがかくまっているとして同国を攻撃《こうげき》し，タリバン政権を崩壊《ほうかい》させた。

問４　日本国憲法第97条は，人間が生まれながらにして持っている基本的人権の本質について，「自由獲得《かくとく》の努力の成果」であり，「侵《おか》すことのできない永久の権利」であると定めている。

問５　復興庁は，東日本大震災からの復興を目的として2012年２月に設置された。10年という期限つきでの設置だったが，復興が道なかばということで，2031年３月31日まで期限が延長された。

問６　①　地方交付税交付金は，地方財政の歳入の格差をなくすため，国が使い道を指定せず，自主財源の少ない地方公共団体に配分するお金のことで，企業の本社が多く税収が豊かな東京都には配分されていない。　②　フランスのクーベルタンは近代オリンピックの開催を提案し，これにもとづき，1896年，古代オリンピックが始まった地であるギリシアの首都アテネで第１回大会が開かれた。2024年には，フランスの首都パリで第33回大会が行われることになっている。

問７　成人年齢を20歳から18歳に引き下げる改正民法が2018年に成立し，2022年４月１日に施行されたが，飲酒・喫煙《きつえん》・公営ギャンブルは禁止年齢が20歳のままとされた。

問8　参議院議員選挙では，全国を選挙区とする比例代表制と，原則として都道府県を単位とする選挙区選挙が併用されている。小選挙区比例代表並立制は，衆議院議員選挙で採用されている。

問9　横田基地は東京都西部にある在日米軍基地で，日本軍が多摩《たま》飛行場として使用していたものを第二次世界大戦後にアメリカ軍が接収し，在日米軍基地とされた。

問10　2015年に国際連合で設定された「持続可能な開発目標」は，SDGsと略される。ここには，国際社会が2030年までに達成するべき17の目標（ゴール）と169のターゲットが盛りこまれている。

問11　1972年，田中角栄首相が中国の首都北京《ペキン》を訪れ，周恩来首相と会談した。このとき日中共同声明が結ばれたことにより，日本と中国の国交が正常化した。

問12　①　日本国憲法第14条は，「すべて国民は，法の下《もと》に平等であって，人種，信条，性別，社会的身分又《また》は門地により，政治的，経済的又は社会的関係において，差別されない」と定めている。「門地」とは家柄《いえがら》のことである。　②　男女共同参画社会基本法は，男女がおたがいを尊重してともに責任を分担し，性別にかかわりなく，その個性と能力を生かすことを目的として定められた法律で，性別によって賃金に差をつけることは，男女雇用《こよう》機会均等法で禁止されている。

問13　ゴルバチョフはソ連最後の指導者で，1980年代から政治改革に取り組み，1989年にはアメリカのブッシュ大統領とのマルタ会談で冷戦の終結を宣言した。1991年にはゴルバチョフの大統領辞任と同時にソ連が解体し，ロシアとなった。

理　科　＜A日程試験＞（30分）＜満点：60点＞

解　答

1 (1)（M，6）　(2) 10地点　(3) ①（M，6）　②（E，4）　③（M，4）　(4) 14地点　(5) 5.5秒間　2 (1) ① 三角フラスコ　② メスシリンダー　(2) ウとエ　(3) 240mg　(4) 270mg　(5) 3.4%　(6) イとウ　3 (1) ボーリング調査　(2)（例）火山のふん火が起きた。　(3) イ　(4) かぎ層　(5) ① 不整合面　② イ　(6) **岩石C**…イ　**岩石D**…エ　4 (1) ウ　(2) カ　(3) ア，オ　(4) 心室　(5) ④　(6) エ　(7)（例）グループ1／**理由**…（例）グループ1の生き物もペンギンも体温が一定であるから。

解　説

1 鏡に映る像の見え方についての問題

(1)　鏡に映る像は，鏡に対して物体と線対称《たいしょう》の位置にできる。つまり，鏡と垂直で物体を通る線を引いたとき，その線上で，物体から鏡までの距離《きょり》と鏡から像までの距離が等しくなるような位置に像ができる。図3の場合，鏡と垂直で物体を通る線とは6の横線のことになる。そして，物体から鏡までの距離は4マスなので，鏡から像までの距離も4マスである。したがって，像は，6の横線上で鏡から4マス離《はな》れた（M，6）にできる。

(2)　物体から出た光のうち，鏡で反射して左側の壁《かべ》に届く範囲《はんい》は，下の図①のように，像から鏡の両端《りょうはし》を通るように引いた2本の線の間である。よって，（A，3）から（A，12）までの10地点で物体の像が見える。

図①

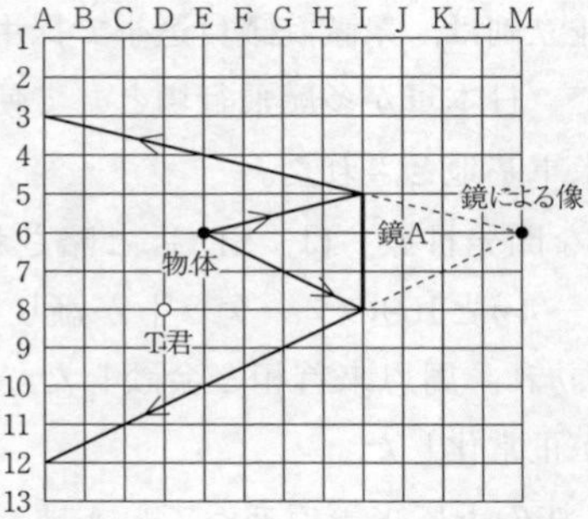

図②

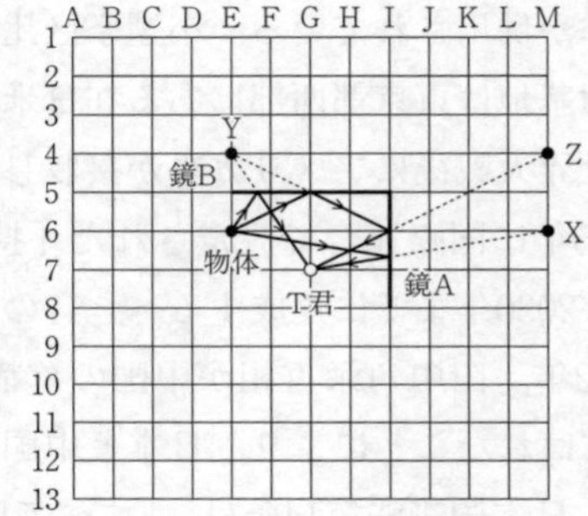

⑶　上の図②で，鏡Ａによる像は鏡Ａに対して物体と線対称の位置である（M，６）にでき（像Ｘ），鏡Ｂによる像は鏡Ｂに対して物体と線対称の位置である（E，４）にできる（像Ｙ），また，鏡Ａと鏡Ｂの２枚による像は，鏡Ａに対して点Ｙと線対称の位置，あるいは鏡Ｂに対して点Ｘと線対称の位置の（M，４）にできる（像Ｚ）。

⑷　鏡Ａによる像Ｘ，鏡Ｂによる像Ｙ，鏡Ａと鏡Ｂの２枚による像Ｚが３つとも見える範囲は，右の図③でかげのついた部分となる。この範囲にある地点を，（G，７）と物体や鏡のある位置をのぞいて数えると，（E，７）～（E，10），（F，６）～（F，９），（G，６），（G，８），（G，９），（H，６）～（H，８）の14地点となる。

図③

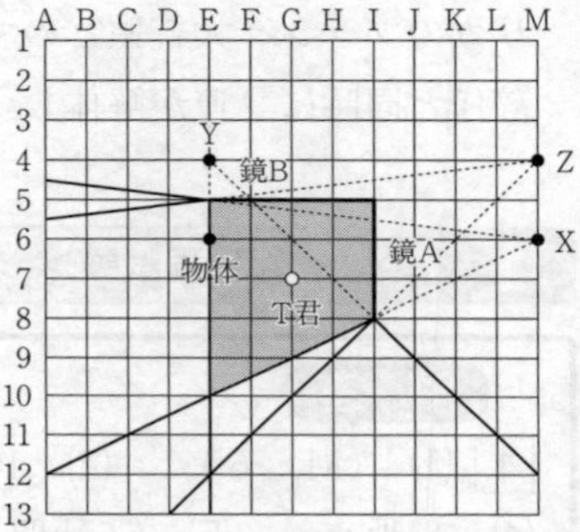

⑸　（A，13）～（M，13）の下側の壁では，（A，13）～（D，13）の３マス分（３ｍ）の範囲では像Ｚが見え，（E，13）～（M，13）の８マス分（８ｍ）の範囲では像Ｙが見える。よって，物体の像を１つでも見ることができる範囲の長さは，３＋８＝11（ｍ）なので，毎秒２ｍの速さで移動すると，11÷２＝5.5（秒間）見ることができる。

2　過酸化水素の反応と酸素の発生についての問題

⑴　器具①は三角フラスコで，液体を入れたり，固体と液体を反応させたりするなどのときに使用する。また，器具②はメスシリンダーで，ふだんは液体の体積をはかるときに用いるが，図１のように気体を集めるときなどにも使われる。

⑵　アについて，ヒトの呼気（はく息）には，ちっ素が約78％，酸素が約16％，二酸化炭素が約４％含《ふく》まれる。イについて，酸素は空気より重い（約1.1倍の重さ）。オについて，酸素は－183℃で液体になるが，それはうすい青色をしている。

⑶　酸素16mgの体積は12.0mLであり，実験では酸素が180.0mL発生したので，その重さは，16×180.0÷12.0＝240（mg）と求められる。

⑷　過酸化水素が反応するとき，酸素が16mgできたと同時に水が18mgできるので，酸素が240mgできたとき，同時に水は，18×240÷16＝270（mg）できる。

⑸　過酸化水素34mgが反応すると酸素が16mgできるので，酸素が240mgできたときに反応した過酸化水素の重さは，34×240÷16＝510（mg）とわかる。よって，過酸化水素水15ｇには過酸化水素が510mg（＝0.51ｇ）含まれていることになるので，濃度《のうど》は，0.51÷15×100＝3.4（％）となる。

(6)　イについて，メスシリンダーで体積を読み取るときは，１目盛りの$\frac{1}{10}$まで目分量で読む。近い方の目盛りを読むことはしない。ウについて，はかった数値を使用しないと，正確な濃度を調べることができない。

3　地層と岩石についての問題

(1)　地下にパイプを打ちこんで地層の試料を取り出し，地下のようすを調べることをボーリング(調査)という。

(2)　水に流されると角が取れるはずなのに，Ｘの層に多く含まれている鉱物は角ばっていることから，この鉱物は流れる水のはたらきを受けていないといえる。よって，Ｘの層は，火山のふん火によってふき出された火山灰などが降り積もってできたものと考えられる。

(3)　まず，Ｘの層の標高を調べる。地点１では，地表面が標高30mで，Ｘの層は地表面から30mの深さにあるので，Ｘの層は標高，30－30＝０(m)にある。同様に調べると，地点２では標高５m，地点３では標高０mにある。よって，南北方向に並ぶ地点１と地点３でくらべると，Ｘの層の標高が同じだから，南北方向のかたむきは水平である。一方，東西方向に並ぶ地点１と地点２でくらべると，Ｘの層の標高は東側の地点２の方が高い。したがって，東西方向には西へ行くほど低くなっている。

(4)　離れた地域の地層をくらべるときの手がかりとなる層をかぎ層という。広範囲に降り積もった火山灰でできた層や，特定の時代にしか生息していなかった生物の化石を含む層が，かぎ層の候補になる。

(5)　①　地層の断面を見ると，ふつう層と層の境目は真っすぐであるが，地表面となってしん食を受け，その後さらに新たな層が積み重なると，図３のＡ－Ｂのように波を打ったような境目となる。このような境目を不整合面という。　②　地層が大きくずれているところを断層という。図３の断層は，Ｐ－Ｑの下側(左側)の地層に対して，上側(右側)の地層がずり上がったようにずれている。これは左右からおされる力がはたらいてできる断層で，逆断層という。

(6)　岩石Ｃは，けずると粉のようになるほど，つぶがとても細かいことから，ねん土がたい積してできた泥岩《でいがん》と考えられる。また，岩石Ｄは，全体的に黒っぽく，いろいろな大きさや色の鉱物を含むので，マグマが地表や地下の浅いところで急に冷やされてできた火山岩の一種である玄武《げんぶ》岩と推測できる。なお，深成岩の一種である花こう岩ならば，何種類かの大きい鉱物のつぶがぎっしりつまったような見た目になる。

4　心臓と血液のじゅんかんについての問題

(1)　アについて，ヒトの心臓の拍動《はくどう》は，安静時の大人で60～70回ほどである。イとエについて，図１の①と②の心房《しんぼう》が同時に縮むとともに③と④の心室が同時にゆるむことで，心房から心室へ血液が送られ，①と②の心房が同時にゆるむとともに③と④の心室が同時に縮むことで，全身や肺からもどってきた血液が心房へ入ったり，心室から血液が全身や肺に送り出されたりする。

(2)　図１で，血管１は全身から戻《もど》ってきた血液が通る大静脈，血管２は心臓から肺へ送られる血液が通る肺動脈，血液３は全身へ送られる血液が通る大動脈，血管４は肺から戻ってきた血液が通る肺静脈である。よって，Ｂは血管２，Ｃは血管４となる。

(3)　カエルとイモリは両生類で，子の時期(幼生)はえらを使って呼吸をし，親の時期(成体)は肺(と皮ふ)で呼吸する。なお，ワニとイルカは一生を肺で呼吸し，バッタは気管で呼吸する。

⑷　心臓から血液を送り出す部屋を心室という。ニジマス(魚類)の心臓は心房も心室も１つずつしかなく，血液は心臓(心室)→えら→全身→心臓(心房)の順にめぐる。

⑸　図１で，①は右心房，②は左心房，③は右心室，④は左心室である。④の左心室は全身へ血液を送り出す部屋で，血液を遠くまで送り出すのに強い力を必要とするため，部屋を囲む筋肉がほかの部屋にくらべて特に厚くなっている。

⑹　動脈血とは酸素の量が多い血液のことで，呼吸器官(肺やえら)から全身までの血液を指す。一方，静脈血とは酸素の量が少ない血液のことで，全身から呼吸器官までの血液を指す。ヒトの心臓の場合，右心房や右心室を流れるのは静脈血，左心房や左心室を流れるのは動脈血となっていて，動脈血と静脈血が心臓で混じらないという特ちょうがある(両生類やは虫類の心臓ではそれらが心臓で混じる)。それに対して，ニジマス(魚類)の心臓の場合は，全身からえらまでの流れの途《と》中《ちゅう》に心臓があり，心臓には静脈血だけが流れている。

⑺　ペンギンは鳥類，グループ１のクジラ，カバ，コウモリはいずれもほ乳類，グループ２のうちサンショウウオは両生類，ヤモリとカメはは虫類である。よって，グループ１を選んだ場合は，「ほ乳類・鳥類」と「は虫類・両生類」にグループ分けしたことになり，そのときにどのような特《とく》徴《ちょう》をもとに分けたのかを考えることになる。たとえば，ほ乳類・鳥類はともに，まわりの温度に関係なく体温がほぼ一定な動物(恒温《こうおん》動物)だが，は虫類・両生類はまわりの温度の変化につれて体温も変化する動物(変温動物)である。また，ほ乳類・鳥類はともに心臓の中で動脈血と静脈血が混じらないが，は虫類・両生類は心臓の中で動脈血と静脈血が混じる。一方，グループ２を選んだ場合は，「ほ乳類」と「鳥類・は虫類・両生類」にグループ分けしたことになる。ほ乳類は胎生《たいせい》(親と似たすがたの子を産む)，鳥類・は虫類・両生類は卵生(卵を産む)なので，子の産み方で分けたといえる。

国　語　＜Ａ日程試験＞（50分）＜満点：100点＞

解　答

一　問１　１～４　下記を参照のこと。　５　かんぬし　６　こころ(み)　７　さぐ(っ)　８　まね　問２　１　イ　２　ア　３　エ　問３　１　カ　２　ウ　３　エ

二　問１　教育とは，　問２　(例)　詰め込んだだけの知識を解答すること。　問３　２　ア　６　ウ　問４　ウ　問５　エ　問６　ア　問７　(例)　すぐには解決できない複雑な問題を含んだ世界。　問８　(例)　そもそも問題設定がなく，解答もはっきりせず，問題に対する早急な解決も求めない点。　問９　イ　問10　未知なものへの畏怖　問11　イ

三　問１　(例)　いつも安雄が雑多な物で散らかすので，部屋をきれいに片附けられなかったから。　問２　エ　問３　イ　問４　何のために集めたのか理解に苦しむようながらくた(「そんな物貰って何にするんだ」といわれるような物)　問５　(例)　どんなに狭くてもいいから自分ひとりの部屋が欲しいという望み。　問６　ウ　問７　ア　問８　脚　問９　(例)　最年長でいちばん背が高くよく勉強している晴子が，いちばん古くて小さな机を使っているというのはおかしいと思ったから。　問10　エ　問11　オ→エ→イ→ア→ウ　問12　ウ

●漢字の書き取り

一 問1　1　宣告　2　翌春　3　八百長　4　奮(い)

解説

一 漢字の書き取りと読み，慣用句の知識，ことばの知識

問1　1　裁判で，判決を言いわたすこと。　2　次の年の春。　3　真剣《しんけん》に勝負をするふりをしながら，実は，前もって決めておいたとおりに，勝ったり負けたりすること。　4　音読みは「フン」で，「奮起」などの熟語がある。　5　神社に務めて，神をまつる人。　6　音読みは「シ」で，「試作」などの熟語がある。　7　音読みは「タン」で，「探求」などの熟語がある。　8　おろかなふるまい。

問2　1「舌が回る」は“すらすらと巧《たく》みにしゃべる”という意味なので，イが合う。　2「舌を出す」は，“相手のいないところで，または内心で，その人のことを馬鹿《ばか》にする”という意味なので，アがよい。　3「舌を巻く」は，“圧倒《あっとう》されておどろく，感心する”という意味なので，エが選べる。

問3　1「妙《みょう》な場所で電車が停止した」ので，不審《ふしん》に思ったのである。　2「彼《かれ》の演奏」があまりにも下手だったので，「批評のしようがなかった」のである。　3「なかなか返事が来なかったので」，じれったく感じたのである。

二 出典は帚木蓬生《ははきぎほうせい》の『ネガティブ・ケイパビリティ　答えの出ない事態に耐《た》える力』による。現在の教育について筆者は，設定された問題をすばやく解決する能力ばかりを求めていると指摘《してき》し，それは教育の本質から外れていると述べている。

問1　前半では，今の教育が問題を設定しそれを解決する能力，つまりポジティブ・ケイパビリティの養成を目的としていることが指摘されている。一方「教育とは」以降の後半部分では，教育の本質についての筆者の考えが述べられている。なお，その次の段落以降の，江戸《えど》時代の武士の子弟に対する教育についての記述から話題が変わっているようにも見えるが，これは後半で述べられている筆者の考えを説明するための具体例にあたるため，「教育とは」からを後半とするのが，より適切である。

問2　普通《ふつう》高校では，「受験に向けての知識の詰《つ》め込《こ》み」が行われ，試験ではその知識をすばやく引き出して，問題に解答することが求められるのである。

問3　2　ここでの「平たい」は，“簡単である，理解しやすい”という意味。　6「土俵」は，力士が相撲《すもう》を取る場所。ここでは比喩《ひゆ》的に，“議論をするうえでの土台”という意味で用いられている。

問4「問題解決のための教育」では，「問題に対して早急に解答を出す」能力が求められている。このような教育では，すぐに答えが出せるような，決まった正解のある問題が取り上げられ，ア，イ，エはこのような問題の具体例にあたる。ウの「国家間で起こる戦争が，どうすればなくなるのか」という問題は単純ではなく，簡単に正解を出すことはできないので，具体例としてふさわしくない。

問5　今の教育では，「問題解決に時間を費やしては，賞讃《しょうさん》され」ず，なるべく素早《すばや》い「解決が推賞」されるのだから，非常に短い時間のたとえである「電光石火」があてはまる。なお，「急転直下」は，事態が急に変わって，ものごとが解決されたり，決着がついたりすること。「一石二鳥」は，一つの行為《こうい》によって二つの利益を得ること。「起死回生」は，絶望的な状態からよい状態へと立て直すこと。

問６　「九十歳《さい》の高齢《こうれい》者」に「迅速《じんそく》さ」を求めるのはそもそも無意味であり，本来の目的とは相反する結果をもたらすことさえある。「迅速さの落とし穴」とは，迅速にものごとを行う能力のない者にまで「迅速さ」を求めてしまうために，結局，問題の解決にはつながらないということである。

問７　「単純な問題なら解決も早い」ので，「問題設定のときに，問題そのものを平易化してしまう傾向《けいこう》」が生まれる。しかし，現実はすばやく解決することはできない，「複雑さ」を含《ふく》んだものなのである。

問８　江戸時代の教育には，そもそも「土俵としての問題設定」がなく，問題に対する解答も用意されていない。そして「問題に対して早急に解答を出すこと」を求めてはいない。これらの点で，江戸時代の教育は現代の教育と異なっているのである。

問９　今の生徒たちは，受験のために少しでも早く内容を理解しなくてはならず，ストレスを感じていると考えられるので，アはよい。今の教育では，できるだけ急いでわかるようになることが求められているとあるので，イは合わない。江戸時代の教育では，「教える内容を，教える者自身が充分《じゅうぶん》に分かっていない可能性」があり，「教える者」は，子供に教えながら，自分もその「背後にある真実を見極めようとして」いたのかもしれないとあるので，ウは合う。江戸時代の教育が，子供たちに身につけさせようとしていたのは「素養」「教養」であり，「解決できない問題があっても，じっくり耐えて，熟慮《じゅくりょ》するのが教養」とあるので，そういう意味では，現代の我々が江戸時代の教育から学ぶことも多いと考えられる。よって，エは正しい。

問10　江戸時代の教育者は，自分が素材として用いている「漢籍《かんせき》が自分にまだ理解できないような，深い内容を含んでいるのかも」しれないと思っていた。そのため，彼《かれ》らは自分が扱《あつか》う素材に対して，「未知なものへの畏怖《いふ》」を感じていたのである。

問11　「今日の学校での教育」は，問題を早急に解決する能力を養うことばかりに力を入れている。しかし，「教育の本質」とは教養を育むことであり，「解決できない問題があっても，じっくり耐えて，熟慮するのが教養」である。簡単には解決できない問題に接したときに，じっくり考える姿勢を教えようとしない点で，「今日の学校での教育」は，「教育の本質から逸脱《いつだつ》している」のである。

三　**出典は庄野潤三《しょうのじゅんぞう》の『夕べの雲』による。**晴子の部屋がいつも整頓《せいとん》されている理由を説明し，小学生の時から同じ机をずっと使い続けているうちに，その机が晴子の部屋にぴったり合うようになってしまったようすをえがいた文章である。

問１　安雄には，雑多な物をもらったり拾い集めたりして，部屋に持ちこむという「困った性質」があった。「安雄と同じ部屋にいる限り」，それらの物が机の上や床《ゆか》の上に散らばってしまうので，晴子が勉強部屋を「きれいに片付《かたづ》け」ることは不可能だった。晴子は，安雄と同じ部屋にいたことで，散らかった部屋は「こりごり」だと感じるようになり，自分の部屋をいつも整頓するようになったのである。

問２　勉強部屋とはいっても，そこには母の洋服箪笥《だんす》やミシンもあれば，籐椅子《とういす》や家族の衣類をしまう箪笥，使わないトランクなども置かれていた。「そこで子供は勉強もするが，ほかの部屋や押《おし》入《いれ》に入り切らないものが集《あつま》って来る場所になっていた」ので，その部屋は「勉強部屋といえるような体裁《ていさい》のいいものではなかった」のである。

問3　馬の置き物を見て，大浦は，「世の中にはいろんな人がいて，訳《わけ》の分《わか》らないようなことが起《おこ》るものだ」と感じた。とはいえ，前の持ち主が何のつもりで，「家の中に馬の置き物なんか飾《かざ》っていたのだろう」と不審《ふしん》に思い，そのような奇妙《きみょう》な物を家の中に持ちこんでほしくはなかったので，大浦は，安雄に命じて，「もとの場所へ戻《もど》しに行かせた」のである。

問4　安雄には，「家の中で要《い》らなくなったものがあれば，何でも片っぱしから貰《もら》って，自分の物にしてしまう困った性質」があった。安雄は，「『そんな物貰って何にするんだ』といわれるような物」でも貰ってしまうので，彼の引出しの中には，「何のために集めたのか理解に苦しむようながらくた」がいっぱいつまっていたのである。

問5　晴子は，「どんなに狭《せま》いところでもいい」から「自分ひとりの部屋」が欲しいという望みを持っていたのである。

問6　「『拾い屋』の安雄」と同じ部屋にいたために，晴子が「身のまわりをきちんと片附けようとしても，どうにもならなかった」のである。そのため，「自分ひとりの部屋」が欲しいという望みが実現した時，晴子はその部屋を自分の思いどおりにできる自由を手に入れ，満足したのである。広い世界の中で，自分だけの空間をようやく手に入れたという晴子の喜びが，「小さな船室のような感じ」という表現からうかがえる。

問7　この机は，晴子が「小学校に入学した時」から使っているものであり，晴子はこの机に親しみを感じていた。また，勉強に使ううえで特に不自由な点もなかったので，晴子はこれで大丈夫《だいじょうぶ》だと答えたのである。

問8　正次郎の勉強机は，兄の安雄のものより「寸法がほんの少し大きかった」ので，大浦は机の「脚《あし》」を切って縮めようかとも思った。しかし，「脚」を切るのはもったいないし，下手に切って四本の「脚」がそろわなくなっては何もならないので，やめておいたのである。

問9　晴子は大浦夫妻の子供たちの中で，「背がいちばん高くて，実際にいちばんよく勉強机を使う」のに，「いちばん古くて，小さな机」を使っていた。細君は，それでは道理に合わないし，晴子があまりにもかわいそうだと思ったのである。

問10　この家に引《ひ》っ越《こ》してきた時には，晴子の机は「もうすっかり古くなっていた」ので，「新しい壁《かべ》や柱に対して釣《つ》り合いが取れないように見えた」のである。しかし，晴子が高校二年生になった今，「まわりの壁や柱に不釣り合いなどころか，いつの間にか周囲に融《と》け込んでというよりは，むしろこの机が目立たない様子でそこにあるために，部屋全体に或《あ》る落着《おちつ》きと調和がもたらされて」いた。そのため，新しい机を買ってしまうと，部屋の落ち着きや調和が破られてしまうと感じて，大浦は，「このままの方がいいような気」がしたのである。

問11　安雄が馬の置き物を拾ったのは，まだ前の家にいて，小学校四年生だったころのことであるから，オが最も古いできごとである。そして今から三年前に新しい家に移ったとき，晴子は自分ひとりの部屋を手に入れたとあるので，エがそれに続くできごとである。それから「一年経って正次郎が小学校に入学」したと書かれているので，続いて起こったできごとはイである。さらに「一年経って，晴子は高校に入学」したとあるので，アがそれに続く。最も新しいのはウの，晴子が高校二年生の時に修学旅行に行ったというできごとである。

問12　前の家にいた時には，晴子がいくら部屋を片づけようとしても，安雄のせいでそれは不可能だった。今の家に引っ越して自分の部屋を手に入れてから，晴子はいつも部屋をきちんと整頓していた。また晴子は，小学生の時から同じ机をずっと使い続けており，高校二年生になった今では，その机は部屋に落ち着きと調和をもたらしていた。きちんと整頓された部屋や古い机を見て，大浦は，娘《むすめ》が成長していったようすを感じているのである。

2022年度　高 輪 中 学 校

〔電　話〕 (03) 3441―7201
〔所在地〕 〒108-0074　東京都港区高輪2―1―32
〔交　通〕 都営浅草線―「泉岳寺駅」より徒歩3分
東京メトロ南北線・都営三田線―「白金高輪駅」より徒歩5分

【算　数】〈B日程試験〉 (50分) 〈満点：100点〉

〈注意〉 円周率は3.14を用いること。

1 次の $\square$ にあてはまる数を求めなさい。

(1) $16\times13-\{(276\div12)+33\times17\}\div4=\square$

(2) $1\frac{5}{9}\times\frac{7}{8}-\left(\frac{1}{3}+\frac{3}{4}\right)\div2\frac{3}{5}=\square$

(3) $4.12\times365-20.6\times59.4+412\times1.32=\square$

(4) $\left\{\left(2.125-\square\right)\div3\frac{4}{5}+5\right\}\times\frac{2}{13}=\frac{5}{6}$

2 次の各問いに答えなさい。

(1) $\frac{121}{60}$をかけても，$\frac{36}{77}$で割っても整数になる分数のうち，最も小さい分数はいくつですか。

(2) 毎年4月18日は高輪中学校の創立記念日です。2022年の創立記念日は月曜日です。2036年の創立記念日は何曜日ですか。ただし，2020年はうるう年でした。

(3) 太郎君は教科書をある日数でちょうど読み終えるために，毎日21ページずつ読み進める計画を立てました。しかし，毎日14ページずつしか読み進めることができず，読み終えるのに予定よりもちょうど8日遅《おそ》くなってしまいました。教科書は全部で何ページですか。

(4) 川の上流にあるA地点と川の下流にあるB地点は40km離《はな》れています。A地点からB地点までの間を船で往復するのに，上りに8時間，下りに5時間かかります。この船の静水時の速さは時速何kmですか。ただし，静水時の船の速さと川の流れの速さはそれぞれ一定とします。

答えを出すための計算や考え方を書いて答えなさい。

3 太郎君は算数の問題を毎日何問か解きます。解き終わると，太郎君は答え合わせと間違《まちが》えた問題の解き直しをします。答え合わせは正解ならば○，不正解ならば×を書き，△はつけません。そして，正解率(解いた問題数に対する正解した問題数の割合)を計算します。例えば，10問解き4問正解したときの正解率は0.4になります。

次の各問いに答えなさい。

(1) 11月1日から11月4日までに，36問解き15問正解しました。11月5日は9問正解し，5日間の正解率は0.48になりました。11月5日に解いた問題は何問ですか。

(2) 12月1日から12月15日までの正解率は0.6でした。12月16日は21問解き17問正解したので，16日間の正解率は0.625になりました。12月1日から12月15日までに解いた問題は何問ですか。

(3) 1月は中学入試本番に向けて300問解きました。1月1日から1月24日までに201問以上解き，正解率は0.65でしたが，最後の1週間で1月の正解率をちょうど0.7に上げることができました。最後の１週間の正解率は２通り考えられます。その２つの正解率はそれぞれいくつですか。

4　図１のような２つの直角三角形Ｐ，Ｑがあり，直角三角形Ｐを矢印の方向に動かして，重なった部分の面積を考えます。

次の各問いに答えなさい。

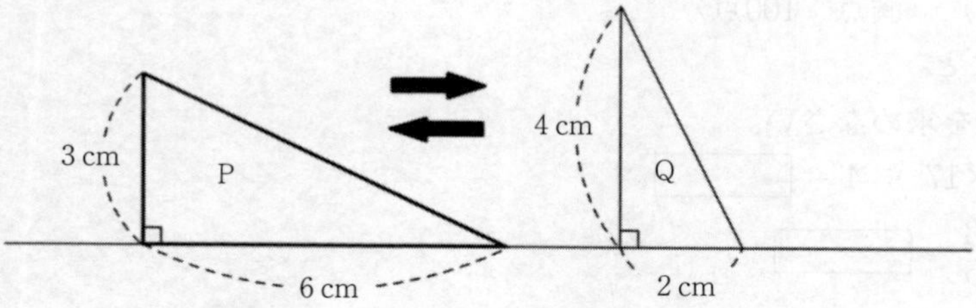

図１

(1)　２つの直角三角形Ｐ，Ｑが図２のように重なりました。網目《あみめ》部分の面積は何cm^2ですか。

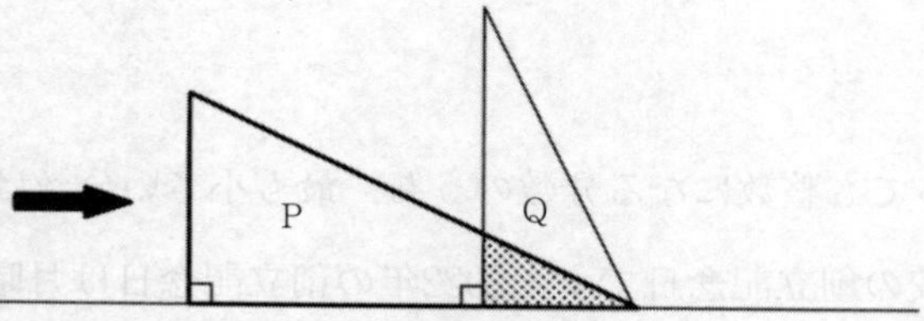

図２

(2)　２つの直角三角形Ｐ，Ｑが図３のように重なり，AB = BC となりました。網目部分の面積は何cm^2ですか。

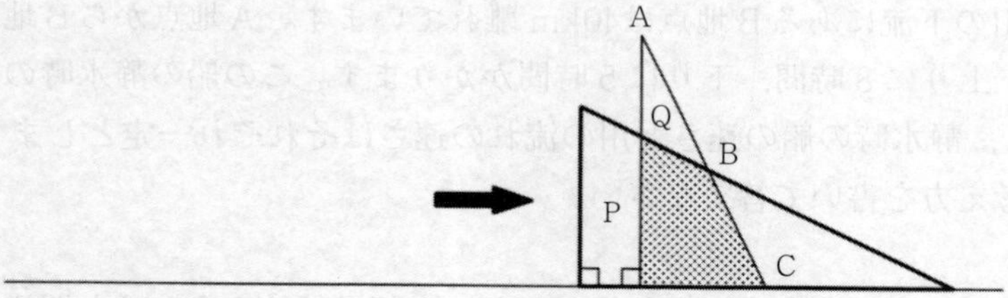

図３

(3)　２つの直角三角形Ｐ，Ｑが図４のように重なり，DE = EF となりました。網目部分の面積は何cm^2ですか。

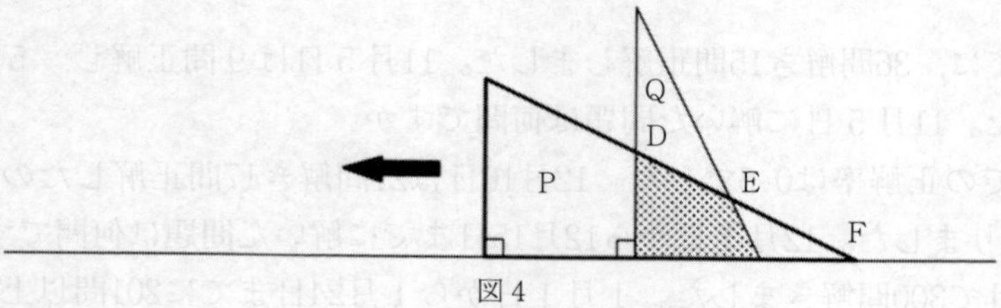

図４

5 図1は，BC = 6 cm，AO = 4 cm の二等辺三角形 ABC で，点Oは辺 BC の真ん中の点です。この二等辺三角形 ABC を向きを変えず，次の移動手順①，②の順に移動させます。

移動手順①：アの方向に 5 cm 移動させる。

移動手順②：イの方向に 6 cm 移動させる。

次の各問いに答えなさい。

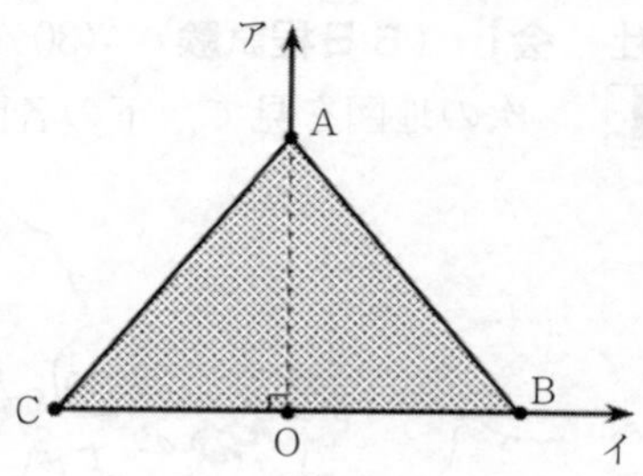

図1

ただし，円すいの体積は(底面積)×(高さ)×$\frac{1}{3}$で求めることができます。

(1) 三角形 ABC が動いたあとの図形の面積は何 cm^2 ですか。

図2は，図1の二等辺三角形 ABC を2点A，Oを通る直線のまわりに1回転させてできた円すいです。

(2) 円すいの表面積は何 cm^2 ですか。

(3) この円すいを向きを変えず，移動手順①，②の順に移動させます。

円すいが動いたあとの立体の体積は何 cm^3 ですか。

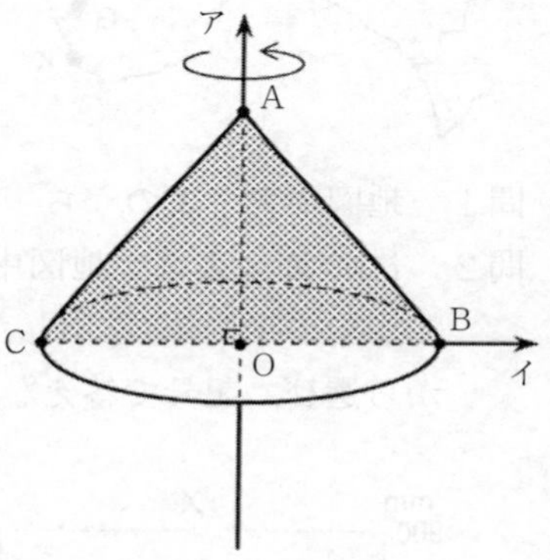

図2

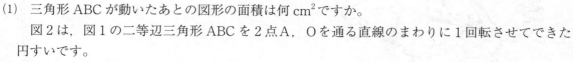

【社　会】〈B日程試験〉（30分）〈満点：60点〉

1　次の地図を見て，下の各問いに答えなさい。

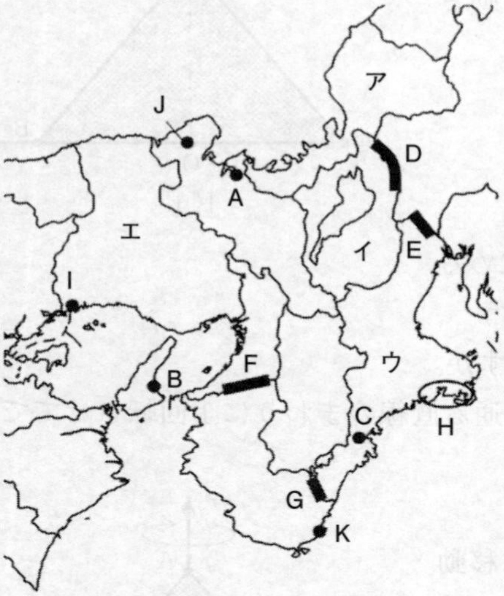

問1　地図中**ア**～**エ**のうち，近畿地方に**属さない**県はどれですか。一つ選び，記号で答えなさい。

問2　次の**X**～**Z**は，地図中**A**～**C**のいずれかの地点における月降水量と月平均気温(1991～2020年の平均値)を示したものです。**X**～**Z**と**A**～**C**との正しい組み合わせを，下の**ア**～**カ**から選び，記号で答えなさい。

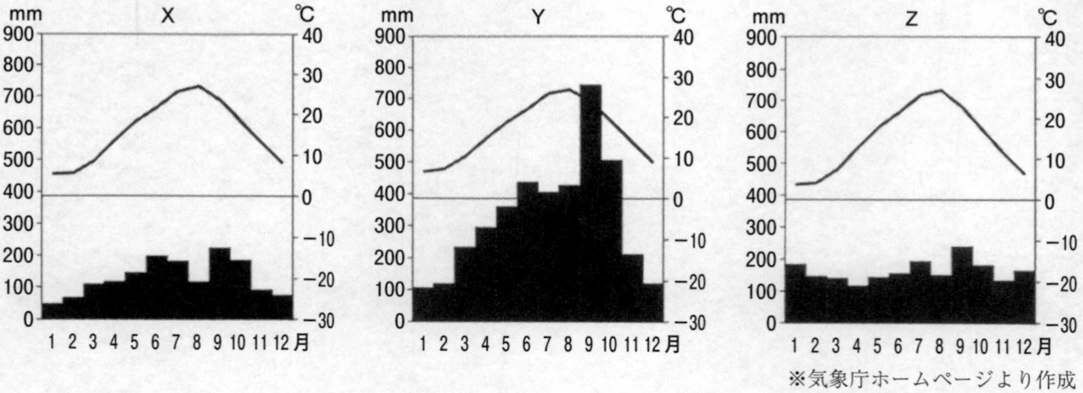

※気象庁ホームページより作成

	ア	イ	ウ	エ	オ	カ
X	A	A	B	B	C	C
Y	B	C	A	C	A	B
Z	C	B	C	A	B	A

問3　日本には，山地や河川などの自然物を利用した県境が多くみられます。下の**ア**～**エ**のうち，地図中**D**～**G**の県境の説明としてもっともふさわしいものはどれですか。記号で答えなさい。

ア　**D**は，長良川が県境となっている。

イ　**E**は，揖斐川が県境となっている。

ウ　**F**は，紀ノ川が県境となっている。

エ　**G**は，熊野川が県境となっている。

問４　下の**ア**～**エ**のうち，地図中**H**の海岸と同じ形成過程の海岸地形がみられる場所として**ふさわしくない**ものはどれですか。一つ選び，記号で答えなさい。

ア　三陸海岸　　　**イ**　九十九里海岸

ウ　若狭湾沿岸　　**エ**　愛媛県宇和海沿岸

問５　下のａ～ｃは，伝統的な産業が発達した地図中Ｉ～**K**のいずれかの地域について説明したものです。このうち，地図中Ｉの地域について説明した文中の(　)に適する地名を漢字で答えなさい。

ａ　この地域では1600年代のはじめごろから捕鯨がおこなわれ，(　　)町は「クジラの町」として知られている。

ｂ　この地域で発達した技術を用いて生産される絹織物は「(　　)ちりめん」として知られている。

ｃ　この地域は古くから製塩業がさかんであった。江戸時代に(　　)藩主の浅野長直が大規模な塩田開発を進めたことが，この地域の製塩業の発展につながった。

問６　大阪府に関連して，①・②の各問いに答えなさい。

①　大阪平野東部の東大阪市や八尾市などでは，古くから軽工業が発達しました。下の**ア**～**エ**のうち，この地域で軽工業が発達した理由としてもっともふさわしいものはどれですか。記号で答えなさい。

ア　奈良や京都に寺院を建立する際に使う部材を生産するため。

イ　第二次世界大戦後に東京から多くの企業が疎開してきたため。

ウ　東部の山地から流れる河川の水を動力として利用したため。

エ　昭和後期に入り，水田地帯に大規模な工業団地が造成されたため。

②　現在の大阪府についてのべた下の文中の(**ア**)～(**オ**)には，０・１・２・３のいずれかの数字が入りますが，２回使う数字が一つだけあります。その数字を答えなさい。また，それは(**ア**)～(**オ**)のうち，どの２か所に入りますか。**ア**～**オ**から**２つ**選び，記号で答えなさい。

大阪府の面積は約1905km^{2}で都道府県別では(**ア**)番目にせまい。人口は約880万人で都道府県別では(**イ**)番目に多い。33市９町(**ウ**)村からなり，政令指定都市の数は(**エ**)である。また，府内の自然の島の数は(**オ**)である。

問７　下の選択肢のうち，和歌山県が都道府県別の収穫量１位の農産物(2019年産)はどれですか。適する作物名をすべて選び，全国にしめる和歌山県の割合が高い順に答えなさい。

選択肢　〔ぶどう　　びわ　　みかん　　りんご　　うめ　　日本なし〕

問８　次の**地形図１**は京都市，**地形図２**は旭川市の一部です。どちらも碁盤目状に土地が区分されていることがわかります。**地形図１**および**地形図２**についてのべた下の文Ｘ・Ｙの内容の正誤の組み合わせとして正しいものはどれですか。下の**ア〜エ**から選び，記号で答えなさい。

地形図１

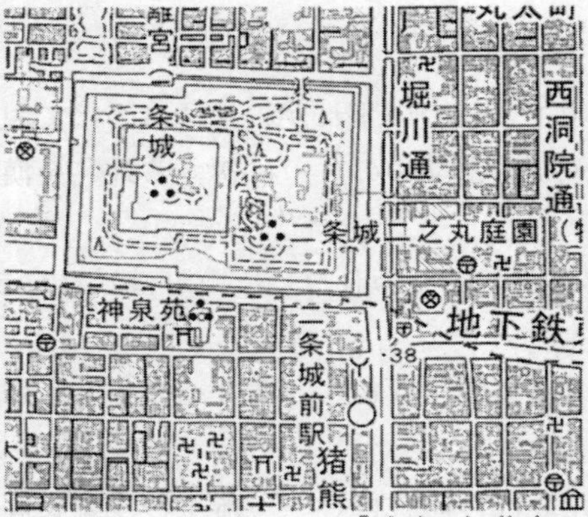

1：25000「京都東北部」

地形図２

1：50000「旭川」

※地形図の縮尺は，原寸とは異なります。

Ｘ　**地形図１**と**地形図２**にみられる碁盤目状の土地割は，いずれも同じ時代に成立した。

Ｙ　**地形図１**と**地形図２**にみられる碁盤目状の土地割は，いずれも中国の政策を参考におこなわれたものである。

ア　Ｘ：正　Ｙ：正　**イ**　Ｘ：正　Ｙ：誤

ウ　Ｘ：誤　Ｙ：正　**エ**　Ｘ：誤　Ｙ：誤

問９　次の**地形図３**は滋賀県北部のある地域の地形図です。これに関連して，下の①〜③の各問いに答えなさい。

地形図３

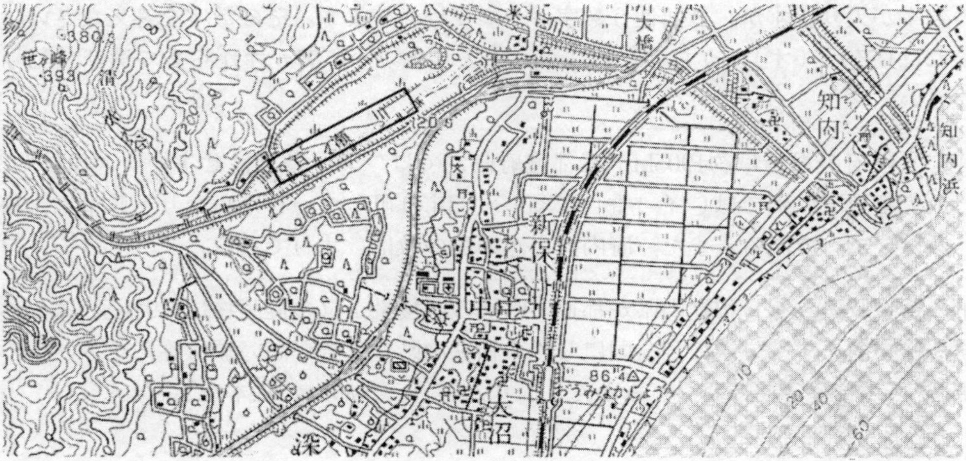

1：50000「竹生島」

※地形図の縮尺は，原寸とは異なります。

①　**地形図３**にえがかれている範囲を１：25000の地形図で表すと，大きさはどのくらいになりますか。下の**ア〜オ**のうちもっともふさわしいものを選び，記号で答えなさい。

ア　4分の1　**イ**　2分の1　**ウ**　1倍　**エ**　2倍　**オ**　4倍

② **地形図3**の南東側に見える水域は何ですか。名称を漢字3字で答えなさい。

③ **地形図3**中にみられる「百瀬川」は天井川です。百瀬川が天井川であることは，**地形図3**中のどのようなところから読み取ることができますか。説明しなさい。なお，天井川とは，周囲の土地よりも河床が高い河川のことです。

問10　解答用紙の白地図中に，①志摩半島・②関西国際空港・③東経135度の経線をそれぞれ記入しなさい。その際，名称や記号などは，下の例にならって同じように記入すること。なお，③は定規を使わずに書いてもよい。

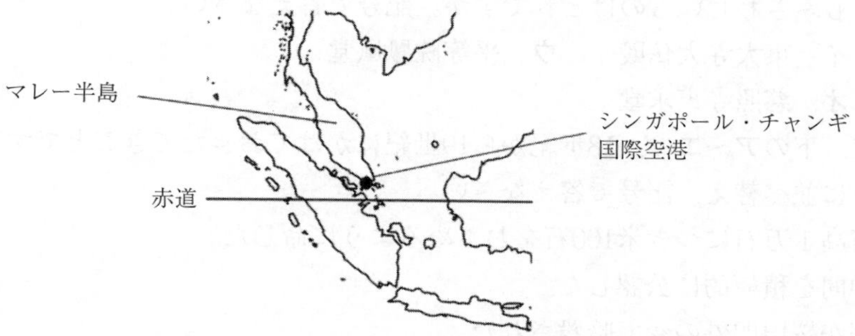

例　①マレー半島・②シンガポール・チャンギ国際空港・③赤道の場合

2　世界文化遺産に登録された遺産に関する次の文を読み，下の各問いに答えなさい。

A　北海道・東北地方では，2021年に(1)三内丸山遺跡や大湯環状列石など，縄文時代の生活や精神文化を伝える17の遺跡が登録されました。11世紀後半の(2)後三年合戦をきっかけとして奥州を支配した藤原清衡が造営した，平泉にある中尊寺も登録されています。その(3)金色堂は，奥州藤原氏の歴代当主の遺体が安置されていることでも知られています。

B　関東・中部地方では，岐阜県から富山県にかけて合掌造りの木造建築からなる集落が登録されています。そのなかの白川村荻町地区には，(4)18世紀から19世紀の民家約50棟が残っています。また，幕末から昭和初期まで日本のおもな輸出品であった(　5　)を生産した，富岡製糸場も登録されています。

C　近畿地方では，日本最大の前方後円墳をふくむ百舌鳥古墳群や，(6)大政奉還の舞台としても有名な二条城など，多くの遺産が登録されています。また，自然信仰の精神をはぐくんだ地として，紀伊山地の(7)吉野山や高野山にある(8)金剛峯寺も登録されています。

D　中国・四国地方では，16世紀に本格的に開発がはじまった石見銀山や，平清盛が社殿を修造し，(9)平氏が厚く信仰した厳島神社が登録されています。また(10)広島に投下された原子爆弾によって破壊された広島県産業奨励館の残骸，いわゆる原爆ドームも核兵器の惨禍を現在に伝える遺産として登録されています。

E　九州地方では，日清戦争の賠償金などを利用して設立された(11)八幡製鉄所や，江戸時代前半に(12)キリスト教の信者らがおこした一揆において主戦場となった原城跡が登録されています。また，(　13　)王国の政治・経済の中心的役割を担った首里城跡も登録されています。首里城の正殿は，1992年に沖縄の本土復帰(　14　)周年を記念して復元されましたが，2019年に再び焼失しました。

問１　下線⑴について，下の**ア**～**オ**のうち，この遺跡に関連する遺物としてもっともふさわしいものはどれですか。記号で答えなさい。

ア　のぼりがま　**イ**　埴輪　**ウ**　銅鏡

エ　骨角器　**オ**　石包丁

問２　下線⑵に関連して，この合戦で清原(藤原)清衡を支援した源義家は，鎮守府の将軍でした。９世紀はじめに桓武天皇の命令で蝦夷征討をおこない，鎮守府がおかれた胆沢城を設置した征夷大将軍はだれですか。人名を漢字で答えなさい。

問３　下線⑶は，阿弥陀仏をおさめた阿弥陀堂です。下の**ア**～**オ**のうち，11世紀につくられた阿弥陀堂としてもっともふさわしいものはどれですか。記号で答えなさい。

ア　法隆寺金堂　**イ**　東大寺大仏殿　**ウ**　平等院鳳凰堂

エ　日光東照宮　**オ**　慈照寺東求堂

問４　下線⑷に関連して，下の**ア**～**エ**は，18世紀から19世紀にかけておきたできごとです。**ア**～**エ**を年代順(古い順)に並べ替え，記号で答えなさい。

ア　大名に対して石高１万石につき米100石をおさめるように命じた。

イ　田沼意次が株仲間を積極的に公認した。

ウ　大老の井伊直弼が桜田門外の変で暗殺された。

エ　近松門左衛門の『曽根崎心中』が元禄年間に大坂の竹本座で上演された。

問５　(５)に適する語を漢字２字で答えなさい。

問６　下線⑹に関連して，その後成立した新政府が，民衆の統制目的で五榜の掲示をかかげました。その内容として**ふさわしくない**ものを，下の**ア**～**エ**から一つ選び，記号で答えなさい。

ア　代表者で会議を開いて政治を運営する。

イ　キリスト教を禁止する。

ウ　儒教道徳を守って行動する。

エ　強訴を禁止する。

問７　下線⑺について，1336年に吉野に南朝を開いた天皇はだれですか。漢字で答えなさい。

問８　下線⑻について，金剛峯寺を総本山とする仏教の宗派は何ですか。下の**ア**～**オ**から選び，記号で答えなさい。

ア　天台宗　**イ**　臨済宗　**ウ**　浄土真宗

エ　曹洞宗　**オ**　真言宗

問９　下線⑼に関連して，下の**ア**～**エ**のうち，平氏について説明した文として**ふさわしくない**ものはどれですか。一つ選び，記号で答えなさい。

ア　平治の乱で源義朝らを倒したのち，平氏が政治の実権をにぎった。

イ　平清盛は摂政・関白を歴任して政治をおこなった。

ウ　平氏は一族の繁栄を願い，厳島神社に納経した。

エ　壇ノ浦で源義経らに敗れ，平氏は滅亡した。

問10　下線⑽について，広島に原子爆弾が投下されたのはいつのことですか。下の年表中の**ア**～**エ**からもっともふさわしい時期を選び，記号で答えなさい。

＜1945年のおもなできごと＞

ア
連合国軍が沖縄本島に上陸した
イ
ドイツが無条件降伏した
ウ
ソ連が日本に宣戦布告した
エ

※年表は上から月日順(古い順)に並んでいます。

問11　下線⑾について，八幡製鉄所はなぜ北九州沿岸に設立されましたか。その理由を，下の①～③のメモを参考に説明しなさい。

［メモ①］
設立当時，製鉄所では原料に鉄鉱石を，燃料に石炭を用いた。

［メモ②］
九州には日本最大級の炭田である，筑豊炭田が存在した。

［メモ③］
設立当時，鉄鉱石は中国の大冶鉄山で産出されたものをおもに用いた。

問12　下線⑿に関連して，下の**ア**～**オ**のうち，キリスト教を日本に伝えたフランシスコ＝ザビエルの出身地は，現在のどこの国にふくまれますか。もっともふさわしいものを選び，記号で答えなさい。

ア　アメリカ　　**イ**　スペイン　　**ウ**　ドイツ

エ　イギリス　　**オ**　オランダ

問13　(13)に適する語を漢字で答えなさい。

問14　(14)に適する数字を，下の**ア**～**オ**から選び，記号で答えなさい。

ア　10　　**イ**　15　　**ウ**　20　　**エ**　25　　**オ**　30

3

次の文を読み，下の各問いに答えなさい。

何かものごとを考えるときに，図を使うと頭の中が整理しやすくなることがあります。もし，何かを(　1　)したり，位置づけて整理したいのならば，「座標軸」の図を活用して考えることができます。例えば，みんなで文化祭でのクラスの出し物を決めるときの(2)決め方として，「みんなで話し合う」と「一人で決める」を図示した場合，**図1**のようになります。

図2は(3)消費税と所得税をあらわした座標軸です。消費税は**図2**中の(　4　)，所得税は**図2**中の(　5　)にあたります。なぜなら，一般的に，消費税は同額の消費には同じ税率が課されるという意味で(6)公平性が高い一方，(7)低所得者と高所得者の格差をうめにくい税だと考えられるからです。また，(8)所得税は収入の多い人ほど税率が高く課されるなど，収入によって税率が異なる一方，所得の格差をうめるはたらき(所得再分配機能)があるといえるからです。

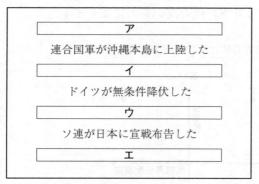

下の**図3**は，(9)地球温暖化についてどのような取り組みができるかを，座標軸を用いて整理したものです。さまざまな対策をあげるだけでなく，横軸に「その対策実現に時間を要するか，すぐにできるか」をとり，縦軸に「（　X　）か，（　Y　）か」をとりました。こうすることで，各対策の位置づけがはっきりして，より実行性の高いものになります。

※図1～図3の座標軸中の位置づけは，思考を整理するためにおおよその位置を示したものです。

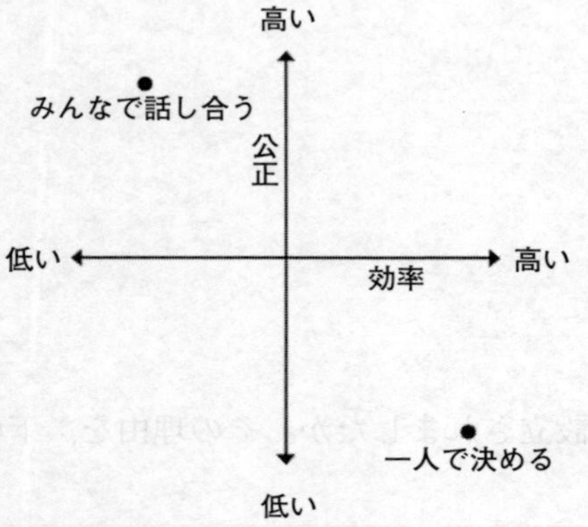

図1　文化祭の出し物の決め方

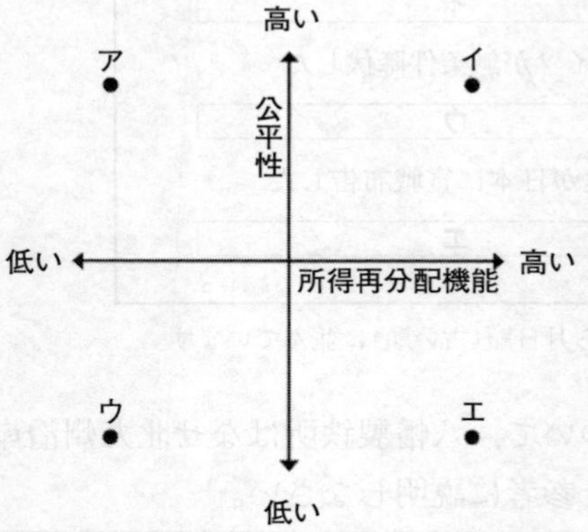

図2　消費税と所得税

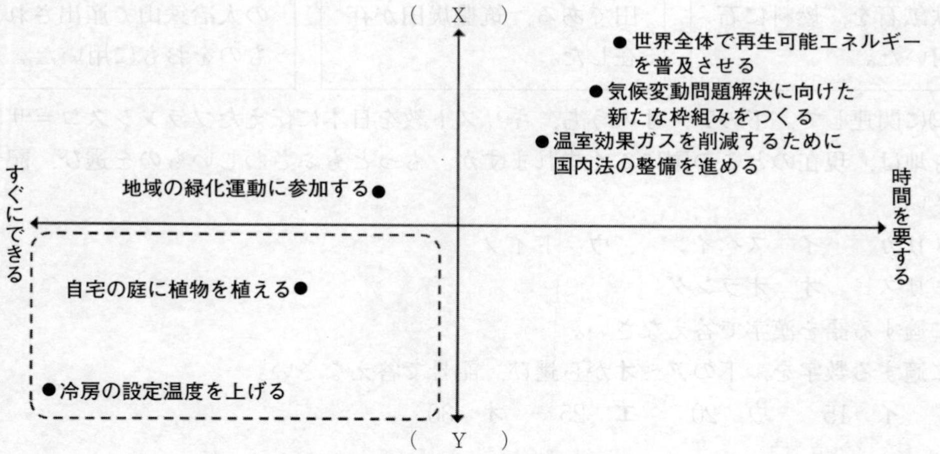

図3　地球温暖化対策を考える

問1　(1)に適する語として，もっともふさわしいものはどれですか。下の**ア**～**エ**から選び，記号で答えなさい。

ア　関連づけ　　**イ**　比較　　**ウ**　要約　　**エ**　標準化

問2　下線(2)に関連して，下の**ア**～**カ**のうち，原則として全会一致で決定をおこなうものはどれですか。**2**つ選び，記号で答えなさい。

ア　閣議の議事　　　　　　　**イ**　国会における予算の議決
ウ　地方議会の条例の制定・改廃　**エ**　国際連盟の総会における議決
オ　国際連合の総会における議決　**カ**　裁判員裁判の評決

問3　下線(3)に関連して，下の**ア**～**オ**のうち，間接税に**ふくまれない**ものはどれですか。**2**つ選び，記号で答えなさい。

ア たばこ税　**イ** 酒税　**ウ** 関税

エ 贈与税　**オ** 法人税

問４　(４)に適するものを**図２**中の**ア**～**エ**から選び，記号で答えなさい。

問５　(５)に適するものを**図２**中の**ア**～**エ**から選び，記号で答えなさい。

問６　下線(6)に関連して，2016年に，2020年の国勢調査後の衆議院議員選挙から，各都道府県の人口の比率に応じて小選挙区の議席を配分する方法の導入が決定されました。下の**ア**～**エ**のうち，この方式の名称と導入目的の説明としてもっともふさわしいものはどれですか。記号で答えなさい。

ア アダムズ方式と呼ばれ，死票を減らすことをおもな目的として導入された。

イ アダムズ方式と呼ばれ，「一票の格差」を是正することをおもな目的として導入された。

ウ ドント方式と呼ばれ，死票を減らすことをおもな目的として導入された。

エ ドント方式と呼ばれ，「一票の格差」を是正することをおもな目的として導入された。

問７　下線(7)に関連して，下の**ア**～**カ**のうち，生活保護制度の根拠になる権利と憲法の条文の組合せとしてもっともふさわしいものはどれですか。記号で答えなさい。

ア 国家賠償請求権―17条　**イ** 国家賠償請求権―20条

ウ 平等権―14条　**エ** 平等権―16条

オ 生存権―11条　**カ** 生存権―25条

問８　下線(8)について，このような制度のことを何と呼びますか。解答欄に合うように漢字で答えなさい。

問９　下線(9)に関連して，①・②の各問いに答えなさい。

①　下の文は，第203回国会における菅内閣総理大臣の所信表明演説を一部抜粋したものです。文中の(　)に適する語をカタカナで答えなさい。

> 菅政権では，成長戦略の柱に経済と環境の好循環を掲げて，グリーン社会の実現に最大限注力してまいります。我が国は，2050年までに，温室効果ガスの排出を全体としてゼロにする，すなわち2050年(　　)，脱炭素社会の実現を目指すことを，ここに宣言いたします。

②　下の文は，2020年以降の気候変動問題に関する国際的な枠組みを定めた協定の説明です。文中の(ａ)～(ｃ)に適する語を，下の**ア**～**ケ**からそれぞれ選び，記号で答えなさい。

> この協定は京都議定書の後継として採択されたもので，「(　ａ　)協定」と呼ばれます。この協定には，18世紀半ばにおこった(　ｂ　)前からの気温上昇を２℃未満に抑え，1.5℃未満に向けて努力をすること，発展途上国をふくむ全ての参加国と地域に，2020年以降の温室効果ガス削減・抑制目標を定めること，各国の削減・抑制目標は，(　ｃ　)などが盛りこまれました。

ア リオデジャネイロ　**イ** ロンドン　**ウ** パリ

エ 市民革命　**オ** 産業革命　**カ** 第一次世界大戦

キ 各国が自主的に設定すること

ク　各国政府間で交渉して決定すること

ケ　特に設定しないこと

問10　座標軸が成り立つように，（X）・（Y）に適する語を下の**ア**～**カ**からそれぞれ選び，記号で答えなさい。なお，**図3**中の（X）・（Y）は本文中と同じものが入ります。

ア　社会全体の協力が必要

イ　格差が広がりやすい

ウ　個人で取り組みやすい

エ　環境破壊につながりやすい

オ　費用があまりかからない

カ　実現が難しい

問11　あなたなら**図3**中の〔 〕の範囲にどのような対策をあげますか。図中にあがっているもの以外で一つ答えなさい。

【理　科】〈B日程試験〉（30分）〈満点：60点〉

1　高輪君と白金君は文化祭で使う木材と道具を買って，その荷物を学校へ運んでいます。次の各問いに答えなさい。

図1のように，高輪君と白金君は，太さが均一で，長さ180cm，重さ9kgの木材を2人で水平に持っています。また，白金君は，道具の入った重さ3kgの袋《ふくろ》をもう一方の手に持っています。図2は，木材を支える力の大きさを調べるために，高輪君と白金君の手をばねはかりに変えて表したものです。ただし，糸の重さは考えないものとします。

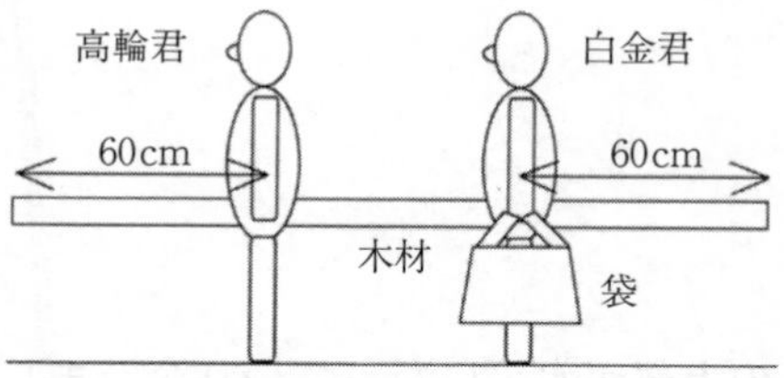

図1

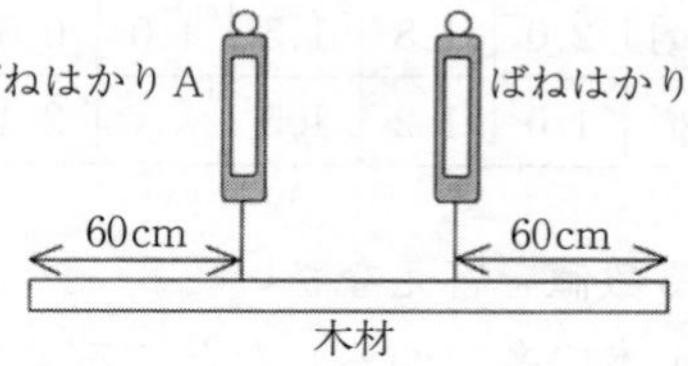

図2

(1)　図2で，木材は水平になっています。ばねはかりAは何kgを示しますか。

(2)　図1の状態では，白金君は木材だけでなく袋も持っている分，高輪君よりも持っている荷物の重さが重いので，白金君は木材を持つ手の位置をずらし，2人が持っている荷物の重さを同じにしました。

①　このとき，白金君が木材を支える力は何kgですか。

②　白金君は木材を持つ手の位置を図1の右，左のどちらに何cmずらしましたか。

高輪君は，図3のように袋を木材の中央にぶら下げて運んでも，2人が持っている荷物の重さが同じになるのではないかと思いつきました。しかし，やってみると，高輪君の持つ方が重くなってしまいました。そこで，図4のように，袋をばねはかりにつるしてみると，ばねはかりAの方が大きな値を示しました。

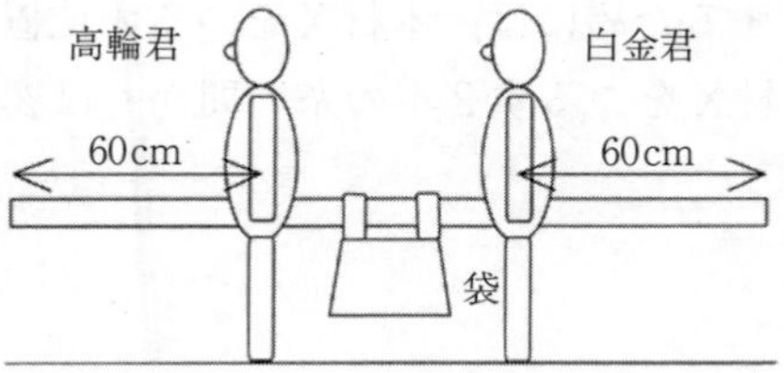

図3

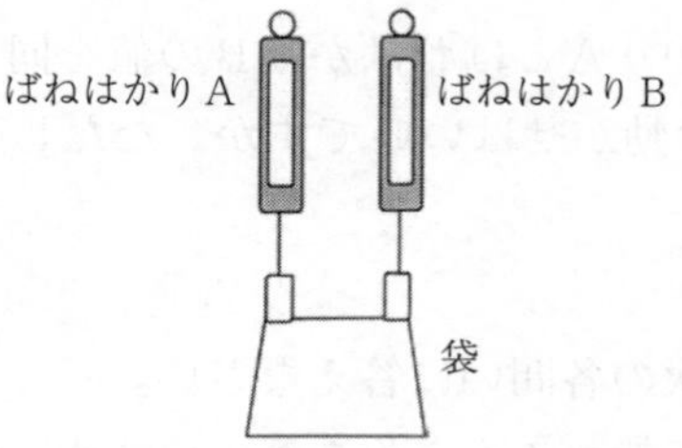

図4

この理由を確かめるために，図５のように，袋を，長さ30cm，重さ３kgの木材Ｘに変えて，上部が水平になるようにばねはかりにつるしました。次に，図５のばねはかりＢをつける位置を，木材Ｘの右端《はし》からばねはかりＡの方にずらしていき，ばねはかりの示す値を調べると表１のようになりました。

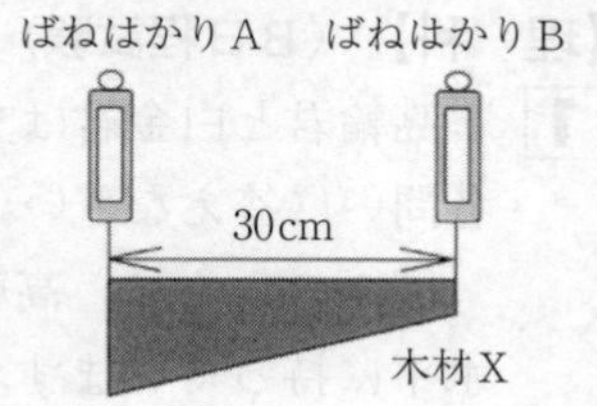

図５

表１

右端からばねはかりＢまでの長さ[cm]	0	5	10	15	17.5
ばねはかりＡの値[kg]	2.0	1.8	1.5	1.0	0.6
ばねはかりＢの値[kg]	1.0	1.2	1.5		2.4

(3)　表１の空欄《らん》に入る数値を答えなさい。

(4)　図５の木材Ｘを１本の糸でつるしたところ，木材Ｘの上部が水平になってつり合いました。糸をつけた位置は，木材Ｘの左端から何cmですか。

(5)　図６のように，２人が運んでいた木材に，木材Ｘを上部が水平になるようにつけ，ばねはかりにつるしました。ばねはかりＡは何kgを示しますか。

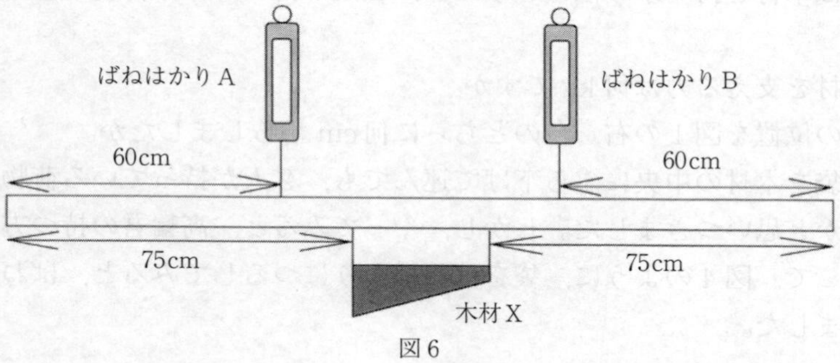

図６

(6)　図６で，ばねはかりＡとばねはかりＢの値を同じにするためには，木材Ｘをつるす位置を右，左のどちらに何cm動かせばいいですか。ただし，木材Ｘをつるす２本の糸の間かくは変えないものとします。

2　ゴムについて，次の各問いに答えなさい。

(1)　ゴム風船は主に天然ゴムから作られています。天然ゴムの原料は何から採取されますか。正しいものを，次の**ア**～**オ**の中から１つ選び，記号で答えなさい。

ア　鉱石　　**イ**　海水　　**ウ**　大気　　**エ**　植物　　**オ**　動物

(2)　土に落ちた天然ゴムは，酸素や水，紫《し》外線，微《び》生物などによって分解されます。自然界で分解されにくいものを，次の**ア**～**オ**の中から２つ選び，記号で答えなさい。

ア　砂糖　　**イ**　ペットボトル　　**ウ**　絹《きぬ》糸　　**エ**　ガラス　　**オ**　段ボール

(3)　ゴム風船の中に，空気よりも軽い気体を入れることで浮《う》く風船を作ることができます。昔は水素を入れたものが多かったですが，今では，安全性を考えてヘリウムという気体を入れたものに移り変わりました。風船に入れる気体として水素が使われなくなったのは，水素のどのような性質のためですか。

(4) 水素やヘリウム以外で，空気よりも軽い気体の名前を１つ答えなさい。

(5) 天然ゴムをのばしたり縮めたりすると，ゴムの温度が変わります。その温度変化を調べるために，ゴムバンドを使って以下の実験をしました。

のびている状態でしばらく放置し，室温にしたゴムの表面温度を測ると，25℃でした。次に，このゴムを素早く縮めた直後に，ゴムの表面温度を測ると，23℃でした。この結果から「ゴムを（ A ）と，ゴムが（ B ）」ことが分かります。（ A ）に入る言葉を次の**ア**～**エ**の中から，（ B ）に入る言葉を次の**オ**～**ク**の中からそれぞれ１つ選び，記号で答えなさい。

ア 温める　**イ** 冷やす　**ウ** のばす　**エ** 縮める

オ 温まる　**カ** 冷える　**キ** のびる　**ク** 縮む

(6) 次に，天然ゴムの温度を変化させたときに，ゴムがのびるか縮むかを調べるために，ゴムバンドを使って以下の実験を行いました。

＜実験＞

操作１：図１のように，鏡の裏面をテープで板にはりつけて，ゴムをのばして鏡にかける。

操作２：図２のように，レーザーポインターで鏡の表面へ斜《なな》めにレーザーを当て，鏡からはなれた位置にあるスクリーンへ光の点を映し出す。

操作３：鏡の裏面側のゴムをドライヤーを使って温める。

結　果：鏡がかたむき，スクリーン上の光の点が上に移動した。

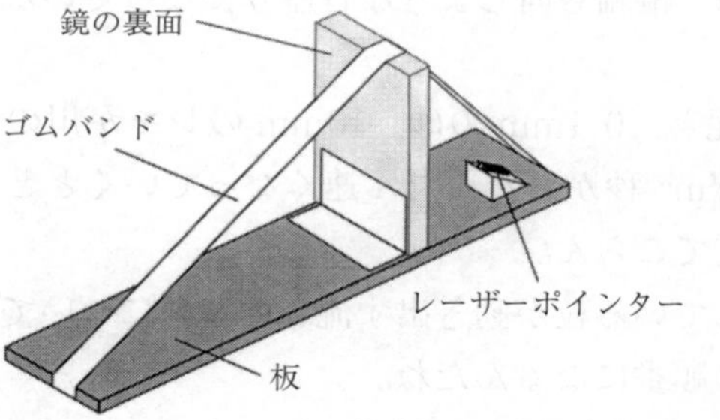

図１

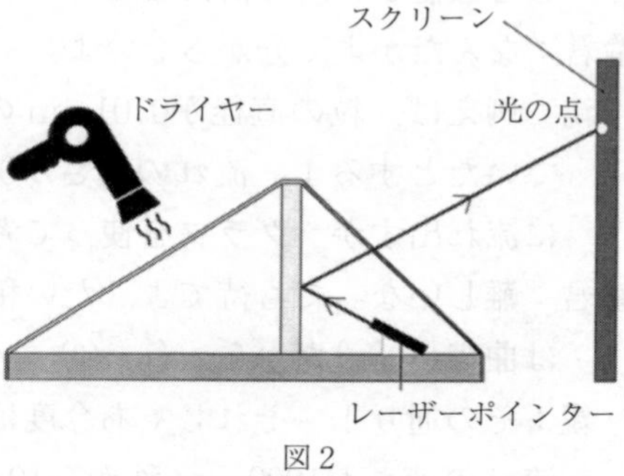

図２

① この結果から「ゴムを（ C ）と，ゴムが（ D ）」ことが分かります。(C)に入る言葉を次の**ア**～**エ**の中から，(D)に入る言葉を次の**オ**～**ク**の中からそれぞれ１つ選び，記号で答えなさい。

ア 温める　**イ** 冷やす　**ウ** のばす　**エ** 縮める

オ 温まる　**カ** 冷える　**キ** のびる　**ク** 縮む

② この実験で鏡からスクリーンを遠ざけると，遠ざける前と比べてスクリーン上の光の点が移動する距離《きょり》はどうなりますか。次の**ア**～**ウ**の中から１つ選び，記号で答えなさい。ただし，それ以外の条件は同じとします。

ア 大きくなる　**イ** 変わらない　**ウ** 小さくなる

3 高輪君は父親と一緒に河原で川の流れをながめています。これに関する次の会話文を読み，以下の各問いに答えなさい。

高輪君：この川の川底は大きめの石ころが多いね。

父　親：そうだね。この川の流れは速いからね。

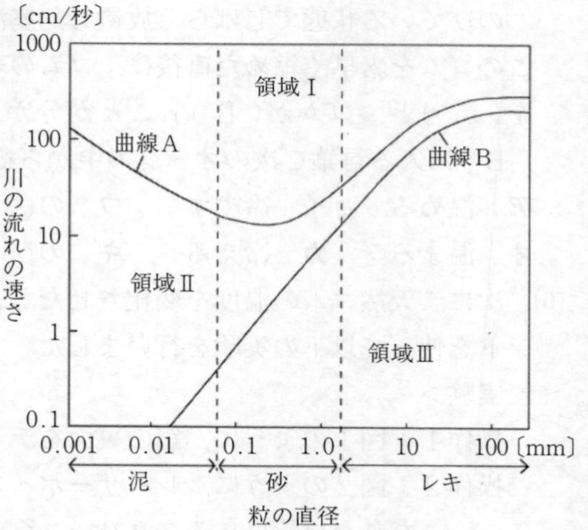

高輪君：川の流れる速さと，たまる粒《つぶ》の大きさには関係があるの？

父　親：そうなんだ。このグラフ(右図)を見てごらん。これは川の流れの速さと粒の大きさの関係を調べて，グラフに表したものだよ。

高輪君：変なグラフだね。２本の曲線があって何を表しているのかよく分からないよ。それにこんな縦軸《じく》と横軸のグラフ，見たことないよ。

父　親：曲線Aは『流れが速くなっていくときに，一度たい積した粒が再び動き出す川の流れの速さ』を，曲線Bは『流れが遅くなっていくときに，運ぱんされている粒が移動を止めてたい積し始める川の流れの速さ』を示しているよ。横軸は目盛りが１つ右にずれると数値が(①)倍になっているね。縦軸も同じような目盛りになっているね。

高輪君：なんだかよく分からないよ。

父　親：例えば，粒の直径が0.01mmの泥《どろ》と，0.1mmの砂，10mmのレキが川の中にたい積していたとするよ。流れの速さが0.1cm/秒からだんだん速くなっていくとどのような順番に流れ出すか，グラフを使って考えてごらん。

高輪君：難しいな。でも待てよ，たい積している粒が動き出す流れの速さについて示しているのは曲線(②)だから，(　　③　　)の順番になるんだね。

父　親：その通り！　それじゃあ今度は，さっきと同じ３種類の粒が川に流れているとするよ。流れの速さが1000cm/秒から10cm/秒に遅くなってもまだ，運ぱんされ続けているものはどれかな。

高輪君：これも難しいな。うーん…分かったぞ！　(④)だね。

父　親：よし！　次で最後の質問だよ。領域Ⅰ～Ⅲは何を表しているかな。領域の境界にあるそれぞれの曲線が示すことをもとに考えてみよう。

(1)　川の上流域で多く見られる地形として最も適当なものを，次の**ア**～**エ**の中から１つ選び，記号で答えなさい。

ア　V字谷　**イ**　扇《せん》状地　**ウ**　三角州　**エ**　三日月湖

(2)　(①)に当てはまる数値を整数で答えなさい。

(3)　(②)，(③)に当てはまる言葉として正しいものを，(②)については次の**ア**，**イ**から，(③)については次の**ウ**～**ク**の中から，それぞれ１つ選び，記号で答えなさい。

ア　A　**イ**　B

ウ　泥→砂→レキ　**エ**　泥→レキ→砂　**オ**　砂→泥→レキ

カ　砂→レキ→泥　　**キ**　レキ→泥→砂　　**ク**　レキ→砂→泥

(4)　(④)に当てはまる言葉として正しいものを，次の**ア**～**オ**の中から１つ選び，記号で答えなさい。

ア　泥と砂とレキ　　**イ**　泥と砂　　**ウ**　泥とレキ

エ　泥だけ　　**オ**　砂だけ

(5)　グラフの領域Ⅱの説明として，最も適当なものを，次の**ア**～**エ**の中から１つ選び，記号で答えなさい。

ア　運ぱんされている粒は運ぱんされ続け，たい積している粒はしん食・運ぱんされる

イ　運ぱんされている粒は運ぱんされ続け，たい積している粒はたい積したままである

ウ　運ぱんされている粒はたい積し，たい積している粒はしん食・運ぱんされる

エ　運ぱんされている粒はたい積し，たい積している粒はたい積したままである

(6)　近年，海岸の砂浜の砂が減少している場所があります。減少している理由としてどのようなことが考えられますか。１つ答えなさい。

4　図のように，水$100cm^3$の入ったメスシリンダーに，Ａ～Ｅの条件で，ある植物の，葉のついた枝をさしました。一定時間置いた後，メスシリンダーに残った水の量を測定すると，下の表のようになりました。ただし，使用した枝の茎《くき》の太さや長さ，葉の大きさや枚数は同じものとします。以下の各問いに答えなさい。

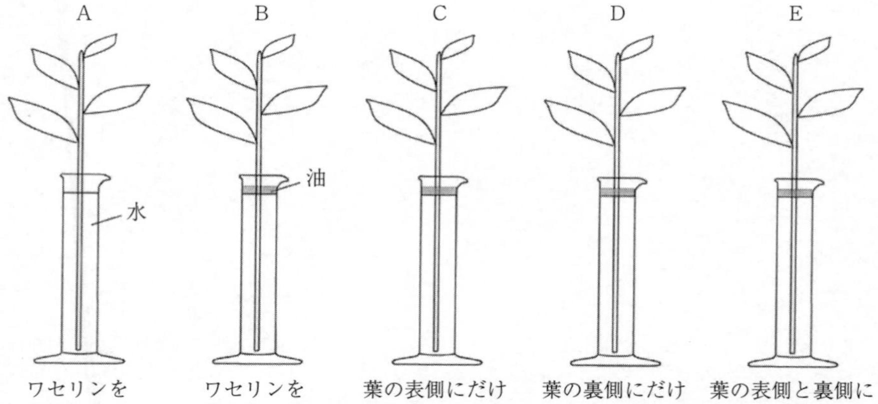

	A	B	C	D	E
残った水の量[cm^3]	91.5	93.0	95.0	97.5	99.5

(1)　植物が体内の水分を水蒸気として気孔《こう》から放出する現象を何といいますか。漢字２文字で答えなさい。

(2)　(1)の現象の役割を１つ説明しなさい。

(3)　表のＡとＢの水の量のちがいは，どこからの蒸発量のちがいを表していますか。次の**ア**～**エ**の中から１つ選び，記号で答えなさい。

ア　葉の表側　　**イ**　葉の裏側　　**ウ**　茎　　**エ**　水面

(4)　葉の表側からの蒸発量は，Ａ～Ｅの水の**減少量の差**で求められます。その式を次の例のよう

に，２つ答えなさい。

(例)「Ａの水の減少量」−「Ｂの水の減少量」

(5) 表から，葉の表側よりも葉の裏側からの蒸発量の方が多いことが分かります。それは表のＡ～Ｅのどれとどれを比べれば分かりますか。組み合わせとして正しいものを，次の**ア**～**エ**の中から１つ選び，記号で答えなさい。

ア ＢとＣ　**イ** ＣとＤ　**ウ** ＤとＥ　**エ** ＡとＥ

(6) 葉の裏側からの蒸発量は何cm^3ですか。

(7) 実験から，この植物について分かることとして正しいものを，次の**ア**～**エ**の中から１つ選び，記号で答えなさい。

ア 葉以外から水は蒸発しない

イ 葉以外の部分からの蒸発量の方が，葉からの蒸発量よりも多い

ウ ワセリンをぬることで，植物の体からの蒸発量が増える

エ 葉の裏側からの蒸発量の方が，葉の裏側以外の部分からの蒸発量よりも多い

ア、姉が自分を女性扱いしてくれていないことに気づいたので、嫌いになったから。

イ、姉が自分の複雑な心中を思いやってくれてはいないので、素直に喜んであげられないから。

ウ、姉が本当は自分で解決するべきことを押しつけてくるので、信用できなくなってきたから。

エ、姉がひたすら自分のことばかりしゃべっているので、だんだんめんどうくさくなってきたから。

問八　――8「妙に輝く言葉」が指す内容が書かれている部分を文中から連続する二文で探し、その始めの八字を答えなさい。

問九　――9「そういうこと」とはどのようなことを指しますか。答えなさい。

問一〇　――10「この嘘が姉を〜秀男は安堵する」とありますが、どういうことですか。ふさわしいものを次の中から一つ選び、記号で答えなさい。

ア、秀男が口からでまかせに放った言葉で、姉をさらに舞い上がらせてかんちがいをさせてしまったことを反省している。その一方で、文次への舞い上がった思いで幸せになっている自分に気がついた部分もある。

イ、秀男は今までも嘘をつきながら、姉の気持ちを楽にさせていた自分の冷たさに気づいて落ちこんでいる。その一方で、誰しも他人を幸せにするためには嘘をつくこともあるとわかり、落ち着いている部分もある。

ウ、秀男が自然に姉へかけた言葉は、自分の複雑な気持ちや苦しさをおさえたものであるのに、それに気づいてもらえず悲しんでいる。その一方で、自分の言葉が姉を幸せにしていることにほっとしている部分もある。

エ、秀男が無意識にぶつけてしまった皮肉は姉への愛情の裏返しなのに、姉がまったく振り向いてくれずつらく感じている。その一方で、そんな自分のいやみな言葉にも動じない姉の愛の強さに感心している部分もある。

問一一　――11「ひと」とありますが、ここでの「ひと」に置き換えられる語としてふさわしいものを次の中から一つ選び、記号で答えなさい。

ア、自分　イ、人類　ウ、家族　エ、相手

ことをねたましく感じてしまうこともあるから。

イ、秀男は優しい女の人になりたいと望んでいるが、いつも優しい姉が下の弟妹を見守っている姿を見ると、自分はこんなに優しくなれないと気づかされることもあるから。

ウ、秀男は優しい女の人になりたいと望んでいるが、いつも優しい姉が家事の合間に下の弟妹を気にかけているのを見ると自分だけが取り残されたように感じることもあるから。

エ、秀男はきれいな女の人になりたいと望んでいるが、身近な姉が下の弟妹のめんどうを見ながら洗濯をしている姿を見ると、女性の幸せについて疑問を持ってしまうこともあるから。

問二 ――2「的がこっちにすり替わる」とは、具体的にどうなることですか。三〇字以内で答えなさい。

問三 ――3「別の焦り」とありますが、どのようなことに焦りを感じていますか。ふさわしいものを次の中から一つ選び、記号で答えなさい。

ア、文次と直接顔を合わせると、意識しすぎてしまうこと。

イ、遅刻を繰り返す文次が、学校をやめさせられてしまうこと。

ウ、また明日も文次が来るまで、自分一人が苦しい思いをすること。

エ、文次が目を離したすきに、同級生たちが嫌がらせをしてくること。

問四 ――4「いつもとは少し違う姉の様子」とありますが、具体的にはどのような様子ですか。文中の言葉を使って五〇字以内で説明しなさい。

問五 ――5「驚きと、いつもとは～行ったり来たりする」とありますが、この中の、①驚き、②いつもとは違うやきもち、③かなしみともさびしさとも言いきれない感情、の説明の組み合わせとしてふさわしいものを次のア～エの中から一つ選び、記号で答えなさい。

ア ① 見せられた手紙が姉への恋文だったことへの驚き。
② できることなら自分が姉に恋心を伝えたかったというやきもち。
③ 優しい姉が自分に冷たい現実を突きつけた残酷《ざんこく》さをうらむ感情。

イ ① まだ中学二年生の姉が恋文を渡されたことへの驚き。
② できることなら自分が姉に恋心を伝えたかったというやきもち。
③ 大好きな姉の気持ちが誰かの方へ行ってしまうかもしれないと思う感情。

ウ ① 見せられた手紙が姉への恋文だったことへの驚き。
② 姉には好意を伝えてくれる相手がいることへのやきもち。
③ 大好きな姉の気持ちが誰かの方へ行ってしまうかもしれないと思う感情。

エ ① まだ中学二年生の姉が恋文を渡されたことへの驚き。
② 姉には好意を伝えてくれる相手がいることへのやきもち。
③ 優しい姉が自分に冷たい現実を突きつけた残酷さをうらむ感情。

問六 ――6「おかしく光る瞳を染みだらけの壁やふすまに向けてゆらゆらさ迷わせ始めた」とありますが、この時の章子はどのような気持ちでいますか。「～気持ち」につながる形で、文中から二五字以内で抜き出して答えなさい。

問七 ――7「少しばかり意地の悪い言葉」とありますが、秀男はなぜそのような言葉を言ったのですか。ふさわしいものを次の中から一つ選び、記号で答えなさい。

に差し出した。右肩上がりの真面目な文字で、章子様とある。

「ショコちゃん宛《あて》の手紙じゃないの」

「うん、恋文《こいぶみ》だった」

秀男は生まれて初めて、姉の口から恋文という言葉を聞いた。封筒の宛名《あてな》と章子の顔を交互に見た。姉の顔がみるみる赤くなる。5驚きと、いつもとは違うやきもちと、かなしみともさびしさとも言いきれない感情が、秀男の腹と胸を行ったり来たりする。

「いいわね、誰からなの」

「三年の先輩、前期生徒会長。今までそんな風に思ったことなかったから、ちょっと驚いてるの。でも、恋文なんかもらったらちょっと今までどおり生徒会室で話もできなくなっちゃって。正直、困ってんのよ」

言葉とは裏腹に、章子は少しも困った風ではない。恋文という初めての体験を誰かに告げたくて仕方なさそうだ。告げたあとは、6おかしく光る瞳《ひとみ》を染《し》みだらけの壁やふすまに向けてゆらゆらさ迷わせ始めた。

秀男は胸に吹いた冷たい風の意味が解《わか》りかけて、しらけた顔をしないよう努めた。読むかと訊《たず》ねられ「いらないわ」と答えた。

「でも、ヒデ坊に秘密つくるの嫌だから、読んでよ」

「ショコちゃんたら、読ませたいなら最初からそう言ってよ」

7少しばかり意地の悪い言葉を吐《は》きながら、姉がもらった人生最初の恋文を広げた。便箋《びんせん》一枚と半分。短いけれど、その文面のどこにも「好き」や「恋《こ》うる」の文字はなく、ただ堅苦《かたくる》しい出だしと文末のあいだに、そこだけ8妙に輝く言葉が挟み込まれているのだった。

「ショコちゃんと会えるのが毎日の楽しみで、そのお陰《かげ》で勉強も生徒会もがんばれるって。笑顔をありがとう、って。いいじゃない、なんかすごく――」

うらやましい、という言葉をぐっと喉《のど》の奥に押し込めた。文次が自分に対してそんな切実な思いを抱いてくれているかどうか、秀男には爪《つめ》の先ほどの自信もないことがわかっただけで、便箋を畳《たた》む指先が冷えてゆく。

「良かった、ヒデ坊に打ち明けてほっとした。明日からまた、普通に会えると思う」

普通に会えない状況でもないだろうと思うのだが、冷静になれないほど心が乱れているというのなら、章子もおそらく生徒会長のことが好きなのだろう。

「あたしこそ、良かった。ショコちゃんが楽になるなら、なんでも相談して。聞くくらいしかできないけど。あたしも9そういうことがあったら、真っ先にショコちゃんに相談するわ」

唇《くちびる》からまたほろりと嘘《うそ》がこぼれ落ちてゆく。10この嘘が姉をひどく喜ばせているらしいことに七割がた傷つきながら、残りの三割で秀男は安堵《あんど》する。自分を含め、誰しも11ひとの心の裡《うち》に大きな興味などないのかもしれない。視界が狭《せば》まれば狭まるほど幸せになれるとしたら、姉はいま自分のことしか考えられず、それゆえとても幸福なのだ。

《桜木紫乃『緋の河』より》

（注）文次…小学校入学時からの友人。両親がおらず蒲鉾《かまぼこ》工場に引き取られて働きながら過ごしており、学校も遅れたり休んだりすることが多い。無口であるが、級友たちのさまざまな嫌がらせから秀男を守っている。秀男が好意を伝えた相手。

問一 ――1「秀男はこの優しい姉にときどきやきもちを焼いた」とありますが、それはなぜですか。理由としてふさわしいものを次の中から一つ選び、記号で答えなさい。

ア、秀男はきれいな女の人になりたいと望んでいるが、身近な姉が年々女性らしくなっていくさまを見ていると、大好きな姉の

翌年春、姉の章子が中学二年、秀男は小学六年になった。弟の富男と妹の福子も、年の近いのが幸いして、章子と秀男のようにいつもふたりで遊んでいる。秀男が章子のほうへ寄って華やかな女の子のものを愛《め》でるのに対して、下のふたりは富男が軸《じく》になってどろんこ遊びをするのが好きらしい。

秀男は最終学年になって、やっと（注）文次と同じ学級になった。学校から戻ると、春先の泥水《どろみず》が流れる家の前で、富男と福子がふたり仲良く川や湖を作って遊んでいた。ふたりの様子を見ながら、章子が台所で洗濯物《せんたくもの》を絞《しぼ》っている。母のマツは八百屋へ行っているという。

ここ一、二年のうちに章子は秀男より身長が伸びた。手足が長く、体つきもひときわ女らしく変化している。章子が動くと甘くいいにおいがして、1秀男はこの優しい姉にときどきやきもちを焼いた。

「ヒデ坊、ちょっと」

絞り終えた洗濯物をかごに入れて、章子が秀男を呼び寄せる。通学鞄《かばん》をストーブの側《そば》に下ろし、竈《かまど》の前に立った。

「おかえり。橋のたもとのあたり、埃《ほこり》っぽくて砂が飛んでたでしょう。風、強くなってきたもんね」

「そうだね、水たまりもだいぶ少なくなってきたよ」

「ヒデ坊、新しい学級はどうなの」

「なんにも変わんない」

「嫌なこと、されてない？」

「ぜんぜん。でも、女の子たちが強くなってきてる。男子と喧嘩《けんか》するの。口じゃあ女の子の勝ちね。あたしはそれをおもしろく眺《なが》めてる。喧嘩が終わると、2的《まと》がこっちにすり替《か》わるから、ずっといがみ合っててほしいわ」

章子は秀男の話を淡い花弁に似た笑顔で聞いている。

「そう、良かった。文次君とも同じ教室になったって聞いて、安心してたけど」

「うん」

文次は三日に一度は遅刻をする。昼近くまで教室にやって来ない日もあった。いつ足をひっかけられるか、掃除当番や黒板消しの際にバケツの水を掛《か》けられるか、文次を待つあいだの秀男は呼吸さえ苦しかったのだけれど、それを告げたところでどうにもならない。教室の片《かた》隅《すみ》で文次を待っているあいだ、秀男の心は落ち着かなかったし、それは文次がやって来ても3別の焦《あせ》りへ変わるだけなのだった。

「あのね、わたしヒデ坊にちょっと聞いてもらいたいことがあるんだ」

「へえ、ショコちゃんがあたしに？」

珍しいこともあるものだと思い、身を乗り出した。章子は自ら言いだしておきながらせっせと洗濯ものを伸ばし、ゆったりとした仕種《しぐさ》で茶の間を横断する紐《ひも》にそれらを干《ほ》し始めた。

「ショコちゃん、聞いてもらいたいことってなあに？」

「うん、ちょっと待ってね」

「なによ、言いだしておきながら。あたし二階に行っちゃうよ」

「ちょっと待って、これを干したらすぐ」

4いつもとは少し違う姉の様子に、秀男は焦《じ》れた。屋根裏に鞄を置き、誰もいないうちにラジオを聴きたい。半分腰があがりかけたところで、ようやく章子が自分の机へと秀男を招いた。

「ちょっと、見てほしいものがあるんだ」

「なあに？」

章子が机の上にあった鞄を開けた。あちこち傷だらけの学生鞄は、兄が高校卒業まで使ったお下がりだ。いずれは自分が使うことになる鞄の傷を見ると、知らず心が沈んでしまう。鞄の中から、一通の白封《ふう》筒《とう》が出てきた。章子はそれを両手で挟《はさ》んで、祈るような手つきで秀男

響《ひび》かせることができるか——それが自分なりの（注）オリジナリティーだと思っているし、極端なオリジナリティー信仰《しんこう》とか、センス信仰はどうにかしてると思う。

（Real Sound アルバム『BOOTLEG』インタビュー
米津玄師が語る、音楽における〝型〟と〝自由〟の関係
「自分は偽物、それが一番美しいと思ってる」2017.10.30 より）
https://realsound.jp/2017/10/post-122911.html

（注）フォーマット…型。形式。
コミュニティ…共同体。
オリジナリティー…独自性。独創性。

ア、生徒A「本文では、音楽を表現するときには制限があるけれど、音楽という存在そのものは自由で、どんな形になってもそこに存在するものだということをいっているね。」

イ、生徒B「確かに、本文では楽譜やそこにある音符という制限を無視して、自分が奏《かな》でたいときに奏でたい形式で奏でるのが音楽であると主張しているよ。」

ウ、生徒C「それに比べて、米津玄師さんは音楽は型であることを前提として、その型を学び、自由にそれを組み合わせ、自分も含めて多くの人が共感し、懐かしむような音楽を作りたいといっているな。」

エ、生徒D「むしろ、音楽の持つ形式を理解もせずに、自由ということばかりを前面に出して作った音楽を、他の人と違った視点の優れた音楽だと高く評価する流れに、米津玄師さんは批判的な態度だね。」

問九　——8「文化としての音楽」とありますが、音楽はどのようなときに文化と呼べる活動になると考えられますか。文中の言葉を使って四〇字以内で答えなさい。

問一〇　——9「阻害されてはいけない、自由が守られていなければならない」とありますが、筆者が「音楽をする活動」が阻害されてはならないと考える理由を、文中の言葉を使って五〇字以内で答えなさい。

問一一　本文の内容に合うものを次の中から一つ選び、記号で答えなさい。

ア、日本の社会では明治時代以前からずっと、「自由」という言葉に重要な意味を見いだしていない。

イ、自由な学びを制限されてきた環境で育ったメルケル首相は、自由に学べる環境を大事に考えている。

ウ、コロナ禍によって、文化的活動として音楽を奏でる自由が奪われてしまったことに筆者は落胆《らくたん》している。

エ、ドイツの政治家たちは、文化の中で音楽や芸術がいかに重要かを、コロナ禍を機に理解するようになった。

三

次の文章を読んで、後の問いに答えなさい。ただし、字数に制限がある場合は、句読点や記号も字数に含まれるものとします。

（昭和一七年に生まれた、小がらでかわいらしい容姿の秀男（ヒデ坊《ぼう》）は、男として生まれながらも幼いころから美しいものにあこがれ、女の子言葉で話し、きれいな女の人になりたいと思って生きてきた。学校では他の子どもたちに嫌がらせを受けつつも前向きに過ごしており、家では〝男らしい〟父や兄には反発や違和感、嫌悪感をいだきつつも、秀男の良き理解者である姉の章子《しょうこ》（ショコちゃん）に見守られて過ごしている。）

エ、学問の自由を重要視する思想を、筆者が体感として理解できているわけではないということ。

問三　[2]に入る言葉を、一〇字以上一五字以内で考えて答えなさい。

問四　――3「理性と知性に基づいた発言」とありますが、これはどのような発言ですか。ふさわしいものを次の中から一つ選び、記号で答えなさい。

ア、筋道が通っていて根拠が明確な発言。
イ、物理学の最先端の知見を伝える発言。
ウ、理路整然として反論を許さない発言。
エ、学問の自由を何より重要視する発言。

問五　――4『芸術家を守ります』という内容の声明を発表しました」とありますが、ドイツ政府が芸術を守ろうとした理由としてふさわしいものを次の中から一つ選び、記号で答えなさい。

ア、ドイツ政府が、メルケル首相の影響を受けているから。
イ、ドイツ政府が、芸術家の支持を集めようと考えたから。
ウ、ドイツ政府が、文化や芸術の意義を理解しているから。
エ、ドイツ政府が、コロナ禍の長期化を見通していたから。

問六　――5「ネガティブ」の意味を次の中から一つ選び、記号で答えなさい。

ア、反抗《こう》的　　イ、否定的　　ウ、現実的　　エ、本質的

問七　――6「自由ではないから『自由』という言葉が必要になるわけです」について、

(1)　音楽が「自由ではない」とは具体的にどのようなことを言っているのですか。ふさわしくないものを次の中から一つ選び、記号で答えなさい。

ア、楽譜に書かれた音符には決められた使い方があること。
イ、近所への影響を考えると大きな音で演奏できないこと。
ウ、音楽は楽譜の通りに演奏しなければならないということ。
エ、音楽を演奏するにはまずクラシックを学ぶ必要があること。

(2)　「自由ではない」となぜ「自由」という言葉が必要になるのですか。理由としてふさわしいものを次の中から一つ選び、記号で答えなさい。

ア、制約や制限をなくしていくことで「自由」が見えてくるから。
イ、制約や制限という自由ではないものの中にこそ「自由」が表れるから。
ウ、制約や制限があるからこそ、そこから解放される「自由」を求めるから。
エ、制約や制限という言葉自体は「自由」の反対に位置するものであるから。

問八　――7「音楽と自由の関係性」について、生徒たちがシンガーソングライター・米津《よねづ》玄師《けんし》さんの次のインタビュー記事を読みながら話し合っています。次の生徒の発言のうち、内容的に誤《あやま》った解釈を含むものを一つ選び、記号で答えなさい。

音楽って、(注)フォーマットじゃないですか。〝型〟のようなもので成立している部分があるのは事実で、そのなかでいかに自由に泳ぐかじゃないかと。自分がやりたい音楽って、基本的に普遍《ふへん》的なものなんですよ。普遍的なもの、多くの人間、(注)コミュニティ、国や地域などいろんなものの根底に流れているものを普遍性だと言うのであれば、それは〝懐かしさ〟と言い換えられると思っていて。つまり、どこかで聴いたことがある、どこかで見たことがある、というようなものだと思うんですよね。そういうものを、いかに今の自分に

しての「自由」という言葉は明治に生まれたわけですよね。「個人」や「社会」や「芸術」などと同じように。一説には、自由という言葉自体は明治以前からあったけれども、それはどちらかというと〝自分の我《が》を通す、いけないこと〟といった5ネガティブな意味として捉《とら》えられていたと聞いたことがあります。【4】

「自由」という言葉がなぜ必要かというと、6自由ではないから「自由」という言葉が必要になるわけです。だから、「自由」という言葉は制限や制約との結びつきを内包《ないほう》していると言えるでしょう。【5】

7音楽と自由の関係性というのは、単純に説明できないところがあります。音楽そのものは自由ですし、音楽を欲する気持ちは自由な遊び心から生じていると言えるでしょう。しかし、音楽を表現する行為となると、特にクラシック音楽では、制約から始まります。楽譜《がくふ》にこう書いてあったらこう演奏しなきゃいけない、四分音符は二分音符の半分です、間違えた音は弾《ひ》いちゃいけない……など、演奏という行為にまず多くの制限がある。家で音楽を演奏するといっても、大きな音だと近所迷惑になったりもします。いつでもどこでもどんなふうにでも音楽をできるわけではないという制約が社会の中にはありますが、絶対的な音楽そのものは、人の手が触れようが触れまいが自由なままです。【6】

難しいのは、8文化としての音楽を扱う時。文化としての音楽というのは、人と人とがコミュニケーションをすることで成り立っています。人と人とが交流することで文化が生まれ、音楽をどう社会に生かしていくかという話になる。社会の中の音楽というのは、文化的な活動になるわけです。【7】

そして、音楽をする活動自体が「人が生きるとは何か」という問いを含《ふく》んでいます。人はなぜ生きるのか、どう生きるべきか、という根《こん》源《げん》的な問いです。文化的活動や音楽をする活動は、そういった根源的な問いにヒントを与えてくれるものであり、その答えに近づこうとさせてくれるものであり、もしくはそこまで難しいことを考えなくても、何かこんがらがったものをリセットしてくれる役目もあります。【8】

そうやって人間の一番根源的な問いと関わっているがゆえに、文化的活動や音楽をする活動というのは、9阻害《そがい》されてはいけない、自由が守られていなければならないのではないでしょうか。【9】

《『「自由」の危機――息苦しさの正体』所収
山田和樹『音楽と自由』より》

（注）バックボーン…思想・信条などの背景にあり、それを成り立たせている考え方。
東ドイツ…東西ドイツの統一以前、政治体制の違いから東ドイツでは自由な学び、発言などが許されない状況であった。

問一　この文章には次の一文が欠けています。【1】～【9】のどこに入れたらよいですか。数字で答えなさい。

それはたとえ人類が滅《ほろ》んでも存在し続けるような絶対的な自由です。

問二　――1「身に沁みて分かるとは言えません」とありますが、これはどのようなことを述べていますか。ふさわしいものを次の中から一つ選び、記号で答えなさい。

ア、音楽家である筆者は、学問の自由より芸術の自由を守るべきであると考えているということ。
イ、ドイツにおいて学問の自由が重視されている理由を、筆者はうまく説明できないということ。
ウ、日本人の筆者とドイツ人は学問に対する考えが違い、分かり合えない部分があるということ。

二〇二二年度

高輪中学校

【国語】〈B日程試験〉(五〇分)〈満点：一〇〇点〉

一 次の問いに答えなさい。

問一 次の傍線部のカタカナは漢字に直し、漢字は読みをひらがなで答えなさい。

1、洗濯《せんたく》したら服がチヂんでしまった。

2、字がヘタだとよく言われるので、書道を始めた。

3、キリツ正しい生活を送ることが大事です。

4、二列ジュウタイに並んで行進をする。

5、毎日変わりなく、平穏にすぎていく。

6、梅雨時に小雨が続いている。

7、人工知能が工事用機器をうまく操る時代になった。

8、そこのカフェで一息つこうか。

問二 次の1～3は熟語の成り立ちの説明です。それぞれの説明にあたる熟語を後のア～クからそれぞれ二つずつ選び、記号で答えなさい。

1、似た意味を持つ漢字を重ねたもの。

2、前の漢字が主語で、後の漢字が述語であるもの。

3、前の漢字が後の漢字を修飾しているもの。

ア、私立 イ、余地 ウ、腹痛 エ、比較

オ、無罪 カ、停止 キ、往復 ク、異国

問三 次の1～3のことわざに最も近い意味の熟語を後のア～カからそれぞれ一つ選び、記号で答えなさい。

1、石橋を叩《たた》いて渡る

2、棚《たな》からぼた餅《もち》

3、花より団子《だんご》

ア、実行 イ、期待 ウ、幸運

エ、用心 オ、実利 カ、忠告

二 次の文章を読んで、後の問いに答えなさい。ただし、字数に制限がある場合は、句読点や記号も字数に含まれるものとします。

僕は現在ベルリン在住ですが、留学などでドイツの学校に入った経験はないため、ドイツにおける学問の自由について1身に沁《し》みて分かるとは言えません。ただ、ドイツはまず学びの機会を自由に与えようということを、非常に熱心に考えていると感じます。ドイツには(注)バックボーンの核に学問がある。学びというものが大事で、その名も「自由大学」という学校があったりするように、[2]という考えがある。だから、学ぶ側も自由に取捨選択できるわけです。【1】

ドイツのメルケル首相は物理学者で、学問を経《へ》て今の政治家、首相という地位にあり、彼女の3理性と知性に基《もと》づいた発言は、とても説得力が強い。だから、世界の中でもメルケルさんは一目置かれていると思うし、特に(注)東ドイツで育った方ですから、自由の制限ということに関してもより敏感なのかなと思います。【2】

ドイツ政府はコロナ禍《か》に直面したごく初期に、いち早く4「芸術家を守ります」という内容の声明を発表しました。それは僕が芸術家の一端《いったん》というか音楽家だから有難《ありがた》いと思う以上に、メルケルさんをはじめとした政治家が文化とは何か、芸術とは何かということをちゃんと考えている――それがコロナになってから考えたのではなく、前からそういうものを理解していたということがよく分かります。【3】

自由と芸術との相互関係や因果関係についてですが、まず翻訳《ほんやく》語と

2022年度

高輪中学校　▶解説と解答

算数　＜Ｂ日程試験＞（50分）＜満点：100点＞

解答

1 (1) 62　(2) $\frac{17}{18}$　(3) 824　(4) $\frac{13}{24}$　2 (1) $16\frac{4}{11}$　(2) 金曜日　(3) 336ページ　(4) 時速6.5km　3 (1) 14問　(2) 155問　(3) 0.8375，0.9　4 (1) 1 cm^2　(2) 3.25cm^2　(3) 2.08cm^2　5 (1) 66cm^2　(2) 75.36cm^2　(3) 250.98cm^3

解説

1 四則計算，計算のくふう，逆算

(1)　$16\times13-\{(276\div12)+33\times17\}\div4=208-(23+561)\div4=208-584\div4=208-146=62$

(2)　$1\frac{5}{9}\times\frac{7}{8}-\left(\frac{1}{3}+\frac{3}{4}\right)\div2\frac{3}{5}=\frac{14}{9}\times\frac{7}{8}-\left(\frac{4}{12}+\frac{9}{12}\right)\div\frac{13}{5}=\frac{49}{36}-\frac{13}{12}\times\frac{5}{13}=\frac{49}{36}-\frac{5}{12}=\frac{49}{36}-\frac{15}{36}=\frac{34}{36}=\frac{17}{18}$

(3)　$A\times B+A\times C=A\times(B+C)$となることを利用すると，$4.12\times365-20.6\times59.4+412\times1.32=4.12\times365-4.12\times5\times59.4+4.12\times100\times1.32=4.12\times365-4.12\times297+4.12\times132=4.12\times(365-297+132)=4.12\times200=824$

(4)　$\left\{(2.125-\square)\div3\frac{4}{5}+5\right\}\times\frac{2}{13}=\frac{5}{6}$より，$(2.125-\square)\div3\frac{4}{5}+5=\frac{5}{6}\div\frac{2}{13}=\frac{5}{6}\times\frac{13}{2}=\frac{65}{12}$，$(2.125-\square)\div3\frac{4}{5}=\frac{65}{12}-5=\frac{65}{12}-\frac{60}{12}=\frac{5}{12}$，$2.125-\square=\frac{5}{12}\times3\frac{4}{5}=\frac{5}{12}\times\frac{19}{5}=\frac{19}{12}$　よって，$\square=2.125-\frac{19}{12}=2\frac{1}{8}-\frac{19}{12}=\frac{17}{8}-\frac{19}{12}=\frac{51}{24}-\frac{38}{24}=\frac{13}{24}$

2 整数の性質，周期算，比の性質，流水算

(1)　求める分数を$\frac{\triangle}{\square}$とすると，$\frac{\triangle}{\square}\times\frac{121}{60}$が約分されて分母が1になるから，□は121の約数であり，△は60の倍数である。同様に，$\frac{\triangle}{\square}\div\frac{36}{77}=\frac{\triangle}{\square}\times\frac{77}{36}$が約分されて分母が1になるので，□は77の約数であり，△は36の倍数である。また，最も小さい分数を求めるので，分母はできるだけ大きく，分子はできるだけ小さい方がよいから，□を121と77の最大公約数，△を60と36の最小公倍数にすればよい。よって，上の図1の計算から，□＝11，$\triangle=2\times2\times3\times5\times3=180$と求められるので，$\frac{\triangle}{\square}=\frac{180}{11}=16\frac{4}{11}$となる。

図1

11) 121　77
　　 11　7

2) 60　36
2) 30　18
3) 15　9
　　5　3

(2)　平年の1年間は365日だから，$365\div7=52$余り1より，1年間は52週間と1日となる。つまり，1月1日の曜日とその年の12月31日の曜日は同じになるので，1年後の1月1日の曜日は後ろに1日ずれることになる。これは別の日でも同じだから，4月18日の曜日は1年ごとに1日ずつずれることがわかる。ただし，間にうるう年をはさむ場合は，さらに1日ずれることになる。2022年から2036年までは，$2036-2022=14$(年間)あり，その間にうるう年が，2024年，2028年，2032年，2036年の4回あるので，全部で，$14+4=18$(日)ずれる。よって，$18\div7=2$余り4より，2036年の創

立記念日の曜日は，月曜日から後ろに４日ずれるから，金曜日とわかる。

⑶　１日あたりに読む予定だったページ数と実際に読んだページ数の比は，21：14＝３：２なので，読み終えるのにかかる日数の比は，$\frac{1}{3}$：$\frac{1}{2}$＝２：３である。この差が８日だから，比の１にあたる日数は，８÷（３－２）＝８（日）であり，毎日21ページずつ読んだときにかかる日数は，８×２＝16（日）とわかる。よって，教科書のページ数は，21×16＝336（ページ）と求められる。

⑷　上りの速さは時速，40÷８＝５（km），下りの速さは時速，40÷５＝８（km）なので，右の図２のように表すことができる。静水時の速さは，上りの速さと下りの速さの平均になるから，時速，（５＋８）÷２＝6.5（km）とわかる。

図２
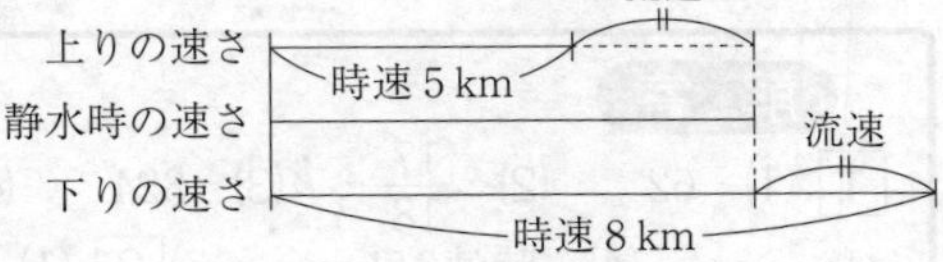

3 割合と比，平均とのべ

⑴　５日間の正解数の合計は，15＋９＝24（問）である。また，５日間の正解率は0.48だから，５日間で解いた問題数を□問とすると，□×0.48＝24と表すことができる。よって，□＝24÷0.48＝50（問）と求められるので，11月５日に解いた問題数は，50－36＝14（問）とわかる。

⑵　12月16日の正解率は$\frac{17}{21}$だから，12月１日から12月15日までに解いた問題数を△問として図に表すと，右の図１のようになる。図１で，網目《あみめ》部分の面積と太線で囲んだ部分の面積は，どちらも16日間に正解した問題数を表している。よって，これらの面積は等しいので，アとイの面積も等しくなる。また，アの面積は，$21\times\left(\frac{17}{21}-0.625\right)=\frac{31}{8}$（問）だから，イの面積も$\frac{31}{8}$問であり，$△=\frac{31}{8}$÷(0.625－0.6)＝155（問）と求められる。

図１
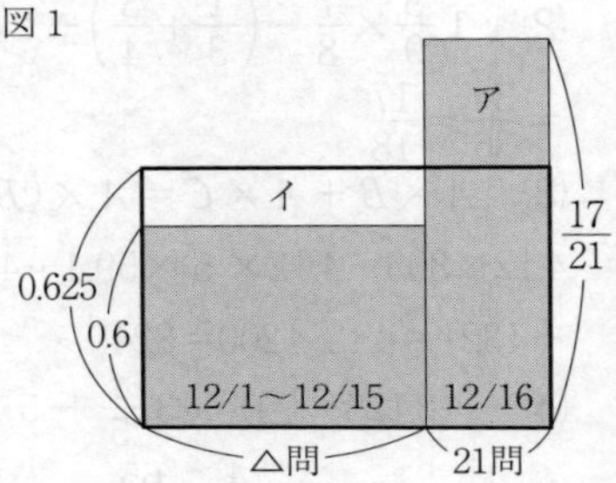

⑶　１月１日から１月24日までに解いた問題数を□問，最後の１週間で解いた問題数を△問として図に表すと，右の図２のようになる。図１と同様に考えると，ウとエの面積が等しくなるので，両方に★の部分を加えると，（ウ＋★）と（エ＋★）の面積も等しくなる。また，（エ＋★）の面積は，300×（0.7－0.65）＝15（問）だから，（ウ＋★）の面積も15問となる。さらに，正解率は１以下なので，（ウ＋★）のたての長さは，１－0.65＝0.35以下である。よって，15÷0.35＝42.8…より，△は43以上とわかるから，□は，300－43＝257以下になる。つまり，□は201以上257以下になる。次に，１月１日から１月24日までの正解数は，□×0.65＝□×$\frac{13}{20}$と表すことができる。この値が整数になるためには□が20の倍数である必要があるので，考えられるのは，（□，△）＝（220，80），（240，60）の２通りである。（□，△）＝（220，80）の場合，ウ，エの面積は，それぞれ，220×（0.7－0.65）＝11（問）だから，ウのたての長さは，11÷80＝0.1375となり，最後の１週間の正解率は，0.7＋0.1375＝0.8375と求められる。同様に考えると，（□，△）＝（240，60）の場合は，240×（0.7－0.65）＝12（問），12÷60＝0.2より，0.7＋0.2＝0.9となる。したがって，考えられる正解率は0.8375と0.9である。

図２
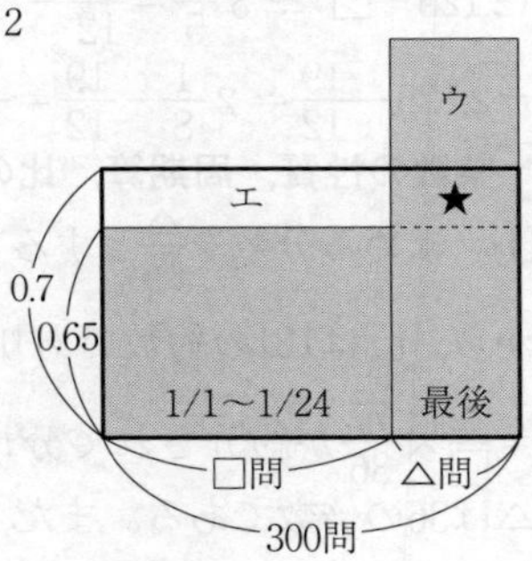

4 平面図形―図形の移動，相似，面積

(1)　直角三角形Ｐ，Ｑの直角をはさむ２辺の長さの比はそれぞれ，３：６＝２：４＝１：２である。下の図①で，網目部分の三角形は三角形Ｐと相似だから，アの長さは，$2\times\frac{1}{2}=1$ (cm)とわかる。よって，網目部分の面積は，２×１÷２＝１(cm^2)と求められる。

(2)　下の図②で，三角形AGBと三角形BICは合同なので，GB＝IC＝２÷２＝１(cm)，AG＝BI＝４÷２＝２(cm)である。また，三角形JGBは三角形Ｐと相似だから，JGの長さは，$1\times\frac{1}{2}=$ 0.5(cm)とわかる。よって，三角形JGBの面積は，１×0.5÷２＝0.25(cm^2)，長方形GHIBの面積は，２×１＝２(cm^2)，三角形BICの面積は，１×２÷２＝１(cm^2)と求められ，網目部分の面積は，0.25＋２＋１＝3.25(cm^2)となる。

(3)　下の図③で，三角形EMNと三角形Ｐは相似で，三角形DKEと三角形EMFは合同である。よって，MN＝$\boxed{1}$とすると，EM＝DK＝$\boxed{1}\times\frac{2}{1}=\boxed{2}$となる。また，三角形DKEは三角形Ｐと相似だから，KE＝$\boxed{2}\times\frac{2}{1}=\boxed{4}$になる。すると，LN＝$\boxed{4}+\boxed{1}=\boxed{5}$であり，これが２cmにあたるから，$\boxed{1}$＝２÷５＝0.4(cm)とわかる。したがって，$\boxed{2}$＝0.4×２＝0.8(cm)，$\boxed{4}$＝0.4×４＝1.6(cm)なので，三角形DKEの面積は，1.6×0.8÷２＝0.64(cm^2)，長方形KLMEの面積は，0.8×1.6＝1.28(cm^2)，三角形EMNの面積は，0.4×0.8÷２＝0.16(cm^2)となり，網目部分の面積は，0.64＋1.28＋0.16＝2.08(cm^2)と求められる。

図①

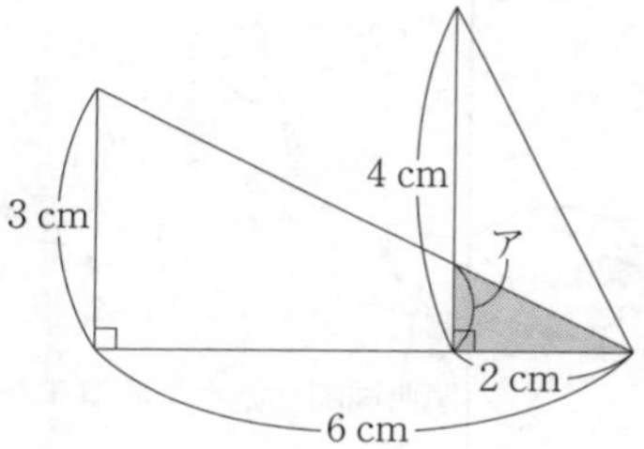

図②

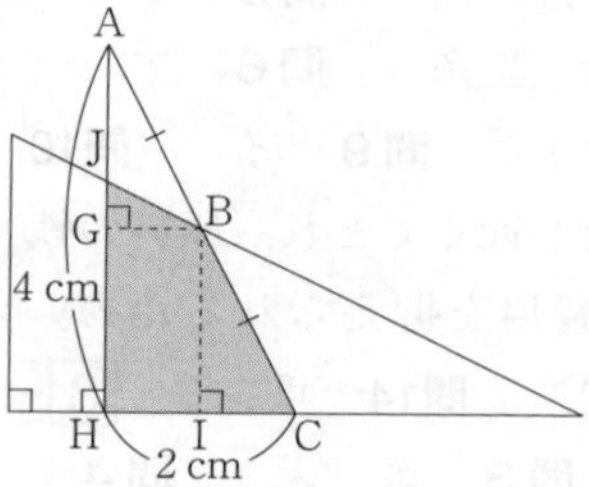

図③

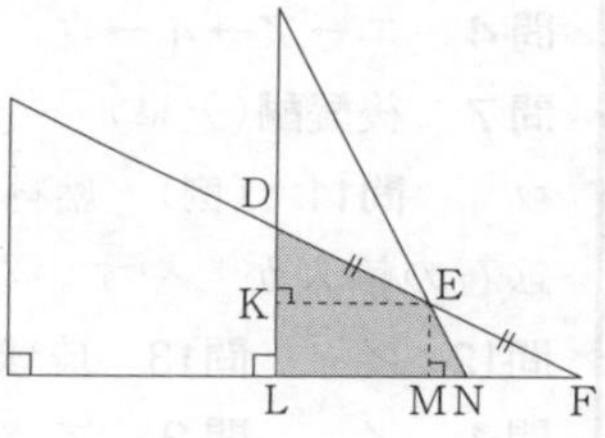

5　平面図形，立体図形―図形の移動，面積，表面積，体積

(1)　三角形ABCが動いたあとの図形は，右の図Ⅰの網目部分の図形である。これは，たての長さが５cm，横の長さが６cmの長方形と，上底が６cm，下底が，６＋６＝12(cm)，高さが４cmの台形に分けることができるから，面積は，５×６＋(６＋12)×４÷２＝66(cm^2)と求められる。

図Ⅰ

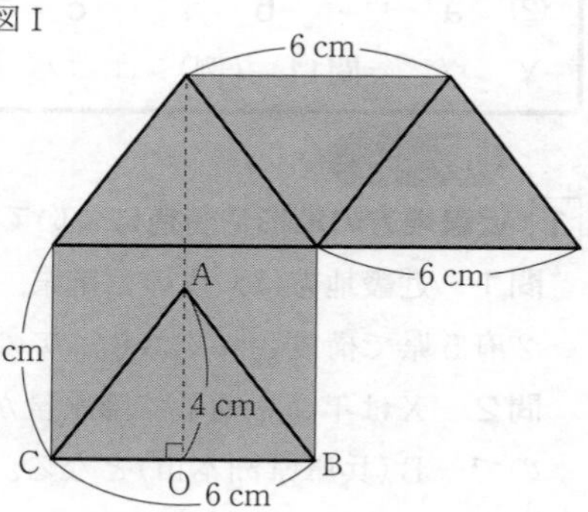

(2)　OBの長さは，６÷２＝３(cm)なので，三角形AOBは直角をはさむ２辺の長さが３cmと４cmの直角三角形であり，ABの長さは５cmとわかる。また，円すいの側面積は，(母線)×(底面の円の半径)×(円周率)で求めることができるから，この円すいの側面積は，５×３×3.14＝15×3.14(cm^2)となる。さらに，底面積は，３×３×3.14＝９×3.14(cm^2)なので，この円すいの表面積は，15×3.14＋９×3.14＝(15＋９)×3.14＝24×3.14＝75.36(cm^2)と求められる。

(3)　円すいが動いたあとの立体は，下の図Ⅱのようになる。斜線《しゃせん》部分を合わせると１つの円すいになるから，この立体の体積は，円柱，円すい，三角柱の体積の合計になる。円柱の体積は，$3\times3\times3.14\times5=45\times3.14(cm^3)$，円すいの体積は，$3\times3\times3.14\times4\times\frac{1}{3}=12\times3.14(cm^3)$，三角柱の体積は，$6\times4\div2\times6=72(cm^3)$なので，この立体の体積は，$45\times3.14+12\times3.14+72=(45+12)\times3.14+72=57\times3.14+72=178.98+72=250.98(cm^3)$と求められる。

図Ⅱ

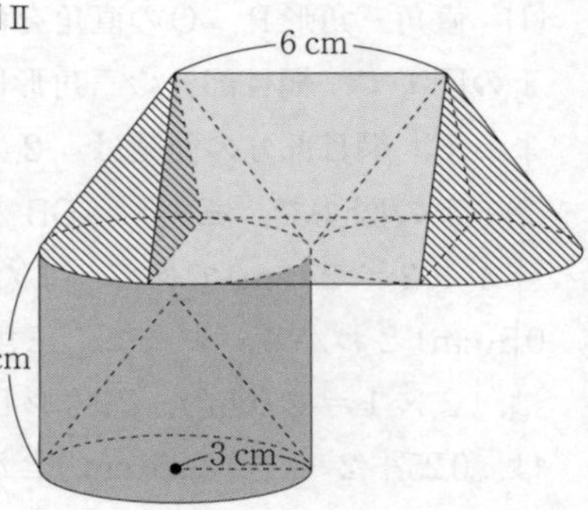

社 会 ＜Ｂ日程試験＞（30分）＜満点：60点＞

解 答

1 問１ ア　問２ エ　問３ エ　問４ イ　問５ 赤穂　問６ ① ウ　② 2／ア，エ　問７ うめ，みかん　問８ エ　問９ ① オ　② 琵琶湖　③ （例） 百瀬川を横切る道路がトンネルで河川の下を通っているところ。　問10 （例） 下の図

2 問１ エ　問２ 坂上田村麻呂　問３ ウ　問４ エ→ア→イ→ウ　問５ 生糸　問６ ア　問７ 後醍醐（天皇）　問８ オ　問９ イ　問10 ウ　問11 （例） 燃料の石炭が近くでとれ，原料の鉄鉱石の輸入がしやすいなど，費用を抑えられるため。　問12 イ　問13 琉球（王国）　問14 ウ

3 問１ イ　問２ ア，エ　問３ エ，オ　問４ ア　問５ エ　問６ イ　問７ カ　問８ 累進課税（制度）　問９ ① カーボンニュートラル　② ａ ウ　ｂ オ　ｃ キ　問10 Ｘ ア　Ｙ ウ　問11 （例） エコバッグを利用する（公共交通機関で移動する）

解 説

1 近畿地方の地形や特色についての問題

問１　近畿地方は，ウの三重県，イの滋賀県，京都府，大阪府，エの兵庫県，奈良県，和歌山県の２府５県で構成されており，アの福井県は中部地方に属している。

問２　Ｘは年間を通して降水量が少なく，冬でも比較《ひかく》的温暖な瀬戸内の気候の特徴《とくちょう》を示しているので，Ｂ（兵庫県洲本《すもと》市）となる。夏の降水量が多く，夏の南東の季節風や台風の影響《えいきょう》を受ける太平洋側の気候の特徴を示すＹには，Ｃ（三重県尾鷲《おわせ》市）があてはまる。Ｚは，冬の降水量が多い日本海側の気候の特徴がみられるので，Ａ（京都府舞鶴《まいづる》市）となる。

問３　熊野川は，紀伊山地を水源とする十津《とつ》川が奈良県南部を南に流れ，和歌山県に入って熊野川と名を変え，三重県と和歌山県の県境を形成して熊野灘《なだ》（太平洋）に注ぐ。なお，Ｄでは伊吹《いぶき》山地，Ｅでは養老山地，Ｆでは和泉《いずみ》山脈が県境となっている。

問４　Ｈは三重県の五ケ所湾や英虞《あご》湾で，リアス海岸となっている。リアス海岸は，山地が沈《しず》みこみ，谷だったところに海水が入りこんでできた出入りの複雑な海岸地形で，岩手県・宮城県の三陸海岸や福井県の若狭《わかさ》湾沿岸，愛媛県の宇和海沿岸などでもみられる。九十九里海岸は，房総半島の東海岸(太平洋岸)にのびる弓状の砂浜海岸である。

問５　瀬戸内海沿岸地域では，年間を通して雨が少ないという瀬戸内の気候をいかし，古くから海水を用いた製塩業が発達した。このうち，Ｉの兵庫県赤穂《あこう》市では江戸時代には大規模な塩田開発が進められ，全国有数の塩の産地として知られるようになった。なお，Ｊの説明文はｂで空らんには「丹後《たんご》」が，Ｋの説明文はａで空らんには「太地」があてはまる。

問６　①　東大阪市や八尾《やお》市がある東大阪地域では，大阪府東部に連なる生駒《いこま》山地から流れる河川の水で水車を回し，これを動力として工業が行われていた。その後，交通機関の発達などによって工業の近代化が進み，軽工業が発達した。　②　大阪府の面積は，香川県についで全国で２番目にせまく，人口は東京都，神奈川県についで全国で３番目に多い。村は千早赤阪村の１つで，大阪市と堺市の２つの政令指定都市がある。府内には人工島はあるが，自然の島はない。

問７　和歌山県は，うめの収穫量が全体の約65％，みかんの収穫量が全体の約21％を占《し》め，全国第１位となっている。なお，ぶどうは山梨県，びわは長崎県，りんごは青森県，日本なしは茨城県が収穫量全国第１位。統計資料は『日本国勢図会』2021／22版による(以下同じ)。

問８　794年，桓武天皇は京都市につくられた平安京に遷都《せんと》したが，この都は中国の条坊制にもとづいて碁盤《ごばん》目状に整備された。一方，北海道の旭川や札幌は明治時代に開拓され，京都の街づくりを参考にした建設計画にもとづいて，街が碁盤目状に区画された。

問９　①　1：50000の縮尺の地図の範囲を1：25000の縮尺の地図で表すと，一辺が２倍の長さで表されるので，その大きさ(面積)は，２×２＝４倍となる。　②　琵琶湖は滋賀県の中央に広がる日本最大の湖で，県の面積のおよそ６分の１を占めている。　③　地図の中央上寄りの場所に，道路がトンネル(=)----(=)で百瀬《ももせ》川の下を通っているところがみられる。ここから，百瀬川の河床が周囲の土地よりも高いことがわかる。

問10　①　志摩《しま》半島は三重県東部に位置する半島で，リアス海岸が発達している。　②　関西国際空港は，大阪湾南西部の沖合を埋《う》め立ててつくられた人工島上の空港で，1994年に開港した。　③　東経135度の経線は，京都府北部，兵庫県南東部の明石《あかし》市，淡路《あわじ》島北部，和歌山県北西部の友ヶ島などを通っている。

２ 日本の世界文化遺産についての問題

問１　三内丸山遺跡は青森市で発見された日本最大級の縄文時代の遺跡で，縄文土器や，竪穴《たてあな》住居跡，掘立柱《ほったてばしら》建物跡，植物の栽培跡などとともに，この時代の人々が狩《か》りや漁に用いたと考えられる骨角器が出土している。

問２　坂上田村麻呂は平安時代初めの９世紀，桓武天皇から征夷《せいい》大将軍に任命され，朝廷に従わない東北地方の蝦夷《えみし》を平定するため，東北地方に遠征《えんせい》した。現在の岩手県に胆沢《いさわ》城(奥州市)を築いて蝦夷の族長である阿弖流為《あてるい》を降伏《こうふく》させると，さらに北へと朝廷の支配地域を広げた。

問３　11世紀なかば，浄土《じょうど》教をあつく信仰した藤原頼通《よりみち》は，父の道長からゆずり受けた京都宇治の別荘を平等院という寺院とすると，翌53年に阿弥陀《あみだ》堂として鳳凰《ほうおう》堂を建てた。なお，アは７世紀，イは８世紀，エは17世紀，オは15世紀につくられたもので，いずれも阿弥陀堂ではない。

問４　アは上米《あげまい》の制についての説明で，江戸幕府の第８代将軍徳川吉宗が享保の改革の一環として18世紀前半に行った。イは，18世紀後半に江戸幕府の老中を務めた田沼意次《おきつぐ》の政策について説明している。ウは1860年(19世紀後半)のできごと，エは17世紀後半のできごとである。よって，年代順にエ→ア→イ→ウとなる。

問５　生糸は蚕の繭《まゆ》からとられる糸で，江戸時代末から昭和時代前半まで日本の主要な輸出品であった。富岡製糸場は明治時代初めにつくられた官営模範工場の一つで，日本の製糸業の近代化に貢献した。2014年には，ユネスコ(国連教育科学文化機関)の世界文化遺産に登録されている。

問６　問題文にあるように，五榜の掲示は「民衆の統制」を目的として1868年に出された。ここから，政治の運営について述べているアがふさわしくないと判断できる。アは，同じ年に新しい政治の方針として示された五箇条の御誓文の内容である。

問７　後醍醐天皇は1333年に鎌倉幕府を滅ぼし，建武の新政とよばれる天皇中心の政治を始めたが，公家中心の政治は倒幕に活躍した武士たちの不満を招いた。後醍醐天皇にそむいた足利尊氏が1336年に京都に入って光明天皇を立てると，後醍醐天皇は奈良の吉野へと逃れ，南朝を開いた。

問８　９世紀初め，空海は唐(中国)に渡って真言密教を学び，帰国すると，高野山金剛峯寺を総本山として真言宗を広めた。

問９　平清盛は，1167年に武士として初めて太政大臣となって政治の権力をにぎり，平氏の勢力を大きくのばしたが，摂政・関白には就任していない。

問10　1945年５月にドイツが無条件降伏すると，同年７月，アメリカ・ソ連・イギリスは日本の戦後処理などを話し合うため，ドイツのベルリン郊外でポツダム会談を開いた。ここで，日本の無条件降伏を求めるポツダム宣言が出されたが，日本がこれを無視して戦争を続けたため，８月６日に広島への原子爆弾投下が行われた。８日にはソ連が日ソ中立条約をやぶって日本に宣戦布告し，翌９日には長崎に原子爆弾が投下された。これらを受けて日本は14日，ポツダム宣言の受け入れを連合国に伝え，翌15日には天皇がラジオ放送で国民にこれを知らせた。

問11　メモ①～③から，鉄鋼業には鉄鉱石と石炭が必要で，石炭の産地である筑豊炭田と，鉄鉱石のおもな輸入先である中国が，いずれも八幡製鉄所から近かったことがわかる。

問12　イエズス会のスペイン人宣教師フランシスコ＝ザビエルは，1549年に鹿児島に上陸して日本に初めてキリスト教を伝えると，西日本を中心にして熱心に布教活動を行った。

問13　琉球王国は，15世紀前半に中山王の尚巴志が北山・南山の２王国を統一して沖縄島に成立した王国で，その王城である首里城は何度も焼失・復元が繰り返されている。首里城跡は，2000年に「琉球王国のグスク及び関連遺産群」(グスクは城という意味)の一つとして，世界文化遺産に登録された。

問14　1971年，佐藤栄作首相が沖縄返還協定に調印し，これにもとづいて翌72年に沖縄が本土復帰をはたした。1992年は，そこから20周年にあたる。

３　消費税と所得税の座標軸，地球温暖化対策の座標軸についての問題

問１　図１の座標軸から，「みんなで話し合う」ことと，「一人で決める」ことが公正と効率の面から比べられていることがわかる。

問２　閣議は，内閣総理大臣が議長となり，すべての国務大臣が出席して内閣の方針を決定する会議で，その意思決定は全会一致を原則としている。また，第一次世界大戦後の1920年に発足した国際連盟の総会は，全会一致で議決していた。なお，イとウは多数決，オは通常は多数決で，重要事項は３分の２以上の賛成で決定される。カは多数決だが，裁判官１人が賛成していることが条件となる。

問３　税は，おもに得た所得に対してかけられる直接税と，おもに物品やサービスに対してかけられる間接税に分けられる。たばこ税や酒税，貿易品にかけられる関税は間接税だが，もらった財産などにかかる贈与税や，企業などの所得に課される法人税は，直接税に分類される。

問４，問５　消費税は，所得にかかわらず一律に課されるので，公平性は高いが，高所得者から低所得者への所得の分配機能(所得再分配機能)は低い。一方，所得税では，収入(所得)が多いほど税率が高く，収入が少ないほど税率が低く設定されており，所得再分配機能は高いが，公平性は低い。

問６　衆議院選挙の一票の格差を是正するため，国勢調査の結果にもとづいた都道府県の人口の比率に応じて小選挙区の議席を配分する方法を，アダムズ方式という。なお，ドント方式は，各政党の得票数を整数で割っていき，その商の大きい順に議席を割り当て，当選者定数に達するまで各政党に配分するという方法で，比例代表選挙の議席配分で用いられる。また，死票とは当選者以外の候補者に投じられた票のことで，死票が多いことは小選挙区制の欠点と考えられている。

問７　日本国憲法第25条で定められた「健康で文化的な最低限度の生活を営む権利」を生存権といい，これを保障するため，国は生活保護制度をはじめとする社会保障制度を整えている。なお，平等権は第14条，国家賠償請求権は第17条に規定があり，第11条は基本的人権，第16条は請願権，第20条は信教の自由について規定している。

問８　収入が高いほど税率が高くなる制度を累進課税制度といい，日本では，直接税である所得税や相続税で導入されている。

問９　①　カーボンニュートラルは，二酸化炭素をはじめとする温室効果ガスの排出量から，植林・森林管理などによる吸収量を差し引き，その合計を実質ゼロにするという政策で，政府は2050年までの達成を目指すと宣言した。　②　パリ協定は，2020年以降の地球温暖化対策の国際的な枠組みを定めたもので，世界の平均気温の上昇を産業革命前から２度未満にし，21世紀後半に排出される温室効果ガスを実質ゼロにするために，各国が自主的に自国の削減・抑制目標を設定することが決められた。

問10　X　「世界全体で」とある項目が高い位置づけにあることから，アだと判断できる。　Y　「冷房の設定温度を上げる」「自宅の庭」とある項目がふくまれているので，ウがあてはまる。

問11　個人でできる地球温暖化対策として，買い物に行くときにエコバッグを持参する，過剰な包装は断る，バスや電車などの公共交通機関や自転車を利用する，エレベーターをなるべく使わず階段を使う，電気はこまめに消すといったことが考えられる。

理　科　＜Ｂ日程試験＞（30分）＜満点：60点＞

解　答

[1]　(1)　4.5kg　(2)　①　3 kg　②　右に30cm　(3)　2.0　(4)　10cm　(5)　6.25kg　(6)　右に５cm　[2]　(1)　エ　(2)　イとエ　(3)　(例)　火がつくと，はげしく燃える性質。　(4)　(例)　アンモニア　(5)　A　エ　B　カ　(6)　①　C　ア　D　ク　②

ア　3 (1) ア　(2) 10　(3) ② ア　③ オ　(4) イ　(5) イ　(6) （例）河川の護岸工事などで，川からの土砂の流入が減ったため。　4 (1) 蒸散　(2) （例）植物の体温を下げる。　(3) エ　(4) 「Ｂの水の減少量」−「Ｃの水の減少量」，「Ｄの水の減少量」−「Ｅの水の減少量」　(5) イ　(6) 4.5cm³　(7) エ

解　説

1 てこのつり合いについての問題

(1)　物体の重さが１点に集まっているとみなすことができる点のことを重心という。太さが均一の木材の場合，重心は木材の中央にある。図２では，ばねはかりＡもばねはかりＢも木材の中央から30cmの位置にあるので，木材の重さは両方のばねはかりに半分ずつかかる。よって，ばねはかりＡは，$9\times\frac{1}{2}=4.5$(kg)を示す。

(2)　①　２人に同じ重さがかかるとき，１人には，(９＋３)÷２＝６(kg)の重さがかかる。よって，白金君が木材を支える力は，６－３＝３(kg)である。　②　ばねはかりＡに６kg，ばねはかりＢに３kgの重さがかかるとき，木材の重心からそれぞれのばねはかりまでの距離《きょり》の比は，ばねはかりにかかる重さの逆比になるので，木材の重心からばねはかりＢまでの距離を□cmとすると，30：□＝３：６より，□＝30×６÷３＝60(cm)であるから，ばねはかりＢを右に，60−30＝30(cm)ずらしたことがわかる。

(3)　表１で，ばねはかりＡの値とばねはかりＢの値の合計は，どれも3.0kgだから，空欄《くうらん》に入るのは，3.0−1.0＝2.0(kg)である。

(4)　木材Ｘを１本の糸でつるして水平につり合うのは，糸を木材Ｘの重心の真上につけたときである。ばねはかりＢを木材Ｘの右端《はし》につけたとき，ばねはかりＡが示す値とばねはかりＢが示す値の比は，2.0：1.0＝２：１だから，木材Ｘの重心からばねはかりＡとばねはかりＢまでの距離の比は，その逆比の１：２になる。したがって，木材Ｘの長さ30cmを１：２に分けた位置が木材Ｘの重心の位置になるので，その位置は，図５の木材Ｘの左端から，$30\times\frac{1}{1+2}=10$(cm)と求められる。

(5)　２人が運んでいた木材の重さは，(1)より，それぞれのばねはかりに4.5kgずつ均等にかかる。また，木材Ｘの重心からばねはかりＡまでの距離は，75＋10−60＝25(cm)，ばねはかりＢまでの距離は，75＋(30−10)−60＝35(cm)であるから，木材Ｘの重さのうち，ばねはかりＡとばねはかりＢにかかる重さの比は，距離の比の逆比の，35：25＝７：５である。したがって，ばねはかりＡには，$3.0\times\frac{7}{7+5}=1.75$(kg)の重さが加わるので，ばねはかりＡが示す値は，1.75＋4.5＝6.25(kg)となる。

(6)　もともと９kgの木材の重さは両方のばねはかりに均等にかかっているので，ばねはかりＡとばねはかりＢの値が同じになるには，木材Ｘの重さが２つのばねはかりに均等にかかればよい。つまり，木材Ｘの重心が２人が運んでいた木材の中央にくればよいので，180÷２－(75＋10)＝５(cm)より，木材Ｘを右に５cm動かせばよいとわかる。

2 ゴムについての問題

(1)　天然ゴムはパラゴムノキなどのゴムの木の樹液を原料にして作られる。

(2)　ペットボトルは石油を原料にしたプラスチックでできていて，ガラスは岩石にふくまれるセキエイなどの鉱物が原料であり，どちらも自然界で分解されにくい物質である。

⑶　水素は酸素と結びつきやすく，空気中で爆発《ばくはつ》するように激しく燃える。そのため，取りあつかいには注意が必要である。ヘリウムは，化学的に安定した物質で燃えないため，風船や飛行船の中に入れる気体として使われている。

⑷　空気より軽い気体には，アンモニアやちっ素，メタンなどがある。

⑸　のびた状態で室温と同じ温度のゴムを縮めたとき，温度が25℃から23℃に変化したので，ゴムを縮めるとゴムが冷えるといえる。

⑹　①　スクリーン上の光の点が上に移動したことから，鏡が裏側の方(ドライヤーで温めた方)にかたむいたことがわかる。これは，ドライヤーの熱風で温まったゴムが縮んだことによって起こったと考えられる。　②　鏡で反射した光の鏡に対する角度はスクリーンを遠ざけても変わらないが，スクリーンに映る光の点は上に移動し，光の点が移動する距離は大きくなる。

3　川の水のはたらきについての問題

⑴　Ｖ字谷は，山間部を流れる川の両岸がＶの字のように切り立った地形である。川の上流では，川底のかたむきが急で水の流れが速いため，川底をけずるはたらきが強くなる。そのため川底がけずられ，Ｖ字型の深い谷ができやすい。

⑵　横軸《じく》の目盛りの一番左は0.001mmで，その１目盛り右は0.01mmだから，0.01÷0.001＝10(倍)になっている。

⑶　②　３回目の父親の言葉から，たい積している粒《つぶ》が動き出す流れの速さのグラフは曲線Ａとわかる。　③　縦軸の上になるほど川の流れは速い。グラフの曲線Ａに注目すると，たい積している粒が流れ出す速さが遅《おそ》い順に，0.1mmの砂，0.01mmの泥《どろ》，10mmのレキの順なので，流れの速さが0.1cm/秒からだんだん速くなると，この順番に流れ出す。

⑷　グラフの曲線Ｂより，流れの速さが遅くなって10cm/秒になったとき，いずれの大きさのレキもたい積する。しかし，粒の直径が0.1mmの砂や0.01mmの泥はたい積せず，運ぱんされ続ける。

⑸　領域Ⅱは曲線Ｂの上側にあるので，運ぱんされている粒はたい積せずに運ぱんされ続ける。また，領域Ⅱは曲線Ａの下側にあるので，たい積している粒は動き出さずにたい積したままである。

⑹　海岸の砂は，もともと川の流れによって上流から運ばれてきたものであるから，ダムの建設や河川の護岸工事によって運ばれてくる土砂が少なくなると，少しずつ砂浜の砂は減少してしまう。ほかには，コンクリートやガラスの製造など工業で使われる砂を海岸で採取する量が増えたことなども挙げられる。また，海岸の埋《う》め立てや漁港の開発などで海の水の流れ方が変わり，砂浜付近の海流が速くなったことなども考えられる。

4　蒸散についての問題

⑴　植物が葉や茎《くき》などにある気孔《きこう》から，体内の水分を水蒸気として体外に放出するはたらきを蒸散という。

⑵　水が水蒸気になるときにまわりから熱をうばうので，蒸散によって体の温度を下げる効果がある。また，葉から水を蒸散させることで，体内の水の移動がさかんになり，根から水を吸収しやすくなる。

⑶　Ｂは水面に油を浮《う》かべているので，水面から水が蒸発できなくなっている。

⑷　ワセリンを葉にぬると，気孔をふさぐことができる。よって，水が蒸発するところをまとめると次ページの表のようになる(○がついているところは水が蒸発するところ)。よって，葉の表側か

らの蒸発量は，ＢとＣの水の減少量の差やＤとＥの水の減少量の差から求められることがわかる。

	葉の表側	葉の裏側	茎	水面
A	○	○	○	○
B	○	○	○	×
C	×	○	○	×
D	○	×	○	×
E	×	×	○	×

⑸　右の表より，葉の表側にだけワセリンをぬったＣと，葉の裏側にだけワセリンをぬったＤを比べることで，葉の表側からの蒸発量と裏側からの蒸発量を比べることができる。

⑹　葉の裏側からの蒸発量は，ＢとＤの水の減少量の差として求められる。よって，(100－93.0)－(100－97.5)＝4.5(cm^3)である。

⑺　葉の裏側以外(葉の表側と茎)からの蒸発量は，Ｄから，100－97.5＝2.5(cm^3)になる。これより，葉の裏側からの蒸発量(4.5cm^3)は，葉の裏側以外の蒸発量より多いことがわかる。

国語　＜Ｂ日程試験＞（50分）＜満点：100点＞

解答

一　問１　１～４　下記を参照のこと。　５　へいおん　６　つゆ　７　あやつ(る)　８　ひといき　問２　１　エ，カ　２　ア，ウ　３　イ，ク　問３　１　エ　２　ウ　３　オ　二　問１　６　問２　エ　問３　(例)　学びの場が自由であるべき　問４　ア　問５　ウ　問６　イ　問７　⑴　エ　⑵　ウ　問８　イ　問９　(例)　人と人とが交流し，社会のなかで音楽をどう生かしていくか考えるようになったとき。　問10　(例)　音楽は，人はなぜ生きるのか，どう生きるべきかという根源的な問いを考えるうえでの助けとなるものだから。　問11　イ　三　問１　ア　問２　(例)　自分が新しい学級の同級生から嫌がらせを受けるということ。　問３　ア　問４　(例)　姉が自分から秀男に聞いてもらいたいことがあると言い出しておきながら，なかなか言い出さないようす。　問５　ウ　問６　自分のことしか考えられず，それゆえとても幸福な(気持ち)　問７　イ　問８　ショコちゃんと会　問９　(例)　誰かから切実な思いを告げられること。　問10　ウ　問11　エ

●漢字の書き取り

一　問１　１　縮(ん)　２　下手　３　規律　４　縦隊

解説

一　漢字の書き取りと読み，熟語の成り立ち，ことわざの知識

問１　１　音読みは「シュク」で，「縮小」などの熟語がある。　２　巧《たく》みではないこと。　３　人の行いの基準として定めたもの。　４　前から後ろへと長く並んだ隊形。　５　特別なことも起こらず，おだやかなさま。　６　六月から七月中旬《ちゅうじゅん》にかけての，雨の多い時期。　７　音読みは「ソウ」で，「操縦」などの熟語がある。　８　「一息つく」は“一休みする”という意味。

問２　１　「比較《ひかく》」「停止」は，似た意味の漢字を重ねた熟語。　２　「私立」「腹痛」は，上の漢字が主語，下の漢字が述語になっている熟語。　３　「余地」「異国」は，上の漢字が下の漢字を修飾《しゅうしょく》している熟語。　なお，「無罪」は，上に打ち消しの意味を表す漢字がくる熟語。「往復」

は，反対の意味の漢字を重ねた熟語。

問３　**１**「石橋を叩《たた》いて渡る」は，非常に用心深いことのたとえ。　**２**「棚《たな》からぼた餅《もち》」は，何もしていないのに，思いがけない幸運に出会うことのたとえ。　**３**「花より団子《だんご》」は，風流よりも実際の利益を重んじることのたとえ。

二　**出典は『「自由」の危機―息苦しさの正体』所収の「音楽と自由(山田和樹《やまだかずき》著)」による。**ドイツでは，学問や芸術の自由が大切にされていることを紹介《しょうかい》し，音楽の意義について考察している。

問１　実際に音楽を表現するさいには，さまざまな制約があるにしても，「絶対的な音楽そのものは，人の手が触《ふ》れようが触れまいが自由」である。そして，「それはたとえ人類が滅《ほろ》んでも存在し続けるような絶対的な自由」なのである。

問２　筆者は，「留学などでドイツの学校に入った経験はない」ため，「ドイツにおける学問の自由」について，自分の体験を通して理解したわけではない。

問３　「ドイツはまず学びの機会を自由に与《あた》えようということを，非常に熱心に考えて」おり，学校では「学ぶ側も自由に取捨選択《せんたく》できる」。すべてにおいて，学問の場は自由でなければならない，と考えられているのである。

問４　「メルケル首相は物理学者で，学問を経《へ》て今の政治家，首相という地位」に就《つ》いた。そのため，論理的にものごとを考え，自分の発言の根拠《こんきょ》を明らかにしながら発言するので，その発言は「とても説得力が強い」のである。

問５　「メルケルさんをはじめとした政治家が文化とは何か，芸術とは何かということをちゃんと考えて」おり，理解していたために，「ドイツ政府はコロナ禍《か》に直面したごく初期に，いち早く『芸術家を守ります』という内容の声明を発表」したのである。

問６　「ネガティブ(negative)」は，“マイナスの意味・価値を持つ”という意味なので，イが合う。

問７　⑴「四分音符《おんぷ》は二分音符の半分」という制約があると述べられているので，アは合う。「家で音楽を演奏するといっても，大きな音だと近所迷惑《めいわく》になったり」もするとあるので，イもよい。また，「楽譜《がくふ》にこう書いてあったらこう演奏しなきゃいけない」と書かれているので，ウも正しい。このように，「音楽を表現する行為《こうい》」にはさまざまな制約があって，自由ではないのである。音楽を演奏するのに，「まずクラシックを学ぶ必要がある」とは述べられていないので，エが選べる。　⑵「『自由』という言葉は制限や制約との結びつきを内包《ないほう》して」いる。つまり，制限や制約があるからこそ，そこからの解放を目指して，「自由」というものが求められるのである。

問８　「音楽を表現する行為」には制約がつきまとうが，「絶対的な音楽そのものは，人の手が触れようが触れまいが自由なまま」だとあるので，アは合う。「楽譜にこう書いてあったらこう演奏しなきゃいけない」し，「四分音符は二分音符の半分」でなければならないとあるので，イは合わない。米津玄師《よねづけんし》氏は，音楽は「“型”のようなもので成立している部分」があり，「そのなかでいかに自由に泳ぐか」が問題だと言っているので，ウはよい。また，彼《かれ》は音楽の「“型”のようなもので成立している部分」を理解せずに，型から離《はな》れた自由な音楽を優《すぐ》れているとする「極端《きょくたん》なオリジナリティー信仰《しんこう》とか，センス信仰」を批判しているので，エも合う。

問９　「文化としての音楽というのは，人と人とがコミュニケーションをすることで成り立って」いる。「人と人とが交流」し，「音楽をどう社会に生かしていくか」を考えるときに，音楽は，「文化的な活動になる」のである。

問10　「音楽をする活動自体」が，「人はなぜ生きるのか，どう生きるべきか，という根源《こんげん》的な問い」をふくんでいる。「音楽をする活動」は，「そういった根源的な問いにヒントを与えてくれるものであり，その答えに近づこうとさせてくれるもの」であり，「何かこんがらがったものをリセットしてくれる役目」もある。だから，「音楽をする活動」は，「阻害《そがい》されてはいけない，自由が守られていなければならない」のである。

問11　日本の社会で「自由」という言葉を「ネガティブな意味として捉《とら》え」ていたのは「明治以前」だと述べられているので，アは合わない。メルケル首相は「東ドイツで育った」が，(注)からもわかる通り，東ドイツでは「自由な学び，発言などが許されない状況《じょうきょう》」であったため，「自由の制限ということに関してもより敏感《びんかん》」なのではないかと筆者は考えている。よって，イは合う。筆者は，「現在ベルリン在住」だが，「ドイツ政府はコロナ禍に直面したごく初期に，いち早く『芸術家を守ります』という内容の声明を発表」した。音楽家である筆者は，「有難《ありがた》いと思う以上に」，ドイツの政治家の意識の高さを強く感じたと述べられているので，ウは誤り。筆者は，「メルケルさんをはじめとした政治家が文化とは何か，芸術とは何かということをちゃんと考えて」おり，彼らは「コロナになってから考えたのではなく，前からそういうものを理解していた」と述べているので，エも正しくない。

三　**出典は桜木紫乃《さくらぎしの》の『緋《ひ》の河《かわ》』による。**恋文《こいぶみ》をもらったことを姉から打ち明けられて，複雑に揺《ゆ》れ動く秀男の心情をえがいた文章である。

問１　秀男は，男として生まれたが，「きれいな女の人になりたいと思って」いた。章子《しょうこ》が成長し，「体つきもひときわ女らしく変化」するのを見て，自分は成長しても章子のようにはなれないと感じて，優しい姉に「やきもちを焼いた」のである。

問２　秀男の「新しい学級」では，「女の子たちが強くなってきて」おり，「男子と喧嘩《けんか》する」のである。男子と女子の喧嘩が終わると，自分が攻撃《こうげき》の対象になってしまうので，秀男としては，男女が「ずっといがみ合っててほしい」のである。ここでの「的」は，“標的”という意味。

問３　文次が教室に来るまで，秀男は同級生たちからさまざまな嫌《いや》がらせを受けた。そのため，自分を守ってくれる文次を待つ間，「秀男の心は落ち着かなかった」。一方，文次がやって来ると，秀男は文次のことが気になって，やはり焦《あせ》ってしまうのである。

問４　章子は，自分から秀男に「聞いてもらいたいことがある」と言っておきながら，洗濯《せんたく》ものを伸《の》ばしたり，干《ほ》したりして，なかなか言い出そうとしなかった。そんな姉のようすは，いつもとは少し違《ちが》っていたのである。

問５　章子が恋文を渡《わた》されていたことを知って，秀男は驚《おどろ》いた。姉が「まだ中学二年生」であることについては文中でふれられていないので，①はアかウがよい。「文次が自分に対してそんな切実な思いを抱《いだ》いてくれているかどうか～自信もない」とある通り，姉には思ってくれる相手がいることを，秀男はねたましく思っているので，②はウかエが合う。姉は自分の身に起こったできごとに夢中で，文次の気持ちを感じ取るゆとりはないようすなので，③は，姉にとって自分よりも恋文の送り主のほうが大切な存在になるのではないか，と感じてさびしく感じているとするイかウがふさわしい。よって，ウが選べる。

問６　章子は，「恋文という初めての体験を誰《だれ》かに告げたくて仕方なさそう」だったが，「告げたあと」は，秀男のことなど目にもとまらないようすだった。このときの章子は，「自分のことしか考えられず，それゆえとても幸福な」気持ちだったのである。

問７　章子が恋文をもらったことを知って，秀男は複雑な気持ちになり，動揺《どうよう》した。姉がそんな自分に少しも配慮《はいりょ》してくれなかったので，秀男はすんなりとは姉を祝福できなかったのである。

問８　「妙《みょう》に輝《かがや》く言葉」とは，生徒会長の，章子に対する思いが表れているような言葉のことである。章子が受け取った恋文には，「『好き』や『恋《こ》うる』の文字」はなかったが，「ショコちゃんと会えるのが毎日の楽しみで，そのお陰《かげ》で勉強も生徒会もがんばれる」，「笑《え》顔《がお》をありがとう」などの言葉がはさみこまれていたのである。

問９　生徒会長は，章子に「切実な思い」を抱き，それを恋文という形で伝えた。同じようなことが自分にもあったら，自分も章子に相談すると秀男は言ったのである。

問10　文次が，「切実な思いを抱いてくれているかどうか」について，秀男は，「爪《つめ》の先ほどの自信」もなかった。そのため，章子が恋文をもらったことをうらやみ，秀男は動揺していたが，その気持ちをおさえて「あたしもそういうことがあったら，真っ先にショコちゃんに相談するわ」と言ったのである。姉が，そんな自分の心の内を少しも察していないことに秀男は傷つき，悲しんだ。その一方で，自分の嘘《うそ》を聞いて姉が喜んでいるのを見て，ほっとする気持ちも多少はあったのである。

問11　心を許し合った相手と話しているときでさえ，人間は誰しも，話し相手の「心の裡《うち》に大きな興味などないのかもしれない」と秀男は考えたのである。

Dr.福井の

入試に勝つ！脳とからだのウルトラ科学

歩いて勉強した方がいい？

みんなは座って勉強しているよね。だけど，暗記するときには歩きながら覚えるといいんだ。なぜかというと，歩いているときのほうが座っているときに比べて，心臓が速く動いて（脈はくが上がって）脳への血のめぐりがよくなるし，歩いている感覚が背骨の中を通って脳をつつくので，頭が働きやすくなるからだ（ちなみに，運動による記憶力アップについては，京都大学の久保田名誉教授の研究が有名）。

具体的なやり方は，以下のとおり。まず，机の上にテキストを広げ，１ページぐらいをざっと読む。そして，部屋の中をゆっくり歩き回りながら，さっき読んだ内容を思い出す。重要な語句は，声に出して言ってみよう。その後，机にもどってテキストをもう一度読み直し，大切な部分を覚え忘れてないかをチェック。もし忘れている部分があったら，また部屋の中を歩き回りながら覚え直す。こうしてひと通り覚えることができたら，次のページへ進む。あとはそのくり返しだ。

さらに，この“歩き回り勉強法”にひとくふう加えてみよう。それは，なかなか覚えられないことがら（地名・人名・漢字など）をメモ用紙に書いてかべに貼っておくこと。ドンドン貼っていくと，やがて部屋中がメモでいっぱいになるハズ。これらはキミの弱点集というわけだが，これを歩き回りながら覚えていくようにしてみよう！　このくふうは，ふだんのときにも自然と目に入ってくるので，知らず知らずのうちに覚えることができてしまうという利点もある。

歴史の略年表や算数の公式などを大きな紙に書いて貼っておくのも有効だ。

Dr.福井（福井《ふくい》一成《かずしげ》）…医学博士。開成中・高から東大・文Ⅱに入学後，再受験して翌年東大・理Ⅲに合格。同大医学部卒。さまざまな勉強法や脳科学に関する著書多数。

2022年度　高輪中学校

〔電　話〕　(03) 3441－7201
〔所在地〕　〒108-0074　東京都港区高輪2－1－32
〔交　通〕　都営浅草線―「泉岳寺駅」より徒歩3分
東京メトロ南北線・都営三田線―「白金高輪駅」より徒歩5分

【算　数】〈C日程試験〉(50分)〈満点：100点〉

〈注意〉 円周率は3.14を用いること。

1 次の□にあてはまる数を求めなさい。

(1) $452 \div 4 - 13 \times \{111 \div (18+19) \times 2\} =$ □

(2) $2\frac{1}{6} \times \frac{3}{7} - 2\frac{5}{8} \div \left(4\frac{1}{2} + \frac{2}{5}\right) =$ □

(3) $1.57 \times 324 + 15.7 \times 26.9 - 157 \times 1.93 =$ □

(4) $\left\{\frac{5}{6} + \left(2\frac{2}{3} - \square\right) \times 0.875\right\} \div \frac{5}{14} = 7$

2 次の各問いに答えなさい。

(1) 小数第1位までの数(小数第2位以下のない数) S があります。S の小数第1位を四捨五入してから9倍した数は，S を9倍してから小数第1位を四捨五入した数より3だけ大きくなります。S の小数第1位の数字はいくつですか。

(2) 高輪水族館では，20人以上の団体に対しては入場料を2割引きに，50人以上の団体に対しては入場料を3割引きにしています。50人未満の団体でも，50人として入場料を支《し》払《はら》う方が安くなるのは，何人以上のときですか。

(3) 秒速18mで走る列車が，踏《ふ》み切りで立っている人の前を6秒で通過しました。また，この列車はあるトンネルに入り始めてから，出終わるまで20秒かかりました。このトンネルの長さは何mですか。

(4) A君はカードを83枚，B君はカードを14枚持っています。2人ともカードを同じ枚数もらったので，A君のカードの枚数はB君のカードの枚数のちょうど4倍になりました。A君のカードは何枚になりましたか。

答えを出すための計算や考え方を書いて答えなさい。

3 図1のように，円周上に赤玉，青玉，白玉の3個を置き，それぞれの玉に1以上の整数を1つずつ書き入れます。

次に，以下の操作を行います。

操作：隣《とな》り合う2個の玉の間すべてに，緑玉を置き，それらの玉に隣り合う2個の玉に書かれた数の和を書く。

例えば，赤玉に1，青玉に2，白玉に3を書き，この操作を1回行うと，図2のようになり，6個のすべての玉に書かれた数の和は18になります。

この操作を繰《く》り返し続けていきます。

次の各問いに答えなさい。

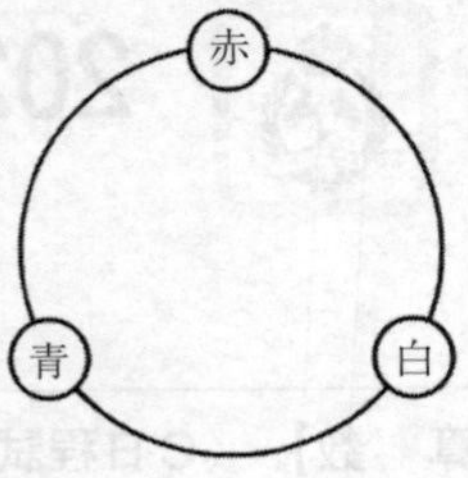

図1

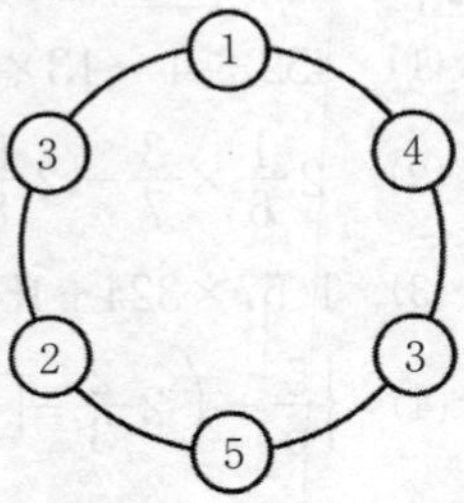

図2

(1) 赤玉に1，青玉に3，白玉に5を書き，この操作を2回行ったとき，12個のすべての玉に書かれた数の和はいくつですか。

(2) 赤玉に1，青玉に3，白玉に5を書き，この操作を3回行ったとき，24個のすべての玉に書かれた数の和はいくつですか。

(3) 赤玉に1，青玉に1を書き，この操作を4回行ったとき，すべての玉に書かれた数の和は1620でした。このとき，白玉に書いた数はいくつですか。

(4) この操作を1回以上行い，すべての玉に書かれた数の和が36になるように赤玉，青玉，白玉の3個に整数を書きます。この3個の玉の整数の書き方は全部で何通りですか。

4 右の図は，AC = 6 cm，BC = 4 cm の直角三角形ABCと，2つの半円を組み合わせた図形です。また，点Dは辺AC上にあり，ACとBDは垂直です。

次の各問いに答えなさい。

(1) CDの長さは何cmですか。

(2) 三角形ABDの面積は，三角形BCDの面積の何倍ですか。

(3) 網目《あみめ》部分の面積は何cm^2ですか。

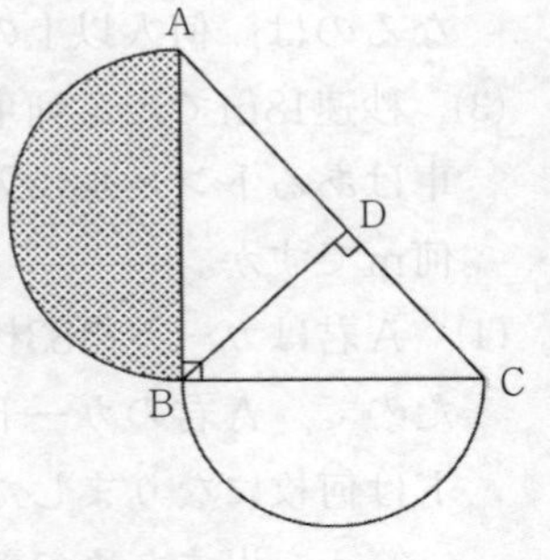

5 図1は，1辺が1 cmの立方体の積み木を，27個すき間なく並べてできた，1辺が3 cmの立方体Rです。

次の各問いに答えなさい。

ただし，角すいの体積は(底面積)×(高さ)×$\frac{1}{3}$で求めることができます。

(1) 図1の立方体Rを，3点A，C，Fを通る平面で切断するとき，点Dを含《ふく》む立体の体積は何cm^3ですか。

(2) (1)のとき，切断される積み木は27個のうち何個ですか。

図2の立方体Rから積み木①を選び，立方体Rの反対の面まで突《つ》き抜《ぬ》けるように，積み木を3個取り除きます。次に，

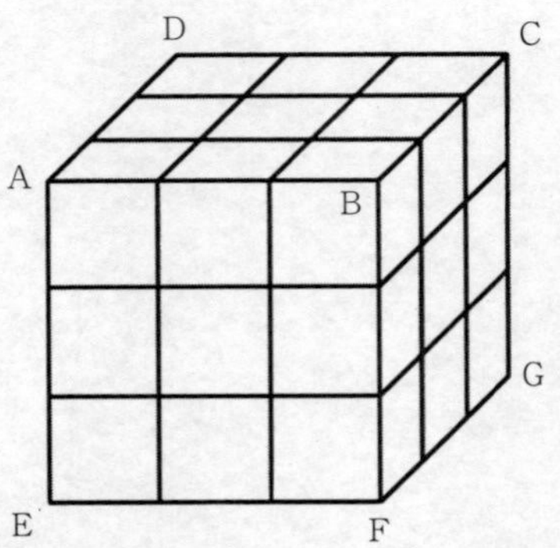

図1

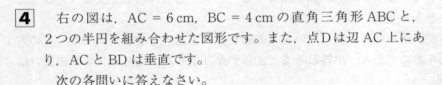

積み木②，③を選び，同様にして，積み木をそれぞれ2個ずつ取り除くと，合計7個の積み木を取り除いた，図3のような立体Sになります。ただし，積み木を取り除いても，立体はくずれないものとします。

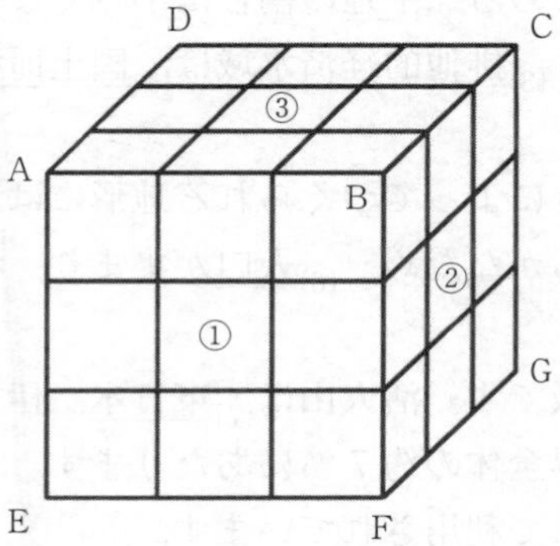

図2

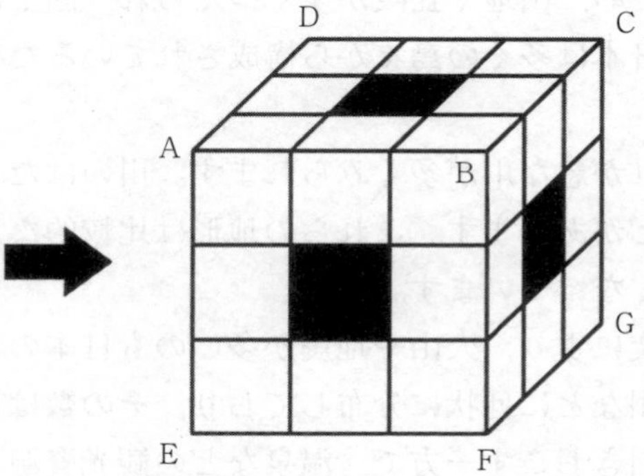

図3

(3)　図3の立体Sを，3点A，C，Fを通る平面で切断したとき，点Dを含む立体の体積は何cm^3ですか。

【社　会】〈C日程試験〉(30分)〈満点：60点〉

1　次の文を読み，下の各問いに答えなさい。

日本列島の周辺では，地球の表面部分を構成する(1)プレートがいくつも複雑にぶつかり合っています。このため，山地や丘陵が多くつくられ，国土にしめる(2)平地の割合は小さくなっています。また，日本は多くの島々から構成されているため，(3)排他的経済水域は(4)国土面積を上回ります。

日本では，流れが急な川が多くみられます。川のはたらきによってつくられる地形には，扇状地や(5)などがあります。これらの地形は比較的なだらかなため，(6)人口が集まり，都市が形成されやすくなっています。

プレートの衝突により，火山や地震が多いのも日本の特徴です。活火山は(7)東日本，伊豆・小笠原諸島，九州などに列状に分布しており，その数は世界全体の約7％にあたります。火山は(8)自然災害を引きおこす一方で，温泉などの観光資源として利用されています。

日本は細長い国土であるため，(9)気候の地域差が大きくなっています。このような自然環境は，(10)農業や食文化の地域性を生み出す要因にもなっています。

問1　下線(1)に関連して，①・②の各問いに答えなさい。

①　2つのプレートの境界にあたる，駿河湾から日向灘沖付近にかけての海底には，溝状の地形がみられ，過去にも一定の周期で大地震が発生しています。この地形を何といいますか。5字で答えなさい。

②　太平洋を取り囲むように分布するプレートの境界に並行して，太平洋に面する国々には多くの山脈が形成されています。下の**ア～オ**のうち，太平洋に面する国として**ふさわしくない**ものはどれですか。一つ選び，記号で答えなさい。

ア　カナダ　　**イ**　フィリピン　　**ウ**　ニュージーランド

エ　ブラジル　　**オ**　ペルー

問2　下線(2)に関連して，下の**ア～オ**のうち，平野とその平野を流れる河川の組み合わせとして**ふさわしくない**ものはどれですか。一つ選び，記号で答えなさい。

ア　豊橋平野―豊川　　**イ**　濃尾平野―長良川　　**ウ**　富山平野―阿賀野川

エ　宮崎平野―大淀川　　**オ**　筑紫平野―筑後川

問3　下線(3)について，下の**ア～エ**のうち，排他的経済水域に関する説明として正しいものはどれですか。一つ選び，記号で答えなさい。

ア　外国船は，許可なく航行できない。

イ　沿岸国以外の国は，漁業や海底の資源開発を自由におこなえない。

ウ　排他的経済水域とは，水深約200mまでの浅い海のことをいう。

エ　日本の排他的経済水域は，国土面積の約2倍である。

問4　下線(4)に関連して，日本の国土面積は現在，広い方から数えて61番目となっています。この順位は世界のすべての国を面積順に並べたとき，上位何％にふくまれますか。下の**ア～エ**から選び，記号で答えなさい。

ア　上位20％以内　　**イ**　上位20％～40％の間

ウ　上位40％～60％の間　　**エ**　上位60％～80％の間

問5　(5)には，河川が上流から運搬した土砂が河口付近に堆積することでつくられる，低平な地形の名称が入ります。この地形の名称を漢字で答えなさい。

問６　下線(6)に関連して，下の表は，人口・卸売業の年間商品販売額・小売業の年間商品販売額のそれぞれについて，上位５都道府県が全国にしめる割合(2015年)を示したものです。下の表にもとづいて，卸売業の円グラフを解答欄に作成しなさい。また，都道府県別の卸売業・小売業をそれぞれ人口の割合とくらべたときに，どのようなことがわかるかを簡潔に説明しなさい。なお，円グラフは定規を使わずに作成してもよい。

人口		卸売業		小売業	
東京	11%	東京	41%	東京	14%
神奈川	７%	大阪	11%	大阪	７%
大阪	７%	愛知	８%	神奈川	６%
愛知	６%	福岡	４%	愛知	６%
埼玉	６%	神奈川	３%	埼玉	５%

※『データでみる県勢 2021年版』『数字でみる日本の100年 改訂第７版』より作成

問７　下線(7)に関連して，下の**ア**～**オ**のうち，東北地方にある火山として**ふさわしくない**ものはどれですか。一つ選び，記号で答えなさい。

ア　開聞岳　　**イ**　蔵王山　　**ウ**　八甲田山　　**エ**　磐梯山　　**オ**　岩木山

問８　下線(8)に関連して，①・②の各問いに答えなさい。

①　近年は，集中豪雨による災害が毎年のようにおきています。令和２年７月豪雨(熊本県など)では，列状に発達した雨雲が長時間にわたってほぼ同じ場所を通過することで，強い降水をともなう雨域が発生しました。このような雨域を何といいますか。漢字５字で答えなさい。

②　洪水は，どこで発生するかをすべて予測することは難しいため，これまで各地でさまざまな対策がおこなわれてきました。下の**ア**～**エ**のうち，洪水対策としておこなわれてきたこととして**ふさわしくない**ものはどれですか。一つ選び，記号で答えなさい。

ア　河川の流域に堤防を建設する。
イ　河川の流路がまっすぐになるよう工事する。
ウ　河川の上流にダムを建設する。
エ　河川上流の山間部で住宅開発をおこなう。

問９　下線(9)に関連して，①・②の各問いに答えなさい。

①　都市部などで，人工的に排出された熱が地上近くに多くとどまるために，周囲の地域とくらべて気温が高くなる現象を何といいますか。解答欄に合うように答えなさい。

②　下の２つの図はそれぞれ，６～８月と12～２月の３か月間降水量(1991年～2020年の平年値)を示しています。これらの図をくらべると，夏と冬では降水量が多い地域が大きく異なることがわかります。この理由を説明しなさい。

６～８月

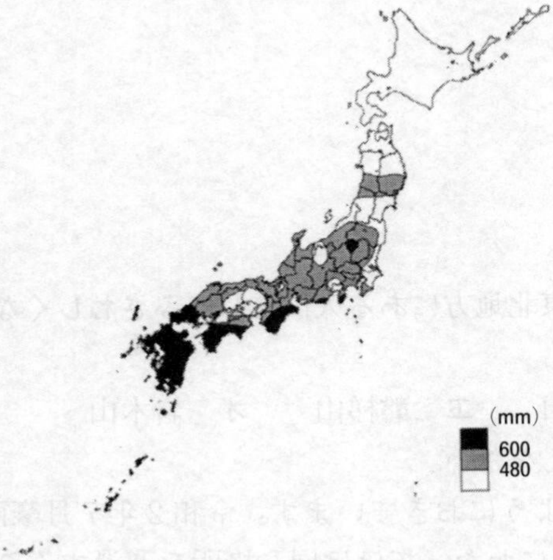

12～２月

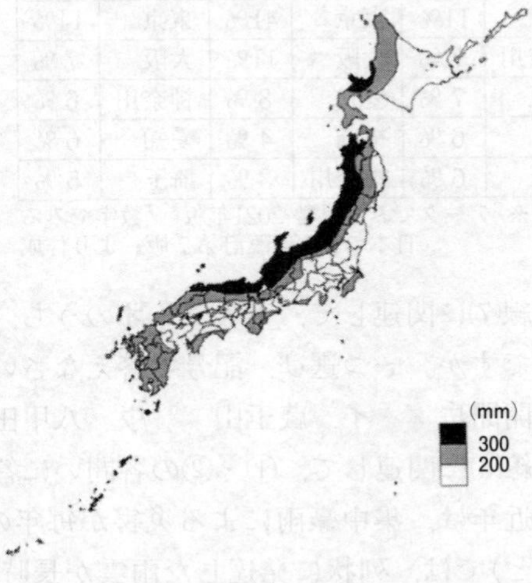

※気象庁ホームページより作成

問10　下線(10)に関連して，下の表は，右の地図中の３市町における農業産出額にしめる米・野菜・果実・畜産の割合(2019年)を示したものです。市町名と表中のA～Cの正しい組み合わせを，下の**ア**～**カ**から選び，記号で答えなさい。

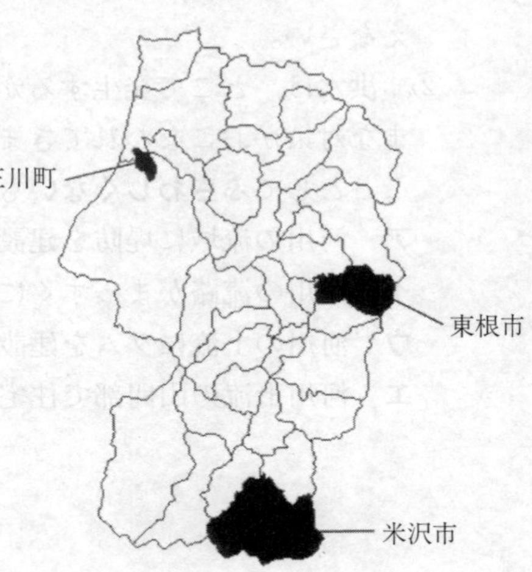

市町	米	野菜	果実	畜産
A	7.6%	2.6%	77.4%	8.5%
B	39.0%	11.0%	9.4%	35.2%
C	73.1%	16.6%	0.3%	7.9%

※農林水産省ホームページより作成

	ア	イ	ウ	エ	オ	カ
三川町	A	A	B	B	C	C
東根市	B	C	A	C	A	B
米沢市	C	B	C	A	B	A

2　次の文を読み，下の各問いに答えなさい。

A　古代から中世にかけて，政治や文化の面で女性の活躍がみられました。８世紀末までに(1)女性の天皇は８代存在しました。平安時代には(　２　)文字が生まれ，それを用いて女性たちが日記や文学作品を残しました。鎌倉時代には，初代将軍(　３　)の妻が「尼将軍」と呼ばれ，幕府政治を支えました。また，この時期には女性の(　４　)も存在しました。

B　(5)江戸時代，幕府は民衆を支配するためにさまざまな(6)統制を加えました。大名には(7)武家諸法度を，天皇や公家には禁中並公家諸法度を定めることで，行動を規制しました。農村や漁村・山村に住み，江戸時代の人口の約80%をしめた(　８　)に対しては，生活の心得を定め，五人組を作らせて監視しました。また，江戸時代は(9)身分や性別によってさまざまなあつかいの差がありました。

C　近代以降，差別をなくそうとするさまざまな動きがおこりました。大正時代には，被差別部落の解放を目指し，西光万吉らによって(　10　)が，また，女性の地位向上を目指して(11)新婦人協会が設立されました。さらに，(12)第一次世界大戦の講和会議で，日本は人種差別撤廃を条約に盛り込もうとする動きをみせました。2019年には(13)アイヌを先住民族としてはじめて位置付けた法律が制定されました。

問１　下線(1)に関連して，下の**ア**～**エ**の文を年代順(古い順)に並べ替え，記号で答えなさい。

ア　孝謙天皇のころ，東大寺大仏の開眼供養がおこなわれた。

イ　推古天皇のころ，憲法十七条が制定された。

ウ　持統天皇のころ，藤原京への遷都がおこなわれた。

エ　元明天皇のころ，和同開珎が鋳造された。

問２　(２)に適する語を答えなさい。

問３　(３)に適する人名を漢字で答えなさい。

問４　(４)には，鎌倉幕府が荘園・公領ごとに設置した，現地で年貢徴収や土地の管理をおこなう役職の名が入ります。適する語を漢字２字で答えなさい。

問５　下線(5)に関連して，江戸時代中期の18世紀には，商品としての米の流通が増加しました。その理由を，下のメモ①～③を参考に説明しなさい。

[メモ①]	[メモ②]	[メモ③]
一般的に，大名は領地の農民から，年貢を米でおさめさせていた。	大名のおもな収入源は，領地の農民などがおさめる年貢であった。	大名は一定期間，江戸で生活する義務があり，貨幣で必要な物を買った。

問６　下線(6)に関連して，キリスト教の禁教を目的の一つとして，いわゆる鎖国がおこなわれました。鎖国体制への移行を加速させた，1637年から1638年にかけての大規模な一揆がおきた場所はどこですか。下の**ア**～**オ**から選び，記号で答えなさい。

ア　加賀　　**イ**　山城　　**ウ**　加茂　　**エ**　天草　　**オ**　石見

問７　下線(7)に関連して，下の**ア**～**エ**のうち，徳川家光の制定した武家諸法度にふくまれる内容として**ふさわしくない**ものはどれですか。一つ選び，記号で答えなさい。

ア　自分の城の堀がこわれた場合は，奉行所の指示を受けること。

イ　500石積以上の大きな船をつくることを許可する。

ウ　武芸をみがき，学問にはげむこと。

エ　大名は，毎年４月に江戸に参勤すること。

問８　(８)には，江戸時代の身分の一つを示す語が入ります。適する語を漢字２字で答えなさい。

問９　下線(9)について，江戸時代の身分や性別などに関連してのべた下のａ～ｄの文のうち，正しいものの組み合わせはどれですか。下の**ア**～**エ**から一つ選び，記号で答えなさい。

ａ　死に関わる仕事につく人は差別されたが，死体の解剖をおこなう人は医学の発展に欠かせないものだったため，差別されることはなかった。

ｂ　被差別民が藩の差別的扱いの強化に反発して一揆をおこし，藩の差別的な命令の効果をなくすことに成功したこともあった。

ｃ　庶民の教育機関であった寺子屋では，一般的には女子も学ぶことができた。

ｄ　離婚は不名誉と考えられたため，夫からも妻からも離婚の意思を示すことはできなかった。

ア　ａとｃ　　**イ**　ａとｄ　　**ウ**　ｂとｃ　　**エ**　ｂとｄ

問10　(10)に適する団体の名を漢字で答えなさい。

問11　下線(11)に関連して，下の**ア**～**エ**のうち，新婦人協会などの活動によって，1922年に認められた女性の権利はどれですか。もっともふさわしいものを選び，記号で答えなさい。

ア　政治に関する集会に参加できるようになった。

イ　一家のあるじの同意なく結婚できるようになった。

ウ　衆議院議員の選挙に投票できるようになった。

エ　妻が夫の財産を自由に使用できるようになった。

問12　下線(12)について，この講和会議がおこなわれた場所はどこですか。下の**ア**～**オ**から選び，記号で答えなさい。

ア　ジュネーヴ　　**イ**　ロンドン　　**ウ**　ワシントン

エ　ポーツマス　　**オ**　パリ

問13　下線(13)に関連して，下の**ア**～**エ**のうち，アイヌやアイヌに関する法律についてのべた文としてもっともふさわしいものはどれですか。記号で答えなさい。

ア　アイヌとは，18世紀に樺太や北海道，東北・北陸・関東地方など東日本に広く居住した先住民族である。

イ　交易などで差別的な扱いを受けたアイヌは，15世紀に首長シャクシャインを中心に松前藩や商人と戦った。

ウ　アイヌの楽器には，三線と呼ばれる弦楽器や，ムックリと呼ばれる口琴などがあった。

エ　アイヌは，明治時代には「旧土人」とされ，その呼称が残った法律は，第二次世界大戦後まで残った。

3　次の**A**～**E**のカードは，1972年・1982年・1992年・2002年・2012年のいずれかの年におきたできごとをまとめたものです。これらをみて，下の各問いに答えなさい。

A
・(1)第２土曜日を休みとする月１回の学校週５日制が導入される。
・PKO協力法が成立する。
・(2)千葉市が12番目の(3)政令指定都市となる。

B
・(　4　)がインドネシアの支配から独立する。
・第１回(5)日朝首脳会談が朝鮮民主主義人民共和国(北朝鮮)でおこなわれる。

C
・(6)沖縄がアメリカから日本に返還される。
・最高裁判所ではじめて，(7)日照権を認める判決が出される。

D
・(8)500円硬貨の発行がはじまる。
・(9)老人保健法により，高齢者の医療費の有料化が決まる。
・東北新幹線(大宮～盛岡間)が開業する。

E
・リオデジャネイロで国連(10)持続可能な開発会議が開催される。
・７月に九州北部，８月に近畿地方で(11)豪雨による河川の氾濫が相次ぐ。
・ロンドンオリンピックが開催される。

問１　下線(1)に関連して，学校教育を取り巻く制度は定期的に見直しが図られ，改定されています。インターネットなどの発達・普及によってライフスタイルに大きな変化が見られる今日の社会を反映して，2025年の大学入試共通テストから新たに加えられることになった教科は何ですか。教科名を漢字で答えなさい。

問２　下線(2)に関連して，千葉市では2021年３月に市長選挙がおこなわれました。下の**ア**～**エ**のうち，市長選挙についてのべた次の文X・Yの内容の正誤の組み合わせとして正しいものはどれですか。記号で答えなさい。

X　選挙権は，住民のうち満20歳以上の者にあたえられる。

Y　被選挙権は，住民のうち満30歳以上の者にあたえられる。

※ここでいう住民とは，その地方公共団体に引き続き３か月以上住所がある者をさす。

ア　X：正　Y：正　　**イ**　X：正　Y：誤
ウ　X：誤　Y：正　　**エ**　X：誤　Y：誤

問３　下線(3)に関連して，下の文は政令についてのべたものです。文中の(　)に適する語を，漢字で答えなさい。

憲法第73条によると，政令とは，憲法や法律の規定を実施するために(　　)が制定する命令のことである。

問４　(４)に適する国名を答えなさい。

問５　下線(5)について，下の**ア**～**エ**のうち，この会談による成果としてふさわしいものはどれですか。一つ選び，記号で答えなさい。

ア　日本と北朝鮮との間で国交が正常化した。

イ　日本と北朝鮮の両国が日朝平壌宣言に署名した。

ウ　サッカーワールドカップを共同で開催することを決定した。

エ　両国が領有を主張している地域の問題解決に向けて協力することを決定した。

問６　下線(6)について，下の**ア**～**エ**のうち，沖縄県と鹿児島県との県境としてもっともふさわしいものはどれですか。記号で答えなさい。

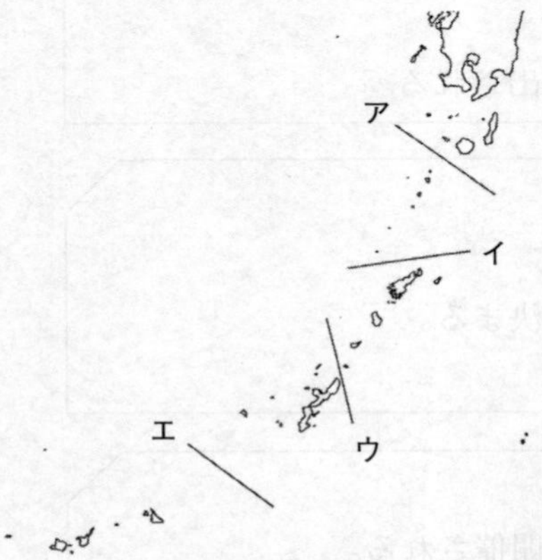

問７　下線(7)に関連して，日照権は日本国憲法には明記されていない，いわゆる新しい人権の一つです。近年，インターネットが急速に普及し，「忘れられる権利」についての議論が世界でおこなわれるようになっています。「忘れられる権利」が主張されるようになった理由について，インターネットの特徴を踏まえて説明しなさい。

問８　下線(8)に関連して，500円硬貨が発行される前に使用されていた500円札には，岩倉具視がえがかれていました。下の**ア**～**エ**のうち，岩倉具視についてのべた文としてふさわしいものはどれですか。一つ選び，記号で答えなさい。

ア　19世紀後半に，条約改正をめざして欧米諸国を訪問した。

イ　明治時代初期に郵便制度の創設に尽力し，近代郵便制度の基礎を確立した。

ウ　明治～大正時代にかけて活躍した実業家で，多数の銀行や証券会社，学校などの設立に関わった。

エ　明治～昭和時代初期にかけて活躍した農学者で，国際連盟の事務次長を務めた。

問９　下線(9)に関連して，下の**ア**～**エ**のうち，法律の制定についての説明として**ふさわしくない**ものはどれですか。一つ選び，記号で答えなさい。

ア　法律案は，かならず衆議院で先に議決をおこなう。

イ　衆議院と参議院の議決が異なる場合に，両院協議会を開くことがある。

ウ　各議院の議長に提出された法律案は，本会議の前に委員会で審議される。

エ　委員会の審議の中では，専門家などから意見を聞くための公聴会が開かれることもある。

問10　下線⑽に関連して，熱帯地域を中心におこなわれている焼畑農業では，ある土地の森林をすべて焼き払って耕地にすることが，その土地の荒廃につながると指摘されています。なぜなら，森林には，根を張ることで，降水の際に雨水とともに土が流されてしまうことを防ぐ働きがあるからです。土壌が流出してしまう問題を軽減させながら，焼畑農業を持続的におこなっていくためには，どのような方法が考えられますか。説明しなさい。

問11　下線⑾に関連して，近年，集中豪雨による河川の氾濫などの自然災害が頻発しています。下の表は，このような状況下で地方公共団体から住民に出される避難情報について表しています。この避難情報は，2021年５月に内容の一部が改められたもので運用されています。これに関連する①・②の各問いに答えなさい。

警戒レベル	避難情報(旧)		避難情報(新)
5	災害発生情報		緊急安全確保
4	避難（ １ ）(緊急) 避難（ ２ ）	➡	避難（ １ ）
3	避難準備・高齢者等避難開始		高齢者等避難
2	大雨・洪水・高潮注意報 (気象庁)		大雨・洪水・高潮注意報 (気象庁)
1	早期注意情報 (気象庁)		早期注意情報 (気象庁)

①　図中の(１)・(２)に適する語の正しい組み合わせを，下の**ア**～**エ**から選び，記号で答えなさい。

ア　(１)　勧告　(２)　指示　　**イ**　(１)　指示　(２)　勧告

ウ　(１)　準備　(２)　勧告　　**エ**　(１)　準備　(２)　指示

②　内閣府の新しいガイドラインでは，避難情報が出された地域の住民に対して，表中の「警戒レベル(　　)」までに，全員が避難することを呼びかけています。(　)に適する数字を答えなさい。

問12　**A**～**E**のカードを年代順(古い順)に並べ替え，記号で答えなさい。

問13　下のカードには，**A**～**E**のいずれかのカードと同じ年におきたできごとが記されています。下のカードと同じ年のカードを一つ選び，**A**～**E**の記号で答えなさい。

・iPS細胞を開発した山中伸弥氏がノーベル医学・生理学賞を受賞した。

【理　科】〈C日程試験〉(30分)〈満点：60点〉

1　図1のように，なめらかで水平な台の上に片方の端《はし》を固定したばねをのせ，もう一方の端に小球を押しあてて縮め，点Aで手を放すと，小球は台の上をすべり，点Bから水平方向に飛び出し，80cm 下の地面上の点Cに落下しました。飛び出した後のある時刻の「水平距離」と「落下距離」は図1に示した長さを表します。ただし，小球の大きさは考えないものとします。

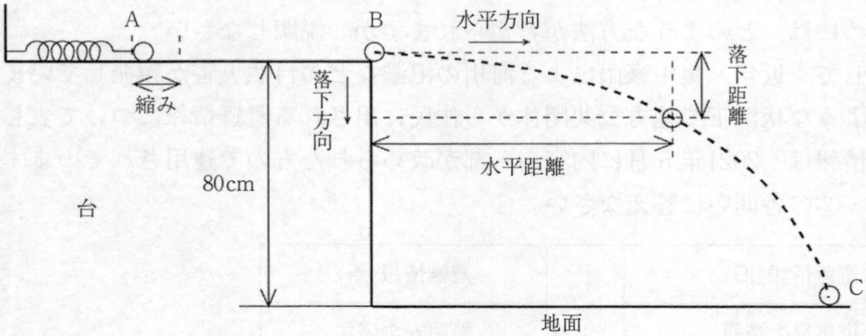

図1

図2は，点Bから飛び出す瞬《しゅん》間を0秒として，0.1秒ごとの小球の位置を表したもので，ばねの縮みを3cm と6cm にしたときをグラフで表しています。

また，ばねの縮みを3cm ずつ変えたときの，点Bから点Cまでの水平距離は，次の表のようになりました。

ばねの縮み[cm]	3	6	9	12
点Bから点Cまでの水平距離[cm]	20	40	60	

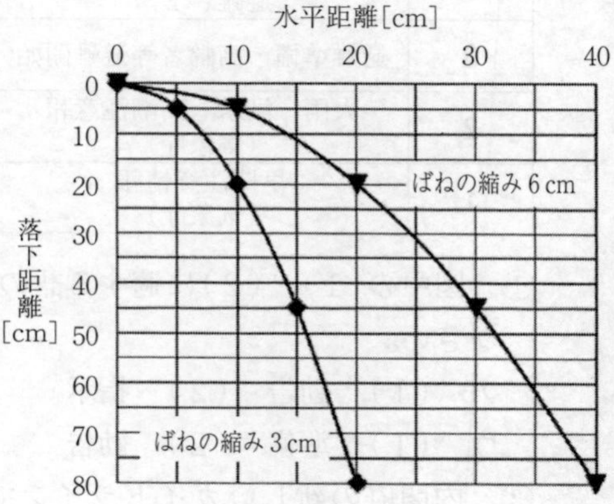

図2

(1)　表の空欄《らん》に入る数値を答えなさい。

(2)　ばねの縮みを3cm にしたとき，小球が点Bから飛び出した後の，水平方向と落下方向の0.1秒ごとの移動距離はどうなっていますか。正しいものを，次の**ア**～**ウ**の中からそれぞれ1つ選び，記号で答えなさい。

ア　だんだん長くなる　　**イ**　だんだん短くなる　　**ウ**　変わらない

(3)　ばねの縮みを15cm にしたとき，小球が点Bから飛び出してから0.3秒後の水平距離と落下距離はそれぞれ何cm ですか。

(4)　ばねの縮みを9cm にしたとき，点Bから飛び出した後の，小球の点Bからの位置をグラフに表しなさい。ただし，図2のように，0秒，0.1秒後，0.2秒後，0.3秒後，0.4秒後の小球の位置をそれぞれ●印で表し，なめらかな曲線で結びなさい。

(5)　図3のように，台から水平方向に55cm はなれた地面に高さ60cm で厚み5cm の壁《かべ》を垂直に立てました。点Bから飛び出した小球が壁に当たることなく越《こ》えていくのは，ばねの縮みを何cm より長くしたときですか。

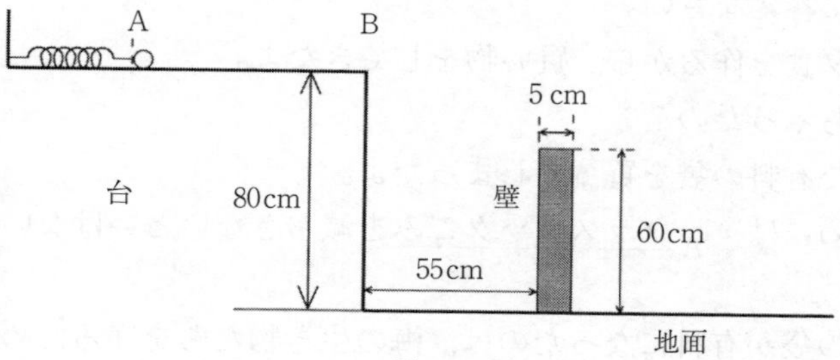

図3

2 石灰石の主成分は炭酸カルシウムという物質です。炭酸カルシウムを加熱すると，気体を発生しながら生石灰という物質に変わります。表1はある重さの炭酸カルシウムを，十分に加熱した後にできた生石灰の重さと，発生した気体の体積の関係を表しています。次の各問いに答えなさい。ただし，気体の体積は温度により変わらないものとします。

表1

加熱前の炭酸カルシウムの重さ［g］	25	50	75	100
加熱後にできた生石灰の重さ［g］	14	28	42	56
発生した気体の体積［L］	6	12	18	24

(1) 炭酸カルシウムを多く含《ふく》むものを，次の**ア**～**オ**の中から２つ選び，記号で答えなさい。

ア 貝がら　**イ** 食塩　**ウ** 大理石　**エ** ろう　**オ** ホウ酸

(2) 炭酸カルシウムを加熱したときに発生した気体を石灰水に通すと白くにごりました。この気体の名前を答えなさい。

(3) 65ｇの炭酸カルシウムを十分に加熱したときにできる，生石灰の重さは何ｇですか。

(4) 80ｇの炭酸カルシウムを加熱したとき，加熱が不十分で反応がすべて終わりませんでした。このとき，炭酸カルシウムと生石灰の混合物の重さは58ｇでした。この混合物中に含まれる生石灰の重さは何ｇですか。

(5) (4)の混合物を十分に加熱したときに，新たに発生する気体は何Lですか。

生石灰は水とはげしく反応して発熱することが知られています。水に生石灰を加えると液体の温度が上がりました。そこにフェノールフタレイン溶《よう》液を加えると，濃《こ》い赤色になりました。

(6) 一般《ぱん》に，物質が変化するときは，まわりに熱を出したり，まわりから熱を吸収したりします。次の①～③について，熱を出す変化はA，熱を吸収する変化はBと答えなさい。

① 鉄粉が酸素と反応し，酸化鉄になる。

② 液体のエタノールが気体のエタノールになる。

③ 水が氷になる。

(7) 生石灰と水の反応を利用したものとして，緊《きん》急時に食べ物を温めるための防災グッズ(発熱剤《ざい》)があります。その発熱剤には発熱量を増やすために生石灰のほかにある金属の粉末が含まれているものがあります。その発熱剤に水を加えると，発熱しながら気体の水素が発生します。ある金属の粉末として適当なものを，次の**ア**～**エ**の中から１つ選び，記号で答えなさい。

ア 銀　**イ** 鉄　**ウ** アルミニウム　**エ** 銅

3 次の会話文を読み，以下の各問いに答えなさい。

父親：ただいま。今日は，お父さんが夕食を作るから，買い物をしてきたよ。

子供：あれ，今日はエコバッグを忘れちゃったの？

父親：そうなんだよ。だからスーパーで有料の袋《ふくろ》を買ってしまったよ。

子供：もう，海の生き物たちを守るためには，Aプラスチックごみを減らさないといけないんだから気をつけないとだめだよ。

父親：ごめんごめん。でも，スーパーの袋が有料になったのは，海の生き物たちを守るためだけではないんだよ。

子供：そうなの？

父親：そうだよ。もう１つの大きな目的は，石油からつくられるプラスチック製品を減らしてB『地球温暖化』を防ぐことなんだよ。

子供：生き物のことばかり考えていたけど，それだけじゃないんだね。

父親：とくにここ数年，世界中で異常気象を引き起こしているよね。

子供：実際にどんな問題が起きているのかな？

父親：例えば，最近の日本では，C梅雨の時期や秋雨の時期，台風が近づいたときなどに，激しい雨が同じ地域で長時間降り続いて，土砂災害や洪《こう》水が発生することが増えてきたよね。

子供：よくテレビのニュースでやっているよね。

父親：そうだね。D世界規模でも大雨による大規模な洪水や，高温や乾燥《かんそう》による山火事や干ばつといった異常気象などを引き起こしているよね。

子供：本当に地球全体の環《かん》境が変わってしまう大きな問題だね。

父親：それじゃあ，買い物袋から買ってきたものを出してくれるかな。

子供：はい。…お父さん！ 袋の中のものを見ると，ビニール袋・食品トレー・食品ラップ・プラスチックボトル・ボトルのラベル…。ほとんどのものがプラスチック製品の中に入れられているよ。

父親：いいところに気がついたね。今はほとんどのものがプラスチック製品で包装されてしまっていて，一部分はEリサイクルされているけど，これらを減らしていくのは本当に大変なんだ。それに，プラスチックを減らすといっても話はそんなに単純じゃないんだ。

子供：どういうこと？

父親：広い目で見ると，石油を産出している国，石油を輸出入する企業，石油からプラスチック製品を製造する企業，その製品を売る企業など，経済的に石油やプラスチックに関係している国・企業がたくさんあるんだよ。

子供：そうなんだね。じゃあ，プラスチック製品を減らすのは難しいのかな？

父親：そうかもしれないね。でも，Fいろいろな企業が石油にたよらない社会をつくるために動き出しているんだよ。

子供：じゃあ，今，僕たちにもできることがあれば，しっかりと取り組まないといけないね。

父親：そうだね。自分たちだけじゃなく，世界中の人々が意識を持って，変わっていかないといけないね。

(1) 下線Aについて，海に流れ出てしまったものを海洋プラスチックごみといいます。これらのごみのうち，細かくくだけた(５mm 以下)ものを何といいますか。カタカナで答えなさい。

(2)　下線Bを引き起こす性質を持つ気体のことを何といいますか。

(3)　(2)のような性質を持つ気体の名前を1つ答えなさい。

(4)　下線Cについて,「次々と発生する発達した積乱雲が,列をなして数時間にわたり,ほぼ同じ地域に激しい雨を降らせる雨域」のことを何といいますか。漢字5文字で答えなさい。

(5)　下線Dについて,このような現象が起きる理由の1つとして,上空の空気の流れが大きく蛇《だ》行することで高気圧や低気圧,暖気や寒気が移動できず,長期間同じ場所に居座ってしまうことが考えられます。この上空の空気の流れは,西から東に流れています。この空気の流れを何といいますか。

(6)　下線Eについて,リサイクルはプラスチック以外にも多くのもので行われています。プラスチック以外にリサイクルされているものを,1つ答えなさい。

(7)　下線Fについて,どのような分野の企業が,リサイクル以外でどのような取り組みをしていますか。例にならって答えなさい。

(例)　電力会社が,風力発電や太陽光発電の設置を進めている。

4

ヒトの誕生と体のつくりについて,次の各問いに答えなさい。

(1)　ヒト,メダカ,ヒキガエルのそれぞれの受精卵の大きさを比べたとき,大きい順に並んでいるものを,次の**ア**～**カ**の中から1つ選び,記号で答えなさい。

ア　ヒト＞メダカ＞ヒキガエル　　**イ**　ヒト＞ヒキガエル＞メダカ

ウ　メダカ＞ヒト＞ヒキガエル　　**エ**　メダカ＞ヒキガエル＞ヒト

オ　ヒキガエル＞ヒト＞メダカ　　**カ**　ヒキガエル＞メダカ＞ヒト

(2)　次のA～Cは,ヒトの胎《たい》児が成長するようすを説明したものです。正しい順に並んでいるものを,下の**ア**～**カ**の中から1つ選び,記号で答えなさい。

A　手足の筋肉が発達して,からだの動きが活発になる

B　心臓ができる

C　鼻やあごが形づくられ,からだの形がはっきりしてくる

ア　A→B→C　　**イ**　A→C→B　　**ウ**　B→A→C

エ　B→C→A　　**オ**　C→A→B　　**カ**　C→B→A

(3)　図1は,子宮の中での出産前のヒトの胎児のようすを示したものです。X,Yの名前を答えなさい。

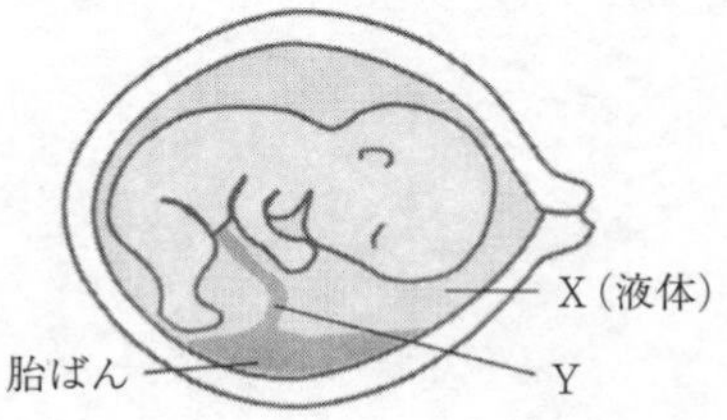

図1

(4)　ヒトの胎児と母体は胎ばんを通してつながっており,胎児が育つために必要なものといらなくなったものを交換《かん》しています。胎ばんを通して胎児と母体の間を**移動していないもの**を,次の**ア**～**エ**の中から1つ選び,記号で答えなさい。

ア　酸素　　**イ**　養分　　**ウ**　赤血球　　**エ**　二酸化炭素

(5)　出産直前のヒトの胎児の平均的な身長と体重として適当なものを,次の**ア**～**エ**の中から1つ選び,記号で答えなさい。

ア　身長25cm・体重3000g　　**イ**　身長50cm・体重3000g

ウ　身長25cm・体重5000g　　**エ**　身長50cm・体重5000g

(6)　ヒトと同じように子に乳をあたえて育てる動物として正しいものを，次の**ア**～**オ**の中からすべて選び，記号で答えなさい。

ア　ペンギン　**イ**　カメ　**ウ**　ラッコ　**エ**　マグロ　**オ**　イルカ

(7)　乳や育児用ミルク以外からも栄養を取り入れ，幼児食へと移る過程の食事を離《り》乳食といいます。歯がなく，かむ力が弱いうちは，食道につまらせないようにするために，なめらかにすりつぶしたものを与えます。このほかに，離乳食をすりつぶして与える理由を1つ答えなさい。

ウ、いきなりの　エ、ありきたりな

問五　――5「まだか弱い苗木が倒れないように、二人で丁寧に土を被せた」とありますが、この表現から「二人」のどのような心情が読み取れますか。二五字以内で答えなさい。

問六　――6「念入りに土を押さえるタカ兄の手のしわひとつひとつに、深い祈りが込められているようだった」とありますが、「花」はタカ兄をどのような人だととらえていますか。ふさわしいものを次の中から一つ選び、記号で答えなさい。

ア、植えた苗木が枯れることなく育っていくことを願う心優しい人。
イ、「星の子の家」での存在意義を失いたくないと必死になっている人。
ウ、与えられた仕事に対してきちんと責任をもってやり遂《と》げる誠実な人。
エ、「星の子の家」で暮らす一人一人に対して大きな愛情を持っている人。

問七　――8「なんでって、家族でいるのに理由なんかないだろう」とありますが、この言葉が「花」に影響を与え、木々の見え方にも変化が見られます。その変化がわかる一文を文中から抜き出し、始めの五字を答えなさい。

問八　――9「胸がチクリとした」とありますが、その理由の説明としてふさわしいものを次の中から一つ選び、記号で答えなさい。

ア、実の家族と離れている「花」にとって、「タカ兄」の言葉は家族とは一体何なのかを改めて考えさせるものであり、家族であることの意味をつきつけられてはっとさせられたから。
イ、実の家族と暮らせない「花」にとって、他人である施設の人たちを家族と考えるという発想は全く無かったものであり、ましてやその理由も示されなかったことにあきれているから。
ウ、実の家族と離れ離れになっている「花」にとって、家族という言葉はあこがれであり、そんな言葉を無造作に使う「タカ兄」に、自身の心の中の大切なものを傷つけられた気がしたから。
エ、実の家族と暮らすことができない「花」にとって、施設の人たちは一緒に暮らしていても結局家族ではなく赤の他人であり、そんな冷めた心を「タカ兄」に見透《す》かされたことで動揺《どうよう》しているから。

問九　10 に入る言葉としてふさわしいものを次の中から一つ選び、記号で答えなさい。

ア、とうの昔から知っている
イ、知らなくてもどうにかなる
ウ、もうすっかり忘れてしまった
エ、いつまでも覚える気になれない

問一〇　――11「いい子でね」に込められた気持ちの説明としてふさわしいものを次の中から一つ選び、記号で答えなさい。

ア、晴海の思いに自分の気持ちを重ね合わせて、このつらい環境を何とか耐え忍ぶよう応援している。
イ、晴海の気持ちをあれこれと考えて、自分に反抗《はんこう》せず言うことを聞いてくれればよいと希望している。
ウ、自分が施設に来た頃のことを思い出しながら、晴海も何とか環境に順応し続けてくれることを願っている。
エ、将来の晴海の立場を考え、自分のようにこの環境の中でうまく立ち回れるよう成長することを期待している。

問一一　12 に入る言葉を、文中の言葉を使って五字以上一〇字以内で記しなさい。

「でもさ、なんで？」

「8なんでって、家族でいるのに理由なんかないだろう」

9胸がチクリとした。

「家族か」

「そう、家族だ」

タカ兄はそう言って手についた土を払うと、軽トラを車庫に戻しに庭を出た。私はその背中を目で追いながらふと涙がこみあげそうになり、大きく息を吸って吐《は》いた。悲しみの封《ふう》じ込め方は、［10］。

すぐには家へ戻る気になれなかったので、私はしばらく庭に立ち、シャラノキと植えたばかりのコブシの木とを交互に眺《なが》めていた。隣同士の二本の木は、どこか親子のようにも見えた。いつかこの小さなコブシの苗木も、すっかり伸びて私の木よりも大きくなるだろうか。美しく立派な花をたくさん咲かせるだろうか。その頃には、晴海はどんな風になっているのだろう。

「ただいま！」

夏のプール補講から帰って来た子どもたちの声がして、私は庭のフェンスから顔を覗《のぞ》かせた。列をなす小学生たちの中に、晴海もすっかり溶《と》け込んでいた。子どもたちは大人の心配など遠く及ばないところで、勝手に日常に順応していく。

「もうすぐお昼だよ」

私が声をかけると、まだ乾いていない髪の毛から水しぶきを飛ばして、一斉《いっせい》に玄関へ駆け込んでいった。ツンとする塩素の香りがこちらまで漂《ただよ》って、本格的な夏の訪れを告げるようだった。

私もそろそろ部屋へ入ろうと庭へ出かけたが、ふいに踵《きびす》を返し、植えたてのコブシの苗木のもとへと戻った。苗木の前にしゃがみこむと、ちょうど同じくらいの背丈《せたけ》になった。私は誰にも聞こえないくらいの小さな声で、そっと苗木にまじないをかけた。

「11いい子でね」

真夏の太陽はてっぺんに上がり、その日のピークの暑さで私たちを照らしていた。向こう一週間は雨が降りそうになく、猛暑は日ごとに増していくようだった。きっと今年のコブシの花は、［12］に違いない。

《小川紗良『海辺の金魚』より》

問一 ――1「どれも皆、どことなくその子に似ているから不思議だ」とありますが、この見方からすると、文中の「シャラノキ」の描写から現在の「花」がどのような人物であることが読み取れますか。本文の言葉を使って三五字以内で答えなさい。

問二 ――2「私の本当の庭」とはどのような庭ですか。ふさわしいものを次の中から一つ選び、記号で答えなさい。

ア、実の家族と一緒に過ごす自分の家の庭。
イ、仲間と一緒ではなく自分だけで遊べる庭。
ウ、常に多くの友達が出入りする公園のような庭。
エ、小さいころのように楽しい遊びに熱中できる庭。

問三 ――3「晴海の木」とありますが、ここでの意味がよくわかるように文中の言葉を使って説明を補《おぎな》い、二五字以内で答えなさい。解答の文は「晴海」で始め「木」で終わること。

問四 ――4「あまのじゃく」・7「唐突な」の文中での意味としてふさわしいものを次の中からそれぞれ一つ選び、記号で答えなさい。

4 ア、思いも寄らぬことをする者
イ、わざと逆らうことをする者
ウ、人のいやがることをする者
エ、気分次第でものごとをする者

7 ア、するどい イ、ふしぎな

バキ」とも呼ばれるように、初夏に入るとツバキによく似た白い花を咲かせ、咲いた花は一日で散っていく。

昔はよく庭に落ちた白い花々を拾い集めて、お花屋さんごっこをしていた。他にも小枝を拾い集めた木材屋や、セミの抜け殻《がら》を集めた昆虫博物館など、小さな庭の小さな街に色々な仲間がいたけれど、気づけば皆家庭復帰や自立を迎えてここから巣立《すだ》って行った。どこまでいってもここは架空《かくう》の街であり、架空の庭であるのだと歳を重ねるごとに知る。2私の本当の庭は、どこにあるのだろう。

十年経ってすっかり伸びたシャラノキは、しゃんとしているようにも、まだ少し心もとないようにも見えた。そっと幹に触れると、夏の熱気を籠《こも》らせてジリジリと熱かった。なぜだろう、やはり今年の夏は胸騒ぎがする。

家の前でクラクションが鳴って振り向くと、ホームセンターから帰ったタカ兄が軽トラで手を振っていた。タカ兄は荷台に積まれた若々しい苗木を降ろすと、庭の中へと運んだ。それは、3晴海の木だった。

「何にしたの？」

「コブシ」

「コブシって、白いやつ？」

「そう、白くて大きいの」

タカ兄は庭をぐるりと一周すると、私の木の横で足を止めた。

「ここがいいな」

そう言って土を掘り始めたので、私もスコップを持ってきて手伝った。庭に水を撒いたばかりなので、土は黒く湿《しめ》って少し重たかった。

「コブシの花の言い伝え、知ってるか？」

「言い伝え？」

「コブシが上向きに咲いた年はよく晴れて、下向きに咲いた年は雨が降るんだよ」

「知らなかった」

「まあ、ただの言い伝えだけどな。晴海がここへ来た日、雨が降ってただろう」

「うん、すごかったよね」

「晴海って名前の子が大雨の日にやって来て、4あまのじゃくというか、お天気雨みたいな子だと思ったんだよ」

「確かに」

「だから、これからできるだけ上向きに、晴れの日が続くようにって」

「なんか、わかるようなわからないような……」

「まあいいんだよ、細かいことは」

穴を掘り終えて、タカ兄がそっと苗木を植えた。5まだか弱い苗木が倒れないように、二人で丁寧《ていねい》に土を被《かぶ》せた。

「でもさ、もし下向きに咲いて雨が続いたら？」

「その時は……そのぶん根を張ればいい」

「なんかずるい」

「なんだずるいって」

二人で笑いながら、苗木の周りを固めていった。6念入りに土を押さえるタカ兄の手のしわひとつひとつに、深い祈りが込められているようだった。その手を見ながら、私はこれまでずっと聞けずにいたことを何気なく問いかけた。

「ねえ、タカ兄はどうしてここで暮らしてるの？」

「なんだ、どうした急に」

「いや、なんとなく」

タカ兄は7唐突《とうとつ》な問いに戸惑《とまど》いつつも、腰に手を当ててゆっくりと立ち上がり、植えたばかりの苗木を満足そうに見つめて言った。

「そりゃあ……こうして花や晴海やみんなと出会うためだよ」

問八　――10「やる気だけが満ちている」とありますが、「やる気だけが満ちている」本人は、ここでは具体的にどういうことをしていますか。文中の言葉を使って、五〇字以内で答えなさい。

問九　――11「決して本当の教養があるとは思えません」とありますが、そのように言えるのはなぜですか。理由としてふさわしいものを次の中から一つ選び、記号で答えなさい。

ア、社会的な立場の高さに頼りきって、教養を得ることをおろそかにしてしまっているから。

イ、教養を身につける目的が、自分を高めるためではなく共感を集めるためになっているから。

ウ、自分の狭い知識にもとづく教養にとどまって、より広く深い考えを知ろうとしていないから。

エ、人間社会のいびつさを解決するのではなく、全体の安定のために教養をふりかざしているから。

問一〇　――12「『考えない』ままでは、個人も社会も立ち行かなくなっている」とありますが、筆者はどうするべきだと考えていますか。ふさわしいものを次の中から一つ選び、記号で答えなさい。

ア、私たちは教養人であるべきなので、遠回りをしながらでも、たんなる知識オタクにならないように気をつけて、さまざまなことを知ることができるように眼を啓《ひら》いていくべきだ。

イ、よりよい社会を作るために行動をすることが自分の生活の向上につながるので、そうした行動ができるように、私たちは教養を身につけ、自分の頭で考えられるようにするべきだ。

ウ、これまでの社会は「考えない」インテリが教養を独占していたために行きづまってしまったので、いまこそ私たち「考える」教養人が古い社会を改め、いびつさをなくしていくべきだ。

エ、私たちがこれまでの社会に満足せずに新たな世界を切りひらいていくためには、教養をインテリまかせにすることなく、みずからの考えを持って社会から尊敬される教養人になるべきだ。

問一一　本文を意味の上から三段落に分けたとき、二段落と三段落はどこから始まりますか。それぞれ始めの五字を答えなさい。

三

次の文章を読んで、後の問いに答えなさい。ただし、字数に制限がある場合は、句読点や記号も字数に含まれるものとします。

児童養護施設「星の子の家」で暮らす「私（花）」は、一八歳の夏を迎えた。そんなある日、施設長の「タカ兄」が新しい入所者の「晴海《はるみ》」を連れて来た。晴海は当初、施設にいる他の子と口をきかなかったり、施設を無断で抜け出したりするなど、なかなか施設になじまなかったが、「花」に対しては次第に心を開き、親しくなっていく。

晴海が星の子の家へやってきてから二週間が経《た》ち、気づけば夏休みに差し掛《か》かっていた。あれから久しく雨が降っていない。カラカラに乾いた庭に水を撒《ま》くと、太陽に透《す》けて木々の間に虹《にじ》がかかった。この家の庭にはたくさんの木が生えている。一本一本が、子どもたちがこの家へやってきた記念の木だ。フェンスの近くでおかしな曲がり方をしているのが、みっちゃんのミカンの木。その横で競うようにすくすく伸びる二本のブナの木が、武彦と智彦の木。入口付近では、秋になると麦のモミジと里美のキンモクセイが彩《いろど》る。源ちゃんのカエデはまだ苗木《なえぎ》で、太陽に向かって一生懸命伸びている。1どれも皆、どことなくその子に似ているから不思議だ。

私のシャラノキは、木陰の方で黄緑色の葉をそよがせていた。誕生日の季節に咲くようにと、タカ兄が選んでくれた木だ。別名「ナツツ

ついては後述しますが、結論を先に述べれば、これまでの（注）キャッチアップ型社会のように12「考えない」ままでは、個人も社会も立ち行かなくなっているからです。「教養なんて、所詮《しょせん》、（注）インテリのもので自分には関係がない」などと思わずに、今日からでも教養を身につけるよう勉強を始めていただきたいと思います。

《出口治明『人生を面白くする本物の教養』より》

（注）PDCA(Plan→Do→Check→Act)サイクル…Plan(計画)→Do(実行)→Check(評価)→Act(改善)の流れをくり返すもの。

知識オタク…ここでは、自分の知識量の多さにしか関心がない人のこと。

キャッチアップ型社会…ある一定の水準まで追いつき、遅れを取り戻そうとする社会。

インテリ…高い知識や教養のある人々。

問一　[1] に入る言葉としてふさわしいものを次の中から一つ選び、記号で答えなさい。

ア、それはちがう　　イ、それももっともだ

ウ、なにを言っているのか　　エ、なぜ反対するのか

問二　――2「自分を誤魔化している」とはどのようなことですか。ふさわしいものを次の中から一つ選び、記号で答えなさい。

ア、自分自身の能力をみがかないのにいばっていること。

イ、自分の努力不足をたなに上げて開き直っていること。

ウ、自分の能力を実際より低く考えてしまっていること。

エ、自分自身がするべき努力から目をそむけていること。

問三　――3「このような『手抜き』」とは、どのようなことですか。文中の言葉を使って四〇字以内で説明しなさい。

問四　――4「端的に言えば」・5「お手軽な『答え』」とありますが、それぞれの文中での意味としてふさわしいものを後の中から一つずつ選び、記号で答えなさい。

4　ア、おおげさに言うと　　イ、ひかえめに言うと

ウ、あっさりと言うと　　エ、はっきりと言うと

5　ア、誰かが用意したわかりやすい考え

イ、深く考えないでひねりだした考え

ウ、一冊の本から簡単にまとめた考え

エ、わずかな努力だけで身につけた考え

問五　（　）6・7に入る言葉としてふさわしいものを次の中から一つ選び、それぞれ記号で答えなさい。

ア、まさか　　イ、まして　　ウ、まったく　　エ、まるで

問六　――8「『決められない』のも当たり前です」とありますが、「決められない」のはなぜですか。理由としてふさわしいものを次の中から一つ選び、記号で答えなさい。

ア、しつこく考える人は嫌われる雰囲気があるから。

イ、第二次世界大戦敗戦の記憶を拭い去りたいから。

ウ、重要な問題でもすぐ飽きてじっくりと追究しないから。

エ、政治や経済の問題よりファッションの方に関心があるから。

問七　――9「反対のための反対」とはどのようなことですか。ふさわしいものを次の中から一つ選び、記号で答えなさい。

ア、良くない現実を大きく変えるために、力強く反対の声を上げ続けていくこと。

イ、現実的に解決をすることよりも、反対すること自体が目的になっていること。

ウ、多くの反対する人の考えをまとめ上げて、より強固な考えとして押し出すこと。

エ、多数の賛成の意見にまどわされずに、自分の意見をしっかり持って反対すること。

を置き換《か》えて、2自分を誤魔化《ごまか》しているのです。

何でも安易に納得してしまうのは困りものですが、「考え不足」で意見が決められないのも困った話です。

そもそも、意見を決められないとき、私たちはどのくらいその問題について真剣に考えているでしょうか。そのテーマに関する本の一冊も読んでいるでしょうか。大して考えることのないままに、「決められない」と言っているだけではないでしょうか。

日本人の教養不足の一因は、3このような「手抜き」にあるように思います。4端的に言えば、勉強不足です。わずかな努力を惜《お》しんで、5お手軽な「答え」に乗っかろうとする風潮が強すぎます。これでは「自分の頭で考える」ことなど夢物語です。

また、日本人は、（６）第二次世界大戦での敗戦の記憶を拭《ぬぐ》い去りたいためではないでしょうが、何事につけ「あっさり」している傾向もあるように思います。一つのことを粘《ねば》り強く考えるということをあまり好みません。むしろ、しつこく考える人は嫌《きら》われる雰囲気《ふんいき》さえあります。

そのため、何かのテーマがじっくりと追究されることがありません。いっときは人々の関心が高まったとしても、すぐに興味は失われ、忘れ去られてしまいます。政治や経済の重要な問題でも、（７）ファッションの流行のように次々と現れては消えていきます。関心がいつも流行《はや》っていることの表面的な部分にとどまっていたら、8「決められない」のも当たり前です。私たちは自分たちの飽《あ》きっぽさをもう少し自覚する必要があります。

自分の意見を決めたとしても、まだ落とし穴があります。何かのテーマについて、「反対」だという結論に至ったとします。そのとき気をつけなければいけないのは、「9反対のための反対」に陥《おちい》ってはいないか、ということです。

「反対のための反対」は、社会的な立場の高い人にもよく見られます。一部の政治家がその典型です。威勢《いせい》よく反対すれば支持が得られると勘違《かんちが》いしているためか、ともかく声高《こわだか》に反対を唱えることがよくあります。しかし、そのような政治家のほとんどは、攻守ところを変えて「では、おまえがやってみろ」となったら、おそらく適切な解を見出すことはできないでしょう。

反対のための反対をしている人は、ほとんどの場合、問題の全体像が見えていないのです。ごく部分的な矛盾《むじゅん》をとらえて反対の声を上げているにすぎません。ところが、本人にはその自覚のないことが多く、「おかしい」「変だ」と思うことを精一杯指摘しているつもりなので、なおさら厄介《やっかい》です。10やる気だけが満ちているので、周りは振り回されるばかりです。

本人に悪気はないとしても、こういうタイプの人は結局のところ、無責任です。部分部分では的確な主張をするのでいっときは共感を集めることもありますが、11決して本当の教養があるとは思えません。「人間社会とは、いびつな欠片《かけら》が集まって一つの安定状態を形成するもの」なのです。大事なのは「いびつな欠片」を指摘することではなく、全体としての「安定状態」を把握することです。

さまざまなことを知り、それによって新たな世界に眼が啓《ひら》かれ、人生が面白く充実したものになる。自分の頭で考えて本当に納得のいく答えを見出し、よりよい社会をつくるために行動に移し、それが自分の生活の向上にもつながる。これが、遠回りのように見えても本当に望ましい人間のあり方でしょう。教養とは、この人生の（注）ＰＤＣＡ（Plan→Do→Check→Act）サイクルを動かすためのツールです。たんに知識が豊富、物知りだというだけでは、ただの（注）知識オタクにすぎません。

いま、私たちは教養人であることが求められています。その理由に

二〇二二年度 高輪中学校

【国語】〈C日程試験〉（五〇分）〈満点：一〇〇点〉

一 次の問いに答えなさい。

問一 次の傍線部のカタカナは漢字に直し、漢字は読みをひらがなで答えなさい。

1、彼にあこがれる人はマイキョにいとまがない。

2、ユウエキな情報をありがとうございます。

3、元のものと同様なものを作ることをフクセイという。

4、富士山の頂上で日の出をオガむ。

5、拾得物を警察に届ける。

6、よく熟れたフルーツはおいしい。

7、小学校の校舎を見て、しばらく名残を惜《お》しんだ。

8、この小説は話が飛躍していて面白くない。

問二 次の文の（ ）に入る言葉としてふさわしいものをそれぞれの選択肢から一つずつ選び、記号で答えなさい。

ことわざは、たくさんの人々の日々の生活の中から自然に生まれた言葉です。生活に役立つ様々な知恵を教えるためにことわざは用いられています。例えば、まじめに働くことを（ 1 ）のような言葉で勧めたり、努力を怠《おこた》らなければ成果を得られることを（ 2 ）のような言葉で示したりします。また、（ 3 ）には、「歳月人を待たず」という言葉でたしなめたりもします。

1 ア、「貧乏ひまなし」
イ、「金持ち金使わず」
ウ、「長者に二代なし」
エ、「稼《かせ》ぐに追いつく貧乏なし」

2 ア、「流れる水は腐《くさ》らず」
イ、「牛の歩みも千里」
ウ、「若い時の苦労は買ってでもしろ」
エ、「風が吹けば桶屋《おけや》がもうかる」

3 ア、限りある時間を無駄《むだ》にしている人
イ、いらない心配ばかりしてしまう人
ウ、親しいからといって礼儀を持たない人
エ、他人に対して思いやりのない行動をする人

問三 次の1～3の□に漢字一字を入れ、四字熟語を作りなさい。

1、油□大敵
2、□我夢中
3、千変□化

二 次の文章を読んで、後の問いに答えなさい。ただし、字数に制限がある場合は、句読点や記号も字数に含まれるものとします。

最近は、少し難しい政策課題などについて、世論調査を行うと「どちらとも言えない」という回答が増えているそうです。たとえば、TPP問題などもそうです。TPP（環太平洋戦略的経済連携協定）に参加すべきかどうか、賛成派の話を聞けば一理あると思い、反対派の話を聞けば［ 1 ］と思ってしまう、という具合に、自分の意見をなかなか決められない人がたくさんいます。そうした場合、どうすればいいのでしょうか。

厳しいことを言うようですが、「どちらとも言えない」を選んでしまうのは、ほとんどの場合「考え不足」が原因です。本当は、その問題に正面から向き合って十分考えていなかったり、手持ちの情報が少なかったりするのが原因なのに、「それは難しい問題だから」と理由

2022年度 高輪中学校 ▶解答

※ 編集上の都合により，Ｃ日程試験の解説は省略させていただきました。

算数 ＜Ｃ日程試験＞（50分）＜満点：100点＞

解答

1 ⑴ 35 ⑵ $\frac{11}{28}$ ⑶ 628 ⑷ $\frac{16}{21}$ 2 ⑴ 7 ⑵ 44人以上 ⑶ 252m ⑷ 92枚 3 ⑴ 81 ⑵ 243 ⑶ 18 ⑷ 58通り 4 ⑴ $2\frac{2}{3}$cm ⑵ $1\frac{1}{4}$倍 ⑶ $7.85cm^2$ 5 ⑴ $22\frac{1}{2}cm^3$ ⑵ 9個 ⑶ $16cm^3$

社会 ＜Ｃ日程試験＞（30分）＜満点：60点＞

解答

1 **問1** ① 南海トラフ ② エ **問2** ウ **問3** イ **問4** イ **問5** 三角州 **問6** **円グラフ**…右の図 **説明**…（例） 小売業の販売額は人口規模に比例するが，卸売業の販売額は大都市の中心に集中している。 **問7** ア **問8** ① 線状降水帯 ② エ **問9** ① ヒートアイランド（現象） ② （例） 夏は南東（太平洋側）から，冬は北西（日本海側）から吹く水分を多くふくんだ季節風が山地にぶつかることで，降水をもたらすため。 **問10** オ 2 **問1** イ→ウ→エ→ア **問2** かな（文字） **問3** 源頼朝 **問4** 地頭 **問5** （例） 大名の江戸での生活には貨幣が必要であったことから，年貢米を売って換金したため。 **問6** エ **問7** イ **問8** 百姓 **問9** ウ **問10** 全国水平社 **問11** ア **問12** オ **問13** エ 3 **問1** 情報 **問2** エ **問3** 内閣 **問4** 東ティモール **問5** イ **問6** ウ **問7** （例） 過去の情報がインターネット上に半永久的に残ってしまうことで，誰でもいつでも簡単にその情報にふれることができてしまうため。 **問8** ア **問9** ア **問10** （例） 耕地に植林をしながら，森林の間で作物生産を行う。 **問11** ① イ ② 4 **問12** C→D→A→B→E **問13** E

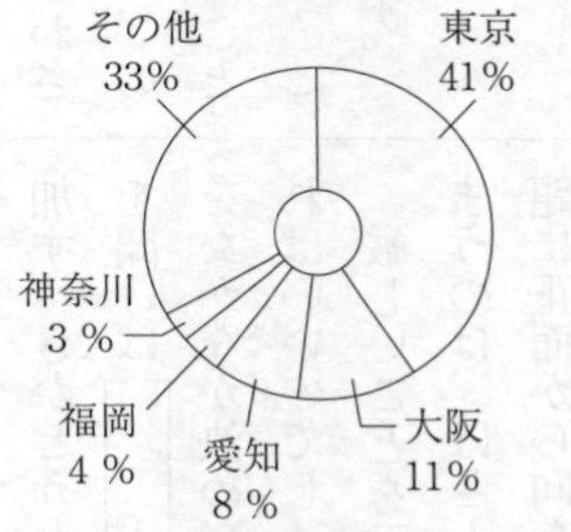

理科 ＜Ｃ日程試験＞（30分）＜満点：60点＞

解答

1 ⑴ 80 ⑵ **水平方向**…ウ **落下方向**…ア ⑶ **水平距離**…75cm **落下距離**…

45cm　(4) 右下の図　(5) 18cm　[2] (1) ア(と)ウ　(2) 二酸化炭素　(3) 36.4g　(4) 28g　(5) 7.2L　(6) ① A　② B　③ A　(7) ウ　[3] (1) マイクロプラスチック　(2) 温室効果ガス　(3) (例) 二酸化炭素　(4) 線状降水帯　(5) へん西風　(6) (例) ビン

(7) (例) 自動車を製造する会社が，電気自動車の開発を進めている。

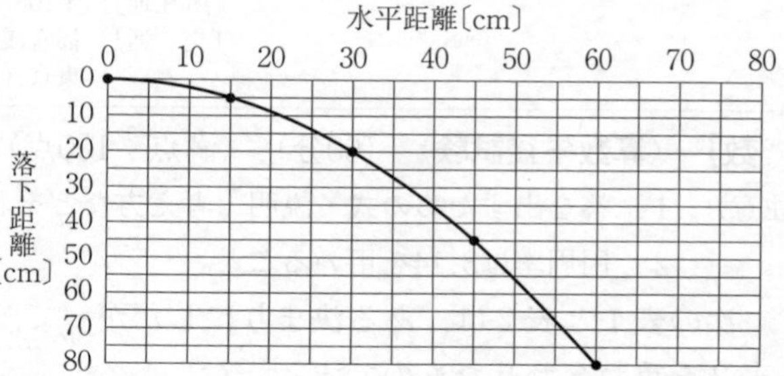

[4] (1) カ　(2) エ　(3) X 羊水　Y へそのお　(4) ウ　(5) イ　(6) ウ，オ　(7) (例) 細かくすることで，消化しやすくするため。

国語 ＜C日程試験＞（50分）＜満点：100点＞

解答

[一] **問1**　1～4 下記を参照のこと。　5 しゅうとく　6 う(れ)　7 なごり　8 ひやく　**問2**　1 エ　2 イ　3 ア　**問3**　1 断　2 無　3 万

[二] **問1** イ　**問2** エ　**問3** (例) 問題に正面から向き合ってひと通りの知識を得ようとしないで，考えるのをやめること。　**問4** 4 エ　5 ア　**問5** 6 ア　7 エ　**問6** ウ　**問7** イ　**問8** (例) 問題の全体像を見ずに，ごく部分的な矛盾をとらえて「おかしい」「変だ」と思うことを精一杯指摘している。　**問9** ウ　**問10** イ　**問11** **二段落**…自分の意見　**三段落**…さまざまな

[三] **問1** (例) しゃんとしているようでもあり，まだ少し心もとないようでもある人物。　**問2** ア　**問3** (例) 晴海が星の子の家へやってきた記念に，庭に植える木　**問4** 4 イ　7 ウ　**問5** (例) 幼い晴海を，しっかり守っていこうという心情。　**問6** エ　**問7** 隣同士の二　**問8** ア　**問9** ア　**問10** ウ　**問11** 上向きに咲いていた

●漢字の書き取り

[一] 問1　1 枚挙　2 有益　3 複製　4 拝(む)

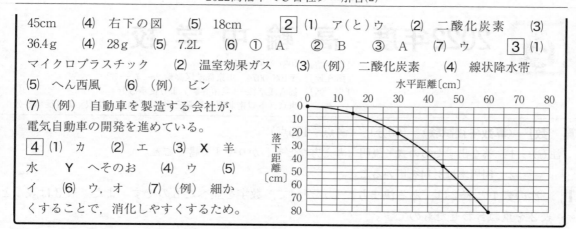

2022年度　高輪中学校

〔電　話〕(03) 3441－７２０１
〔所在地〕〒108-0074　東京都港区高輪２－１－32
〔交　通〕都営浅草線―「泉岳寺駅」より徒歩３分
東京メトロ南北線・都営三田線―「白金高輪駅」より徒歩５分

【算　数】〈算数午後試験〉（60分）〈満点：100点〉

〈注意〉　１．答を出すための式・説明・考え方などをわかりやすく書くこと。
　　　　２．円周率は3.14を用いること。

１　次の表１と表２は，ある決まりにしたがって，数字を並べたものです。また，表３は表１と表２を重ね合わせたものです。

次の各問いに答えなさい。

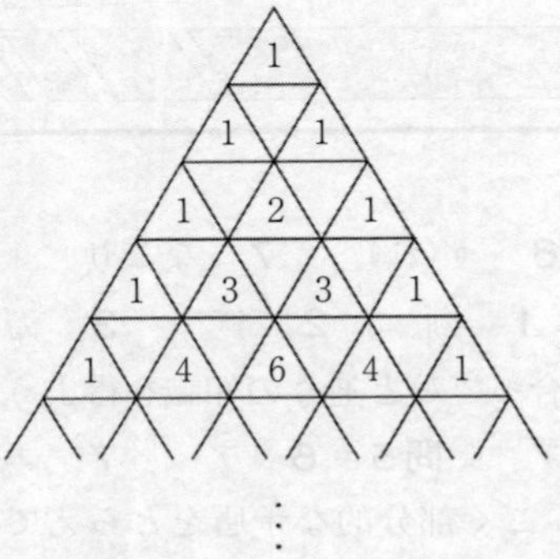

表１

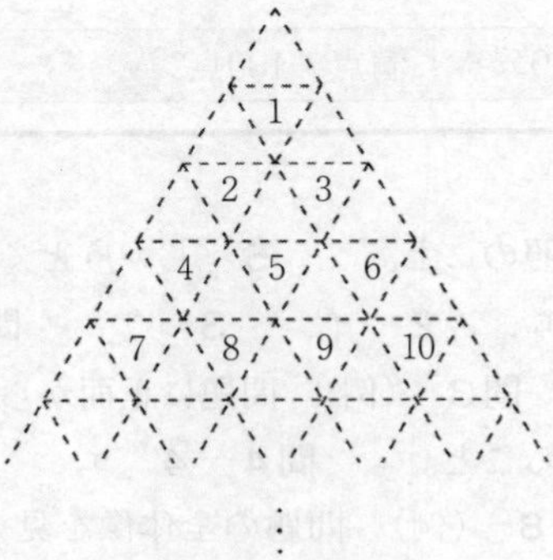

表２

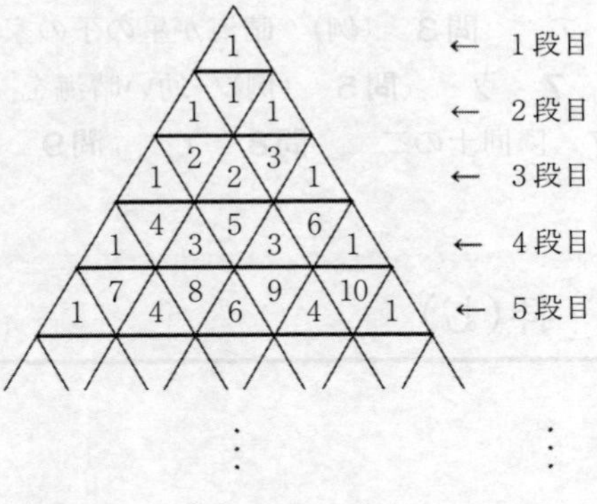

表３

(1)　表３の６段目の数字を解答用紙の表に書きなさい。

(2)　①　表１の９段目のすべての数の和はいくつですか。

　　②　表３の９段目のすべての数の和はいくつですか。

(3)　表３の１段目から13段目までのすべての数の和はいくつですか。

2　長野さんはロボット「一号」，「二号」の２台を製作しました。

「一号」，「二号」は長野さんの家を同時に出発し，図書館を通過して，研究所に向かいます。「一号」，「二号」は以下のように行動します。

「一号」：１分経過するごとに，走る速さがそれまでの速さの$\frac{1}{2}$倍になります。

「二号」：「一号」の出発時の速さと同じ速さで出発しますが，30秒走るとバッテリーの充《じゅう》電《でん》が切れて停止します。

ロボットが出発すると同時に，長野さんは自動車を運転して，ロボット２台の後方を走ります。自動車の速さは一定で，自動車が「一号」，「二号」に追いつくたびに，長野さんはロボットのバッテリー交換《こうかん》を行います。バッテリー交換を行うと，ロボットはそれぞれ出発時の状態に戻《もど》り，上記の行動を繰《く》り返していきます。ただし，バッテリー交換の時間は考えないものとします。

家から図書館までにかかる時間は，自動車は５分，「一号」は４分です。

次の各問いに答えなさい。

(1)　自動車の走る速さと「一号」の出発時の走る速さの比を，最も簡単な整数の比で表し，答えのみ書きなさい。

(2)　自動車が，バッテリーの充電が切れて停止している「二号」に初めて追いつくのは，出発してから何分何秒後ですか。

(3)　「二号」が「一号」を初めて追い越《こ》すのは，出発してから何分何秒後ですか。

(4)　自動車が「一号」に初めて追いつくのは，出発してから何分後ですか。分数で答えなさい。

(5)　「二号」が研究所でバッテリーの充電が切れて停止しているところに，自動車と「一号」が研究所に同時に到着《とうちゃく》しました。このとき，３台は出発してから初めて同時に出会いました。自動車が到着したのは，出発してから何時間何分後ですか。

3　右の図は，AB ＝ AC ＝10cm の直角二等辺三角形ABCと正方形DEFGを組み合わせた図形であり，BF：FC ＝ ３：２です。また，点Hは辺AC上にあり，ACとFHは垂直です。

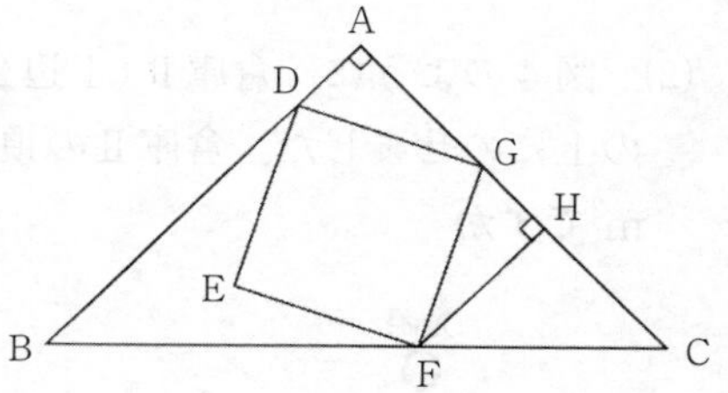

次の各問いに答えなさい。

(1)　AG：GH：HC を最も簡単な整数の比で表しなさい。

(2)　三角形GFCの面積は何 cm^2ですか。

(3)　正方形DEFGの面積は何 cm^2ですか。

4 　水平な地面に対してまっすぐな柱を立て，柱の上に光源を設置します。この光源によって物体を照らし，地面にできる影《かげ》(物体の置いてある地面は除く)について考えます。ただし，光源の大きさと柱の太さは考えないものとします。

次の各問いに答えなさい。

(1)　図１，２，３のように，点Oの位置に高さ４mの柱を立てます。

①　図１のように，AB＝２mの棒を，地面に対してまっすぐに立てます。OB＝４mのとき，できる影の長さは何mですか。

ただし，棒の太さは考えないものとします。

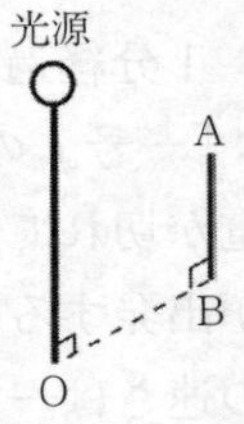

図１

②　図２のように，AB＝２m，AD＝５mの塀《へい》(長方形ABCD)を，地面に対してまっすぐに立てます。OB＝４mのとき，できる影の面積は何m^2ですか。

ただし，塀の厚さは考えないものとします。

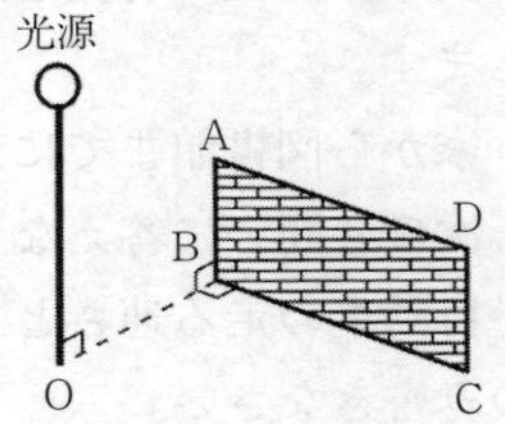

図２

③　図３のように，AB＝２m，AD＝５m，AE＝４mの倉庫Ⅰ(直方体ABCD-EFGH)を置きます。OX＝４m，BX＝２mのとき，できる影の面積は何m^2ですか。

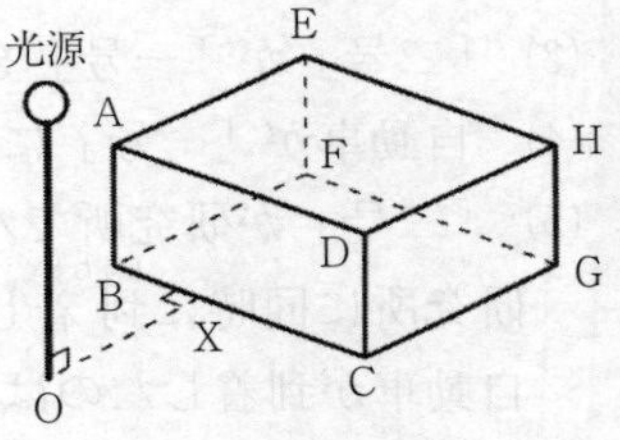

図３

(2)　図４のように，倉庫Ⅱ(１辺２mの立方体)を，３点Q，A，Bが一直線になるように倉庫Ⅰの上にのせました。倉庫Ⅱの頂点Yの位置に高さ２mの柱を立てたとき，できる影の面積は何m^2ですか。

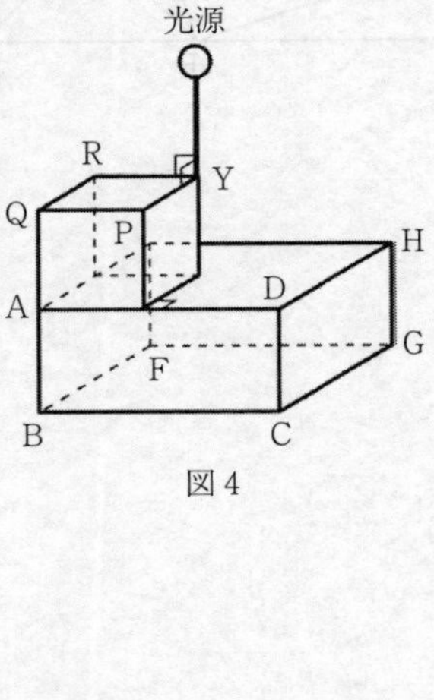

図４

2022年度

高輪中学校 ▶解説と解答

算数 ＜算数午後試験＞（60分）＜満点：100点＞

解答

1 (1) 解説の図を参照のこと。 (2) ① 256 ② 516 (3) 11272 **2** (1) 3：8 (2) 1分20秒後 (3) 4分24秒後 (4) $5\frac{2}{11}$分後 (5) 3時間48分後 **3** (1) 2：1：2 (2) 12cm^2 (3) 20cm^2 **4** (1) ① 4 m ② 30m^2 ③ 90m^2 (2) 52m^2

解説

1 **数列**

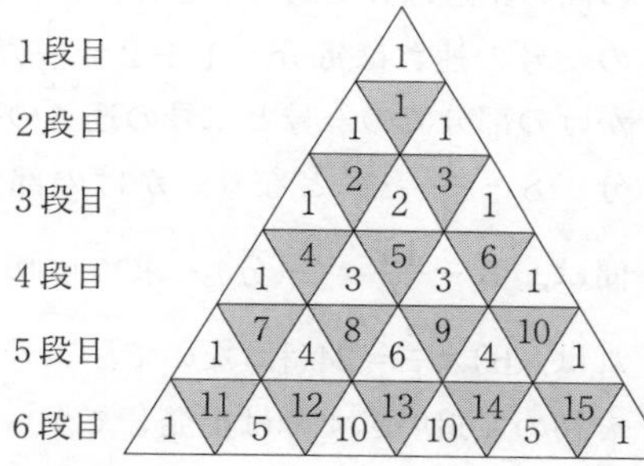

(1) 表1（右の図の△）は，どの段も両端《りょうはし》の数は1であり，間の数は斜《なな》め上の2つの数の和になっている。また，表2（右の図の▽）は，1から順に整数が並んでいる（ただし，最初は2段目）。よって，6段目は図のようになるから，左から順に，1，11，5，12，10，13，10，14，5，15，1となる。

(2) ① △の和は，1段目は1，2段目は，1＋1＝2，3段目は，1＋2＋1＝4，4段目は，1＋3＋3＋1＝8，5段目は，1＋4＋6＋4＋1＝16，…のように，次々と2倍になる。よって，△の9段目の和は，16×2×2×2×2＝256と求められる。 ② はじめに，9段目の▽の和を求める。N段目の▽の右端の数は，1から（N－1）までの整数の和になっているので，8段目の▽の右端の数は，1＋2＋…＋7＝（1＋7）×7÷2＝28であり，9段目の▽の右端の数は，28＋8＝36とわかる。よって，9段目の▽には，29から36までの，36－28＝8（個）の整数が並んでいるから，その和は，29＋30＋…＋36＝（29＋36）×8÷2＝260と求められる。これと△の和を合わせると，9段目のすべての数の和は，260＋256＝516とわかる。

(3) はじめに，1段目から13段目までの△の和を求める。たとえば，1段目から3段目までの△の和は，1＋2＋4＝7であり，これは4段目だけの△の和よりも1小さい。また，1段目から4段目までの△の和は，1＋2＋4＋8＝15であり，これは5段目だけの△の和よりも1小さい。同様に考えると，1段目から13段目までの△の和は，14段目だけの△の和よりも1小さくなることがわかる。また，(2)より，14段目だけの△の和は，256×2×2×2×2×2＝8192なので，1段目から13段目までの△の和は，8192－1＝8191と求められる。次に，1段目から13段目までの▽の和を求める。13段目の▽の右端の数は，1＋2＋…＋12＝（1＋12）×12÷2＝78だから，1段目から13段目までの▽の和は，1＋2＋…＋78＝（1＋78）×78÷2＝3081とわかる。よって，1段目から13段目までのすべての数の和は，8191＋3081＝11272となる。

2 速さと比，旅人算，整数の性質

⑴　一号は家から図書館まで進むのに４分かかるから，一号の出発時の速さを毎分８とすると，一号は，毎分８の速さで１分，毎分４の速さで１分，毎分２の速さで１分，毎分１の速さで１分走り，家から図書館まで進むことになる。よって，家から図書館までの距離《きょり》は，$8+4+2+1=15$となる。一方，自動車は家から図書館まで進むのに５分かかるので，自動車の速さは毎分，$15\div5=3$と求められる。したがって，自動車の速さと一号の出発時の速さの比は３：８である。

⑵　二号は毎分８の速さで30秒走ることができるので，家から，$8\times\frac{30}{60}=4$の地点で充電《じゅうでん》が切れる。一方，自動車が４の距離を進むのにかかる時間は，$4\div3=\frac{4}{3}=1\frac{1}{3}$(分)なので，自動車が二号に初めて追いつくのは出発してから$1\frac{1}{3}$分後である。これは，$60\times\frac{1}{3}=20$(秒)より，１分20秒後となる。

⑶　それぞれの進行のようすをグラフに表すと，右のようになる。かげの部分に注目すると，出発してから４分後の一号と二号の間の距離は３である。また，かげの部分の一号の速さは毎分，$1\div2=\frac{1}{2}$だから，かげの部分での一号と二号の速さの差は毎分，$8-\frac{1}{2}=\frac{15}{2}$となり，かげの部分の時間は，$3\div\frac{15}{2}=\frac{2}{5}$(分)と求められる。これは，$60\times\frac{2}{5}=24$(秒)なので，二号が一号を初めて追い越《こ》すのは出発してから，４分＋24秒＝４分24秒後である。

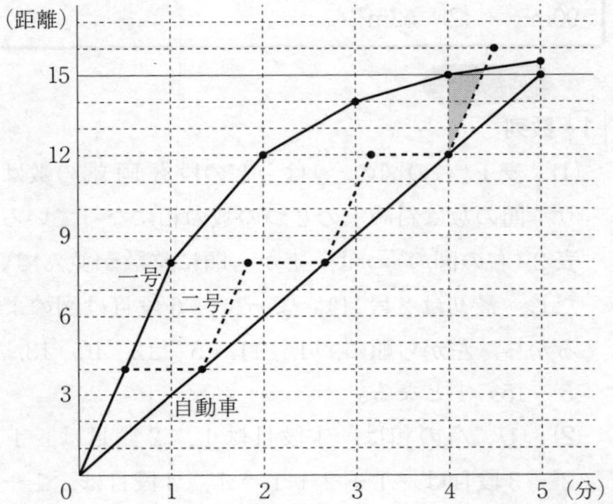

⑷　出発してから５分後の一号と自動車の間の距離は，$\frac{1}{2}\times1=\frac{1}{2}$である。また，この後の一号の速さは毎分，$\frac{1}{2}\div2=\frac{1}{4}$だから，５分後から自動車が一号に追いつくまでの時間は，$\frac{1}{2}\div\left(3-\frac{1}{4}\right)=\frac{2}{11}$(分)と求められる。よって，自動車が一号に初めて追いつくのは出発してから，$5+\frac{2}{11}=5\frac{2}{11}$(分後)である。

⑸　⑵と⑷から，自動車は$1\frac{1}{3}$分$\left(=\frac{4}{3}分\right)$ごとに二号に追いつき，$5\frac{2}{11}$分$\left(=\frac{57}{11}分\right)$ごとに一号に追いつくことがわかる。ここで，分母をそろえると$\frac{44}{33}$分と$\frac{171}{33}$分になる。また，分子の最小公倍数は，$44\times171=7524$なので，自動車が一号と二号に初めて同時に追いつくのは，$\frac{7524}{33}=228$(分後)とわかる。これは，228÷60＝３余り48より，３時間48分後となる。

3 平面図形─相似，面積

⑴　下の図で，ABとHFは平行であり，BF：FC＝３：２だから，AH：HCも３：２である。よって，$\text{AH}=10\times\frac{3}{3+2}=6$ (cm)，HC＝10－６＝４(cm)とわかる。また，三角形ABCが直角二等辺三角形なので，三角形HFCも直角二等辺三角形であり，HFの長さは４cmとわかる。次に，角ADGの大きさを○，角AGDの大きさを●とすると，○と●の大きさの和は90度だから，

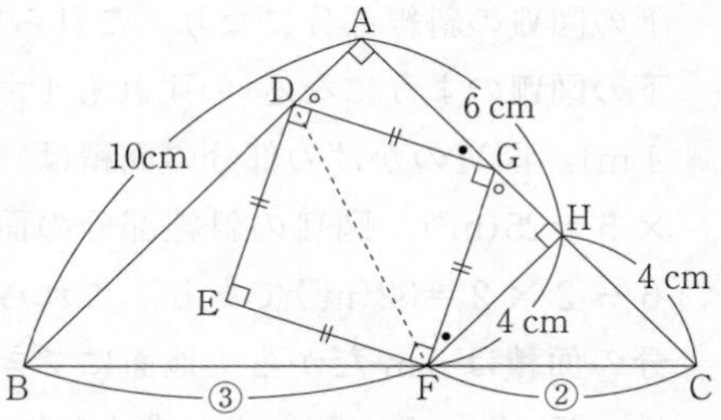

角HGFの大きさは○，角HFGの大きさは●となる。よって，三角形ADGと三角形HGFは合同なので，AGの長さは4 cm，GHの長さは，6 − 4 = 2 (cm)とわかる。したがって，AG：GH：HC＝4：2：4＝2：1：2と求められる。

⑵　三角形GFCは，底辺(GC)が，2 ＋ 4 ＝ 6 (cm)，高さ(FH)が4 cmの三角形だから，面積は，6 × 4 ÷ 2 ＝12(cm^2)である。

⑶　ADの長さは2 cmなので，台形DFHAの面積は，(2 ＋ 4) × 6 ÷ 2 ＝18(cm^2)とわかる。また，三角形ADGと三角形HGFの面積はそれぞれ，4 × 2 ÷ 2 ＝ 4 (cm^2)だから，三角形DFGの面積は，18− 4 × 2 ＝10(cm^2)と求められる。よって，正方形DEFGの面積は，10× 2 ＝20(cm^2)である。

4　立体図形—相似，面積

⑴　①　真横から見ると下の図Ⅰのようになる。図Ⅰで，三角形KOA′と三角形ABA′は相似であり，相似比は，KO：AB＝ 4 ： 2 ＝ 2 ： 1 だから，OB：BA′＝(2 − 1)： 1 ＝ 1 ： 1 となる。よって，影《かげ》(BA′)の長さは4 mとわかる。　②　真上から見ると下の図Ⅱのようになる。図Ⅱで，三角形KADと三角形KA′D′は相似であり，①より相似比は1 ： 2 なので，A′D′＝ $5\times\frac{2}{1}=10$ (m)とわかる。よって，影の面積は，(5 ＋10) × 4 ÷ 2 ＝30(m^2)と求められる。　③　真上から見ると下の図Ⅲのようになる。図Ⅲで，三角形KEAと三角形KE′A′，三角形KHEと三角形KH′E′，三角形KDHと三角形KD′H′はそれぞれ相似であり，①より相似比はすべて1 ： 2 だから，面積の比はすべて，(1 × 1)：(2 × 2)＝ 1 ： 4 である。よって，台形A′AEE′の面積は三角形KEAの面積の，(4 − 1)÷ 1 ＝ 3 (倍)となる。ほかの部分についても同様なので，影の面積は五角形KDHEAの面積の3倍とわかる。また，五角形KDHEAの面積は，5 × 4 ÷ 2 ＋ 5 × 4 ＝30(m^2)だから，影の面積は，30× 3 ＝90(m^2)と求められる。

図Ⅰ

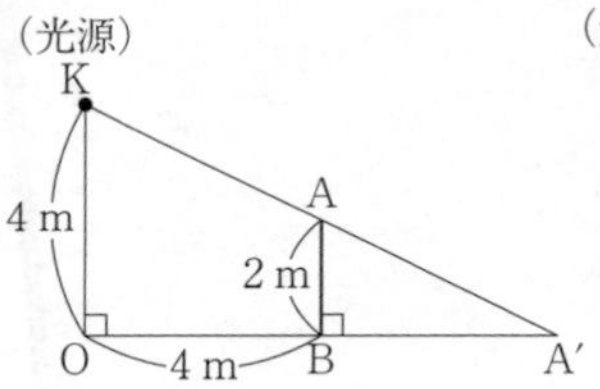

図Ⅱ

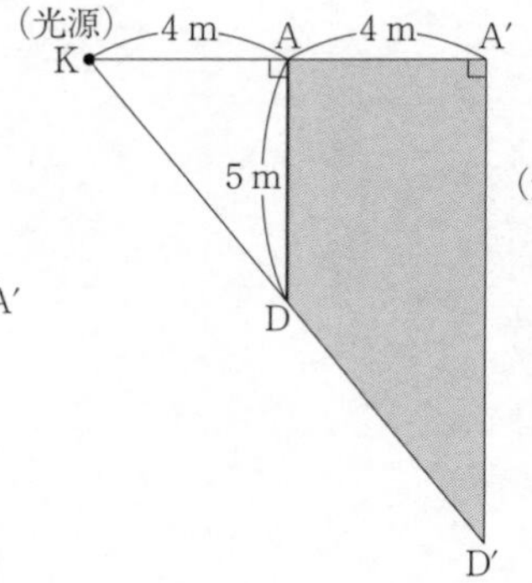

図Ⅲ

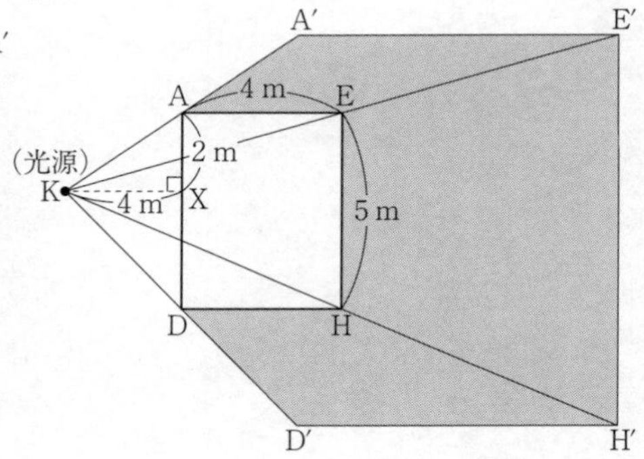

⑵　直方体の上の面は地面から2 m，立方体の上の面は地面から，2 ＋ 2 ＝ 4 (m)，光源は地面から，4 ＋ 2 ＝ 6 (m)の高さなので，真横から見るとそれぞれ下の図Ⅳ，図Ⅴのようになる。図Ⅳで，6 ： 2 ＝ 3 ： 1 より，ア：イ＝(3 − 1)： 1 ＝ 2 ： 1 となり，図Ⅴで，6 ： 4 ＝ 3 ： 2 より，ウ：エ＝(3 − 2)： 2 ＝ 1 ： 2 とわかる。よって，直方体の影は下の図Ⅵのかげの部分，立方体の影は

下の図Ⅶの斜線《しゃせん》部分になり，これらを重ねると，下の図Ⅷのようになる（いずれも１マスの長さは１m）。図Ⅵのかげの部分の面積は，６×7.5－４×５＝25(m^2)，図Ⅶの斜線部分の面積は，６×６－２×２＝32(m^2)であり，これらが重なる部分の面積は５m^{2}だから，地面にできる影の面積は，25＋32－５＝52(m^2)と求められる。

図Ⅳ

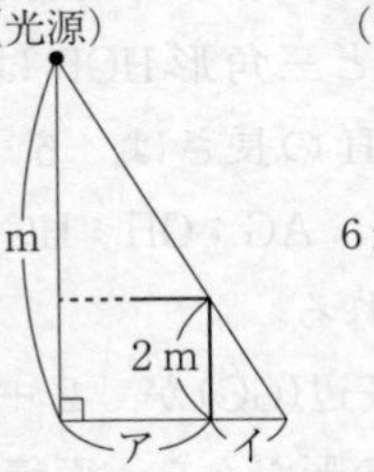

図Ⅴ

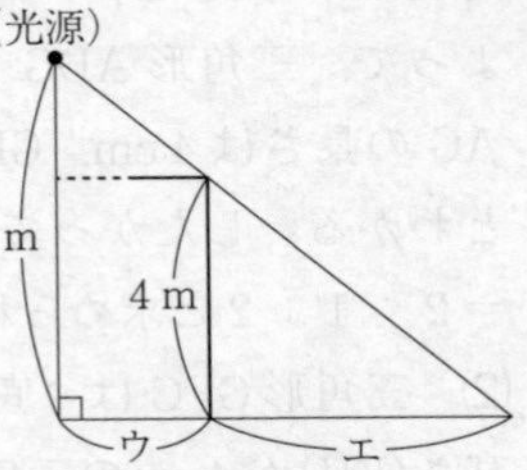

図Ⅵ

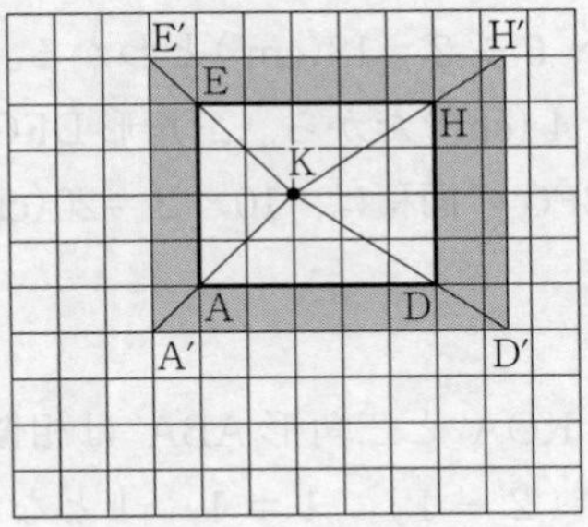

図Ⅶ

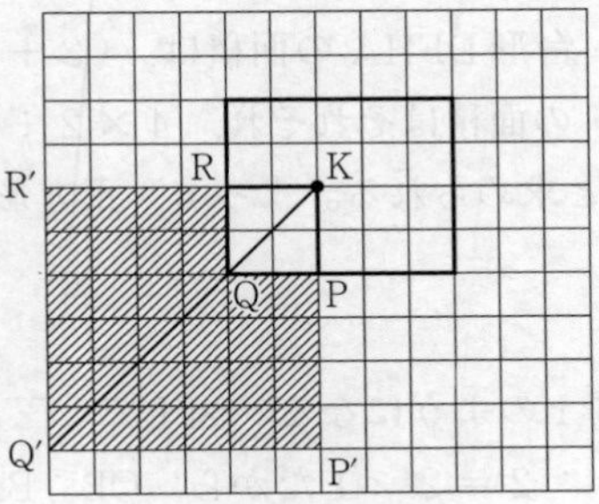

図Ⅷ

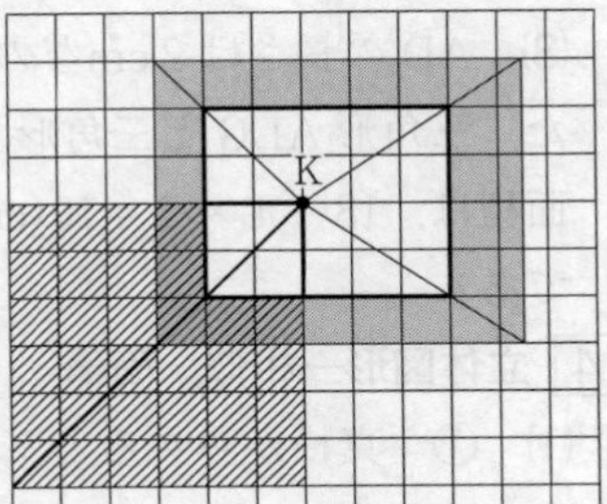

Memo

Memo

当社発行物の無断使用は固くお断りいたします。御使用の前はまずご相談ください。

当社発行物には500点余の首都圏中・高過去問をはじめ、６点の学校案内、そのほかいくつかの情報誌などがございます。その多くが年度版で、限られたスタッフが来るべき受験シーズン前に余裕を持って受験生へ届けられるよう、日夜作業にあたり出版を重ねております。

その中で、最近、多くの印刷物やネット上において当社発行物からの無断使用が見受けられ、一部で係争化しているところもございます。事例といたしましては、当社の新刊発行を待ち、それを流用して毎年ネット上に新改訂として掲載していたＡ社、当社過去問から三百箇所をはぎ合わせ「自社制作につき無断転載禁止」とし、集客材としてホームページに掲載していたＢ社、当社版誌面を無断スキャンし、記述式解答は一部殆ど丸取りして動画を制作していた家庭教師グループＣ社、当社発行物の表紙を差し替え、内容を複製し配布していた塾のＤ社などほか数社がございます。

当社発行物の全部もしくは一部を無断使用することは固くお断りいたします。

当社コンテンツの中にはリーズナブルな設定でご提供している事例もたくさんございますので、ご利用されたい方はまずは、お気軽にご相談くださいますようお願いします。同時に、当社発行物を無断で使用している媒体などにつきましての情報もお寄せいただければ幸いです（呈薄謝）。

株式会社 声の教育社

2025年度用
中学スーパー過去問

■編集人 声の教育社・編集部
■発行所 株式会社 声の教育社
〒162-0814 東京都新宿区新小川町8-15
☎03-5261-5061㈹ FAX03-5261-5062
https://www.koenokyoikusha.co.jp

※本書の内容についての一切の責任は当社にあります。内容・解説・解答・その他は当社ホームページよりお問い合わせ下さい。

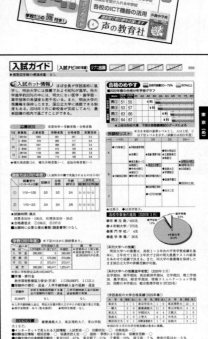

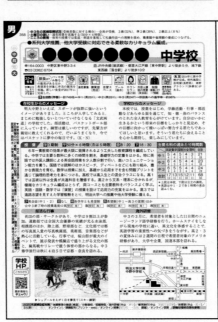

カコを追いかけ
ミライをつかめ

よくある解答用紙のご質問

01

実物のサイズにできない

拡大率にしたがってコピーすると，「解答欄」が実物大になります。配点などを含むため，用紙は実物よりも大きくなることがあります。

02

A3用紙に収まらない

拡大率164％以上の解答用紙は実物のサイズ（「出題傾向＆対策」をご覧ください）が大きいために，Ａ３に収まらない場合があります。

03

拡大率が書かれていない

複数ページにわたる解答用紙は，いずれかのページに拡大率を記載しています。どこにも表記がない場合は，正確な拡大率が不明です。

04

１ページに２つある

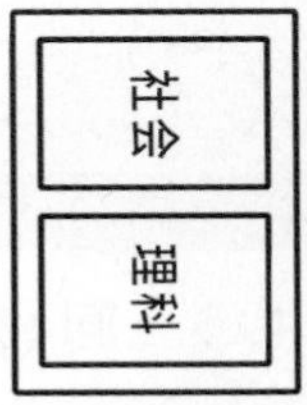

１ページに２つ解答用紙が掲載されている場合は，正確な拡大率が不明です。ほかの試験回の同じ教科をご参考になさってください。

高輪中学校

【別冊】入試問題解答用紙編

禁無断転載

解答用紙は本体からていねいに抜きとり、別冊としてご使用ください。

※　実際の解答欄の大きさで練習するには、指定の倍率で拡大コピーしてください。なお、ページの上下に小社作成の見出しや配点を記載しているため、コピー後の用紙サイズが実物の解答用紙と異なる場合があります。

●入試結果表

年度	回	項目	国語	算数	社会	理科	4科合計	合格者
2024	A日程	配点(満点)	100	100	60	60	320	最高点
		合格者平均点	61.0	74.7	34.0	43.6	213.3	253
		受験者平均点	54.4	60.6	28.7	38.1	181.8	最低点
		キミの得点						199
	B日程	配点(満点)	100	100	60	60	320	最高点
		合格者平均点	69.3	65.4	33.5	39.2	207.4	254
		受験者平均点	60.0	50.2	28.0	31.8	170.0	最低点
		キミの得点						189
	C日程	配点(満点)	100	100	60	60	320	最高点
		合格者平均点	68.3	77.5	37.1	43.0	225.9	273
		受験者平均点	59.1	56.6	31.1	35.9	182.7	最低点
		キミの得点						213
2023	A日程	配点(満点)	100	100	60	60	320	最高点
		合格者平均点	69.2	74.2	34.3	38.4	216.1	255
		受験者平均点	62.3	63.5	29.9	32.3	188.0	最低点
		キミの得点						201
	B日程	配点(満点)	100	100	60	60	320	最高点
		合格者平均点	69.2	84.1	40.4	40.8	234.5	274
		受験者平均点	60.4	71.1	34.7	35.1	201.3	最低点
		キミの得点						219
	C日程	配点(満点)	100	100	60	60	320	最高点
		合格者平均点	69.2	73.9	32.4	42.5	218.0	251
		受験者平均点	61.3	60.3	26.5	32.7	180.8	最低点
		キミの得点						205
2022	A日程	配点(満点)	100	100	60	60	320	最高点
		合格者平均点	61.0	63.0	35.1	36.9	196.0	237
		受験者平均点	53.2	50.2	31.2	31.3	165.9	最低点
		キミの得点						176
	B日程	配点(満点)	100	100	60	60	320	最高点
		合格者平均点	73.6	65.2	37.4	43.4	219.6	270
		受験者平均点	65.2	55.6	31.5	37.6	189.9	最低点
		キミの得点						202
	C日程	配点(満点)	100	100	60	60	320	最高点
		合格者平均点	69.0	62.9	32.2	45.0	209.1	257
		受験者平均点	59.1	47.3	26.9	38.5	171.8	最低点
		キミの得点						194

〔参考〕満点（合格者最低点）　2024年：算数午後試験100(59)　2023年：算数午後試験100(58)
2022年：算数午後試験100(44)

※　表中のデータは学校公表のものです。ただし、4科合計は各教科の平均点を合計したものなので、目安としてご覧ください。

声の教育社

２０２４年度　　高輪中学校

算数解答用紙　Ａ日程

番号		氏名		評点	／100

	(1)	(2)	(3)	(4)
1				

	(1)	(2)	(3)
2		個	日

	(4)
2	答　個

	(1)	(2)	(3)
3	毎分　m	分後	分後
4	cm	cm	cm^2
5	cm^3	cm^3	cm^3

（注）この解答用紙は実物を縮小してあります。Ｂ５→Ｂ４（141％）に拡大コピーすると，ほぼ実物大の解答欄になります。

〔算　数〕100点（学校配点）

1　各５点×４　2　(1)～(3)　各６点×３　(4)　８点　3～5　各６点×９

2024年度　高輪中学校

社会解答用紙　A日程

番号		氏名		評点	／60

1

問1		問2		問3	

問5	①	②		問4	
問6		問7			
問8		問9			
問10	コロナ禍により				

問11		問12		問13	

2

問1		問2	①	②	問3	

問4		問5		問6	→　→　→
問7		問8		問9	
問10		問11		問12	
問13					

3

問1		問2		問3		問4	

問5					
問6		問7		問8	
問9		問10	①	②	
問11		問12		問13	

（注）この解答用紙は実物を縮小してあります。Ｂ５→Ａ３（163%）に拡大コピーすると、ほぼ実物大の解答欄になります。

〔社　会〕60点（学校配点）

1 問1，問2　各1点×2　問3　2点　問4〜問6　各1点×4　問7，問8　各2点×2　問9　1点　問10，問11　各2点×2　問12　1点　問13　2点　**2** 問1　1点　問2　①　1点　②　2点　問3　1点　問4　2点　問5　1点　問6　2点＜完答＞　問7，問8　各1点×2　問9，問10　各2点×2　問11，問12　各1点×2　問13　2点　**3** 問1　1点　問2　2点　問3，問4　各1点×2　問5，問6　各2点×2　問7　1点　問8　2点　問9　1点　問10　①　1点　②　2点　問11　1点　問12　2点　問13　1点

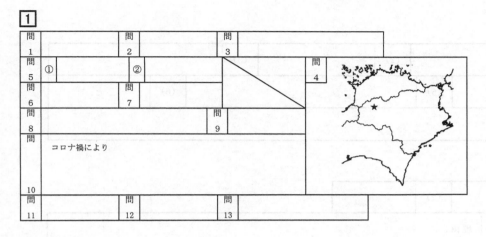

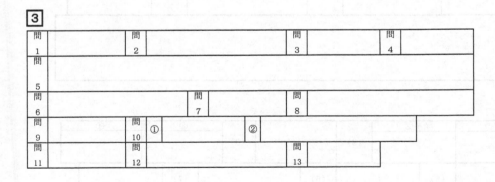

２０２４年度　高輪中学校

理科解答用紙　Ａ日程

番号		氏名		評点	／60

1

(1)		(2)		(3)	
(4)		(5)		(6)	と
(7)					

2

(1)		(2)					
(3)	する・しない	理由:					
(4)		(5)	mL	(6)	g	(7)	mL

3

(1)		(2)	時速　km				
(3)	A	B	(4)		(5)		
(6)							

4

(1)	モグラ	ゴキブリ	(2)		(3)	③	④
(4)		(5)		(6)	匹	(7)	

（注）この解答用紙は実物を縮小してあります。Ｂ５→Ｂ４（141%）に拡大コピーすると、ほぼ実物大の解答欄になります。

〔理　科〕60点（学校配点）

1　(1)～(6)　各２点×6＜(1)～(3)，(5)，(6)は完答＞　(7)　３点＜完答＞　2　(1)，(2)　各２点×2　(3)　３点　(4)～(7)　各２点×4　3　各２点×7＜(4)は完答＞　4　(1)　各１点×2　(2)～(7)　各２点×7

２０２４年度　高輪中学校

国語解答用紙　A日程

番号　　氏名　　評点　／100

一

問一　1　2　3　4 める　5　6　7　8 ける

問二　1　2　3

問三　1　2　3

二

問一

問二　始め　終わり

問三

問四

問五

問六

問七

問八

問九

問一〇

問一一

三

問一

問二

問三

問四

問五

問六

問七

問八

問九

問一〇

問一一

（注）この解答用紙は実物を縮小してあります。B５→A３（163%）に拡大コピーすると、ほぼ実物大の解答欄になります。

〔国　語〕100点（学校配点）

一　問１　各１点×８　問２，問３　各２点×６　二　問１～問３　各３点×３　問４　５点　問５　３点　問６　５点　問７，問８　各３点×２　問９～問11　各４点×３　三　問１　５点　問２　３点　問３　５点　問４　３点　問５　４点　問６　３点　問７　５点　問８～問11　各３点×４

2024年度　　　高輪中学校

算数解答用紙　Ｂ日程

番号		氏名		評点	／100

1

(1)	(2)	(3)	(4)

2

(1)	(2)	(3)
150＝ 150＝	個	人

(4)

答

出会った時刻	追いついた時刻
午前　　時　　分	午前　　時　　分

3

(1)	(2) ①	(2) ②	(3)
%	g	g	g

4

(1)	(2)	(3)
cm^2	cm^2	cm^2

5

(1)	(2)	(3)
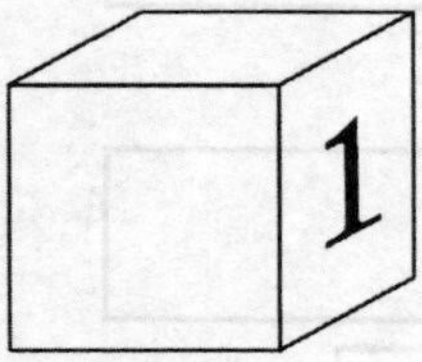	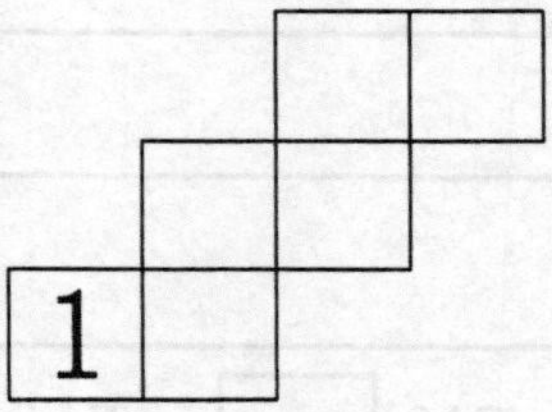	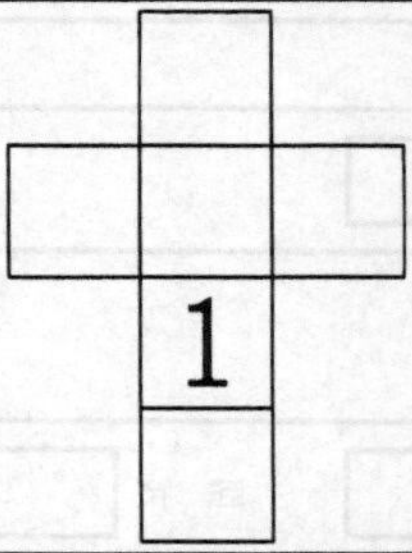

(注)　この解答用紙は実物を縮小してあります。Ｂ５→Ｂ４(141%)に拡大コピーすると、ほぼ実物大の解答欄になります。

〔算　数〕100点(学校配点)

1　各５点×４　2　(1)～(3)　各６点×３＜(1)は完答＞　(4)　８点＜完答＞　3　(1)　４点　(2)　①　４点　②　５点　(3)　５点　4，5　各６点×６

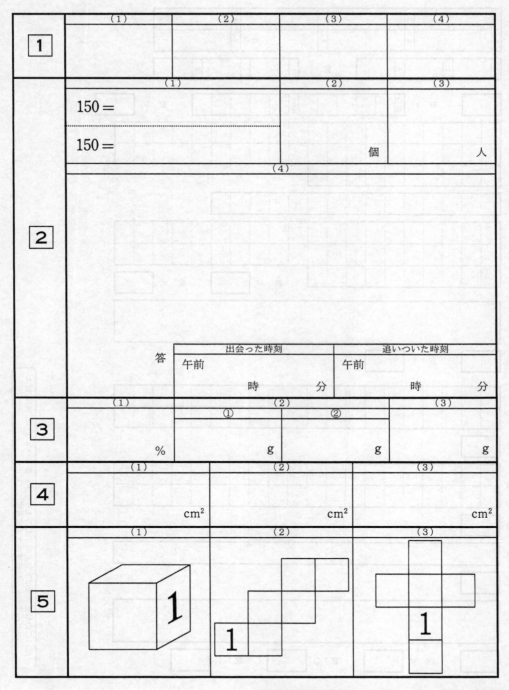

２０２４年度　高輪中学校

社会解答用紙　Ｂ日程

番号		氏名		評点	／60

1

問1　問2　問15

問3　問4 農業の

問5　問6　問7

問8 市　問9

問10　問11　問12

問13

問14

2

問1　問2 →　→　→　問3

問4　問5　問6

問7　問8 ①　②

問9　問10 ①　②

問11

3

問1

問2　問3　問4

問5　問6　問7

問8　問9　問10

問11　問12　問13

（注）この解答用紙は実物を縮小してあります。Ｂ５→Ａ３（163%）に拡大コピーすると、ほぼ実物大の解答欄になります。

〔社　会〕60点（学校配点）

1　問1　1点　問2　2点　問3　1点　問4　2点　問5～問7　各1点×3　問8　2点　問9～問13　各1点×5　問14　2点　問15　各1点×2　2　問1　1点　問2，問3　各2点×2＜問2は完答＞　問4　1点　問5　2点　問6　1点　問7　2点　問8　①　2点　②　1点　問9　1点　問10　①　1点　②　2点　問11　2点　3　問1，問2　各2点×2　問3　1点　問4　2点　問5～問7　各1点×3　問8　2点　問9　1点　問10　2点　問11　1点　問12，問13　各2点×2

２０２４年度　　　高輪中学校

理科解答用紙　Ｂ日程

番号		氏名		評点	／60

1

(1)	g	(2)	g	(3)	g
(4)	(　　,　　)	(5)	(　　,　　) に　g	(6)	通り

2

(1)		(2)		(3)		(4)	
(5)	g	(6)	g	(7)			

3

(1)			
(2)	D　m E　m	(6)	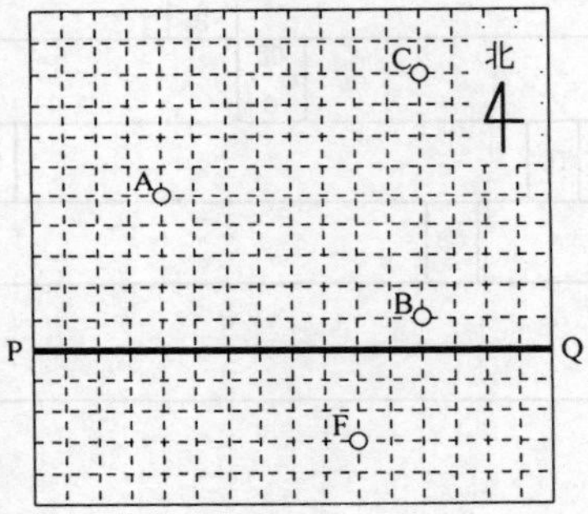
(3)			
(4)	m		
(5)			
(7)			

4

(1)		(2)	図２	図３	(3)		
(4)		(5)	図２	図３	(6)		

（注）この解答用紙は実物を縮小してあります。Ｂ５→Ｂ４(141%)に拡大コピーすると、ほぼ実物大の解答欄になります。

〔理　科〕60点(学校配点)

1 (1)～(3)　各２点×３　(4)～(6)　各３点×３　2 (1)～(6)　各２点×６　(7)　３点　3 各２点×８＜(5)は完答＞　4 (1)　２点　(2)　各１点×２　(3)～(6)　各２点×５＜(6)は完答＞

2024年度　高輪中学校

国語解答用紙　B日程

番号　　氏名　　評点　／100

一

問一　1　2　3　4　かい　5　6　7　8　らか

問二　1　2　3

問三　1　2　3

二

問一　問二　問三

問四

問五

問六

問七　問八

問九　始め　終わり　問一〇

問一一

三

問一

問二

問三　問四

問五

問六

問七　問八　問九　始め　終わり

問一〇　問一一

（注）この解答用紙は実物を縮小してあります。B5→A3（163%）に拡大コピーすると、ほぼ実物大の解答欄になります。

〔国　語〕100点（学校配点）

一　問1　各1点×8　問2，問3　各2点×6　二　問1〜問3　各3点×3　問4　4点　問5　3点　問6　5点　問7，問8　各2点×4　問9，問10　各3点×2　問11　5点　三　問1　3点　問2　5点　問3，問4　各3点×2　問5，問6　各5点×2　問7〜問9　各3点×3　問10　4点　問11　3点

２０２４年度　　高輪中学校

算数解答用紙　Ｃ日程

番号		氏名		評点	／100

1

(1)	(2)	(3)	(4)

2

(1)	(2)	(3)
	個	毎分　　m

(4)

答　　g

3

(1)	(2)	(3)
回	回	回

4

(1)	(2)	(3)
cm	cm^2	cm^2

5

(1)	(2)	(3)
cm^3	cm^3	cm^3

（注）この解答用紙は実物を縮小してあります。Ｂ５→Ｂ４（141%）に拡大コピーすると、ほぼ実物大の解答欄になります。

〔算　数〕100点（学校配点）

1　各５点×４　2　(1)～(3)　各６点×３　(4)　８点　3～5　各６点×９

２０２４年度　高輪中学校

社会解答用紙　Ｃ日程

番号		氏名		評点	／60

1

問1	①	②	問2	問3 ①	
	③				
問3	②	問4	市		
問5		問6	①	②	
問7		問8		問9	
問10		問11	①	②	

2

問1	問2	問3	
問4　→　→　→	問5	問6	
問7			
問8	問9 ①	②	
問10	問11	問12	問13

3

問1	問2			
問3 ①	②	問4	問5	
問6				
問7	問8	問9		
問10	問11 ①	②		
問11 ③	1	15	25	

（注）この解答用紙は実物を縮小してあります。Ｂ５→Ａ３（163％）に拡大コピーすると、ほぼ実物大の解答欄になります。

〔社　会〕60点（学校配点）

1 問１　①，②　各１点×２　③　２点　問２～問５　各１点×６＜問３の①は各１点×２＞　問６　①　１点　②　２点　問７　２点　問８～問11　各１点×５　**2**　問１　１点　問２　２点　問３　１点　問４　２点＜完答＞　問５，問６　各１点×２　問７，問８　各２点×２　問９　①　１点　②　２点　問10～問12　各１点×３　問13　２点　**3**　問１　１点　問２　２点　問３　①　２点　②　１点　問４，問５　各１点×２　問６　２点　問７～問９　各１点×３　問10　２点　問11　①　２点　②　１点　③　２点

２０２４年度　高輪中学校

理科解答用紙　Ｃ日程

番号		氏名		評点	／60

1

(1)									
(2)	①	②	(3)		(4)	回			
(5)	ア　回	イ　回	ウ　回	エ　回	オ　回				

2

(1)							
(2)		(3)		(4)	色	(5)	g
(6)	g	(7)	マグネシウム:アルミニウム＝　　　:				

3

(1)		(2)		(3)			
(4)		(5)		(6)		(7)	

4

(1)		(2)	A	B	C
(3)	あ	い	う		
(4)					
(5)	(graph)	(6)	分間		

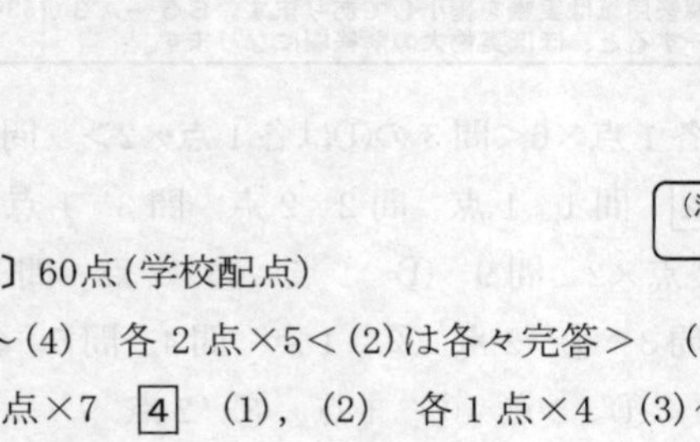

（注）この解答用紙は実物を縮小してあります。Ｂ５→Ａ３（163%）に拡大コピーすると、ほぼ実物大の解答欄になります。

〔理　科〕60点（学校配点）

1　(1)～(4)　各２点×5＜(2)は各々完答＞　(5)　各１点×5　2　(1)～(6)　各２点×6　(7)　３点
3　各２点×7　4　(1)，(2)　各１点×4　(3)～(6)　各２点×6

２０２４年度　高輪中学校

国語解答用紙　C日程

番号　　氏名　　評点 ／100

□一

問一　1　2　3　4 まっ　5　6　7　8 れる

問二　1　2　3

問三　1　2　3

□二

問一

問二

問三

問四

問五　問六　問七

問八

問九　問一〇　問一一

□三

問一　問二　始め　終わり　問三　問四

問五

問六

問七

問八

問九

問一〇　問一一

（注）この解答用紙は実物を縮小してあります。B５→A３（163%）に拡大コピーすると、ほぼ実物大の解答欄になります。

〔国　語〕100点(学校配点)

□一 問１　各１点×８　問２，問３　各２点×６　□二 問１　３点　問２，問３　各５点×２　問４～問７　各３点×４　問８　５点　問９，問10　各３点×２　問11　４点　□三 問１～問４　各３点×４　問５　５点　問６　３点　問７　５点　問８～問10　各４点×３　問11　３点

2024年度　高輪中学校・算数午後試験

算数解答用紙　No. 1

番号		氏名		評点	/100

1

(1)〔式・考え方〕

答

(2)〔式・考え方〕

答

(3)〔式・考え方〕

答

(4)〔式・考え方〕

答

(5)〔式・考え方〕

答

2

(1)〔式・考え方〕

答　m

(2)〔式・考え方〕

答　m

(3)〔式・考え方〕

答　m

算数解答用紙　No. 2

4

(1)〔式・考え方〕

答　　cm

(2)〔式・考え方〕

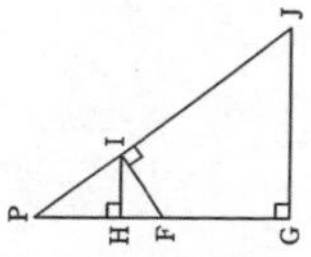

答　IH　　cm　PH

(3)〔式・考え方〕

答　　cm²

(4)〔式・考え方〕

答　　cm²

(注) この解答用紙は実物を縮小してあります。244%拡大コピーをすると、ほぼ実物大の解答欄になります。

3

(1)〔式・考え方〕

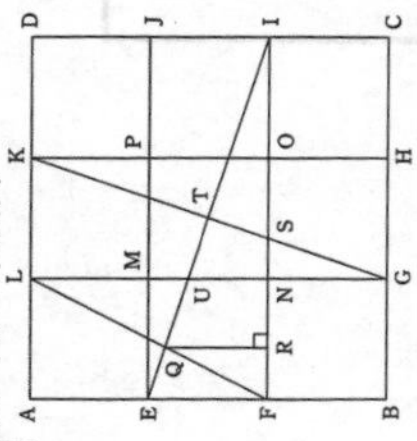

答　　cm

(2)〔式・考え方〕

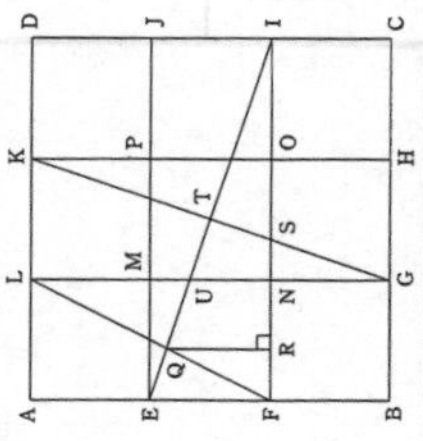

答　　cm

(3)〔式・考え方〕

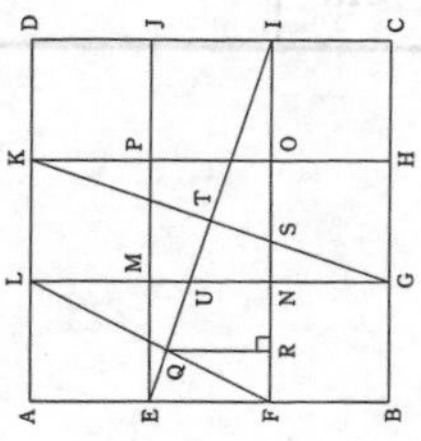

答　　cm²

〔算　数〕100点(学校配点)

1　(1)，(2)　各4点×2　(3)，(4)　各5点×2　(5)　7点　2　(1)　6点　(2)　9点　(3)　10点　3　(1)　5点　(2)　7点　(3)　13点　4　(1)　3点　(2)　6点＜完答＞　(3)，(4)　各8点×2

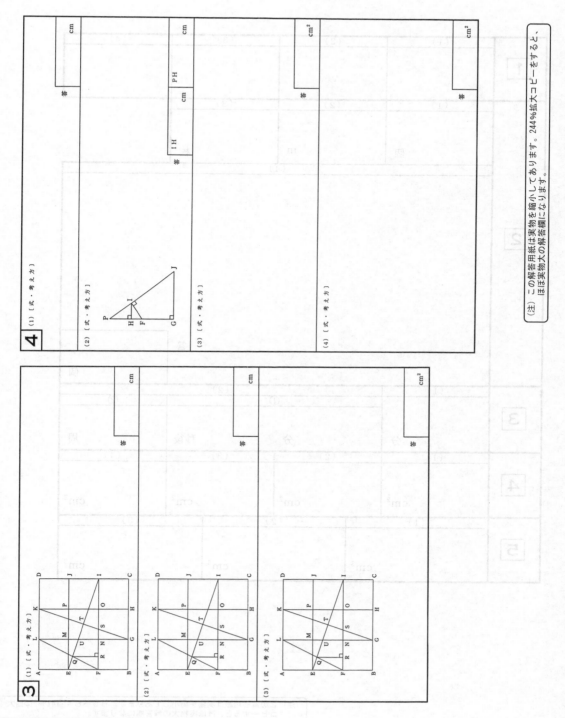

2023年度　　高輪中学校

算数解答用紙　A日程

番号		氏名		評点	／100

	(1)	(2)	(3)	(4)
1				

	(1)	(2)	(3)
2	個	m	枚

	(4)
2	答　個

	(1)	(2) ①	(2) ②
3	分	分　秒後	周

	(1)	(2)	(3)	(4)
4	cm^2	cm^2	cm^2	cm^2

	(1)	(2)	(3)
5	cm^3	cm^3	cm^3

（注）この解答用紙は実物を縮小してあります。B５→B４（141%）に拡大コピーすると、ほぼ実物大の解答欄になります。

〔算　数〕100点（学校配点）

1　各５点×４　2　(1)～(3)　各６点×３　(4)　８点　3　各６点×３　4　(1)～(3)　各４点×３　(4)　６点　5　各６点×３

２０２３年度　　高輪中学校

社会解答用紙　Ａ日程

番号		氏名		評点	／60

1

問1		問2			問9
問3		問4			
問5	①	②			
問6	①	②			
問7	①	②			
問8	選んだもの				

2

問1		問2	①		②	
問3	→ → →		問4			
問5	①		②		問6	
問7		問8				
問9		問10		問11		
問12						

3

問1		問2		問3		問4	
問5		問6		問7		問8	
問9							
問10		問11		問12			
問13		問14					

（注）この解答用紙は実物を縮小してあります。Ｂ５→Ａ３（163%）に拡大コピーすると、ほぼ実物大の解答欄になります。

〔社　会〕60点（学校配点）

1　問１，問２　各１点×３　問３，問４　各２点×２　問５　①　２点　②　各１点×２　問６　各１点×２　問７　①　２点　②　１点　問８　２点　問９　各１点×２　2　問１　１点　問２　①　１点　②　２点　問３，問４　各２点×２＜問３は完答＞　問５　①　２点　②　１点　問６～問８　各１点×３　問９　２点　問10，問11　各１点×２　問12　２点　3　問１～問３　各１点×３　問４　２点　問５，問６　各１点×２　問７　２点　問８　１点　問９～問11　各２点×３　問12　１点　問13　２点　問14　１点

２０２３年度　高輪中学校

理科解答用紙　Ａ日程

番号		氏名		評点	／60

1

(1)		(2)		(3)	g			
(4)	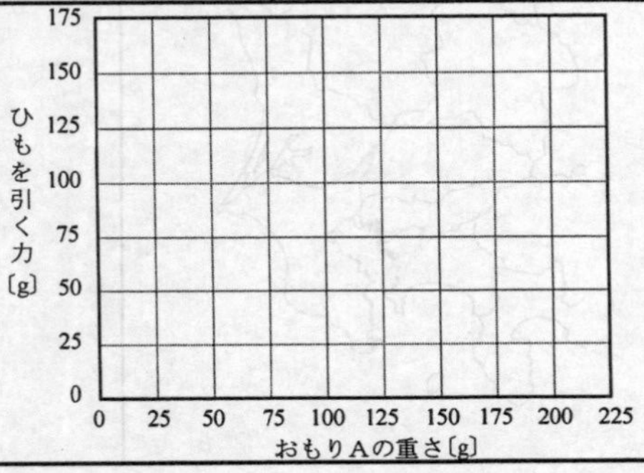				おもりＢ		おもりＣ	
				(5)	g		g	
				(6)	cm			

2

(1)	g	(2)	ビーカーＡ	ビーカーＧ	(3)	① ②
(4)	cm³	(5)	g			
(6)	（　と　と　）（　と　と　）（　と　と　）					

3

(1)	と	(2)	%	(3)	℃
(4)					
(5)		(6)	g	(7)	g

4

(1)		(2)		(3)	
(4)	①	②	③	(5)	
(6)					

（注）この解答用紙は実物を縮小してあります。Ｂ５→Ｂ４（141％）に拡大コピーすると、ほぼ実物大の解答欄になります。

〔理　科〕60点（学校配点）

1，2　各２点×15＜2の(2)は各々完答，(6)は完答＞　3，4　各２点×15＜3の(1)は完答＞

二〇二三年度　高輪中学校

国語解答用紙　A日程

番号		氏名		評点	／100

一

問一　1　2　3　4　5　6　7　8（ら）（く）

問二　1　2　3

問三　1　2　3

二

問一

問二

問三

問四

問五　子供。

問六

問七　7　9

問八

問九

問一〇

問一一

三

問一

問二

問三

問四

問五

問六

問七　7　9

問八

問九

問一〇

問一一

（注）この解答用紙は実物を縮小してあります。B５→A３（163％）に拡大コピーすると、ほぼ実物大の解答欄になります。

〔国　語〕100点（学校配点）

一　問１　各１点×８　問２，問３　各２点×６　二　問１　２点　問２　５点　問３，問４　各３点×２　問５　５点　問６　３点　問７，問８　各２点×４　問９　５点　問10，問11　各３点×２　三　問１　５点　問２　３点　問３　５点　問４〜問６　各３点×３　問７　各２点×２　問８〜問10　各３点×３　問11　５点

２０２３年度　　高輪中学校

算数解答用紙　Ｂ日程

番号		氏名		評点	／100

	(1)	(2)	(3)	(4)
1				

	(1)	(2)	(3)
2		曜日	m
	(4)		
	答　　円		

	(1)	(2) ①	(2) ②
3	日	日	日

	(1)	(2)	(3)
4	cm	cm	cm

	(1)		(2)		(3)	
	切り口の図形①	正三角形 BCF	切り口の図形②	正三角形 BCF	切り口の図形③	正三角形 BCF
5		：		：		：

（注）この解答用紙は実物を縮小してあります。Ｂ５→Ｂ４（141%）に拡大コピーすると、ほぼ実物大の解答欄になります。

〔算　数〕100点（学校配点）

1 各５点×４　2 (1)～(3) 各６点×３　(4) ８点　3～5 各６点×９

２０２３年度　　高輪中学校

社会解答用紙　Ｂ日程

番号		氏名		評点	／60

1

問1

問2　問3　政策　問4

問5　問6

問7　問8　問9　問10

問11　①　②　③　問12

2

問1　問2　問3　問4

問5　問6　問7

問8　問9　問10　問11

問12　①　②　問13

問14

3

問1　問2　問3　問4

問5　問6　問7　問8

問9　問10　国連　問11

問12　問13　問14　問15

問16

（注）この解答用紙は実物を縮小してあります。Ｂ５→Ａ３（163%）に拡大コピーすると、ほぼ実物大の解答欄になります。

〔社　会〕60点（学校配点）

1　問1　2点　問2　1点　問3　2点　問4　1点　問5，問6　各2点×2　問7，問8　各1点×2　問9　2点　問10　1点　問11　①　2点　②，③　各1点×2　問12　1点　2　問1，問2　各1点×2　問3　2点　問4　1点　問5　2点　問6～問9　各1点×4　問10　2点　問11，問12　各1点×3　問13，問14　各2点×2　3　問1～問7　各1点×7　問8　2点　問9　1点　問10　2点　問11～問14　各1点×4　問15，問16　各2点×2

２０２３年度　　高輪中学校

理科解答用紙　Ｂ日程

番号		氏名		評点	／60

1

(1)	cm	(2)	cm	(3)	cm

(4)	A　cm	B　cm	(5)	cm	(6)	g

2

(1)		(2)	

(3)	③	④	⑤	⑧

(4)	
(5)	

3

(1)		(2)	

(3)	

(4)		(5)		(6)	

(7)	東京	那覇

4

(1)	と	(2)		(3)	

(4)		(5)	
(6)		(7)	

(8)	

（注）この解答用紙は実物を縮小してあります。Ｂ５→Ｂ４（141％）に拡大コピーすると、ほぼ実物大の解答欄になります。

〔理　科〕60点（学校配点）

1，2　各２点×15＜2の(2)は完答＞　3　(1)～(6)　各２点×６　(7)　各１点×２　4　各２点×８＜(1)，(5)は完答＞

二〇二三年度　高輪中学校

国語解答用紙　B日程

番号　　氏名　　評点　／100

一

問一　1　2　3　4 ん　5　6　7　8 ねる

問二　1　2　3

問三　1　2　3

二

問一

問二

問三

問四　4　6

問五　5　9

問六

問七

問八

問九　(1) 始め　終わり　(2)

三

問一　1　2

問二

問三

問四

問五

問六

問七

問八

問九　(1)　(2)　(3)　(4)

(注)この解答用紙は実物を縮小してあります。B5→A3(163%)に拡大コピーすると、ほぼ実物大の解答欄になります。

〔国　語〕100点(学校配点)

一　問1　各1点×8　問2，問3　各2点×6　二　問1　3点　問2　5点　問3，問4　各3点×3　問5，問6　各2点×3　問7　5点　問8　3点　問9　(1)　4点　(2)　5点　三　問1　各2点×2　問2　3点　問3　4点　問4　5点　問5～問9　各3点×8

２０２３年度　高輪中学校

算数解答用紙　Ｃ日程

番号		氏名		評点	／100

1

(1)	(2)	(3)	(4)

2

(1)	(2)	(3)
	日	円

(4)

答　午後　　時　　分　　秒

3

(1)	(2) ①	(2) ②	(3)
通り	通り	通り	通り

4

(1)

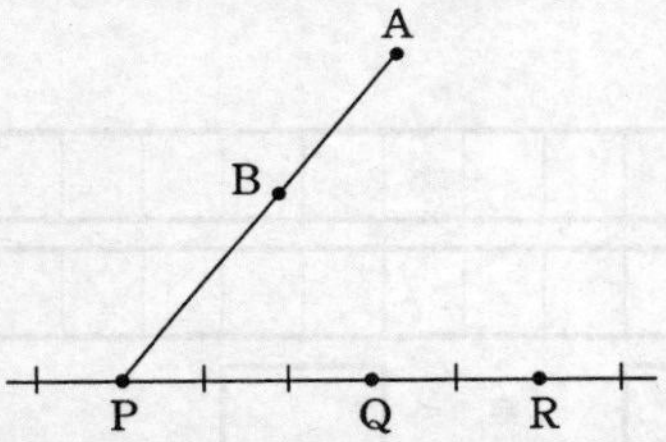

(2)

RA　：　RD

(3)

分

5

(1)	(2)	(3)
通り	通り	通り

（注）この解答用紙は実物を縮小してあります。Ｂ５→Ｂ４(141%)に拡大コピーすると、ほぼ実物大の解答欄になります。

〔算　数〕100点(学校配点)

1　各５点×４　2　(1)～(3)　各６点×３＜(1)は完答＞　(4)　８点　3　(1)，(2)　各４点×３　(3)　６点　4，5　各６点×６

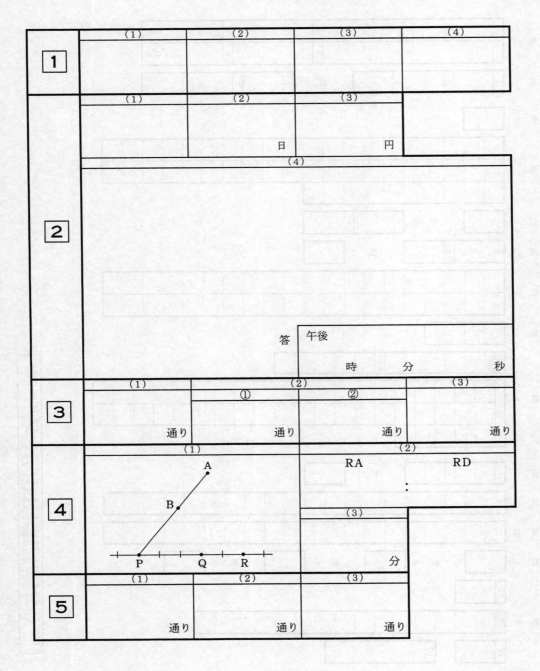

２０２３年度　　高輪中学校

社会解答用紙　Ｃ日程

番号		氏名		評点	／60

1

問1		問2			
問3		問4		問5	
問6		問7		問8	
問9	率				
問10					
問11		問12		問13	

2

問1		問2		問3	
問4	→　→　→	問5		問6	上皇
問7		問8			
問9					
問10		問11		問12		問13	

3

問1		問2	民主主義	問3	
問4		問5		問6	
問7					
問8	①				
	②				
問9	①	②		③	
問10		問11			

（注）この解答用紙は実物を縮小してあります。Ｂ５→Ａ３（163％）に拡大コピーすると、ほぼ実物大の解答欄になります。

〔社　会〕60点（学校配点）

1　問1～問3　各2点×3　問4　1点　問5　2点　問6，問7　各1点×2　問8～問10　各2点×3　問11～問13　各1点×3　2　問1　2点　問2　1点　問3，問4　各2点×2＜問4は完答＞　問5　1点　問6　2点　問7，問8　各1点×2　問9，問10　各2点×2　問11，問12　各1点×2　問13　2点　3　問1　1点　問2　2点　問3　1点　問4，問5　各2点×2　問6，問7　各1点×2　問8　①　2点　②　1点　問9　①　2点　②，③　各1点×2　問10，問11　各1点×3

２０２３年度　高輪中学校

理科解答用紙　Ｃ日程

番号		氏名		評点	／60

1

(1)	カロリー	(2)	カロリー	(3)	カロリー
(4)	g	(5)	℃		
(6)	℃	(7)	g		

2

(1)		(2)			
(3)	反応の速さ	二酸化炭素の体積			
(4)	g	(5)	g	(6)	からの重さ g / 塩酸の体積 cm^3

3

(1)	①	②	③	(2)		(3)	
(4)				(5)	時　分　秒		
				(6)	km		

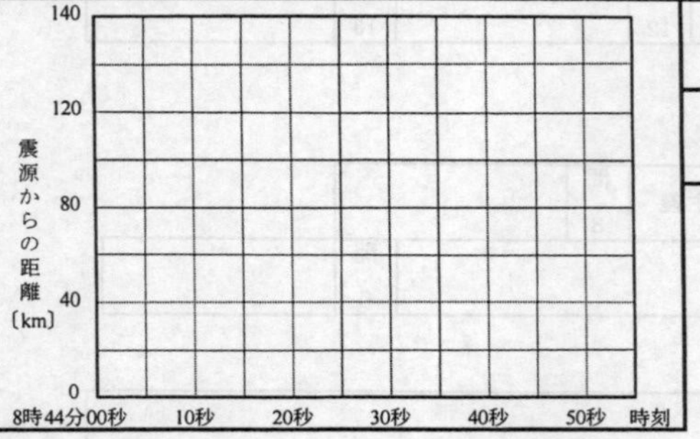

4

(1)		(2)		(3)	
(4)		(5)		(6)	
(7)					

（注）この解答用紙は実物を縮小してあります。Ｂ５→Ｂ４（141％）に拡大コピーすると、ほぼ実物大の解答欄になります。

［理　科］60点（学校配点）

1 (1)～(5) 各２点×５　(6), (7) 各３点×２　2 各２点×８　3 (1) 各１点×３　(2), (3) 各２点×２　(4) ３点　(5), (6) 各２点×２　4 各２点×７

二〇二三年度　高輪中学校

国語解答用紙　C日程

番号　　　氏名　　　評点　／100

一
問一　1　2　3　4　め　5　6　7　8　ん
問二　1　2　3
問三　1　2　3

二
問一　1　2
問二
問三
問四　5　9　12
問五
問六
問七
問八
問九

三
問一　1　7　10
問二
問三
問四
問五
問六
問七
問八
問九
問一〇
問一一

（注）この解答用紙は実物を縮小してあります。169％拡大コピーをすると、ほぼ実物大の解答欄になります。

〔国　語〕100点（学校配点）

一　問1　各1点×8　問2　各2点×3　問3　各1点×6　二　問1　各2点×2　問2　各4点×2　問3　5点　問4　各2点×3　問5，問6　各3点×2　問7　5点　問8，問9　各3点×2　三　問1　各2点×3　問2，問3　各3点×2　問4　2点　問5　3点　問6，問7　各5点×2　問8～問10　各3点×3　問11　4点

2023年度 高輪中学校・算数午後試験

算数解答用紙 No. 1

番号	
氏名	
評点	/100

1

(1)〔式・考え方〕

答

(2)〔式・考え方〕

答

(3)〔式・考え方〕

答

(4)〔式・考え方〕

答

2

(1)〔式・考え方〕

答　　回　　分間

(2)〔式・考え方〕

答 時速　　km

(3)〔式・考え方〕

答　　km

(4)〔式・考え方〕

答 午前　　時　　分

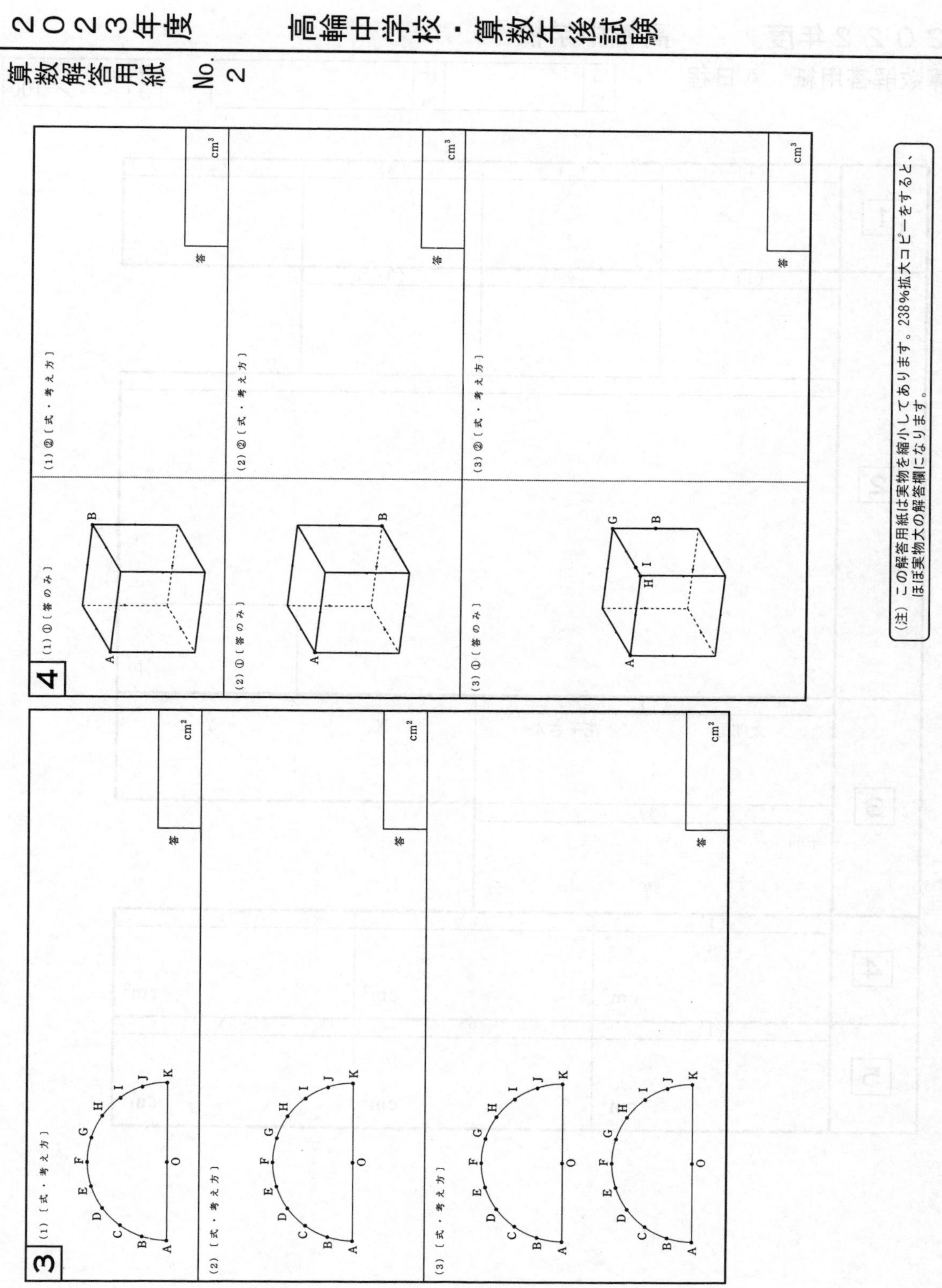

〔算　数〕100点(学校配点)

1 (1) 4点 (2), (3) 各6点×2 (4) 9点 2 (1) 5点<完答> (2) 8点 (3), (4) 各6点×2 3 (1) 6点 (2) 8点 (3) 11点 4 (1) 7点<完答> (2) 8点<完答> (3) 10点<完答>

2022年度　　高輪中学校

算数解答用紙　A日程

番号		氏名	

評点	／100

1	(1)	(2)	(3)	(4)
2	(1)	(2)	(3) 個	
	(4) 答 円			
3	(1) 太郎君 ： 花子さん	(2) X ： Y		
	(3) 午前 時 分			
4	(1) cm^2	(2) cm^2	(3) cm^2	
5	(1) cm^3	(2) cm^2	(3) cm^2	

（注）この解答用紙は実物を縮小してあります。B５→B４(141%)に拡大コピーすると、ほぼ実物大の解答欄になります。

〔算　数〕100点(学校配点)

1 各５点×４　2 (1)～(3)　各６点×３　(4)　８点　3～5　各６点×９

2022年度　高輪中学校

社会解答用紙　A日程

番号		氏名		評点	／60

1

問1		問2		問3	① ／ ②
問4		問5			
問6					
問7		問8			
問9		問10	条約		
問11	①	②	島		

問12

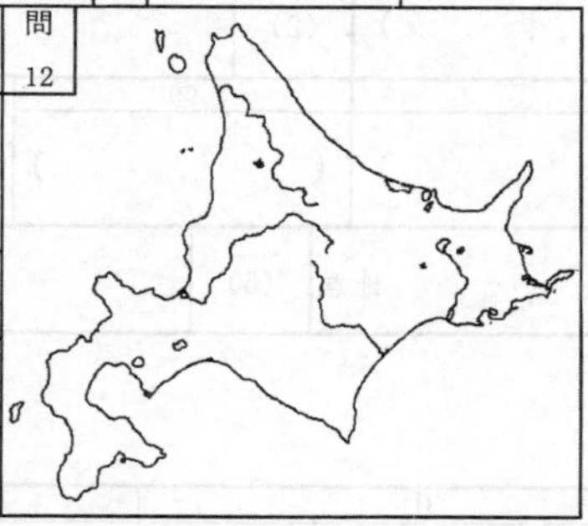

2

問1		問2		問3	
問4	天皇	問5		問6	
問7					
問8		問9	①	②	→ → →
問10					
問11					
問12	（記号）	（理由）			

3

問1		問2		問3	アメリカ　　事件
問4		問5			
問6	①				
	②	問7		問8	
問9					
問10		問11		問12	① ／ ②
問13					

（注）この解答用紙は実物を縮小してあります。B5→A3（163%）に拡大コピーすると、ほぼ実物大の解答欄になります。

〔社　会〕60点（学校配点）

1　問1，問2　各1点×2　問3　①　2点　②　1点　問4，問5　各1点×2　問6　2点　問7～問9　各1点×3　問10　2点　問11　①　1点　②　2点　問12　各1点×3　2　問1　1点　問2　2点　問3　1点　問4　2点　問5～問8　各1点×4　問9　各2点×2＜②は完答＞　問10　各1点×2　問11　2点　問12　各1点×2　3　問1，問2　各1点×2　問3　2点　問4　1点　問5　2点　問6　①　2点　②　1点　問7～問11　各1点×5　問12　①　2点　②　1点　問13　2点

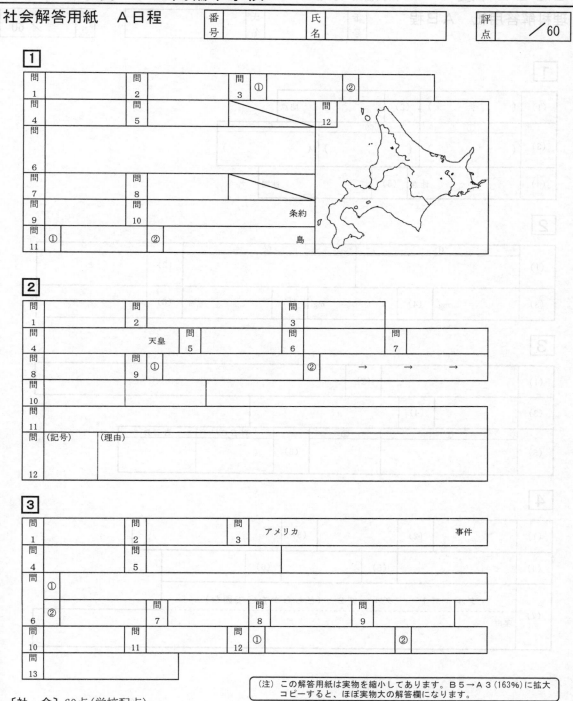

２０２２年度　高輪中学校

理科解答用紙　Ａ日程

番号		氏名		評点	／60

1

(1)	（　　，　　）	(2)	地点

	①	②	③
(3)	（　　，　　）	（　　，　　）	（　　，　　）

(4)	地点	(5)	秒間

2

	①	②		
(1)			(2)	と

(3)	mg	(4)	mg	(5)	%	(6)	と

3

(1)		(2)	
(3)		(4)	

	①	②		岩石C	岩石D
(5)			(6)		

4

(1)		(2)		(3)	
(4)		(5)		(6)	

(7)	グループ１　・　グループ２　（どちらかを○で囲む） 理由

（注）この解答用紙は実物を縮小してあります。Ｂ５→Ｂ４（141%）に拡大コピーすると、ほぼ実物大の解答欄になります。

〔理　科〕60点（学校配点）

1 (1)～(4)　各２点×６　(5)　３点　2，3　各２点×15＜2の(2)，(6)は完答＞　4 (1)～(6)　各２点×６＜(3)は完答＞　(7)　３点

二〇二二年度　高輪中学校

国語解答用紙　A日程

番号 | 氏名 | 評点 /100

一

問一　1　2　3　4　い　5　6　み　7　つ　8

問二　1　2　3

問三　1　2　3

二

問一

問二

問三　2　6

問四

問五

問六

問七

問八

問九

問一〇

問一一

三

問一

問二

問三

問四

問五

問六

問七

問八

問九

問一〇

問一一　⇒　⇒　⇒　⇒

問一二

（注）この解答用紙は実物を縮小してあります。B5→A3（163%）に拡大コピーすると、ほぼ実物大の解答欄になります。

〔国　語〕100点（学校配点）

一　問1　各1点×8　問2，問3　各2点×6　二　問1　3点　問2　5点　問3　各2点×2　問4　3点　問5　2点　問6　3点　問7，問8　各5点×2　問9　4点　問10，問11　各3点×2　三　問1　5点　問2～問4　各3点×3　問5　5点　問6，問7　各3点×2　問8　2点　問9　5点　問10　3点　問11　2点＜完答＞　問12　3点

２０２２年度　高輪中学校

算数解答用紙　Ｂ日程

番号		氏名		評点	／100

1	（1）	（2）	（3）	（4）

2	（1）	（2）	（3）
		曜日	ページ
	（4）		
	答　時速　km		

3	（1）	（2）	（3）
	問	問	

4	（1）	（2）	（3）
	cm^2	cm^2	cm^2

5	（1）	（2）	（3）
	cm^2	cm^2	cm^3

（注）この解答用紙は実物を縮小してあります。Ｂ５→Ｂ４（141%）に拡大コピーすると、ほぼ実物大の解答欄になります。

〔算　数〕100点（学校配点）

1　各５点×４　2　(1)〜(3)　各６点×３　(4)　８点　3〜5　各６点×９<3の(3)は完答>

２０２２年度　　高輪中学校

社会解答用紙　Ｂ日程

番号		氏名		評点	／60

1

問1		問2		問3		問4	
問5		問6 ①		問10			
問6	② 数字		場所				
問7	(高い)		(低い)				
問8							
問9	①		②				
	③						

2

問1		問2		問3			
問4	→ → →	問5		問6			
問7	天皇	問8		問9		問10	
問11							
問12		問13	王国	問14			

3

問1		問2		問3		問4	
問5		問6		問7		問8	制度
問9	①	② (a)		(b)		(c)	
問10	(X)	(Y)					
問11							

（注）この解答用紙は実物を縮小してあります。Ｂ５→Ａ３（163%）に拡大コピーすると、ほぼ実物大の解答欄になります。

〔社　会〕60点（学校配点）

1 問１～問４　各１点×４　問５　２点　問６　各１点×３＜②の場所は完答＞　問７　２点＜完答＞　問８　１点　問９　①　１点　②，③　各２点×２　問10　各１点×３　2 問１　１点　問２　２点　問３　１点　問４，問５　各２点×２＜問４は完答＞　問６　１点　問７　２点　問８～問10　各１点×３　問11　２点　問12　１点　問13　２点　問14　１点　3 問１～問７　各１点×９　問８　２点　問９　①　２点　②　各１点×３　問10　各１点×２　問11　２点

２０２２年度　高輪中学校

理科解答用紙　Ｂ日程

番号		氏名		評点	／60

1

(1)	kg	(2)	① kg	② に cm
(3)		(4)	cm	
(5)	kg	(6)	に cm	

2

(1)		(2)	と					
(3)								
(4)		(5)	A	B	(6)	①C	①D	②

3

(1)		(2)		(3)	②	③
(4)		(5)				
(6)						

4

(1)		(2)			
(3)					
(4)	「　　の水の減少量」－「　　の水の減少量」	「　　の水の減少量」－「　　の水の減少量」			
(5)		(6)	cm^3	(7)	

（注）この解答用紙は実物を縮小してあります。Ｂ５→Ｂ４(141%)に拡大コピーすると、ほぼ実物大の解答欄になります。

〔理　科〕60点(学校配点)

1　(1)～(5)　各２点×6　(6)　３点　2　(1)，(2)　各２点×2＜(2)は完答＞　(3)　３点　(4)～(6)　各２点×4＜(5)，(6)の①は完答＞　3　(1)～(5)　各２点×6　(6)　３点　4　(1)　２点　(2)　３点　(3)～(7)　各２点×5＜(4)は完答＞

二〇二二年度　高輪中学校

国語解答用紙　B日程

番号		氏名		評点	/100

一

問一　1　2 ん　3　4　5　6　7 る　8

問二　1　2　3

問三　1　2　3

二

問一　問二

問三

問四　問五　問六

問七　1　2　問八

問九

問一〇

問一一

三

問一

問二

問三

問四

問五

問六　気持ち

問七　問八

問九

問一〇　問一一

（注）この解答用紙は実物を縮小してあります。169%拡大コピーをすると、ほぼ実物大の解答欄になります。

〔国　語〕100点(学校配点)

一 問1，問2　各1点×14　問3　各2点×3　二 問1，問2　各3点×2　問3　4点　問4　2点　問5　3点　問6　2点　問7　各3点×2　問8　4点　問9，問10　各5点×2　問11　3点　三 問1　3点　問2　5点　問3　3点　問4　5点　問5　4点　問6～問8　各3点×3　問9，問10　各4点×2　問11　3点

2022年度　　高輪中学校

算数解答用紙　C日程

番号		氏名		評点	／100

1	(1)	(2)	(3)	(4)
2	(1)	(2) 人以上	(3) m	
	(4) 答 枚			
3	(1)	(2)	(3)	(4) 通り
4	(1) cm	(2) 倍	(3) cm^2	
5	(1) cm^3	(2) 個	(3) cm^3	

（注）この解答用紙は実物を縮小してあります。Ｂ５→Ｂ４（141%）に拡大コピーすると、ほぼ実物大の解答欄になります。

〔算　数〕100点（学校配点）

1　各５点×４　2　(1)～(3)　各６点×３　(4)　８点　3　(1)，(2)　各３点×２　(3)，(4)　各６点×２　4，5　各６点×６

２０２２年度　高輪中学校

社会解答用紙　C日程

番号		氏名		評点	／60

1

問1	①		②		問2		問3
問4		問5		(円グラフ)			
問6	(説明)						
問7		問8	①		②		
問9	①		現象	問10			
	②						

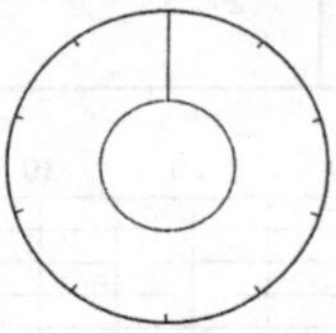

2

問1	→ → →	問2	文字				
問3		問4					
問5							
問6		問7		問8		問9	
問10		問11		問12		問13	

3

問1		問2		問3	
問4		問5		問6	
問7					
問8		問9		問10	
問11	①		②		
問12	→ → → →			問13	

（注）この解答用紙は実物を縮小してあります。Ｂ５→Ａ３（163%）に拡大コピーすると、ほぼ実物大の解答欄になります。

〔社　会〕60点（学校配点）

1 問１　①　２点　②　１点　問２〜問４　各１点×３　問５　２点　問６　説明…２点，円グラフ…１点　問７　１点　問８　①　２点　②　１点　問９　各２点×２　問10　１点　2 問１〜問５　各２点×５＜問１は完答＞　問６，問７　各１点×２　問８　２点　問９　１点　問10　２点　問11〜問13　各１点×３　3 問１　２点　問２　１点　問３，問４　各２点×２　問５，問６　各１点×２　問７　２点　問８，問９　各１点×２　問10　２点　問11　各１点×２　問12　２点＜完答＞　問13　１点

２０２２年度　高輪中学校

理科解答用紙　Ｃ日程

番号		氏名		評点	／60

1

			水平方向	落下方向		水平距離	落下距離
(1)		(2)			(3)	cm	cm

(4)

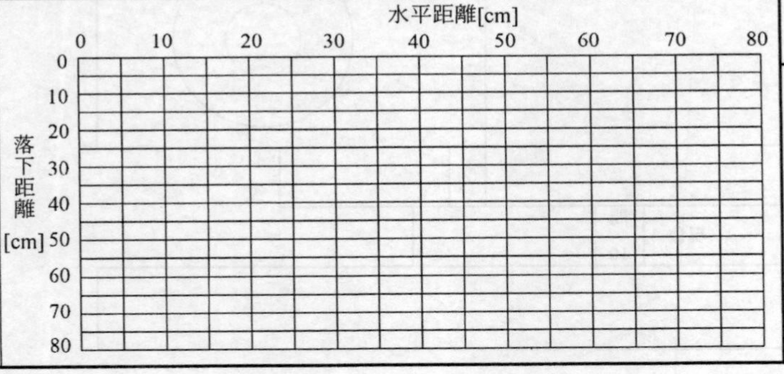

(5)	cm

2

(1)	と	(2)			
(3)	g	(4)	g	(5)	L
(6)	①	②	③	(7)	

3

(1)		(2)		(3)	
(4)		(5)		(6)	
(7)					

4

					X	Y
(1)		(2)		(3)		
(4)		(5)		(6)		
(7)						

（注）この解答用紙は実物を縮小してあります。Ｂ５→Ｂ４(141%)に拡大コピーすると、ほぼ実物大の解答欄になります。

〔理　科〕60点(学校配点)

1　(1)～(3)　各２点×5　(4)　3点　(5)　2点　2　(1)～(5)　各２点×5＜(1)は完答＞　(6)　各1点×3　(7)　2点　3, 4　各２点×15＜4の(6)は完答＞

二〇二二年度　高輪中学校

国語解答用紙　C日程

番号　氏名　評点 /100

一

問一　1　2　3　4　む　5　6　れ　7　8

問二　1　2　3

問三　1　2　3

二

問一　問二

問三

問四　4　5

問五　6　7

問六　問七

問八

問九　問一〇　問一一　二段落　三段落

三

問一

問二

問三

問四　4　7

問五

問六　問七　問八

問九　問一〇

問一一

（注）この解答用紙は実物を縮小してあります。B５→A３（163%）に拡大コピーすると、ほぼ実物大の解答欄になります。

〔国　語〕100点（学校配点）

一　問１　各１点×８　問２，問３　各２点×６　二　問１，問２　各３点×２　問３　５点　問４，問５　各２点×４　問６，問７　各３点×２　問８　５点　問９，問10　各３点×２　問11　各２点×２　三　問１　５点　問２　３点　問３　４点　問４　各２点×２　問５　５点　問６～問10　各３点×５　問11　４点

2022年度　高輪中学校・算数午後試験

算数解答用紙　No. 1

番号		氏名		評点	/100

1

(1)〔答のみ〕

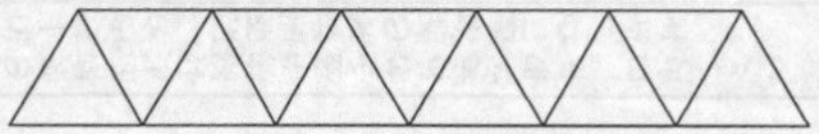

← 6段目

(2)①〔式・考え方〕

答

(2)②〔式・考え方〕

答

(3)〔式・考え方〕

答

2

(1)〔答のみ〕

自動車の速さ　：　「一号」の速さ　＝　　：

(2)〔式・考え方〕

答　　分　　秒後

(3)〔式・考え方〕

答　　分　　秒後

(4)〔式・考え方〕

答　　分後

(5)〔式・考え方〕

答　　時間　　分後

2022年度　高輪中学校・算数午後試験

算数解答用紙　No. 2

4

(1) ①〔式・考え方〕

答　　m

(1) ②〔式・考え方〕

答　　m²

(1) ③〔式・考え方〕

答　　m²

(2)〔式・考え方〕

答　　m²

3

(1)〔式・考え方〕

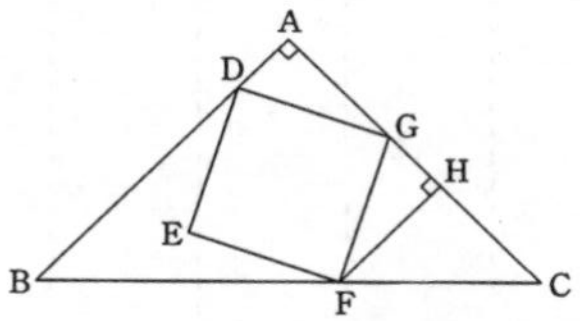

答　AG : GH : HC = 　:　:

(2)〔式・考え方〕

答　　cm²

(3)〔式・考え方〕

答　　cm²

(注) この解答用紙は実物を縮小してあります。238%拡大コピーをすると、ほぼ実物大の解答欄になります。

〔算　数〕100点(学校配点)

1 (1) 5点 (2) ① 5点 ② 7点 (3) 8点 2 (1) 5点 (2) 4点 (3) 8点 (4) 5点 (5) 3点 3 (1) 10点 (2) 6点 (3) 9点 4 (1) ① 4点 ②, ③ 各6点×2 (2) 9点

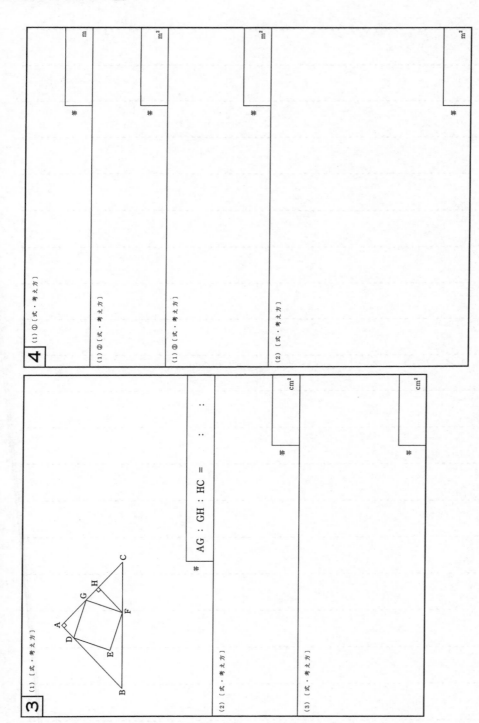

Memo

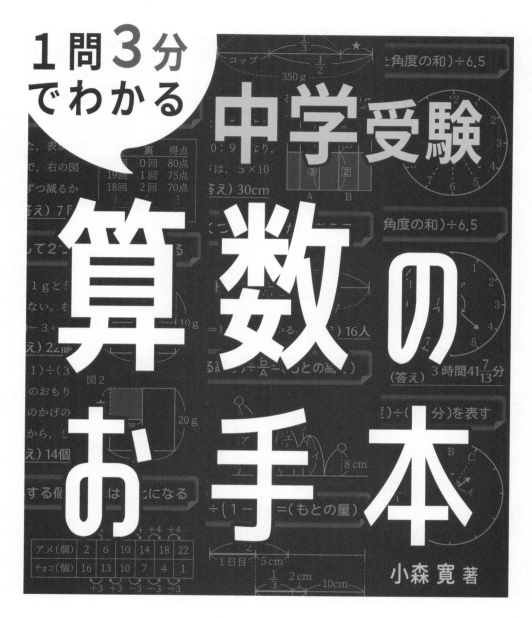